도시행정의 이론과 실제

Urban Administration: Theory and Practice

강명구 · 권성문 · 기정훈 · 김태진 · 문광민
박인권 · 양광식 · 윤갑식 · 임형백 · 전희정
채원호 · 최정석 · 최창규 · 최충익 · 황경수

도서출판 대영문화사

머리말 PREFACE

신은 자연을 만들고 인간은 도시를 만들다. 영국 시인 윌리엄 쿠퍼의 말이다. 해석의 여력이 없어도 감히 그 의미를 가늠할 수 있는 명언이다. 지구상에 인류가 존재하면서 도시는 각기 다양한 모습으로 탄생하여 발전하면서 인간의 삶의 질 향상에 이바지하였다. 하지만 감염병과 같은 인간의 생명을 위협하는 각기 각양의 도시문제도 안겨줌으로써 학문의 대상으로 부상하여 인간의 도전 의식을 자극하면서 문명의 발전을 도모하는 선순환의 역할도 하였다.

이러한 역사적 과정에서 도시행정은 주목받으면서 대두되었고 부침을 거듭하면서 종합학문으로써 독자적인 자리매김을 하였다. 그러나 아직도 여러 측면에서 짧음을 보여주고 계속해서 채워야 하는 과제도 안으면서 분발의 자성과 함께 동료들의 분발을 요구하는 실정이다. 이러한 모습은 잠시 잊고 지내다가 어김없이 새 학기가 시작하면서 되새김을 하는 반복 생활이 꽤 오래되었다. 학기를 준비하면서 강의교재를 다시 만들기 위해 참고자료를 찾을 때면 매번 아쉬움과 함께 지난날을 후회하기도 하였다.

후기산업사회를 넘어서고 정보화와 제4차 산업혁명 시대에 도시행정의 환경은 급변하고 도시문제는 초고속으로 다양하게 예측 범위를 넘어 나타나고 있다. 이에 따른 도시행정 수요도 속도와 양적으로 학문의 발전 한계를 넘어서고 있다. 뒤처진 학문의 발전을 도시행정의 환경변화 속도를 핑계로 하기에는 학자로서 늘 자존감에 흠을 안고 있었다. 그 흠을 메우기 위해 노력하였으나 항상 부족하고 동료들과 후학들에게 공유하면서 전가하기도 하였다. 조금이라도 같이 책무를 공유하면 그 극복도 수월해지리라는 기대감 때문이다.

이러한 소박한 욕심이 드디어 한국도시행정학회 창립 33주년을 맞이하면서 도시행정의 이론과 실제를 담은 자존감이 출간되는 결실로 나타났다. 도시행정을 공부하고 가르치는 학자들이 모여 다양한 학회 활동 등을 통해서 교류하면서 우선적인 책무로 설정한 후 약 1년 반이 지난 후 2022년 새 학기에 조심스럽게 설레는 감동과 두려움을 함께 안고 그 모습을 드러내게 되었다. 또한 한편으로는 새로운 도시환경에서 갈망하는 학문 수요에 조금이라도 공헌하기를 소박하게 기대도 한다.

머리말 PREFACE

이 책은 기본적으로 도시행정의 전반에 걸친 기본적인 이론을 망라하고 이에 기반하는 실제의 도시 주제를 깊이 있게 다루었다. 무엇보다도 급변하는 도시환경에 새롭게 부각하는 도시행정의 이슈와 문제를 두루 포함하였다. 도시행정의 본질과 학문적 특성을 서두로 이 책의 내용적 특색을 제시하면서 도시행정의 실제 대상인 도시에 대한 기본적인 역사와 발전 과정을 매우 상세하게 서술하면서 관심과 이행의 폭을 넓히도록 했다. 도시화와 그에 따른 현대 도시문제의 특성과 향후 맞이할 위기를 환경, 성장, 사회적 관점에서 강조하였고, 대응하기 위한 미래 공유기반의 구체적인 과제를 제시하였다.

최근 도시행정의 가장 큰 변화는 도시거버넌스의 도입이다. 운영방식과 내용에서 그 수요가 급증하는 현실을 적극적으로 고려하여 최근의 이슈를 포괄하여 집필하였다. 특히 지방정부의 ESG 경영의 중요성을 강조하고 구체적인 전략을 제시하였다. 도시거버넌스와 밀접하게 도시행정 운영의 각 부분에서는 과거 다른 교재에서도 다루지 않았거나 소홀했던 도시재난과 도시마케팅을 차별적으로 자세하게 다루었다. 특히, 오늘날 전 세계 보편적 도시문제로 대두되는 재난문제에 대해서 법체계와 기본적 이론을 상세히 소개했고 미래지향적인 관리방안을 제시하였다.

도시문제의 시조 격인 감염병문제 코로나19로 모든 일상을 휩쓸고 있는 상황에서 그동안 도시행정에서 소홀했던 도시방역을 도시탄생의 역사와 함께 다루면서 그 중요성과 이해도를 높이고자 했다. 아울러 도시방역의 도시계획의 차원에서 대처하고 다루어야 할 내용을 다양하게 소개한 것은 매우 특징적이라고 내세울 만하다. 최근 산업구조의 고도화와 시스템 발전에 따라 도시행정의 필수적인 인프라로 여겨지는 도시정보화에 대해서도 정책과 추진실적, 그리고 앞으로 과제를 미래지향적으로 제시하여 다루고 있다.

이 책의 또 다른 특색으로 이론과 함께 도시행정의 실제를 각각 비교적 상세히 다루고 있다. 도시의 삶에 기본적인 인프라로써 도시주택을 우선으로 다루었다. 최근 전 세계적으로 이슈화되고 있는 주택문제를 상세히 다루었고, 미래지향적인 도시주택 정책 방향을 제시하여 연구과제를 선도하고자 하였다. 이어서 기본 인프라인 도시교통과 관련한 기본적인 이론과 정책문제를 실생활과 연계한 진단과 정책적 가치를 상세하게 다루었다. 오늘날 지구온난화와 관련한 환경적 이슈를 지속가능한 가치와 연계하여 상세하게 다루어 이해도와 중요도를 높이고자 하였다.

도시행정에서 비교적 다루기 어려운 산업경제에 대해서도 중요성을 도시발전과 분석방법론의 관점에서 소개하였고, 도시산업경제의 구조고도화와 관련한 미래 과제와 대응 방법에 대해서도 자세하게 설명하였다. 끝으로, 그동안 중요성에 비해서 도시행정에서 소홀했던 도시문화를 별도로 원론적인 면과 정책을 포괄하여 상세히 시술하였다.

이 책의 또 다른 특색은 한국도시행정학회에서 각기 나름대로 다양한 세부 전문분야에서 오랫동안 연구하고 강의한 전문가들을 집필진으로 구성한 점이다. 혼자서 일관된 관점과 논조를 가지고 여러 주제를 집필하면 나름대로 공통점과 일관성을 유지하는 장점이 있을 수 있다. 그러나 도시문제와 접근방법에 대한 다양한 가치관과 접근방법을 접하는 데는 한계가 있을 수 있다. 이러한 점을 다소 해소하여 도시행정을 공부하고 논의하여 학문의 발전 토대를 마련하기 위해서는 여러 학자의 다양한 접근방법과 철학을 공유하는 것은 의미 있는 일이라 감히 말할 수 있다.

끝으로, 충분하지 않은 시간을 할애하여 소중한 원고를 작성하신 집필진에게 심심한 감사를 드립니다. 이번 초판에서 머물지 않고 지속적인 보강판과 교정판이 이어질 것이라 기대하면서 우리나라 도시행정을 중추적으로 이끌어 나가는 데 크게 이바지할 것을 기원합니다. 이 책을 출간해 준 대영문화사 임춘환 사장님께 감사드리며 우리 학회와 동반 성장을 지속하기를 바랍니다.

2022년 2월

한국도시행정학회 명예회장

인천대학교 도시행정학과 서종국

차 례 CONTENTS

차 례 CONTENTS

차 례 CONTENTS

P·A·R·T 1

도시행정의 의의

CHAPTER

01

도시와 도시행정

권성문
(대구대학교 행정학과)

제 1 절 도시의 본질

1. 도시의 개념

2020년 기준 세계인구 중 절반이 넘게 도시에 살고 있으며, 우리나라 인구 10명 중 9명이 도시에 거주하고 있다. 이렇듯 많은 사람이 도시에서 살고 일하며 즐기고 있으나 도시를 명확하게 설명하거나 정의하기는 어렵다. 그 이유는 도시는 국가, 시대, 학자에 따라 다르게 해석되고 이해되기 때문이다.

도시는 영어로 Urban 혹은 City로 표현한다. Urban은 성벽으로 둘러싸인 도시를 의미하며, City는 시민과 공동체 구성원의 의미로 사회에 가까운 개념이다. 일반적으로 우리가 사용하는 도시는 한자어 도읍도(都)와 장시(市)가 만나 형성된 단어로 정치와 경제기능이 집중되어 있는 곳을 의미한다. 따라서 영어의 Urban은 도시의 물리적 환경을 의미하고, City는 사회적 의미를 내포하며 한자의 도시는 정치 · 경제 · 사회적 활동이 일어나는 곳을 의미한다고 할 수 있다. 즉, 도시는 사회 · 정치 · 경제적 활동이 이루어지는 곳이라는 의미로 정의할 수 있다.

지리학자 라첼(F. Ratzel)은 도시를 "인간이 계속적으로 응집해 있는 곳, 상당히 넓은 지표공간을 덮고 있고 교통로의 큰 중심을 차지하여 인간의 거주지가 응집한 곳"으로 정의하였다. 사회학자 워스(L. Wirth)는 "많은 인구와 높은 밀도, 그리고 사회적으로 이질적인 요소의 영속적인 집락"으로 정의하였고, 도시경제학자 밀즈(C. M. Mills)는 "인구밀도가 높은 지역"을 도시로 정의하였다. 이렇듯 도시는 학문적 관점에 따라 다양하게 정의할 수 있다(대한국토 · 도시계획학회, 2010; 남영우, 2015).

도시는 또한 인구, 기능, 경제, 사회 · 문화, 정치 · 경제적 측면으로 나누어 정의할 수도 있다. 첫째, 도시는 인구를 기준으로 정의할 수 있다. 나라별로 인구의 차이가 크기 때문에 도시를 정의할 때 최저 도시인구수준(threshold population)을 사용한다. UN(2015)의 조사 결과 도시의 최소 인구는 1,500명에서 50,000명 사이로 나타났다. 도시인구수 기준이 가장 낮은 덴마크와 아이슬란드는 200명 이상을 도시로 정의하고, 프랑스, 네덜란드 등은 2,000명, 미국은 2,500명, 그리고 스위스, 스페인, 호주는 10,000명 이상을 도시로 정의하고 있다. 한국과 일본의 최저 도시인구는 50,000명 이상이다.

둘째, 도시는 주택, 도로, 상 · 하수도와 같은 시설물의 특성으로 정의할 수 있다. 도

표 1-1 세계 최저 도시인구 규모

인구수	국 가
200명	덴마크, 아이슬란드
400명	알바니아
1,000명	캐나다, 뉴질랜드, 에티오피아
1,500명	아일랜드
2,000명	아르헨티나, 칠레, 이스라엘, 오스트리아, 체코, 프랑스, 그리스, 네덜란드, 포르투갈, 케냐
2,500명	멕시코, 미국
5,000명	인도
10,000명	말레이시아, 스위스, 스페인, 호주, 세네갈
20,000명	터키
50,000명	한국, 일본

자료: Table 6 in United Nations Demographic Yearbook(2015).

시는 공간을 확장하기 어렵기 때문에 인간활동에 필요한 시설이 계획적으로 잘 정비되어 있다. 즉, 많은 사람이 살고 일하고 쉬는 데 필요한 주택, 상점, 병원, 공원 등을 편리하고 안전하게 이용할 수 있도록 도로, 철도, 상·하수도 등의 기반 시설이 건설되고 운영된다. 도시가 고층 건물의 집합 장소라고 불리는 이유가 여기에 있다.

셋째, 도시는 생산과 서비스 등의 비농업적인 산업이 발달한 곳으로 정의할 수 있다. 우리나라는 상업·공업을 포함하여 도시적 산업에 종사하는 가구의 비율이 60% 이상을 도시의 기본요건으로 규정하고 있다(지방자치법). 따라서 도시는 생산과 서비스 중심지를 의미한다.

넷째, 도시는 문화적으로 이질적이며, 사회적으로 다양성을 지니는 장소로 정의할 수 있다. 즉, 도시에서는 다양한 경험과 배경을 가진 사람들이 함께 살면서 서로 다른 생각과 지식을 공유하며 살아간다. 이러한 차원에서 UN Habitat는 모든 사람이 재산, 성별, 연령, 인종, 종교에 상관없이 도시가 제공해야 할 기회들에 생산적이고 긍정적으로 참여할 수 있는 권리를 중요시하는가를 도시의 미래로 이야기하고 있다.

다섯째, 도시는 고유의 지리적 경계가 존재하고 정치·행정적으로 독립적인 의사결정이 가능한 행정단위로 정의할 수 있다. 인구수, 경제적 기준을 충족시키지 않는 작은 도시도 고유의 법적권한을 가지고 행정중심지 역할을 하는 경우 도시로 정의할 수 있다(지방행정연수원, 2016). 우리나라는 특별시, 광역시, 시, 읍을 도시로 구분하고, 도시와 그 주변의 농촌을 통합한 도농통합시도 있다.

앞서 설명한 도시의 정의를 종합하면 도시는 "좁은 장소에 많은 인구가 집중되어 인구밀도가 높고 도시적 산업이 지배하는 산업구조로 형성되어 있으며, 정치 · 행정적 자치권이 미치는 공간단위"로 정의할 수 있다.

그림 1-1 도시의 개념

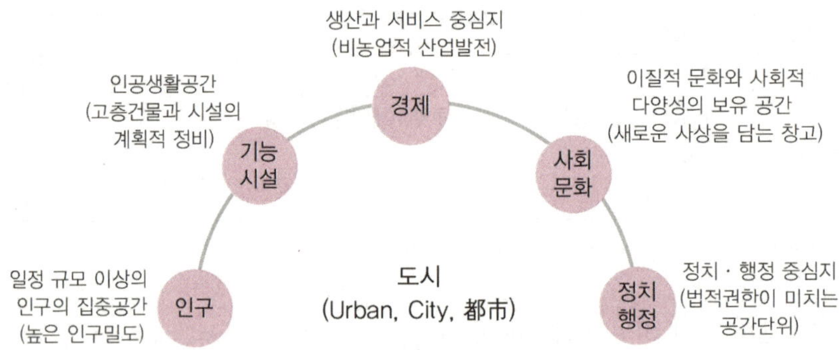

2. 도시의 특성

도시에는 일정한 규모 이상의 인구가 집중되어 주거지가 집단적으로 이루어져 있으며, 일정한 형태의 직업 활동이 있는 공간이라고 할 수 있다. 더하여 정교한 사회제도와 더불어 각종 물리 · 사회적 환경이 혼재되어 시민들이 경제활동 및 일상생활을 영위하는 곳으로 다양한 특성을 가지고 있다.

도시의 특성은 농촌과 대비하여 살펴볼 때 쉽게 파악할 수 있다. 첫째, 도시는 농촌보다 지리적으로 작은 지역에 많은 인구가 거주하고 있어 건축물의 밀도가 높은 특성이 있다. 둘째, 높은 밀도로 인하여 도시는 농촌보다 높은 지가를 형성하게 된다. 특히, 도시 내에서도 도시가 성장함에 따라 접근성이 높은 지역은 수요가 높아 지가가 더 높게 되는 특성이 있다. 셋째, 좁은 면적에서 많은 사람들이 거주하고 활동하여 토지이용의 집약적 이용이 이루어지게 되는 특성이 있다(대한국토 · 도시계획학회, 2014).

3. 도시의 구성요소

도시는 사회 · 문화적 요소와 공간적 요소로 구분된다. 즉, 도시는 사회 · 문화적 요소를 대표하는 시민(citizen)과 시민이 만들어내는 활동(activity), 그리고 토지(land)와 사람에게 필요한 시설(facility)의 공간요소가 상호작용을 하면서 운영된다(국토 · 도시계획학회, 2010).

먼저, 시민(citizen)은 도시를 구성하는 가장 기본적인 요소로 개인과 개인의 집합인 사회를 포함하는 개념이다. 즉, 개인이 모여 살면서 집합된 사회를 통해 도시의 독특한 사회 · 문화적 특성이 결정된다. 특히, 도시에 거주하는 시민의 수나 밀도를 통해 도시의 특성을 파악할 수 있고, 시민의 수는 토지와 시설의 규모를 결정하는 지표로 활용된다. 시민으로 개인이 가지고 있는 경험과 상상력은 도시의 현재와 미래를 결정하는 가장 중요한 요소로 도시는 시민의 안전하고 편리하고 쾌적한 모든 활동을 보장해야 한다.

또한 활동(activity)은 사회적 동물인 인간의 생존과 번영을 위해 타인과 교류하는 것을 의미한다. 활동에는 개인의 의 · 식 · 주와 관련된 주거활동과 이윤을 추구하기 위한 경제활동, 개인의 삶의 질 향상을 위한 문화 · 여가활동이 포함된다. 이러한 활동을 게데스(P. Geddes)는 생활 · 생산 · 위락활동으로 구분하였고, 르 코르뷔지에(Le Corbusier)는 이 세 가지 활동에 교통을 추가하였다. 따라서 도시는 효율적인 활동이 이루어질 수 있도록 계획되고 관리되어야 한다.

그리고 토지(land)는 시민과 활동을 위해 필요한 시설(facilities)을 배치하기 위한 공간을 의미한다. 시민이 거주하는 집, 일하는 사무실, 교육을 제공하는 학교, 물건을 사고파는 상점, 공공서비스를 제공하는 공공기관 등의 다양한 건물과 도로, 주차장, 교량

그림 1–2 도시의 구성요소

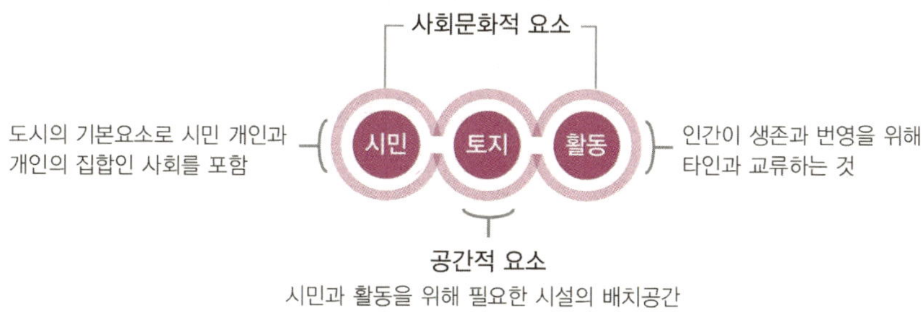

등과 같은 교통시설, 상·하수도, 송·배전시설, 도시가스 등과 같은 사회기반시설은 토지에 건설되고 운영된다. 따라서 토지는 시민과 활동의 특성에 따라 토지의 이용방식이 결정되기도 하고 토지의 이용방식은 시민과 활동을 결정하기도 한다.

4. 도시의 분류

도시는 분류목적과 기준에 따라 여러 형태로 분류할 수 있다.

첫째, 도시는 인구수에 따라 거대도시, 대도시, 중소도시로 구분된다. 일반적으로 거대도시는 2백만 명 이상의 도시가 주변 도시와 하나의 생활권을 형성하고 있는 도시를 의미한다. 대도시는 거대도시와 중소도시의 중간도시로 인구수와 함께 정치, 경제, 문화적 환경이 우월한 지위를 가지고 있는 도시를 의미한다. 그리고 중소도시는 대도시에 대한 상대적 개념으로 대도시보다 인구수가 적은 도시를 의미한다. 우리나라는 인구수 5만 명에서 50만 명까지의 도시를 중소도시로 구분하고, 비수도권의 인구 50만 명 이상의 도시를 지방중소도시로 분류하고 있다.

둘째, 도시는 중심지역, 즉 정치경제활동 등 도시발전의 중추적 기능을 담당하는 공간의 집중 정도에 따라 단핵도시(Burgess, 1925; Hoyt, 1939)와 다핵도시(Harris & Ullman, 1945)로 구분된다. 단핵도시는 하나의 중심지역에 의해 형성된 도시로 중심지역과 연결된 교통망을 통해 도시활동이 분포되어 도심의 과밀해소가 중요한 도시행정의 중요한 과제가 된다. 반면, 다핵도시는 여러 개의 중심지역을 통해 도시가 형성되고 발전되므로 중심지역을 기능별로 특성화하여 전체적인 도시발전을 실현하는 것이 도시행정의 중요한 이슈이다.

셋째, 도시는 법적으로 인구수와 기능, 그리고 정책에 따라 구분된다. 우리나라 지방자치법은 인구 5만 명 이상의 도시를 시로 구분하고, 특별시, 광역시, 특별자치시, 특례시와 도농복합시로 도시를 구분하고 있다. 특별자치시는 행정 수도 기능을 하기 위해 법적 지위를 부여받은 도시이고, 특례시는 인구 100만 명 이상 대도시 또는 행정수요 등을 고려하여 광역시와 일반시의 중간 성격을 갖는 도시이다. 그리고 도농복합시는 시와 군을 통합한 도시이다.

넷째, 도시의 계획과 관리정책에 따라 신도시, 성장거점도시, 혁신도시 등 다양한 도시로 구분될 수 있다. 신도시란 도시의 무질서한 확장을 방지하기 위해 도시의 외곽지역에 계획적으로 조성한 도시를 의미하고, 혁신도시는 수도권에서 수도권이 아닌 지역으로 이전하는 공공기관을 수용하여 새로운 정주환경을 갖추도록 조성한 도시를 의미한다.

다섯째, 도시는 도시기능의 특화 정도에 따라 여러 형태로 분류할 수 있다. 타 도시에 비해 상대적으로 경쟁력을 보유하고 있는 정치행정, 문화, 교육, 관광, 휴양, 공업, 군사 등 기능을 기준으로 분류된다.

여섯째, 도시는 사회, 경제, 기술 등 사회변화를 수용하는 도시발전을 위해 압축도시, 축도소시, 스마트도시, 저탄소도시, 포용도시 등 새로운 도시가 계속적으로 출현하고 있다. 압축도시란 토지이용의 집적, 입체화 등을 통해 토지의 이용가치를 높이는 개발방식을 의미하고, 저탄소도시란 도시인프라와 생활방식을 저탄소형으로 개편하여 실천하는 도시를 의미한다. 그리고 최근에는 정보통신기술을 활용한 스마트도시와 모든 사람이 재산, 성별, 연령, 인종, 종교에 상관없이 도시가 제공해야 할 기회들에 생산적이고 긍정적으로 참여할 수 있는 권리를 갖는 포용도시가 등장하고 있다(최봉문 외, 2018; UN Habitat, 2002).

표 1-2 도시의 유형

분류기준		유 형
인구 규모	인구수	거대도시, 대도시, 중소도시
법제도	법적 규정	특별시, 광역시, 특별자치시, 특례시, 도농통합도시
공간구조	도시활동의 집중 정도	단핵도시, 다핵도시
개발정책	도시개발 및 정비	전원도시, 신도시, 성장거점도시, 혁신도시,
전문성	기능의 특화 정도	정치행정, 문화, 교육, 관광, 휴양, 공업, 군사, 해안도시
사회변화	사회, 경제, 기술변화	압축도시, 축도소시, 스마트도시, 저탄소도시, 포용도시

제 2 절 도시행정의 개념과 특성

1. 도시행정의 개념

일반적으로 행정이란 공공서비스의 생산 및 분배와 관련한 정부의 활동을 의미한다. 따라서 도시행정은 도시라는 특정한 공간에서 발생하는 문제를 해결하고 공공서비스를 효율적으로 생산하여 제공하는 행정활동으로 정의할 수 있다. 그러나 도시에서 누가, 어떠한 목적과 방법으로 무엇을 위해 행정활동을 하는가에 따를 이해하는 것은 간단하지 않다. 특히, 사회의 실체가 등장하면서 성립된 행정의 개념이 공간의 축소와 확대에 따라 발전하고 있으므로 도시행정을 이해하기 위해서는 도시행정의 주체, 목적, 대상, 장소, 방법, 도시정치 행위자, 도시정부구조 등 다양한 접근방법이 필요하다. '5W1H'에 따라 도시행정의 개념을 정의하면 다음과 같다.

첫째, 도시행정은 도시정부의 자치권이 미치는 공간적 경계 내에서의 지방자치단체 행정활동을 말한다. 즉, 도시행정의 주체는 지방자치단체이고 지방행정의 일부분이 도시행정이다(한국지방행정연구원, 2012).

둘째, 도시행정은 시민의 생애주기에 따라 필요한 일상의 생활과 관련한 모든 업무를 대상으로 한다. 따라서 도시행정에는 시민의 일상생활을 위해 필요한 양질의 시설 또는 인프라와 같은 하드웨어와 교육, 훈련 프로그램 등의 소프트웨어 등이 포함된다.

셋째, 도시행정은 현재 겪고 있는 도시문제를 해결하는 것에서 벗어나 미래의 바람직한 도시발전 방향을 마련하기 위한 활동으로, 사회변화를 정확하게 예측하고 대응하는 자세가 중요하다. 따라서 도시행정은 동태적인 행정과정으로 이해해야 한다.

넷째, 도시행정은 특정한 지리적 공간 내에서 이루어지는 행정활동이다. 그러나 도시는 국가정책과 주변 지역의 사회경제여건에 따라 많은 영향을 받으므로, 도시행정은 국가정책과의 연계성과 함께 인접 지역과의 연대와 협력을 중요시해야 한다.

다섯째, 도시행정은 도시의 건전한 발전과 시민의 삶의 질 향상을 위한 공공서비스를 생산 분배하는 행정행위이다. 따라서 도시행정은 사회변화와 시민의 수요에 기반한 과학적인 의사결정과정으로 이해해야 한다.

여섯째, 도시행정은 한정된 자원의 효율적 조달과 합리적 배분을 위한 행정활동이다. 이러한 이유로 도시행정은 이해관계자의 신뢰를 바탕으로 협력적 거버넌스를 구축하는 것이 필요하다.

이러한 논의를 종합하면 도시행정은 도시정부, 즉 지방자치단체가 자치권의 행사가 가능한 지리적 영역 내에서 거주하는 시민의 생활문제를 해결하고 바람직한 미래를 설계하는 데 필요한 공공서비스 활동으로 정의할 수 있다. 따라서 도시행정은 도시의 건전한 발전과 시민의 삶의 질 향상을 위해 필요한 자원의 효율적 조달과 합리적 분배활동이 전제되어야 한다.

그림 1-3 5W1H를 활용한 도시행정의 개념 정의

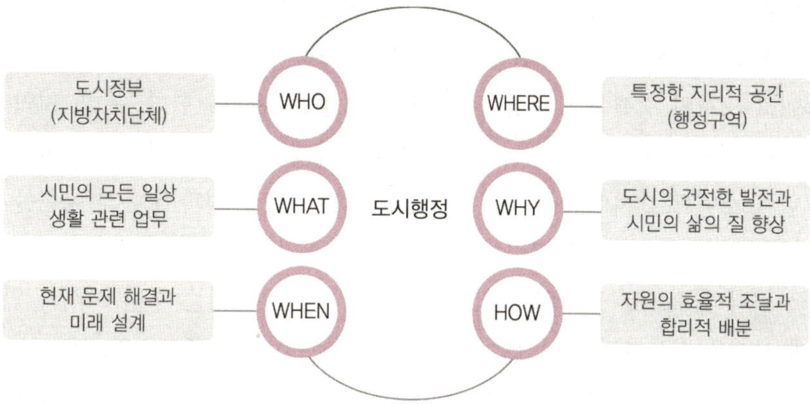

2. 도시행정의 특성

도시행정은 특정한 공간에서 발생하는 문제를 해결하고 공공서비스를 효율적으로 생산하여 제공하는 행정활동으로 일반행정과 달리 다른 특성을 갖고 있다(이규환, 2012).

1) 종합행정

도시행정의 실행주체로 지방자치단체는 시민의 편안하고 안정적인 삶에 필요한 주택, 교통, 산업경제, 보건복지, 교육의료, 소방 및 경찰 등의 다양한 사무를 처리해야 한다. 이러한 업무는 중앙정부로부터 위임을 받거나 자체적인 의사결정을 통해 처리된다. 따라서 도시행정은 우수한 인력을 선발하고 필요한 재원을 효율적으로 조달하여 합리적으로 배분하는 일반행정과 함께 시민의 다양한 수요에 대응하기 위한 모든 영역을 포함하고 전문화 또는 특화되어야 한다. 특히, 시민의 삶터와 일터, 그리고 쉼터가 공간적으로 잘 연결되어 불편함이 없어야 하고 기능적으로 연계되어 효율성을 높여야 한다. 또한 시민의 눈높이에 맞는 삶의 환경과 우수한 프로그램이 개발되어야 한다. 따라서 도시행정은 도시라는 특정 공간에서 발생하는 모든 사무를 처리하는 종합행정이 되어야 한다.

2) 지역행정

도시행정은 정해진 행정구역에서 시민의 생활을 지원하고 통제하는 행정활동이다. 따라서 도시행정은 도시의 고유한 역사문화에 기초한 지역성을 발전시켜 시민의 삶의 질을 높이고 도시의 경쟁력을 향상하는 활동에 중점을 두어야 한다. 특히, 지역성은 시민이 도시에 대한 소속감과 느끼는 감정, 그리고 함께 살아가는 공동체 의식을 결정하는 중요한 요소이므로 시민이 자긍심으로 갖고 공존의 필요성과 고유의 문화를 발전시키기 위한 활동을 우선적으로 고려해야 한다. 국토 공간에서 도시의 행정구역은 지리적으로 연속되어 있으므로 도시의 지역성을 발전시키기 위해서는 주변 도시와 연대하고 협력하여 시설을 건설하고 프로그램을 공동 운영하는 활동이 중요하다. 왜냐하면, 도시의 지역성은 인접해 있는 주변 도시의 정치 · 사회 · 경제 · 문화 등 모든 환경적인 요인에 의해서 영향을 받기 때문이다(지방행정연수원, 2016).

3) 생활행정

도시행정은 도시의 시작과 끝을 함께하는 시민의 생활 영역에서 발생하는 문제를 해결하고 예방하는 모든 활동이다. 즉, 시민의 출생부터 사망까지의 생애주기와 사회변화에 따라 변화되는 요구를 수용하는 것이 도시행정이 존재하는 이유이기 때문이다. 이러한 차원에서 시민의 삶과 현장에서 일어나고 있는 문제를 적극적으로 해결하는 '적극행정'을 통해 시민의 행복과 공공복리의 증진에 관한 사무를 수행하는 생활행정이 이루어져야 한다.

4) 자치행정

도시행정은 국토의 일정한 지리적 경계 내에 거주하는 시민이 그들의 대표를 구성하여 문제를 자율적으로 처리하는 방식을 따른다. 즉, 시민이 거주지역에서 발생하는 일상생활과 관련한 문제를 국가에 의존하지 않고 대표자를 통해 처리하는 자치행정과 같은 개념이다. 지방자치단체가 독립된 지위를 가지고 시민의 복리에 관한 모든 공공업무를 집행하거나 교육, 복지 등의 업무만 자치단체가 수행하고 일정한 행정업무는 중앙정부의 하급행정기관에서 담당하는 방식 등 국가의 운영방식에 따라 여러 형태의 자치행정이 존재한다. 어떤 형태의 자치행정이든 도시행정은 시민의 일상생활과 밀접한 관계를 갖기 때문에 시민의 참여를 기반으로 독자적으로 처리하는 것을 중요시한다.

그림 1-4 도시행정의 특성

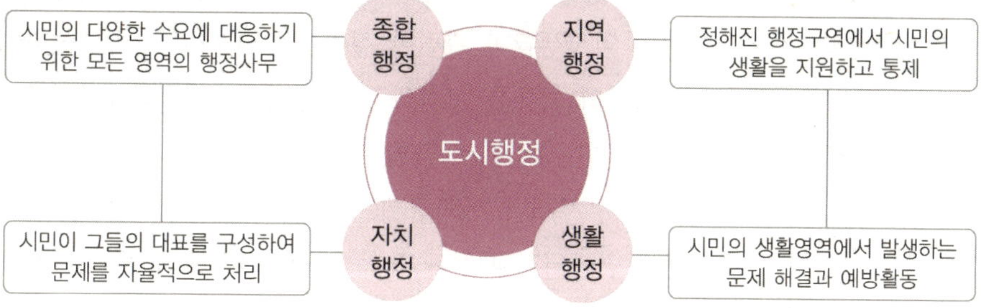

3. 도시행정의 이념

1) 도시행정 이념

이념이란 구성원의 바람직한 행동의 기준을 추구하는 가치로 "어떠한 현상 전체에 영향을 미치는 지배적인 생각"이라고 쉽게 정의할 수 있다. 따라서 이념은 준수해야 할 기준과 원칙 또는 행동원리, 바람직한 방향, 이상, 가치 등 여러 개념으로 정의된다. 행정학에서 이념은 정부의 구성과 운영, 그리고 기능 배분의 기준으로 활용되며 정의, 공익, 형평성 등의 본질적 행정가치와 합법성, 효과성, 효율성, 민주성 등의 수단적 행정가치로 구분된다(선종근, 2011; 이종수 외, 2014). 도시행정의 이념은 도시사회의 특성과 도시문제의 유형에 따라 강조하는 가치가 다르게 나타날 수 있지만, 일반적으로 형평성, 민주성, 효과성, 효율성, 합법성, 대응성, 그리고 자치성을 들 수 있다(박종화 외, 2018).

(1) 형평성

형평성(equity)은 사회적 약자를 포함하여 전 국민에 대한 혜택의 공평한 배분을 의미하는 것으로 공공의 권리와 이익을 추구하는 공공성과 중첩되며 행정의 본질적 가치이다(선종근 외, 2013). 도시행정은 시민 개개인의 사회경제적 조건에 따라 필요한 서비스를 제공해야 한다. 즉, 소득, 연령 등 사회계층 간과 동일한 사회계층 내에 도시공공서비스가 공평하게 배분되어한다. 이는 도시정부가 건설하는 시설과 운영 프로그램은 시민 모두는 물론 사회적 약자는 더욱 편리하게 접근하고 활용할 수 있어야 한다.

(2) 합법성

합법성(legality)은 법에 기반한 행정을 의미하는 것으로 도시행정도 법치행정의 원리를 준수해야 한다. 특히, 시민의 일상생활과 관련한 분야의 공공서비스를 생산하여 배분하는 도시행정활동은 시민 개인의 자유를 보장하고 타인의 권리를 침해하지 않도록 합법적으로 추진되어야 한다. 이러한 측면에서 합법성은 행정이념의 가장 중요한 이념으로 평가되고 있다(선종근, 2011). 그러나 사회경제, 그리고 기술의 변화에 따라 도시문제는 매우 다양하고 급속하게 변화되기 때문에 모든 도시문제를 법규를 준수하고 적법한 절차에 따라 해결하는 것이 현실적으로 불가능하다. 특히, 법이 제정되어 법적 효력이 발생하는 데 많은 시간이 소요되므로, 현대 도시의 문제를 유연하게 대처하는 것이 필요하다.

(3) 민주성

민주성(democracy)은 정당한 절차와 동의에 따른 합리적 가치이고 주권의 소유자인 국민으로부터 권한을 위임받은 행정이 국민을 위해 봉사하는 것을 말한다(선종근 외, 2013). 즉, 행정의 권한을 정부에 위임한 주체인 국민의 의사를 존중하기 위해 행정과정에 시민참여를 보장해야 한다. 따라서 도시문제 해결방안을 마련하기 위한 계획, 실행, 평가 등의 전 과정에 시민참여를 제도적으로 보장하고 도시정부와 시민과의 민주적인 관계를 형성하는 것이 필요하다. 이러한 측면에서 도시정부, 시민, 전문가, 기업 등 이해관계자를 중심으로 협력적 거버넌스 체계를 구축하여 도시행정의 민주성을 강화시켜야 한다.

(4) 효과성과 효율성

효과성(effectiveness)이란 목표의 달성 정도를 의미하는 것으로 투입 대비 산출물을 의미하는 효율성(efficiency)과 같이 활용된다. 효율성은 산출에 대한 비용의 관계를 중시하는 반면, 효과성은 효과가 발생하는 환경과의 관계를 중시한다(이종수 외, 2104). 따라서 효율성은 행정활동에 따라 나타나는 가시적이고 구체적인 산출물이고 효과성은 추상적이고 상징적인 개념이다. 예를 들어, 도심의 주차공간이 부족한 문제를 해결하기 위해 주차장을 건설한 경우 도심의 주차대수 증가량은 산출이고, 도심통행의 편리성과 안전성 증가는 효과를 의미한다. 따라서 도시발전과 시민의 삶의 질 향상을 위한 도시행정의 목표를 어느 정도 달성했는가를 평가하기 위해서는 효과성과 효율성의 이념이 중요한 판단기준이 된다.

(5) 대응성

대응성(respectiveness)이란 서비스 전달기관이 시민의 요구에 반응하는 정도를 의미하는 것으로 도시행정 서비스의 만족도와 성과평가에 사용된다(박종화 외, 2018). 시민의 수요는 개별적이고 구체적이며 상황에 따라 계속 변화되기 때문에 정확하고 신속하게 대응하는 것은 불가능하다. 따라서 도시정부는 타 도시와 차별적이고 만족도 높은 도시서비스를 생산하기 위해 시민의 선호를 파악하고 대응할 수 있는 제도적 시스템을 구축해야 한다. 즉, 대응성은 도시정부가 시민의 불편에 대해 어떻게 대응하고 문제 해결 수단의 우선순위를 결정하는 중요한 이념으로 평가된다.

(6) 자치성

자치성이란 지방자치단체가 공공사무를 스스로 처리하는 것을 의미하며 자율성과 같은 개념으로 사용한다. 도시행정은 국가행정과는 달리 시민의 일상생활과 관련된 주택, 교통, 환경, 안전, 복지, 문화 등의 문제에 대응하고 처리해야 한다. 이러한 측면에서 도시문제는 지역주민들이 그들의 일상생활에 관련된 사무를 국가에 의존하지 않고, 자주적으로 처리해야 하는 지방자치단체의 자치사무로 볼 수 있다. 따라서 중앙정부는 필요한 제도, 예산 등을 지원하고 지방자치단체가 독립적으로 책임과 권한을 가지고 처리해야 한다. 특히, 지방자치제도가 정착되면서 도시정부가 독립적으로 자치권을 행사하고 시민의 요구를 우선적으로 반영하여 행정활동을 할 수 있게 되면서 자치성은 도시행정의 중요한 이념이 되고 있다.

2) 도시행정 이념의 우선순위

도시행정은 정치·행정적 자치권이 미치는 공간단위의 행정활동을 의미하므로 도시행정의 이념은 합법성, 민주성, 효과성, 형평성, 대응성의 일반적 행정이념과 함께 자치성을 지향해야 한다. 그러나 도시의 특성과 시민의 요구에 따라 도시문제는 구체적이고 개별적이기 때문에, 문제를 정의하고 계획을 수립하여 집행하고 평가하는 전 과정에 모든 이념을 동시에 추구하는 것은 현실적으로 불가능하다. 따라서 도시행정의 이념은 국가의 정치행정구조와 사회문화 여건에 따라 우선순위가 변화될 수 있다. 도시행정의 이념을 도시공공서비스의 생산과 배분을 정책과정 단계와 연결하여 설명하면 다음과 같다.

첫째, 도시문제가 도시정부의 정책문제로 전환되기 위해서는 민주성과 대응성을 확보해야 한다. 즉, 도시정부는 민주적인 절차를 통해 시민의 요구를 수렴하고 안전하고 쾌적하며 편리한 시민의 일상생활에 영향을 미치는 요인에 대응해야 한다. 또한 시민, 기업 등 이해관계자의 참여를 통해 도시문제 해결을 위한 사회적 공감대를 형성하고 정책문제를 결정해야 하므로, 민주성은 도시문제를 정의하는 중요한 가치로 작용한다.

둘째, 도시문제가 정책문제로 결정되면 문제 해결을 통해 달성하고자 하는 목표를 결정해야 한다. 정책목표는 도시공공서비스의 접근 기회와 혜택의 균등한 분배를 위해 형평성과 함께 투입에 필요한 자원을 최소화하여 최대의 산출물을 도출하기 위한 효과성과 효율성의 이념을 추구해야 한다.

셋째, 도시문제 해결의 목표가 결정되면 정책목표를 실현하기 위한 계획을 수립해야 한다. 계획은 목표달성을 위한 구체적인 사업과 프로그램을 포함해야 하므로, 투입 대비 산출물을 중요시하는 효율성을 추구해야 한다. 또한 계획은 미래 지향적인 활동지침이기 때문에 도시사회에 전체에 미치는 형평성과 도시발전과 시민의 삶의 질 제고 등과 같은 효과성의 이념도 중요하게 고려해야 한다.

넷째, 도시공공서비스를 생산하여 분배하는 과정은 공정하게 실행되어야 한다. 즉, 개개인의 권리를 침해하지 않으면서 합법적인 기준과 절차에 따라 계획과 사업이 집행되어야 한다.

다섯째, 도시공공서비스는 도시정부가 도시문제에 적절하게 대응했는가를 평가하고, 문제를 도출한 후 새로운 도시정책과제를 결정하는 단계로 대응성이 우선적으로 확보되어야 한다. 또한 평가와 모니터링 과정에는 시민의 사회경제적 조건에 따라 공정한 혜택이 제공될 수 있도록 합법성과 형평성 이념을 중요하게 고려해야 한다.

도시행정의 모든 이념을 동시에 추구하는 것은 현실적으로 불가능하므로 도시문제 해결 과정에 필요한 이념의 조화가 필요하다. 즉, 어떤 하나의 이념이 절대적으로 중요한 것이 아니라 상대적으로 중요성을 가진다는 의미로 도시 특성과 시민의 요구에 따라 이념의 우선순위는 변화될 수 있다. 또한 모든 도시공공서비스의 생산과 분배 과정은 도시정부가 시민참여를 통해 도시문제를 진단하고 자율적인 의사결정에 기반하여 해결할 수 있는 자치성의 이념에 기초해야 한다. 이러한 차원에서 자치성은 도시행정의 상위가치로 이야기할 수 있다.

그림 1-5 도시행정의 이념

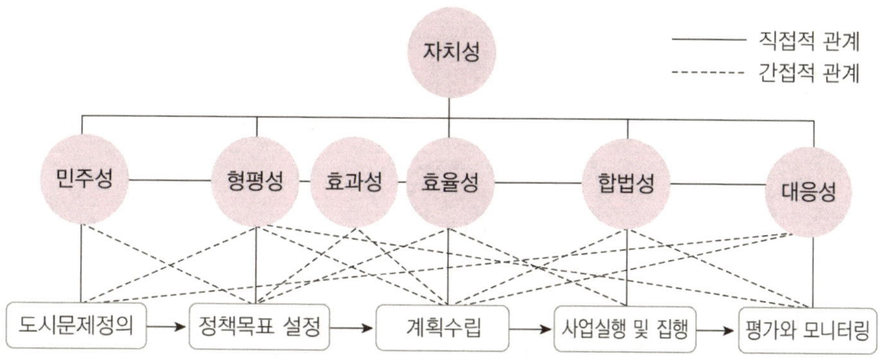

제 3 절 도시행정의 학문적 성격과 연구범위

1. 도시행정의 학문적 성격

도시는 더 좋은 인간의 삶을 만들기 위한 인간의 필요요소를 생산하고 공급해준다. 이러한 이유로 도시의 경쟁력이 곧 국가의 경쟁력을 결정한다. 특히, 도시 간 전쟁의 시대를 경험하는 현대 사회에서 도시의 기업활동 환경, 인적자본의 규모와 수준, 지식과 정보의 교류 등은 국가발전을 이루는 데 결정적인 요소로 작용한다. 따라서 도시행정은 도시문제를 해결하고 도시경쟁력을 향상시키는 데 필요한 환경을 만들기 위한 사회적 공감대가 형성되면서 자연스럽게 학문으로 성장하고 발전하고 있다. 도시는 인간의 삶의 공간이고 국가를 구성하는 행정단위이므로 도시행정은 도시를 연구하는 '도시학'과 공적인 가치를 달성하기 위해 정부가 수행하는 정책 및 관리 활동을 연구하는 '행정학'이 결합되어 형성한 학문이다.

기본적으로 도시학은 도시문제의 원인을 발견하고 해결하면서 도시의 미래를 설계하는 학문으로 지리학, 건축학, 토목학, 환경학, 경제학과 시민의 행태를 연구하는 사회학 등의 종합학문이다. 따라서 도시행정도 종합적인 성격을 갖게 되는 것은 자연스러운 현상이다. 또한 행정학은 국가운영의 기본원리인 정치학과 법학, 그리고 국가운영에 필

그림 1-6 도시행정의 학문적 특성

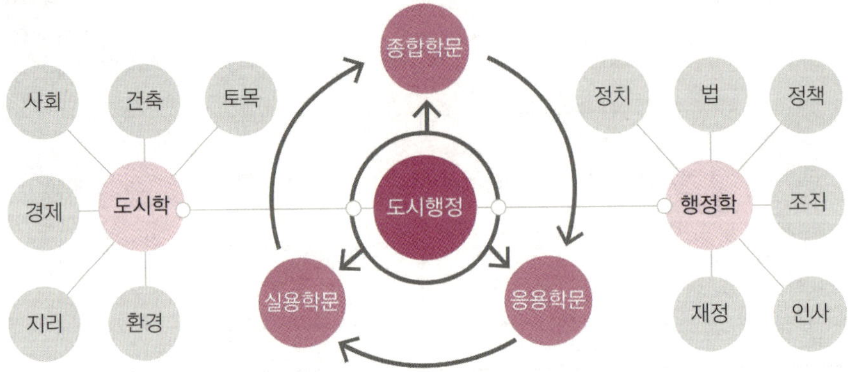

요한 정책, 조직, 인사, 재정 등을 포함하는 사회과학이다. 따라서 도시행정은 국가운영과 관계 속에서 도시정부의 정책, 조직, 인사, 재정 등을 종합적으로 다루어야 한다. 한국교육개발원(KEDI) 교육통계에서도 도시행정학을 사회계열 행정학에 포함하여 관리하고 있다(한국교육개발원, 2021). 이러한 논의를 종합하면 도시행정은 종합학문이고 응용학문이며 실용학문의 특성을 가진다.

첫째, 도시행정은 도시에서 살고 일하고 즐기는 시민의 일상생활과 직접적인 관련 있는 모든 문제를 해결하기 위한 실용학문이다.

둘째, 도시행정은 도시문제의 발생원인을 파악하고 효율적이고 합리적인 해결방안을 마련하기 위한 사업과 프로그램을 개발해야 하기 때문에 다양한 학문 분야의 학제적 접근이 필요한 종합학문이다(박종화 외, 2018).

셋째, 도시행정은 도시의 건전한 발전과 시민의 삶의 질 향상을 위해 다양한 학문에서 개발된 이론을 활용해야 하는 응용학문이다.

2. 도시행정의 연구범위

도시행정이 도시학과 행정학이 결합된 학문적 특성을 갖기 때문에 연구범위도 도시학과 행정학의 연구범위로 구분된다.

먼저, 도시행정은 도시의 성장과 쇠퇴 문제에서 출발하였으므로 도시화와 도시문제를 연구하는 도시학의 연구범위를 포함한다. 따라서 도시화와 도시문제에 대한 이해가 필요하다. 즉, 도시행정의 연구범위에는 도시의 인구 집중으로 도시적 생활방식(urban lifestyle pattern)이 확산되는 과정이 포함된다. 따라서 도시의 형성 과정과 현재 도시가 안고 있는 문제, 그리고 사회여건 변화에 따른 바람직한 도시의 미래상은 도시행정의 중요한 연구 대상이 된다. 또한 도시행정은 도시화 과정을 통해 도시라는 특정 공간에 집중된 인간활동을 위해 필요한 주택공급, 교통체계, 환경관리, 범죄예방 등의 문제 원인을 파악하고 효율적으로 처리하기 위한 해결방안을 연구한다.

그리고 도시행정은 도시특성을 고려한 행정실현에 필요한 도시정부의 구성과 운영 문제를 연구하는 행정학의 연구범위를 포함한다. 즉, 지역공동체의 사무를 주민들의 의사에 의해 결정하고 처리하는 지방자치제도가 정립되면서 도시행정은 국가기관과 도시정부의 관계에 따른 도시정부의 지위와 역할을 연구한다. 이를 위해 도시행정은 도시정부의 자치권, 국가와 도시정부의 기능배분, 도시정부와 주민참여 등 도시정부의 정책결정에 영향을 미치는 정치환경요인을 연구한다. 또한 도시행정의 주체로 정치, 경제, 사회, 문화여건 변화에 따른 행정수요와 공공서비스의 생산과 배분을 연구한다.

그림 1-7 도시행정의 연구범위

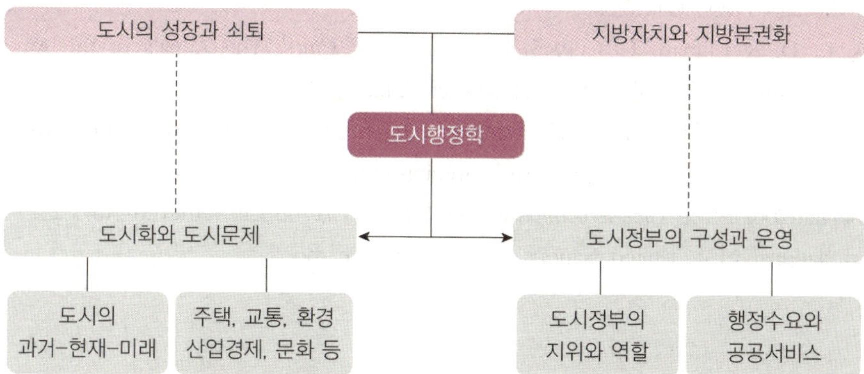

참고문헌

남영우(2015). 『도시공간구조론』. 법문사.

대한국토 · 도시계획학회(2010). 『도시계획론』. 보성각.

대한국토 · 도시계획학회(2014). 『새로운 도시 도시계획의 이해』. 보성각.

박종화 · 윤대식 · 이종열(2018). 『도시행정론(이론과 정책)』. 대영문화사.

선종근(2011). 『행정이념의 우선순위에 관한 연구』. 건국대학교 박사학위 논문.

선종근 · 하미승 · 전영상(2013). 한국정부의 행정이념에 관한 공무원의 인식 연구. 『한국행정논집』, 25(1): 67-103.

이귀택 · 강남훈 · 전창진(2015). 『도시행정론』. 부연사.

이규환(2012). 『도시행정론』. 법문사.

이종수 · 윤영진 · 곽채기 · 이재원(2014). 『새행정학』. 대영문화사.

지방행정연수원(2016). 『2016년도 공통교재 도시행정론』.

최봉문 외(2018). 『현대도시학』. 대왕사.

한국교육개발원(2021). 『2020년 학과(전공) 분류자료집』.

한국지방행정연구원(2012). 『자치단체 도시행정의 한계와 지원기능 강화 방안』.

Burgess, E. W.(1925). *The Growth of the City: An Introduction to a Research Project*. from Robert E. Park, Ernest W. Burgess, & Roderick D. McKenzie, The City, University of Chicago Press, Chicago.

Harris, C. D. & Ullman, E. L.(1945). *The Nature of Cities*. The Annals of the American Academy of Political and Social Science, 242: 7-17.

Hoyt, H.(1939). *The structure and growth of residential neighborhoods in American cities*. Washington, DC: Federal Housing Administration.

UN Habitat(2002). *The Global Campaign on Urban Governance*. retrieved Nov. 23.

United Nations(2015). United Nations Demographic Yearbook.

CHAPTER

02

도시의 과거

최창규
(한양대학교 도시대학원)

제1절 인류 최초 도시들의 형성과 발전을 위한 조건들
제2절 그리스와 로마, 그리고 제국의 도시들의 성장
제3절 서로마 제국 폐망(476년) 이후 산업혁명 이전의 도시들
제4절 산업혁명과 도시들

이 장에서는 인류 최초의 도시들에서 산업혁명 시대에 이르기까지 도시의 생성과 발전, 그리고 쇠퇴에 대해서 살펴보고자 한다. 아마도 최초의 도시들은 기원전 약 3~4천 년경에 현재의 중동 지역의 비옥한 강 유역에서 시작된 것으로 판단된다.[1] 이들 도시들과 인류 초기 문명과는 매우 긴밀하게 연계되어 있다.[2] 그 이후의 시대를 이끈 그리스와 로마의 도시들, 그리고 중세와 르네상스의 번영을 가져왔던 도시들, 현대를 만든 기틀을 제공한 산업혁명의 도시들의 성장 배경에 대해서 이 장에서 설명하고자 한다. 이들이 어떠한 이유로 형성되었고, 어떻게 번성하였고, 왜 멸망하였는지를 아는 것은, 미래 도시의 성장과 발전을 이해하는 데 매우 중요한 교훈을 제공하기 때문이다. 도시민들을 위한 잉여농산물이 확보된 이후, 초기 도시들의 성장에 가장 큰 영향을 미친 요소들은 종교·행정·군사·교역 등을 들 수 있으며, 산업혁명에 이르러서 각 도시의 산업적 생산성이 그 성장에 크게 영향을 미쳤다.

제 1 절 인류 최초 도시들의 형성과 발전을 위한 조건들

1. 잉여농산물

최초의 도시들은 비옥한 땅을 가진 강 유역에 인접하여 있다. 도시가 존재하기 위해서는, 도시민들이 살아갈 수 있을 만큼의 잉여식량의 생산이 가장 기본적인 전제조건이었다. 충분한 잉여식량을 생산하기 위해서는, 인류 역사의 중요한 역사적 발전이 있었다. 신석기혁명으로 표현되는 채집 경제로부터 식량을 생산하는 단계로의 전환이 있었으며, 농기구의 등장과 활용, 그리고 관개시설의 발달도 추가되었을 것이다. 초기 도시의 거주민 한 명의 식량을 공급하는데, 50~150명 사이의 농업종사자들이 필요했던 것

---

1) 인류가 만든 최초의 도시가 어느 것인지에 대한 논의는 다양하다(Kostof, 1991). 현대를 사는 우리는 지금도 발견되는 고고학적 유적과 최초의 도시들이 만들어진 후 몇 천 년후에야 쓰여진, 초기의 역사서들을 가지고 추론하는 수밖에 없다. 참고로 서양의 최초 역사서로 평가되는 헤로도토스(Herodotos)가 쓴 『역사(*History*)』는 기원전 5세기경 쓰여진 것으로 추정되고, 중국의 최고 역사서 중에 하나인 전한 시대 사마천(司馬遷)이 쓴 『사기(史記)』는 기원전 100년경에 쓰여진 것으로 추정된다.

2) 모리스(Morris, 1979)는 인류 초기 도시들을 만들었던 수메르, 이집트, 하라파(Harappa, 인더스 문명), 마야, 아즈텍, 잉카 등 중에서 중국만이 그 명맥을 유지하고 있다고 판단한다.

으로 추정된다(O'Sullivan, 2003). 그러나 잉여농산물의 생성은 마을의 형성과 집단 취락 정도를 설명할 수 있는 있겠지만, 우리가 도시라고 표현하는 크기와 밀도를 설명하기는 쉽지 않다.

2. 교 역

한자로 도시(都市)를 나누어 보면, 도읍과 행정을 의미하는 '도(都)'와 시장(市)이 결합되어 있다. 교역이 도시에서 얼마나 중요한 기능인지를 우리는 쉽게 상상할 수 있다. 보관과 교역이 가능한 잉여농산물(예: 건조 가능한 곡식)의 생산 증가는 최초의 도시를 만들기 위한 또 다른 조건이었을 것이다.

고대의 많은 도시 유적들에서 대규모 창고들이 발굴되는데, 이것은 저장과 교역을 위한 기능을 하였다는 것을 설명하고 있다. 초기 교역은 현재의 기준[3]으로 1차 산업 종사자들(농부, 어부, 목축업자) 간의 교역과 이들과 도시인 간의 교역에서 시작하였을 것이며, 이는 도시들 간의 교역으로 더욱 발전되었을 것이다. 이와 같은 교역이 커지면서 도시들은 성장하였을 것이다.

그림 2-1 인류 초기의 도시들 분포(BC 3500~3000)

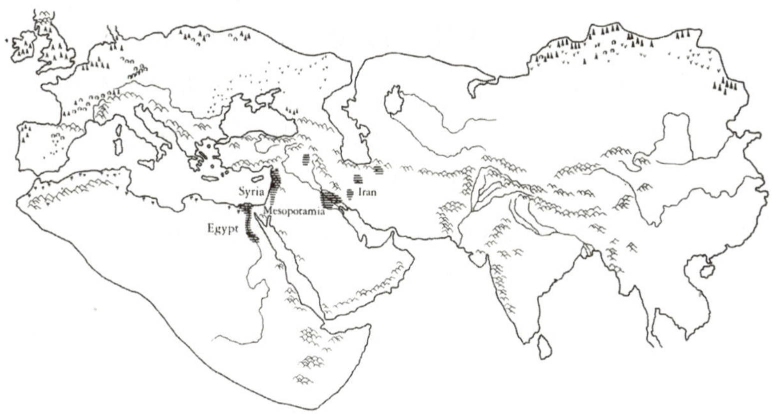

자료: Benevolo(1980: 18).

3) 과거의 기준에서 이와 같은 구분이 맞는지 확인하기 어렵다. 한 사람 또는 가족이 자연에서 채집하고, 농사짓고, 낚시하고, 가축을 기르는 일을 동시에 했을 가능성이 높기 때문이다.

그럼에도 불구하고, 교역이 도시의 필요조건이라고 할 수는 없을 것이다. 대규모 교역이 있다고 해서 도시가 반드시 만들어지는 것은 아니며, 교역을 기반으로 하고 있지 않아도 도시로 성장하는 경우도 있기 때문이다. 코스토프(Kostof, 1991)는 초기 도시에서 시장이 항상 필요한 기능은 아니었다고 주장한다. 그는 장거리 교역은 협상과 공식적인 거래로 이루어졌으며, 대규모 시장이 대규모 도시로 발전하는 전제조건은 아니라고 주장한다.

3. 종교, 권력, 그리고 행정

초기 도시들의 유적에서 발견되는 가장 큰 유물들은 종교적 시설이다. 고대 메소포타미아의 사원을 지구라트(ziggurat)하고 하는데, 이 지역의 고대 도시인 우르(Ur)와 우르크(Uruk)에서는 거대한 지구라트가 아직도 존재한다. 또한 성경에 등장하는 바벨탑도 지구라트였을 것이라는 견해도 존재한다(김흥순, 2017). 종교 시설은 중남미의 고대 도시들에서도 태양의 신을 위한 대규모 구조물의 형태로도 관찰된다.

멈포드(Mumford, 1968)는 대규모 종교의 발달과 최초의 도시들의 발전 시점이 유사하기 때문에, 이 둘이 긴밀하게 연관되어 있다고 주장한다. 그는 최초의 도시들이 생성될 즈음에 각 지역의 지방 신들이, 대규모 숭배를 요구하는 것으로 여겨지는 하늘의 신(celestial gods)으로 대체되었음에 주목한다. 이 때문에 대규모의 시설과 군집이 필요했을 것이며, 마을을 넘어선 도시의 생성이 필요했을 것으로 추정한다.

메소포타미아의 고대 도시 유적에서는 종교 시설과 함께, 내성(內城)과 외성(外城)으로 성곽이 구분되고 체계적인 격자로 이루어진 도로망과 거주지역을 확인할 수 있다(Benevolo, 1980). 후자는 주로 사원에 근접한 지역이었으며, 높은 사회 계층을 가진 이들이 살았을 것으로 추정된다. 이러한 체계적인 도시계획은 당시 사회에 계급적 차이와 강한 행정체계가 존재하였음을 반증하고 있다.

중국과 동북아에서는 메소포타미아와 다른 고대 도시들과 유사한 종교적 기원을 확인하기 어렵지만, 도읍을 의미하는 '도(都)'가 권력과 행정의 존재를 설명하고 있음을 우리는 쉽게 알 수 있다. 중국의 도시 조성 원리로 작성되었고, 근대 이전까지 한반도와 일본에도 도시 조성의 고전으로 사용되어 온, 주례 고공기(考工記)는 황제라는 권력 기반과 행정의 힘, 하늘에 대한 제사, 그리고 시장의 위치 등을 설명하고 있다. 중국과 동북아에서는 메소포타미아 문명과 같이 종교적 기반이 크게 작용하지는 않았지만, 절

그림 2-2 메소포타미아의 고대 도시 우르(Ur)와 지구라트

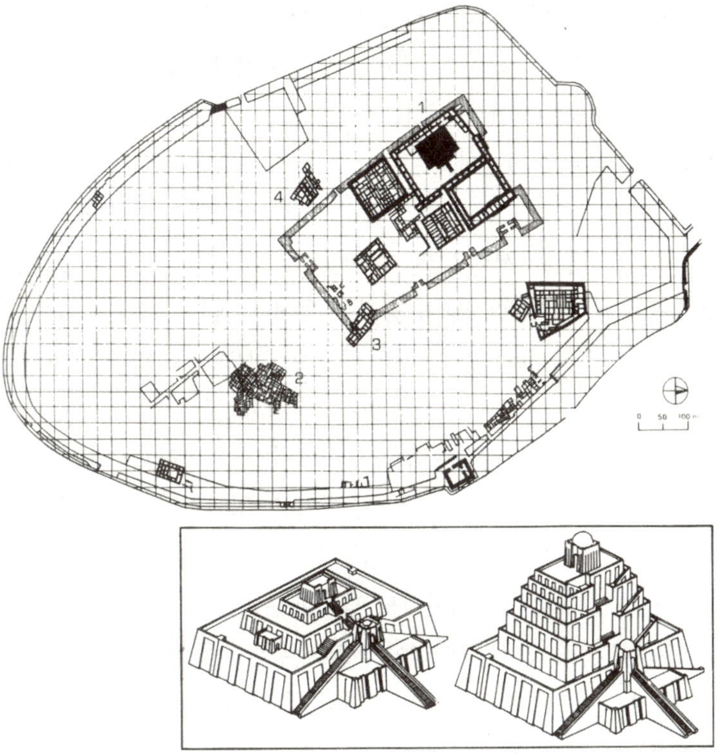

자료: Benevolo(1980: 22).

대적 권력과 행정체계, 그리고 도시의 건설이 고대 사회에서 밀접하게 연계되어 있음을 보여주고 있다.

현존하는 인류 최고의 법전으로 알려진, 기원전 약 2100년경의 우르-남무(Ur-Nammu) 법전과 기원전 약 1700년경의 함무라비(Hammurabi) 법전은 당시 도시 국가들이 기초적인 형법과 민법을 가지고 있음을 보여주고 있다. 도시는 인구밀도와 크기의 측면에서, 기존의 마을단위와는 비교가 안 된다. 관습만으로 해결하지 못하는 다양한 사회문제가 발생하며, 범죄의 발생도 증가한다. 이를 관리하기 위한 행정체계의 발전과 함께 경찰권이 발달하여 왔을 것이며, 이는 다시 권력체계의 강화를 가져왔을 것이다.

4. 계급과 분업

도시는 마을에서 발전된 것이지만, 단순히 마을이 확대된 것은 아니다(Benevolo, 1980). 고대의 마을에서도 계급이 존재하고 분업이 존재하였을 테지만, 도시는 이들을 보다 세분하고 다양하게 만드는 곳이다. 초기 도시에는 지배하는 계층과 지배받는 계급이 존재하였던 것으로 추정되는데, 이 두 계층 내에서도 다양한 직업과 분업이 행하여졌을 것이다.

예를 들어, 행정, 산업과 서비스업은 전문화되면서 발전하였고, 농업생산은 이들이 만들어낸 토목과 관개(灌漑) 시스템과 농기구 등에 의해서 발전되어 갔을 것이다. 농사를 효율적으로 짓기 위해서는 농업용수의 공급이 필요하고, 이를 위한 대규모의 토목사업이 행하여졌을 것이다. 측량과 토목 기술과 함께 대규모 노동이 수반되었을 것이다. 많은 인구가 살기 위해서는 식수의 공급과 오수의 처리가 필요하였을 것이다. 농기구를 생산하기 위해서는 전문적인 장인들이 생기고, 도시의 방어를 위한 무기를 생산하는 장인들도 필요하였을 것이다. 대규모 건물을 건설하기 위한 건설 기술자들이 필요하였을 것이고, 이를 장식할 예술가(아마도 당시에는 이들 모두가 장인들이었을 것이지만)들도 공급되어야 했을 것이다. 이전에 없던 생활환경을 발견한 인류는 서로 간의 지속적인 지적 자극을 주고받기 시작하면서, 새롭게 발전되어가는 수요와 그에 따른 직업이 만들어지기 시작한다. 이와 같은 분업은 현대에 들어서는 도시의 다양성을 만들고, 그 발전 동력이 되기도 한다.

5. 방 어

잉여농산물을 보관하고 있다라는 사실은, 식량이 부족했던 타 집단의 측면에서 보면 공격할 명확한 이유가 된다. 또한 초기 문명의 상당수가 노예제를 기반으로 하고 있었기 때문에, 자신들의 사회적·신체적 자유를 유지하면서 다수의 시민들이 모여 살기 위해서는, 지배계층들은 자신들을 노예로 만들 수 있는 외적의 침입으로부터 방어할 장치가 필요했을 것이다. 사회가 계급화되고 분업화하는 과정에서 필연적으로 군인이 필요하고, 이는 역사 속의 도시들에서 성곽이 존재하게 됨을 설명하고 있다.

도시의 주요 기능에 방어가 포함되어 있었을 것이다. 오설리반(O'Sullivan, 2003)은 초기 도시에서 군대와 방어가 중요함을 다음의 두 가지 이유로 설명하고 있다. 첫째,

각각의 도시들이 다른 신을 숭배하였고, 종교적 분쟁 때문에 전쟁이 발생하였을 것이다. 둘째, 도시가 부를 축적함에 따라서 전쟁을 초래할 목표물을 제공하게 되었다. 모든 초기 도시에서 성벽이 존재하고 있는 것은 아니지만, 각 지역의 상황에 따른 방어체계가 존재하였다. 예를 들어, 메소포타미아의 도시들에서는 성채가 발견되고 있지만, 이집트의 도시들에서는 이와 같은 성채가 잘 발견되지 않는다. 이는 전자가 도시 국가들도 상호 침략이 발생할 가능성이 높았으나, 후자는 강력한 중앙집권체계를 가진 국가여서 주변의 침략을 걱정할 필요가 없었기 때문으로 추정된다(김흥순, 2017).

6. 지역별 최초의 도시들

1) 메소포타미아 지역

메소포타미아(Mesopotamia)라는 명칭은 중동의 유프라테스(Euphrates) 강과 티그리스(Tigris) 강 사이의 지역으로, 그리스어에서 유래되었다. 이 지역은 수시로 범람하는 강 때문에 매우 비옥하였고, 이에 따라서 농업 생산성이 매우 높았다(김흥순, 2017). 초기 각 지방의 잉여농산물은 신의 대변자 역할을 하였던, 각 도시의 통치자들에 의해서 모아졌다. 각 도시는 주변의 농지를 기반으로 독자적인 도시 국가로써 존재하였다. 이들 간의 투쟁은 이 지역을 안정화시킨 제국이 출현할 때까지 지속되었다. 이와 같은 제국은 우르의 수메르왕, 바빌로니아의 함무라비, 아시리아 및 페르시아의 왕들에 의해서 건설되었다. 지역 내 군사적 긴장과 충돌은 이들 지역의 각 도시가 성곽을 갖게 되는 이유를 설명하고 있다.

강력한 신권과 이와 연계된 계급체계는 아직도 남아 있는 몇몇 도시 유적들에서 확인된다. 도시의 신에게 바쳐진(또는 천체 관측소의 역할을 하였던) 것으로 추정되는 대규모 건조물인 지구라트, 그 주변의 잘 정비된 도로와 대규모의 주택들, 그리고 창고들이 확인된다. 이들 도시 중심부는 왕, 성직자 또는 귀족들이 살았을 것으로 추정된다. 외성에는 불규칙적인 도로망과 작은 주거지들이 확인되며, 이 지역에는 평민 또는 서민들이 살았을 것이다.

이 지역은 주변에 대규모 암석을 찾을 수 없는 평야 지대여서, 점토에 지푸라기를 섞어 햇빛으로 말린 점토벽돌을 이용해서 도시를 건설하였다(손세관, 2000). 대표적인 도시들로는 인류 최초의 도시로 믿어지는 우르크(Uruk)와, 약 400ha의 크기로 이 지역의 최대 도시로 추정되는 바빌론(Babylon)이 있다. 각각 최전성기에 약 5만 명과 8만 명 이상의 인구가 살았던 것으로 추정된다.

2) 이집트 지역

고대 나일강에 있었던 이집트 문명은 비옥한 땅과 강을 끼고 있다는 측면에서 메소포타미아와 같았지만, 이집트의 왕은 대규모 영토를 지배하고, 신 자체였다는 점에서 그 권력의 크기를 추정할 수 있다. 지금 우리가 확인 가능한 고대 이집트 도시의 유적은 많지 않지만, 메소포타미아의 도시들과 다르게 성곽을 거의 가지지 않았고, 계층에 따른 주거 구획이 철저하지 않았을 것이라는 것이 확인된다(김흥순, 2017).

소위 '사자(死者)의 도시'라고 하는 피라미드와 묘지들이 그 당시 삶에 대한 충실한 복사판을 제공하고 있기 때문에, 우리는 고대 이집트의 도시를 추정할 수 있다(손세관, 2000). 이들을 통해 절대적 왕권, 종교적 · 사회적 계급, 그리고 고도로 발달한 기술, 문화와 예술을 확인할 수 있다. 고대 이집트의 많은 도시들이 피라미드의 건설 기간 동안 그 주변에 만들어진 것으로 여겨진다. 그 기간이 약 20년 동안 소요되었고, 약 10만 명의 노동자들이 필요했을 것으로 여겨지는데, 이는 그 당시의 기술력과 권력의 크기를 추정케 한다. 피라미드 건설 기간에 존재하였던 도시들은, 일종의 집단 캠프에 가까운 특징을 가지지만, 현재의 시각으로서도 거대한 도시 규모였음을 알 수 있다.

현존하는 고대 이집트의 도시 유적들 중에서 대표적인 것으로는 '텔 엘-아마르나(Tell el-Amarna)'가 있다. 이곳은 왕의 명령에 의해 신도시로 단기간 건설되었다가, 그의 죽음 이후에 방치되어서, 오히려 보전이 잘된 경우이다. 이 유적에는 궁전, 신전과 주택들이 서로 인접하여 있음이 확인된다.

베네볼로(Benevolo, 1980)는 이집트에서 과거의 도시 유적을 확인하기 어려운 이유를 두 가지로 설명한다. 첫째, 고대 이집트인들이 현재의 생보다는 사후의 세계에 더 집중하였기 때문이다. 둘째, 이들의 도시와 왕의 주거 공간조차도 벽돌로 만들어졌고 일시적인 거처에 불과했다. 이들은 대규모 피라미드나 신전건설 이후에 방치되어 버려졌으며, 홍수에 의해서 소멸되었거나, 이후의 도시개발들에 의해서 묻혀 버렸을 것이다.

3) 인더스 유역

인더스 유역 문명이 남긴 최대의 도시 유적은 모헨조다로(Mohenjo-daro)로 기원전 약 3000년경에 건설된 것으로 추정된다. 이 유적은 현재 파키스탄의 제2도시 카라치(Karachi)에서 북동쪽으로 약 300km 거리에 위치하고 있다. 건물의 대부분이 중동의 고대 도시와 유사하게 벽돌로 지어졌으며, 정교한 계획도시의 형태를 보여서 격자형 도시구조를 갖추고 있다. 하수도 시설이 매우 잘 발달하여 있어서, 각 가옥에서 사용한 생활 하수가 배수로를 통해서 도로에 한단 아래로 건설된 하수도로 배수되는 체계를 갖추고 있다. 우물도 체계적이어서 가정과 공공용으로 구분되어 배치되어 있다.

목욕탕 시설의 구분을 통해서 지배 계급과 피지배 계급이 이용하는 시설들의 분리가 있었던 것으로 추정된다. 성채 위에 대규모 곡물창고가 발견되었으며, 메소포타미아에서 확인되는 규모의 종교 시설은 발견되지 않은 특징을 가지고 있다.

그림 2-3 모헨조다로 유적

자료: https://en.wikipedia.org/wiki/Mohenjo-daro#/media/File:Mohenjo-daro.jpg

4) 중 국

중국의 도시들은 대략 BC 2000년경에 시작된 것으로 알려졌다. 우리에게도 잘 알려져 있는 장안[長安, 현재의 시안(西安)시의 일부]은 서주(西周) 시대 때부터 수도가 되었다. 이 시점이 기원전 1000년경이었음으로, 도시의 기원은 훨씬 그 전이었을 것으로 추정된다. 중국의 초기 도시들은 상대적으로 규모가 작았고, 제사의 중심지였으며, 성 밖에는 왕실에 봉사하는 장인들이 살았던 것으로 추정된다(Kotkin, 2007).

고대 중국은 강력한 신분제 사회구조로서 왕과 제후 등의 지배계층이 구분되어 있었다. 최초의 통일국가인 진(秦) 이후에, 황제 중심의 강력한 중앙집권국가를 바탕으로 국가의 중심지인 수도가 만들어졌으며, 각 지방에는 도읍들이 발달하였다. 중앙집권체계 하에서 각 도읍은 지방 행정의 중심지로서의 역할을 수행하였다. 기원전에 중국 도시계획의 체계를 정리한 주례 고공기에서는 군주가 도시를 건설함을 규정하고 있다.

제 2 절 그리스와 로마, 그리고 제국의 도시들의 성장

그리스와 로마의 도시들은 서양도시의 원형이라고 할 수 있다. 그리스 도시에서 설립된 도시계획 또는 형성의 체계는 로마에서 더욱 발전하였고, 이는 지중해를 중심으로 한 로마 제국의 각 지방 중심도시들을 만들 때 원칙을 제공하였다. 이들은 군사 및 경제적 이유로 제국의 형태로 발전되어 가면서, 지중해 연안에서 시작하여 더욱 확장하여 제국의 도시를 건설하여 갔다. 이 시기의 도시 발전은 경제적 · 군사적 힘과 밀접하게 관여되어 있었다.

신석기와 청동기 시대를 걸치면서 인류 최초의 문명들이 발전해 오는 동안, 그리스는 변경에 위치한 다수의 작은 부족 집단 정도였다. 산악지역이 많았기 때문에, 왕국으로 성장할 수 있는 농업 생산량을 확보하기 힘들었다. 각 부족이 해안가에 위치한 산악에 성채를 짓고 초기 농업과 어업 생활을 하였다. 문명의 초기 국가들이 청동기 시대에 유래한 강력한 왕과 종교 계급체계를 가지고 있었다면, 그리스의 도시 국가들은 이와 같은 계급체계가 확고히 존재하지 않았다. 이것이 귀족정치 또는 민주정치라는 새로운 정치체계의 형성을 가져왔으며, 사회적 계급을 기반으로 한 경제활동보다는 시장 경제를 발전시켜 나가는 데 큰 도움을 주었을 것으로 추정된다(Benevolo, 1980).

그리스의 국가들은 '폴리스(polis)'라는 매우 독특한 도시 국가체계로 발전되어 갔다. polis는 그리스어로 '도시'를 지칭하는데, 평야의 주민들이 외적으로부터 숨기 위한 언덕을 그 기원으로 한다. 이것이 발전하면서 거주지역이 들판까지 확산되었다. 협의의 폴리스는 도시 내에 성벽에 의해 둘러 쌓여있고, 행정 및 종교의 중심지인 언덕 위의 한정된 장소를 나타낸다. 이에 반하여 광의의 폴리스는 도시 국가(city-state)를 지칭한다.

도시는 신탁(神託)을 담당하는 사제 또는 장로들이 거주하고 제례를 하는 구역과 민회를 대표하는 귀족과 관리들이 살고 활동하는 구역이 구분되어 있었다. 각 도시 국가는 그 도시 주변의 비교적 큰 영토를 지배하고 있었으며, 초기에는 각 영토에서 나오는 잉여농산물을 기반으로 생활을 하였다. 산악 지형에 의해서 다른 도시 국가들과 지리적으로 구분되어 있었기 때문에, 각 국가 간의 교역 및 교통은 주로 해양을 이용하였고, 거의 모든 도시 국가가 중요한 항구를 가지고 있었다. 해양 교통에 대한 익숙함은 그리스가 지중해의 패권을 장악하는데 중요한 기반을 제공한다(Benevolo, 1980).

몇 개의 도시 국가는 정복과 동맹을 통해서, 초기 국가 영역을 확장하여 갔으며, 더 나아가 식민지를 건설하게 된다. 그 대표적인 것이 우리에게 잘 알려진 아테네(Athens)와 스파르타(Sparta)이다. 식민지를 확대한 도시 국가들도 있었지만, 많은 도시 국가는

그림 2-4 그리스 아테네와 아크로폴리스

자료: Benevolo(1980: 94).

작은 규모로 유지하여 갔으며, 특히 작은 섬을 중심으로 한 도시 국가들은 크기가 매우 작았다.

도시 국가들은 정치・경제적인 이유로 대규모 식민지를 건설한 것으로 추정된다. 한 도시의 시민 수(노예와 외국인을 제외한 성인 남성 자유인)를 적정 규모로 유지하고자 하였고, 그 수는 상황에 따라 바뀌기는 하였지만 대략 1만 명 정도로 여겼다. 베네볼로(Benevolo, 1980)는 시민 수를 제어하기 위한 원칙은 민회(民會)를 효율적으로 운영하고자 하는 정치적 목적에 기반하고 있는 것으로 추정한다. 각 시민들이 서로 어느 정도 알게 되어야 자신들의 행정관을 선택할 수 있으며, 효율적으로 민주적 의사결정을 할 수 있을 것으로 생각하였다. 김흥순(2017)은 농업 생산성이 이와 같은 식민지 도시 건설에 영향을 주었다고 판단한다. 그리스 산악의 척박한 땅 때문에 잉여농산물 생산이 쉽지 않았으며, 주변 영역을 기반으로 경제를 발전시켜 나가는 데 한계가 있었을 것이다. 초기부터 발전된 해운 기술을 기반으로 해군력을 증가시켰던, 그리스 도시 국가들은 지중해의 무역을 장악하면서 식민 도시들을 건설한다.

아테네는 BC 2500년경부터 거주가 시작되었고, BC 1200년경에는 성채가 지어졌다. 자연 발생적인 도시의 발전과 함께, 방어적 목적으로 언덕에 만들어진 성채와 종교적 목적의 신전을 가진 아크로폴리스(acropolis)가 계획적으로 건설되었다. 성채의 아래에는 대중의 공공 장소인 아고라(agora)라 형성되었다. 이 공간은 시장과 광장이 결합된 형태로 이해하면 될 것이며, 참여형 민주주의의 뿌리를 이루는 시민 공간이자 상업행위가 이루어지는 자유분방한 공간이었다. 현재 서양의 도시에 있는 광장의 뿌리를 이 아고라에 두는 것이 일반적이다. 고대의 도시들과 또 다른 특징은 계급 간의 주거 지역 구분이 명확하지 않다라는 것이다.

그리스의 도시 국가들은 이와 같이 자연발생적인 시가지와 계획적인 공공시설들(예: 아크로폴리스와 아고라)이 혼합되어 있는 형태를 가졌던 것에 반하여, 식민지의 신도시들은 도시계획을 기반으로 개발되었다. 그 대표적인 것이 당시 이오니아 지방(현재의 터키)에 위치한 밀레투스(Miletus)이다. 이 도시는 BC 5세기 페르시아와의 전쟁으로 폐허가 되었던 것을, 서양 도시계획의 개척자로 평가받는 히포다무스(Hippodamus)가 격자형 도로망을 기반으로 도시계획을 제안하고, 이것이 수세기에 걸쳐서 실현되었다. 이 격자형 가로체계 속에 아고라, 극장, 경기장과 항구와 같은 중요한 공공시설은 있으나, 아테네의 아크로폴리스와 같은 시설은 없는데, 이 당시에는 이미 세속화가 많이 진행되었고, 성채를 쌓을 만한 구릉이 존재하지 않았기 때문으로 추정한다(김흥순, 2017).

그림 2-5 히포다무스에 의한 밀레투스 도시계획

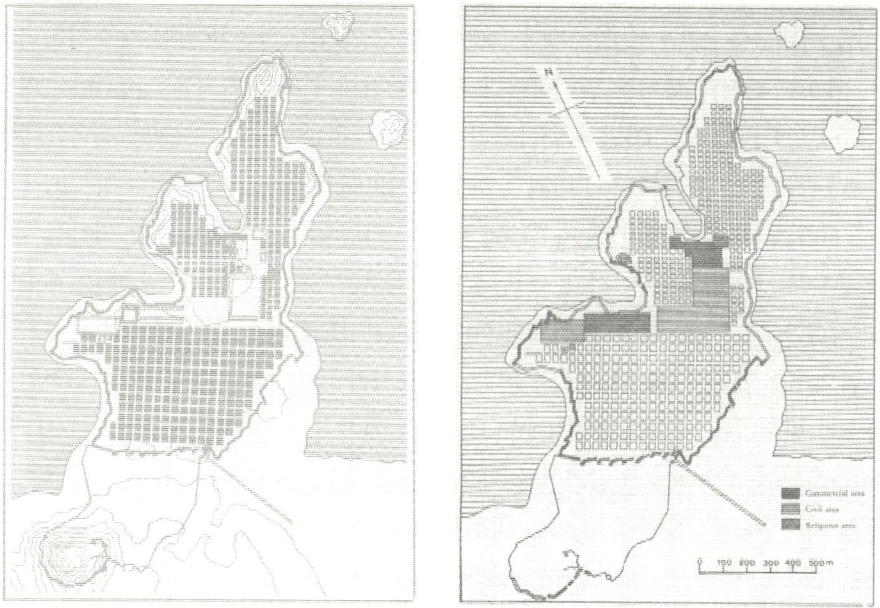

자료: Benevolo(1980: 110).

밀레투스 계획 이후 대부분의 그리스 식민도시들은 격자형 도로체계를 따라서 개발된다. 이 체계는 위계를 중요시하지 않아서 민주주의적이라고 평가받는다.

당시 문명의 변방이었던 이탈리아 중부의 작은 도시 국가에서 시작한 로마는 강력한 군사력으로 주변 국가들을 정벌하고, 기원전 264년부터 146년 사이에 세 차례에 걸친 포에니 전쟁을 통하여 지중해의 패권을 장악한 제국으로 발전한다. 기원전 1~2세기에 로마군은 그리스의 대부분을 정복하고, 기원전 27년 아우구스투스가 공화정을 폐지하고, 스스로 황제가 되면서 로마 제국으로 성장한다. 서기 395년 로마 제국은 동과 서로 분열되는데, 이후 서로마 제국은 기원후 476년까지 유지되었으나 큰 힘을 발휘하지 못하였고, 비잔티움(현재의 이스탄불)을 중심으로 하는 동로마 제국은 1453년까지 지속하였다. 이들 제국의 문화와 제도는 이후 유럽 전역에 지대한 영향을 미쳤다.

도시로서 로마는 기원전 5세기경에 이미 인구 50만 명의 대도시로 성장하였고, 기원전 1세기경에는 이미 100만 명에 달하는 인구를 가졌던 것으로 추정된다. 역사적으로 이 정도 인구를 가진 그 다음 유럽 도시는 19세기 산업혁명의 수도였던 런던이었다. 전성기 로마의 규모와 위세를 추정할 수 있다.

로마는 자유 시민 이상의 사람들에게는 민주적인 국가였으나, 동시에 노예가 존재하는 계급 사회였다. 당초 로마는 각 부족의 장이 돌아가며 선출한 왕이 다스리는 국가였으나, 이후 공화정의 형태로 발전하다가 황제가 전제 권력을 가지는 제정(帝政)의 형태로 발전되었다. 기원후 100년경의 하드리아누스(Hadrianus) 황제 시절에 제국은 번영의 절정에 달하고, 법과 제도도 정비되었으며, 도시로서 로마도 성장하였다. 콘스탄티누스 1세가 서기 306년에 황제가 되고, 313년 밀라노 칙령으로 기독교에 대한 박해를 끝내고 정식 종교로 공인하였으며, 서기 324년 비잔티움을 새로운 로마로 선포하고, 제국의 수도로 정했다(그가 337년 죽자 비잔티움은 '콘스탄티노폴리스'로 개명되었다).

로마의 도시계획적 체계는 그리스의 도시 국가를 많이 따라 했다. 그 대표적인 것이 그리스의 아고라를 계승한 포룸(forum)으로서, 지속적인 변형을 거듭하면서 형태적으로 정형화되고 주변에는 공공건물을 배치하는 형태로 발전되어간다. 이것은 대부분의 유럽 도시가 가지는 광장의 형태로 발전한다. 로마인들은 거대 제국의 수도인 로마를 발전시켜 가면서, 극장, 경기장, 목욕탕 등의 대규모 공공건물, 귀족의 주택이었던 저택(domus), 빈민용 다층공동주택(insulae) 등을 건설하여 갔다. 로마 제국은 특히 월등한

그림 2-6 로마 제국 최전성기의 주요 도시(BC 100년경)

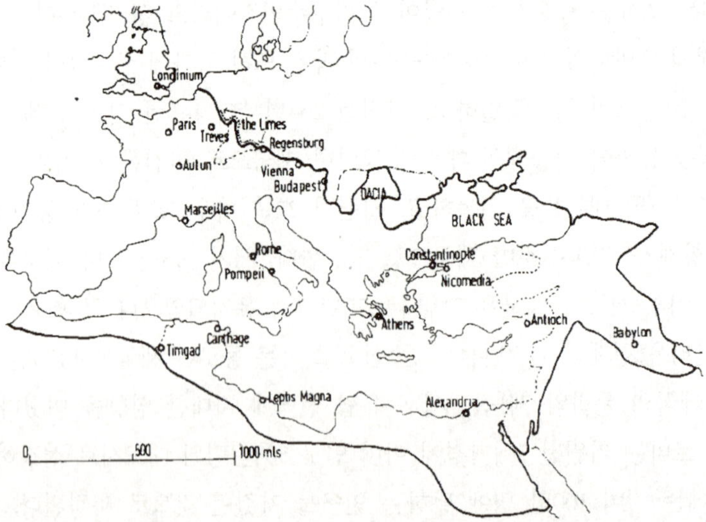

자료: Morris(1979: 39).

토목기술을 가지고 있었는데, 범람하는 강을 정비한 제방사업, 도시로의 물 공급을 위한 수도교를 포함한 공급체계와 다수의 도시 내 공공분수 및 우물, 오수를 처리하기 위한 하수처리체계, 그리고 제국의 도시들을 연결하는 도로망 등은 특히 유명하다. 우리에게 폭군으로 알려진 네로(Nero) 황제는 서기 64년의 로마 대화재를 계기로 도시의 대규모 재개발을 추진한 것으로도 유명하다(김흥순, 2017).

로마 제국은 페르시아(현재의 이란)에서부터 이베리아 반도에 이르는 동과 서를 포함하였고, 북으로는 현재의 잉글랜드에서 남으로는 사하라 사막 북쪽의 아프리카에 이르는 광대한 영토를 점령하였다. 점령지를 군사적 · 행정적으로 관리하기 위해서 캐스트럼(castrum, 복수형 castra)이라는 요새들을 건설하였다(Morris, 1979). 캐스트럼은 격자형의 도로체계를 가진 일종의 군사 기지로서, 영어로 로마 요새(Roman fort) 또는 로마 캠프(Roman camp)라 칭한다. 군사 기지의 특성상 성곽과 그를 둘러싼 해자(垓子), 망루와 막사, 그리고 하수처리 시설이 있었다. 로마인에 의해서 건설된 도시의 규모는 15ha에서 200ha까지 그 크기가 다양하였다(Benevolo, 1980).

현재 유럽의 많은 도시들이 로마 제국의 캐스트럼과 신도시 건설에 뿌리를 두고 있다. 대표적으로 영국의 런던과 스페인의 바르셀로나(Barcelona)에 캐스트럼 유적이 확인되고 있으며, 비엔나(Vienna)와 파리(Paris) 등에서도 로마 제국의 신도시 유적이 있다. 영국의 지명에서 '-caster' 또는 '-cester'로 끝나는 도시들의 시작도 여기서 기인하며, 그 대표적인 곳이 맨체스터(Manchester)이다. 스페인이 제국 시대에 아메리카 대륙의 식민 도시들을 건설할 때, 로마 제국의 캐스트럼 계획 패턴을 따른 것은 유명하다.

도시뿐만 아니라 농지에서도 식민지화가 진행되었는데, 그 대표적인 것이 농경지를 격자형으로 분할한 센투리아티오(centuriatio)이다(Benevolo, 1980). 로마 제국은 식민지의 자연발생적인 농경지들을 일정한 간격을 유지한 격자형의 소도로로 구획하였다. 이와 같은 체계는 그 전 고대 세계에서는 존재하지 않았던 것이며, 구획 정리에 상당한 행정과 경찰권이 필요함을 염두에 둔다면, 로마 제국이 점령지에 대해서 얼마나 조직적으로 행정적 · 경제적 통치를 실행하였는지 상상할 수 있다.

제 3 절 서로마 제국 폐망(476년) 이후 산업혁명 이전의 도시들

로마 제국의 폐망 이후 기간은 중세, 르네상스와 근세 등으로 구분되는 1천 년을 넘는 장대한 기간이다. 이 시기를 하나로 다룬 이유는, 학습 분량이 제한되어 있는 상태에서, 도시의 성장과 쇠퇴에 영향을 미치는 힘이 크게 변화하지 않았던 시기로 볼 수 있기 때문이다. 그리스와 로마 시대는 제국의 거점이었던 각 수도의 성장과 함께, 식민도시에 대한 거점 개발이 이루어졌다. 이들 제국들에서 도시 성장의 힘은 군사력으로 점령한 영토의 크기와 그들의 생산성에 기반하고 있으며, 교역망 확충과 무역이 도시들을 성장시키는 데 중요한 역할을 하였음을 확인할 수 있다. 이 절에서 다루는 기간 동안에도, 각 도시들은 산업을 그 성장의 기반으로 하고 있지 않았다. 점령한 영토를 착취하는 구조는 변화되지 않았으며, 점차적으로 국제적인 교역망이 확충되고, 이를 위한 거점 도시들의 성장이 후반에 이어진다.

게르만족의 침범으로 인해서 서로마 제국이 서기 476년 멸망하고, 유럽은 암흑의 시대로 표현되는 중세로 진입한다. 도시화된 문명에 익숙하지 않았던 게르만족들은 유럽의 도시 문명들을 파괴하면서, 부락 공동체 생활을 원형으로 한 봉건체계를 구축해 나

그림 2-7 비잔티움 시절의 콘스탄티노플 이미지

자료: https://vividmaps.com/constantinople

간다. 봉건체계에서 국가의 왕은 각 지역의 영주들에게 봉토(封土)를 하사한다. 영주는 그 지역의 자치권과 조세징수권을 가지며, 국가의 위급 시에 휘하의 기사들과 농민들을 동원한다. 농민은 영주와 기사에게 외부로부터의 침입에 대한 안전을 보장받지만, 노역과 조세의 의무를 제공한다. 영주들은 각 지역에서 절대적인 권한을 가졌으며, 조세 징수권을 남용하여 경제와 교역 활동을 저하시키는 경우가 많았다. 그리스와 로마의 찬란한 도시 문명은 중세 초기에 급격히 퇴보하게 된다. 도시는 성으로 둘러싸인 성곽도시(burg)였으며, 이 안에는 영주의 거주지와 성당 등이 있었다.

서로마 제국이 지배하던 지역들이 암흑의 세기를 겪고 있을 때, 세계 다른 지역에서 도시의 성장이 멈춘 것은 아니다. 이들 지역에서 도시의 성장은 교역과 제국의 크기에 기반을 두고 있었다. 동로마 제국의 수도였던 콘스탄티노플은 그 최대 규모가 100만 명에 이르렀다. 아랍인들은 7세기 중엽에 지중해안의 상당 부분을 장악하였고, 대서양과 인도양에까지 그 세력을 확장하고 교역로를 장악하면서, 도시들을 건설하고 발전시켰다. 알렉산드리아(Alexandria), 다마스커스(Damascus), 예루살렘(Jerusalem), 코르도바(Cordoba) 등이 그 대표적인 도시들이다. 이 시기 가장 큰 규모를 가졌던 아랍인들의 도시는 100만 명 이상의 인구를 가졌던 바그다드(Baghdad)이며, 1258년 몽골인들에게 파괴되기 전까지 국제적인 교역의 중심지였다. 아랍 세계의 도시들은 그리스와 로마의 도시들과는 다르게 불규칙적인 가로체계를 가지고 있었다. 메소포타미아의 도시들과 유사하게, 두 개 이상의 성벽에 둘러싸여 있었다. 인종적·종교적으로 분리된 각 거주지가 있었으며, 주택과 건축물들에서 중정(中庭)이 발달하였고, 외부 도로와 폐쇄되어 있는 구조를 가졌다.

중국에서는 수(隋)·당(唐) 시기(581~907년)를 거치면서 수도의 역할을 하고 대규모 국제도시로 성장한 장안(長安)이 있었다. 이 도시의 최전성기에는 약 100만 명의 인구가 살고 있었을 것으로 추정된다. 12세기 또 다른 대표적인 도시로 항저우(杭州)를 들 수 있는데, 이 도시는 장강 삼각주에 위치한 송의 수도로서 중국 내 해운의 중심지였을 뿐만 아니라, 국제적인 무역의 중심지로서, 이 또한 최대 규모 100만 명의 인구가 살았을 것으로 추정된다(Hibbert, 2002).

10세기 말 이래 유럽의 경제는 다시 성장하기 시작한다. 이 시점은 타 민족의 침입이 줄어들고 농업이 발전하였으며, 십자군 전쟁과 그 이후에 아랍 세계로부터 다양한 기술과 문화가 들어오기 시작하는 것과 일치한다. 중세의 성곽도시는 그 규모가 작았기 때문에 도시인구 성장을 다 받아줄 수 없었다. 성안에는 수공업자들과 상인들이 살기 시

그림 2-8 1500년경의 베니스

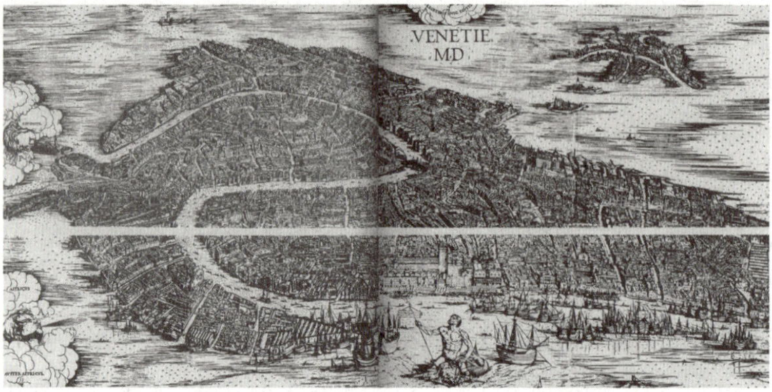

자료: Benevolo(1980: 348).

작하였고, 자신들의 이익과 권리를 보호하기 위한 길드(guild)를 형성하고, 자산과 권력을 축적시켜 나아가면서, 부르주아(bourgeois, 원래 뜻은 '성안에 사는 사람들')라는 사회적 계급으로 발전하여 간다. 10세기 이후 지중해의 국제적인 거래가 다시 증가하면서 베니스(Venice), 제노아(Genoa)와 피사(Pisa)와 같은 항구를 중심으로 한 교역 도시들이 성장한다. 이들 교역 도시들은 100만 명 이상의 대도시로 성장하지는 못하였고, 대략 그 규모는 10~20만 명에 이르렀던 것으로 추정된다(Benevolo, 1980).

성장하던 도시들에 가장 큰 충격을 준 사건은, 14세기에 전세계적으로 확산한 대역병(Great Plague, 일반적으로 흑사병으로 추정되는 병의 대유행)이였다. 이때의 전염병의 확산으로 전체 유럽 인구의 약 30~50%가 사망한 것으로 알려져 있으며, 중세 말기에 성장하였던 도시들에서의 그 피해가 더욱 커서 일부에서는 약 80%의 도시인이 사망한 것으로 추정한다(Benevolo, 1980).

14세기 후반부터 16세기 후반까지를 르네상스(Renaissance)라고 부르는 문화혁명이 이탈리아를 중심으로 발생한다. 인간 중심의 문화가 형성되고, 예술이 급속하게 발전하면서 유럽의 타 지역으로 광범위하게 확산된다. 도시들은 예술, 문학, 기술 및 과학의 중심지로서 더욱 성장하여 간다. 이와 유사한 시점에, 교역 중심지로서 도시의 성장에 크게 영향을 미치는 또 다른 시대가 시작되었다. 이는 15세기부터 시작된 신항로 개척시대(영어식 표현으로는, 'Age of Discovery')이다. 유럽의 변방이었던 포르투갈이 대서양과 인도양으로의 항로를 개척하고, 스페인이 이를 확대하고, 다른 유럽 제국들이

그림 2-9 16세기 국제 무역 중심지였던 안트워프

자료: Benevolo(1980: 607).

이에 동참하면서, 기존에 주로 지중해로 한정되었던 국제 해상 교역망은 아프리카, 아시아, 그리고 신대륙으로 확대되어 간다. 네덜란드의 안트워프(Antwerp), 포르투갈의 리스본(Lisbon), 스페인의 세비야(Sevilla), 이탈리아의 제노아(Genoa) 등은 16~18세기 기간 동안 국제 해운의 중심이었던 항구 도시들이었다.

그림 2-10 신대륙의 식민도시 멕시코시티(1628)

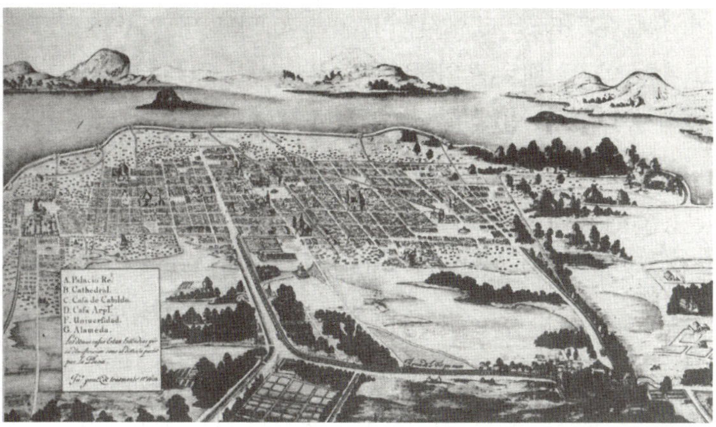

자료: Benevolo(1980: 619).

근대 제국주의 시대가 이와 같은 국제 교역망 확충과 동시에 진행되었음은 주지의 사실이다. 아메리카 대륙을 점령하였던 스페인은 정형화된 식민 도시를 건설하기 시작하였다. 격자형 가로체계를 기반으로 한 도시들은 교회, 시청사, 상인들과 지배계층을 위한 저택들로 채워졌다. 중앙광장은 도시의 중심에 위치하여야 하고, 도로와도 기준에 따라서 연결되어야 했다(Benevolo, 1980). 격자형 도로를 기반으로 한 도시 형태는 16세기 스페인에 의해서 아메리카의 식민 도시들에 적용되기 시작하였으나, 이후 17세기 및 18세기의 프랑스나 영국에 의한 식민 도시들도 격자형 도로망체계를 적용하여 갔다.

제 4 절 산업혁명과 도시들

산업혁명은 도시의 성장을 위한 조건과 도시인구 규모를 완전히 바꾼 결정적인 역사적 사건이다. 산업화와 도시화는 매우 긴밀하게 상호 연관되어 있다. 18세기 이전 도시들의 성장 동력은 영토와 무역(또는 상업)에 기반하고 있었으며, 산업은 그러한 동력에 의한 일종의 결과물이었다. 산업혁명 이후 최근까지, 도시의 성장은 도시가 가진 산업적 기반과 매우 긴밀하게 연관되어 있다.

산업혁명이 최초로 일어난 잉글랜드에서는 과학과 기술의 급속한 발전, 그리고 신대륙에서 대량의 면화 생산이 가능하게 된 상황이 전개되었다. 여기에 두 가지 두드러진 상황이 더해졌다. 그 첫째는 사망률이 현저히 감소하면서, 인구가 증가하였다는 것이다. 예를 들어, 잉글랜드(England)에서는 1760년 700만 명의 인구가 살고 있었는데, 약 70년 이후 그 수가 약 두 배로 증가하였다. 이는 의료 발달로 유아사망률이 낮아졌기 때문이며, 산업에 투여할 수 있는 노동력과 산업 생산물을 소비할 수요가 급증하였다는 것을 의미한다. 둘째는 기존의 공유 농지(commons)들의 사유화가 급속히 이루어진다. 인클로우저 운동(Enclosure Movement)이라고 불리우는 이러한 농지 사유화는, 각 지역에 소유개념이 모호하였던 공유지들을 지주들이 자신들의 토지라고 주장하고, 울타리를 치고 다른 농민들의 농업 행위를 못하게 하는 것이다. 농경지들이 점차 목축지로 전환되어 가면서, 지주들이 가지는 토지의 규모는 대규모가 되고, 일반농민들이 농사지을 땅들은 줄어들었다. 이러한 행위는 두 가지 서로 다른 측면에서 해석된다. 긍정적인 측면에서는, 토지 소유권이 확실하게 되어서 그 생산성이 증가되고 잉여농산물의 생산이

그림 2-11 19세기 런던의 빈민가 묘사

자료: Benevolo(1980: 744).

증진됨으로써, 더 많은 인구들이 식량을 공급받을 수 있게 되었다는 것이다. 그러나 부정적으로는 농민들 중에서 빈농(임금노동자)이 확대되고, 지주와 노동자의 구도가 자리 잡게 되며 빈부 격차는 더욱 심화되어 갔다. 또한 빈농들은 자신들의 마을에서 자신들의 생계를 지속시킬 수 있는 일자리를 갖지 못하여, 도시로 이주할 수밖에 없게 되었다는 해석도 있다.

기술과 과학의 발전, 그리고 자본의 축적에 의해서 산업도시(또는 공업도시)들은 성장하여 갔다. 도시의 경관, 시설, 그 영향을 살펴볼 때, 산업혁명 시대와 기존의 시대를 구분하는 가장 큰 차이는 '공장'의 존재이다. 기존에도 가내수공업의 형태가 존재하였지만, 산업혁명 시대의 공장과는 그 규모와 종사자 수를 비교할 수 없다. 공장들은 기존 도시의 기성 시가지의 외곽에 대규모로 건설되기 시작한다. 산업도시의 규모는 기존의 국제적 해상 도시들과 유사한 규모로 성장하였다. 예를 들어, 잉글랜드의 대표적인 산업도시인 맨체스터와 그 주변 도시는 1800년대 초 약 15만 명에 이르던 인구가, 1850년경에는 약 50만 명으로 성장하였다.

19세기의 공업화에 의해서 도시의 인구가 급속하게 성장할 수 있었다. 토지면적당 생산성(토지 생산성)을 생각해보면, 산업혁명 이전에는 주어진 자연과 토지조건을 기반으로 하고, 어느 정도 수준까지의 한계가 명확하였다. 관개시설의 개선, 수차례의 기술적 진보와 농업혁명도 있었기 때문에 획기적 농업 생산성이 증가가 이루어졌겠지만, 근본적으로 토지 생산성은 한계가 분명하였다.

공업화를 통해서 토지 생산성 증가가 급속도로 향상되었고, 이는 농업 기반의 경제의 한계를 넘어선다. 농촌의 증가된 인구들은 직장을 찾아서 도시로 급속히 모이게 된다. 18세기 말부터 20세기 초기까지 도시의 인구 성장은 공업화를 어느 정도 이루었느냐에 따라서 좌우되었다. 일반적으로 공업화와 도시화는 매우 긴밀하게 관여되어 있어서, 초기 단계의 도시화에서는 주요한 경제활동이 농업이고, 대략적인 도시화율(도시인구/전체 인구의 비율)이 25% 미만으로 진행되다가, 공업을 기반으로 한 산업화가 진행되면서 도시화는 가속화하여 이 한계를 넘어서게 된다. 대부분의 국가가 도시화와 산업화가 긴밀하게 관계되어 있다.

그림 2-12 산업혁명에 의한 경관 변화(1440년과 1840년)

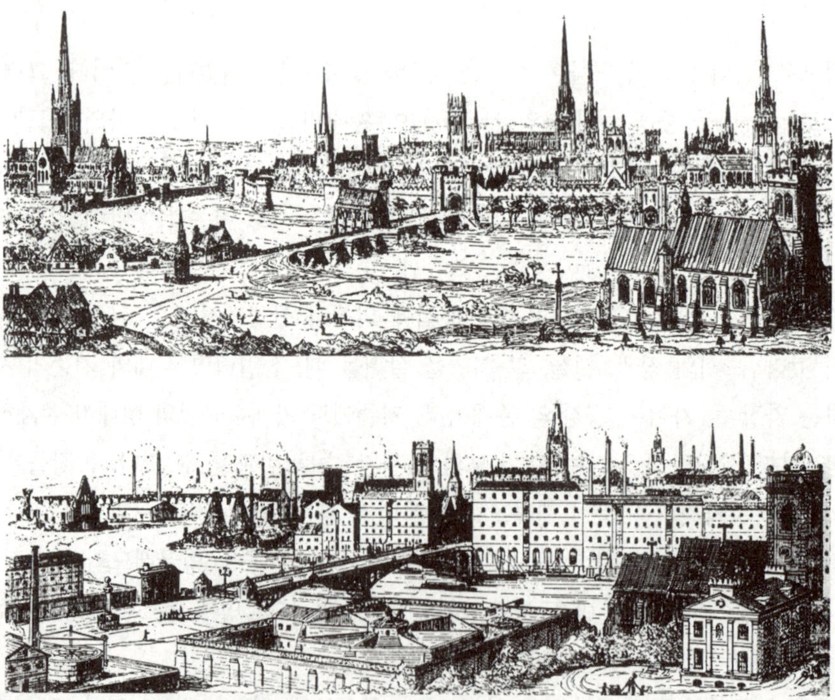

자료: Benevolo(1980: 748).

산업혁명과 함께 급격한 도시화는 도시문제를 심화시켰다(Benevolo, 1975). 18세기 이전의 도시에서도 발생하였지만 사회와 정부의 집중적인 관심을 받지 못하였던, 위생 및 주거 문제는 현재까지 이어지고 있다. 초기 공업도시에서는 토지이용 규제라는 것 자체가 없었으며, 상・하수도 체계도 미흡했다. 공장이 건설되고, 그에 따른 오수가 주변의 천들로 넘쳐났으며, 주거지도 그 가까이 건설되었다. 노동자들의 주거 환경은 매우 낮은 수준이었으며, 엥겔스(F. Engels)는 1845년 『영국 노동자 계급의 상황(*The Condition of Working Class in England*)』이라는 글을 통해서, 노동자 주거지역의 상황과 각 주택의 처참한 상황에 대하여 강한 사회적 비판을 제기한다. 19세기 초・중반에는 전 세계적으로 콜레라가 만연한다. 특히, 이 질병이 비위생적인 지하수 관리에 따른, 식수 오염이라는 것이 밝혀지면서, 1847년 영국에서 세계 최초의 공중보건법(Public Health Act)이 발표되었고, 도시 내 생활환경에 대한 정부 개입이 시작되었다(Benevolo, 1975).

초기 산업혁명 시대에는 도시가 대도시로 성장하지 못하였다. 그러나 공장들이 집중하면서 얻게 되는 집적의 이익이 증가하게 되면서, 서구 세계에서 대도시의 성장이 가속화되었다. 피쉬만(Fishman, 2007)은 미국 내 인구 이동을 살펴보면서, 산업혁명 초기의 중소 규모의 도시 성장과 19세기 말부터 있었던 대도시들의 성장의 단계를 구분하기도 하였다.

참고문헌

김홍순(2017). 『역사로 읽는 도시이야기』. 서울: 보성각.

손세관(2000). 『도시주거 형성의 역사』. 파주: 열화당 미술책방.

Benevolo, L.(1975). *The Origins of Modern Town Planning*. Routledge & Kegan Paul L. Translated, Massachusetts: MIT Press paperback edition.

Benevolo, L.(1980). *The History of the City*. Cambridge, Massachusetts: MIT Press.

Fishman, R.(2007). Longer View: The Fifth Migration. *Journal of the American Planning Association*, 71(4): 357-366.

Hibbert, C.(2002). 『도시로 읽는 세계사』. 한은경 옮김. 서울: 미래 M&B.

Kostof, S.(1991). *The City Shaped: Urban Patterns and Meanings Through History*. New York: Bulfinch Press.

Kotkin, J.(2007). 『도시의 역사』. 윤철희 옮김. 서울: 을유문화사.

Morris, A. E. J.(1979). *History of Urban Form: Before the Industrial Revolutions*. New York: Halsted Press.

Mumford L.(1968). *The City in History*. Massachusetts: MIT Press paperback edition.

O'Sullivan, A.(2003). 『오설리반의 도시경제학』. 이반송 옮김. 서울: 박영사.

CHAPTER

03

도시화와 도시의 현재

박인권
(서울대학교 환경대학원)

제 1 절 도시의 성장과 도시화의 개념

1. 도시의 폭발적 성장

인류의 역사에서 지금처럼 높은 비율의 인구가 도시에 살았던 적은 없었다. 우리는 인구의 과반수가 도시에 거주하는 '도시의 세기'에 살고 있다. 일찍이 산업화를 이룬 유럽과 북미의 선진국은 말할 것도 없고, 오랜 식민지의 역사를 가진 남미와 뒤늦게 산업화의 대열에 합류한 아시아의 많은 개발도상국들까지 도시화가 급속도로 진행되고 있다. 유엔의 공식 통계에 따르면 인류 역사상 처음으로 2007년에 도시에 사는 인구가 농촌의 인구를 앞지르기 시작하여, 2018년에는 55.3%의 인구(42억 명)가 도시 지역에 거주하고 있다. 그리고 2050년에 되면 전 세계 인구의 68.4%(67억 명)가 도시에서 거주하게 될 것이다(UN DESA, 2019: 11).

도시의 정의를 어떻게 하느냐에 따라 달라지기는 하지만 각 국가에서 정의하는 도시의 개념에 따라 산출하면, 도시에 거주하는 인구의 비율을 나타내는 도시화율(urbanization rate)은 아프리카 대륙을 제외한 모든 대륙에서 50%를 넘겼다. 대륙별로 보면

그림 3-1 세계의 도시화 추세

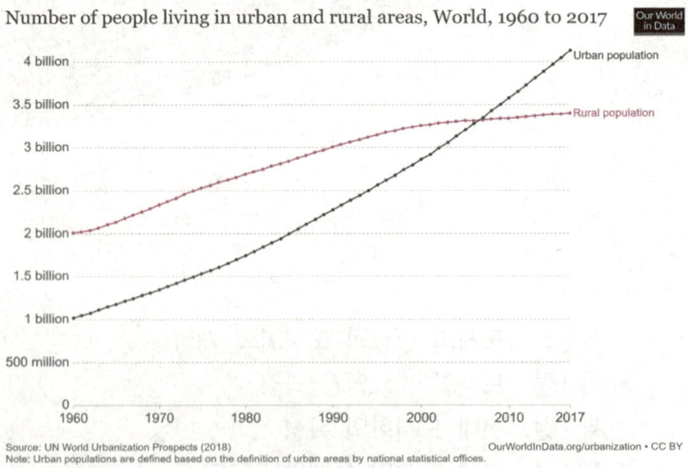

자료: Ritchie & Roser(2018).

북미의 비율이 80%를 초과하여 가장 높고, 남미와 유럽, 오세아니아와 아시아가 그 뒤를 따르고 있다. 특히, 가장 많은 인구가 살고 있는 아시아는 최근 급속도로 도시화가 진행되고 있다.

일찍이 산업화를 이루고 경제 발전을 이룩해온 서유럽과 북미, 일본 등 선진국들은 대부분 20세기 초 · 중반에 이미 인구의 절반 이상이 도시에 거주하게 되었고, 최근에는 그 비율이 80%를 넘어섰다. 2020년 기준으로 일본은 91.8%의 인구가 도시에 거주하고 있고, 영국은 83.9%, 미국은 82.7%, 프랑스는 81.0%, 독일은 77.5%가 도시에 산다. 그래서 OECD 국가들의 도시인구 비율은 평균은 81.0%에 이르고 있다. 작은 규모의 국가들 중에는 싱가포르, 마카오, 카타르, 버뮤다, 쿠웨이트와 같이 전 국민이 도시에 거주하는 국가들도 있다(The World Bank, 2021).

비교적 산업화가 늦은 개발도상국들도 20세기 후반에 급속도로 도시화를 이루고 있다. 세계에서 가장 많은 인구가 거주하는 중국에서는 1960년에 16.2%에 불과하던 도시화율이 1970년대 말 이후 추진된 개혁 · 개방과 함께 급속도로 증가하여 2011년에는 50%를 넘겼고, 2020년에는 61.4%에 이르고 있다(The World Bank, 2021). 예컨대, 베이징의 경우 1950년 인구는 170만 명이었으나 2015년에는 10배도 넘는 인구인 1,800만 명까지 증가하였고, 2035년까지는 2,500만 명까지 증가할 것으로 예상되고 있다(UN DESA, 2019). 더욱이 2013년에 집권한 시진핑 체제에서는 도시화를 중국 경제의 성장 동력으로 간주하고, 도로 교통망, 물류 시설 등 각종 도시 인프라를 건설하고 주택공급을 원활히 하는 데 정책적 노력을 집중하고 있다. 그리하여 머지않은 장래 중국의 도시화 수준은 선진국 수준인 70%까지 높아질 것으로 기대되고 있다.

중국 못지않게 많은 인구를 가진 인도의 경우에는 중국보다 느리기는 하지만 도시화가 꾸준히 진행되어왔다. 1960년에는 중국보다 다소 높은 17.9%의 인구가 도시에 거주하였으나, 그 이후 지속적으로 도시인구가 증가하여 1972년에는 20.3%로 그 비율이 증가하였고, 2008년에는 30.2%, 그리고 2020년에는 34.9%로 증가하였다(The World Bank, 2021). 더욱이 2020년 기준으로 인구 1천만 명 이상의 거대도시는 델리, 뭄바이, 콜카타, 방갈로르, 첸나이, 하이데라바드 등 6개로 중국과 동일하다([그림 3-2] 참조). 그리고 2045년이 되면 인도의 도시인구 비율도 50%를 넘어설 것으로 예상된다.

한국 역시 1955년에는 도시 지역에 거주하는 인구가 24.5%에 불과했으나 2020년에는 행정구역 기준으로 91.2%에 이르고, 용도 지역상 도시 지역 기준으로는 91.8%에 이르고 있다.[1)] 한국전쟁 이후 우리의 대도시들이 성장한 것을 보면 정말로 경이로울 정

그림 3-2 도시인구 비율과 대도시 분포

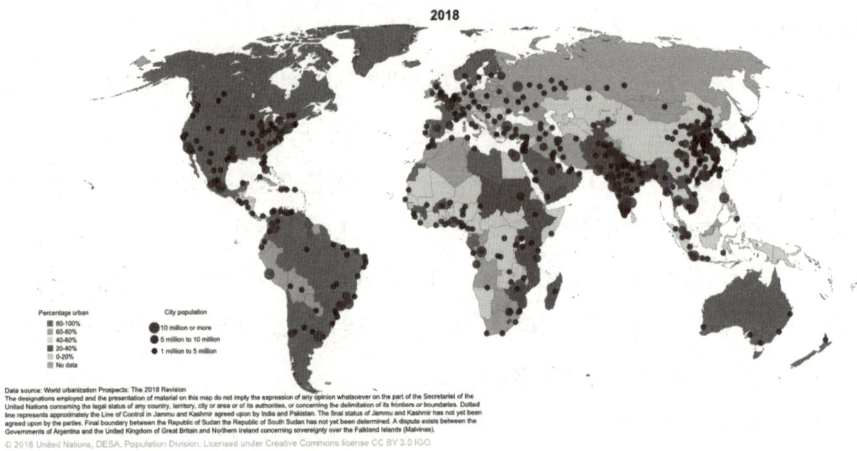

자료: Ritchie & Roser(2018).

그림 3-3 한국의 도시화율 변화

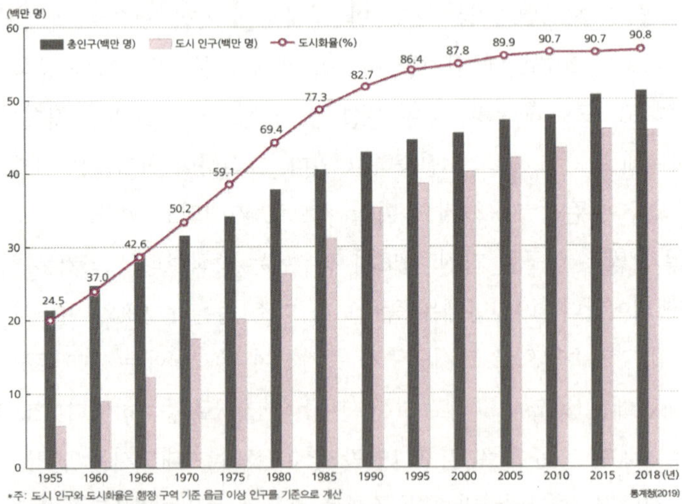

자료: 국토지리정보원(2019: 86).

1) 이 통계는 한국토지주택공사가 발간하는 『도시계획현황』에 따른 것이고, 유엔에 보고된 자료와는 약간 차이가 있다. 유엔 통계는 동지역에 거주하는 인구를 기준으로 산출한 것으로서 이보다 낮아서 2020년 기준으로 81.6% 수준이다.

도이다. 서울의 경우 전후 100만 명 정도에 지나지 않던 인구는 1959년에 200만 명을 넘어서고, 1970년에는 500만 명, 1988년에는 1,000만 명을 넘어섰다. 35년 간 평균적으로 매년 26만 명씩 인구가 증가한 셈이다. 비유하자면 그 기간 동안 오늘날 경주시 인구만큼 매년 서울 인구가 증가한 것이다. 물론 1990년 이후 서울 인구는 약간 감소 또는 정체하는 추세이지만, 이는 서울시의 교외화에 따른 현상으로 광역권의 성장 현상 때문이다. 다른 대도시들도 급속도로 성장해왔다. 부산 인구는 1955년 100만 명을 넘어섰고, 1972년에 200만 명, 1979년에 300만 명, 1990년에 400만 명 가까이 이른 후, 약간 감소 정체되고 있다. 인천과 대구가 바로 뒤를 이어 인구 200만 명이 넘는 도시로 성장하였고, 광주, 대전, 울산, 수원, 창원, 고양, 용인 등도 뒤이어 인구 100만 명이 넘는 도시가 되었다. 이렇게 우리의 도시는 인구 100만 명 이상의 대도시 중심으로 집중되는 성장의 모습을 보여왔다.

2. 도시화의 개념

사람들과 인간활동이 지리적으로 한곳에 집중하게 되고 이 상태가 오래 지속되면 이곳이 도시로서 성장하게 된다. 물론 한 도시가 지속적으로 성장하는 동안, 다른 곳에서도 도시들이 형성되어 발전하게 될 수도 있고, 결과적으로 여러 도시들로 이루어진 도시체계(system of cities) 전체에 거주하는 인구가 증가하게 된다. 이처럼 점점 더 많은 사람들이 지리적인 이동을 통해 도시와 도시체계를 형성하는 과정, 그리고 그 과정에서 나타나는 경제・사회・문화적 현상을 도시화(urbanization)라고 한다.

사람들이 한곳에 모이는 것은 교역과 생산, 통치, 전쟁, 문화 등과 같은 사회적 상호작용의 필요 때문이다. 농업 이외의 이러한 상호작용 활동에 종사하는 전문화된 사람들 — 통치자, 귀족, 종교인, 서비스 공급자, 상인, 군인, 예술인 등 — 이 존재하고, 이들이 지리적으로 집중하여 하나의 사회를 이룬 곳이 바로 도시라고 할 수 있다. 제2장에서 살펴본 바와 같이 도시는 농업을 산업적 기초로 하는 사회에서부터 존재해왔으므로 도시화를 반드시 산업이나 경제와 연결시킬 필요는 없다. 그러나 역사적으로 근대 산업혁명 이후에 전개된 도시화는 그 이전과는 비교도 되지 않을 만큼 빠르고 광범위하게 진행되었다는 점에서 산업・경제는 도시화에서 매우 중요한 의미를 갖는다.

근대적 의미의 도시화는 생산성이 높은 제2차, 제3차 산업 혹은 그 이상의 고차 산업이 도시의 발전을 추동하는 특징이 있다. 한정된 도시공간에 대한 높은 수요로 인해 생산성이 도시공간의 이용을 결정하는 주요한 결정요인이 되고, 이러한 비농업 부문이 충분히 성장해야만 도시의 지속적 발전이 가능한 것이다. 그런데 비농업 부문의 성장과 제2차, 제3차 산업의 발달은 과학과 기술의 발달에 따른 생산력의 증대의 결과이다. 따라서 도시화는 인간의 지식활동과도 밀접히 연관되어 있다. 도시는 인간의 지식활동의 결과로 발달한 과학과 기술, 이를 생산력의 근원으로 활용하여 발달한 산업에 의해 빠르게 성장하고, 역으로 도시는 이러한 활동들을 더욱 촉진시키는 역할을 한다. 이처럼 근대적 도시화는 산업과 경제의 변화에 따라 비농업 인구가 증가하고 이들이 거주하는 도시가 성장하는 것을 의미한다. 하지만 여기에서 도시가 성장한다는 것은 여러 가지 의미를 동시에 내포한다. 산업구조의 변화, 도시의 물리적 구조의 확대, 사회관계의 변화 등을 모두 포함한다.

먼저, 산업적 측면에서 도시화는 상업이나 공업과 같은 비농업적 산업에 종사하는 인구가 증가한다는 것을 의미한다. 도시에서는 좁은 면적에 많은 인구가 집중적으로 거주하기 때문에, 높은 수요로 인해 토지의 가격이 높을 수밖에 없다. 따라서 높은 토지가격을 부담하기 위해서는 토지 생산성이 높은 용도만이 채택될 것이며, 이는 곧 농업보다는 비농업적 활동이 우세할 수밖에 없음을 의미한다. 사실 근현대 도시의 발달 자체가 산업혁명과 같은 산업구조의 변화로 인해 나타난 현상이어서 도시화는 산업화, 즉 농업에서 공업 및 상업 중심구조로의 재편과 불가분의 관계에 있다고 할 수 있다.

다음으로, 물리적 형태의 측면에서 도시화는 많은 인구를 수용하기 위한 주택, 건물, 도로, 상·하수도, 공원 등 건조환경(built environment)이 집약적으로 개발된다는 것을 의미한다. 도시인구가 증가함에 따라 도시에는 사람들이 살아가는 데 있어 가장 기본적인 조건인 주택이 충분히 공급되어야 한다. 또한 이들이 경제활동을 하고 정치·사회·문화 활동을 하기 위한 구조물들을 갖추어야 한다. 사람들은 이 구조물들 안에서 거주하고 생활하며, 생산하고 교류하면서 끊임없이 외부세계와 물질을 교환해야 한다. 상·하수도는 물을 교환하는 장치이고, 도로는 구조물 사이에 사람과 물건들이 이동하기 편하게 하기 위해 만들어 놓은 구조물이다. 따라서 도시가 발달한다는 것은 이 모든 것들이 공급되어야 한다는 것을 의미한다. 그런데 물질의 이동에는 에너지가 소요되게 마련이므로 물리적 거리(distance)는 도시의 발달에 있어 늘 장애물이 되어왔다. 따라서 전차나 열차, 또는 자동차와 같은 이동기술이 발달하지 않은 때 도시의 물리적 크기에는 한계가 있을 수밖에 없으므로, 좁은 면적에 높은 밀도를 이루는 형태로 발달한다. 이동기술이 발달함에 따라 거리의 제약이 작아지고 도시의 물리적 규모도 확대된다. 이처럼 도시화는 물리적 공간의 수직적 · 수평적 확대를 의미한다.

또한 사회적 측면에서 도시화는 사람들 사이의 관계가 자유로운 개인들의 독립적 관계를 특징으로 하는 도회적(urbane) 관계로 변화함을 의미한다. 근대 도시에서 이뤄지는 사회관계의 특징에 대해 고찰한 독일의 도시사회학자 게오르그 짐멜(Georg Simmel, 1858~1918)은 도시의 사회관계야말로 근대성을 태동시킨 모태가 된다고 주장했다. 근대 도시는 중세의 인신적 구속으로부터 해방된 '자유'로운 개인들이 화폐를 매개로 몰인격적 거래를 통해 관계를 맺는 수평적 · 합리적 관계의 공간이다. 여기에서 개인은 공동체에 소속된 일원이라기보다는 독립적인 개인으로서 존재하며 이성적이며 이웃에게 냉담한 태도를 지니고 다른 사람의 생활에 무관심하고 둔감하게 살아간다. 이는 물론 높은 밀도 속에서 복잡하게 얽히고 살아가는 사람들이 스스로를 방어하기 위한 메커니즘이 작동한 결과이다. 도시에서 살아가는 사람들은 다른 사람에 대해 무관심할 뿐만 아니라 자신의 속내를 여간해서는 드러내지 않는데, 이것은 복잡한 도시에서 살아가는 근대인들에게 미덕으로 받아들여진다. 짐멜은 근대 도시의 이러한 비인격적 사회관계가 몰인격적 화폐 거래와 밀접한 연관이 있음을 주장하였다(게오르그 짐멜, 2005). 물론 이러한 사회관계가 한편으로는 합리적이고 수평적이며 독립적인 인간관계 · 문화를 만들어내기도 하지만, 다른 한편으로는 도시인들의 고립과 소외의 원인이 되기도 하는 것은 당연한 귀결이다. 그리고 이런 관계와 문제는 도시화가 진행되고 도시의 규모가 커질수록 더욱 일반화된다.

요컨대, 도시화는 비농업적 인구가 군집을 이루어 사는 공간인 도시가 인구수와 물리적 면적의 측면에서 확대되면서 주택, 건물, 도로, 상 · 하수도 등 건조환경(built environment)이 개발되며, 이 속에서 살아가는 사람들의 사회관계도 함께 변화하는 것을 말한다. 이러한 성장은 무엇보다 농촌에 거주하던 인구의 도시로의 이주에 의해 나타난 현상이다. 이러한 변화는 인류의 모듬살이에서 나타나는 보편적인 현상이기도 하고, 근현대 산업의 변화와 발달에 따른 역사적 현상이기도 하다. 다음에서는 이러한 도시화의 요인에 대해 살펴본다.

제 2 절 도시화의 요인과 과정

1. 도시화의 요인

도시의 성장과 확대, 즉 도시화를 가져오는 요인은 크게 경제적 요인과 정치 · 사회 · 문화 등 비경제적 요인으로 구분하여 살펴볼 수 있다. 사람들이 '도시'라는 형태로 모듬살이를 하게 되는 것은 근본적으로 그것이 가져다주는 편익과 필요가 있기 때문인데, 그 편익과 필요의 원천이 무엇인가에 따라 그렇게 구분할 수 있다고 하겠다.

1) 경제적 요인

우선, 경제적 측면에서는 도시의 집적 경제(agglomeration economies)에서 도시화의 원인을 찾을 수 있다. 집적 경제란 말 그대로 인간이 집적, 다시 말해 모듬살이를 하는 것이 가져다주는 편익을 일컫는다. 사람들이 물리적으로 근접한 곳에 서로 모여 살면 여러 가지 거래비용의 절감과 효율성 개선의 효과가 나타난다. 사람들이 가까이 살다 보면 필요한 물건이나 사람을 쉽게 구할 수도 있고, 좋은 정보도 쉽게 전달되어 살기 좋아진다. 이 문제에 대해서는 신고전파 경제학의 기초를 닦은 것으로 평가되는 경제학자 앨프레드 마셜(Alfred Marshall, 1842~1924)이 그의 역저『경제학의 원리』에서 이미 자세히 다루었고, 그 이후 많은 경제학자 및 도시학자들이 이에 대해 깊이 연구해왔다.

마셜은 비슷한 산업에 속한 기업들이 한곳에 집중되어 입지하는 경향을 설명하기 위해 집적 경제에 대해 설명한다. 그는 동일 산업의 여러 기업들의 집적이 숙련된 노동의 풍부한 풀을 형성하고, 전문화된 중간재 공급을 원활하게 하며, 산업 관련 지식의 일출(溢出)효과(knowledge spillovers) 등과 같은 긍정적 외부효과를 가져온다고 보았다(Marshall, 1890). 첫 번째로, 동일 산업에 속하는 기업들이 한곳에 입지하게 되면 이 분야에서 교육받은 많은 노동자들이 하나의 노동력 풀을 형성하여, 기업들이 필요로 하는 능력을 갖춘 노동자들을 쉽게 고용할 수 있게 되고 그 만큼 효율성이 증대된다. 즉, 노동 풀의 형성에 따른 노동매치(labor match) 비용의 감소가 나타나게 된다(Andersson et al., 2007). 두 번째로, 최종생산물을 생산하기 위해서는 노동력뿐만 아니라 부품, 특허 및 법률 서비스, 물류 및 운송 서비스와 같은 다양한 중간재를 필요로 한다. 그런데 한곳에 기업들이 집적하게 되면 노동 풀과 마찬가지 맥락에서 다양한 필요를 충족시켜

줄 중간재 공급도 원활하게 이뤄질 수 있다. 이것이 효율성의 증대로 이어지는 것은 당연하다. 세 번째로, 기업의 생산을 위해서는 생산 기술과 경영 노하우와 같은 다양한 지식 역시 필요한데, 이러한 지식은 기업들이 한곳에 집중해 있을 때 쉽게 확산되고 공유되어 더 많은 지식을 만들어낼 수 있다는 것이다(Brown & Division, 2013; Hirose & Yamamoto, 2007; Rosenthal & Strange, 2001). 이와 같이 동일 산업에 속하는 기업들의 입지가 한곳에 집중하여 전문화함으로써 발생하는 비용 절감과 효율성에 대해서는, 그 뒤에도 다른 두 경제학자 케네스 애로우(Arrow, 1962)와 폴 로머(Romer, 1986)에 의해서 더욱 발전된 이론으로 정립된다. 따라서 이 이론을 이들의 이름 첫 글자를 따서 MAR 모형이라고 하거나 전문화 또는 지역화 경제(localization economies) 이론이라고 한다.

산업클러스터(industry cluster) 이론을 발전시킨 마이클 포터(Michael Porter, 1947~) 역시 동일한 산업의 기업들이 집적을 이루어 형성하는 지역화 경제를 강조하였으나, 그는 그 경쟁력의 원천을 클러스터 내 기업들의 치열한 경쟁에서 찾았다(Porter, 1998). 좁은 공간에 여러 기업들이 입지하게 되면 그만큼 경쟁이 치열해지고, 그 경쟁에서 살아남기 위해서 기업은 혁신하게 된다는 논리이다. 실제로 새로운 산업에서 혁신이 활발히 일어나는 것을 보면 대기업이 독점적 지위를 누리는 경우보다는 작은 중소기업과 벤처기업들이 생존하기 위해 치열하게 경쟁하는 경우가 훨씬 더 유리하다는 것을 알 수 있다(Kim & Park, 2015).

한편, 도시학자인 제인 제이콥스(Jane Jacobs, 1916~2006)는 도시의 진정한 집적 경제는 동질적 기업들의 집중보다는 다양한 산업의 주체들이 도시라는 공간을 공유함으로써 발생하게 되는 다양성의 경제라고 주장했다(Jacobs, 1969). 그녀는 도시의 미덕은 다양성에 있으며, 그것이 불규칙해 보이고 무질서해 보일지라도 진정한 혁신은 그 다양성에서 나온다고 주장하였다. 이는 지역화 경제에 대비해서 흔히 도시화 경제(urbanization economies)라고 일컬어진다. 예컨대, 우리는 ICT 산업에서 이뤄지는 새로운 혁신이 ICT 기술과 문화예술의 융합과 같이 전혀 새로운 산업이나 활동과의 상호작용을 통해 이뤄지는 예를 목격하곤 하는데, 이것은 이러한 도시화 경제의 중요성을 보여주는 예라고 할 수 있다. 특히, 세계화된 시대의 대도시는 다양한 문화가 혼합된 다문화주의적 색채가 강하게 나타나는데, 이러한 다양성과 이를 너그러이 받아들이는 관용과 포용성이 경제성장의 원천이라는 주장도 대두되고 있다(Thomas & Darnton, 2006). '창조계급(creative class)' 이론을 주창하고 있는 리처드 플로리다(Richard Florida, 1957~)와 같은 도시계획학자도 도시의 관용과 다양성이 창조적 힘의 원천임을 강조하고 있다

(Florida, 2002).

물론 이러한 집적 경제는 기업과 같은 생산자뿐만 아니라 소비자들도 누릴 수 있다(Glaeser et al., 2001; Park & von Rabenau, 2011). 물건을 살 때 여러 상점이 한꺼번에 모여 있는 집적지에 가면 소비자는 자신의 취향에 맞는 물건을 쉽게 살 수도 있고, 한 번 가서 다양한 물건들을 한꺼번에 살 수도 있기 때문에 거래비용이 줄어든다. 만약 상점들이 여기저기 흩어져 있다면 상품의 비교와 구매를 위해 여기저기 이동하는 데 많은 시간과 비용이 들 것이다. 소비의 대상이 굳이 제조업 상품일 필요는 없다. 서비스, 문화, 예술, 여가 등 다양한 소비의 대상에 대해서 동일한 논리가 적용될 수 있다.

물론 인구와 인간활동의 집적이 항상 긍정적 외부효과만을 가져다주는 것은 아니다. 좁은 공간에 많은 사람들이 모여 살게 되면 혼잡에서 발생하는 각종 부정적 외부효과도 발생하게 마련이다. 한정된 공간과 자원을 놓고 경쟁해야 하기 때문에 이들 자원의 가격이 증가하여 이에 따른 비용이 증가한다. 공급이 한정된 대표적 자원은 토지와 환경이다. 도시화에 따라 이들 한정된 자원의 수요가 증가하면 수요와 공급의 법칙에 따라 가격이 상승하고, 이는 생산자와 소비자들의 비용 상승으로 이어지게 된다. 이처럼 인구와 인간활동의 물리적 집중에 따라 나타나는 비용의 증가와 같은 부정적 외부효과를 집적 불경제(agglomeration diseconomies)라 한다.

도시의 토지는 한정되어 있기 때문에 거기에 거주하는 인구가 증가하고 많은 기업들이 입지하게 되면 가격은 당연히 상승한다. 대도시의 높은 물가는 결국 한정된 토지 가격의 상승 때문에 발생하는 현상이다. 물론 도시의 물리적 면적을 확대함으로써 수평적으로 공간을 확대하거나, 높은 건물을 지어 수직적으로 확장함으로써 공간의 부족문제를 일정 부분은 해소할 수 있으나 그러한 확장에는 한계가 있게 마련이다. 수직적으로 확장하는 데는 건축 기술적 한계가 따르고, 수평적으로 확장하는 데에도 상·하수도, 교통 등 인프라의 공급 비용의 확대와 교통 혼잡 등으로 인해 한계가 있을 수밖에 없다.

또 다른 한정된 자원인 환경 역시 과도한 도시화로 인해 그 공급 비용이 계속 증가한다. 깨끗한 물과 공기, 정온한 환경, 각종 폐기물의 수용공간 등과 같은 양질의 환경은 도시화에 따라 그 질이 저하되게 마련이다. 이를 원래 상태로 복원하여 환경의 질을 유지하기 위해서는 화학적, 물리적 처리를 해야 하고 여기에 비용이 발생하는 것은 당연하다. 탄소 배출의 증가에 따른 기후변화와 같이 인간의 경제활동을 송두리째 바꾸어야 되돌릴 수 있거나 아예 과거로 돌아가는 것이 불가능한 비가역적 문제가 발생하기도 한다.

이러한 집적 불경제는 도시의 지속적인 확대와 성장을 가로막는 요인이 된다. 이런 이유로 인해 도시에서는 제한된 공간에서 계속 성장하기보다는 가까운 교외지역으로 인구와 도시의 일부 기능들이 이전해가는 '교외화(suburbanization)'와 '탈중심화(de-centralization)'와 같은 새로운 양상의 도시 발전이 나타난다. 어떠한 경우든 집적 경제와 집적 불경제와 같은 경제적 요인들은 도시의 성장과 발전, 확산에 매우 심대한 영향을 미치는 근본적 힘으로서 작용하고 있는 것은 확실하다.

2) 비경제적 요인

도시의 형성과 성장 및 쇠퇴에는 정치 · 사회 · 문화 등 비경제적 동기와 요인이 작용하기도 한다. 도시는 경제적 공간인 동시에 통치와 관리의 기능이 집중된 곳이기도 하고, 사람들이 다른 사람들과 사회관계를 맺으며 다양한 형태의 상호작용을 하는 곳이기도 하기 때문이다. 물론 현대 자본주의 사회에서는 이러한 비경제적 활동들과 경제적 활동의 경계가 모호해지는 경우가 많고, 시장의 지배가 비경제적 영역까지 확대되는 경향이 있다. 따라서 이렇게 구분하는 것 자체가 큰 의미가 없을 수는 있겠다. 그럼에도 불구하고 도시화의 동인으로서 이러한 비경제적 요인들은 시장으로 환원할 수 없는 고유의 논리가 있다는 점에서 별도로 살펴볼 필요가 있다.

먼저, 정치적으로 도시는 통치의 정당성과 행정의 효율성을 추구하기 위해 형성되고 발전하기도 한다. 역사적으로 도시는 최고 통치자와 지배계급이 거주하고, 각종 행정기능이 집중된 곳으로서 사회를 통치하는 중추로서 역할을 수행해왔다. 전통적으로 도시는 통치자의 거소와 집무공간이 중앙에 배치되어 있고, 이를 보좌하는 행정가와 군사들이 위치해 있는 곳을 중심으로 발달해왔다. 따라서 왕 또는 황제와 같은 최고 통치자가 머무르는 도시가 대부분 명실공히 가장 큰 도시로서 발달하는 경우가 많았다. 지방의 중소도시들도 지방을 통치하는 지방통치자와 지배계급이 머무르는 장소를 중심으로 발달해왔다. 이러한 사실은 현대 자본주의의 도시에서도 큰 틀에서 보면 변함없이 적용되고 있다. 물론 정치와 행정이 차지하는 비중과 역할은 과거에 비해 많이 줄어들기는 하였으나, 여전히 정부는 사회의 중요한 행위자로서 시장과 시민사회와 심대한 영향을 미친다. 따라서 이 기능의 세력 크기와 위치에 따라 도시의 발달에도 커다란 영향을 미친다고 할 수 있다.

그래서 현대 사회에서도 행정기능을 중심으로 발달한 도시들을 드물지 않게 볼 수 있다. 워싱턴 DC는 미국이라는 세계적 강대국의 정치와 외교, 행정의 중심지로서 발전해온 대표적 사례이다. 뉴욕이 세계 시장의 중심지로서 경제적 동인이 강력히 작용하여 성장해온 도시라면, 워싱턴 DC는 정치와 행정의 필요에 의해서, 그리고 이를 이용하려는 시장과 시민사회의 힘에 의해서 성장해온 도시라고 할 수 있겠다. 우리나라의 세종특별자치시를 비롯하여, 터키의 수도인 앙카라, 브라질의 수도인 브라질리아, 말레이시아의 새로운 행정수도로 개발 중인 푸트라자야, 파키스탄의 수도인 이슬라마바드 등은 모두 행정의 기능을 담당하기 위해 새롭게 개발된 행정도시들이다.[2)]

다음으로, 사회 · 문화적 동기와 요인에 의해 도시의 성장과 발전이 영향을 받기도 한다. 사실 근대의 도시가 성장하는 데는 산업발달의 요인 이외에도 농노의 신분에서 해방되어 인신의 구속에서 벗어난 '자유'로운 시민들이 새로운 사회를 경험하기 위해 도시로 모여들었던 것도 중요하게 작용하였다(게오르그 짐멜, 2005; 최병두, 2016a: 516). 도시 사회가 주는 자유와 익명성과 같은 사회문화적 요소들은 도시의 성장에 중요한 역할을 한다. 또한 이것은 시민사회의 성장에도 커다란 기여를 하였다. 역사적으로 시민사회는 모두 도시에서 이러한 자유로운 시민들이 모여서 형성되어 확대되었다. 앞에서 살펴본 도회성은 사람들에게 한편으로 자유를 주기 때문에 이러한 자유와 해방을 좇아 많은 사람들이 도시로 이동해왔음은 부정할 수 없는 사실이다.

많은 사람들이 있는 도시는 종교, 취미, 자선활동, 시민단체, 문화활동 등 각종 사회활동을 함께 할 사람들이 모이는 데도 유리한 환경을 제공한다. 많은 사회단체들이 도시에 근거지를 두고 있는 것은 많은 사람들의 참여를 용이하게 하기 위함이다. 마치 큰 시장에 가야 자신의 취향에 맞는 물건을 쉽게 고르듯이, 시민들은 사람들이 많이 모인 도시에서 자기의 사회활동 욕구를 더 쉽게 충족시킬 수 있기 때문이다. 심지어 도시는 자신에게 맞는 상대를 선택하는 데에도 유리한 대규모 결혼시장이 되기도 한다(Florida, 2002).

마지막으로, '삶의 질' 요인에 의해 도시화가 결정되기도 한다. 경제가 성장하고 사람들의 소득이 증대됨에 따라 문화, 교육, 환경, 예술, 경관 등 다양한 영역에서 욕구들을 충족시키고자 한다. 따라서 이러한 요소들을 잘 갖춘 도시들이 거주지로서 선호되어 성장하는 경향을 보인다. 특히, 잘 교육받고 높은 기술을 갖춘 고급인력들일수록 이러한 삶의 질의 요소를 중시하는 경향이 있다. 이러한 고급인력들의 유치가 기업의 성공과 경제성장에서 중요한 역할을 수행하는 지식경제 시대에는 삶의 질이 곧 경제성장을 좌

2) 이들 5개 도시들은 2017년에 세종시의 주도로 '세계행정도시연합'을 구성하기로 합의하고 이 이듬해에 창립총회를 개최하였다.

우하기도 한다(Florida, 2002). 이러한 삶의 질 요소를 잘 갖춘 도시는 지속적으로 성장하기 때문에 삶의 질이 곧 도시의 경쟁력인 시대가 되었다.

예컨대, 한국에서는 도시의 성장에서 교육의 질이 매우 중요하게 작동하고 있다. 공교육뿐만 아니라 사교육의 기회가 많은 지역은 중산층 또는 고소득층에 의해 선호되기 때문에 높은 주택가격이 유지된다(이연수, 2020; 전경구, 2012; 하영주 · 이원호, 2013). 양질의 교육환경을 가진 도시에서는 인구가 증가하는 경향을 보이기도 한다. 1960년대 이후 급격히 진행된 이촌향도(離村向都)의 인구이동 요인 중 하나는 높은 교육열 때문이었다는 것은 잘 알려진 사실이다(오은열 · 문채, 2016). 실제로 과거 1960~1980년대 인구이동이 가장 활발하던 시대에 서울 등 대도시로 이동한 인구를 연령대별로 보면 10대 청소년들의 비중이 가장 높은데, 이 역시 교육의 질이 높은 대도시를 향해 중등 청소년 자녀를 둔 가구들이 대거 이동한 사실과 관련이 있다.

2. 도시화의 과정

1) 도시화의 발전 단계

도시로 인구가 집중되는 현상을 도시화라고 하지만, 도시화 과정은 단선적으로 이뤄지는 것이 아니다. 대부분의 국가에서 인구 규모가 다른 도시가 둘 이상 존재하는 경우가 많고, 하나의 도시도 핵심을 이루는 중심도시와 그 주변 지역이 하나의 '도시권'을 형성하는 경우가 많기 때문에 도시로 인구가 집중된다는 말 자체가 매우 부정확한 표현이다. 우리는 한 나라의 도시화의 과정을 이해하기 위해서 피터 홀(Hall, 1984)이 제시한 세 가지 관점에서 살펴보아야 한다. 도시와 농촌을 구분할 때 도시 전체에 사는 사람의 비율(도시화율)의 변화, 중심도시와 그 주변 지역으로 이루어진 대도시권 내 부분 간 관계(교외화 정도)의 변화, 가장 큰 종주도시(primate city; 수위도시)와 하위 도시들로 이뤄진 도시체계의 계층적 관계(종주성; primacy)의 변화 등이 바로 그것이다(구동회, 2018: 483). 이 세 가지 관점은 서로 복잡하게 얽혀 있지만 논의의 편의를 위해 구분해서 하나씩 살펴보도록 하자.

먼저, 전체적인 도시화율의 변화는 어떻게 이뤄지는가? 이에 대해 미국의 지리학자 레이먼드 노담(Northam, 1975)은 S자 모양의 유명한 노담 곡선(Northam curve)을 제안하여 설명하였다. 즉, 도시인구가 느리게 증가하는 초기 단계를 지나, 인구 증가 속도가 빠르게 증가하는 가속화 단계를 거쳐, 다시 증가 속도가 느려지는 안정화 단계에 도달하면서 도시화가 완성된다는 것이다. 이는 생물의 성장 곡선과 비슷하게 도시의 성장도 이루어진다는 설명이다. 이러한 설명은 논리적으로나 경험적으로나 상당히 그럴 듯해 보인다. 개념상 도시화율이 100%를 넘길 수는 없기 때문에 상한선이 정해져 있는 성장 곡선을 따르는 것은 일견 당연해 보인다.

그러나 도시인구 비율이 지속적으로 성장하기만 하지 않고, 일정한 시점에 도달하면 도시의 불경제로 인해 도시를 떠나는 인구가 유입되는 인구보다 많아지는 역도시화(counterurbanization) 현상이 나타날 수 있다는 주장들도 제기되었다. 레오 클라센과 진 팰링크(Klaassen & Paelinck, 1979), 레오 반덴버그 외(van den Berg et al., 1987) 등은 반도시화(disurbanization)라는 용어를 사용하여 이를 설명하고, 가이어와 컨툴리(Geyer & Kontuly, 1993)는 역도시화라는 용어를 이용하여 이를 설명한 바 있다. 심지어 이들은 역도시화가 진행된 이후 시간이 지나면 다시 도시로 집중이 이뤄지는 재도시화(reurbanization)가 나타날 수 있다고도 했다. 그러나 이 질문들은 도시와 농촌을 어떻게 구분하느냐에 따라 의미가 달라질 수 있다. 뒤에서 '행성적 도시화'를 논의할 때 다시 얘기하겠지만 현대 사회에서는 도시와 농촌의 구분이 모호해짐에 따라 농촌도 도시체계에 더욱 긴밀히 통합되어 가고 있는 상황이다. 이런 상황이라면 여기서 말하는 역도시화 역시 도시의 확장 과정으로 볼 수도 있기 때문이다.

다음으로, 교외화의 과정은 어떻게 전개되는가? 대부분의 학자들은 초기 도시화 이후의 교외화 과정에 대해서는 모두 동의가 이루어지는 듯하다. 즉, 중심도시로의 인구 집중이 이루어진 이후 일정 규모를 넘어서면 교외지역으로 인구의 분산이 발생한다는 것이다. 홀(Hall, 1984)은 이 과정을 좀더 세분해서 5단계 발전 이론을 제안하였다.[3] 1단계에서는 중심도시가 교외지역을 포함해서 외부로부터 인구를 빠르게 흡수하는 절대적 집중이 일어난다. 2단계에서는 여전히 중심도시로의 집중이 빠르게 진행되고, 동시에 교외지역으로도 외부에서 인구가 순유입되는 상대적 집중이 일어난다. 3단계에서는 여전히 중심도시와 교외지역이 함께 성장하지만 교외지역의 성장이 더 빠르게 일어나는 상대적 분산이 일어난다. 4단계에서는 마침내 중심도시의 인구가 감소하고 교외지역의 인구가 증가하지만 이전보다 훨씬 느리게 증가하는 절대적 분산이 일어난다. 그리

3) 여기에서 제시된 단계는 종주도시의 대도시권에 대해 적용되고 다른 도시체계는 한 단계씩 늦게 진행된다고 하였다. 예컨대, 종주도시 대도시권의 2단계에서 기타 도시체계는 1단계를 겪게 되는 식이다.

고 5단계에서는 교외지역은 여전히 인구가 증가하지만 중심도시의 쇠퇴가 훨씬 더 빠르게 이루어져 대도시권 전체 인구가 감소하고 다른 도시체계들로 인구의 분산이 이루어지는 감소 속의 분산이 일어난다.

여기까지의 설명에 대해서는 다른 학자들도 대체로 동의하지만 그 이후에 벌어지는 일에 대해서는 다른 설명들이 존재한다. 역도시화의 가능성을 주장했던 클라센과 팰링크(Klaassen & Paelinck, 1979), 반덴버그 외(van den Berg et al., 1987) 등은 중심도시뿐만 아니라 교외지역마저 쇠퇴하여 대도시권 전체가 쇠퇴하는 반도시화 단계가 나타날 수 있고, 어떤 계기가 되면 중심도시가 다시 성장하여 새로운 도시화의 주기가 반복되는 재도시화가 나타날 수 있다고 하였다. 한편, 헤르마누스 가이어와 토마스 컨툴리(Geyer & Kontuly, 1993)는 대도시권에 거주하는 사람들의 환경과 경제성장에 대한 선호에 따라 달라질 수 있다고 했다. 하지만 교외화의 문제 역시 대도시권의 범위를 어디까지로 볼 것인가의 문제와 밀접히 연관된 문제이다. 대도시권의 범위가 더욱 확대되고 있다면 교외지역의 쇠퇴가 아니라 대도시권 자체의 확장으로 볼 수도 있기 때문이다.

마지막으로, 종주성의 변화 과정은 어떠한가? 이에 대해 홀(Hall, 1984)은 종주도시의 인구가 감소하는 4단계부터 종주성은 감소하고 다른 도시체계의 인구가 증가한다고 하였다. 즉, 종주도시가 속한 대도시권이 여전히 성장하는 4단계와 종주 대도시권 전체의 인구가 감소하는 5단계에 다른 대도시권들은 더 빠르게 성장하여 종주성이 감소할 수 있다는 것이다. 가이어와 컨툴리(Geyer & Kontuly, 1993)는 차별적 도시화(differential urbanization) 개념을 도입하여 한 국가 안에서도 대도시, 중도시, 소도시의 발전 단계가 순차적으로 진행됨에 따라 종주성이 달라질 수 있음을 시사했다. 종주도시의 성장이 빠르게 진행되다가 둔화된 시점에 중도시가 뒤를 이어 빠르게 치고 올라오고, 다시 중도시 성장이 둔화된 시점에 소도시가 올라와서 성장과 쇠퇴의 순환이 도시 규모별로 순차적으로 반복하게 된다는 것이다. 이에 따라 중도시의 성장이 종주도시의 성장을 앞서 나가는 시점을 집중반전(polarization reversal), 소도시마저 종주도시 성장을 앞서는 시점을 명확한 단절(clear break)이라고 하여, 명확한 단절 시기가 되면 종주성이 매우 약해질 수 있다고 주장한다. 하지만 이들은 중도시와 소도시도 성장의 주기가 지나면 쇠퇴하고, 종주도시 성장의 순환이 시작되면 종주성이 강화될 수도 있음을 강조한다. 그런데 이러한 종주성 변화에 대한 논의는 사실 국가마다 사정이 다르기 때문에 일반화하기는 어려워 보인다. 한국과 같이 국토가 작은 나라에서는 종주도시의 영향력이 강력하여 계속 종주성이 높아질 수도 있는 반면, 미국이나 중국과 같이 국토가 큰 나라들은 여러 대도시권이 경쟁하듯 발전할 수도 있기 때문이다.

요컨대, 도시화의 전개 과정에 대한 이러한 이론적 설명은 여러 국가의 도시화 경험을 토대로 일반화한 것이어서 큰 흐름을 파악하는 데 도움이 된다. 그러나 도시와 농촌의 이분법을 인식론적 기초로 하고 있다는 점은 한계이다. 또한 국토의 면적, 도시의 역사, 사람들의 선호나 문화 등의 차이를 고려해야 실제 도시화 과정을 제대로 설명하고 도시화의 미래를 정확히 예측할 수 있을 것이다. 이런 이유에서 도시화는 개념적 과정으로 이해되기보다는 구체적 역사적 과정으로 이해될 필요가 있겠다.

2) 도시화의 역사적 과정

오늘날처럼 많은 사람들이 도시에 모여 살게 된 것은 긴 인류 역사에 비추어보면 비교적 최근에 나타난 현상으로서, 도시화는 근현대 우리 인류 발전의 대표적 특징을 나타낸다고 할 수 있다. 현생 인류인 호모 사피엔스가 대략 30만 년 전에 등장한 이래 대부분의 시간 동안 인류는 농촌에서 살았다. 4600년 전에 메소포타미아 지역에서 수메르인들에 의해 도시가 출현한 이후 도시는 통치의 중심지로서 꾸준히 발달해왔지만, 대다수의 인구는 아직 농촌에 거주하였다. 서기 1600년만 하더라도 도시에 거주하는 인구는 5.2%에 지나지 않고, 도시화와 산업화에 가장 앞서 갔던 서유럽에서도 이 시기 도시 인구 비율은 12.2%에 지나지 않았다(Klein Goldewijk et al., 2010: 568). 그러다 본격적으로 도시화가 진행된 것은 산업혁명이 진행되어 도시의 생산성이 높아지던 18세기 중반 이후, 특히 19세기 이후에 서유럽과 북미, 오세아니아 등을 중심으로 나타난 일이다. 20세기 이후에는 개발도상국들도 뒤늦게 도시화의 큰 흐름에 합류하게 되면서 인류의 과반수가 도시에 사는 세상이 되었다. 요컨대, 인류의 역사에서 0.1%도 안 되는 시간 동안 우리는 이처럼 극심한 변화의 시기를 겪어왔다.

도시가 급속도로 진행된 것은 17~18세기 서유럽에서 진행되기 시작한 과학기술 및 생산력의 발달에 따른 산업혁명과 산업의 발달과 밀접히 연관되어 있다. 근대적 도시화는 그러한 생산력의 증대와 산업구조의 재편, 비농업인구의 증대의 결과로서 나타난 것이다. 여기에 도시의 집적 자체가 주는 생산성 증대와 효율성의 증대 효과는 분명 이러한 산업과 경제의 발달에 기여했음에 틀림이 없다. 도시화와 산업화 및 경제성장의 선순환이 가능해진 것이다. 따라서 근현대 역사를 통해 우리가 경험한 도시화는 과학기술 및 생산력의 발달, 산업혁명에 따른 산업구조의 재편, 급속한 경제성장이라는 특수한 배경 속에서 나타난 역사적 과정이다.

역사적 과정으로서 근현대 도시화는 그 근저에 산업발달 및 경제성장이 강력한 동력으로서 작동하고 있기 때문에, 이러한 물질적 조건의 차이에 따라 도시화의 과정 또한 다르게 나타난다. 일찍이 상업의 발달과 산업혁명을 경험했던 서유럽을 비롯한 선진국들은 이미 17세기부터 도시화가 빠르게 진행된 반면, 한국을 비롯한 많은 개발도상국들은 제2차 세계대전 이후 본격적으로 산업화와 도시화를 경험하게 되었다. 도시화의 가속이 나타나는 시작점도 달랐지만 도시화의 속도 역시 산업화의 속도에 따라 달랐다. 서유럽의 국가들은 17세기부터 꾸준히 산업화 과정을 겪으면서 오랜 시간 도시화 과정을 거쳐서 대체로 완만한 변화를 경험하였지만, 일본과 한국, 중국 등 후발 국가들은 늦게 도시화의 대열에 끼어들었지만 선진국들보다 훨씬 빠른 시일 내에 급격한 변화를 경험했다.

다음 [그림 3-4]는 1600년 이후 세계 몇몇 국가와 지역의 도시화율의 변화를 보여주고 있다. 산업화에 가장 앞섰던 서유럽은 1600년에 이미 12.2%의 도시화율을 보이고, 당시 아시아의 중심국가로서 기술 발달에서 앞서 있던 중국도 7%의 도시화율을 보인다. 인도와 일본, 브라질, 한국 등은 모두 도시화율이 5% 미만이었으며, 세계 전체로도 간신히 5.2% 정도에 머물러 있었다. 그러다가 서유럽에서는 산업혁명이 본격화되던 18세기부터 도시화 속도가 빨라져서 1800년에는 21.4%로 증가하고, 19세기에는 그 속도

그림 3-4 1600년 이후 각국의 도시화

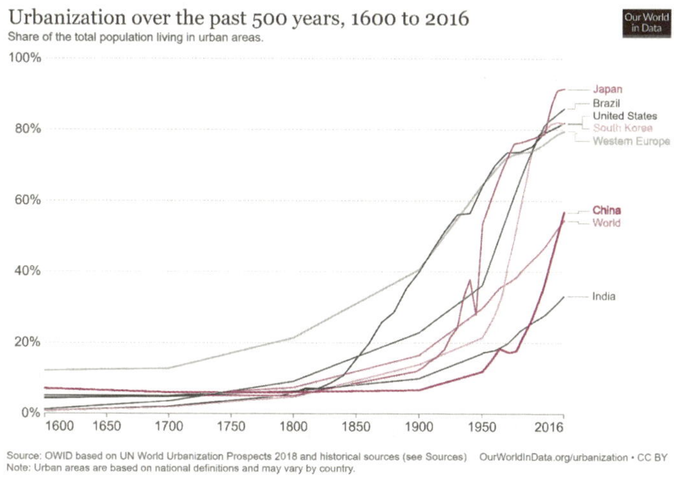

자료: Ritchie & Roser(2018).

가 더욱 빨라져서 1900년에는 40.6%, 1950년에는 64.6%까지 증가하였다. 그 이후에는 도시화 속도가 다소 완만해져서 2000년에는 76.0%, 2016년에는 79.5%에 이르고 있다. 전통적 농업국가였던 미국은 뒤늦게 산업화의 대열에 뛰어들어 1800년에 6.1%의 도시화율을 보였으나, 19세기에 매우 빠른 속도로 서유럽 국가들을 추격하여 1900년에는 40.0%를 기록했고, 대공황 이전까지 계속 빠른 속도로 도시의 성장을 경험하여 1930년에는 56.2%로서 서유럽 국가를 앞섰다. 그러나 미국은 1930년대 대공황을 겪으며 도시화가 잠깐 주춤하는 사이 서유럽 국가보다 약간 뒤처졌으나, 1940년 이후 다시 급속히 증가하여 1952년부터는 다시 서유럽을 앞서 2016년 81.9%의 도시화율을 보이고 있다(Ritchie & Roser, 2018).

아시아에서는 근대화 개혁을 앞서 추진한 일본이 도시화에 있어서도 앞서갔다. 일본은 19세기 후반에 단행한 메이지 유신 개혁과 산업화에 힘입어 도시화에도 속도를 내기 시작하였다. 그리하여 1889년 11.9%에 지나지 않던 도시화율은 20세기 초반 급격히 증가하여 1940년에는 37.7%까지 높아졌다. 제2차 세계대전에서 패배한 직후인 1945년에는 27.8%로 일시적으로 하락하였으나 그 이후에는 전후 복구기간 도시화 속도는 세계에서 그 유래를 찾기 어려울 정도였다. 1950년에는 53.4%로 증가하고, 1960년에 63.3%, 그리고 1975년에는 75.7%로서 미국과 서유럽보다 앞서기 시작하였다. 그 후 일본의 도시화는 다소 완만하게 진행되다가 2000년 이후에 다시 빠르게 증가하여 2016년 91.5%로서 세계에서 도시화율이 가장 높은 그룹에 속해 있는 국가이다(Ritchie & Roser, 2018).

한편, 우리나라는 조선시대와 구한말까지만 하더라도 전통적인 농업 중심의 산업구조를 가지고 있어서 낮은 도시화율을 유지하였다. 1800년 도시화율은 3.3%에 불과하였고, 19세기 동안 상업의 발달에 따라 다소 높아지기는 했으나 여전히 낮은 수준을 유지하여 1910년에는 4.5%의 도시화율을 보였다(이헌창, 2006: 4). 20세기 들어서 일본 제국주의 식민지배를 겪으면서 도시화율은 완만하게 증가하여 해방 이후인 1950년에는 21.4% 정도였다. 그러나 한국전쟁과 전후 복구 기간 동안 도시로의 인구이동이 시작되어 도시화율을 증가하기 시작하여 1960년에는 27.7%로 증가한다. 그리고 1960년대와 1970년대의 개발시대를 거치면서 빠른 산업화에 발맞추어 도시도 급격히 성장하여, 1970년에는 40.7%, 1980년에는 56.7%, 1990년에는 73.8%로 증가하였다. 그 이후 산업화 및 경제성장의 속도가 느려지면서 도시화의 속도도 다소 느려져서 2000년에는 79.6%에 도달하고, 2016년에는 81.6%에 이르고 있다(Ritchie & Roser, 2018).

3) 도시화와 경제개발

이처럼 국가와 지역마다 다른 산업발달 및 경제성장 여건에 따라 도시화의 경로는 다르지만 공통적으로 나타나는 것이 있다. 그것은 도시화율과 경제 발전 수준 간의 긍정적 상관관계이다. 대부분의 국가에서 도시화는 경제성장의 결과로서 나타나기 때문에, 한 나라 안에서 경제 발전 수준이 높을수록 도시화율도 높게 나타난다. 이것은 한 국가 내부에 적용되기도 하지만, 국가 간 비교에서도 대체로 유의미하게 나타난다. 동일 시점에서 국가 또는 지역 간 수평적 비교를 해보면 경제 발전의 수준과 도시화 수준 간에는 긍정적 상관관계가 발견된다(Henderson, 2003). 다음 [그림 3-5]는 이러한 관계를 잘 보여준다.

그림 3-5 도시화율과 1인당 GDP의 관계

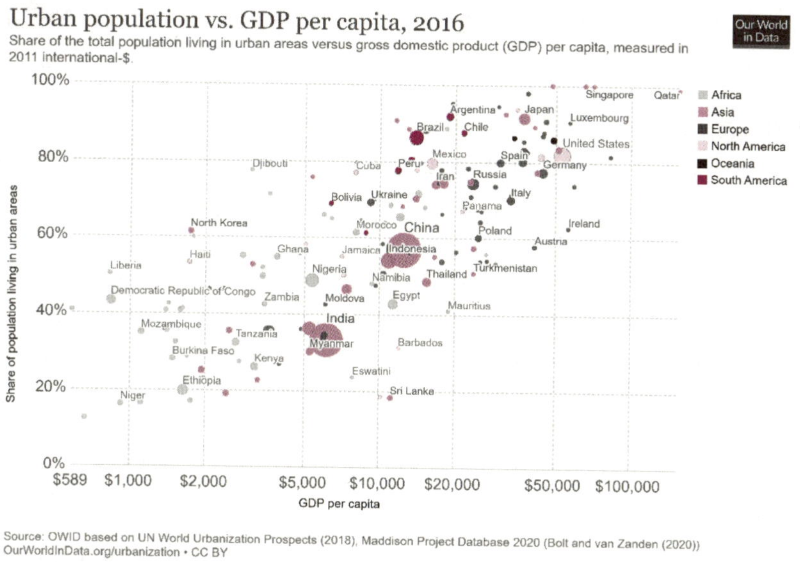

자료: Ritchie & Roser(2018).

생산성의 발달에 따라 산업이 발달하면 비농업적 인구가 증가하고, 그 결과로 도시가 성장하기 때문에 도시화율이 높아지는 것은 당연한 것처럼 보인다. 생산에 토지를 필요로 하는 농업의 특성상 제한된 농지의 생산에 필요한 노동이 줄어들수록, 다시 말해 토지 생산성이 증가할수록 비농업인구는 증가하고 그 인구가 부가가치가 높은 다른 산업에 의해 흡수되며, 이들이 도시에 거주하게 되면서 도시화가 진척되기 때문이다. 세계화된 시장에서 국가 간 경쟁은 이러한 노동분업이 국가 간에도 나타나서 생산성이 낮은 곳에서 농업에 종사하는 사람이 많고, 생산성이 높은 곳에서 비농업에 종사하는 사람이 많기 때문에 국가 또는 지역 간 비교에서도 둘 사이의 긍정적 관계는 발견된다.

하지만 [그림 3-5]는 둘 사이의 관계가 완벽한 선형이 아님을 보여준다. 국제적 노동분업이 생산성에 따라 이뤄지고 농업과 비농업 간의 생산성 차이가 국가에 상관없이 동일하다면 모든 국가들은 한 직선 상에 위치해야 할 것이다. 그러나 전체적인 경향은 선형이지만 두 변수 사이의 분포는 넓은 띠를 이루고 있어서, 국가마다 편차가 매우 크게 존재하는 것을 알 수 있다. 예컨대, 2016년 북한의 도시화율은 61.5%로서 오스트리아의 57.9%보다 높지만, 1인당 국내총생산(GDP)는 채 2,000달러가 되지 않아서 오스트리아의 1/23에도 미치지 못한다. 이러한 사례는 흔히 볼 수 있는데, 이는 도시화가 반드시 경제성장의 결과로 나타나는 것은 아니라는 사실을 보여준다. 국가의 정치적 개입에 따라 도시화가 이루어지기도 하고, 아직 도시의 산업의 발달과 경제성장이 충분이 이루어지지 않은 상태에서 농촌 경제의 파탄에 의해 도시로의 인구 유입에 의해 도시화가 이뤄지는 경우도 많다.

이처럼 도시화 수준과 경제 발전 수준 사이의 긍정적 상관관계는 종종 적정한 수준의 도시화에 대한 논의로 이어진다(Chen et al., 2014; Henderson, 2003). 둘 사이의 관계가 긍정적 관계라면 산업발달과 경제성장이 지탱해줄 수 있는 적정한 수준의 도시화 정도를 도출해낼 수 있을 것이기 때문이다. 또한 앞서 얘기한 바와 같이 도시화가 한편으로 집적 경제를 통해 생산성 향상과 이를 바탕으로 경제성장을 가져다주고, 다른 한편으로 과도한 집중에 따른 집적 불경제가 발생하여 생산성을 떨어뜨린다면 적정한 수준의 도시화 또는 도시 집중이 존재할 것이라는 추론 역시 가능하다. 이런 점에서 적정 도시 규모에 대한 논의가 활발히 진행되었다.

먼저, 산업발달 및 경제성장이 지탱할 수 있는 도시화 수준에 대한 논의는 가도시화(Pseudo-urbanization)의 개념으로 이어진다. 앞서 경제수준에 비해 도시화 수준이 현저히 높은 사례를 언급했지만, 많은 개발도상국에서는 도시화가 충분한 산업발달과 경제성장이 뒷받침되지 않은 상태로 진행되는 경우가 있다. 전쟁이나 재난, 농촌 경제의 갑작스러운 파탄과 같은 상황에서 사람들이 도시로 과도하게 집중되어 도시화가 진행될 수 있는데, 이러한 도시화를 가도시화라 한다. 예컨대, 과거 한국전쟁 당시 부산에 많은 피난민들이 몰리면서 과도하게 인구가 집중되어 이뤄진 도시성장이 그 예가 될 수 있겠다. 이 경우 도시는 미처 많은 인구를 수용할 일자리와 주택과 생활 인프라가 갖추어져 있지 않아, 많은 사람들이 생활의 불편과 고통을 겪게 된다.

적정 수준의 도시화에 대한 또 다른 논의는 경제성장을 극대화할 수 있는 수준의 도시 규모 또는 도시 집중에 대한 것이다. 앞서 살펴본 도시화 수준과 경제 발전 수준 사이의 긍정적 관계는 사실 도시화 수준이 경제성장에 어떤 영향을 미치는지에 대해서는 아무런 대답도 주지 않는다. 경제수준은 어떤 시점의 발전 정도를 나타내는 정적인 상태를 나타내는 개념인 반면, 경제성장은 시간의 따른 변화를 나타내는 동적 과정을 나타내는 개념으로서 둘은 서로 다른 개념이기 때문이다. 따라서 도시 집중이 증가함에 따라 일반적으로 경제성장률도 함께 증가한다고는 말할 수는 없다. 주어진 사회경제적, 기술적 여건 아래에서 도시의 생산성을 최대화하는 적정한 도시 규모가 있고, 그것을 넘어서면 집적 경제보다 불경제가 증가하여 생산성이 오히려 감소할 수 있다(Henderson, 1974). 실제로 실증분석의 결과를 보면 도시화 수준과 경제 발전 수준 간에는 긍정적 상관관계가 확인되지만, 도시화 수준 또는 도시 규모가 경제성장에 미치는 영향에 대해서는 상반된 연구결과가 존재한다. 어떤 연구들은 도시화 수준이 증가할수록 경제성장도 증가한다는 연구결과도 존재하고(Baldwin & Martin, 2004; Glaeser & Gottlieb, 2009: 1010; Martin & Ottaviano, 1999), 다른 연구들은 어떤 수준을 넘어서면 도시화는 경제성장을 저해한다는 것을 보여준다(Nguyen & Nguyen, 2018). 여러 사례들을 종합해볼 때, 적정 수준의 도시화 또는 적정 도시 규모라는 것은 한 나라의 인프라나 문화, 제도 등 여러 가지 여건에 의해 결정된다는 보는 것이 타당할 것이다(Turok & McGranahan, 2013).

제3절 현대 도시화의 특성

1. 현대의 도시화

1) '행성적 도시화'

현대 인류가 경험하는 도시화는 전례가 없는 규모와 속도로 진행되는 것이 가장 큰 특징이다. 2007년에 처음으로 도시에 사는 인구가 농촌의 인구를 앞지르기 시작하여,

2018년에는 55.3%의 인구가 도시 지역에 거주하고 있다. 아프리카 대륙을 제외한 모든 대륙에서 도시화율은 50%를 넘어섰고, 도시화가 가장 늦은 아프리카도 2033년이 되면 과반수의 사람들이 도시에 거주하고, 2050년까지 도시인구가 2018년의 3배까지 증가할 것으로 예상된다(UN DESA, 2019: 24, 27). 인류는 점점 모든 사람들이 도시에서 살아가는 시대에 빠르게 다가가고 있는 것이다.

프랑스의 도시철학자 앙리 르페브르(Henri Lefebvre, 1901~1991)는 그의 저서 『도시혁명』(1970)에서 "사회가 완전히 도시화되었다"는 가설로부터 이야기를 시작하였다. 그 당시 도시화율은 유럽과 북미, 오세아니아 등 선진국이 63~73% 정도로서 높은 편이었지만, 아직 아시아와 아프리카는 매우 낮은 수준에 머물러 있어 전 세계적으로는 36.6%에 지나지 않았다(UN DESA, 2019: 26). 이런 상황에서 그가 완전한 도시화 가설을 제시한 것은 '도시'를 농촌과 대비되는 지리적 영역의 유형인 장소(city)로서 보지 말고, 과정으로서 도시적 현상(the urban phenomenon; 줄여서 the urban)으로 봐야 함을 전제로 한 것이다. 19세기 말~20세기 초에 급격히 진행된 도시화 과정 속에서 도시는 확실히 농촌 또는 자연과 대비되는 지리적 영역으로서 뚜렷한 경계를 갖는 곳으로서 의미를 지녔다. 그리고 도시화는 바로 그러한 공간으로 인간이 집중되는 현상을 가리켰다. 그러나 그가 보기에 20세기 후반의 도시화는 도시라는 명확한 경계를 갖는 지리적 공간에서만 나타나는 것이 아니라 여러 물리적, 사회적, 경제적, 정치적 연결을 통해 지구상의 모든 공간에서 나타나는 '행성적 현상(planetary phenomenon)'이었던 것이다(Lefebvre, 1970: 113).

현대의 도시화를 전 지구적 과정 또는 행성적 현상으로 본 르페브르의 관찰은 매우 정확한 통찰이었다. 사실 오늘날 전 세계 어디를 가더라도 도시를 지배하고 있는 생산관계와 생활양식의 지배를 받지 않는 곳을 찾기란 쉽지 않다. 대다수 인구가 농업에 종사하는 지역도 세계생산네트워크(global production networks)로 모두 연결되어 있고, 각종 물류 시스템과 가치 사슬(value chains)로 연결되어 있다(Challies, 2008; Henderson et al., 2002). 저 멀리 있는 대양과 산, 강, 북극과 남극에 이르기까지 인간의 손이 직·간접적으로 닿는 곳이라면 모두 이러한 연결에서 자유로울 수 없다([그림 3-6] 참조). 현대 사회에서 도시와 비도시의 경계는 모호해지고 있기 때문에, 도시와 비도시의 이분법적 구분을 바탕으로 도시로의 집중 또는 도시의 확대를 논의하는 것은 점점 더 의미를 상실하고 있다. 이런 점에서 현대의 도시화는 르페브르의 개념을 빌어와서 '행성적 도시화(planetary urbanization)'라고 명명되기도 한다.

그림 3-6 항공노선 네트워크를 본 행성적 도시화

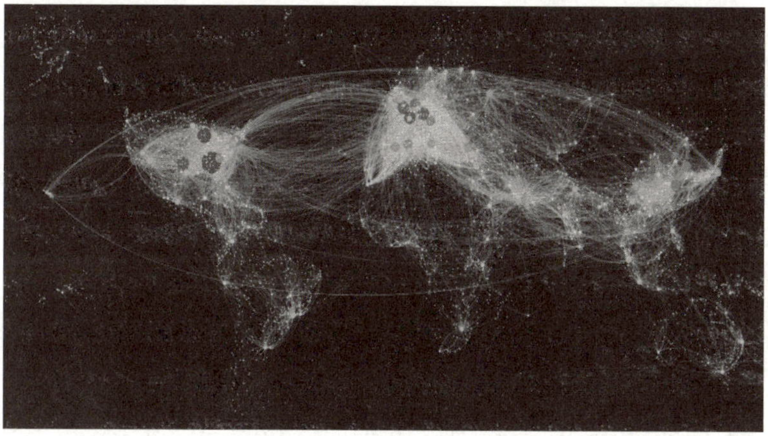

자료: https://studentwork.prattsi.org/infovis/labs/visualizations-of-the-global-flights-network/

닐 브레너와 크리스티안 슈미트(Brenner & Schmid, 2012)는 현대 도시화는 도시와 비도시의 지리적 경계가 모호해지고 지구라는 행성 전체가 도시사회로 변하고 있다는 르페브르의 개념을 가져와서 행성적 도시화 개념을 발전시킨다. 그들에게 있어 도시는 더 이상 어떤 경계를 갖는 실체, 농촌이나 자연과 대비되는 객체가 아니라 지구 전체를 현대적 생산관계 속에 집어 삼키는 '과정'으로 존재한다. 도시화는 더 이상 어떤 공간에 인구와 다양한 인간활동이 집중되어 고밀화되고, 기존의 지리적 영역을 교외지역으로 확장시키는 데서 그치지 않는다. 그것은 교외지역을 넘어 농촌지역으로 파고들어 도시적 존재양식을 보편화시키고 있고, 심지어 인간이 거주하지 않는 자연환경에까지 폐기물의 투기와 자원의 고갈, 지구온난화와 같은 형태로 그 영향력을 확장하고 있다. 따라서 지구 어디에서도 도시와 연결되지 않고 도시적 삶을 느끼지 않을 수 있는 곳은 찾기 어렵게 되어가고 있다. 이런 의미에서 행정적 지구화는 매우 적확한 표현이 아닐 수 없다.

이러한 행성적 도시화가 나타나는 과정은 개념적으로 두 가지 과정으로 구분해볼 수 있다. 르페브르는 핵물리학의 유비를 이용하여 내파(implosion)와 폭발(explosion)의 개념으로 이를 설명한다. 역사적으로 도시는 중심지를 향해 작용하는 엄청난 인력에 의해 많은 인구와 상업 및 교역 활동, 산업이 한꺼번에 도시 내부로 급격히 집중되는 현상을 겪어 왔는데 이것이 그가 말하는 내파이다. 그러나 상업도시를 지나 산업도시가 되면서 이러한 내파는 한계에 다다르고, 드디어 도시는 교외지역, 위성도시, 주변 농촌 등 외부로 확산되어 나가기 시작하여 급격히 범위가 확장되어 나가는데, 이것이 폭발이다(Lefebvre, 1970). 브레너는 내파를 집중적 도시화(concentrated urbanization)라고 하고 폭발을 확장적 도시화(extended urbanization)라고 개념화하였다(Brenner, 2013). 전자는 인구와 자본 투자, 인프라 등이 커다란 정주공간의 집적지에 집중되는 것을 말하고, 후자는 도시개발이 여러 장소와 영역, 다양한 지리적 규모(scales)에 걸쳐서 이뤄지도록 하는 원인이자 또한 그 결과로서 나타나는 "사회공간이고 사회환경적인 변환의 과정"을 말한다(Brenner, 2013: 96).

2) 현대 도시화의 특징

현대 우리가 경험하고 있는 도시화는 명실공히 행성적 도시화라고 할 만하다. 20세기 말부터 21세기 현재까지 나타나고 있는 도시화의 특징은 다음과 같이 요약할 수 있다. 거대한 규모의 도시화, 불분명해지는 도시의 지리적 경계, 배후지의 해체와 '자연(wilderness)'의 종말이 그것이다(Brenner & Schmid, 2012). 이러한 현상은 물론 현대 자본주의 생산관계의 전세계적 확장 및 지배와 밀접히 연관되어 있다.

첫 번째, 현대의 도시화는 다양한 수준에서 거대한 규모로 진행된다. 근대적 도시화가 주로 국지적 수준에서 도시라는 명확한 경계를 갖는 도시를 중심으로 진행되는 국지적 현상이었다면, 현대의 도시화는 도시의 물리적 확장으로 인해 지역적 수준에서 진행되기도 하고, 국가적 또는 국제적 수준에서 도시적 질서로 통합되는 복합적 과정이기도 하다. 보통 지역적 수준에서 진행되는 도시화는 도시-지역(city-regions; urban regions) 또는 대도시권(metropolitan areas) 등의 명칭으로 불리는 현상으로서, 하나 또는 그 이상의 도시들이 물리적으로 확산되어 이뤄지는 교외화의 결과 도시의 규모가 확대되는 것을 말한다. 이 상태에서는 도시에서 거주하는 사람들의 통근·통학, 쇼핑 및 여가 활동과 같은 생활반경은 지역적으로 확대되고, 이를 뒷받침하기 위한 교통 인프라의 범위도 확대된다. 천문학에 비유하여 도시가 태양과 같은 별이라면 지역적 수준의 광역화된 도시 지역은 그 별을 중심으로 행성과 위성, 소행성, 유성체, 혜성, 우주먼지 등이 공존하는 행성계(planetary system) 정도라고 할 수 있겠다.

그런데 현대의 도시화는 이러한 지역적 수준의 광역화를 훨씬 더 뛰어넘어 진행된다. 도시화는 폭발을 통해 외부로 더욱더 확장되고, 중력에 의한 내부적인 내파 과정을 거쳐 더욱더 큰 규모로 진행되어 여러 개의 도시 핵들과 그 주변의 지역들이 하나의 거대한 도시군(constellations)을 이루는 연담도시(conurbations) 또는 거대도시(megalop-olis)가 형성된다(Gottmann, 1961). 이 거대한 도시군은 국가적 지배력과 국제적 영향력을 갖는다. 미국 동북부의 워싱턴 DC에서 보스턴에 이르는 광대한 연담도시 지역으로서 인구 5천만 명 이상이 거주하는 보스워시(BosWash: Boston-Washington DC)와 서부 캘리포니아 지역의 샌샌(San San: San Francisco-San Diego)이 대표적 사례이다. 영국의 북서부에서 시작해서 대런던지역을 거쳐 프랑스 릴리 대도시권, 베네룩스 국가들, 독일의 라인란트지역과 남부 독일, 스위스와 북부 이탈리아에 이르는 거대한 도시 회랑(urban corridor)인 블루바나나(Blue Banana)도 1억 명이 넘는 인구를 포함하는 지역으로 유명하다. 최근에는 중국의 주강 삼각주(Pearl River Delta) 지역, 심지어 도시화가 가장 늦은 아프리카 대륙 나이지리아의 라고스(Lagos) 중심의 연안 연담도시 등도 새로운 사례들로 떠오르고 있고, 한국의 서울에서 대전, 대구, 울산과 부산을 잇는 경부축의 도시 회랑도 여기에 속한다고 할 수 있다. 이러한 거대도시 지역은 세계적 수준의 도시-지역(global city-regions)이라고 할 수 있으며, 천문학의 용어를 빌어 도시 은하(urban galaxies)라고 부르기도 한다(Soja & Kanai, 2007).

두 번째, 도시와 비도시의 지리적 영역의 경계가 점점 더 불분명해지는 현상이다. 앞서 행성적 도시화 개념에서 살펴본 바와 같이 현대 도시는 농촌 혹은 자연과 같은 비도시적 실체에 대비되는 어떤 지리적 장소의 유형을 나타내는 개념이라기보다 사회적 과정으로서 이해되고 있다. 여기에서는 도시와 교외지역, 농촌 등이 뚜렷하게 구별되기보다는 끊임없이 교류하고 연결되어 함께 발전한다. 어디에서부터 어디까지가 도시이고, 교외지역이며, 농촌인지가 불분명해지고 있다. 전통적으로 도시 중심에 위치하는 것으로 여겨지던 대기업의 본사, 대형 쇼핑 시설, 여가 및 문화 시설, 공공기관, 이 모든 것을 뒷받침하는 인프라 시설들이 도시의 외곽으로, 교외지역으로 이동해 가고 있다. 교외지역의 도시 역시 인구와 건물 밀도가 높아지고 연구소들과 산업, 상업시설들로 더욱 붐비는 지역으로 변화하고 있다. 심지어 한국의 수도권의 확장에서 볼 수 있는 바와 같이, 이러한 도시의 기능들은 기존 광역권의 범위를 훨씬 뛰어넘어 대도시권 외부의 중소도시와 농촌지역에까지 뻗어나가고 다시 기존 도시와 연결되고 있다. 그래서 많은 경우 대도시와 주변 지역의 경계는 지도상의 행정구역의 경계선으로만 존재할 뿐 현실세계에서는 허구적 실체에 불과하다. 따라서 이 속에서 살아가는 사람들은 자신이 살고 있는 지역에 대한 장소의식(sense of place)을 갖기 어렵다.

이처럼 도시와 비도시의 지리적 경계가 모호해지는 현상은 도시의 무분별한 확산을 의미하는 도시 스프롤(urban sprawl) 현상과 관련이 깊다. 스프롤은 인구와 경제활동이 지나치게 도시에 집중된 결과 내부 압력이 증가하여 외부로 폭발하는 과정에서 도시 및 교외도시의 외곽지역의 주거지가 계획의 관리와 통제를 받지 않고 무분별하게 확산됨으로써 여러 가지 문제가 발생하는 것을 가리킨다(Ewing, 2008). 미국에서는 교외지역으로 저밀도 주택개발이 확대되어 도시의 외연이 확산되고 중심도시가 쇠퇴하는 부작용이 흔히 발견되는데, 한국에서도 이와 유사한 형태로 도시화가 전개되고 있다(전혜진 · 우명제, 2019). 보통 도시계획과 인프라 시설의 공급은 행정구역 단위로 일어나기 때문에 이처럼 도시 외곽지역으로 뻗어나가는 주거지의 확산은 기반시설의 공급과 균형을 이루지 못하는 경우가 많아, 기반시설 부족, 중심도시로의 통근 · 통학으로 인한 교통 혼잡, 농지의 훼손, 환경 파괴 등과 같은 여러 문제가 발생한다. 또한 설사 도시계획이 이루어진다 하더라도 외곽지역의 낮은 밀도의 주거지로 인해 기반시설 공급 및 토지이용의 효율성이 떨어지는 문제가 발생한다.

세 번째, 도시의 배후지(hinterlands)가 해체되고 야생의 자연이 사라지고 있다. 전통적인 도시와 주변 지역의 이미지는 중심에 발달된 도시가 있고, 주변에 개발되지 않은 배후지와 자연이 있는 배치였다. 훼손되거나 개발되지 않은 배후지와 야생의 자연 한가운데 고립된 섬처럼 도시 또는 대도시권이 있는 배치는, 정주공간의 한 유형으로서 도시의 개념과 연결되어 있다. 그런데 앞서 논의한 바와 같이 이러한 명확한 이분법은 의미를 잃고 있으며, 전통적인 배후지는 단지 도시의 세력권 내에 있는 수동적 존재가 아니라 도시가 외부로 폭발적 확장을 해나가는 데 있어서 중요한 역할을 하는 기능적 존재로 탈바꿈되고 있다. 단순히 식량을 제공하는 농업지역에서 탈피하여 어떤 곳은 물류단지로 변모되기도 하고, 제조업 공장, 기업 연구소, 대형 할인점, 쇼핑몰, 발전시설 등이 입지하는 기능지역으로 역할을 수행한다. 이런 생산적 기능이 아니더라도 천연자원을 제공하는 장소, 각종 도시의 폐기물을 처리하는 공간, 각종 도로와 철도망이 지나가는 장소로서 역할을 수행한다. 따라서 이런 상황에서 배후지는 더 이상 도시 서비스를 이용하는 소비의 공간이 아니라, 도시의 생산관계가 폭발적으로 확장하고 세계적 도시 네트워크에 연결하는 데 있어서 중요한 역할을 수행하게 된다(Brenner & Schmid, 2012).

청정한 야생의 자연 역시 관념 속에서 존재할 뿐 실제로 존재하지 않는다. 인류는 이미 남극 대륙에까지 진출하여 연구기지를 만들고 도시의 생산에 필요한 자연자원의 탐사와 연구활동을 수행하고 있다. 남태평양 한 가운데 있는 작은 군도 갈라파고스에는 외로운 땅거북 조지(Lonesome George)가 더 이상 살지 않고,[4] 많은 관광객들과 해양

스포츠를 즐기는 여행객들로 붐비고 있다. 알프스의 산과 히말라야의 준봉들도 이미 상업화된지 오래이다. 관광의 산업의 대상이 되지 못하는 자연은 도시의 폐기물을 말없이 수용하는 폐기물 처리장의 역할도 수행하고 있다. 핵발전소에서 나오는 방사성물질로 오염된 오염수 방류, 해변에서 버려지는 수많은 플라스틱 폐기물로 몸살을 앓고 있는 바다의 사례는 도시의 영향에서 자유로운 곳은 없다는 사실을 보여준다. 야생에 존재하는 자연들도 도시인들과 도시의 산업에는 중요한 자원으로 이용되고 도시와 긴밀히 연결되어 있다.

2. 한국 도시화의 특징

현대 한국의 도시화 역시 이러한 일반적 도시화 경향과 크게 다르지 않다. 세계도시네트워크와 세계생산네트워크에 긴밀히 연결된 한국의 도시들은 행성적 도시화의 과정을 따르고 있다고 할 수 있다. 즉, 강력한 구심력으로 인해 서울, 부산, 대구 등 대도시로의 인구 및 경제활동의 집중이 심화되다가 1990년대 이후 그 폭발력이 외부로 작용하여 교외화를 거쳐 더욱 세력이 확장되어가는 과정을 거쳐왔다. 그런데 한국의 도시화는 이러한 일반적 과정과 함께 몇 가지 독특한 특징도 함께 가지고 있다. 그것은 한국전쟁 이후 혼란기를 거친 후 1960년대부터 집권한 군부가 30년 넘게 통치하면서 추진해온 국가 주도의 경제개발이 도시화에도 반영되어왔다는 점이다. 이른바 '발전주의 도시화(developmental urbanization)'라는 현상이 나타난 것이다. 한국은 강력한 국가의 산업개발 및 도시개발 정책에 의해 도시화가 촉진되어 짧은 기간 동안 빠르게 산업화와 도시화가 이뤄지는 압축적 도시화 과정을 경험하였고, 서울이라는 수위도시와 그 대도시권에 정치·경제·사회·문화 등 모든 측면의 기회가 집중되었고, 신도시 개발 및 주택공급과 같은 국가정책에 의해 도시화가 큰 영향을 받아왔다. 1990년대 이후에는 발전주의 도시화 경향이 다소 약화되고 행성적 도시화의 일반적 모습이 많이 나타나고 있다. 다음에서는 현대 한국 도시화의 일반성과 특수성에 대해 살펴보자.

4) 외로운 조지는 핀타섬 땅거북(Pinta Island tortoise)의 마지막 개체로서 갈라파고스에서 100년 넘게 살다가 2012년 6월에 죽었다.

1) 발전주의 도시화

한국의 도시화 과정에서는 국가가 매우 중요한 역할을 수행해왔다. 특히, 1961년에 집권한 박정희 정권 이후 국가에 의해 추진된 강력한 경제개발 정책은 도시화에도 커다란 영향을 미쳤다. 1960년대부터 대략 30년 동안 한국의 경제 및 사회 발전을 추동해온 것은 국가의 강력한 경제개발 계획과 정책이었는데, 이는 일본과 한국, 싱가포르, 대만, 태국 등 동아시아 국가에서 공통적으로 발견되는 국가전략이다. 이를 흔히 발전주의 국가(developmental state)라고 한다. 이 개념을 처음으로 제시한 찰머스 존슨(Chalmers Johnson)은 발전주의 국가를 산업화에 뒤진 국가가 선진국을 경제적으로 따라잡고 성장을 이루기 위해 경제와 시장에 각종 계획과 정책을 통해 적극적으로 개입하는 국가라고 설명했다(Johnson, 1999; 1995; 1982). 이 개념에 비추어 보면 한국 역시 적어도 1990년대 초반까지는 그러한 경로를 밟아왔다고 할 수 있다.

한국과 일본 등에서 발전주의 국가가 오랫동안 뿌리내리며 사회에 영향력을 행사해올 수 있었던 데에는 식민지와 전쟁 경험, 강고한 관료주의, 권위주의 정부, 대기업 위주의 경제구조, 냉전체제와 같은 국제 질서가 작용하고 있다(Woo-Cumings, 1999). 일본에서 전쟁을 통해 발전주의 국가가 태동하게 된 것처럼, 한국 역시 일제 식민지 경험과 전쟁을 겪으면서 국가에 의한 동원체제가 당연하게 받아들여지게 된 것과 관련이 깊다. 전쟁 중에는 적국을 상대로 싸우기 위해 국가가 영토 내 모든 자원과 인력을 동원했는데, 전쟁이 끝난 다음에도 이러한 동원체제는 목적이 경제성장으로 바뀌었을 뿐 그대로 유지되었던 것이다. 여기에 한국에서는 과거시험을 통해 유능한 인재를 선발하던 조선시대의 유교적 전통과 결합하여 국가의 최고 엘리트들을 관료로 선발함으로써 강고한 관료체제가 정착되어왔다. 이들은 정권의 변화에도 불구하고 전문직업인으로서 신분을 보장받기 때문에 독립성을 유지하고 독자적 사회세력으로 영향력을 행사함으로써 국가 자율성의 근거가 되었는데, 이것 역시 한국에서 발전주의 국가가 뿌리내리게 하는 데 중요한 역할을 하였다. 여기에 더해서 1961년부터 1987년 무렵까지 거의 30년 동안 지속된 군부정권에 의한 권위주의 정치체제는 국가의 지배력을 더욱 키워주었다. 권위주의 정부의 중앙집권적 권력 및 지배세력은 소수 엘리트 기업에 각종 특혜를 주어 이들을 집중적으로 육성함으로써 대기업 위주의 경제구조를 형성하였다. 이러한 경제구조 역시 발전주의 국가의 원인이자 결과로서 작용하였다. 여기에 남북 대결과 한반도를 둘러싼 냉전체제가 이 모든 과정에서 나타나는 비민주성을 합리화하는 역할을 함으로써 이 체제를 더욱 공고히 하는 데 기여하였다.

발전주의 국가체제 하에서 강력한 국가의 주도 아래 각종 산업화 및 경제개발정책이 추진되었고, 도시개발은 그것을 효과적으로 뒷받침하는 수단으로 역할을 수행하였다. 산업화를 위한 신공업 육성을 위해 개발된 산업 기지와 그 주변의 위성도시의 건설은 주요 산업도시 성장의 원인이 되었다. 이렇게 성장한 도시가 1960년대부터 1980년대 초반까지 건설된 울산, 포항, 구미, 창원, 여천(여수), 광양 등이다. 또한 국가는 한정된 자원을 대기업에 몰아주어 효율적으로 산업 성장을 촉진하듯이, 도시개발에 있어서도 이들 기업들이 입지한 대도시에 자원을 집중하여 각종 산업 및 생활 인프라를 개발하여 서울, 부산, 인천, 대구 등 대도시가 급속히 성장하였다. 그 결과 이들 도시로 더 많은 인구가 집중되고 한편으로는 노동력의 공급이 원활히 이뤄지고 집적 경제를 발생하였으나, 다른 한편으로 인구 과밀에 따른 혼잡과 불경제가 나타났다. 무엇보다 주택문제가 심각하여 과밀화된 서울 인구를 분산시키고, 주택공급을 위해 1980년대 후반부터 1990년대 초반 사이에는 수도권에 신도시를 건설하였다. 분당, 일산, 평촌, 산본, 중동 등 수도권 5대 신도시가 이렇게 개발되어 수도권의 교외화와 광역화를 촉진시켰다. 그리고 2000년대 들어서는 심화하는 수도권-비수도권 간 격차를 해소하고, 국토의 균형발전을 위해 국가의 주요 행정기능을 비수도권으로 이전하는 국가의 정책이 추진되었다. 세종의 행정중심복합도시와 각 시도별로 하나씩 만들어진 '혁신도시'라는 신도시는 그 정책의 산물로서, 그 결과 충청권 도시들이 성장하고 수도권 중심의 도시화가 다소 둔화되는 변화를 겪게 된다. 이처럼 한국의 도시화는 국가의 강력한 개발정책에 의해 매우 큰 영향을 받으며 진행되어 왔다(최재헌, 2010). 이것은 한국의 도시화가 발전주의 국가체제에서 국가 주도로 전개된 것과 깊은 연관이 있다.

한마디로 말해 한국의 도시화는 발전주의 국가에 의한 압축적, 선택적, 집중적 도시화라고 규정할 수 있는데(박인권 · 홍철, 2019: 179-180), 그것의 특징은 ① 건조환경에 대한 선택적 투자, ② 개발연합 형성, ③ 대도시 불량촌 형성, ④ 중산층 신규주택 위주의 공급, ⑤ 부동산 자산의 상품화 등으로 요약할 수 있다(신현방, 2016: 6-7). 한국의 발전주의 국가는 빠른 산업화를 위해 가용자원을 몇몇 도시 인프라에 선택적으로 투자한 결과 대도시가 급속도로 성장하였고, 이 과정에서 정부와 재벌 대기업 사이에는 성장과 개발이라는 공통의 이해관계가 형성되었다. 대도시의 급속한 성장에 주택과 기반시설의 공급이 따라가지 못한 결과 '달동네'와 같은 불량촌이 형성되었다. 이에 주택문제 해결을 위해 국가는 주거복지 차원에서 서민들에게 제공되는 공공임대주택을 공급하기보다는 중산층이 주택시장에서 매매하거나 임대할 수 있는 신규주택 건설에 집중하였다. 여기에 대규모 건설 자본의 이해가 결합하여 대규모 아파트 공급이라는 형태로 개발이 신속히 이루어졌다. 도시의 급속한 팽창의 결과 늘 공급부족에 시달리는 주택시장에서 표준화된 양질의 아파트 위주의 주택공급이 이루어지자, 부동산 자산은 끊임없이 상품화되고 개발업자, 기업, 개인 자산가, 중산층 등 많은 경제 주체들이 지대 이익을 실현하기 위해 부동산 투자에 뛰어들게 되었다.

1987년 민주화운동 이후 도래한 권위주의 정부의 약화 및 민주체제의 도래와 함께 한국은 정치경제체제는 발전주의를 넘어서 새로운 흐름을 형성해왔다. 영국과 미국에서 1970년대 말부터 나타나기 시작한 신자유주의(neo-liberalism)체제로의 이행이 이때부터 시작되었다는 주장도 있다. 최병두(2007)는 한국이 1980년대 말부터 1990년대 초 사이에 시장지향적 경제를 강조하면서 신자유주의적 정책을 추진하기 시작했고, 1997년 발생한 외환위기와 국제통화기금(IMF)의 요구에 따라 이 정책이 더욱 강화되었음을 주목하였다. 그러나 그는 한국의 발전주의적 발전의 역사로 인해 국가의 개입과 역할은 크게 줄어들지 않고, 그 역할이 시장친화적으로 바뀌었음을 지적하면서 한국의 발전 경로를 '발전주의적 신자유주의'로 명명하였다.

이러한 시대변화와 함께 한국의 도시화도 변화를 겪게 되었다. 1990년대 중반 이후 서울, 부산, 대구 등이 본격적으로 교외화와 광역화의 변화를 겪게 되고, 세계도시네트워크에 더욱 깊숙이 편입되기 시작한다. 한국의 발전주의 도시화 과정이 약화되고 전세계에서 일반적으로 진행되어 온 행성적 도시화 과정에 한국의 도시들이 편입되기 시작한 것이다. 그러나 발전주의 도시화의 결과는 하루아침에 사라지지 않고 그 이후 현재까지 영향을 미치고, 행성적 도시화 과정과 상호작용하며 도시화의 구체적 모습을 결정짓고 있다. 다음에서는 그 특징들에 대해 살펴보자.

2) 수도권 및 대도시 중심주의

앞서 설명한 발전주의 도시화의 결과 한국의 도시화는 정치권력과 경제력이 집중되어 있는 서울과 대도시를 중심으로 지속적인 집중과 확장이 이루어져왔다. 대도시는 국가의 선택적 자원 투자의 결과 초기 성장이 이루어졌고, 어느 정도 성장이 이루어진 뒤로는 자체적인 경제적 기회와 집적 경제로 인해 더욱 성장이 가속화되었다. 특히, 이 모든 대도시체계의 정점에는 가장 강력한 정치권력과 경제력이 결합되어 연합체를 이루고 있는 서울이 위치한다.

물론 많은 국가에서 대도시들은 도시화의 중심으로서 중요한 역할을 하지만, 한국은 대도시 중심의 도시화가 특히 심한 나라이다. OECD의 '기능적 도시 지역(functional urban area)' 기준을 한국 도시에 적용하여 분석한 연구 결과에 따르면, 한국은 대도시의 중심성이 매우 강한 국가로서 전체 도시인구의 85.8%가 인구 50만 명 이상의 대도시에 거주하는 것으로 나타났다(한상진 외, 2014). 다시 말해, 중소도시인구는 전체 도시인구의 14.2%에 불과하여 OECD 회원국 중에서 일본 다음으로 비중이 낮다. 이는 마치 한국의 경제구조가 재벌과 대기업 위주의 구조를 가지고 있는 것과 유사하다. 다음 [표 3-1]은 한국의 도시 규모별 인구 비중을 보여주고 있다. 인구 150만 명 이상을 가진 5대 광역대도시에는 한국 도시 전체 거주 인구의 72%인 3천만 명이 넘는 인구가 거주하고 있다.

표 3-1 한국의 도시 규모별 인구 비중

분 류	FUA 명칭	인 구	도시인구 비중	총 인구 비중
광역대도시 (인구 150만 명 이상)	서울·인천, 대전, 대구, 부산	30,035,193	72.0	61.8
대도시 (인구 50~150만 명)	천안, 청주, 포항, 전주, 울산, 창원, 광주	5,772,096	13.8	11.9
중규모 도시 (인구 20~50만 명)	춘천, 원주, 구미, 군산, 익산, 김해, 진주, 순천, 여수, 목포, 제주	3,366,427	8.1	6.9
소규모 도시 (인구 20만 명 이하)	속초, 강릉, 동해, 제천, 평택시 서정동, 평택, 충주, 영주, 아산, 서산, 안동, 공주, 보령, 김천, 경주, 정읍, 울산시 온산동, 양산, 진해, 광양, 거제시 고현동, 거제시 능포동, 통영	2,552,229	6.1	5.3

자료: 한상진 외(2014: 143).

특히, 대도시 중에서도 서울은 한국에서 매우 특수한 위치를 점하고 있다. 서울은 조선왕조 때부터 600년 넘게 국가의 중앙권력이 계속 위치해왔고, 산업화를 거쳐오는 동안 경제력까지 집중되어 한국에서는 수위도시로서의 위상을 공고히 해왔다. 발전주의 국가가 산업화를 위해 선택적 투자를 할 때도 서울은 최우선 투자 대상지역이었음은 두말할 나위가 없다. 그 결과 도시화 과정에서 서울은 가장 많은 사람들과 기회들이 집중되는 도시였다. 도시화가 가속화되던 1960년부터 1970년까지 10년 동안 한국 내에서 삶의 터전을 바꾼 이주자들의 65%는 서울을 향했다. 그러다가 1970년대 중반에 이르러서야 비로소 서울로의 인구이동은 줄어들고 부산과 대구 등 다른 대도시로의 이주가 증가하기 시작했다. 서울로의 인구 집중 현상은 1990년까지 계속되어 서울 인구가 한국 전체 인구의 24.4%까지 증가한 이후 교외화와 함께 줄어들어 2020년에는 960만 명(18.5%) 정도이다. 그러나 인천과 경기도로의 인구 집중은 최근까지도 지속되어 2020년에는 1650만 명(31.8%)이 거주하고 있다. 수도권으로의 인구 집중은 지도상에 나타낸 인구의 중심(center of population)을 계속해서 서울에 가까운 북쪽으로 이동시켜, 1955년에 충북 영동군 양산면에 있던 인구 중심이 2015년에는 충북 청주시 상당구까지 북상하였다(김재태 외, 2018).

그 결과 서울과 수도권은 물리적 면적은 전 국토의 11.8%에 지나지 않지만, 전체 인구의 50.2%나 되는 인구(2,600만 명)가 거주하는 지역이 되었다. 일본이나 프랑스 역시 수도권 집중 현상이 심각하기는 하지만 수도권 인구 비중이 각각 29%와 18%로서 한국의 수도권에 미치지 못한다. 또한 경제력의 집중도 엄청나다. 기업의 본사, 외국 기업, 연구소의 대부분이 수도권에 집중되어 있어서, 2019년 현재 100대 기업 본사의 84%가 수도권에 위치해 있다(맛없는쵸코맛, 2020). 그나마 정부와 공공기관은 2012년 77.8%가 수도권에 집중되어 있었으나(국토지리정보원, 2014: 59), 참여정부 이후 꾸준히 추진해 온 공공기관의 지방 이전의 결과 2018년 말에는 57.7%가 수도권에 위치해 있다(국토지리정보원, 2019: 73). 대학들은 2021년 입학인원 기준으로 40.4%가 수도권에 위치해 있는데, 이는 수도권 인구 비중보다 낮지만 2010년의 34.8%에 비해 크게 증가한 것이다(교육부, 2021: 2). 대학의 수도권 집중 심화는 많은 기회가 집중되어 있는 수도권에 대한 청년 학생들의 선호가 커서 비수도권 대학들이 학생 유치에 어려움을 겪기 때문이다.

그나마 비수도권의 대도시들은 산업과 고용 기회가 어느 정도 유지되어 주변 지역의 인구를 흡인함으로써 성장하거나 유지하고 있지만, 인구 25만 명 이하의 중소도시들은 지속적인 인구 감소를 경험하고 있다(최재헌, 2010). 이처럼 비수도권의 중소도시들이 쇠퇴하는 것은 경제적, 사회·문화적 기회가 적고, 인구 감소로 인한 집적 경제가 감소하여 쇠퇴가 가속화되는 악순환 때문이다. 중소도시 쇠퇴의 구체적 요인들이 여러 연구에서 다양하게 분석되고 있는데, 대체로 제조업 등 산업의 쇠퇴에 따른 일자리 감소, 교육 및 문화시설 취약과 교통 등 생활 인프라 부족과 같은 열악한 삶의 질 조건, 재정 악화로 인한 지방 공공서비스 질 저하 등을 주요 원인으로 뽑을 수 있겠다(강인호, 2019; 기정훈 외, 2011; 김광중, 2010; 이상훈·황지욱, 2013).

그런데 도시순위규모(city rank-size)의 분포를 보면 서울의 종주성과 대도시의 성장이 약화되는 것처럼 보인다. 도시순위규모 법칙(Zipf's law)에 따르면 인구 규모 순위로 r번째에 위치한 도시의 인구(P_r)는 수위도시의 인구 규모(P_1)를 그 도시의 인구 규모 순위(r)에 q 제곱한 값으로 나눈 값과 같다. 즉, 수학적으로 $P_r = P_1/r^q$이다. 여기에서 지수 q는 인구 규모에 대한 순위의 탄력성으로서, 대도시의 성장이 강화될수록 커진다. 도시화가 안정적으로 이뤄진 나라에서는 이 지수가 1.0에 가깝게 산출되는 것으로 알려져 있다. 그런데 1990년대 이후 한국의 도시체계는 이 값이 1.0보다 작게 도출되고 있다(김경환, 2007; 최병호 · 장영재, 2005). 즉, 서울 등 상위권 대도시의 성장보다 중 · 하위권 도시들의 성장세가 크다는 것이다. 하지만 이는 착시현상에 불과하다. 실제로 이 시기 성장한 인구 50~100만 명의 도시들은 수도권에 있는 도시들로서 서울의 교외화와 광역화의 결과로 나타난 것이다(최재헌, 2010: 92). 따라서 행정구역이 아닌 실제 도시권역 자료를 이용하여 다시 분석하면 결코 수도권과 최상위 대도시의 강세는 여전함을 알 수 있다(권용우 · 유환종, 2005).

3) 교외화 현상과 거대도시화

서울과 부산, 대구 등 대도시는 1990년대 중반 이후 인구 증가가 정체되거나 약간 감소하고 있다. 그런데 그 주변의 교외지역과 위성도시의 인구는 그 이후에도 계속해서 증가하고 있고, 이들 지역과 중심 대도시 사이의 통근 인구는 계속 증가하고 있다. 이는 이들 중심 대도시의 쇠퇴가 나타났다기보다는 이들의 영향력이 외부로 확대되어 광역적으로 발전하고 있음을 의미한다. 이는 행성적 도시화 논의에서 얘기하는 전형적인 도시 폭발 또는 확장적 도시화 과정이라고 할 수 있다.

우선, 수도권의 경우에는 처음에는 서울과 인천을 잇는 경인고속도로를 따라 서쪽으로 확장이 이뤄졌고, 1990년대 이후에는 주로 경부고속도로를 따라 남쪽으로 확장되어 왔다. 경인축을 따라 부천과 인천이 발달하고 경부축을 따라 성남, 수원, 용인 등이 발달하였고, 서울외곽순환도로를 따라 과천, 안양, 의왕, 군포, 광명, 고양, 의정부, 구리, 남양주, 하남 등이 성장하였다. 위성영상을 이용하여 수도권 지역의 토지이용을 분석한 연구에 따르면, 1990년대 중반까지는 서울에서 인천 방향으로 도시 확산이 활발히 전개되고, 그 이후에는 인천과 부천에서 서울 방향으로 확장됨으로써 연담도시가 형성된 것이 확인된다(박샘 · 최광용, 2016). 또한 그 이외 지역으로의 수도권 도시의 팽창은 주로 녹지 지역의 파괴를 통해서 이루어졌고, 특히 2000년대 중반 이후 추진되고 있는 개발제한구역의 완화 정책은 이러한 도시 확장에 따른 녹지 파괴를 더욱 가속화시킨 것으로 분석되었다. 이와 함께 경인고속도로, 경부고속도로, 서울외곽순환도로, 분당-수서 간 도로 등 간선 도로망과 수도권 전철의 확대, 제1기 및 제2기 수도권 신도시[5]의 개발 등 국가의 개발정책이 중요한 역할을 했다.

부산과 대구에서도 이와 유사한 현상이 발견되고 있다. 1990년대 중반 이후 중심 대도시인구는 다소 감소하고 있는데, 유출된 인구는 서울과 경기 등 수도권으로 이동하기도 하지만, 이보다 훨씬 더 많은 인구가 대부분 주변의 교외지역으로 이동했음이 확인된다. 부산의 경우에는 양산, 김해, 울산, 거제, 창원 등 인근 지역으로 인구이동이 두드러지게 나타나고 있다. 또한 부산으로 들어오는 인구의 전출지 역시 양산, 김해, 울산, 거제, 창원 등이 높다(구동회, 2007; 홍기석 · 윤태영, 2019). 이는 부산과 이들 인접 도시들이 사실상 하나의 도시권을 형성하고 있음을 의미한다. 대구의 경우에는 경산, 구미, 칠곡, 포항, 영천 등 대구와 인접한 지역으로의 전출입이 가장 높은 비중을 차지하고 있다. 부산과 대구의 교외화 역시 수도권과 마찬가지로 도시 외곽의 신도시 개발과 택지 공급, 교통 인프라의 발달 때문이다.

이들 대도시 지역의 인접지역으로의 확장과 교외화는 중심 대도시에서 주변 지역으로 인구가 이동해가는 것을 의미할 뿐만 아니라, 기능적으로 이들 지역들이 더욱 강하게 결속되고 있음을 의미한다. 도시 간 기능적 연계는 일상적인 교류를 의미하는 통근 · 통학을 통해 파악할 수 있다. 한국의 대도시권은 1990년대 이후로 꾸준히 세력권이 확장되어 온 것을 볼 수 있다. 서울을 중심으로 하는 수도권의 경우, 서울로 출근하는 통근자 비율이 5% 이상인 지역이 1980년대에는 대략 30km 반경 내에 분포해 있었다. 그러다 1995년에는 40km 범위 내의 안산, 동두천, 용인까지 확장되었고, 2005년에는 용인과 연계가 훨씬 더 강화되고 50km 범위 내의 양평까지 확장되었으며, 2015년에는 화성을 포함하고 심지어 60km 범위 내에 있는 가평까지 확장되었다(유현아, 2020). 대도시권의 확장 현상은 대구에서도 발견된다. 기능적 통합과 연계를 보기 위해 통근 · 통학 인구를 이용하여 군집분석한 결과에 따르면, 1990년 대구의 도시권에 속하는 도시는 경산, 영천, 달성, 고령, 칠곡, 성주, 청도, 군위 등이었으나, 2015년에는 과거

5) 2003년 노무현 정부 당시 수도권의 주택 가격 안정을 위해 건설한 10곳의 신도시를 말한다. 성남 판교, 화성 동탄1 · 2, 김포 한강, 파주 운정, 수원 · 용인의 광교, 양주, 송파 · 성남 · 하남의 위례, 평택 고덕, 인천 검단 등이다.

에 별도의 도시권을 형성하던 구미와 김천까지 확장된 것을 확인할 수 있다(임석회, 2018). 대도시권역의 기능적 통합과 확장은 부산과 광주, 대전 등에서도 확인된다.

그런데 이렇게 대도시권이 확장됨에 따라 이들 대도시권은 중심 대도시를 중심으로 하는 단핵구조에서 다핵구조로 변화하고 있다. 과거에 위성도시 또는 침상도시(bed towns)에 지나지 않던 교외지역의 도시들이 새로운 고용중심지로서 성장하여 여러 핵들이 생겨나면서 대도시권은 훨씬 더 복합적이고 역동적으로 변화하고 있다. 이른바 탈중심화(decentralization)가 나타나고 대도시권의 구조도 네트워크형으로 변화하고 있는 것이다. 예컨대, 수도권의 경우에는 서울이라는 강력한 단일핵을 중심으로 발전하다가 인천이 더욱 성장하였고, 서울 주변에서도 고양, 성남, 안산, 화성 등이 새로운 중심지역을 형성하여 이들 지역으로 통근하는 인구도 꾸준히 증가하고 있다. 비수도권에서도 단핵 중심의 중심지형 도시구조에서 유사한 규모의 도시들이 네트워크형 도시구조로 변화한 사례도 여럿 있다. 대도시권에서는 부산과 울산, 포항이 하나의 대도시권역으로 성장하였다. 여수·순천·광양과 그 주변 지역으로 이뤄진 광양만권 트라이앵글은 과거 순천 중심의 단핵 중심도시구조에서 네트워크형 구조로 전환하였는데, 이는 광양항 컨테이너 부두의 건설, 광양만권 경제자유구역 지정, 여수 세계박람회 개최 등을 통해 광양과 여수의 도시성장이 이뤄지고 3개 도시 간 연결성이 강화되면서 나타난 결과이다(이정록, 2020).

이러한 과정을 통해서 한국의 대도시권들은 거대도시권으로 성장하고 있다. 특히, 수도권은 이미 인구 2천만 명이 넘는 거대도시권으로 성장하였고, 부산과 울산, 경남지역도 하나의 거대도시권으로 성장할 가능성이 있다. 교외화 단계를 거쳐 거대도시화를 경험하고 있는 우리 도시화 단계에 대응하여 대도시권의 여러 문제에 효과적으로 대응하기 위해서는 거버넌스 형태가 이에 맞게 변화해야 한다. 현 단계 대도시권에 적합한 거버넌스는 광역화된 문제 해결을 위해 여러 지방정부가 협력하는 협력형 거버넌스가 필요할 것이다(김정호, 2013).

제 4 절 현대 도시의 문제와 위기

행성적 도시화로 불릴 만큼 광범위하게 진행되는 현대 도시의 확장은 인류가 그동안 경험해보지 못한 많은 문제와 변화를 초래하고 있다. 그야말로 폭발적으로 확장되는 도시화가 지구에 가져온 물질적 변화는 두말할 필요가 없다. 도시의 발달은 엄청난 자원 및 에너지의 사용이 공간적으로 집중되고 양적으로도 폭발적으로 증가하는 것을 의미한다. 그리고 이는 인간뿐만 아니라 지구 전체에도 커다란 영향을 미치게 되어 인간 사회뿐만 아니라 지구의 역사에도 커다란 사건으로 간주되어야 한다. 이런 점에서 최근 폭발적 도시의 발달이 가져오는 변화의 시기를 가리키기 위해 일부 학자들은 '도시세(Urbanocene)'로 부를 것을 제안하기도 한다(West, 2017). 이러한 변화는 도시의 지속가능성(sustainability)에 커다란 위협이 되기도 한다. 지구환경문제와 생태 위기, 인구 감소와 지속성장의 위기, 사회적 배제와 형평성의 위기는 그러한 위협을 대표한다. 다음에서는 이러한 문제와 위기에 대해 살펴보자.

1. 지구환경문제와 생태 위기

엄청난 규모로 진행되는 도시화가 가져오는 자원과 에너지의 고갈과 파괴, 지구환경문제와 생태 위기는 인류와 지구 자체에 커다란 위협이 되고 있다. 인간활동이 지구 생태계에 미친 부정적 영향을 강조하기 위해 인류세(Anthrophocene)라는 개념이 널리 사용되고 있다(최병두, 2016b). 오늘날 우리가 경험하고 있는 생태 위기는 국지적 수준에서부터 전 지구적 수준에 이르기까지 다양한 수준에서 내파와 폭발을 반복해서 전개되는 행성적 도시화와 연결되어 있다(강내희, 2019). 지구적 생태 위기는 지구적 규모에서 전개되는 도시화와 연결되어 있는 것이다.

현재 진행되고 있는 환경문제는 전 지구적 규모에서 진행된다는 점에서 이전의 국지적 환경문제와 구별된다. 수질오염이나 토양오염과 같은 국지적 환경문제는 도시 또는 지역과 같이 한정된 장소에 국한되어 나타나기 때문에 문제의 원인을 파악하여 해결하는 것도 비교적 쉽다. 원인과 결과의 인과성도 파악하기가 용이하기 때문이다. 그러나 지구온난화와 이에 따른 기후변화와 같이 지구적 규모에서 진행되는 지구환경문제는 문제의 실태, 원인, 해결방법 등 모든 면에 있어서 제대로 파악하기가 어렵다. 지구온난화가 얼마나 심각한지, 그로 인해 인간에게는 어떤 피해가 발생하는지, 그것의 원인은 과연 인간활동과 어떻게 연결되어 있는지, 자연적 과정에서 발생하는 것은 아닌지, 해결을 위해서 어떤 노력이 필요한지, 이산화탄소 배출을 중단하면 기후변화는 얼마나 막을 수 있는지 등등 불확실성이 내재된 많은 문제가 있다.

그러나 이런 질문들에 대한 과학적 지식이 오래 축적되면서 많은 것들이 밝혀지고 있다. 19세기 말 이후로 지구 표면의 평균 온도는 1.18℃ 상승하였고, 이는 주로 대기중에 배출된 이산화탄소와 인간활동 때문이라는 사실, 그리고 시간이 지날수록 지구는 점점 더 뜨거워지고 있어서 기상 관측사상 마지막 해인 2020년이 가장 뜨거웠다는 사실, 지구온난화로 인해 그린란드는 1993년부터 2019년 사이에 매년 2,790억 톤의 얼음이 없어졌고 남극에서는 매년 1,480억 톤이 사라졌다는 사실, 많은 빙하와 만년설이 사라져서 해수면이 20세기에 20센티미터나 높아졌으며 해수면 상승 속도는 점점 더 빨라지고 있다는 사실, 예기치 못한 이상기후 현상이 지구 곳곳에 자주 일어나고 있다는 사실 등등은 모두 과학적으로 밝혀진 사실들이다(NASA, 2021). 그리고 기후문제를 연구하는 과학자들 사이에서 지구온난화가 인간활동에 의해 나타나고 있다는 사실에 대해서는 거의 확실하게 합의가 이뤄지고 있다(Cook et al., 2016).

45억 년 지구의 역사에서 유례를 찾기 어려운 지금의 기후변화가 근본적으로는 여러 수준에서 진행되고 있는 행성적 도시화와 깊은 관련이 있다. 생산 및 생활양식으로서 도시는 그 자체가 유지되기 위해서 많은 물질과 에너지를 소비해야 하는데, 물질과 에너지의 대사 과정에서 이산화탄소가 배출되고 지구환경이 오염된다. 화석연료를 이용한 자동차를 타고, 화석연료로 생산한 전기를 사용하여 대부분의 활동을 수행하고, 석유에서 뽑아낸 물질을 이용해서 옷과 음식, 의약품을 만들고, 엄청나게 소비한 물질이 다시 지구로 돌아가 대기와 물, 토양을 오염시킨다. 이 모든 과정에서 이산화탄소와 메탄과 같은 온실가스가 배출되어 지구온난화가 심화되고, 기후변화와 환경오염으로 자연 생태계가 파괴된다. 그런데 행성적 지구화로 인해 이러한 도시 활동의 영향범위가 전 지구로 확장되면 그에 따른 영향도 지구적 규모로 커질 수밖에 없다.

이와 더불어 한국과 동아시아 국가들에 나타나는 생태 위기는 발전주의 도시화와 연결시켜볼 수도 있다. 발전주의 도시화는 국가가 주도하는 경제와 도시발전의 결과, 일상적인 도시인의 삶을 끊임없이 위험에 노출하게 하고, 그 과정에서 국가는 자연의 물질적 특성과 생태학적 맥락성을 제거하고 추상화・도구화함으로써 고갈과 파괴가 나타날 수 있다는 것이다(김준수, 2018). 경제성장을 최우선하여 추진되는 국가의 계획과 정책에 의해 자연 생태계는 경제개발을 위한 도구로서 의미를 가질 뿐이기 때문에 환경의 질이 급속도로 악화될 수 있다는 논리이다.

이처럼 행성적 도시화와 발전주의 도시화라는 폭발적 도시활동의 확장을 배경으로 나타나는 지구환경문제와 생태 위기에 대응하는 것은 현대 도시의 중요한 문제가 되고 있다. 근본적으로 이를 극복하기 위해서는 자연과 인간의 이원론적 인식론을 극복하고 자본 축적의 무한 성장을 추구하는 자본주의체제의 사회생태적 모순을 해소하기 위한 사회 각 분야의 녹색전환이 필요하다(최병두, 2020).

2. 인구 감소와 지속성장의 위기

현대 도시의 지속가능성을 위협하는 또다른 요소는 인구 감소와 지속성장의 위기이다. 현대 도시가 대도시 중심으로 향하는 강력한 중력으로 인해 내파와 폭발 과정을 거쳐 확장되면서 도시체계가 대도시와 거대도시의 세력권 주변으로 재편됨에 따라 여기에 제대로 편입되지 못한 도시들은 쇠퇴의 길을 걷게 될 것이다. 이는 한국의 비수도권 중소도시와 농촌이 경험해온 사실이다. 그런데 이러한 쇠퇴의 흐름은 고령화와 저출산과 같은 인구구조의 변화로 더욱 가속화될 수 있다. 이는 변방에 있는 작은 규모의 소도시에게 커다란 위협이 될 수 있다.

일본 사회에 지방소멸에 관한 논쟁을 불러일으킨 '마스다 보고서'는 저출산과 고령화와 같은 인구구조 변화와 청년인구의 수도권 집중이 결합하여 비수도권 지방자치단체가 소멸될 위기에 처해 있음을 경고하였다. 마스다는 현재 추세대로 라면 2040년 일본에서는 20~30대 젊은 여성 인구가 절반 이상 줄어드는 곳이 49.8%에 달하고, 인구 1만 명 이하로 떨어져 소멸할 가능성이 높은 지방자치단체도 29.1%에 이른다고 예측한다. 도쿄는 블랙홀처럼 청년 인구를 빨아들이지만, 과밀화로 인한 비싼 생활비로 인해 청년 인구는 결혼과 출산을 포기함에 따라, 그 수위도시 역시 축소되어 일본 사회 전체가 위기를 맞이하게 된다고 이 보고서는 주장한다(増田 寛也, 2014). 이러한 주장은 급격한 고령화와 인구 감소를 경험하고 있는 한국의 여러 도시들에도 큰 반향을 일으키고 있다. 이상호(2018: 6)의 분석에 따르면, 2018년 6월 기준으로 한국 비수도권의 모든 도 지역과 부산과 대구광역시는 '소멸주의 단계[6]'에 진입하였다. 또한 2018년 6월 시·군·구 기준으로 소멸위험지역은 89개로서 39%에 달하여, 2013년 7월의 75개(32.9%)보다 더 많이 증가하여, 조만간 40%를 넘을 것으로 전망된다. 또한 읍·면·동까지 분석 수준을 더 내려가면 소멸위험지역은 1,503개로서 43.4%에 달하고, 비수도권은 57.8%로 과반수가 소멸 위기에 처해 있으며, 특히 전남(81.8%)과 경북(76.8%), 전북(75.9%), 충

6) 이 연구에서 소멸위험지수는 65세 이상 고령인구수 대비 20~39세 여성인구수로 정의하였다. 이 값이 0.5~1.0 미만이면 소멸주의 단계로 분류하고 0.5 미만이면 소멸위험지역으로 분류하였다.

남(70.2%) 등의 위험이 큰 것으로 나타났다.

지방소멸의 예측이 실제로 실현될지는 불확실하다. 실제로 소멸지수가 0.5 미만으로 내려가더라도 인구 유입을 통해 인구가 다시 증가할 가능성도 있고, 적은 인구지만 일정수준을 계속 유지할 수도 있다(정성호, 2019). 하지만 과거에 비해 청년 인구가 줄어들어 지속적으로 인구가 줄어들고, 이에 따라 도시 활력이 감소할 것이라는 점은 거의 확실하다. 행성적 도시화가 진행되어 여러 수준에서 도시의 집중과 확장이 동시에 일어나게 되면, 도시체계에는 대도시권 위주로 재편되는 '질서'가 강화된다. 이러한 질서는 공간의 이질성을 더욱 강화시키며, 그 결과 축소되고 쇠퇴하는 도시들이 생겨날 것이다. 심지어 수도권에서도 인접한 도시가 기능적으로 통합되지 못하고 분리되는 경우도 있다. 예컨대, 미사강변도시와 위례신도시가 서울에 연접한 신도시로 개발됨에 따라, 하남의 기성시가지는 발전이 정체되고 인구와 경제활동이 신도시로 집중되면서 기능적 단절이 발생하고 융합되지 못하였다. 이는 서울이라는 강력한 핵에 의해서 이와 인접한 신도시가 통합되어 가는 과정에서 기존의 기성시가지와는 통합되지 못하는 현상이 나타난 결과이다(손승호, 2020). 수적으로 보면 이렇게 쇠퇴하는 도시들이 성장하고 확장되는 도시보다 많아질 수도 있다. 그런데 문제는 이렇게 도시가 축소되면 기존에 많은 인구에 제공하기 위해 갖추고 있던 각종 인프라와 서비스를 유지하기 어려워지고, 그 결과 거기에 남아 있는 사람들의 삶의 질은 악화되고 이로 인해 인구 유출이 가속화되는 악순환이 나타날 수 있다는 것이다.

이처럼 해당 지방자치단체와 주민들의 입장에서는 인구 감소와 지속성장의 위기는 생존이 달린 매우 심각한 문제일 수 있다. 전 지구적 규모에서 재편되는 도시체계의 질서 속에서 성장하는 도시와 쇠퇴하는 도시가 있는 것은 어쩌면 당연한 것일 수 있으나, 거기에서 살아가는 사람들의 입장에서는 삶의 문제인 것이다. 경우에 따라서는 재편되는 도시체계 구조와 새로운 접점을 만들어서 새로운 질서에서 활로를 모색하는 것도 가능하고, 때로는 이러한 도시 축소를 현실로 받아들이고 거기에서 살아가는 사람들의 삶의 질을 유지하기 위한 스마트 축소 정책을 추진해야 할 수도 있다(박진경 · 김상민, 2018; 성은영 외, 2015).

3. 사회적 배제와 형평성의 위기

현대 도시의 지속성을 위협하는 또 다른 문제는 세계적으로 확대되고 있는 사회적 배제와 형평성의 위기 문제이다. 지난 300여 년에 걸쳐 진행된 근현대, 특히 20세기 이후 진행된 도시화는 매우 빠른 속도와 엄청난 지리적 규모로 진행되어왔다. 그만큼 도시화의 커다란 동력이 작용하고 있다는 것인데, 그 동력은 다름 아닌 자본의 증식과 축적이다(강내희, 2019; 최병두, 2011a). 자본의 증식은 그 어떤 동기보다 강하게 인간의 활동을 결정한다. 마침 발달된 근대 과학은 기술과 결합되어 생산력을 높이는 데 기여하고, 이는 자본의 증식운동을 뒷받침하였다. 그 결과 산업화가 이뤄지고 그것이 공간적으로 표출된 것이 도시화이다. 하지만 행정적 도시화의 이면에 있는 자본 증식의 운동은 경제적 효율성과 다른 사회적 가치들을 유보하거나 무시하면서 진행된다. 왜냐하면, 그러한 가치들은 자본의 증식을 방해하기 때문이다. 그 결과 앞서 얘기한 지구환경 문제가 나타나고, 지금 얘기하는 사회적 배제와 형평성의 위기가 나타난다.

근현대 도시화는 자본주의 산업화와 그 궤를 함께하며 전개되었는데, 자본주의에서는 가치(value)의 운동에 의해 모든 것들이 큰 영향을 받는다. 여기서 가치의 운동은 자본을 증식하는 과정으로서 노동을 통해 상품이라는 형태를 갖는 가치를 생산하고, 이를 시장에서 판매함으로써 가치를 실현하며, 그 결과를 이윤이나 임금, 지대, 세금과 같은 형태로 배분하는 과정이다. 자본주의 사회의 핵심에는 바로 이러한 가치 법칙이 작동하고 있다. 자본의 그칠 줄 모르는 증식의 욕구는 통제하기 어려워서 경제와 산업뿐만 아니라 사회의 여러 부분을 모두 이 질서에 종속시키려 한다. 더 많은 가치를 생산하기 위해 과학기술을 발전시키고, 그 기술을 생산력으로 체화한 노동자들을 교육시키고, 그들이 최대한 많은 일을 해서 상품을 생산하게 한다. 물론 그 상품은 시장에서 판매될 때만 그 가치가 '실현'되기 때문에 소비자들이 선호하는 재화이거나 서비스여야 하고, 거래비용이 많이 발생하지 않는 것이어야 한다. 이렇게 실현된 가치는 생산에 기여한 기업이나 노동자, 국가 등에 여러 형태로 배분되고, 다시 더 큰 가치의 생산을 위해 투자되어야 한다. 이런 순환이 빠르게 일어날수록 자본은 빠르게 증식된다.

이런 관점에서 보면 현대 세계적 규모에서 빠르게 진행되는 근현대 도시화 역시 자본의 가치 증식 운동과 직결되어 있다. 원래 도시는 자본주의 산업화 이전부터 존재해 왔고 다양한 도시적 삶을 지지하는 '사용 가치(use value)'를 가지고 있었으나, 오늘날 우리가 경험하고 있는 도시는 자본의 가치 증식과 불가분의 관계가 있도록 재구조화되어왔다. 르페브르는 이 과정을 통해 "교환 가치(exchange value)와 산업화에 의한 상품의 발생이 도시와 도시적 실재를 종속시킴으로써 그것(도시의 사용 가치)을 파괴"시킨다고 하였다(Lefebvre, 1996: 67). 산업화 이후 도시는 사람들의 다양한 교류와 사회활동과 창조활동을 위한 공간이라는 복합적 의미보다는 우선 상품을 만들고 거래하는 단순화된 공간으로서 역할이 중요해졌다. 교환 가치의 생산의 원천인 노동력과 자본이 머무르는 공간으로서 역할을 원활히 수행하는 것이 무엇보다 중요하다. 도시의 끊임없는 확대 재생산은 바로 이러한 산업공간의 확장을 의미한다.

그런데 20세기 들어와서 진행된 도시화 과정에서 도시는 상품 생산을 위한 공간으로서 역할을 수행하는 것을 넘어서서, 도시공간 자체를 상품으로 만드는 과정을 겪게 된다. 도시의 토지와 건물은 사람들이 생활하고 생계를 유지하는 활동을 하는 곳에서 부동산이라는 상품으로 탈바꿈하여 거래된다. 주택은 말할 것도 없고, 전통적으로 공공의 자산 또는 서비스로 여기던 물, 통신, 교통, 사회주택, 교육, 대학, 심지어 토지와 공기까지 수많은 자원과 공간들이 민영화되거나 상업화된 공간으로 바뀌고(Harvey, 2007: 35-36), 자연 자체가 관광상품으로 만들어지기도 한다. 노후화된 거주지나 상업지역은 거기에 생활하는 사람들의 삶에는 아랑곳하지 않고, 더 높은 지대를 받기 위해 재개발된다. 가난한 예술가들과 오랜 거주자들이 만들어낸 도시의 정취 있는 장소는 프랜차이즈 대자본에 의해 상업적으로 개발되기도 한다. 이러한 도시공간의 민영화와 상품화 과정은 도시에서 구매력이 떨어지는 가난한 사람들을 배제시킨다.

특히, 1980년대부터 세계적으로 발호한 신자유주의는 도시화에도 영향을 미쳐 도시공간의 민영화와 상품화를 더욱 가속화하였다. 작은 정부와 복지의 축소, 민영화와 금융규제의 완화와 세계화와 같은 전략을 강조해온 신자유주의는 현대판 도시 인클로저(enclosure)라고 불릴 만큼 배타적이다(Harvey, 2004; 김용창, 2015). 신자유주의 도시론에서 민영화와 상품화는 탈취에 의한 축적의 과정의 하나로 제시된다(최병두, 2011b, 2009). 그동안 이윤추구의 범위 밖에 있던 것으로 여겨지던 것들마저 상품화되면 거기에서 살아가는 사람들, 특히 사회적 약자들의 삶은 더욱 어려워진다.

이러한 과정에서 도시의 사회적 약자들은 공간적 배제를 경험하고, 이는 다시 사회적 배제로 이어져 삶이 불안정해진다(박인권, 2017). 자본 축적을 위한 가치 운동 과정과 궤를 함께하는 도시화 속에서 사회적 약자들은 지대의 상승 때문에 자신의 거주지와 생계공간으로부터 비자발적으로 이주(displacement)하게 된다. 도시공간이 개발과 상품화의 과정을 겪은 장소는 임대료가 높아져 중산층 이상의 사람들이 거주하고, 도시빈민들은 주거환경이 열악하고 임대료가 저렴한 곳에 모여 살게 됨으로써 거주지 분리가 나타난다. 또한 공공자산이 민영화됨에 따라 사회적 약자들이 자유롭게 접근하여 여가를 즐기고, 다른 사람들을 만나서 교류할 수 있는 공공공간이 줄어든다. 이러한 공간적 배제는 다시 사회적 약자들의 사회경제적 기회의 축소를 가져온다. 주거지 분리는 근린효과(neighborhood effects)를 통해 사회적 약자들이 다양한 사람들과 교류하며 사회적 자본을 형성할 수 있는 기회를 막고, 양질의 일자리에 대한 취업 정보도 얻지 못해 경제적 빈곤에서 벗어나기 어렵게 될 수도 있다(Chetty et al., 2016; Galster et al., 2003; Sampson, 2008; Sharkey, 2012; Wilson, 1987). 주거의 배제와 불안정이 다시 경제활동의 불안정으로 이어지는 경우도 많다(Desmond & Gershenson, 2016; 심명호 외, 2004). 이런 과정을 통해 사회적 약자들은 공간적 배제와 사회적 배제의 악순환에 빠지게 되고, 삶은 더욱 위태해질 수 있다.

물론 자본의 증식 과정에서 이를 소유한 일부 계층들은 이전보다 훨씬 더 많은 부를 소유하게 되어 빈부 격차는 더욱 커지고 사회통합에 필요한 형평성의 가치가 훼손되고 있다. 뉴욕과 같은 '수퍼스타 도시' 중심의 거대도시권으로 전세계 질서가 재편되는 행성적 도시화의 이면에는 불평등의 심화문제가 있다(Florida, 2017). 이러한 배제와 그에 따른 형평성의 위기는 유럽과 북미, 아시아, 아프리카, 남미 등 전 세계 도시에서 공통적으로 발견되는 현상이다. 특히, 2008년 국제금융위기로 신자유주의에 대한 비판이 거세지면서 이러한 사회적 배제를 심화시키는 도시화에 반대하는 여러 운동들이 나타나고 있다. '월스트리트 점령운동(Occupy the Wall Street)'과 도시에 대한 권리(right to the city)를 주장하는 운동, 상품화된 도시공간에서 공유지를 회복하려는 도시 커먼즈 운동, 공유 자산 형성을 위한 사회적 부동산 활성화 운동 등이 바로 그것이다(Brown, 2013; Harvey, 2014; Park et al., 2020; 최명식 외, 2020).

도시의 사회적 지속성을 회복하기 위해서는 배제와 형평성의 위기를 해결하기 위한 노력이 시민사회뿐만 아니라 국가와 지방정부, 그리고 국제적 차원에서도 더욱 활발히 전개되어야 한다. 2016년 10월 개최된 유엔 해비타트(United Nation Habitat) 3차 회의에서 '새로운 도시 의제(New Urban Agenda)'를 채택하고 '모두를 위한 도시(cities for all)'를 만들어갈 것을 선언한 것은 매우 뜻깊다. 이는 포용도시를 위한 국제적 노력의 일환으로서 향후 각국의 정책에도 중요한 영향을 미치게 될 것이다(박인권, 2015; 2016).

참고문헌

강내희(2019). 인류세와 자본의 가치 운동, 그리고 행성적 도시화. 『문화과학』, 100: 88-129.
강인호(2019). 지방소도시의 도시축소 및 실태에 관한 실증적 연구. 『한국지역개발학회지』, 31: 45-72.
게오르그 짐멜(2005). 『짐멜의 모더니티 읽기』. 새물결출판사.
교육부(2021). 『학령인구 감소 및 미래사회 변화에 대응한 대학의 체계적 관리 및 혁신 지원 전략』. 세종.
구동회(2018). 도시발전단계에 관한 이론적 검토. 『국토지리학회지』, 52: 481-497.
구동회(2007). 부산권 인구이동의 공간적 패턴에 관한 연구. 『대한지리학회지』, 42: 930-939.
국토지리정보원(2014). 『대한민국 국가지도집 Ⅰ 2014』. 국토지리정보원, 수원.
국토지리정보원(2019). 『대한민국 국가지도집 Ⅰ 2019』. 국토지리정보원, 수원.
권용우 · 유환종(2005). 한국의 도시체계변화와 도시관리방향. 『지리학연구』, 39: 149-159.
기정훈 · 허근숙 · 최영석 · 구영진 · 남성우 · 조유정(2011). 『인구감소 지역의 지역쇠퇴 대응을 위한 정책과제 연구』. 국회입법조사처, 서울.
김경환(2007). 도시 인구규모 분포와 도시 인구성장 패턴에 관한 분석. 『지역연구』, 23: 27-41.
김광중(2010). 한국도시쇠퇴의원인과 특성. 『한국도시지리학회지』, 13: 43-58.
김용창(2015). 신자유주의 도시화와 도시 인클로저(Ⅰ). 『대한지리학회지』, 50: 431-449.
김재태 · 이낙영 · 오미애 · 이상인(2018). 우리나라 인구이동 및 인구중심의 변천에 관한 연구. 『통계연구』, 23: 1-23.
김정호(2013). 창조도시의 도시경쟁력 메카니즘에 관한 연구. 『도시행정학보』, 26: 219-240.
김준수(2018). 한국의 발전주의 도시화와 "국가-자연" 관계의 재조정: 감응의 통치를 통해 바라본 도시 비둘기. 『공간과 사회』, 28: 55-100.
맛없는쵸코맛(2020). 한국 100대 기업 본사 지도(2019년 기준) [WWW Document]. 도시 · 지리채널. URL https://arca.live/b/city/930197(accessed 8.24.21)
박샘 · 최광용(2016). 위성영상에 탐지된 1980년대 이후 수도권 지역의 도시 팽창. 『한국지리학회지』, 5: 331-343.
박인권(2015). 포용도시: 개념과 한국의 경험. 『공간과 사회』, 25: 95-139.
박인권(2016). 포용도시와 UN-Habitat III 회의. 『세계와 도시』, 12: 6-13.
박인권(2017). 도시의 사회적 약자 불안정화 과정. 『공간과사회』, 27: 36-78.
박인권 · 홍철(2019). 동아시아 (포스트) 발전주의 국가의 도시 포용성에 관한 실증 연구: 한국 · 일본 · 대만의 비교. 『공간과 사회』, 29: 175-213.
박진경 · 김상민(2018). 인구구조 변화에 대응한 유형별 지역발전전략 연구. 한국지방행정연구원, 원주.

성은영 · 임유경 · 심경미 · 윤주선(2015). 지역특성을 고려한 스마트 축소 도시재생 전략 연구. 건축도시공간연구소, 안양.
손승호(2020). 서울에 연담한 신도시 개발에 따른 하남시 도시공간의 재구조화. 『한국도시지리학회지』, 23: 15-27.
신현방(2016). 발전주의 도시화와 젠트리피케이션, 그리고 저항의 연대. 『공간과 사회』, 26: 5-14.
심명호 · 홍인옥 · 장세훈 · 남원석 · 전홍규 · 유병덕 · 한영희 · 배지영(2004). '사회적 배제'의 관점에서 본 빈곤층 실태 연구. 국가인권위원회, 서울.
오은열 · 문채(2016). 지역인구이동 변화에 미치는 결정요인분석과 정책적 시사점: 전라남도를 중심으로. 『도시행정학보』, 29: 67-92.
유현아(2020). 우리나라 5대 대도시권 성장단계와 공간적 분화에 관한 연구 WP(워킹페이퍼), No. 20-4. 국토연구원, 세종.
이상호(2018). 한국의 지방소멸 2018: 2013~2018년까지의 추이와 비수도권 인구인동을 중심으로. 『고용동향 브리프』, 1-21.
이상훈 · 황지욱(2013). 도시재생의 정책 배경과 패러다임의 전환. 『국토계획』, 48: 387-410.
이연수 · 김동준 · 강준모(2020). 교육환경과 주택가격이 서울 도시성장에 미치는 영향에 관한 연구. 『한국생활환경학회지』, 27: 458-472.
이정록(2020). 광양만권 트라이앵글 도시의 공간구조 변화: 중심지형에서 네트워크형으로. 『한국경제지리학회지』, 23: 93-109.
이헌창(2006). 한국사에서의 수도 집중. 『한국사연구』, 134: 1-34.
임석회(2018). 기능적 연계에 기초한 대구도시권 분석. 『대한지리학회지』, 53: 19-35.
전경구(2012). 교육환경이 아파트 가격에 미치는 상호작용 효과분석. 『한국지역개발학회지』, 24: 1-24.
전혜진 · 우명제(2019). 수도권 도시 스프롤 평가에 따른 도시성장관리 및 도시재생 정책 방향에 관한 연구. 『지역연구』, 35: 3-18.
정성호(2019). 지방소멸론에 대한 비판적 검토. 『지역사회학』, 20: 5-27.
최명식 · 박소영 · 홍사흠 · 손은영 · 전은호 · 이상진(2020). 『지역자산화를 위한 사회적 부동산 활성화 방안 연구』. 세종.
최병두(2007). 발전주의에서 신자유주의로의 이행과 공간정책의 변화. 『한국지역지리학회지』, 13: 82-103.
최병두(2009). 신자유주의의 기원과 발전, 그리고 종말?: 신자유주의와 도시에 관한 데이비드 하비의 견해 재검토. 『마르크스주의 연구』, 6: 26-68.
최병두(2011a). 데이비드 하비의 지리학과 신자유주의 세계화의 공간들. 『한국학논집』, 42: 7-38.
최병두(2011b). 신자유주의적 도시화와 기업주의 도시 프로젝트. 『한국경제지리학회지』, 14:

236-285.
최병두(2016a). 한국의 자본축적 과정과 도시화: 도시 위기와 대안. 『한국경제지리학회지』, 19: 512-534.
최병두(2016b). 도시적 소외와 정의로운 도시. 『한국지역지리학회지』, 22: 576-598.
최병두(2020). 인류세를 위한 녹색전환. 『공간과사회』, 30: 10-47.
최병호・장영재(2005). 도시성장의 공간적 격차와 도시규모분포에 관한 실증분석. 『경제연구』, 23: 187-207.
최재헌(2010). 한국도시성장의변동성 분석. 『한국도시지리학회지』, 13: 89-102.
하영주・이원호(2013). 교육환경과 주택가격 간 관계와 사회공간적 격차에 대한 함의: 서울시의 사례연구. 『한국경제지리학회지』, 16: 86-98.
한상진・주종완・이현지(2014). OECD 기준에 따른 우리나라의 기능적 도시지역 분석. 『한국도시지리학회지』, 17: 137-147.
홍기석・윤태영(2019). 부산지역 인구이동에 대한 분석: 청년층을 중심으로. 부산.
増田 寛也(2014). 地方消滅: 東京一極集中が招く人口急減. 김정환 역, 『지방 소멸: 인구감소로 연쇄붕괴하는 도시와 지방의 생존전략』. 와이즈베리, 서울.
Andersson, F., Burgess, S., & Lane, J. I.(2007). Cities, matching and the productivity gains of agglomeration. *J. Urban Econ*, 61: 112-128. https://doi.org/10.1016/j.jue.2006.06.005
Arrow, K. J.(1962). The economic implications of learning by doing. *Rev. Econ. Stud*, 29: 155-173.
Baldwin, R. E., & Martin, P.(2004). Agglomeration and regional growth. Handb. *Reg. Urban Econ*, 4: 2671-2711. https://doi.org/10.1016/S1574-0080(04)80017-8
Brenner, N.(2013). Theses on urbanization. *Public Cult*, 25: 85-114. https://doi.org/10.1215/08992363-1890477
Brenner, N., & Schmid, C.(2012). Planetary urbanization, in: Grandy, M.(ed.), *Urban Constellations*. Jovis, Berlin, 10-13.
Brown, A.(2013). The "Right to the City": from Paris 1968 to Rio 2010. *Int. J. Urban Reg. Res*, 37: 957-971.
Brown, W. M., & Division, E. A.(2013). Urban productivity: Who benefits from agglomeration economies? *Economic Analysis Research Paper Series*.
Challies, E. R. T.(2008). Commodity Chains, Rural Development and the Global Agri-food System. *Geogr. Compass*, 2: 375-394. https://doi.org/10.1111/j.1749-8198.2008.00095.x
Chen, M., Zhang, H., Liu, W., & Zhang, W.(2014). The global pattern of urbanization and economic growth: Evidence from the last three decades. *PLoS One*, 9. https://doi.org/10.1371/journal.pone.0103799
Chetty, R., Hendren, N., & Katz, L. F.(2016). The Effects of Exposure to Better Neigh-

borhoods on Children: New Evidence from the Moving to Opportunity Experiment. *Am. Econ. Rev*, 106: 855-902. https://doi.org/10.1080/15582159.2016.1172911

Cook, J., Oreskes, N., Doran, P. T., Anderegg, W. R. L., Verheggen, B., Maibach, E. W., Carlton, J. S., Lewandowsky, S., Skuce, A. G., Green, S. A., Nuccitelli, D., Jacobs, P., Richardson, M., Winkler, B., Painting, R., & Rice, K.(2016). Consensus on consensus: A synthesis of consensus estimates on human-caused global warming. *Environ. Res. Lett*, 11. https://doi.org/10.1088/1748-9326/11/4/048002

Desmond, M., & Gershenson, C.(2016). Housing and employment insecurity among the working poor. *Soc. Probl*, 63: 46-67. https://doi.org/10.1093/socpro/spv025

Ewing, R. H.(2008). Characteristics, causes, and effects of sprawl: A literature review, in: Marzluff, John M; Shulenberger, Eric; Endlicher, Wilfried; Alberti, Marina; Bradley, Gordon; Ryan, Clare; Simon, Ute; ZumBrunnen, C.(ed.), Urban Ecology: An International Perspective on the Interaction Between Humans and Nature. *Springer US*, 519-535. https://doi.org/10.1007/978-0-387-73412-5_34

Florida, R. L.(2002). *The Rise of the Creative Class*. Basic Books, New York.

Florida, R. L.(2017). *The New Urban Crisis: How Our Cities Are Increasing Inequality, Deepening Segregation, and Failing the Middle Class—and What We Can Do About It*. Basic Books, New York.

Galster, G. C., Quercia, R. G., Cortes, A., & Malega, R.(2003). The Fortunes of Poor Neighborhoods. *Urban Aff. Rev*, 39: 205-227. https://doi.org/10.1177/1078087403254493

Geyer, H. S., & Kontuly, T.(1993). A Theoretical Foundation for the Concept of Differential Urbanization. *Int. Reg. Sci. Rev*, 15: 157-177. https://doi.org/10.1177/016001769301500202

Glaeser, E. L., & Gottlieb, J. D.(2009). The Wealth of Cities: Agglomeration Economies and Spatial Equilibrium in the United States. *J. Econ. Lit*, 47: 983-1028. https://doi.org/10.1257/jel.47.4.983

Glaeser, E. L., Kolko, J., & Saiz, A.(2001). Consumer city. *J. Econ. Geogr*, 1: 27-50. https://doi.org/10.1093/jeg/1.1.27

Gottmann, J.(1961). *Megalopolis: The Urbanized Northeastern Seaboard of the United States*. The Twentieth Century Fund, New York.

Hall, P.(1984). *The World Cities*(3rd ed.). Weidenfeld and Nicolson, London.

Harvey, D.(2004). The "New" Imperialism: Accumulation By Dispossession. *Social. Regist*, 40: 63-87.

Harvey, D.(2007). Neoliberalism as creative destruction. *Ann. Am. Acad. Pol. Soc. Sci*, 610: 22-44. https://doi.org/10.1177/0002716206296780

Harvey, D.(2014). *Rebel Cities: From the Right to the City to the Right to the Urban Revolution*.

Eure. https://doi.org/10.4067/S0250-71612014000100013

Henderson, J., Dicken, P., Hess, M., Coe, N., Wai-Chung & Yeung, H.(2002). Global production networks and the analysis of economic development. *Rev. Int. Polit. Econ*, 9: 436-464. https://doi.org/10.1080/09692290210150842

Henderson, J. V.(1974). Optimum City Size: The External Diseconomy. *J. Polit. Econ*, 82: 373-388.

Henderson, J. V.(2003). Urbanization and economic development. *Ann. Econ. Financ*, 4: 275-341.

Henderson, V.(2003). The urbanization process and economic growth: The so-what question. *J. Econ. Growth*, 8: 47-71. https://doi.org/10.1023/A:1022860800744

Hirose, K., & Yamamoto, K.(2007). Knowledge spillovers, location of industry, and endogenous growth. *Ann. Reg. Sci*, 41: 17-30. https://doi.org/10.1007/s00168-006-0082-6

Jacobs, J.(1969). *The Economy of Cities*. Random House, New York.

Johnson, C.(1982). *MITI and the Japanese miracle: the growth of industrial policy, 1925-1975*. Stanford University Press, Stanford, CA.

Johnson, C.(1995). *Japan, who governs?: the rise of the developmental state*(1st ed.). Norton, New York.

Johnson, C.(1999). The development state: Odyssey of a concept. in: Woo-Cumings, M. (ed.), *The Developmental State*. Cornell University Press, Ithaca, NY. 32-60.

Kim, G. H., & Park, I. K.(2015). Agglomeration economies in knowledge production over the industry life cycle: evidence from the ICT industry in the Seoul Capital Area, South Korea. *Int. J. Urban Sci*, 19: 400-417. https://doi.org/10.1080/12265934.2015.1083461

Klaassen, L. H., & Paelinck, J. H. P.(1979). The Future of Large Towns: Environ. *Plan. A Econ. Sp*, 11: 1095-1104. https://doi.org/10.1068/A111095

Klein Goldewijk, K., Beusen, A., & Janssen, P.(2010). Long-term dynamic modeling of global population and built-up area in a spatially explicit way: HYDE 3.1|Enhanced Reader. *The Holocene*, 20: 565-573.

Lefebvre, H.(1970). *La Révolution Urbaine, Urban Revolution*. Translated by R. Bononno, 2003. University of Minnesota Press, Minneapolis and London.

Lefebvre, H.(1996). *Right to the City*. in: Kofman, E., Lebas, E.(eds.), Writings on Cities. Blackwell Publishers, Oxford, UK, 63-184.

Marshall, A.(1890). *The Principles of Economics*. Macmillan, London.

Martin, P., & Ottaviano, G. I. P.(1999). Growing locations: Industry location in a model of endogenous growth. *Eur. Econ. Rev*, 43: 281-302. https://doi.org/10.1142/9789811233395_

0001

NASA(2021). Climate change: How do we know? [WWW Document]. *Global Climate Change*: Vital Signs Planet. URL https://climate.nasa.gov/evidence/ (accessed 8.20.21).

Nguyen, H. M., & Nguyen, L. D.(2018). The relationship between urbanization and economic growth an empirical study on ASEAN countries. *Int. J. Soc. Econ*, 45: 316-339. https://doi.org/10.1108/IJSE-12-2016-0358

Northam, R.(1975). *Urban Geography*. Wiley, New York.

Park, I. K., Shin, J., & Kim, J. E.(2020). Urban Commons as a Haven for the Excluded: An Experience of Creating a Commons in Seoul, South Korea. *Int. J. Commons*, 14: 508-524. https://doi.org/10.5334/ijc.1038

Park, I. K., & von Rabenau, B.(2011). Disentangling agglomeration economies: Agents, sources, and spatial dependence. *J. Reg. Sci*, 51: 897-930. https://doi.org/10.1111/j.1467-9787.2011.00719.x

Porter, M. E.(1998). Clusters and the new economics of competition. *Harv. Bus. Rev*, 76: 77-90.

Ritchie, H., & Roser, M.(2018). Urbanization [WWW Document]. *Our World in Data*. URL https://ourworldindata. org/urbanization(accessed 8.2.21).

Romer, P. M.(1986). Increasing Returns and Long-Run Growth. *J. Polit. Econ*, 94: 1002-1037.

Rosenthal, S. S., & Strange, W. C.(2001). The Determinants of Agglomeration. *J. Urban Econ*, 50: 191-229. https://doi.org/10.1006/juec.2001.2230

Sampson, R. J.(2008). Moving to inequality: Neighborhood effects and experiments meet social structure. *Am. J. Sociol*, 114: 189-231. https://doi.org/10.1086/589843

Sharkey, P.(2012). *Stuck in place: urban neighborhoods and the end of progress toward racial equality*. The University of Chicago Press, Chicago.

Soja, E. W., & Kanai, J. M.(2007). The urbanization of the world, in: Burdett, R., Sudjic, D.(eds.), *The Endless City: An Authoritative and Visually Rich Survey of the Contemporary City*. Phaidon, London, 58-68.

The World Bank(2021). Urban population (% of total population) [WWW Document]. *The World Bank Data*. URL https://data.worldbank.org/indicator/SP.URB.TOTL.IN.ZS (accessed 8.25.21).

Thomas, M. J., & Darnton, J.(2006). Social Diversity and Economic Development in the Metropolis. *J. Plan. Lit*, 21: 153-168. https://doi.org/10.1177/0885412206292259

Turok, I., & McGranahan, G.(2013). Urbanization and economic growth: The arguments and evidence for Africa and Asia. *Environ. Urban*, 25: 465-482. https://doi.org/10.1177/

0956247813490908

UN DESA(2019). *World Urbanization Prospects*: The 2018 Revision (ST/ESA/SER.A/420). United Nations, New York.

van den Berg, L., Burns, L. S., & Klaassen, L. H.(1987). *Spatial Cycles*, Gower.

West, G. B.(2017). *Scale: The Universal Laws of Growth, Innovation, Sustainability, and the Pace of Life in Organisms, Cities, Economies, and Companies*. Penguin Press, New York.

Wilson, W. J.(1987). *The Truly Disadvantaged: The Inner City, the Underclass, and Public Policy*. University of Chicago Press, Chicago.

Woo-Cumings, M.(1999). *The Developmental State*. Cornell University Press, Ithaca, NY.

CHAPTER

04

도시의 미래

강명구
(서울시립대학교 도시공학과)

제1절 도시과학의 중요성

과거는 우리가 경험한 것이고 지나온 길이기에 고정된 사실들로 구성된다. 개인적으로도 지난 달에 있었던 일이나 지난 몇 해 전에 있었던 일은 바꿀 수가 없는 고정된 사실들이다. 타임머신이 발명되어 과거로 돌아갈 수 있는 세상이 된다면 이 말도 바뀌어야 할지는 모르겠으나 아직까지 과거는 고정된 사실들로 이루어져 있다.

그렇다고 과거라는 것이 멈춰있는 것은 아니다. 지나온 과거에 대해서 우리가 할 수 있는 일은 온고지신(溫故知新)과 법고창신(法古創新)이다.[1] 해와 달이 떴다 지는 것을 보고 기록해 놓은 것을 토대로 수천 년 간 천동설을 믿고 살아왔지만, 더 많은 숙고의 노력과 더 많은 사실 자료들이 쌓이면서 우리는 지동설을 이해하게 되었고 만유인력이라는 원리도 깨닫게 되었다. 이 덕분에 오늘날 달과 화성도 탐사하고 휴대폰으로 위성 정보를 활용한 네비게이션도 사용할 수 있게 된 것이다.

천동설에서 지동설의 변화는 혁신적인 생각을 만들어낸 것이지만, 이것이 과거의 '사실'을 부정한 것은 아니다. 과거에 만들어 놓은 천동설이라는 선조들의 말을 단순히 흉내내는 것도 아니고 과거의 '생각'에 집착하는 것도 아니다. 과거의 '사실'들에 더욱 충실하고 존중하며 새롭게 발견되는 사실들을 결합하면서(法鼓), 우리의 부족한 생각을 깨쳐 새롭고 옳은 생각을 만들어낸 것이 지동설이다(創新).

같은 맥락에서 서양의 역사학자 카(Carr, 1961)는 '과거의 사실'과 '역사적 사실'을 구분하였다. 역사에 있어, 과거 사실의 기술(記述)을 틀리지 않고 정확하게 하는 것은 의무이지만, 사실을 정확하게 기술하는 것 자체가 역사의 궁극적인 지향은 아니라는 점을 강조하였다. 이런 점에서 역사학은 고고학, 금석학, 고전학, 연대학 등의 도움을 많이 받지만, 이들과는 다른 학문이라고 하였다. 역사는 단순히 사실의 나열이 아니고, 실재했던 사실에 기반을 두어 진실을 추구하는 것이다.

예를 들어, 조선시대 1659년에 있었던 예송논쟁(禮訟論爭)을 보자. 효종이 죽은 뒤 그의 어머니에 해당하는 장렬왕후(莊烈王后)가 상복을 입는 기간에 대하여 시비를 벌

1) 온고지신(溫故知新): 공자의 말을 담은 『논어(論語)』 「위정(爲政)」편에 나온 말로 "옛 것을 알고 새로운 것을 알면 스승이 될 수 있다[溫故而知新, 可以爲師矣]"라는 말에서 유래하였다.
법고창신(法古創新): 조선 후기의 대표적인 실학자였던 연암 박지원이 그의 제자 박제가의 글 『초정집』 서문으로 써준 글에 나오는 말로, 옛 것을 본받아야 하지만 흉내내고 따라 하는 것에 머무르면 안 되고, 새로운 것을 창조해야 하며 또한 새로운 것이 괴벽하고 허황되지 않아야 함을 말한다.

인 일이었다. 서인들은 효종은 적장자(嫡長子)가 아니라 차자(次子)이므로 장렬왕후가 상복을 입는 것은 1년으로 해야 한다고 하였고, 남인들은 임금이었기에 3년을 입어야 한다고 주장하면서 논쟁이 벌어졌다.

이때는, 임진왜란(1592~1598)을 겪은 지 약 60년 쯤 지난 시점이고, 병자호란(1636~1637)을 겪은 지 약 20년쯤 지난 시점이다. 남쪽에서 서양식 철포와 조총을 갖춘 일본이(임진왜란), 그리고 북쪽에서 만주족을 중심으로 만들어져 이후 명나라를 멸망하게 하는 청나라의 침략으로(병자호란) 우리나라 국민들의 삶과 국토는 피폐해져 있었던 때이다. 그리고 우리나라가 국제 사회와 얼마나 동떨어져 있는지를 깨닫게 해준 전쟁이었다.

이러한 시기에 국민의 민생은 뒷전이고 왕가의 상복을 몇 년 입는가에 대한 논쟁으로 국력을 낭비하는 일이 벌어진 것이다. 의례(儀禮), 그 중에서도 상례(喪禮)를 중시하는 것은 있을 수 있지만 그 적정한 정도가 있는데, 상복입는 기간을 논하는 것이 민생에 우선할 수도 없고 국력을 쏟아 부을 일도 아니며, 국가를 분열로 이끌어서도 안 되는 일이었다.

우리가 이러한 역사를 보면서, 오늘날에도 신분에 따라 상복 입는 기간을 얼마로 할지를 외우고 따지고만 있다면 우스울 것이다. 과거의 사람들에게는 그것이 중요한 역사였을지 모르나, 오늘날 우리가 역사로부터 배워야 할 교훈은 상복입는 기간보다 훨씬 더 중요한 것은 사람들의 삶이고 실사구시의 정신이라는 것이다. 이러한 역사를 답습하지 말아야 한다는 교훈을 얻고 새롭게 바뀌어야 함을 깨다는 것이 중요하다. 이렇듯 역사는 우리가 수동적으로 답습하는 대상이 아니다. 역사는 우리가 더 나은 사회로 발전해 나갈 수 있도록 우리가 능동적으로 이해해야 하는 대상이다.

우리는 과거의 사실을 바꾸지는 못한다. 하지만, 과거의 사실들은 그대로 있을지라도 이것은 박물관에 박제되어 있어 그저 구경의 대상이 되는 것이 아니다. 과거는 오늘날 끊임없이 되짚어 보아야 하는 것이고, 새로운 사실들이 더해져야 하는 것이며, 낡은 관습적 '생각'을 깨치고 새로운 '지식'으로 발전시켜 나가야 하는 것이다. 즉, 과거의 생각들을 앵무새처럼 읊조리기만 하는 것은 역사가 아니다.

우리나라 조선시대의 경우만 보더라도, 왕이 없는 세상, 모든 사람이 자유롭고 평등한 세상은 상상할 수 없는 세상이었다. 누군가 왕이 없고 모두가 평등하다고 하면 거의 모든 사람들은 천륜을 저버리고 국가를 전복하려는 역적이라고 치부되었다. 과거에는 모든 사람들이 그렇게 믿고 살았고, 모두가 자유롭고 평등한 세상은 존재할 수 없다고 생각했다. 하지만, 지금 생각해보면 그렇게 수직적 신분사회가 당연하다는 생각이 역사와 국민 앞에 반역이었음을 알 수 있다.

미래를 예상할 때, 과거와 현재의 연장선에서 미래를 예측하게 되면 훗날 다시금 돌이켜 볼 때 역사 앞에 반역이 되는 경우가 많은 것은 이 때문이다.

여기에 더하여, 미래를 이야기한다는 것은 우리가 가보지 않은 일이기 때문에 과거를 돌아보는 것보다 더욱 어렵고 어찌보면 불가능에 가까운 일이다. 불과 10여 년 전에 누군가가 여러분에게, 앞으로는 은행업무를 하기 위해 은행에 갈 일이 거의 없어질 것이고 손에 쏙 들어오는 조그만 전화기 하나면 은행업무를 거의 다할 수 있다고 말했다면, 그렇게 될 것이라고 대답했을 사람이 얼마나 있었을까? 아니면, 하루 일과를 마치고 퇴근하는 지하철에서 보고 싶은 영화나 TV, 스포츠 경기 등을 맘대로 골라서 내 손바닥 위에서 시청하면서 집에 갈 수 있다고 했다면 얼마나 많은 사람들이 그렇게 될 것이라고 예상했을까? 아마도 거의 대부분의 사람들은 "에이, 그게 말이되"라고 이야기했을 것이다.

미래는 그렇게 빠르게 예상치 않는 방식으로 우리에게 다가오고 있다. 뉴노멀의 시대에 들어선 지금, 세상은 더 빠르게 변해가고 있다. 세월이 흘러 돌아보면 어떤 변화가 있었는지 분명하게 알게 되겠지만, 지나가는 과정에서 이를 인지하고 미래를 제대로 생각해 본다는 것은 매우 어렵고 힘겨운 일이다.

따라서 미래를 생각하는 것은 고도의 과학적 지식과 깊이 있는 사유를 요구하는 일이다. 미래를 얘기할 때, 혹자는 미래는 어차피 일어나지 않은 일이고 지나봐야 알기 때문에 지금 당장 옳은지 그른지 알 수 없다는 이유로 미래를 너무 쉽고 무책임하게 이야기 한다. 또한 이런 무지에 기초한 사탕발림의 미래에 동조하는 대중도 많은 것이 사실이다.

미래를 생각한다는 것은 본래 거의 불가능에 가까운 어려운 일이다. 예를 들어, 개인적인 차원의 미래를 생각해 보자. 여러분 자신이 지금 살아가고 있는 모습을 10년 전의 자신이 알았던 사람이 있었을까? 지금 내가 하고 있는 일, 지금 내가 소속된 직장, 지금 내가 만나고 있는 사람들, 지금 내가 생각하는 것들을 10년 전 과거의 나 자신이 미리 알고 있었던 사람은 거의 없을 것이다. 따라서 미래를 예측하고 대비하는 방법은, 현안과 관련하여 당장 무엇을 할지를 생각하는 방법과 다르다. 현재의 연장선만으로 미래를 알 수 없기 때문이다.

현재의 연장선으로 미래를 알기는 어렵다고 하여 미래를 전혀 예견해 볼 수 없는 것은 아니다. 인간의 이성과 과학은 우리의 미래에 대해서 생각해 볼 수 있는 힘을 주었다. 예를 들어, 우리는 이제 몇 달 뒤의 해의 위치도 알고 일식이나 월식이 언제 일어날지도 안다. 과거에는 무섭고 두려움을 떨게 했던 일식과 월식이었지만, 이제는 신의 노여움이나 사람들의 불경스러움과는 무관한 하나의 자연현상이라는 사실도 안다. 이런 것이 가능한 것은 과학이 발달하면서 인류의 수많은 사람들이 축적해 놓은 과학적 지식을 통해 가능해 졌다.

이 장에서는 도시의 미래에 대한 이야기를 할 것이다. 우리는 도시의 미래를 예언한다는 의미가 아니라 우리는 오늘날 도시가 어떤 모습을 보여줄지를 예측을 해 볼 수 있는 일정 정도의 과학적 지식을 갖게 되었다는 의미다. 그리고 이러한 과학적 지식을 바탕으로 도시의 미래에 대해서 살펴볼 수 있다는 의미이다.

도시의 미래에 대한 논의는 최소한 두 가지 이야기가 혼합된 모습을 갖는다. 하나는 지금 벌어지고 있는 일들이 계속 진행된다면 미래에 우리는 어떤 모습의 도시를 보게 될 것인가에 관한 이야기다. 다른 하나는, 우리가 바라는 도시의 미래에 관한 이야기다.

이 두 가지는 모두 공통적으로 과학적 접근을 통해서 살펴본다. 예를 들어, 몇 달 뒤 태양의 위치를 예상하는 것은 과학적 지식에 근거하여 추정할 수 있는 것이지, 그럴듯해 보이는 사이비 논리나 탁상공론적 관념적 접근으로 대충 알 수 있는 것은 아니다.

다만, 도시는 사람과 사회에 관한 이야기이기 때문에, 사물의 물리학에서처럼 결정론적이지는 않다. 사람은 주어진 여건에 적응도 하지만, 동시에 바라는 미래를 만들어내기도 하는 능동적 주체이기도 하기 때문이다.

사람과 사회에 대한 과학적 지식도 많이 축적되어 오고 있기 때문에 이를 바탕으로 한 예측이 불가능한 것은 아니다. 예를 들어, 대부분의 사람들은 외로움을 견디기 어려워한다. 고립된 삶은 심장병과 같은 신체적 건강을 위협하는 질병으로 이어지기도 한다. 따라서 사람들은 정신적 즐거움과 신체적 건강을 위해 외롭다고 느끼지 않기 위해 노력할 것이다.2) 이러한 이유로 로빈슨 크루소와 같은 나홀로 삶을 선택하기보다는, 누군가와 더불어 살아가는 것을 선호하게 될 것이며, 따라서 사람은 앞으로도 사회집단을 이루어 살아갈 것이다.

---

2) 사람들이 어딘가에 묶여 있는 것을 좋아한다는 뜻은 아니다. '외롭지 않기를 원한다'라고 한 말이, 일종의 허위적 반대말로 치환되어 '속박되기를 원한다'라는 식으로 오해되는 경우가 종종 있다. 적지 않은 사람들이 이런 오해를 한다. 이러한 허위적 반대말은 주로 순진한 사람들을 말이 안 되는 이분법으로 몰아넣어 혼란스럽게 만들거나 현혹하여 잘못된 판단을 유도하고 타인을 수단화하고 복속시키고자 하는 데 자주 사용되기 때문에 많은 주의가 필요하다.

이 장의 첫 부분에서는 먼저 도시의 의미를 살펴보고, 도시의 성장에 대해서 고찰해 보고자 한다. 도시는 사람들이 상호작용하는 중심지로서 사람에게 풍요와 행복의 기초를 제공하며, 환경에도 이로움을 준다. 도시의 성장은 문제가 아닌 기회임을 살펴볼 것이다.

다음에는 현재 우리나라에서 진행되고 있는 변화들을 살펴봄으로써 이러한 변화가 계속된다면 우리는 어떤 미래를 마주할지 살펴보고자 한다. 인구, 사회, 경제, 환경, 토지, 사회적 인프라 측면에서 지금 벌어지고 있는 일들과 지금 일어나고 있는 변화들을 짚어봄으로써, 현재의 추세가 진행된다면 우리에게 주어질 도시의 미래가 어떤 모습일지를 살펴보는 것이다.

이러한 미래를 살펴보는 이유는, 우리가 무언가를 하지 않고 시간이 흘러 우리에게 다가올 미래가 우리에게 좋은 결과를 가져오는지 좋지 않은 결과를 가져오는지를 평가해 보기 위함이다. 나아가, 이러한 예측을 통해서 우리가 지금 노력하여 우리의 미래를 개선할 것이 있는지를 살펴보는 기회를 제공하기 위함이다.

오늘날 우리 사회는 양극화와 불평등이 심화되는 과정을 겪고 있으며 환경적 지속가능성이 위협받고 있다. 우리가 현재 살아가고 있는 모습이 행복한지, 앞으로 주어질 삶의 모습이 행복할지를 짚어보면서 우리가 원하는 미래는 어떤 모습일지를 상상해 보는 것이다.

마지막으로, 우리가 원하는 미래를 만들어내기 위하여 필요한 것들이 무엇인지 몇 가지 다루어보고자 한다. 도시를 우리가 원하는 미래의 도시로 만들고자 한다면 무엇을 하고 어떻게 해야 하는지에 대해서 이 책 전반에 걸쳐 자세히 다룰 것이다. 여기서는 우리에게 필요한 일들 중 몇 가지를 간단하게 살펴볼 것이다.

제 2 절 도시의 미래: 도시의 성장은 문제가 아니라 기회다

사람은 고립되어 혼자 살아가는 것보다 서로 협력하면서 함께 살아갈 때 모두 이로움을 얻는다. 강명구(2021a)의 『도시계획학 1 역사: 도시의 자격』에서 살펴보았듯이, 역사적으로 사람의 사회집단은 지속적으로 커져 왔고, 앞으로도 커질 것으로 예상된다. 그리고 사람들이 공간적으로 모여서 살면서 일하고 있는 도시 또한 계속 커져 왔으며 앞으로도 더욱 확대될 것으로 예상된다.

도시는 본래 사람들을 불러 모으고, 상호작용을 촉진하고, 그럼으로써 아이디어와 풍요를 창출한다. 도시는 기회와 다양성을 제공함으로써 혁신을 증진시키고 기업가 정신과 문화활동을 촉진한다. 도시는 그러기 위해 구축되어 왔고, 이러한 도시화 과정은 사람들이 사회집단을 이루기 시작한 1만 년 전부터 진행되어왔다고 할 수 있다(웨스트, 2018).

웨스트(2018)에 따르면, "도시는 성공적인 혁신과 풍요를 창조하는 두 가지 필수 구성요소인 사회적 상호작용과 협력을 촉진하고 강화하기 위해 우리가 진화시킨 독창적인 메커니즘이다"라고 말했다. 우리가 산업혁명을 도시화와 연관지으면서 도시가 사람들을 사람답게 살지 못하게 한다거나 도시는 사람이 사람답게 살아갈 수 없는 곳이라고 오해를 하곤 한다. 하지만, 아동노동이든 비위생적인 불결한 생활환경이든 긴 노동시간 등 모든 열악한 삶은 산업혁명 이전의 사회에서도 마찬가지였으며, 오히려 그 이전에 더 심했었다는 사실을 잊곤 한다.

많은 사람들이 공동체 의식과 유대감이 있던 작은 마을이나 소도시에 살던 시절이 살기에 훨씬 좋았다고 믿곤 한다. 또한 오늘날의 도시에는 공동체 의식과 유대감이 없다고 생각하곤 한다. 이러한 생각들이 틀렸음이 오래전 밝혀졌음에도 불구하고 여전히 많은 사람들이 잘못된 믿음을 갖고 있다.

도시는 본래 사람을 불러 모으고, 상호작용을 촉진하고, 그럼으로써 아이디어와 풍요로움을 만들어낸다. 도시가 제공하는 어디에도 없는 다양한 기회와 다양성으로 인하여 혁신이 만들어지고, 기업가 정신에 기반을 둔 새로운 비즈니스와 더 나은 일자리가 만들어지며, 풍성한 문화활동이 가능해진다는 것을 잊을 때가 너무 많다.

도시가 더 클수록, 사회활동도 더 많아지고, 기회도 더 늘어나고, 임금도 더 올라가고, 다양성도 더 높아지고, 좋은 식당과 음악회와 박물관과 교육 시설을 접할 기회도 더 많아지고, 활기찬 활동과 참여도 더 고조된다. 도시가 제공하는 기회와 활기, 다양성과 참여는 사람들에게 매력적이다.

도시에는 많은 사람들이 있다. 그래서 도시는 오래전부터 사상의 도가니였다. 도시의 구석구석은 괴짜들의 안식처가 된다. 이성의 시대와 계몽의 시대는 한편으로 도시화의 시대였다. 런던, 파리, 암스테르담은 지적 시장이었고, 사상가들은 그런 도시들의 살롱, 커피하우스, 서점에 모여 당대의 사상을 토론했다.

사람은 복잡한 생각들을 하나로 묶고, 그것을 다른 사상들과 결합하여 더욱 고차원적으로 조립하고, 그 조립품들을 묶어 더 큰 장치로 만들고, 그것을 또 다른 발상과 결합하고, 이렇게 계속 나아가는 역량을 갖고 있다. 호모사피엔스가 발전해 온 방식이다. 이것은 여러 정신들이 엮인 그물망에서만 가능하다. 사람들 간의 수많은 연결과 상호작용은 생각의 수준을 높이고 발전시킨다(핑커, 2014).

베텐코트 외(Bettencourt et al., 2013)의 연구에 따르면, 도시의 규모가 클수록, 임금, 도시의 총생산 등이 1인당 기준으로 15%씩 더 증가한다.[3)] 즉, 인구가 2배가 되면 임금과 도시의 총생산은 2.15배가 되는 것이다. 이러한 현상을 선형적인 관계를 초과한다는 의미로 초선형(super-linear)이라고 한다.

반면, 도시 규모가 커질수록 도시가 살아가는 데 필요한 에너지와 물리적 기반시설은 1인당 기준으로 줄어든다. 도시의 규모가 2배이면, 1인당 필요한 물리적 시설은 2배 증가하는 것이 아니라 1.75배가 된다. 즉, 85%만 증가하고, 15%만큼은 절약된다. 이러한 현상을 선형적인 관계를 밑돈다는 의미로 저선형(sub-linear)이라고 한다(West, 2018). 예를 들어, 인구 4백만 명의 도시는 인구 2백만 명의 도시에 비하여 1인당 기반시설과 에너지가 15% 덜 필요하다.[4)]

미국 산타페연구소에서 웨스트(Geoffrey West)와 베텐코트(Luis M. A. Bettencourt) 등

그림 4-1 사회적 지표의 초선형성

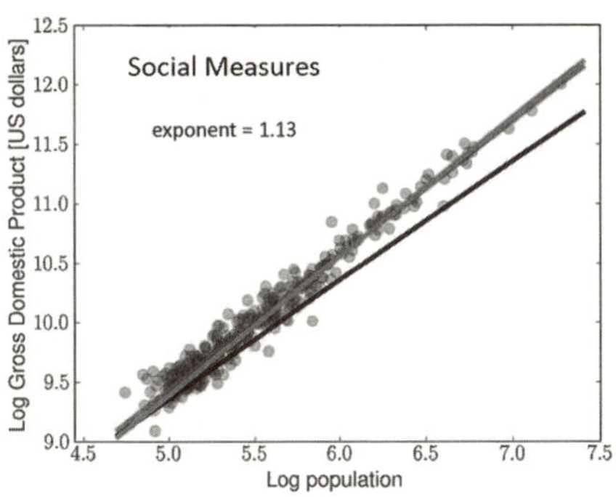

그림 4-2 물리적 지표의 저선형성

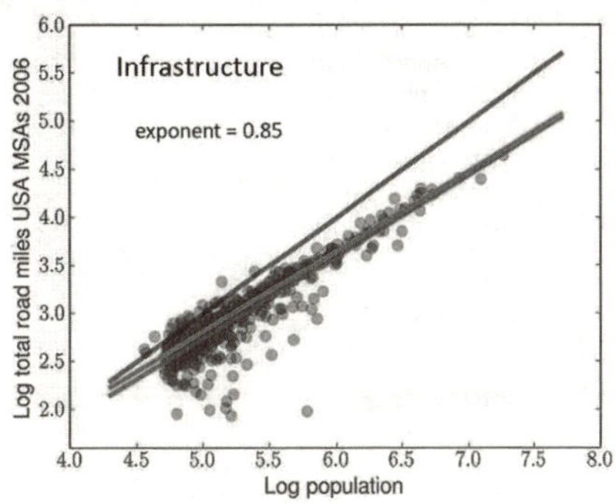

자료: Bettencourt et al.(2013).

3) 사회적 특성에 기인하는 범죄와 오염도 초선형적으로 증가한다. 다만, 이러한 부정적인 이슈들에 대한 예방과 대응을 잘하는 도시로 발전시킴으로써 이러한 부정적인 효과를 통제하는 노력을 기울인다.

4) 규모가 2배 증가할 때, 지표도 2배 증가하면, 이것을 선형적으로 증가한다고 표현한다. 대표적으로 주택의 수가 선형적인데, 인구가 2배 증가하면 주택수도 2배 정도 증가한다.

이 공동으로 연구하여 정리한 도시 규모에 따른 스케일링지수를(표의 β값) 보면 다음 [그림 4-3]과 같다. 도시 규모에 따라 도시지표가 증가하는 정도를 스케일링지수라고 말하는데, 선형적인 것은 스케일링지수가 1에 가까운 것이며, 스케일링지수가 1보다 큰 경우가 초선형, 스케일링지수가 1보다 작은 경우가 저선형이다.

새로운 특허나 발명가, 연구개발 분야 종사자수는 1.25를 넘어 초선형성이 매우 강하다. 즉, 규모가 커지면서 혁신은 매우 빨리 발전함을 보여준다. 총주택수나 총일자리수는 선형성에 가깝다. 반면, 휘발유 판매량이나 전기선의 길이, 도로 면적 등은 도시 규모가 커짐에 따라 더 적게 증가하는 저선형성을 보여주고 있다. 도시는 혁신이나 생산에 있어 초선형성을 갖고 있고, 사용하는 에너지나 물리적 시설물은 저선형성을 갖고 있으므로, 도시 규모가 클수록 좋은 성과를 내고, 따라서 도시 규모는 계속 커지게 된다.

도시의 규모가 클수록 사회적 지표들은 인구가 증가하는 것 그 이상으로 증가한다. 즉, 사람이 많아지면 사람들 간의 관계와 사회적 상호작용이 급증한다. 이에 따라 기회와 아이디어는 더욱더 늘어나기 때문에 더 많은 혁신이 일어난다. 도시 규모는 더 커

그림 4-3 [표] 도시 규모에 따른 스케일링지수

Y	β	95% CI	Adj-R^2	Observations	Country–year
New patents	1.27	[1.25,1.29]	0.72	331	U.S. 2001
Inventors	1.25	[1.22,1.27]	0.76	331	U.S. 2001
Private R&D employment	1.34	[1.29,1.39]	0.92	266	U.S. 2002
"Supercreative" employment	1.15	[1.11,1.18]	0.89	287	U.S. 2003
R&D establishments	1.19	[1.14,1.22]	0.77	287	U.S. 1997
R&D employment	1.26	[1.18,1.43]	0.93	295	China 2002
Total wages	1.12	[1.09,1.13]	0.96	361	U.S. 2002
Total bank deposits	1.08	[1.03,1.11]	0.91	267	U.S. 1996
GDP	1.15	[1.06,1.23]	0.96	295	China 2002
GDP	1.26	[1.09,1.46]	0.64	196	EU 1999–2003
GDP	1.13	[1.03,1.23]	0.94	37	Germany 2003
Total electrical consumption	1.07	[1.03,1.11]	0.88	392	Germany 2002
New AIDS cases	1.23	[1.18,1.29]	0.76	93	U.S. 2002–2003
Serious crimes	1.16	[1.11, 1.18]	0.89	287	U.S. 2003
Total housing	1.00	[0.99,1.01]	0.99	316	U.S. 1990
Total employment	1.01	[0.99,1.02]	0.98	331	U.S. 2001
Household electrical consumption	1.00	[0.94,1.06]	0.88	377	Germany 2002
Household electrical consumption	1.05	[0.89,1.22]	0.91	295	China 2002
Household water consumption	1.01	[0.89,1.11]	0.96	295	China 2002
Gasoline stations	0.77	[0.74,0.81]	0.93	318	U.S. 2001
Gasoline sales	0.79	[0.73,0.80]	0.94	318	U.S. 2001
Length of electrical cables	0.87	[0.82,0.92]	0.75	380	Germany 2002
Road surface	0.83	[0.74,0.92]	0.87	29	Germany 2002

CI, confidence interval; Adj-R2, adjusted R2; GDP, gross domestic product.

자료: Bettencourt et al.(2007).

질수록 더 좋은 결과를 만드는 자기 강화 특성을 갖고 있기 때문에, 도시는 계속 커지고 사람들은 도시로 더 몰려든다.

나아가, 도시 규모가 커질수록 시민들의 삶에 필요한 물리적 시설은 상대적으로 더 적게 필요하므로 효율성도 좋아지게 된다. 도시 규모가 커질수록 사용하는 에너지도 줄어들고 환경오염도 감소하며 사람들이 사용하는 시설의 상대적으로 덜 필요하게 된다.

이상을 종합해 보면, 도시 규모가 커질수록 산출은 더 좋고 비용은 더 감소하기 때문에, 도시의 성장에는 내생적 한계가 없다. 따라서 도시는 무한히 커질 수 있다. 도시는 커질수록 우리에게 더 이롭기 때문에, 도시는 자연스럽게 더욱더 커질 것이다.

도시의 성장은 또한 자유민주주의를 탄생시키고 발전시켰다. 억압적 독재자는 모든 국민들의 경멸을 받는 상황에서도 권력을 유지할 수 있다. 왜냐하면, 국민들이 공동체로서 민주주의를 지켜내지 않으면, 독재자는 독재자에 반하는 소수의 사람들을 반역자라는 이름으로 보복을 하게 되고, 이러한 보복은 이들 소수가 홀로 져야 하기 때문이다. 민주주의의 편익은 모든 국민들이 나눠 갖지만, 모든 국민들이 합심하여 독재자의 등장을 억누르지 않으면 독재자는 독재에 반대하는 소수를 탄압하고 독재를 행하게 된다. 독재의 결과는 모든 사람들이 지고 살게 된다. 도시라는 용광로는 많은 사람들을 모여 있는 곳이다. 고대 아테네, 르네상스 시절 베네치아, 혁명기 보스턴과 필라델피아에서, 새로운 생각이 싹트고 시민 공동의 노력과 협력으로 민주주의가 탄생하고 발전한 것이다. 도시화와 민주화가 함께 가는 것은 오늘날에도 진행되고 있다.

도시가 커지면서 해결해야 할 과제도 생길 수 있다. 체증이나 고비용, 또는 범죄와 전염병 같은 문제가 발생할 가능성도 함께 있는 것이다. 다만, 이러한 과제가 있다고 해서 도시를 억제하고 강제로 해체해서 더 나은 미래로 갈 수 있는 것은 아니다. 이러한 과제를 슬기롭게 해결해 나감으로써 우리는 더 많은 사람들과 함께 더 좋은 미래를 만들어갈 수 있다.

즉, 도시의 성장은 문제가 아니라 기회다. 이러한 인식은 1990년대부터 세계적으로 인식되기 시작하였다. 1995년 UN에서 제시한 도시에 대한 인식의 전환은 오늘날 도시에 대한 접근방식을 새롭게 하고 있다.

표 4-1 도시에 대한 기존의 잘못된 통념과 새로운 인식

기존의 잘못된 통념	새로운 인식
도시는 문제 덩어리다.	도시는 혁신과 발전의 원천이다.
도시는 농촌(비도시)을 착취하고 농촌에 기생한다.	도시는 농촌(비도시)의 발전을 지원하고, 도시와 농촌은 상생한다.
도시는 지나치게 커지고 있다.	도시가 커질수록 더 많은 기회가 생긴다.
도시계획은 도시 규모를 제한하는 것을 목표로 해야 한다.	도시계획은 도시가 더욱 잘 작동할 수 있도록 하는 데 목표가 있다.
도시로 이주하는 사람들은 농촌(비도시)에서 성공할 수 없는 무능한 사람들이다.	도시로 이주하는 사람들은 매우 높은 기술과 동기를 가진 유능한 사람들이다
도시의 비공식점유자들(예: 슬럼)은 도시 경제와 서비스 자원을 갉아 먹는다.	도시의 비공식점유자들(예: 슬럼)은 그들이 받는 수혜보다도 더 많이 도시에 기여한다.
비공식점유자들(예: 슬럼)의 거주지는 사회불안, 범죄, 마약 거래의 온상이다.	비공식점유자들(예: 슬럼)의 대다수 구성원들은 애국심과 개척정신을 갖고 있다.
도시는 과도한 인구급증의 원인이 된다.	출생률은 도시화로 크게 감소한다.
도시와 도시빈민은 환경문제를 악화시킨다.	잘 계획된 도시생활은 지구의 생태적 지속성에 필수적이다.
고형폐기물 등 쓰레기는 어디엔가 버려져야 하는 것이다.	순환시스템이 이용된다면, 쓰레기는 가치 있는 자원이 된다.
정부, 계획가, 전문가가 도시문제를 해결한다.	시민의식을 갖춘 시민들이 도시문제를 해결하는 근간이 된다.
정부가 가난한 사람들의 주택문제를 해결할 수 있다.	민간부문과 비공식부문이 주택과 일자리, 소득 창출의 주요 원동력이다.
도시관리의 문제에 대처하기 위해 강력한 정부가 필요하다.	분산화된 관리체계는 자원과 수요 사이의 효과적인 조정을 용이하게 하므로, 이런 자연스런 조정 활동을 방해하는 장애물을 제거하는 것이 중요하다. 과대한 정부, 과도한 개입은 없어야 한다.

자료: UNDP(1995), 임창호 외 옮김(2005)에서 재인용. 저자 일부 수정.

제 3 절 진행되고 있는 사회경제적 공유기반(共有基盤)의 미래 모습과 과제

공유(共有)는[5] 여러 사람이 함께 소유한다는 의미다. 공유는 누구나 이용할 수 있다는 뜻으로 개인적으로 소유하고 사용한다는 사유(私有)와 구별된다. 사유와 공유가 배

5) 국가 또는 공공단체의 소유라는 의미의 공유(公有)와 다르다.

타적인 개념은 아니다. 예를 들어, 한 사람이 신발을 구입해서 신고 다닐 때 이것은 사유물이다. 다른 사람은 이 신발을 사용할 수 없다. 즉, 사유는 내 것이거나 남의 것으로 구별된다.

하지만, 도시공원의 경우를 보면, 나도 사용할 수 있고 다른 사람도 사용할 수 있다. 다른 사람이 사용한다고 해서 내가 사용하지 못하는 것은 아니다. 공유는 두 사람 이상이 하나의 물건을 공동으로 소유하는 것을 뜻하는 공동소유(共同所有)의 준말이라고 할 수 있다. 공유는 내 것 또는 남의 것이라고 말할 수 있는 사유물의 연장선에서 이해되어서는 안 된다. 사유물의 연장선에서 생각하면, 도시공원과 같은 공유물을, 나의 전유물이 아니라는 이유로, 내 것이 아니라고 생각한다. 많은 사람들이 여전히 이런 식의 오해를 하고 있다. 공유물은 내 것 또는 네 것으로 구별될 수 없는 것이며, 내 것이면서 동시에 남의 것이기도 하다. 즉, 공유물은 나의 전유물은 아니지만, 나의 것이라는 점을 이해하는 것이 중요하다.

도시는 기본적으로 공유지다.[6] 도시는 특정 개인이 소유하는 것이 아니다. 시민 모두가 함께 생활하고 일하며 살아가는 터전이다. 맑은 공기, 건강한 자연, 깨끗한 산과 바다, 쾌적한 녹지와 가로(街路), 활기찬 도시의 공공공간 등은 시민 모두가 함께 만들고 함께 누리는 터전이다. 공유기반을 잘 만들고 모두가 이롭게 사용하는 방법은 사유물을 다룰 때와 근본적으로 모든 면에서 다르다.

오늘날 인구가 많아진 상황에서 우리는 우리를 대신하여 우리 모두의 공공복리를 위하여 일상적인 공적업무를 대리할 공직자를 선발하고 정부와 같은 공공기구를 만들어서 공유기반을 관리한다. 공유기반을 잘 만들고 가꾸는 일은 국민의 대리자로서 공익을 위해 존재하는 정부의 가장 중요한 일이다.

공유기반이란 우리 모두의 삶을 담는 공동의 그릇으로서 크게 사회경제적 공유기반과 물리적 공유기반 두 가지로 나누어 볼 수 있다. 사회경제적 공유기반은 우리를 둘러싼 사회경제적 환경이나 제도 등을 말하며, 물리적 공유기반은 다시 자연환경(自然環境, natural environment)과 건조환경(建造環境, built environment)으로 구성된다. 우선,

6) 많은 사람들이 도시를 건축과 혼동하는 가장 큰 이유는 도시가 공유지(共有地)라는 사실을 이해하지 못하는 데서 발생한다. 건축은 기본적으로 개인이나 기업이 소유한 사유물(私有物)이다. 특정 개인이나 기업이 소유한 건축물은 개인이나 기업이 배타적으로 소유하고 사용하는 물건이다. 국가 또는 공공단체가 소유한 정부청사나 박물관 등 공유(公有) 건축물의 경우도, 누구나 아무 때나 들어가서 사용하기보다는 허락된 사람만 허락된 시간에 사용하는 건축물이라는 점에서 열린 공간으로서의 공유지와 같지는 않다.

사회경제적 공유기반에 대해서 살펴보자.

1. 인구 저출산, 고령화, 그리고 인구소멸[7)]

최근의 급격한 저출산 추이는 사회에 쇼크에 가까운 충격을 줄것으로 예상되고 있다. 저출산·고령화가 초래할 사회경제적 파급효과가 매우 클 것으로 예상되며, 따라서 가장 큰 사회적 문제가 될 것이다. 지금 당장 피부에 와닿지 않은 것 같지만, 조만간 10년도 채 지나기 전에 완전히 다른 우리의 모습을 보게 될 것이다.

한국 인구의 연령 구성은 지난 70년 동안 매우 빠르게 변화했다. 한국의 저출산, 결혼 감소, 장수 등의 고령화 현상은 다른 어느 선진국보다 빠르게 진행되고 있는 점을 주목해야 한다. 한국의 출산율은 1950년대 여성 1인당 5.6명에서 오늘날 1.1명으로 세계 평균인 2.5명에 비해 급격히 감소하여 세계에서 단연 가장 낮은 출산율을 기록하고 있다. 결혼율도 급락했다. 1970년에는 25~29세 한국 여성의 90%가 기혼이었지만 2015년에는 23%로 떨어졌다. 1950년에는 인구의 3% 미만이 65세 이상이었지만 오늘날에는 15%로 증가했다.

그림 4-4 인구 변화

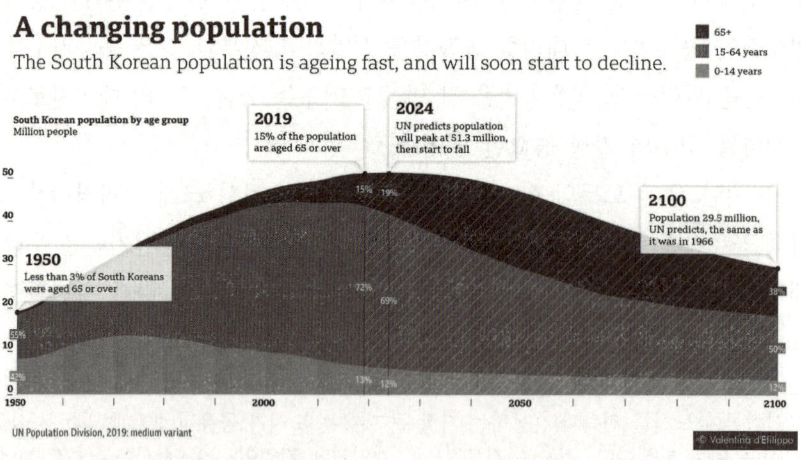

자료: Quick & d'Efilippo(2019).

7) 우리나라는 최근 인구가 감소하고 있다. 하지만, 최근 개발도상국에서는 인구 급증이 발생하고 있다.

그림 4-5 세계에서 가장 작은 가족

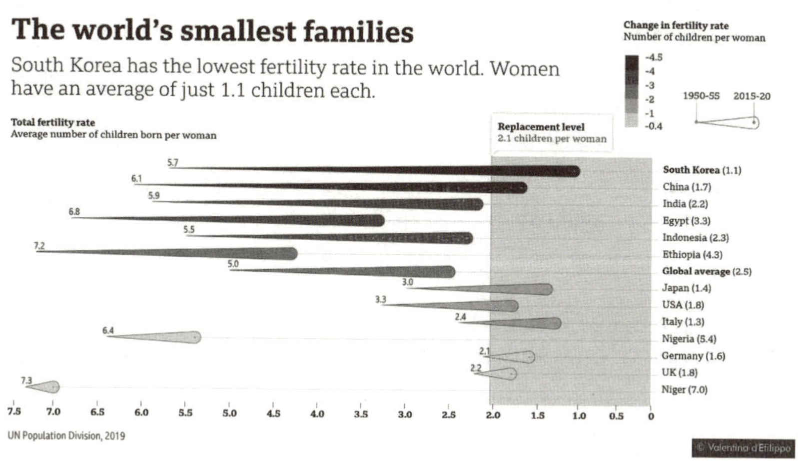

자료: Quick & d'Efilippo(2019).

우리나라는 현재 심각한 저출산으로 전 세계에 유례없는 속도의 인구 감소와 고령사회 심화가 예상되고 있다. 한국은 이미 저출산 쇼크에 빠져 있어 2017년 합계출산율은 1.05명이다. 2018년은 1보다도 작은 0.98명이 되면서 인구가 반감 이상의 속도로 줄어들고 있다. 이 추세는 지금도 여전히 악화되고 있다.

그림 4-6 총인구 및 인구성장률(1960~2067년)

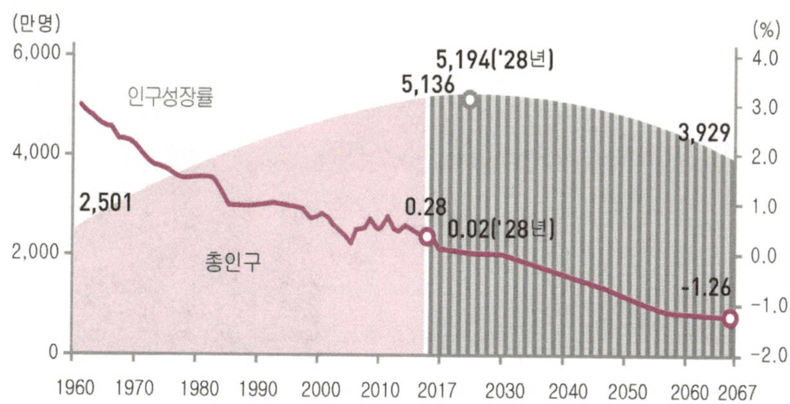

자료: 통계청(http://sti.kostat.go.kr/window/2019a/main/2019_sum_8.html).

그림 4-7 출생아수 및 사망자수(1985~2067년)

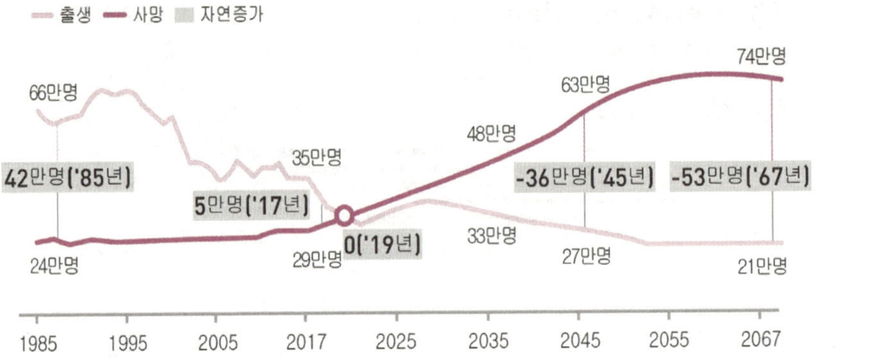

자료: 통계청(http://sti.kostat.go.kr/window/2019a/main/2019_sum_8.html).

통계청의 2019년 추계에 따르면, 2019년부터 사망자가 출생아보다 많아지는 인구 자연 감소가 시작될 전망이다. 이후 급격한 고령화가 심화되면서 우리 사회는 생산연령인구와 유소년 인구 감소 등 걷잡을 수 없는 인구구조의 변화를 경험하게 될 것이다. 우리나라 총인구는 2017년 5,136만 명에서, 2028년 5,194만 명을 정점으로 감소하기 시작하여 2067년에는 3,929만 명에 이를 전망이다. 이는 1982년 수준의 인구이다.

2017년과 2067년의 연령별 인구 구성비를 보면, 15~64세 생산연령인구 비중은 73.2%

그림 4-8 생산연령인구 및 고령인구 연령구조(2017~2067년)

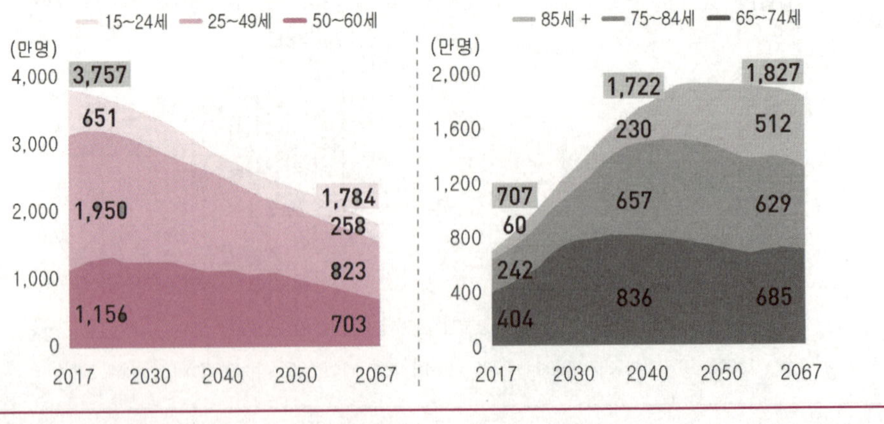

자료: 통계청(http://sti.kostat.go.kr/window/2019a/main/2019_sum_8.html).

에서 45.4%로 전체 인구의 절반 아래로 감소하고, 65세 이상 고령인구 비중은 13.8%에서 46.5%로 생산연령인구보다 많아지게 된다. 반면, 0~14세 유소년인구 비중은 13.1%에서 8.1%로 낮아질 전망이다. 베이비부머 세대(1955~1963년생)가 고령인구로 진입하는 2020년부터 생산연령인구는 급감하고, 고령인구는 급증하는 급격한 변화가 예상된다. 생산연령인구는 2020년대 연평균 33만 명 감소, 2030년대에는 연평균 52만 명 감소한다. 85세 이상 초고령 인구 비중도 2017년 1.2% 수준에서 2067년 13.0%로 큰 폭으로 증가할 전망이다.

우리나라 중위연령은 2017년 42.0세이나, 급격한 고령화로 2067년 62.2세로 증가하게 된다. 이러한 급격한 고령화로 인해 총부양비 또한 2017년 37명에서 2067년에는 120명으로 3배 이상 증가할 것으로 예상된다.8) 예를 들어, 인구가 총 1,000명 있는 마을이 있다고 하면, 2017년에는 730명 정도가 일을 해서(생산가능인구) 1,000명이 먹고 살았다면(270명은 아이와 노인), 2067년에는 450명 정도가 일을 해서 1,000명이 먹고 살아야 한다는 의미다(550명은 아이와 노인). 즉, 지금과 같은 생활을 유지하려고 한다면, 1인당 생산성이 평균적으로 1.6배 이상은 되어야 한다는 의미다.9)

하지만, 경제성장률은 필요한 만큼 성장하기보다는 인구 감소로 인하여 오히려 성장률이 낮아질 것으로 예상된다. 생산가능인구가 줄어들고 고령층인구가 늘어나는 것은 수요와 생산 모두에 부정적인 영향주며 경제성장을 낮춘다. 생산가능인구 감소가 빠르게 진행되면서 잠재성장세가 떨어질 것으로 예상되기 때문이다. 생산성 저하 흐름이 개선되지 못할 경우 노동투입 감소로 우리나라의 잠재성장률은 2010년대 초반 3.6%에서 2020~2024년 1.9%로 빠르게 하락할 것으로 추정된다. 성장세는 지속적으로 낮아질 가능성이 크다.

저출산 고령화로 부양비는 커지기 때문에 더 높은 성장률이 필요한 상황인데, 인구 감소로 인하여 오히려 성장률이 낮아지기 때문에 다음 세대의 생활수준은 악화될 수밖에 없는 것으로 예측된다. 더 큰 문제는 이러한 저성장 시기에는 불평등과 양극화가

---

8) 총부양비는 생산연령인구 백 명이 부양해야 할 유소년 및 고령인구수를 의미한다. 한국의 생산연령인구 비중은 2017년에 73.2%로 OECD 국가 중 가장 높은 수준이나, 2065년에는 45.9%로 가장 낮아질 전망이다. 고령인구 비중 또한 2017년 13.8%로 OECD 국가들에 비해 낮은 수준이나, 2065년에는 46.1%로 가장 높아질 것으로 예상된다. 한국의 총부양비는 2017년에 36.7명으로 OECD 국가 중 가장 낮은 수준이나, 2065년에는 117.8명으로 가장 높은 수준이 될 것으로 예상된다.

9) 생산성이 높은 사람도 있고 낮은 사람도 있는 점, 급격한 고령화로 의료비 및 복지비용의 급격한 상승할 것이라는 점을 고려하면, 서비스 분야가 아닌 생산 분야의 1인당 생산성은 최소 3배 이상 증가하여야 할 것이다.

그림 4-9 경제성장률 예측 및 요소별 기여도

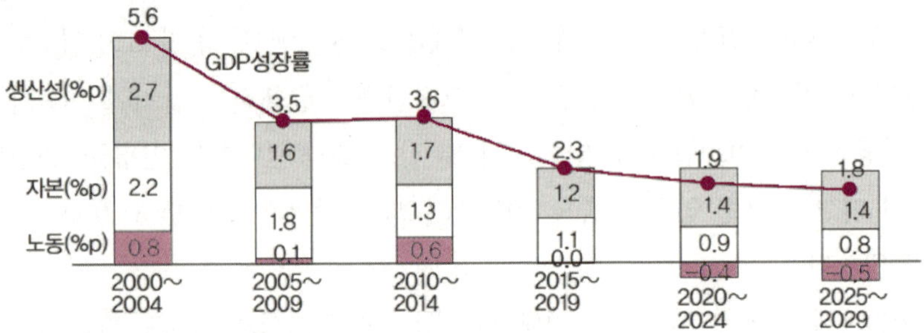

주 : 고용률은 지난 10년간 평균 증가하는 속도로 높아진다고 가정했으나 65세 이상 고용률은 31.0% 수준에서 상승이 멈추는 것으로 가정. 근로시간은 2000년대 평균 속도인 0.71%씩 떨어지는 것으로 가정. 자본스톡 증가세도 2000년대 둔화속도가 이어지고, 생산성은 2010년대 평균 생산성 증가속도가 이어지는 것으로 가정

자료 : 한국은행 통계를 이용해 계산

자료: 이근태 외(2017).

그림 4-10 2040년 시 · 군 · 구 단위 장래인구추계 증감률

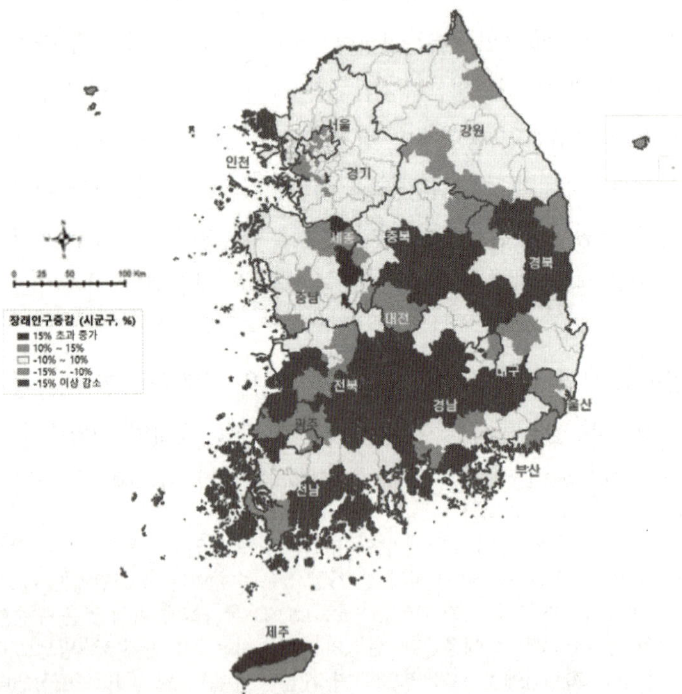

자료: 이보경(2019).

급격하게 심화되고 사회적 갈등이 증폭될 가능성이 일반적으로 높아진다는 점이다.

인구 감소의 문제의 공간적 불균형은 더욱 심하다. 이는 보다 직접적으로 지방에서 큰 문제가 되고 있다. 수도권 일부와 지방거점도시 일부 지역에서만 인구 증가가 예상되고, 그 외 대부분의 지역에서는 인구 감소가 예상되고 있다.

2. 사회불평등, 양극화, 책임성, 그리고 지역자치

1) 소득불평등

최근 들어 소득불평등이 크게 악화되고 있다. 이러한 변화는 노동시장 요인의 변화와 가구특성의 변화를 동시에 수반하며 나타나고 있다.

가구소득의 불평등이 확대되고 있는 이유는 소득계층별 증가율의 격차가 발생하기 때문이다. 저소득층의 소득증가율이 낮고 고소득층의 소득증가율이 높은 경우 소득불평등은 심해지고, 반대의 경우 소득불평등은 완화된다. 전체 가구의 시장소득 증가율은 7.7%였지만 최하위 20% 가구, 즉 1분위는 −8.5%였고, 반대로 상위 20% 가구인 5분위의 증가율은 12.2%였다. 소득범주를 달리하여 경상소득이나 노동소득(근로소득과 사업소득의 합)을 보더라도 마찬가지이다.

지니계수의 최근 변화 동향을 살펴볼 때, 2018년 시장소득 지니계수는 1인 가구를 포함한 조사가 이루어진 2016년 이후에 가장 높은 수준이다. 시장소득 지니계수의 경우 2016년의 0.344는 세계적 금융위기의 영향을 받아 국내 소득분배 상황도 크게 악화되었던 2009년의 수치(0.334)보다도 높은 것이다. 시장소득 지니계수의 증가폭 역시 전례

표 4-2 가구소득의 원천별 증가율(2018년 4분기)

(단위: %)

	시장소득	경상소득	노동소득	근로소득	사업소득	재산소득	사적이전	공적이전	가처분소득	총소득	비경상소득
전체	7.7	7.8	6.4	6.5	6.0	7.0	32.3	9.3	6.6	4.1	−77.8
1분위	−8.5	−0.2	−33.6	−27.1	−44.6	1.9	19.9	3.5	3.1	−11.5	−79.5
2분위	−2.8	−1.7	−8.5	−9.6	−5.9	61.3	39.2	3.6	−1.5	−6.2	−81.8
3분위	1.0	2.0	−1.0	−0.1	−3.4	−12.0	40.8	16.1	1.6	−1.9	−80.1
4분위	5.2	5.5	3.9	4.8	0.9	33.8	35.6	14.6	5.1	2.3	−79.3
5분위	12.2	12.5	11.9	10.5	18.7	−13.7	24.5	23.5	10.1	9.9	−73

자료: 강신욱(2018).

그림 4-11 가구소득 지니계수 추이(2006~2018년)

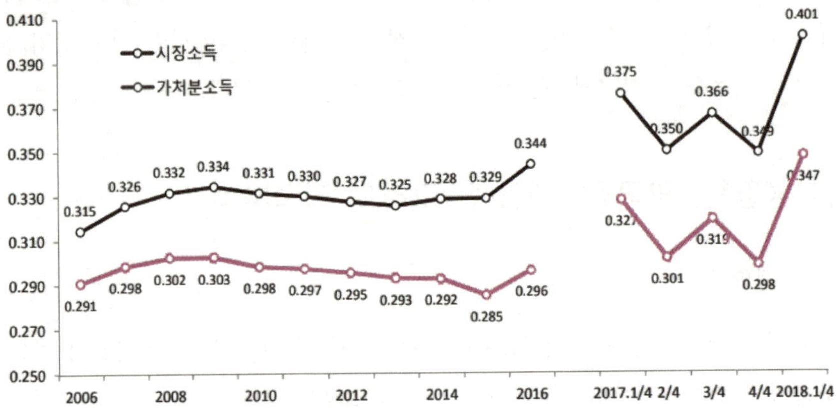

자료: 강신욱(2018).

표 4-3 소득 10분위 배율과 5분위 배율 추이(2006~2018년)

	10분위 배율		5분위 배율	
	시장소득	가처분소득	시장소득	가처분소득
2006	12.9	8.6	6.3	5.1
2007	14.0	9.0	6.7	5.3
2008	15.2	9.3	7.0	5.3
2009	17.0	9.5	7.2	5.4
2010	17.6	9.5	7.2	5.2
2011	17.7	9.5	7.1	5.2
2012	17.1	9.4	6.9	5.2
2013	17.8	9.3	7.0	5.1
2014	20.3	9.1	7.3	5.1
2015	20.7	8.3	7.5	4.8
2016	26.7	9.3	8.5	5.2
2017.1/4	38.4	12.2	10.6	6.2
2/4	28.3	9.4	9.0	5.4
3/4	33.2	10.9	9.9	5.9
4/4	26.5	8.9	8.7	5.2
2018.1/4	46.9	13.2	12.6	6.9

자료: 강신욱(2018).

없는 것이다. 2016년의 지니계수는 전년에 비해 0.015 증가했다. 절대적 증가폭 면에서는 가처분소득 지니계수의 증가폭 역시 전례 없는 수준이다. 가처분소득 지니계수는 복지제도를 통한 전이소득의 영향으로 시장소득보다 높지는 않다. 하지만, 가처분소득 지니계수 또한 최고치를 보이고 있다.

시장소득의 10분위 배율과 5분위 배율 모두 2006년 이후 최고 수준이며, 그 증가폭 역시 최대이다. 2016년 가처분소득의 10분위 배율 및 5분위 배율은 2009년 당시보다는 다소 낮은 수준이지만, 기초연금의 신설과 확대 등 그간의 복지제도 변화를 감안하고 보면 이 역시 전례 없이 높은 수준이다.

우리나라에서 가구소득의 불평등이 확대되고 있는 이유의 저변에는 가구의 구성과 관련된 사회적 특징이 함께 작동하고 있음을 고려하여야 한다. 결혼 여부, 배우자가 유무, 다른 가구원의 유무, 그리고 이들 가구원들의 취업이나 근로 형태가 분위별로 차이를 보이고 있다. 즉, 가구소득 하위 분위에서, 미혼 등으로 나홀로 가구가 많아지고 있거나 가구원들이 있어도 이들 가구원 대부분이 양질의 소득원을 갖고 있지 못한 경우가 많아서, 가구 간의 소득 격차가 더욱 크게 나타나고 있다고 볼 수 있다.

즉, 소득분위가 다르더라도 동일한 인구사회적 특징을 지니는 가구의 소득은 큰 차이를 보이지 않았을 수 있다. 하지만, 결혼 등을 통해 가구를 구성하는 과정에서 분위별로 사회적 배타 현상이 심화되고 분위를 넘어서는 가구의 조합이 줄어들면서, 소득분위별 가구의 인구사회적 특징에서 큰 차이를 보이고 있다. 이러한 분위별 인구사회적 차이가 분위별 소득 격차로 이어지는 것이다. 분위별 가구구성의 인구사회학적 차이가 가구소득 불평등을 야기하는 중요한 요인으로 추정된다. 이는 인구사회적 문제로서 경제적 측면에서만 해결될 수 있는 문제가 아니다. 따라서 경제적 측면뿐만 아니라 인구사회적 접근도 동시에 이루어져야 하는 과제이다.

2) 중산층의 붕괴

중산층이 중요한 이유는 지속적인 경제성장의 원동력이기 때문이기도 하며 동시에 사회통합에 매우 중요하기 때문이다. 중산층의 규모와 경제적 비중이 클수록 사회의 안정과 경제성장에 긍정적인 영향을 미친다는 것은 널리 알려진 사실이다.

중산층이 사회 발전에 기여하는 역할은 여러 가지가 있지만, 그 중에서도 우리나라에 특히 중요한 측면은 사회통합을 촉진하고 갈등을 줄인다는 것이다. 소득계층 간 불균형이 확대되어 중산층의 비중이 줄어들면 사회 불안정을 초래하고 사람들이 장래를 위한 교육(인적자본)이나 투자에 소극적이게 되면서 결국 저성장을 초래한다. 미국의 사회가 양대 정치적 편향으로 심하게 대립하게 되는 모습을 보이며, 사회불안정과 경제적 어려움을 초래하는 것도 중산층의 붕괴와 관련이 있다고 알려져 있다. 중산층의 감소는 사람들의 이념적 거리도 확대시키면서 사회적 양극화 지수 또한 증가하게 되는 것이다.

중산층을 정의할 때 사용하는 정량적인 기준으로 경제개발협력기구(Organization for Economic Cooperation and Development: OECD)는 중위소득의 50~150% 또는 75~200%를 사용하고 있다. 질적 기준의 예시로, 미국 오바마(Barack Obama) 정부에서는 주택소유, 자녀 대학교육, 의료보험, 퇴직연금, 가족휴가 등을 기준으로 사용하였다.

기획재정부(2019)에 따르면, 우리나라의 중산층의 인구비중은 중위소득 50~150% 기준으로, 67.9%(2015), 66.2%(2016), 63.8%(2017), 60.2%(2018), 58.3%(2019)로 지속적으로 줄어들고 있다. 중위소득 75~200% 기준으로도, 64.1%(2015), 62.6%(2016), 61.7%(2017), 58.7%(2018), 58.6%(2019)로 감소하고 있다.[10)]

중산층 감소의 가장 큰 이유는 산업구조의 변화이다. 소위 제4차 산업혁명으로 대변되는 정보통신의 발달로 중산층의 일자리가 대체되는 현상이 발생하고 있기 때문이다. 또한 산업구조가 기존 제조업에서 서비스업으로 바뀌면서 기존 제조업의 중산층 일자리가 감소하는 것 또한 이유이다.

숙련편향적 기술변화(sill-biased technological change: SBTC)에 따라 높은 수준의 기술을 지닌 사람들에 대한 수요는 견고하게 유지되지만, 중위권 및 하위권 수준의 기술을 지닌 사람들은 일자리를 찾기 어려워졌다. 이러한 변화는 근로소득의 변화로도 이어지는데, 고급 역량을 갖춘 사람에 대한 임금수준은 증가하는데, 중급 이하의 역량을 가진 사람들에 대한 수요가 줄면서 임금도 줄어드는 현상을 보이고 있다. 이에 따라, 아직 충분한 숙련기술을 갖지 않은 사회 초년생인 청년층의 경제생활 진입도 점점 더 어려워지는 상황이 벌어지고 있다.

이러한 추세는 당분가 지속될 것으로 예상되므로 적절한 대응이 없다면 중산층의 감소가 심화될 것으로 예상된다. 즉, 중산층에서 저소득층으로 하락할 가능성이 높아졌으며, 저소득층 중에서 중산층으로 올라가는 비율이 낮아지고 있다. 이러한 사회적 이동성의 저하는 사회 양극화의 고착화로 이어질 수 있다. 이러한 문제는 조세와 복지를 통하여 정부가 재분배하는 방식으로는 개선할 수 없다. 근본적으로 혁신과 기업가 정신을 통한 경제 발전을 이루는 것이 필요하다.

---

10) 무직가구의 비중이 14.4%(2015), 15.5%(2016), 15.1%(2017), 18.4%(2018), 18.6%(2019)로 증가하고 있는 것이 한 요인이 되고 있다.

3) 책임부담의 불균형

국회예산정책처(2020)에 따르면, 소득 1~3분위(하위 60%)의 유효세율은 대체로 1% 미만을 유지한 가운데, 5분위(상위 20%) 구간에서는 2010년 이후 유효세율이 지속적으로 상승했다. 2018년 1~3분위의 유효세율은 2008년과 유사한 수준이지만, 같은 기간 4·5분위의 유효세율은 0.8%p, 3.6%p 상승했다. 이에 따라 1분위와 5분위 간 유효세율 격차는 2008년 8.2%p에서 2016년 11.7%p로 확대되었다. 특히, 5분위는 유효세율이 큰 폭으로 상승하면서 4분위와의 유효세율 격차는 2008년 7.1%p에서 2018년 9.9%p로 확대되었다.

표 4-4 통합소득 5분위별 유효세율(2008~2018년)

(단위: %)

소득 5분위	2008	2010	2012	2013	2014	2015	2016	2017	2018	'08~'18
(5분위) 상위 20%	8.8	8.7	9.5	9.8	10.8	11.2	11.5	12.1	12.4	3.6
(4분위) 21~40%	1.7	1.5	1.8	2.0	1.9	2.0	2.2	2.4	2.5	0.8
(3분위) 41~40%	1.0	0.8	0.9	1.0	0.8	0.9	1.0	1.1	1.1	0.1
(2분위) 61~80%	0.9	0.6	0.7	0.7	0.5	0.6	0.7	0.7	0.8	0.0
(1분위) 81~100%	0.6	0.3	0.5	0.5	0.4	0.5	0.6	0.6	0.7	0.1
전체	5.5	5.4	5.9	6.1	6.5	6.8	7.0	7.3	7.5	2.0

자료: 국회예산정책처(2020).

우리나라는 누진적인 세율체계 등으로 인하여 일부 고소득층이 소득세의 상당부분을 부담하고 있다. 2018년 기준 통합소득 상위 10%의 인원이 전체 소득세의 78.3%를 부담하고 있다. 종합소득세의 경우 소득 상위 10%가 전체 종합소득세의 85.8%, 근로소득세는 소득 상위 10%가 전체 근로소득세의 74.4%를 부담하고 있다.

통합소득의 소득분위별로 살펴보면 1~2분위는 1% 미만, 3~4분위는 각각 2%, 7% 내외, 5분위는 90% 내외 수준을 유지하고 있어 소득 상위구간에 대한 세수의존도가 높은 구조가 유지되고 있다. 특히, 5분위의 세부담 비중은 2010년 91.0% 이후 2013년 89.4%까지 완화되는 추세였다. 그러나 2014년 소득공제의 세액공제 전환 등으로 면세자 비율이 증가하고 최고세율구간이 하향 조정되면서 5분위 세부담 비중은 전년 대비 1.8%p 상승한 91.2%를 기록했다.

표 4-5 통합소득 5분위별 세부담 비중

(단위: %)

소득 5분위	2008	2010	2012	2013	2014	2015	2016	2017	2018	'08~'18
상위 1%	42.4	45.1	43.7	42.4	42.8	42.0	41.4	41.8	41.6	△0.8
상위 5%	65.8	68.9	66.9	65.7	67.8	66.8	66.1	66.2	65.9	0.1
상위 10%	78.2	80.8	78.9	77.9	80.2	79.5	78.7	78.5	78.3	0.0
(5분위) 상위 20%	89.4	91.0	90.0	89.4	91.2	90.8	90.1	89.9	89.7	0.3
(4분위) 21~40%	7.2	6.3	7.0	7.4	6.4	6.7	7.1	7.2	7.3	0.1
(3분위) 41~40%	2.3	1.9	2.0	2.2	1.6	1.7	1.9	1.9	1.9	△0.3
(2분위) 61~80%	1.0	0.7	0.8	0.8	0.6	0.7	0.7	0.8	0.9	△0.2
(1분위) 81~100%	0.2	0.1	0.2	0.2	0.1	0.2	0.2	0.2	0.2	0.0
전체	100.0	100.0	100.0	100.0	100.0	100.0	100.0	100.0	100.0	100.0

자료: 국회예산정책처(2020).

소득분위별 세부담 비중을 보면, 소득 상위 10%가 전체 세부담의 78.3%를 차지하며, 80%의 가구는 전체 세금의 약 10% 정도만 부담하는 구조를 갖고 있다. 소득 상위구간에 대한 세부담 귀착이 높은 구조가 지속되고 있다. 소득재분배와 사회에 대한 국민들의 책임성 강화라는 측면에서 볼 때, 고소득층의 세부담을 강화하는 방식만으로의 접근은 한계가 있다. 높은 면세자 비율이나 대다수 가구의 낮은 세금부담은, 전반적인 과세 건정성을 취약하게 만들어 지속적인 공공재정확보 기반을 잠식하며, 다수가 세금에 대한 책임을 갖지 않음으로써 국민 다수가 공동체에 대한 책임성을 갖기 어려운 상황이다. 공동체 책임의 정상화를 위해 과세기반의 보편적 기반을 강화하는 접근이 필요하다.

4) 지역자치(municipality)의[11] 책임성

우리나라의 지역자치 재정은 중앙정부로부터의 이전재원에 의존하는 구조로 되어

11) 지역자치(municipality)는 국가 중 일부 지역이 일정 정도의 독립적 자율권을 갖는 자치체를 의미한다. 우리나라에서는 '지방자치단체' 또는 '지방정부'라는 말이 통상적으로 사용되는데, 여기서 '지방'이라는 말은 모호하거나 부정확한 표현인 경우가 많아, 지역자치라는 용어를 사용하고자 한다. 통념상 '지방'은 중앙과 구별되는 개념으로 인식되어, 수도권이 아닌 지방이라는 의미로 이해되곤 한다. 하지만, 수도권에도 시 · 군 · 구와 같은 지역자치(mumicipality)가 있다. 또한 지역자치는 중앙행정부의 수직적 하위 행정조직으로서 종종 인식되기도 하는데, 지역자치는 중앙의 명령이 하달되는 하위 조직도 아니고, 중앙에서 지역으로 명령이 전달되는 수직 위계 속의 단순한 상하관계도 아니다.

있기 때문에 지역자치의 책임성이 저해되고 있다. 시민들에 의해 만들어지고 시민들에게 필요한 서비스를 제공하기 위하여 존재하는 지역자치이므로, 기본적으로 시민들은 지역자치에 책임을 갖어야 한다.

하지만, 지역자치의 재정이 지역사회에 기반을 두지 않게 되면, 지역을 위한 일을 함에 있어서, 그 재원을 마련하는 것에 대하여 지역시민들은 자기부담을 느끼지 않게 된다. 이는 지역자치의 재정운영에 있어 도덕적 해이를 발생시키고, 시민들의 재정 책임을 감안하지 않은 과도한 지출을 하거나 감당할 수 없는 빚을 내기도 하는 등의 문제를 발생시킨다. 지역자치의 지출이 중앙정부로부터의 이전수입에 의존적일 경우, 지역자치의 책임성 있고 효율적인 재정운영보다는 방만한 재정운영이 이루어지는 경향이 발생한다.

이러한 경우, 특히 지역자치의 공직자들은 자신들의 개인적 이익을 극대화하기 위하여 지대추구와 부정부패 등을 일으키기 쉽다. 지역자치의 공직자들은 선거 당선을 위해서 타당성이 부족한 사업을 제안하거나, 자신을 지지하는 사람들에게 특혜를 제공하는 등 선심성 정책을 남발하게 된다. 즉, 시민들의 이익이 아닌 자신의 선거 당선만을 위하거나 자신과 가신들의 개인적 이익을 위한 의사결정이 이루어지는 것이다. 정보의 비대칭으로 시민들은 지역자치 공직자들의 행태에 대한 타당성을 충분히 인지하거나 평가할 수 없기 때문에, 지역자치 공직자들의 도덕적 해이는 더욱 심각해진다.

국세 대 지방세의 비율을 보면, 우리나라의 지역자치세의 비중은 20% 수준에 머무르고 있고, 약 80%에 달하는 조세는 국세다. 전체 조세 중 지방세가 차지하는 비중은 2012년 21%에서 2015년 24.6%까지 상승하였으나 2018년 다시 22.5%로 줄어들었다.

우리나라 지역자치의 재정자립도 현황을 보면, 전국 평균이 2009년 53.6%에서 2018년 53.4%로 감소하였다. 2018년 기준 재정자립도가 가능 높은 지역자치는 서울시로서 84.3%이며, 가장 낮은 곳은 전라남도로서 26.4%에 불과하다. 대도시와 경기도를 제외한

표 4-6 국세 대 지방세 비율

(단위: %)

구 분	2012	2013	2014	2015	2016	2017	2018
국세	79.0	79.0	76.9	75.4	76.3	77.0	77.5
지방세	21.0	21.0	23.1	24.6	23.7	23.0	22.5

자료: 이현우(2019).

나머지 지역에서는 재정자립도가 평균을 밑돌거나 대부분 50% 이하를 보이고 있어, 지역자치의 재정력이 열악하다. 이러한 상황에서는 지역자치의 책임성을 확보하거나 균형발전을 이룬다는 것은 불가능하다.

표 4-7 지역자치의 재정자립도

(단위: %)

구 분	2009	2010	2011	2012	2013	2014	2015	2016	2017	2018
서울	92.0	85.8	90.3	90.2	88.8	84.2	84.3	84.7	85.0	84.3
부산	58.3	57.6	56.4	57.4	56.6	57.4	56.9	60.1	60.1	58.7
대구	54.7	56.3	53.5	52.8	51.8	51.7	53.1	57.1	56.6	54.2
인천	74.2	70.4	69.3	71.0	67.3	66.9	64.5	67.0	65.4	67.0
광주	48.3	47.5	47.5	46.6	45.4	46.0	49.3	51.6	49.2	49.0
대전	59.3	56.3	57.2	58.3	57.5	54.9	54.9	55.0	57.1	54.4
울산	67.7	67.2	69.1	71.2	70.7	70.2	72.0	72.3	69.9	66.0
세종	–	–	–	–	38.8	50.6	54.8	59.0	70.5	69.2
경기	75.9	72.8	72.5	72.6	71.6	67.7	66.6	67.4	70.1	69.9
강원	28.0	27.1	27.5	26.9	26.6	26.6	25.9	27.2	29.1	28.7
충북	33.3	33.7	32.7	34.2	34.2	33.6	34.8	35.2	38.1	37.4
충남	36.6	36.6	35.4	35.5	36.0	35.6	35.3	38.7	39.3	38.9
전북	23.6	24.6	24.5	26.0	25.7	27.0	27.6	29.7	28.6	27.9
전남	19.4	20.6	20.7	21.4	21.7	22.2	22.8	23.8	26.2	26.4
경북	27.7	29.3	28.1	28.3	28.0	29.1	30.0	33.3	32.7	33.3
경남	39.4	42.9	42.6	43.3	41.7	42.4	43.3	43.5	45.0	44.7
제주	25.2	26.1	25.1	28.5	30.6	34.0	36.4	38.2	39.6	42.5
전국	53.6	52.2	51.9	52.3	51.1	50.3	50.6	52.5	53.7	53.4

자료: 이현우(2019).

3. 경제: 경제 발전의 정체와 기회의 박탈

통계청(2020)의 『한국의 사회동향 2020』에 따르면, 도소매업, 음식숙박업, 교육서비스업의 취업자가 전년 동월 대비 5.9만 명, 21.2만 명, 13만 명 각각 감소하여(2020년 4월 기준), 외환위기 시기에 버금가는 심각한 위기 상황이다. 외환위기 당시(1998년 8월 기준) 도소매업은 16.4만 명, 음식숙박업은 20.2만 명 감소했던 것과 유사하다. 외환위기 당시 교육서비스업은 감소한 것이 아니라 오히려 2.3만 명 증가하였다. 최근의 일자리 상황 악화는 IMF 외환위기보다 더 심각하다.

통계청(2021)의 『2020년 12월 및 연간 고용동향』에 따르면, 고용률은 낮아지고 실업률은 증가하여 국민들의 일자리 문제는 크게 악화되었다. 15~64세 고용률은 65.3%로 전년 동월 대비 1.8%p 하락했고, 청년층(15~29세) 고용률은 41.3%로 전년 동월 대비 2.5%p 하락하였다. 실업률은 4.1%로 전년 동월 대비 0.7%p 상승했고, 청년층(15~29세) 실업률은 8.1%로 전년 동월 대비 0.8%p 상승하였다. 취업자 또한 2,652.6만 명으로 전년 동월 대비 62.8만 명 감소하였다. 2020년 전체 취업자는 2,690.4만 명으로 전년 대비 21.8만 명 감소하였다.

연간 취업자가 전년보다 감소한 경우는, 1984년 오일쇼크로 인한 내수 침체로 7.6만 명 감소, 1998년 IMF 외환위기로 127.6만 명 감소, 2003년 카드 사태로 인한 1만 명 감소, 그리고 2009년 글로벌 금융위기 때 8.7만 명 등 네 차례가 있었다. 2020년 취업자 수 21.8만 명 감소는 외환위기 때였던 1998년 이래 가장 큰 폭의 하락이다.

15세가 넘는 인구 가운데 실업자도 취업자도 아닌 비경제활동인구는 1,677.3만 명으로, 전년 대비 45만 5,000명(2.8%) 증가했다. 이 중 학업이나 가사 등의 다른 이유 없이 경제활동을 안 하는 '쉬었음' 인구가 13.5%로서 28.2만 명에 이르렀다.

일자리 현황은 연령대별로 살펴보면, 공공정책에 의한 인위적이고 단기적인 60세 이상 고령자들의 취업자만 늘어났을 뿐, 다른 연령층의 취업자는 모두 감소하였다. 60세 이상 취업자는 37.5만 명 증가했으며, 이 중 65세 이상이 23.6만 명, 70세 이상이 12.4만 명이었다. 이와 반대로, 20대 취업자는 14.6만 명이 감소하여, IMF 외환위기였던 1998년 56.3만 명 감소 이후 22년 만에 가장 큰 취업자수 감소였다. 취업자 감소는 청년층(15~29세)에서 18.3만 명으로, 1998년 61.6만 명 감소 다음으로 가장 많았다. 30대에서 1.6.5만 명, 40대에서 15.8만 명, 50대에서 8.8만 명의 취업자가 감소하였다.

청년 일자리 문제는 상황이 더욱 심각하다. 15~64세 고용률은 65.9%로 전년 대비 0.9%p 하락했는데, 청년층(15~29세) 고용률은 42.2%로 전년 대비 1.3%p 하락하였다. 15~64세 실업률은 4.0%로 전년 대비 0.2%p 상승한 반면, 청년층(15~29세) 실업률은 전년 대비 0.1%p 상승하여 9.0%가 되었다. 청년층(15~29세) 취업자수는 376.3만 명으로 전년보다 18.3만 명 감소했다. 감소폭은 외환위기를 겪은 1998년 이후 22년 만에 최악이다. 일자리를 구하지 못해 구직을 포기한 구직단념자도 60.5만 명으로 역대 최대에 이르렀고, 이 중 청년 구직단념자가 42만 명에 이른다. 청년층(15~29세)의 체감실업률은[12] 25.1%로 역대 최고였다.

제 4 절 진행되고 있는 물리적 공유기반(共有基盤)의 미래 모습과 과제

사람과 사회는 땅을 딛고 살아가고 자연에서 제공하는 공기와 물을 마시면 살아간다. 국토도시의 토지는[13] 사람들이 발 딛고 살아가는 가장 기초적인 터전으로서 사람들의 삶의 질에 직접적으로 영향을 미치는 물리적 공유기반이다.

1. 자연 지속가능성 저하와 기후변화

자연환경은 인간이 호흡하는 공기, 마시는 물, 먹을 것을 얻는 땅과 우리가 생활하는 물리적 기초 터전인 산, 강, 바다, 호수, 나무, 꽃, 바위 등을 말한다. 건강한 자연환경이 없이는 인간은 하루도 살 수 없게 된다. 따라서 인간은 자연과 공존하는, 나아가 같이 발전하는 방향으로 나아가야만 한다.

사람들은 과거 자연은 무한한 것으로 여겼다. 왜냐하면, 지구 위에 살아가는 사람들의 숫자가 작았기 때문이다. 1700년만 해도 인구가 6억 명 수준이었지만, 오늘날 약 80억 명에 육박하면서 약 13배 이상 증가하였다. 산업혁명이 한창이던 1800년대 중반에도 10억 명을 상회하는 수준이었다. 이 당시에도 도시에 사람들이 많기는 하였지만, 도시 자체도 그 공간적 크기도 작았고, 농경지 또한 그렇게 크지 않았다. 도시나 촌락을 조금만 벗어나도 여전히 광활한 숲과 강이 있었다.

자연에는 스스로 정화하는 능력이 있다. 자정작용 또는 자연정화작용이라고 하는데, 말 그대로 자연이 스스로를 치유하는 능력을 의미한다. 동식물의 가벼운 상처가 재생되거나 약한 질병이 자연적으로 낫듯, 지구에서 발생하는 오염물질들이 여과작용, 침전, 희석 등으로 인해 정화가 진행되는 물리적 작용, 산화, 중화 등으로 일어나는 화학적

12) 체감실업률이란 실업자, 더 일하고 싶어하는 취업자, 그리고 잠재 구직자를 모두 포함한 것으로 확장실업률이라고도 한다.

13) 넓은 의미의 토지는 육지만을 뜻하는 것이 아니라 물, 하늘을 포함하는 우리 삶의 터전을 의미한다.

그림 4-12 세계 인구 변화

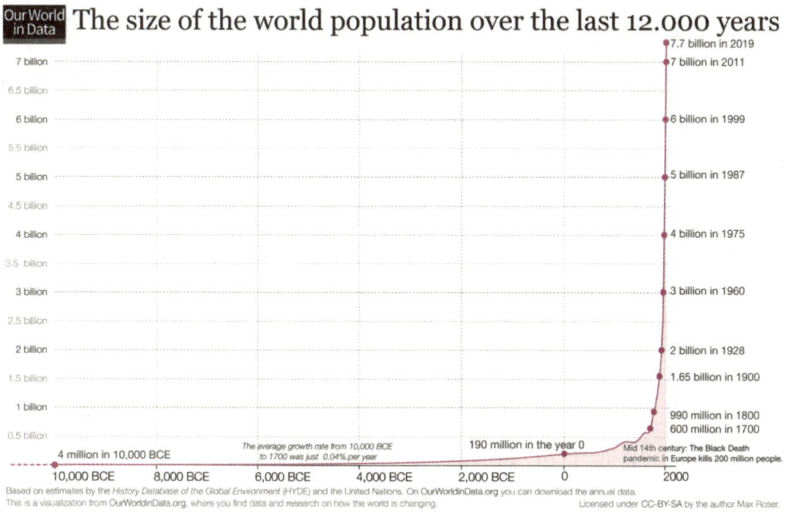

자료: https://ourworldindata.org/

그림 4-13 우리나라 인구 및 경제성장

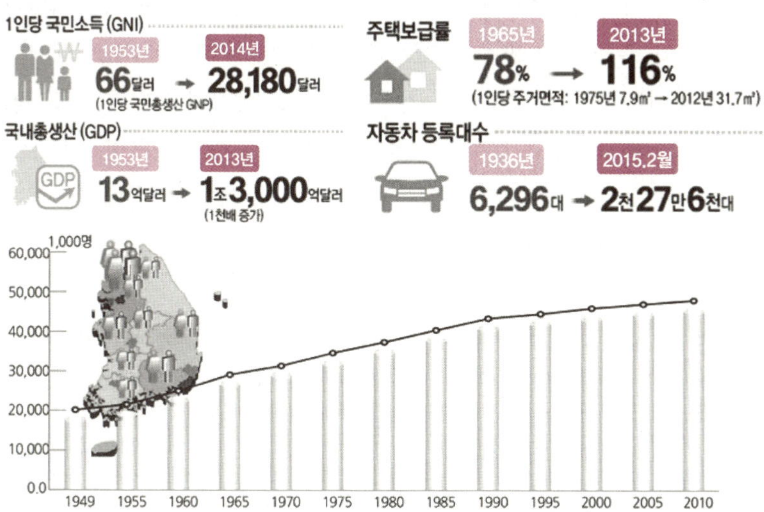

자료: 통계청(2017).

작용, 그리고 미생물의 분해 및 대사활동 등으로 인한 생물학적 작용으로 정화되는 것이다. 이는 지구가 오랜 시간 생태계를 유지해 나가는 데 매우 중요한 역할을 해 왔다.

인구수의 급증에 따른 오염물질의 증가와 이에 더하여 사람들의 윤택한 물자 소비에 따른 추가적인 오염물질의 급증이 겹쳐지면서, 발생하는 오염물질이 자연의 자정작용으로 해결되기 어려운 수준이 되고 있다.

예를 들어, 지구에서 가장 높은 산인 에베레스트산이 인간의 배설물과 쓰레기로 몸살을 앓고 있어 환경오염문제가 커지고 있다. 등반객들이 구멍을 파서 화장실로 쓰는데, 수년 간 쌓여서 넘치는 상황이다. 에베레스트산 인근에는 매년 11~12톤가량의 배설물이 버려진다. 버려지는 배설물들은 이곳의 추운 기온으로 인해 자연분해되지 못한 채 쌓여간다. 이는 주민들의 식수원 오염으로 이어질 위험도 커지고 있다.

1) 온도 상승과 재해 위험 증가

기상청(2020)에 따르면, 한반도 연평균기온은 1980년대 이후로 뚜렷이 증가하였다. 한반도 연평균기온은 현재 대비 21세기 후반에 RCP 4.5에서는[14] 2℃ 이상, RCP 8.5에서는 4℃ 이상 될 것으로 추정하였다. 한반도 극한기온의 변화는 일최고기온에 비해 일최저기온의 증가가 더 클 것으로 예상되었다. 우리나라 폭염일수는 현재 연간 10.1일에서 21세기 후반에는 35.5일(RCP 8.5)로 큰 폭으로 증가할 것으로 예측되었다.

연강수량은 증가 추세를 보였는데, 이는 여름철 강수량의 증가가 크게 기여했다. 한반도에 영향을 미치는 태풍의 강도가 증가하는 것으로 예측하였다. 한반도 평균 강수량의 경우 불확실성이 매우 크고 강수량의 증가는 지역적 차이가 크며, 겨울보다 여름철 강수량 증가가 더 클 것으로 예상되었다. 호우일수, 폭염일수, 열대야일수, 냉방도일, 생장도일이 증가할 것으로 전망되었다.

---

14) RCP: 대표농도경로(Representative Concentration Pathways). 기후변화에 관한 정부간 협의체(Intergovernmental Panel on Climate Change: IPCC)는 2014년 10월 덴마크 코펜하겐에서 개최된 제40차 총회에서 「제5차 종합평가보고서(Fifth Assessment Report: AR5)」를 채택하였다. AR5에 기후변화에 대한 과학적 근거, 영향 및 위험, 해결방안에 대한 종합적인 정보를 제공하고 있으며, 온실가스 농도값을 설정 후 기후변화 시나리오를 산출하여 그 결과의 대책으로 사회·경제 분야별 온실가스를 배출 저감 정책을 결정하는 방식의 RCP 시나리오를 제시하였다. RCP에는 다음과 같은 네 가지의 시나리오를 담고 있다. RCP 2.6 인간활동에 의한 영향을 지구 스스로가 회복 가능한 경우(실현불가), RCP 4.5 온실가스 저감 정책이 상당히 실행되는 경우, RCP 6.0 온실가스 저감 정책이 어느 정도 실현되는 경우, 그리고 RCP 8.5 현재 추세(저감 없이)로 온실가스가 배출되는 경우(BAU 시나리오).

환경부(2020)에 따르면, 우리나라는 기온이 1℃ 증가할 때 사망 위험이 5% 증가하고, 다른 시기에 비해 폭염 시기의 사망 위험이 8% 증가하였다. 또한 기온 증가는 75세 이상 인구집단과 만성질환자의 사망 위험을 더 높이는 것으로 조사되었다. 지속적인 고온으로 인한 대기오염물질 및 오존농도 증가는 호흡기 질환자 증가나 면역기능 저하 등 건강문제를 발생시킬 뿐만 아니라 환경, 산업 및 사회기반시설 전반에 영향을 미칠 수 있다.

폭염으로 인한 건강 영향은 성, 연령, 건강 상태, 소득, 교육수준이나 지역별 차이(도시와 농촌, 건물밀집도, 지리적 특성, 인구밀도) 등 사회경제적 상태에 따라 다르게 나타난다. 기후변화는 오존과 미세먼지 농도를 증가시켜 건강에 영향을 줄 수 있다. 미세먼지와 심혈관계 및 호흡기계 질환과의 영향 연구가 활발하게 진행되었으며, 최근에는 신장질환, 정신질환, 치매, 뇌경색 등의 뇌신경질환도 대기오염과 연관성이 있다는 연구가 발표되고 있다.

여름철 강수량이 뚜렷하게 증가하고 있으며, 최근 30년 동안 극한 강우 발생 횟수가 증가했다. 가뭄 빈도 및 가뭄 강도가 증가하여 가뭄에 의한 사회경제적 피해가 커지는 양상을 보였으며, 최근 들어 가뭄의 지역적 편차가 크게 발생하였다. 극한 강우 사상의 발달과 돌발호우 등의 증가로 홍수 취약성이 증가하며, 특히 한강 및 금강권역의 미래 홍수 발생 빈도와 크기가 증가할 것으로 전망되었다. 미래 가뭄은 전반적으로 발생 빈도 또는 규모가 심화될 것으로 나타났으며, 전망 기간이 길어질수록 가뭄 발생 빈도와 규모가 증가하여 가뭄 피해가 증가할 것으로 분석되었다.

2) 공기오염과 미세먼지

우리나라는 1990~2000년대 이후 정부의 강력한 대기배출 규제로 후진국형 대기오염 문제는 어느 정도 해결되었다. 그러나 2021년 현재 대기환경문제가 국가적 어젠다로 재등장하게 되었다. 과학적으로 검증된 측정자료([그림 4-14] 참조)를 살펴보면, 우리나라 미세먼지 농도는 2000년대 초부터 꾸준한 감소세이나 최근 들어서는 감소세가 멈추고 정체 또는 오히려 약간 증가하는 경향을 보인다.

미세먼지문제 악화의 원인은 크게 세 가지다. 첫째, 중국을 비롯한 주변국으로부터의 대기오염물질의 유입을 들 수 있다. 우리나라는 편서풍 지역에 위치하며 한반도 서쪽에 위치한 중국과 대기를 공유하고 있다. 한반도의 미세먼지 농도는 동북아 차원의 배출과 확산 과정 등이 영향을 미친다.

그림 4-14 한국의 연평균 미세먼지(PM10) 농도(2000~2015년)

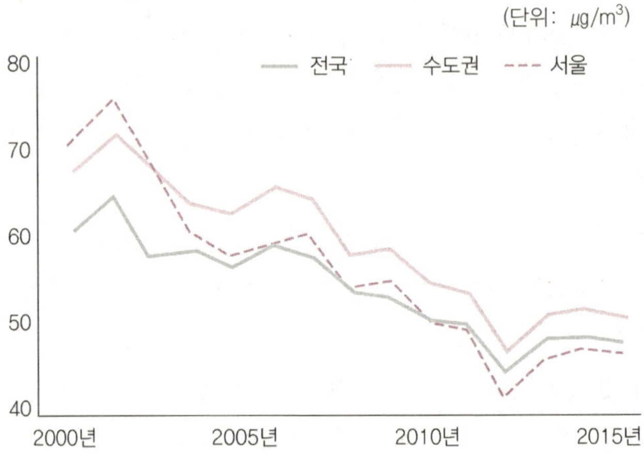

자료: 송창근(2021).

둘째, 우리나라 자체에서 배출하는 대기오염물질로 인한 미세먼지 발생이다. 특히, 미세먼지 자체로 직접 배출되는 경우와 함께 대기 중에서 일어나는 화학 과정에서 생성되는 2차 생성도 문제가 된다. 미세먼지 2차 생성에 참여하는 원료물질은 경유차 및 화력발전소 등에서 나오는 질소·황산화물과 페인트, 주유소 등에서 나오는 휘발성 유기화합물, 그리고 농축산 시설에서 나오는 암모니아 등을 들 수 있다. 2차 생성으로 인한 미세먼지는 일반적으로 공장 굴뚝 등에서 직접 배출되는 미세먼지보다 그 크기가 매우 작아 인체 건강에 미치는 영향은 더욱 유해하다.

셋째, 기후변화에 따른 대기 정체 영향이다. 기후변화에 의한 지구 온도의 상승 폭은 극지방이 열대지방보다 더 크다. 따라서 기후변화가 일어나면 극지방과 열대지방의 온도 차이가 점점 줄어들게 되고 이에 따라 지구 대기의 움직임이 약해진다. 이로 인해 정체현상 등이 자주 발생하고 연속해서 배출된 대기오염물질이 축적되어 고농도 현상이 빈번하게 발생하는 것이다.

미세먼지는 직접적으로 인간의 건강에 영향을 미친다. 미세먼지에 대한 노출은 심장 및 폐 관련 질환 등을 발생시키거나 악화시킬 수 있으며, 결과적으로 사망 증가에 영향을 줄 수 있다. 단기적으로는 천식 발작, 급성 기관지염, 부정맥과 같은 증상을 악화시키고 미세먼지 농도가 높은 곳에서 오래 노출되는 경우 심혈관질환, 호흡기질환, 폐암 발생의 위험이 증가한다. 미세먼지는 체내에 들어오면 체내 여러 장기에 활성산소를 공급하여 세포 노화를 촉진한다. 또 염증반응을 촉진하여 조직 손상을 가져온다. 이러한 작용은 혈류를 따라 전신에서 작용하므로 미세먼지의 영향은 단지 호흡기에 그치지 않고 신체 다양한 장기에 영향을 미친다. 공기질의 악화는 삶의 질에 큰 악영향을 미친다 (질병관리청, 2021).

황인창 외(2017)가 수행한 미세먼지의 장기 건강영향을 추정한 결과, PM2.5 연평균 농도 10㎍/m^3 개선 시 서울 시민의 미세먼지로 인한 사망 위험은 약 8.0% 감소하는 것으로 나타났다. 미세먼지 관련 질환 중에서는 허혈성심장질환으로 인한 사망 위험이 PM2.5 연평균 농도 10㎍/m^3 감소 시 약 40.8% 줄어드는 것으로 나타났다.

또한 미세먼지가 고령자에게 미치는 영향은 더욱 크게 나타났다. 65세 이상 고령자의 경우, PM2.5 연평균 농도 10㎍/m^3 감소 시 총 사망 위험이 약 13.9% 감소하였다. 질환별로는 PM2.5 연평균 농도 10㎍/m^3 감소 시 허혈성심장질환 사망 위험은 약 59.6%, 뇌혈관질환 사망 위험은 약 17.9% 줄어드는 것으로 나타났다.

2. 토지 과소비와 자연 침해

인간은 살아가기 위해 토지를 개발하여 사용한다. 자연으로 자주 착각하는 농경지의 경우도 실제로는 자연지역은 아니다. 농사를 위해 땅에 있던 나무와 풀을 베어 없애고 그 땅은 개간되어 평평하게 고르고 다져진다. 농업에 필요한 물을 원활하게 공급하기 위한 관개수로 설치하고 사람과 자동차의 접근이 용이하도록 도로를 건설한다. 야생동물이 농작물을 먹지 못하도록 울타리를 설치하거나 약품을 뿌리기도 한다.

농업용 토지 외에도 우리는 도시용 토지를 개발하여 사용한다. 자연상태의 토지 위에 있던 자연물을 제거하고 평평하게 고르고 다진 뒤, 상·하수도, 도로와 교통시설, 전기와 가스시설 등을 설치한다. 이렇게 개발된 토지 위에 주택, 학교, 운동장, 사무실, 상가를 짓는다. 공장도 짓고 쓰레기 처리장이나 발전소도 짓는다. 홍수를 방지하거나 가뭄을 예방하기 위하여 댐과 제방을 쌓기도 한다.

사람이 숲속의 유인원처럼 살아가는 것이 아니라면, 사람의 필요에 따라 토지를 개발하여 사용하는 행위 자체를 나쁘다고 할 수는 없다. 중요한 것은 어떻게, 그리고 얼만큼 개발하여 사용하느냐에 달려 있다.

과거 인류의 숫자가 적었을 때는 사람들이 무엇을 하더라도 자연은 넉넉하였다. 조선시대 인구가 1500년대까지만 해도 1,000만 명을 넘지 않았던 것으로 보인다. 지금 남북한 인구가 약 8,000만 명이 것과 비교하면 크게 작다. 이러한 여건에서는 국토 어디에서 누가 개간을 하거나 토지를 개발을 해도 전체 국토 면적에서 차지하는 면적은 작았기 때문에 특별히 문제가 되지 않는다. 예를 들어, 누군가 서울 남산에 집을 짓는다는 것이 큰 문제가 되지 않을 것이며, 경기도 어느 땅에 농지를 개간한다고 해서 문제가 될 것도 없을 것이다.

하지만, 우리는 지금 인구가 몇 배나 증가하였다. 과거와 토지 면적은 같지만 이곳은 수천만 명이 사람들이 살아가야 하는 터전인 것이다. 우리나라의 경우, 인구가 1970년대 3,000만 명을 넘어섰고 오늘날 5,000만 명이 넘는다. 그럼에도 불구하고 우리가 개발하여 사용하는 토지는 크게 증가하지 않았다. 이러한 변화는 세계적인 토지 과소비 형태를 거스르는 기적 같은 업적이었다.

전 세계적으로 인류의 토지소비량은 빠르게 증가해 왔고 지금도 빠르게 증가하고 있다. 평균적으로 2.5배 정도 빠르게 증가하여 왔다. 엔젤(Angel, 2011)의 연구를 보면 세계의 모든 도시에서 인구밀도가 빠르게 줄었들었음을 볼 수 있다. 즉, 1인당 토지소비량이 급격하게 상승한 것이다.

아프리카 가나의 아크라(Accra)의 개발 토지 변화는 토지소비량 증가의 전형적인 모습을 보여 준다. 아크라 인구는 1985년에 180만 명에서 2000년에 270만 명으로 약 50%

그림 4-15 개발된 토지 기준 인구밀도의 감소: 1인당 토지소비량의 증가(1800~2000년)

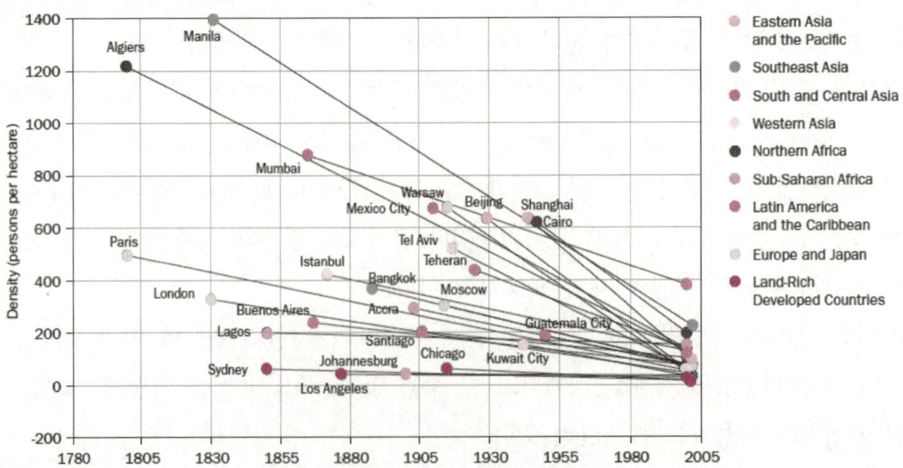

자료: Angel(2011).

그림 4-16 가나의 아크라(Accra) 개발 토지 변화(1985~2000년)

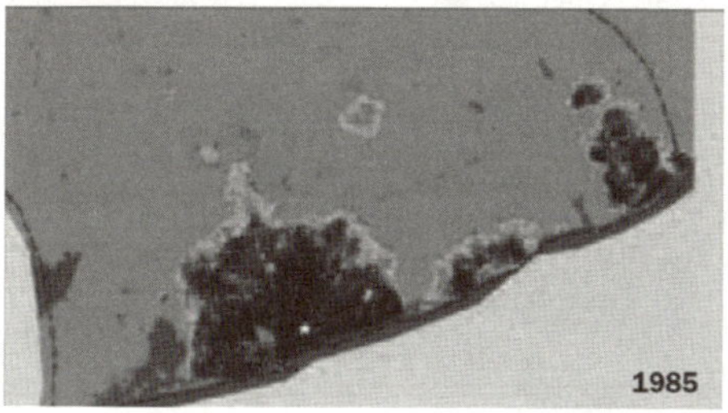

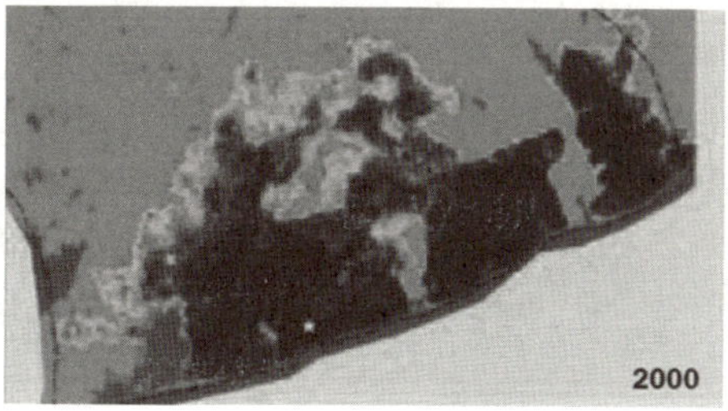

자료: Angel(2011).

정도 증가하였다. 같은 시기 개발토지 면적은 13,000ha에서 33,000ha로 약 150% 증가하였다. 토지 소비량이 인구 증가보다 약 3배가량 빠르게 진행된 것이다.

증가하는 인구와 발전하는 경제는 사람들의 토지소비를 증가시킨다. 특히, 경제가 발전하고 소득이 증가할수록 사람들은 더 넓은 집이나 사생활을 가질 수 있는 넓은 공간을 선호한다. 나아가 자동차를 이용한 개인이동을 더 선호한다. 이러한 이유로 사람들의 토지소비는 급격히 증가하는 것이다.

토지소비량이 증가한다는 것은 그 만큼 자연지역이 줄어든다는 의미다. 아크라의 경우를 보면, 도시와 주변 지역의 자연지역이 급격하게 줄어들고 있음을 볼 수 있다. 인류가 토지소비를 무한정 늘릴 수 있는 것은 아니다. 인류가 토지를 개발할수록 자연지역은 그만큼 줄어들기 때문이다. 자연지역의 감소는 환경과 생태계에 영향을 주어 우리들의 지속가능한 발전이 가능할 수 없게 된다. 많은 양의 숲이 없어지고 동식물들이 사라지게 되면 사람도 살 수 없게 된다.

1900년대 후반 한국의 도시계획 사례는 사람의 토지소비를 효과적으로 관리하고, 자연지역을 보호한 세계적인 모범 사례로 활용되고 있다. 다음 [그림 4-17]에서 볼 수 있듯이, 서울의 인구는 1970년에 약 500만 명이었는데, 1900년에는 약 1,000만 명에 이른다. 인구가 2배가 증가하였음에도 불구하고 토지소비량 증가는 거의 없다. 이러한 예는 역사적으로나 세계적으로 전례가 없는 사례로서, 세계 많은 도시들과 국가에서 배우려고 하는 도시계획의 최고 모범 사례로 꼽혀왔다.

증가하는 사람들을 수용하고 더 높은 수준의 공간을 달성하기 위하여 서울이 선택한 것은 토지소비량은 억제하면서 밀도를 높이고 대중교통이 잘 구비된 콤팩트한 도시로

그림 4-17 서울의 개발 토지 변화(1972~1989년)

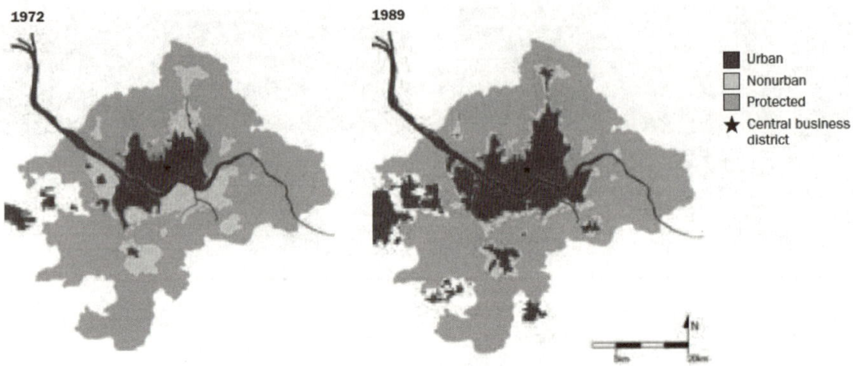

자료: Angel(2011).

만드는 것이었다. 1990년대 서울 주변에 만들어진 제1기 신시가지(예: 분당, 일산 등)는 밀도가 200명/ha 이상, 개발밀도는[15] 600명/ha 이상이 되도록 계획하였다. 이는 당시 서울 밀도의 2배 수준이었다. 이러한 고밀 콤팩트 도시계획은 자연지역 보호와 시민의 삶의 질 개선, 사회경제의 발전의 토대를 제공한 대단히 성공적인 도시계획이었다.

하지만, 최근 수년 간 우리나라에서는 과거 지속가능한 개발을 위한 도시계획은 사라지고, 사적 이익만을 위한 저밀도 고층 건축물 건설로 변질되면서 토지 과소비와 자연지역 침해가 발생하고 있다. 2003년에 시작된 수도권 제2기 신시가지(예: 김포, 파주, 광교 등)와 최근에 논의되고 있는 제3기 수도권 신시가지(예: 하남, 부천, 광명 등)를 보면, 밀도가 120명/ha 수준을 보이고 있고, 개발밀도는 300명/ha 수준을 보이고 있다.

즉, 이전까지는 급증하는 인구를 고려하였을 때, 우리는 기적적으로 토지를 절약하고 자연지역을 보호하면서 토지를 사용하는 도시계획을 하였다면, 2000년대 중반부터는 1인당 토지소비량을 2배 이상 높이고 그만큼 자연지역을 더 많이 훼손하는 방식으로 토지를 개발하여 사용하고 있는 것이다. 이러한 토지 과소비와 자연지역 침해는 21세기에 들어서 우리나라에서 악화되고 있어 우리나라의 자연지역 보호와 지속가능한 발전에 큰 문제가 되고 있다. 도시계획이 실종된 상태에서, 인구가 절대 감소함에도 불구하고 더 많은 토지를 개발하는 방식의 건축만 남았다.

15) 개발밀도는 인구수를 주거지역과 상업지역을 합한 면적으로 나눈 값이다. 도시 내 전체 토지를 기준으로 한 (조)밀도에 비하여, 1인당 토지소비량을 볼 수 있는 지표로 사용한다.

3. 사회적 인프라와 공공공간의 악화

오늘날 사회는 점점 더 분열하고 있으며 사회갈등은 심화하고 사회적 연대는 약화하고 있다. 예를 들어, 남미 전역에서 만연한 빗장단지(gated community)와 민간 경비 업체의 급증은 사회적 분열과 갈등을 잘 보여주고 있다. 텔레비전이나 인터넷과 같은 대중을 향한 매체들은 시청자들이 보고 싶어하는 뉴스만 말해주면서 사회적 분열과 갈등은 더욱 증폭되고 있다.

분열한 사회는 무엇보다도 각 개인 또는 각 집단이 각자도생하도록 만들며, 각자의 이익만을 가장 우선시하도록 만든다. 이럴 경우, 기성세대는 젊은 세대를, 젊은 세대는 기성세대를 헤아리지 않게 된다. 때로는 성별 갈등도 커진다. 인종이나 집단으로 나누어 갈등이 심화된다. 한 지역에서 오염물질이 발생하여 바람과 물 따라 타 지역으로 흘러가더라도 타 지역에 대해서 무관심한 채 오염물질을 배출한다. 이러한 분열 속에서 행복해 하는 사람은 아무도 없다. 승자처럼 보이는 사람들도 결코 행복할 수 없다.

사회적 인프라는 사람들이 교류하는 방식을 결정짓는 물리적 공간 및 조직을 말한다. 사회적 인프라는 사회적 자본이 발달할 수 있는지 없는지를 결정짓는 물리적 환경이다. 튼튼한 사회적 인프라는 친구들이나 이웃들끼리 만나고 서로 지지하며 협력하기를 촉진하는 반면, 낙후한 사회적 인프라는 사회활동을 저해하고 가족이나 개개인 외에 의지할 곳이 없게 만든다.

학교, 놀이터, 혹은 동네 식당 등에서 서로 얼굴을 직접 마주하며 이루어지는 국지적 교류가 곧 그들의 공공생활을 구성해나가는 사회적 인프라 형성에 결정적인 역할을 한다. 사람들은 건전한 사회적 인프라를 갖춘 장소에서 유대관계를 형성하기 때문이다. 이는 특정 장소를 이런 목적으로 설계했다고 해서 가능한 일이 아니다. 중요한 것은 사람들이 자연스럽게 꾸준하게 반복해서 모일 수 있으며, 사람들이 함께 즐거운 일을 하고, 서로 교류하는 일이 벌어지고 있는지가 중요하다. 꾸준하고 반복적인 교류가 이루어질 때 관계가 만들어지고 사람들은 유대감을 높인다.

사회적 자본이 중요하다는 것은 널리 알려져 있지만, 어떤 여건을 갖출 때 사회적 자본이 커지는 지는 잘 알려지지 않았다. 이에 대하여 클라이넨버그(Eric Klinenberg)는 연구를 통해 사회적 인프라가 잘 구비된 공간이 사회적 자본을 증가시키는 데 중요한 요인이라고 주장하였다.

클라이넨버그(2019 역)에 따르면, 시카고에서 폭염이 찾아 왔을 때 사망률이 지역별로 크게 차이를 보였는데, 그 이유는 그 지역에 사는 사회경제적 조건보다는 그 지역의 건강한 사회적 연결 수준이 중요한 원인이었다. 앵글우드 같은 지역에서는 조악한 사회적 인프라가 사람들의 교류를 억제했고 상호 교류를 방해했지만, 오번그레셤에서는 사회적 인프라가 교류와 상호 교류를 북돋았다. 이러한 결과로 폭염이 찾아왔을 때, 지역별로 사망률이 큰 차이를 보였고, 오번그레셤 같은 지역에서 낮았다.

오번그레셤 주민들은 걸어서 식당, 공원, 이발소, 식료품점 등을 돌아다녔다. 이들은 특별히 노력을 기울이지 않아도 그들이 사는 곳에서는 가벼운 교류가 일상적으로 자연스레 일어났다. 이러한 평범한 일상 속에서 만들어진 관계가 폭염이라는 재난이 닥쳤을 때, 이 지역의 사람들을 서로 살피고 어려운 이웃을 살리는 역할을 하였다.

우리나라는 근대화 이후 사회적 인프라를 만들기 위해 엄청난 노력을 기울였고 대대적인 성공을 이루었다. 하지만, 최근 수년 들어 이러한 과거의 노력들은 폄하되었고 사회적 인프라를 만들려는 새로운 노력은 사라졌다. 이에 따라 사회적 인프라는 훼손되고 실종되기 시작했다. 경제적 여력이 되는 사람들은 사설 보안이나 교육 등을 통해 자신들에게 필요한 안전과 교육을 확보하려고 하게 된다. 사회적 인프라가 깨진 사회에서는 여력이 되지 않는 사람들이 삶에 필요한 제대로된 서비스를 받기 점점 어려워진다. 여력이 되는 집단과 그렇지 않은 집단 간의 사회적 분리와 갈등이 심화되는 현상도 발생한다. 이렇게 되면, 사람들은 각자도생을 도모하면서 서로를 배척하는 현상이 벌어진다. 이러한 상황에서 지속가능한 개인도 사회도 존재할 수 없다.

이러한 문제를 극복할 방법은 사회적 인프라를 재건하고 발전시키는 일이다. 자연스럽게 꾸준히 반복적으로 모든 사람이 서로 얼굴을 보면 만날 수 있는 물리적 여건을 조성하는 것이다. 사회적 응집성은 추상적인 가치 또는 신념에 대한 원론적인 약속에서가 아니라 사람들이 서로 반복적으로 교류하면서 자라고, 함께할 수 있는 놀이나 일을 통해 성장한다. 사회적 인프라는 어린이와 노약자, 가난한 사람 등 제약이 있고 여력이 적은 사람들에게 더욱 중요하다.

사회적 인프라만으로 사회적 분열과 갈등을 해결할 수 있다고는 말하기 어렵다. 하지만, 사회적 인프라 없이 이러한 문제를 해결하는 것은 불가능하다. 은둔한 고립 상태에서는 갖가지 기이하고 유해한 사상이 곪기 쉽다. 이러한 문제에 대한 최고의 소독제는 햇빛이다.

사회적 인프라를 만들고 발전시키는 것이 어려운 이유는 이것이 사적 소유물이 아닌 공유재이기 때문이다. 사회적 인프라를 일상적으로 사용하고 있는 사람들은 사회적 인프라의 존재를 당연한 것으로 생각하거나 인식하지 못하는 경우가 많다. 아이러니하게도 사회적 인프라의 존재를 사람들이 인식하게 되는 때는 사회적 인프라가 무너졌을 때이다. 사회적 인프라가 무너지기 전에는 이것의 의미와 중요성을 알기 어렵고, 이것이 무너졌을 때 깨닫는다.

사회적 인프라를 만들고 발전시키는 것이 어려운 또 다른 이유는 이것을 만드는 데도 오랜 시간이 걸리고 이것이 망가지는 데도 오랜 시간이 걸린다는 것이다. 만드는 데 오랜 시간 걸리고 꾸준한 관리가 필요한 일이기 때문에 선제적으로 계획하여 접근하여야 한다. 문제가 생기고 난 뒤에 뚝딱 만들 수 있는 것은 아니다. 동시에, 망가지는 데도 오랜 시간이 걸리기 때문에 어느 순간 사회적 인프라에 대한 보살핌을 소홀히 하는 것으로 인한 문제가 크게 티나지 않는다는 것이다. 하지만, 조금씩 무너져 가는 사회적 인프라는 어느 한순간 큰 재난과 재앙으로 닥쳐온다. 따라서 꾸준한 관리와 보살핌이 필수적이다.

예를 들어, 둑이 무너지면 도시와 주변 지역에 홍수라는 재난을 일으킨다. 전력 공급이 멈추면, 의료시설, 학교, 기업 등이 운영되기 어렵고 대중교통 및 통신도 끊긴다. 연료 공급에 차질이 생기면, 화물차와 자동차의 운행이 어려워지고, 사람들이 소비하는 식량과 의약품을 운송하지 못하게 된다. 하수도 시설이 작동하지 않으며, 집과 길에 배변과 오물이 쌓이고 위생이 불량하게 되며 질병이 증가한다. 사회적 인프가가 작동을 멈췄을 때 우리는 그 존재와 의미를 깨닫게 된다.

위와 같은 '중후장대 인프라(hard infra)'도 있지만, 사회적 인프라에는 도서관, 학교, 놀이터, 공원, 체육시설 등과 같은 인프라도 포함된다. 보행로, 쉼터, 녹지 등도 중요하고, 시민단체를 포함한 지역사회조직도 포함된다. 음식, 공산품, 소비재, 가구 등을 팔고 사는 시장은 사람들이 모일 수 있는 시설로서 매우 중요하다. 상업시설이나 카페, 식당, 이발소, 서점 등도 제3의 공간 역할을 한다.16)

대형 공연장이나 경기장을 공공공간이라고 생각하는 경우가 많기 때문에 사회적 인프라로 인식되는 경우가 많으나 실제로는 사회적 인프라 속성이 강한 것이 아니다. 하지만, 이런 거대 시설들에서 대부분의 사람들은 공연이나 경기라는 구경거리를 바라보

16) 상업시설과 같은 경우 사적으로 소유된 비즈니스 공간이지만, 사람들이 구매 여부와 상관없이 편하게 들러 시간을 보내기도 하는 공간으로 공공공간과 같은 기능을 한다. 이런 종류의 사회적 인프라를 '사적소유 공공공간(Privately-owned Public Place: PPP)'이라고 하며, 비록 사적소유 공간이지만, 공공공간이라는 사회적 인프라로서 최근 논의의 대상이 된다.

는 관중에 불과하다. 이와 반대로 식당이나 선술집과 같은 곳은 구경꾼이 아니라 참가자가 되는 곳이다. 다른 사람들을 보거나 대면하면서 만나고 교류하는 공간이 되어 준다. 이런 까닭에 식당이나 선술집이 사회적 인프라로서의 속성을 강하게 갖고 있게 된다.

위의 '중후장대 인프라'는 일반적으로 사람들이 모이는 장소는 아니기 때문에 좁은 의미 '사회적' 인프라라고 말할 때는 포함하지 않기도 한다. 하지만, 경성 인프라도 최근 적절한 도시계획을 통해 사람들이 모일 수 있는 장소로 탈바꿈하여 '사회적' 인프라로 활용되고 있다. 예를 들어, 홍수를 막기 위한 둑을 만들지만, 둑을 조성할 때 또는 조성된 둑을 개조하여 산책로와 녹지를 겸하도록 만듦으로써 사회적 인프라로 활용하는 사례가 대표적이다.

사람들은 자신이 둑이나 저수조와 같은 경성 인프라 위에 있다는 것을 알지 못한 채 이용한다. 이러한 다목적 둑 겸 공원은 싱가포르, 이스탄불, 뉴올리언스 등 많은 도시에서 수변공간으로서 사람들에게 인기 있는 공공공간이 되고 있다. 서울의 한강 고수부지의 경우도, 1차적 목적은 홍수를 방지하고 가뭄을 예방하며 안정적인 식수와 산업용수를 공급하기 위한 제방으로서 만들어졌다. 이 제방을 사회적 공공공간으로 발전시키면서 오늘날 서울 시민들이 가장 좋아하고 가장 많이 찾는 사회적 공공공간이 되었다.

사회적 인프라를 효율성 증진만을 목적으로 할 경우, 종종 사람들의 교류를 제한하거나 관계 현성을 저해하는 일이 발생한다. 예를 들어, 도로를 만들 때, 사람과 물자의 빠르고 효율적인 이동에만 초점을 두고 만들게 되면, 사람들이 함께 머무를 수 있는 기회를 줄여 사회의 원자화를 가속화할 수 있다. 효율과 함께 '사회적' 인프라로서의 역할을 동시에 고려해야 한다. 이러한 이유로, 도시는 건축이나 공학적으로만 접근해서는 안 되고 도시계획 아래에서 다차원적인 측면을 고려한 사회적 공간이 되도록 만들 필요가 있다.

사회적 인프라의 의미를 제대로 인식하지 못한다는 것은 시민참여와 사회적 교류를 증진하는 방법을 모른다는 것과 같다. 사회적 인프라가 퇴화하면, 사람들이 공공장소에서 보내는 시간이 줄어들고 각자의 개인 공간에 머물면서, 사회적 연결망은 줄어들고, 범죄율이 증가한다. 어린이와 노약자 등 사회적 약자는 고립되고, 불신과 사회적 분열이 커지고, 시민사회가 쇠락한다. 이러한 경우 건강한 민주시민사회를 만들어가기 어렵게 된다.

사회적 인프라를 개발하고 유지하기 위해서는 투자가 필요하다. 특히, 인구밀도가 높은 지역일수록 많은 사람들의 수요를 감당할 수 있도록 공공공간과 사회적 인프라를 잘 계획하고 관리해야 한다. 국토도시에 사회적 인프라를 잘 구축하는 것은 사회 발전에 필수적인 사안이다.

1) 공공공간의 실종과 사이비(似而非)[17] 공공공간의 양산

겔(Gehl, 2015)에 의하면, 건축가들의 도시를 건축할 수 있는 대상으로 착각하면서, 도시설계(우리나라에서는 최근 도시건축이라 불리기까지 한다)를[18] 왜곡하고 도시설계라는 허울을 씌워 도시의 사회적 인프라인 공공공간을 멸종시키거나, 언뜻 공공공간처럼 보이지만 오히려 사회를 파괴하는 사이비 공공공간을 양산하고 있음을 지적하고 있다.

그에 따르면, 이러한 착각은 '브라질리아 신드롬'에서 시작되었고 이후 수많은 잘못이 자행되고 있다. 브라질의 수도 브라질리아(Brasilia)는 1956년부터 건설하기 시작된 신도시다. 아무것도 없는 브라질 중부 고원에 건축된 이 신도시는 브라질의 건축가 루시우 코스타(Lúcio Costa, 1902~1998)와 오스카 니마이어(Oscar Niemeyer, 1907~2012)가 설계하였다. 특히, 니마이어가 설계한 건축물들은 건축가들 사이에서 매우 혁신적이고 창의적이라고 평가받는다.

그림 4-18 높은 곳에서 구경하는 사람들에게 좋아 보는 허상의 브라질리아

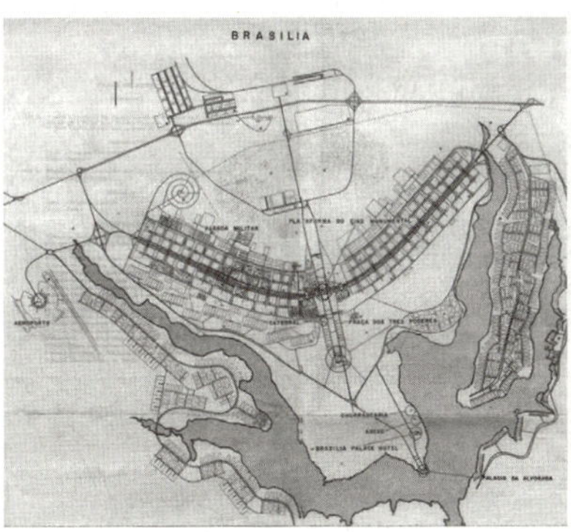

17) 사이비(似而非): 겉보기에는 비슷해 보이나 실제로는 완전히 다르다는 말.

18) 도시설계는 원래 '도시'와 관련된 일이나, 최근 몇 년 사이 우리나라에서 대부분의 경우 '도시'는 없고 설계만 있는 모습을 띠고 있다. 즉, 주로 거대건축물을 설계하는 것을 도시설계와 혼동하고 있다. 이러한 이유로 어떤 근거도 찾아볼 수 없는 '도시건축'이라는 말이 탄생하는 지경에 이르렀고, 이러한 생각은 '도시'의 본질을 망각하고 '도시'를 사람이 살기 어려운 황폐한 곳이 되도록 조장하고 있다.

자료: Gehl(2015).

그림 4-19 살아가는 사람들이 땅 위에서 보고 느끼는 절망스러운 실제의 브라질리아

자료: Gehl(2015).

하지만, 실상은 사람들이 살아갈 수 없는 사막을 만들었다. 이 두 건축가는 도시를 건축물이라고 혼동함으로써, 건축과 내용적으로도 완전히 다른 도시를 구별하지도 못하였고, 나아가 공간적 스케일에 대한 이해도 없음을 볼 수 있다.

위의 [그림 4-18]과 [그림 4-19]에서 볼 수 있듯이, 설계 도면에 보이는 브라질리아, 또는 높은 곳에서 멀리 내려다 보는 브라질리아와 그 개별 건축물은 좋게 보일지 모른다. 하지만, 그곳의 사람들에게 다가오는 실제의 브라질리아는 걷기도 힘들고 사람들과의 상호작용도 어렵다. 사람들의 상호작용을 오히려 저해하는 모습으로 드러났다.

그럼에도 불구하고, 브라질리아 사례는 건축가와 권력자들 사이에 열병 같은 신드롬처럼 전 세계를 퍼지면서, 사람이 아닌 건축만을 위한 건축을 무수히 만들어내고 있다. 도시를 건축으로 접근한 건축가들에 의해, 전 세계에 걸쳐 비인간적 도시들이 양산되고 있다.

겔(Gehl, 2015)이 지적하듯이, 덴마크 코펜하겐을 먼 상공에서 내려다보면 특색 없고 지루하며 볼품없다고 할 것이다. 즉, 도시 차원의 공간적 규모를 담은 항공사진이나 지도를 보면 밋밋하고 재미없어 보일 수 있다. 하지만, 그 안으로 들어가 그곳에서 살아가는 사람들의 눈높이에서 보고 느끼는 코펜하겐은 활기차고 생명력 있는 모습을 하고 있다. 이러한 공공공간은 사회적 인프라로서 사람들은 연결하고 사회적 자본을 증진시키며, 사회적 연대를 강화하여 공동체적 삶을 가능하게 하는 것이다.

그림 4-20 높은 곳에서 보이는 밋밋한 코펜하겐

자료: Gehl(2015).

그림 4-21 살아가는 사람들이 땅 위에서 보고 느끼는 활기차고 인간적인 실제의 코펜하겐

자료: Gehl(2015).

브라질리아의 경우에도 공공공간이라는 이름으로 넓은 공간이 만들어지기는 하였지만, 이곳은 "건축하고 남은 버려진 공간"에 불과하다.[19] 거대한 건축물을 양산하는 것이 기술적으로 가능해지고, 이것이 강력한 정치권력 또는 거대한 자본권력과 결합하면서 건축은 거대해지고 인간은 소외되며 도시는 실종되는 우려스러운 현상을 낳았다. 도면 위의 건축설계와 실제 사람들의 도시 간의 괴리가 커졌고, 거대건축으로서 만들어진 도시는 사람을 밀어내는 공간으로 변모하였다.

이러한 현상은 우리나라에서도 최근 수년 사이에 급격하게 만연하고 있다. 최근에 만들어지고 있는 거의 대부분 대규모 신시가지들은 건축가들에 의해 건축물로 취급되면서, 도시가 사람들이 함께 살아가는 공유의 터전이라는 본질과 도시의 생명은 사회적 관계라는 기본은 망각되었다. 약 100여 년 전 르 코르뷔지에(Le Corbusier)가 하던 방식이나 약 60년 전 브라질리아와 같은 모습의 권력자 중심의 기념비적인 고층 저밀의 거대 건축에 빠져, 도시의 생명인 공공공간은 질식되고 따라서 도시는 죽어가고 있다.

19) 까밀로 지테(Camillo Sitte, 1843~1903)는 오스트리아의 건축가이며, 도시계획가이다.

이러한 문제가 발생한 근본적인 원인은 과거 도시를 멀리서 구경하는 건축으로 여기는 잘못된 생각이, 그러나 지금은 잘못된 것이라고 평가되어 사라진 생각이, 우리나라에서 퇴행적으로 부활하는 사태가 벌어졌기 때문이다. 실제로 그곳에서 살아가고 일하

그림 4-22 도면 위의 건축설계 속 허위적 공공공간과 현실의 공공공간

자료: Gehl(2015).

그림 4-23 세종시 행정중심복합도시

자료: 행복중심복합도시건설청.

그림 4-24 녹지 공공공간과 사람들로 채워질 듯 그려진 행정중심복합도시 정부청사 건축설계(안)

자료: 행정중심복합도시건설청.

그림 4-25 차에 점령당하고 사람은 없는 현실의 행정중심복합도시 실제 모습 1

자료: maps.naver.com accessed on 2021.7.17.

그림 4-26 차에 점령당하고 사람은 없는 현실의 행정중심복합도시 실제 모습 2

자료: 저자가 촬영한 사진.

는 사람들이 보고 느끼며 생활하는 인간적 스케일에 대한 이해를 상실하였기 때문이다. 무엇보다도 이러한 현상은 우리 도시의 미래를 피폐하게 만들 것으로 예상되기 때문에 크게 우려된다.

제 5 절 미래는 예측하는 것이 아니라 상상하는 것이다

도시행정과 같은 지역자치의 경우, 시민들의 삶을 질을 결정하고 경제적 기회를 창출할 지역의 물리적 공유기반(共有基盤)이 되는 터전을 잘 만들고 가꾸는 것이 가장 중요한 업무이다. 사회경제적 공유기반을 만드는 것도 물론 중요하다. 사회경제적 공유기반은 국가적 차원의 공공행정에 의해 크게 영향을 받는 부분이 있다 보니 도시행정과 같은 지역자치에서 주도적으로 다루기에는 한계가 있다. 그럼에도 불구하고 도시행정은 지역의 물리적 공유기반을 잘 구축하고 관리하여 발전시키면서 이러한 물적기반 위에 사회경제적 발전이 가능한 여건을 조성하여 지속가능한 발전을 이룰 수 있도록 노력하여야 한다.

앞 절에서 우리는 지금 진행되고 있는 변화가 계속 진행된다면 우리에게 닥쳐올 미래를 살펴보았다. 하지만, 이러한 미래를 당연시하거나 결정된 것으로 본다는 뜻은 아니다. 미래는 우리의 노력에 따라 변할 수 있기 때문이다. 앞서 살펴본 미래가 우리가 바라는 미래인가 또는 바람직한 미래인가를 생각해 보아야 한다. 만약 이러한 미래가 우리가 바라는 모습이 아니라면, 우리는 바라는 미래가 어떤 미래인지 생각해야만 하고, 우리가 바라는 미래를 어떻게 만들지 생각해 내야만 한다. 과거와 미래를 성찰하고 바람직한 미래를 계획하고 실행하는 것이 도시행정의 존재 이유이다.

① 인구소멸 → 인구 회복 및 유지

② 사회불평등 악화와 양극화 → 포용성 증대와 사회적 연대 강화

③ 경제 발전의 정체와 기회의 박탈 → 혁신을 통한 발전과 기회 창출

④ 자연 지속가능성 위협 → 지속가능성 제고

⑤ 토지 과소비와 자연 침해 → 토지 절약과 자연 보전

⑥ 사회적 인프라와 공공공간의 악화 → 사회적 인프라 및 공공공간 강화

우리가 원하는 미래를 만들어가기 위한 몇 가지 고려할 사항들이 있다. 그 중에는 첫 번째로, 도시의 성장에 관한 재고찰이다. 도시의 성장이 막연히 나쁘다는 잘못된 오래된 통념을 재고해야 한다. 도시의 성장은 문제가 아니라 위 문제들을 해결할 기회가 되기 때문이다.

두 번째로, 새로운 시대에 부합하는 광역적 거버넌스에 대해서 고려해야 한다. 우선, 교통과 통신의 발달로 사람들의 일상생활권은 더욱 확대되고 있어 사람들의 일상은 기존의 행정구역을 넘어서서 이루어지고 있다. 기존의 행정구역 중심의 접근은 오늘날 사람들의 실제 생활을 담아내는 데 한계가 있다. 넓어진 사람들의 실제 생활권에 대응할 수 있는 광역적 거버넌스를 발전시킬 필요가 있다.

세 번째로, 앞서 언급한 광역적 거버넌스도 필요하고, 동시에 소규모의 국지적 차원에서 자치와 분권에 기반한 마이크로 거버넌스 발전도 동시에 이루어야 한다. 대규모 지역에 대한 거버넌스만으로는 국지적으로 벌어지는 사람들 삶의 특성을 제대로 반영하기 어렵기 때문이다. 다층적인 자치와 분권을 필요로 하고, 동시에 중앙과 지역자치, 또는 지역자치 간의 협력 등이 가능한 사회체계를 갖추는 것이 필요하다.

위에서 도시가 어떻게 될 것인지, 그리고 지금 진행되고 있는 변화가 보여줄 우리의 미래가 어떤 모습일지를 살펴보았다. 하지만, 미래는 주어지는 것만이 아니고 우리가 어떻게 만들어 갈 것인가도 중요하다. 즉, 우리가 원하는 미래가 무엇이고, 어떻게 그러한 미래를 구현할지 구체적인 실현방안에 대하여 생각해 볼 필요가 있다.

원하는 미래에 대한 논의는 어떤 측면에서는 미래를 예견하는 것보다 쉬울 수도 있

고, 어떤 측면에서는 어려울 수도 있다. 쉬울 수 있는 측면은 내가 원하는 것은 내가 정할 수 있기 때문이다. 예를 들어, 이따가 먹을 점심식사로 한식을 먹을지 양식을 먹을지는 미래를 예상한다기보다는 내가 선택하는 것이 미래가 되기 때문에, 내가 점심에 무엇을 먹을지는 예상을 하는 문제가 아니라, 내가 마음먹기에 달린 문제이기 때문이다. 앞으로 우리 도시가 좀 더 녹지가 많았으면 좋겠다든가, 또는 사람 간 활동이 활기찬 도시였으면 좋겠다는 생각을 하는 것은 우리의 희망사항으로 마음먹기에 달린 문제이기 때문에 쉬운 일이다.

■ 바라는 미래를 만드는 데 어려운 점

우리가 마음먹은 미래와 관련하여 어려운 점은, 우리가 마음을 먹기 어려워서라기보다는, 마음먹은 다음에 필요한 실행이 어려워서이다. 희망사항의 나열만으로 현실이 그렇게 만들어지는 것이 아니기 때문이다. 무엇을 실천해야 할지를 정확히 찾는 것도 쉽지 않은 경우가 많고, 막상 무엇을 해야 할지를 알았다고 할지라도 이를 행동으로 실천하는 경우는 다음과 같은 이유들 때문에 더 많은 어려움이 있다.

첫 번째로 어려운 이유는 도시는 여러 사람이 함께 사는 곳이기 때문이다. 도시는 수백 수천 명도 아니고 수십만 명에서 크게는 수천만 명이 함께 살아가고 일하는 곳이다. 사람들의 선호도 다르고 필요도 다르다. 정온한 도시를 좋아하는 사람도 있고 북적북적한 도시를 좋아하는 사람도 있다(한 사람도 어떤 때는 정온함을 어떤 때는 북적북적함을 원하기도 한다). 아이들의 보육에 특히 많은 관심을 가진 사람들이 더 필요하다고 생각하는 시설도 있고, 나이 들어 신체적 제약이 많기 때문에 더 필요하다고 생각하는 시설도 있다. 국제적인 교류와 첨단지식에 기반한 사업에 종사하는 사람이 도시에 필요하다고 느끼는 것도 있고, 일상의 서비스 분야에서 일하는 사람이 도시에 필요하다고 느끼는 것도 있다. 도시에 사는 수백 수천만 명 각자의 필요성과 우선순위가 다를 수 있다. 이러한 다양한 사람들이 살아가고 일하고 있는 곳이 도시이기 때문에, 단편적이거나 편협한 접근 또는 개인적인 사적 관점으로 도시를 만들어갈 수 없고 그렇게 해서도 안 된다. 다양한 사람들의 다양한 욕구가 조화롭게 공존하며 지속가능하게 발전할 수 있는 도시를 만든다는 것은 근본적으로 단순할 수가 없다.

두 번째로 어려운 이유는 도시를 만들어가는 것은 사람들, 특히 시민의식에 기반한 시민 간 협력 공동체의 의지를 필요로 하는 경우가 대부분이기 때문이다. 운동선수들도 그렇고 공부를 하는 사람도 그렇고 좀 더 잘하기 위해서는 많은 노력을 필요로 한다.

저절로 또는 흘러가는 대로 행동해서 원하는 결과를 얻기는 불가능하다. 예를 들어, 몸이 좀 힘들다고 멈추거나 쉬면서 본인이 원하는 높은 수준의 경기력을 갖게 되는 운동선수도 없고 높은 수준의 공력을 갖게 되는 장인도 없다. 고되고 힘들지만 의지를 바탕으로 노력을 해서 달성할 수 있는 것이다. 도시도 마찬가지로 사람들에게 쉬운 일, 편한 일만으로 한다고 해서 도시가 좋아지지 않는다. 도시도 사람들 각자가 당장 눈앞에 보이는 개인적으로 편하자고만 하는 방식으로만 흘러가서 좋은 도시가 될 수 없다. 우리가 수준 있는 좋은 도시에서 살고자 한다면 시민의식을 갖춰야 하고, 시민들의 공동체적 의지와 노력을 필요로 한다. 건강한 민주시민 없이는 자유롭고 평등한 도시는 불가능하다.

세 번째로 어려운 이유는 제도와 재정, 조직을 담은 실행을 해야 하기 때문이다. 예를 들어, 녹지가 풍부한 도시를 만들고자 하거나 저렴한 주거를 확보한다고 말만 한다고 해서, 녹지나 저렴한 주거가 하늘에서 뚝 떨어지거나 저절로 생겨나는 것이 아니다. 녹지가 많은 도시를 위해서는 개발하지 않고 보호하는 자연지역을 더 많이 확보해야 하는 일이 필요할 수도 있고, 나무를 더 심고 가꾸는 일도 필요할 수 있다. 개발을 억제하고 자연환경을 보존하는 토지를 더 많이 확보하는 것이 저절로 되는 것일까? 해야 한다면 어떻게 해야 하고, 누가 할 것이며, 어떻게 할 것인가? 나무를 구하고 심고 하는 일을 누가 할 것이며, 어떤 돈으로 할 것인가? 누가 그 일에 땀을 부담하고 돈을 부담할 것인가? 때에 따라서는 시민들이 서로 조금씩 양보해야 하는 경우도 있다. 어느 정도를 어떤 방식으로 하는 것이 옳은 일인가? 누가 무엇을 하며 그 비용은 누가 부담할 것인가? 이 모든 일과 관련하여 무엇을 어떻게 하며, 누가 할 것인지에 대하여 공정하고 타당한지에 대한 물음에 대답하지 않는다면, 결국 아무것도 실행되지 않는 말뿐인 말잔치에 불과할 뿐이다. 말뿐이고 실천은 없는 것, 즉 실천 없는 희망과 비전의 단어 나열은 전형적인 사기 행위다.

네 번째로 가장 어려운 이유는 충분한 과학적 지식과 이해에 기반을 두는 일이기 때문이다. 더 살기 좋은 도시를 만들고자 한다면, 더 살기 좋은 도시가 무엇이고 어떻게 만들어질 수 있는지 깊이 있는 지식을 필요로 한다. 단순하거나 피상적으로 얻어지지 않는다. 다수 의견이라는 것으로 알 수 있는 것도 아니다. 어떻게 그것을 가능하게 할 수 있는지에 대한 구체적인 내용과 실천적 계획에 대한 깊이 있는 지식을 갖추어야 한다. 하지만, 세상에는 겉보기에 그럴듯하지만 오히려 우리의 삶의 질을 피폐하게 만드는 일들이 비일비재하다. 그럴듯하게 들리는, 어설프게 주워들은 파편적 지식 조각들이나 사변적 생각들은 언뜻 사람들에 귀와 입에 달콤하게 들릴지 모르나, 결국 우리의 삶과 국토도시를 더욱더 황폐화시켜 사람들이 못사는 곳으로 만들 뿐이다. 충분한 과학적 지식과 이해가 없는 사람들이, 더욱더 그럴듯한 구호를 내세울수록 도시는 더 크게 망가질 뿐이다.

이 모든 노력은 과학에 근거해야만 한다. 핑커(2014)는, 증명불가능한 신념에 빠진 사람의 가진 가장 큰 위험은 폭력으로 그 신념을 변호하려는 경향을 보인다는 점을 경고하였다. 증명불가능한 신념에 빠진 사람들은 자신의 신념에 집착하게 되고, 누군가 그 신념에 의문을 던지고 도전을 하는 것에 대해 그들의 존엄, 지위, 권력에 도전하는 것으로 받아들인다. 자신이 가진 신념에 대한 합리적 의심을 오히려 불신이라고 부르며, 악으로 몰아붙이고 분노로 대응하며 폭력을 행사한다. 근거 없는 신념에 자신의 삶의 의미를 부여하면서, 이에 대한 논의조차 모욕으로 여기고, 토론하고자 하는 사람들을 파괴하고 제거하려고 한다. 과학적 논리와 지식에 근거하지 않고 오로지 믿음에만 의존하는 신념에만 집착하면 이들은 우리의 삶을 파괴하고 사회를 망가뜨리는 폭정이 된다. 이러한 일이 벌어지지 않도록 합리와 이성에 기반한 건전한 열린 토론이 가장 중요하다.

도시의 미래에 대한 예측은 우리에게 매우 유용하다. 우리의 미래가 어떨까를 생각해 본다는 것은 오늘날을 살아가는 우리에게 많은 함의를 제공해 주기 때문이다. 최근 지구온난화로 재난재해도 증가하고 있고 기후변화도 심해지고 있다. 하지만, 대부분의 사람들에게 이러한 일들은 아직 먼 이야기로 여겨진다. 아직은 지구온난화에 의한 재난재해가 극히 일부 사람들에게만 발생하고 있고, 또한 그 재난재해의 순간만 지나가면 별일이 없는 것처럼 여겨지기 때문이다. 하지만, 일부 사람 일부 지역에서 잠시 일어났다 사라지는 일로 치부할 수 있는 일인지, 아니면 머지않아 우리 모두에게 닥칠 일인지를 따져보는 것은 큰 의미가 있다. 이러한 의미에서 예측을 해본다는 것은 미래를 점쟁이처럼 맞히기 위해서가 아니라, 우리의 오늘을 돌아보고 내일을 준비하는 데 꼭 필요한 일이기 때문에 유용한 것이다.

테슬라라는 전기자동차로 유명한 일론 머스크(Elon Musk)와 함께 페이펠이라는 IT 기업을 창업했던 피터 틸(Peter Thiel)은 "미래는 시간이 지난다고 오는 것이 아니다"라는 말을 했다. 미래학자 엘빈 토플러(Alvin Toffler)도 비슷하게 "미래는 예측하는 것이 아니라 상상하는 것이다"라는 말을 했다. 우리가 미래를 생각할 때, 시간이 지나 우리에게 다가오는 것으로 생각하는 경향이 있으나, 더욱 중요한 것은 우리가 어떤 미래를 갖고자 하며 어떻게 해야 그런 미래를 가질 수 있을지를 생각하고 노력하고 실천하는 것이다.

참고문헌

강명구(2021a). 『도시계획학 1 역사: 도시의 자격』. 서울연구원.
강명구(2021b). 『도시계획학 2 기초: 도시의 비움』. 서울연구원.
강신욱(2018). 최근 소득불평등의 추이와 특징. 『노동리뷰』.
국회예산정책처(2020). 『2019회계연도 총수입 결산 분석』.
권일 · 김미애(2021). 『분위별 자산 · 소득 분포 분석 및 국제비교』. 국회예산정책처.
기상청(2020). 『한국 기후변화 평가보고서 2020: 기후변화 과학적 근거』.
기획재정부(2019). 『중산층 기준 및 최근 중산층 소득개선 현황』.
송창근(2021). 미세먼지, 환경 넘어서는 안전 · 경제의 문제. 『나라경제』. KDI 경제정보센터.
웨스트(2018). 『스케일: 생물, 도시, 기업의 성장과 죽음에 관한 보편법칙』. 김영사.
이근태 · 이지선(2017). 『생산가능인구 감소 시대의 경제성장과 노동시장』. LG경제연구원.
이보경(2019). 『2040년 장래인구 분포 전망 연구: 소지역(500m 격자) 단위 코호트 요인법을 적용한 국토의 장래인구 분포 전망』. 국토연구원.
이현우(2018). 『지방재정의 자율성과 책임성 확보 방안』. 국회입법조사처.
임창호 외 옮김(2005). 『미래의 도시: 21세기 도시의 과제 및 대응전략』. 한울아카데미.
질병관리청(2021). 미세먼지. https://kdca.go.kr/contents.es?mid=a20304030300 accessed on July 17, 2021.
클라이넨버그(2019). 『도시는 어떻게 삶을 바꾸는가: 불평등과 고립을 넘어서는 연결망의 힘』. 웅진지식하우스. [Klinenberg, Eric(2018). *Palaces for the People*.]
통계청(2017). 통계로 본 광복 70년.
핑커(2014). 『우리 본성의 선한 천사: 인간은 폭력성과 어떻게 싸워 왔는가』. 사이언스북스
환경부(2020). 『한국 기후변화 평가보고서 2020: 기후변화 영향 및 적응』.
황인창 · 김창훈 · 손원익(2017). 『서울시 미세먼지 관리정책의 사회경제적 편익』. 서울연구원.
Angel, Shlomo(2011). *Making Room for a Planet of Cities*. Lincoln Institute of Land Policy.
Bettencourt, Luis M. A.(2013). The Origins of Scaling in Cities. *Science*, 340: 1438-1441.
Gehl, Jan(2015). Liveable Cities for the 21st Century. presented at HABITAT III REGIONAL MEETING: EUROPE, 16-18 March 2016. Prague, Czech Republic.
Quick, Miriam & Valentina d'Efilippo(2019). "South Korea's Population Paradox." BBC Generation Project. October 14, 2019.
West, Geoffrey(2017). Scale: The Universal Laws of Growth, Innovation, Sustainability, and the Pace of Life in Organisms, Cities, Economies, and Companies. Penguin Press.

P·A·R·T 2

도시거버넌스와 운영

CHAPTER

05

도시거버넌스

채원호
(가톨릭대학교 행정학과)

제 1 절 거버넌스의 등장 배경 및 개념

1. 거버넌스의 등장 배경

거버넌스의 등장은 현대 행정학이나 정부 운영에 심대한 영향을 끼치고 있다. 거버넌스가 현대 국가에서 보편적인 정치기제가 되고 있음에도 거버넌스 개념의 등장 배경에 대한 논의는 많지 않은 편이다. 여기서는 거버넌스 개념의 등장을 경제적 배경과 정치사회적 배경으로 나누어 논의하고자 한다.

경제적으로는 1970년대 오일쇼크, 1980년대 신자유주의 등장과 관련이 있으며, 정치사회적으로는 대의민주주의 이론에 근거한 전통적 정부패러다임의 한계를 극복하는 과정과 밀접한 관련이 있다. 즉, 지난 20세기 진행된 행정국가화 경향은 큰 정부(Big Government) 현상을 가속화했으며, 이는 대의제 민주주의에 근거한 전통적 정부 운영에 문제를 야기했다. 큰 정부는 거래비용의 증가와 관료제 병리인 형식주의, 절차주의, 공직부패 등의 문제를 일으켰을 뿐만 아니라 장기에 걸친 저성장과 고령화 등으로 정부재정에 과부하 현상을 초래했다.

정치사회적 맥락에서 보면 20세기에 지속된 행정국가화의 경향이 약화하면서 시민사회의 영향력이 증대하고 국가의 독점력이 감소하기 시작하였으며, 세계화로 국제 사회에서도 다양한 거버넌스 사례가 등장하고 있다. 소유와 경영의 분리에서 야기되는 주인-대리인 이론의 관점에서 보면 주인-대리인 사이에는 정보의 비대칭성이 존재한다. 주인이 대리인의 행동을 관찰할 수 없을 때 발생하는 도덕적 해이(moral hazard) 현상과 대리인이 주인보다 우월한 정보를 갖고 있을 때(hidden knowledge) 발생하는 역선택(adverse selection) 현상 등의 문제로 시민사회의 역량 강화가 과제로 대두했다.

정책결정 과정에서 보면 각종 시민단체의 참여 확대와 숙의제도가 발전하게 되었으며, 정책집행 과정에서도 신공공관리론의 영향으로 공공서비스 전달 과정에서 외부위탁이나 시장주의 원리가 적용되기 시작했다. 시민사회 발전과 함께 등장한 보이스(Voice)형 NGO는 대의민주주의를 교정 · 보완하는 기제로 주목받았으며, 서비스전달(Service Delivery)형 NGO는 공공서비스의 민간위탁 기제로 주목받았다.

정책집행 과정에서 거버넌스의 등장은 신공공관리론과 밀접한 관련이 있다. 1980년대 신자유주의가 등장하면서 국가의 과도한 시장개입이나 직접 생산이익에 따른 비효율성에 대한 대안으로 시장친화적 거버넌스가 강조된 것이다. 예를 들면, 1980년대와 1990년대 미국, 영국, 호주, 뉴질랜드를 중심으로 탈규제, 민영화, 공공서비스 감축, 민간관리기법의 공공부문 도입, 분권화와 같은 신공공관론(New Public Management: NPM)과 같은 거버넌스 방식이 이에 해당한다. 하지만, 한편으로는 이러한 신자유주의 개혁 성과에 대한 비판과 함께 시장주의의 폐해를 보완하기 위해 공동체를 강조하는 공공철학에도 주목할 필요가 있다(정정길 외, 2020).

앞서 지적했듯이 거버넌스 개념은 경제적(행정관리)으로 보면 1970년 오일쇼크로 이후 1980년대 신자유주의 등장과 밀접한 관련이 있다. 선진국들이 공통적으로 직면했던 1980년대 이후의 구조적 전성기 진입과 고령사회 도래에 따른 재정과부하로 시장원리를 강조하고 작은 정부나 민영화를 강조했던 시대적 흐름이 있었다. 이와 같은 시대적 배경 하에 1990년대 이후 효율적 국정관리(행정관리)를 강조하는 신공공관리(NPM)론의 등장은 필연이었다.

2. 거버넌스의 개념 및 유형

'거버넌스(governance)'란 용어는 통치, 지배, 관리 등의 개념과 관련이 있으며 정부, 기업 등의 조직 외에도 국제기구, IT 시스템 등과 관련해서도 사용되고 있다. 거버넌스에서는 관계자가 상호작용이나 의사결정에 의해 사회규범이나 제도를 형성하거나 재구성한다. 용어의 기원은 그리스어이며, 같은 어원을 가지는 정부(government)와 비교하면 공적인 조직이 아니라 관계자의 상호작용을 의미하는 점이 상이하다. 한편, 정부(government)를 대신하여 쓰이는 거버넌스라는 용어는 국가권력이 시민사회를 형성하는 국민이나 집단을 수직적으로 관리, 통제해오던 전통적인 방식과 차별하기 위하여 생겨났다.

한편, 후술할 보충성의 원리와 관련하여 거버넌스는 공동체 규모가 작으면 작을수록 집단의 공동이익을 민주적으로 실현할 가능성이 커진다. 즉, 광역보다는 협역(작은 자치 공동체)일수록 주민참여의 기회와 가능성은 증대되기 때문에 소규모 지역사회에 거버넌스 모델을 도입할 경우 시민사회(지역공동체)가 성숙되고 민주성이 제고될 개연성이 크다. 다음의 [표 5-1]은 거버넌스를 개념적으로 구분하여 유형화한 것이다.

표 5-1 거버넌스의 개념 분류

<table>
<tr><td colspan="4">광의의 거버넌스(= 자발적 교환에 의한 사회조정)</td></tr>
<tr><td colspan="3">정치적 권위에 의한 사회적 조정
강(强) ← 권위 → 약(弱)</td><td>자발적 교환에 의한 사회조정</td></tr>
<tr><td colspan="2">위계(hierarchy)</td><td>네트워크(network)</td><td>시장(market)</td></tr>
<tr><td>■ 구거버넌스
(정치/통치, 정부)
▷ 관료제 거버넌스
▷ 계층제 거버넌스</td><td>■ 신공공관리론
(NPM)
(효율적 국정관리)
▷ 네트워크 거버넌스
(도구적)
▷ 방향잡기(steering)</td><td>■ 신거버넌스
(協治, 共治, 網治)
▷ 공동 거버넌스
(co-governing)
▷ 복합조직 거버넌스
(heterarchy)
▷ 네트워크 거버넌스
(상호작용적/제도적)
▷ 공유(shared)거버넌스
▷ 함께 방향잡기
(co-steering)
▷ 협력적 거버넌스
(Collaborative Governance)</td><td>■ 기업 지배구조
(corporate governance)
▷ 자기 거버넌스
(self-governing)
▷ 신자유주의 거버넌스
▷ 경쟁메커니즘
▷ ESG</td></tr>
<tr><td colspan="4">Old Paradigm → 섹터 간 교섭/융합 → New Paradigm
(지속가능발전)</td></tr>
<tr><td>규범적 기초</td><td>고용관계</td><td>보충능력</td><td>계약-재산권</td></tr>
<tr><td>의사소통수단</td><td>일상적 절차</td><td>관계</td><td>가격</td></tr>
<tr><td>갈등해결방법</td><td>행정명령-감독</td><td>호혜-명망과 관심</td><td>흥정, 사법적 강제</td></tr>
<tr><td>신축성 정도</td><td>낮음</td><td>중간</td><td>높음</td></tr>
<tr><td>집단 간 기여도</td><td>중간</td><td>높음</td><td>낮음</td></tr>
<tr><td>분위기</td><td>공식적, 관료적</td><td>개방적, 상호이익</td><td>정확 또는 의심</td></tr>
<tr><td>행위자 선호</td><td>의존적</td><td>상호의존적</td><td>독립적 → 상호의존적</td></tr>
<tr><td>경쟁/경합 가능성</td><td>독점</td><td>제한적 경쟁</td><td>시장구조에 따라 다름</td></tr>
<tr><td>대응성</td><td>낮음</td><td>높음</td><td>시장구조에 따라 다름</td></tr>
<tr><td>산출물 측정</td><td>매우 어려움</td><td>어려움</td><td>용이함</td></tr>
</table>

자료: 최성욱(2003: 77) 내용 보완.

3. 시민사회와 거버넌스

한국 사회에서 주민의 이미지는 과거 오랜 세월 행정의 '객체'로서의 이미지가 강했다. 그러나 한국에서 어느 순간 시민사회는 권위주의적인 정권과 독점 자본에 대한 대항 세력으로 나타나게 되었고, 민주화 과정에 중요한 역할을 담당했다. 시민사회단체의 수가 중앙에 집중함으로써 지방이 상대적으로 취약한 한계도 있었으나, 시민단체를 중심으로 한 사회운동은 한국 사회의 민주화와 경제 발전에 지속적으로 영향을 미치는 중요한 요인으로 작용하였다.

한국의 경우 일제 강점기에 YMCA, 신간회 등의 시민사회 조직운동을 통해 사회단체가 독립운동에 앞장섰고, 엄혹했던 군부독재 시절에도 민주화운동을 주도하는 등 주요한 역사적 순간마다 역사의 변혁을 이끌었다. 1987년 이전의 시민사회는 억압적 군사정권 하에 활발한 발전을 이루어내지 못했지만, 전두환 정권 말기 유화 국면을 분기점으로 변화를 꾀하게 되었다.

1987년 민주화 이후 시민운동의 주 내용은 환경, 평화, 소비자 주권, 인권, 불평등, 국가 분쟁, 건강, 보건 등과 같은 삶의 질에 관한 것이다. 이전의 운동이 노동자와 자본이라는 계급적 구도에서 이루어졌다면 시민사회의 운동은 초국가적, 범인류적 가치를 포함하고 있다는 점에서 차이가 있다. 일종의 신사회운동인 셈이다. 물론 이전의 민주화운동, 노동운동이 시민운동에 기초적 토양이 되었다는 점은 분명한 사실이다. 새로운 시민운동은 자발성과 전문성에 기초하여 동원의 대상이 아닌 '주체적인 동력'을 갖추게 된 것이다. 비근한 예가 '광장'의 시민 권력이고, '원탁회의'의 시민들이다. 이들은 탄핵을 주도했고 에너지정책에서 민주화에 기여했다.

그런데 최근 정부, 시장, 시민사회의 3자 섹터 간에 변화의 흐름이 감지되고 있다.

과거의 시민사회가 정부, 기업과 분리되어 최소한의 상호작용 속에 섹터 내에서 활동을 했다면, 최근에는 사회문제 해결을 위해 정부, 시장, 시민사회가 접촉면을 늘려가며 협력활동을 증대시키고 있다([그림 5-1] 참조). 즉, 섹터 간 교섭(교집합) 영역이 늘어나면서 전통적인 역할은 희미해지고 새로운 하이브리드 조직이 나타나고 있다. 섹터 간 상호작용의 결과 협업, 파트너십, 혁신의 새로운 모델이 탄생하기도 한다. 그런 사례로 '사회적 가치를 구현하는 사업모델'이나 '시장행위자로서의 시민사회' 모델 등이 등장하고 있다.

향후 지역사회에서 주민운동 또는 시민단체의 운동 모델은 정부, 시장, 시민사회 영

그림 5-1 정부, 시장, 시민사회의 역할 변화와 새로운 패러다임

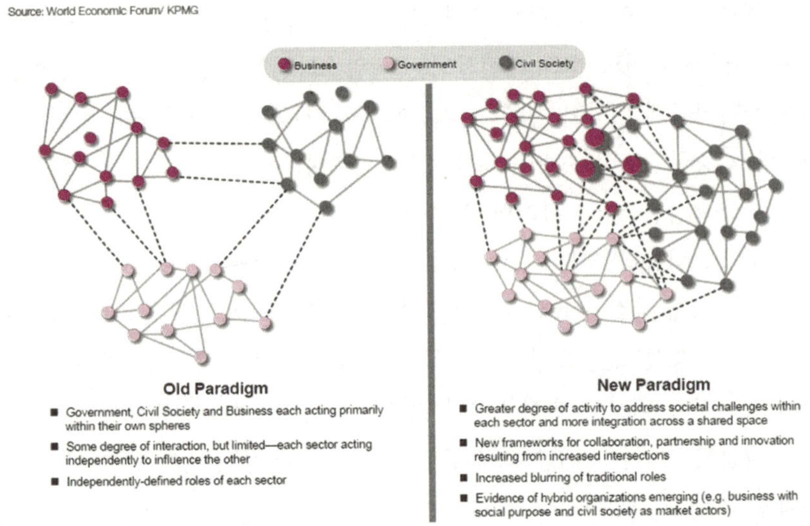

역의 교섭(교집합)이 증가하면서 정부혁신, 기업혁신, 사회혁신이 호응하고 선순환하는 과정에서 새로운 역할 모형을 찾아야 할 것이다. 특히, 향후 우리 사회는 저출산・고령 사회의 영향으로 경제활동인구가 급격하게 감소하여 총부양률이 급격하게 높아질 것이다. 총부양률의 급격한 증가와 저성장으로 인한 재정절벽 현상 심화는 지역사회에도 영향을 줄 것이다. 그렇게 되면 지역에서는 보충성 원리의 적용과 사회혁신 생태계 조성을 통해 주민들이 서로 돕는 상생협력과 공동체 문화 복원이 필요하게 된다. 공동체의 주민이나 시민사회의 시민이 공민(共民, Mitbürger)[1]으로 진화할 필요성이 제기되는 까닭이다.

이러한 맥락에서 최근 정부에서 강조하고 있는 주민자치회의 성공은 영국의 빅 소사이어티(Big Society) 담론에서 보듯이 커뮤니티 권능 강화(community empowerment)가 필수적이다. 이 때문에 빅 소사이어티 담론은 권력을 중앙에서 지방으로, 정부에서 커뮤니티로 이전시키는 지역수권=자치분권화를 적극 추진한다. 한국의 주민자치도 커뮤니티의 권능 강화와 더불어 '지역공동체의 부활'과 '참여'가 담보될 때 성공적인 달성이

1) 송호근은 독일어 Mitbürger는 공민(共民)으로 번역한다. '더불어 사는 시민', '공동체 의식을 내면화한 시민'이란 뜻이다(김우창 외, 2017).

가능하다.

제 2 절 지방자치와 도시거버넌스

1. 한국의 지방자치 발전 과정

1) 한국의 지방자치와 지방자치 교육

지방자치는 풀뿌리민주정치의 꽃이다. 토크빌(Alexis de Tocqueville)이나 제임스 브라이스(James Bryce)가 지방자치는 '민주주의의 학교'라고 갈파한 사실은 잘 알려져 있다. 한국에서도 지방자치제도는 제헌헌법 지방자치 조항(78장 96조)에 근거하여 1949년 지방자치법이 제정·공포됨으로써 확립되었다. 그러나 한국의 현대사에서 지방자치의 발전은 순탄치 않았다. 헌법 및 지방자치법의 규정에 따라 1952년에 지방의회를 개설했지만 전시였던 탓에 한수 이북과 지리산 지역을 제외한 지역에만 지방의회가 개설되었다. 1960년 4·19 이후 지방자치단체장을 모두 주민 직선에 의해 선출하는 제도까지 도입했지만 중앙집권적 관치행정의 관성을 바꾸기에는 역부족이었다. 이후 지방자치는 실시 9년 만에 군사정부에 의해 중단되면서 1991년 지방자치가 부활되기까지 오랜 기간 질곡의 역사를 겪어야 했다.

지방자치의 발전 과정이 순탄치 않았지만, 학문으로서 지방자치가 독자적인 연구 대상으로 인정받은 것은 1959년 무렵이다. 서울대학교에 신설된 행정대학원에 '지방자치'와 '지방자치세니마'가 개설되었기 때문이다.[2] 이때까지 한국의 지방자치는 행정법상

---

2) 본문의 내용은 고 노융희 교수의 회고에 따른 것이다. 1949년 3월 21일에 대통령령 제69호에 의해 국립공무원훈련원(현, 국가공무원인재개발원)이 설치되고, 1949년에 지방자치법이 처음 제정된 사정을 고려하면 1959년 이전에도 대학이나 국립공무원훈련원에서 지방행정이나 지방자치에 대한 최소한의 교육은 이루어졌을 것으로 추측된다. 다만, 제3공화국인 1965년 9월 1일에 내무부 지방행정연수원(현, 지방자치인재개발원)이 설치된 점을 상기하면, 지방자치 미실시 시기에 지방자치에 관한 교육은 매우 미흡했을 것이다. 노융희 교수는 5·16 이후의 상황에 대해 "나는 우리나라의 분권화 촉진에 앞장서는 지방자치의 선교사를 자처하고 분권과 이양을 꺼리는 중앙정부를 질타하였다. 이러한 소신은 5·16 직후 중앙공무원교육원의 고급반에 마련된 지방자치론 시간에 중장집권의 폐해를 60만 명의 대군을 가진 군부의 수천 명이 감행한 5·16 쿠데타가 성공할 수 있었던 중요 원인의 하나라고 강의하는 등 겁이 없고 어리석은 일을 해낼 수 있는 원동력이었다"고 회고한

조직법론이나 정치학개론의 권한분배론으로 거론될 정도이고, 독자적인 학문 연구의 대상이 아니었다. 노융희의 회고에 따르면, 지방자치론은 행정학이 4·19 이후 전국 대학에 보급되면서 법학과 정치학에서 독립된 새로운 학문체계로 탄생한 것처럼 그 일환으로 독자적인 연구 대상으로 인정받은 새로운 디시플린(discipline)으로 독립할 기회를 마련한 것이다. 과학이란 연구 대상이 뚜렷하고 그 대상을 체계적으로 인식하는 이론이 뒷받침되어야 하기에 대학 강단에 독자적인 강좌가 개설된 것은 연구 대상의 독자성을 인정한 것이다(한국지방자치학회, 2011). 이와 같은 견해에 대해 백완기(2005)는 정인흥(1961)의 교과서 『지방자치론』의 출간을 본격적인 지방자치 연구의 시작으로 본다. 정인흥은 그의 교과서 서문에 "最近 數年來 대학에서 地方自治 講義가 盛行하는 傾向을 보이고 있다는 것은 周知하는 바와 같다"고 기술하고 있다. 이를 통해 짐작해 보면 1950년 후반 이후 지방자치론 강좌가 개설되기 시작한 것으로 볼 수 있다.

행정학이 그랬던 것처럼 한국의 지방자치학도 정치학, 행정학, 법학 이론을 차용하여 새로운 학문체계로 발전해야 했는데, 현실은 그렇지 못했다. 주지하듯이 1961년 5·16 군사구데타로 지방자치가 유보되면서 한국의 지방자치학은 지방행정론이나 도시행정론, 지역개발론 등의 과목으로 개설되면서 지방'행정'론으로서의 한계를 가지게 되었다.

장기간 침체 상태였던 지방자치는 1988년 한국지방자치학회 창설, 1991년 민선 지방의회 구성, 1995년 민선 수장의 탄생으로 다시 활기를 띠기 시작했다. 이후 지방자치는 지방행정의 굴레에서 벗어나게 되면서 활기를 띠게 되지만, 더딘 자치·분권의 진전으로 여전히 적지 않은 과제를 떠안고 있다. 이하에서는 한국 대학의 지방자치 교육에 대해 간략히 소개하고자 한다.

한국의 대학에서 지방자치 관련 과목이 개설된 것은 전술했듯이 1950년대 말 무렵이다. 그러나 5·16 이후 군사정부에 의해 오랜 기간 지방자치가 유보되면서 지방자치론 대신 지방행정론 도시행정론, 지역개발론 등의 과목이 개설되었다. 여기서는 대학에서의 지방자치 교육 현황을 분석하기 위하여 전국 112개 4년제 대학을 대상으로 개설 과목을 분석했다.

도시행정 등의 과목을 지방자치론에 포함시키는 데 대하여 이견이 있을 수 있다. 예컨대, 이달곤 외(2012)는 양자가 대상면에서 유사성은 있어도 이론적 바탕이 다르고 주요 이슈도 다른 경우가 적지 않다는 이유를 들어 지방행정과 도시행정을 구분할 필요

바 있다(한국지방자치학회, 2011: 48).

성을 제기한다. 이와 같은 주장에 대해 이승종(2006)은 일면 동의하면서도 양자는 중앙과 구분되는 지방이라는 실체를 대상으로 한다는 점에서 공통점이 있다는 주장한다. 양자의 차이는 기본적으로 질적인 차이가 아니라 양적인 차이라는 점을 고려하여 양자를 같은 범주에서 고려하는 데 큰 무리가 없을 것으로 보아 도시행정을 지방행정에 포함시켜 보고자 한다(한국행정학회, 2006: 183). 여기서는 도시행정론 외에도 지방 또는 지역을 연구 대상으로 하는 지방정부론, 지역개발론, 도시계획론 등 관련 과목도 조사 대상에 포함시켰다. 조사는 각 대학의 홈페이지를 통해 이루어졌으며, 교과 과정에 소개된 과목을 조사했다(채원호 · 이주희, 2018).

[그림 5-2]에서 보듯이 관련 과목 가운데 개설 빈도가 가장 높은 과목은 도시행정론(39개 대학)이며, 다음으로 지방행정론(37개 대학), 지방자치론(29개 대학), 지역개발론(24개 대학), 지방재정론(22개 대학) 순이다. 그 밖에 도시계획론, 지방정부론, 도시정책론, 지역사회복지론 등의 과목이 개설되어 있다. 도시행정론이 빈도가 가장 높지만, 지방자치론, 지방행정론, 지방정부론 등 과목의 성격이 유사한 것으로 보면, 이들 과목의 빈도는 74개 대학이 개설하고 있는 셈이어서 가장 높은 빈도를 보이고 있다. 최근 지방행정론 교과서의 명칭이 지방자치론으로 거의 바뀐 것을 감안하면 대학에서 개설하고 있는 교과목에 지방행정론이 가장 높은 빈도를 차지하고 있는 것은 다소 의외다. 아마도 교과목 개편 때 관행적으로 사용해온 지방행정론 명칭을 바꾸지 않은데 기인한 것

그림 5-2 대학의 지방자치 관련 과목 개설 현황

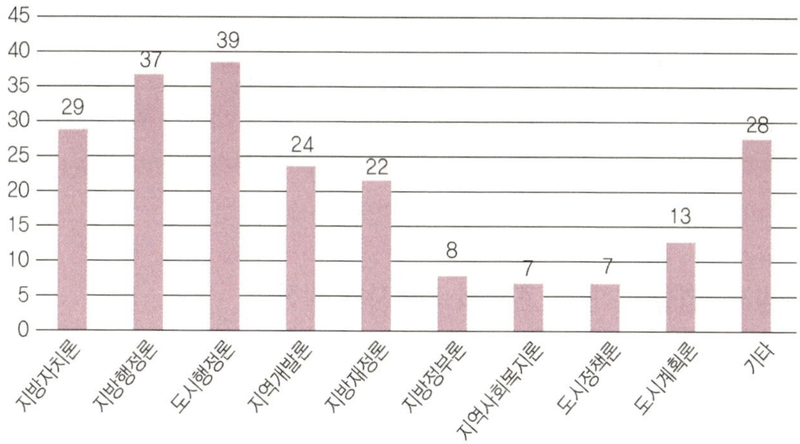

그림 5-3 대학원의 지방자치 관련 과목 개설 현황

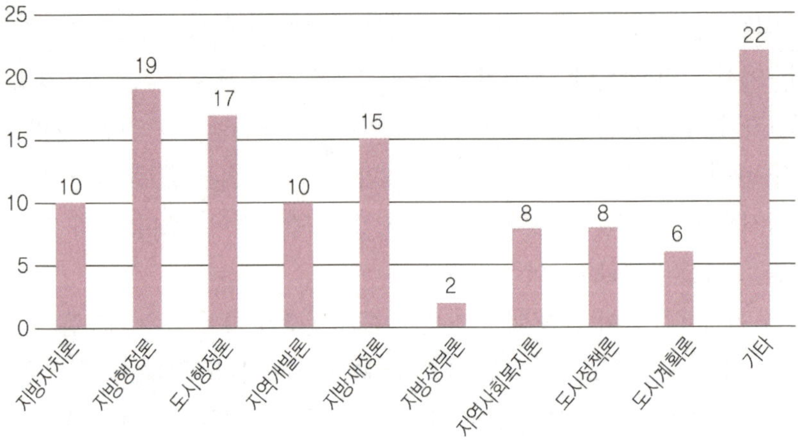

으로 보인다.

기타로 분류한 교과목에는 지방경영론, 도시문제론, 지역공동체론, 지역발전론, 지방의회론 등의 과목이 있었다. 학교에 따라서는 관련 과목이 6개 이상 개설된 학교도 13개 있었고, 5과목이 개설된 학교가 7개, 4과목이 개설된 학교가 16개, 3과목이 개설된 학교가 14개, 2과목이 개설된 학교가 23개, 1개 이하 과목이 개설된 학교가 37개였다.

대학원의 경우 전국의 국립대학을 포함해 28개 대학을 조사했다. 대학원의 경우에도 개설과목은 비슷한 분포를 보이고 있다. 조금 다른 점은 지방행정론(19개 대학)이 도시행정론(17개 대학)보다 빈도수가 높은 점이다. 대학원의 경우도 기타로 분류된 과목에는 지방의회론, 지방경영론, 정부간관계론, 공동체론, 사례연구 등의 과목이 있었다. 관련 과목을 6과목 이상 개설한 학교가 9개교였으며, 5과목 개설한 학교가 5개교, 4과목을 개설한 학교가 4개교 등이었다. 학과에 관련 과목 교수가 2명 이상 있는 경우 전공 특성에 따라 다양한 과목이 개설되어 있는 것으로 추측된다.

2) 지방자치법을 통해 본 한국의 지방자치 발전

한국에서 지방자치법은 1949년 7월 4일 제정되어 환경변화에 대응하면서 발전을 거듭했다. 그간 한국의 지방자치법은 3번의 전부개정, 36회에 걸친 일부개정이 있었다. 한국의 지방자치제도는 지방자치법의 성립 및 개정 과정을 통해 일시적으로 후퇴하는 모습도 보였지만, 전체적으로는 발전적 변화를 꾀해 왔다. 1949년 제헌 헌법에서 지방자치 실시를 규정함에 따라, 이듬해인 1949년 7월 4일 지방자치법이 제정되었다. 당시 우리나라는 일제강점기에서 해방되었지만 정부수립과 함께 냉전에 따른 이념분쟁으로 불안정한 사회변동을 겪고 있었다. 남북으로 분할된 상황에서 남한에서만이라도 '지방자치'를 통해 민주주의를 정착시키는 것이 정부수립 초기 정치권의 국가 운영의 방향이었다.

지방자치법 제정 이후 1950년 6월에는 한국전쟁이 발발하면서 지방자치의 실시가 곤란한 상황에 직면했다. 하지만, 전쟁 중이었음에도 1952년 4월 우리나라 최초로 지방의원 선거가 실시되었다. 이 법에 의해 1952년 4월 시・읍・면 의회 의원선거와 5월 도의회 의원선거가 실시된 이래 1960년까지 4년 임기로 세 번의 지방의원 선거가 실시되었으나 이후 30년 동안 중단되었다.

1960년 5월 군사쿠데타로 포고령에 의해 지방자치가 전면 중단되는 사태를 맞았던 것이다. 1962년 12월 제3공화국 헌법은 지방자치에 관한 사항을 법률로 유보하였고, 1972년 12월 유신헌법은 지방자치 실시를 남북이 통일되는 시점까지 유보한다고 규정하고 있다. 이어 1980년 10월 제5공화국 헌법은 재정자립도를 감안하여 법률이 정하는 바에 따라 지방자치를 실시한다고 규정하고 있으나 지방선거는 이루어지지 않았다. 1987년 10월 29일 제6공화국 헌법은 지방자치를 법률로 유보한다는 규정을 삭제하고 제117조와 제118조에 지방자치에 관한 내용을 규정하였다. 헌법에 이러한 지방자치 규정이 들어간 '10월 29일'을 기념하여 정부는 2012년부터 이 날을 '지방자치의 날'로 지정하여 기념하고 있다(소진광 외, 2021).

1988년 4월 6일 「지방자치법」이 전부개정되어 지방자치가 부활될 수 있는 법적 토대가 마련되었다. 이 법에 근거하여 1991년 지방선거가 부활되어 3월에 기초의회의원 선거, 6월에 광역의회의원 선거가 실시되었고, 1995년 지방의회와 지방자치단체장 등을 동시에 선출하는 제1회 동시지방선거가 실시되었다. 제1회 동시지방선거의 특징은 선거 시기 조정을 위해 임기를 3년으로 정하였고, 광역의회의 경우 (단순)비례대표제를 실시하였으며, 지방의회는 정당공천제가 적용되지 않았다. 1998년 6월에 실시된 제2회 동시지방선거는 제1회 동시지방선거의 선출방식을 유지하였다. 제3회 동시지방선거(2002년 6월)는 1인 2표제를 도입해 유권자는 지역구 및 비례대표에 각 1표씩을 행사할 수 있게 되었다. 또한 광역의회의원 비례대표 선거에서 여성후보의무할당제(30%)를 실시하였다.

표 5-2 한국 지방선거제도 연혁

선거명	선거일	주요 내용
1991년 지방선거	1991.3.26	구시군의회의원 선거 - 정당공천금지 - 소선거구제와 중선거구제 병행
	1991.6.20	시도의회의원 선거 - 정당추천 또는 선거권자 추천에 의해 후보자 등록 - 소선거구제
제1회 전국동시 지방선거	1995.6.27	광역단체장, 광역의원, 기초단체장, 기초의원 모두 국민 직선 임기: 3년(선거 시기 조정 목적) 선출방법 - 기초의원: 소선거구제와 중선거구제 병행 - 광역의원: 소선거구제, 비례대표제 도입
제2회 전국동시 지방선거	1998.6.4	광역단체장, 광역의원, 기초단체장, 기초의원 모두 국민 직선 임기: 4년 –기초의원: 소선거구제와 중선거구제 병행 –광역의원: 소선거구제, 비례대표제
제3회 전국동시 지방선거	2002.6.13	1인 2표제 도입: 지역구 및 비례대표 선거마다 각 1표 광역의원 비례대표시 여성후보 추천제(30% 의무할당제) 도입
제4회 전국동시 지방선거	2006.5.31	기초의원 중선거구제 도입 기초의원 후보자 정당공천제 도입 기초의원 비례대표 및 여성후보 추천제(50% 의무할당제, 남녀 교호순번제) 도입 광역의원 비례대표 여성후보의무할당제 비율 상향(50%) 조절
제5회 전국동시 지방선거	2010.6.2	교육감 및 교육의원 직선제 도입
제6회 전국동시 지방선거	2014.6.4	사전투표제 도입

주: 한국 지방선거는 1952년 최초 실시된 이래 1960년까지 세 번의 지방선거가 실시되었으나, 이후 30년 동안 중지된 후 1991년 지방선거가 부활되었다.
자료: 중앙선거관리위원회(www.nec.go.kr), 권경득 · 강혜정(2019).

제4회 동시지방선거(2006년 6월)에서는 기초의원선거에 많은 변화가 일어났는데, 선거구제 방식이 기존의 소선거구제와 중선거구제 병행방식에서 선거구당 2인 이상을 선출하는 중선거구제로 변경되었다. 특히, 기초의원후보자 선출 시 정당공천이 허용되었으며, 비례대표제와 여성후보의무할당제를 도입하였다. 기초의회의 일정 부분(1/10)을 비례대표로 선출하였으며, 비례대표선거에서 후보자의 50%이상을 의무적으로 여성을 추천하고, 홀수번은 여성을 추천하는 남녀교호순번제를 실시하였다. 한편, 광역의회선거는 1선거구당 1인을 선출하는 소선거구제를 유지하고, 여성후보의무할당제의 비율이 기존 30%에서 50%로 상향 조정되었다.

2010년 6월에 실시된 제5회 동시지방선거에서는 지방의원, 지방자치단체장 이외에 교육감 및 교육의원을 지역주민이 직접 선출하였다. 그리고 2014년 지방선거에서는 사전투표제를 도입해 투표당일 투표가 불가능한 유권자가 전국의 사전투표소에서 미리 투표할 수 있도록 하였다.

1988년 전부개정된 「지방자치법」의 골격은 이후 그대로 유지되었으나 2007년 5월 11일 전부개정을 통해 주민들의 참정권이 신장되었다. 2020년 12월 9일 국회 본회의를 통과한 전부개정 지방자치법은 국가와 지방자치단체의 사무배분 기본원칙으로 '보충성의 원칙'을 수용하여 주민자치 요소를 접목하려고 시도하였다.

그간 발전적 변화를 거듭해 온 지방자치법에 근거하여 한국의 지방자치를 시대적으로 구분해 보면 다음과 같다(소진광 외, 2021). 첫째는 한국의 지방자치 제1세대는 1949년 7월 4일 최초 지방자치법이 제정되고, 1988년 지방자치 부활을 위한 지방자치법 전부개정이 있기까지의 시기가 이에 해당한다. 둘째는 1988년 4월 6일 지방자치법 전부개정부터 2007년 5월 11일 이 법의 전부개정까지의 시기로 이를 제2세대로 구분할 수 있다. 셋째는 지방자치 제3세대는 2007년 지방자치법 전부개정부터 2020년 12월 9일 국회를 통과한 전부개정 지방자치법이 시행되는 2022년 1월 13일까지의 시기가 이에 해당한다. 넷째는 전부개정된 지방자치법 규정이 시행되는 2022년 1월 13일 이후부터를 지방자치 제4세대로 구분할 수 있다.

우리나라 제1세대 지방자치는 대한민국의 건국이념을 제도적으로 반영하여 민주주의 정착이라는 시대적 요구를 수용하였다. 이러한 시대적 요구는 제정 지방자치법 제1조의 목적 규정("대한민국의 민주적 발전")에 잘 나타나 있다. 당시 지방자치법은 모두 7개의 장과 156개의 조문으로 구성되어 있다. 제2세대 지방자치는 1987년 군부정권의 종식과 소위 민주항쟁에 따른 지방자치 부활로 특징지울 수 있다. 또한 당시 공공부문은 민간기업과 같은 맥락에서 '능률성 향상'을 요구받고 있었다. 결국 우리나라 제2세대 지방자치는 '신군부로부터의 문민화'와 '신공공관리'의 추구라는 시대정신을 반영하고 있다. 1988년 4월 6일 개정된 지방자치법 제1조는 이 법의 목적을 "지방자치행정의 민주성과 능률성을" 도모하는 것으로 규정하고 있다. 1988년 전부개정된 지방자치법은 모두 10개의 장과 본문 162개 조문으로 구성되어 있다.

제3세대 지방자치는 정부혁신, 지방분권, 지역균형발전이라는 시대적 요구를 담고자

표 5-3 한국 지방자치의 세대 구분과 시기별 특징

구 분		기 간	시대 배경	[지방자치법] 체계
도입기	제1세대	1948~1961	민주주의 도입 1948.7.17: 대한민국 헌법제정 1949.7.4: 지방자치법 제정 및 공포 1952: 제1대 지방의회 선거실시	7개 장, 156개 조문
유보기		1961~1991	민주주의 유보 1961: '5 · 16' 군사혁명위원회 포고 1980: 제8차 대한민국헌법 개정 1987: 제9차 대한민국헌법 개정	
발전기	제2세대	1988~2007	민주화운동과 신공공관리 1991: 시 · 군 · 구, 시도의회 의원선거실시 1995: 제1기 민선지방자치체제 출범	10개 장, 162개 조문
	제3세대	2007~2021	정부혁신, 지방분권, 지역균형 2003~2007: 정부혁신지방분권위원회	10개 장, 175개 조문
	제4세대	2022~	주민참여, 분권적 국가기반 구축 2018: 문재인정부자치분권위원회 출범 2018: 지방자치법 정부개정안 발표	12개 장, 211개 조문

노력하였다. 2007년 5월 11일 전부개정된 지방자치법 제1조는 "지방을 균형 있게 발전시키며, 대한민국을 민주적으로 발전시키려는 목적"을 규정하였다. 이때 전부개정된 「지방자치법」은 모두 10개의 장과 본문 175개 조문으로 구성되어 있다. 마지막으로, 우리나라 지방자치 제4세대는 2020년 12월 9일 국회를 통과한 지방자치법 전부개정 내용이 시행되는 2022년 1월 13일 이후부터 시작된다. 제4세대 지방자치는 주민참여를 통한 분권적 국가 기반을 구축하려는 목적을 담고 있다. 제4세대 지방자치법은 12개 장과 본문 211개 조문으로 구성되어 있다.

2. 지방자치의 최근 경향-보충성 원리와 주민자치

1) 보충성 원리의 기원과 이론적 의미

보충성의 원리(Principle of Subsidiarity)란 기본적으로 개인이나 소규모 집단이 할 수 없는 것에 한하여 정부가 개입한다는 사고방식이다. 이러한 원리의 기저에는 '개인의 존엄'이 있으며, 국가나 정부는 개인에게 봉사하는 존재로 본다. 따라서 보충성 원리

는 개인이나 개인으로 구성되는 작은 집단(가족, 교회, 자원봉사그룹)의 자발성 · 주도성을 중시한다.

보충성 원리의 기원은 가톨릭의 사회교설, 구체적으로는 1891년 5월 15일 교황 레오 13세(Leo XIII)의 회칙(回勅) 「레룸 노바룸(Rerun Novarum)」에서 비롯한다. 이 회칙은 가톨릭교회가 사회문제, 노동문제에 관해 정식으로 언급한 최초의 것이다. 라틴어 '레룸 노바룸'은 '새로운 사태에 관하여'를 의미하며, '자본과 노동의 권리와 의미'라는 표제가 붙어 있다. '레룸 노바룸'은 정부가 모든 것을 통제해서는 안 되며, 그렇다고 개인에게 모든 것을 맡겨서도 안 되는 중도(中道)의 정부를 이상적인 것으로 보았다. 이 교설은 가톨릭교회의 기본적인 국가관이 되는데, 이는 다시 비오 11세(Pius XI)의 「콰드라게시모 안노, 사회경제질서재건안(Quadragesimo Anno)」(1931년)에 의해 발전하게 된다.[3] 이후 사회교설은 미국 사교단(司教團)에 의한 성명 「만인을 위한 경제적 정의」(1985년)에서 구체화하게 된다.

이와 같은 보충성 원리는 유럽지방자치헌장과 세계지방자치헌장에 반영되어 있다. 세계지방자치헌장은 유엔인간거주센터(UNCHS)와 도시 · 지자체세계조정협회(WACLAC)가 공동 작성하여 1998년 5월에 제1차 초안으로 공포한 바 있다. 이 초안에는 인민의 의사는 시민으로부터 가장 가까운 지방자치단체인 기초자치단체에서 가장 효과적으로 실현할 수 있기 때문에 사무배분에 있어서도 보충성 원리가 불가결한 원칙으로 제시되어 있다.

(1) 고유권설과 전래권설

자치권 이론에는 고유권설과 전래권설이 있다. 고유권설은 중세 유럽에서 발전한 도시자치권에 근거하여 나온 사상을 기초로 발전한 것이다. 고유권설은 지방자치권이 국가 이전에 존재하는 자연적 통일체인 지방의 고유한 권한임을 주장하여 군주에 대항하려 했던 자유주의적 입장의 연장선상에 서 있다. 그러나 자연법에 근거한 고유권설은 자연법론이 쇠퇴함에 따라 약화되었다. 반면, 통일적 근대 국민국가가 성립한 후에야 지방자치가 발전했다는 역사적 사실을 근거로 지방자치권은 국가주권에서 유래된 것이라고 보는 것이 전래권설이다. 전래권설은 지방자치단체의 권한이 국가로부터 법률에

---

3) 콰드라게시모 안노(Quadragesimo Anno)는 40년 후라는 뜻으로, 교황 비오 11세가 1931년에 교황 레오 13세의 노동 회칙 공포 40년을 기념하여, 사회질서 재건에 관해 발표한 회칙 제목의 첫 대문의 말이다.

의하여 통치권의 일부가 위임된 것으로 본다. 국민국가 형성기에는 국가의 통일성을 담보하고자 했기 때문에 분권 · 자치는 중앙권력에 대항하는 수단으로 간주되었다. 따라서 국가에 저항하는 지방자치단체를 인정할 수 없었으며, 국가만이 지방자치단체를 창설할 수 있다는 논리가 호응을 얻었다.

그러나 1985년 유럽 지방자치 헌장에서 보듯이 민주화된 현대 국가에서는 보충성 원칙을 자치 · 분권의 원리로 규정하는 경우가 적지 않으며, 한국에서도 이론적 실천적 관심이 커지고 있다.

(2) '딜런룰' 대 '홈룰'

미국에서는 주와 지방정부 간 관계가 분명하지 않으며, 주정부가 지방정부에 부여한 권한을 해석하는 경우 두 가지 원칙이 존재한다. 딜런룰(Dillon Rule)은 주 의회가 부여하지 않는 권한은 지방정부가 보유할 수 없다는 이론이다. 반면, 홈룰(Home Rule)은 지방정부의 권한이 명백히 부정되지 않는 한 지방정부는 권한을 보유한다는 이론이다. 하지만, 실제로 지방정부의 재량권과 채택 여부는 연관성이 없다. 즉, 국가주권의 원리와 지방주권의 원리가 혼재해 있다고 볼 수 있는데, 연방이나 주에서 지방의 권한을 제한하는 선점제가 발달해있다. 이를 통해 전래권설이나 딜런의 룰이 지배적이긴 하지만 홈룰도 지지를 얻고 있으며, 후자의 견해가 힘을 얻을수록 보충성 원리의 적용 여지가 커진다.

(3) 노자의 소국과민(小國寡民)과 보충성 원리

노자(老子)의 정치사상은 자신의 시대와 현실에 대한 깊은 통찰에 그 뿌리를 두고 있다. '소국과민'장은 국가와 정치에 대한 노자의 인식을 잘 보여준다. 노자 정치철학의 근본문제는 국가의 조직, 성격, 기능, 작용 등에 관한 문제들에 논리적으로 앞서는 것으로 '과연 국가가 존재해야 하는가'라는 것이다. 노자의 관심은 국가의 규모, 제도, 규범, 문화가 아니라, 실재하는 국가의 구체적 정치현실 속에 존재하는 개인과 그의 삶에 있다. 인간은 한 집단의 일원으로 태어나지만, 집단 · 조직으로 존재하는 것이 아니라 개인으로 존재하며 개인으로 살아갈 뿐이다. 정치적 집단주의의 산물인 국가 또는 국가권력은 규범과 제도의 제정과 운영의 원리인 보편적 규범주의와 도구적 합리성을 강화하는 성향을 그 본성으로 가지며, 이는 본질적으로 자유로운 개인에게 일정한 규제와 제한을 가하는 억압구조를 필연적으로 산출하게 된다는 것이 노자의 생각이다.

국가의 규모가 커지게 되면 억압구조를 안출할 뿐만 아니라 복잡한 계층적 관료기구가 생겨나 중앙-지방 관계는 층위를 이루게 되면서 거래비용이 증가한다. 노자는 '소국과민'을 통해 당대 정치현실에 내재한 모순의 심각성을 폭로하고, 인식의 전환을 통해 '집단'에 매몰된 '개인'을 살려내는 현실 변혁의 토대를 마련하고자 했던 것이다. 이와 같은 사상의 현대적 의미는 단순히 개인을 살려내는 의미에 머무르지 않는다. 전술했듯이 자유로운 인민의 의사는 시민으로부터 가장 가까운 정부에서 가장 효과적으로 실현할 수 있기 때문에 중앙-지방 사무배분에 있어서도 보충성 원리가 주목받고 있다.

(4) 정약용의 보충성 원리에 대한 인식

다산은 민(民)의 존재를 재인식하면서 정치의식과 현실의 근원적인 개혁을 요구하는 경세론을 펼친다. 그는 「원목(原牧)」에서 "목(牧)은 민을 위해 존재한다"라고 하여 위민사상을 주장했다(금장태, 2001: 220). 태고 시절에는 백성들만이 있었을 뿐이니 어찌 목이 존재했겠는가? 백성들은 한가로이 마을을 이루어 모여 살았다. 그런데 그들 사이에 분쟁이 일어났을 때 이를 판결할 수 없었다. 이때 한 노인이 있어 공평한 말을 잘 하였기 때문에 그들은 그 노인에게 가서 판정을 받았고, 모든 이웃사람들도 판정에 복종하였다. 그리하여 그들은 노인을 추대하여 이정(里正)이라 불렀다. 또한 여러 마을 사이에 분쟁이 일어나 판결하지 못하고 있을 때 어느 노인이 있어 현명하고 지식이 많았기 때문에 모두 그에게 가서 판정을 받고 복종하였다. 그리하여 함께 그를 추대하여 당정(黨正)이라고 불렀다. 역시 몇 개의 당 사이에 분쟁이 일어나 해결하지 못하고 있을 때 한 노인이 어질고 덕이 있었기 때문에 모두 그에게 가서 판정을 받고 복종하였다. 그리하여 그를 추대하여 주장(州長)이라고 불렀다. 이와 마찬가지로 몇 개의 주장들이 한 사람을 추대하여 우두머리로 삼아 국군(國君)이라 하고, 여러 국군들이 한 사람을 추대하여 우두머리로 삼아 방백(方伯)이라 하며, 사방의 방백들이 한 사람을 추대하여 가장 높은 우두머리로 삼아 황왕(皇王)이라 불렀다.

그러므로 황왕의 근본은 이정에서 나온 것이다. 한편, 이정은 백성들의 희망을 좇아 법을 제정하여 당정에게 올리고, 당정은 백성들의 여망을 좇아 법을 제정하여 주장에게 올렸다. 역시 주장은 이를 국권에게 올렸으며, 국권은 다시 황왕에게 올렸다. 그러므로 그 법은 모두 백성들을 편안하게 하는 것이다.

그런데 후세에는 어느 한 사람이 스스로 황제가 되어 자기의 자제와 종복(從僕)들을 제후(諸侯)로 삼고, 제후는 자기 심복을 뽑아 주장을 삼으며, 주장 역시 자기 심복을 가려 당정·이정으로 삼았다. 그러므로 황제는 자기 욕망을 좇아 법을 제정하여 제후에게 내리고, 제후는 다시 자기의 욕망대로 법을 제정하여 주장에게 내린다. 이와 같이 주장은 당정에게, 당정은 다시 이정에게 내리니, 그 법은 통치자를 존숭(尊崇)하고 백성을 비하하며, 아랫사람에게는 각박하고 윗사람에게는 너그럽게 되었다. 이렇듯 백성은 한결같이 목을 위하여 태어난 것처럼 되어 버렸다.

오늘날 수령들은 옛날의 제후와 같아져 궁실과 수레, 의복과 음식, 그리고 좌우의 시종들을 거느린 것이 마치 국군의 그것에 비길 만하다. 또 그들의 권능은 넉넉히 사람들을 경하(敬賀)할 만하고, 그들의 형률(刑律)과 위엄은 충분히 사람들을 두렵게 할 만하다. 결국, 수령들은 오만스럽게 자신을 뽐내고, 태평스럽게 스스로 안일에 빠져서 자신이 목이라는 것을 망각하고 만다. 사람들이 분쟁을 일으켜 찾아가 판결을 구하면 번거로워하면서 "왜 이렇게 시끄러우냐?" 하고, 굶어 죽는 사람이 있으면 "제 스스로 죽은 것일 뿐이다"라고 한다. 곡식과 피륙을 바쳐서 섬기지 않으면 곤장을 치고 몽둥이질을 하여 피가 흘러서야 그친다. 날마다 거두어 들인 돈꾸러미를 헤아려 낱낱이 기록하고, 돈과 피륙을 부과하여 전답과 주택을 장만하며, 권세 있는 재상가에 뇌물을 보내 뒷날의 이익을 기다린다. 이러고서야 백성이 목을 위하여 태어난 것이거니와, 어찌 이것이 타당한 이치이겠는가?

상고 시대에는 원래 민(民)이 있었을 뿐 목(牧)이 없었고, 법률도 민의 편익을 위해 아래의 작은 사회 단위에서 점차 위의 큰 사회로 올라가며 제정되던 것이 황제로부터 자기 욕심대로 법을 만들어 내려가면서 "그 법이 모든 군주를 높이고 민을 낮추며 아랫사람에게 긁어서다 윗사람에게 붙여주는 것이니 오로지 민이 목을 위해 살아가는 것같이 보인다"(與猶堂全書, 原牧4))라고 비판한다.

「탕론(湯論)」에서는 좀 더 적극적으로 민이 정치의 주체적 지위를 지니고 있음을 지적한다. "탕(湯)이 걸(桀)을 쫓아낸 것이 옳은 일인가?" 신하로서 임금을 쳤는데도 옳은 일인가?라는 문제를 제기하여 역성혁명에 대해 신하로서 임금을 친 것을 비판적으로 검토한다. 그는 "옛날에는 아래에서 위로 추대했으니 아래에서 위로 추대하는 것이 순리인데, 지금은 위에서 아래로 임명해 내리니 아래에서 위로 추대하는 것은 역이다"(與猶

4) 원목(原牧)에서 '원(原)'은 근원을 따진다는 말이다. '목(牧)'이 무엇인지 근원부터 따져본다는 뜻이다. '목(牧)'은 『목민심서(牧民心書)』에서 볼 수 있는 바와 같이 백성을 다스린다는 뜻으로 쓰인다. 혹은 그 일을 하는 사람을 가리키기도 한다. 전근대 사회에서 위정자들은 피통치자인 백성을 보살펴야 할 양 떼나 소 떼로 생각했기에 '짐승을 기른다'는 뜻의 '목(牧)' 자를 다스린다, 통치한다는 뜻으로 사용했던 것이다.

堂全書, 湯論). 그러므로 천자가 백성의 뜻에 어긋났을 때 이를 갈아세우는 것은 당연한 것이다. 다산은 정치 권력의 원천이 백성에 있고, 이 권력의 주체가 백성임을 파악하고 있다(김성기, 2006).

그의 주장은 당시의 지배 계급에게는 위협적인 것이어서 유배를 당할 수밖에 없었다는 점에서 볼 수 있듯이, 만일 그가 왕도정치의 폐기를 주장하거나 사회 계급 차별의 폐해를 전파했다면 생명을 부지하기 어려웠을 것이다. 그러나 그는 이런 주장의 일단을 아주 간접적으로 「탕론(蕩論)」과 「원목(原牧)」에서 보여 주고 있다. 상이하(上而下)가 아니라 하이상(下而上), 즉 인민의 추대로 지배자가 천거되는 것이 하늘의 이치라는 주장에서 우회적으로 자신의 깊은 사상적 원류를 암시하고 있다(김영평 · 홍준현 편, 2010: 25).

(5) 보충성 원리의 양면성

보충성의 원리는 동전의 양면처럼 '소극적 의미'와 '적극적 의미'를 동시에 내포한다. 소극적 의미는 국가에 의한 개인의 자율성 침해를 보호한다는 의미인 반면에, 적극적 의미는 개인의 자율성 보호, 즉 인격의 자유로운 발현을 위해 국가가 적극적인 도움을 제공한다는 의미로서 상대적 개념이다.

'아래로부터 상향적 사회구조'를 내용으로 하는 보충성 원리의 기본사상은 인간 공동체를 일종의 피라미드로 이해한다. 중세의 사상가들이 생각하는 질서의 정당성은 위로부터 아래로 향한 하향식 권위의 질서 속에 자리잡고 있었다. 즉, 그 정당성은 창조주 하느님으로부터 무수한 굴절 과정을 통하여 가장에게까지 이르는 것이었다. 그러나 현대의 보충성 원칙은 개인에서 출발하여 아래로부터 위로의 상향식 정당성을 근거함으로써 '자유의 우위'에 의해서 '권위의 우위'를 붕괴시켰다. 다시 말해, 신(神) 중심적 질서체계가 인간 중심적 질서체계로 대치되었고, 초개인적 질서는 개인적 질서로 양극이 전도되었다. 사순절 교황교서는 보충성의 원리를 다음과 같이 표현하고 있다. "개인이 자기의 능력과 자기의 활동으로 이행할 수 있는 것을, 그에게서 빼앗아서는 안 되고 또한 사회에 양도해서도 안 된다." 이러한 표현은 국가의 개인에 대한 간섭이 가능한 한 자제될 것을 내용으로 하는 '국가활동의 제한 원리'라는 점에서 소극적 의미의 보충성 원칙이 된다. 여기서 개인의 능력의 범위에 속하는 과제는 고유하며, 결코 타인(상위 공동체)에 의한 침해는 물론이고 스스로의 포기도 불가능하다는 점을 보여주고 있다. 따라서 보충성의 원리에 의해 보호되는 자율성은 인간의 존엄의 내용이 된다. 왜냐하면, 자율적인 존재로서의 인간에게 자기 과제의 이행은 의무인 동시에 권리이기 때문이다. 그런데 여기서 말하는 자율성은 국가를 포함한 상위 공동체의 적극적 작용에 의해 보호되는 것은 결코 아니다. 단지 소극적 자제에 의해 보호될 뿐이다. 이처럼 보충성 원칙의 소극적 내용은 국가 간섭의 자제를 통해 시민의 자유를 최대한 보장한다는 점에서 자유국가 원리와 관련을 맺고 있다.

보충성 원리의 적극적 내용은 개인이 스스로 자기의 과제를 이행할 능력이 없을 경우에 국가가 보조와 간섭을 통해 그 기능 발현의 전제조건들을 충족시키기 위하여 도움을 제공하는 것을 말한다. 독일 사회 민주당의 기본강령은 보충성 원칙의 적극적 내용을 다음과 같이 표현하고 있다. "국가는 개인이 자유로운 자기책임과 사회적 의무 속에서 자기 스스로 발현할 수 있는 전제조건을 창출해야 할 것이다. 기본권은 국가에 대해 단지 개인의 자유만을 보장해서는 안 되고, 사회형성적 권리로서 국가를 함께 근거지워야 한다. 사회국가로서 국가는, 각자에게 자기책임의 자기 결정을 가능케 하고 또 자유로운 사회의 발전을 촉진시키기 위해, 국민을 위한 생존 배려를 해야 한다." 이 말이 의미하는 바는 국가가 개인의 자유만을 보장하는 데 그쳐서는 안 되고, 적극적으로 개인의 인격 발현의 전제조건을 구비해야 할 의무가 있음을 알려주고 있다. 여기서의 적극성은 개인의 자율성 보호, 인격의 자유로운 발현을 위한 국가의 적극적인 도움을 의미한다. 즉, 명확한 목적에 근거하여 협력적으로 책임과 권한을 공유함을 말한다. 나아가 보충성 원칙의 적극적 내용은 사회의 역사성이나 현실 관련성을 잘 반영하고 경험과학적으로 '현재의 것보다 더 좋은 것'을 추구한다는 측면에서 동적 원리로서의 내용을 내포한다. 보충성 원리의 동적 성질은 사회 변화 또는 역사 변화는 끊임없이 과제 내용의 변화를 요구하고, 또한 그것에 효율적으로 대처할 수 있는 과제 담당기관을 새로이 찾게 되므로 과제 담당기관은 계획적으로 만들어져야 한다는 것이다.

(6) 보충성 원리와 주민자치

1980년대 이후 복지국가 패러다임의 위기 속에 작은 정부론(Small Government)이 강조되고 있는 것은 주지의 사실이다. 최근에는 정부재정의 과부하 상황 속에서 영국, 일본 등에서 큰 사회(Big Society) 담론이 주목받고 있다. 작은 정부 · 큰 사회 담론은 수직적 보충성 원리(근린 → 기초 → 광역 → 중앙정부)와 수평적 보충성 원리(自助 → 互助 → 共助 → 公助)를 필연적으로 강조하게 된다.

그런데 보충성 원리를 담보하기 위해서는 참여 거버넌스가 중요한 의미를 가지게 된

그림 5-4 보충성 원리와 지역공동체

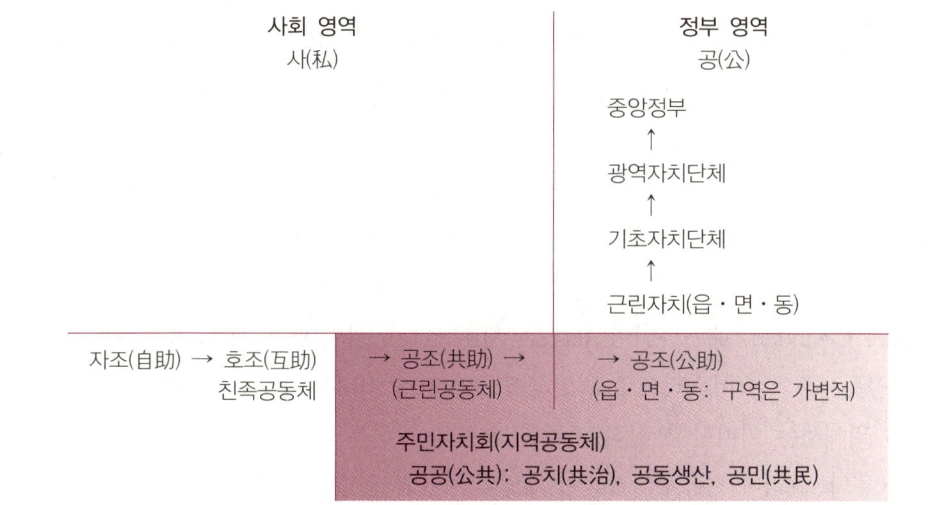

다. 현대 사회에서 시민참여는 다양한 이념적 스펙트럼과 대중적 기반을 가지고 있는 운동들에 대해 '차이'가 아닌 '동질성' 내지 '보편성'을 부각시킨다. 그리고 그 동질성은 노동자들로서 혹은 농민이나 도시 빈민으로서의 개인이 아닌 진정한 시민의식을 가진 국민적 개인으로서 '공익'이라는 보편적 요구를 중심으로 활동한다는 의미에서의 동질성이다. 그러나 한편으로 현대 사회는 사회 전체의 공공선(公共善)보다는 오히려 개인이나 집단의 개성, 자율, 자기 결정이라는 가치를 중요하게 여기면서, 공공선 상실의 문제에 직면하고 있다. 현재 한국에서 진화하고 있는 참여 거버넌스도 시민사회 자체의 균열로 인해 공공선 담보가 중요한 문제로 대두되고 있다. 참여 거버넌스론자들은 정책으로부터 직접 이득을 얻는 고객으로서가 아니라 주권자인 시민의 정책 과정 참여가 중요하다고 여긴다. 적극적인 시민참여는 보수주의적 신공공관리론자에 의해서도 '국가 기능의 민간 분담'이라는 장점 때문에 강조되지만, 이상주의적 진보주의자들에 의해서도, 공동체의 재건과 관련하여 강조된다. 이들은 공동체에 대한 헌신적 참여를 강조하고 이를 위해 이타적인 도덕적 시민을 양성해야 한다는 공동체주의(communitarianism), 시민주의(civicism)를 주장한다(채원호, 2002).

지방자치와 참여문제를 논의할 때, 주민참여와 시민참여 개념이 모두 쓰일 수 있으나, 엄밀히 말하면 주민참여와 시민참여는 준별할 수 있는 개념이다. 물론 용어가 쓰이는 맥락에 따라서는 주민참여와 시민참여가 거의 동일하게 사용되는 경우도 있으나, 여기에서는 양자의 의미를 다음의 [표 5-4]에서 보는 바와 같이 구분할 수 있다고 본다. [표 5-4]에서 알 수 있듯이 지역에 거주하는 주민은 주민이기도 하지만 시민으로서의 의미도 갖는다. 이와 같이 이중적 의미를 가지는 주민은 지역사회에서 공공성을 담보하는 적극적인 주체가 될 수 있다.

오늘날의 정치철학 이론에서 개인의 자유와 권리를 앞세우는 자유지상주의의 대척점에는 공동체주의가 자리하고 있다. 공동체주의는 공동선의 우월성을 기초로 해서 공생, 공익 등의 공동체적 가치를 강조한다. 공동체주의의 대표적인 학자로는 샌델(Michael J. Sandel), 매킨타이어(Alasdair MacIntyre), 왈저(Michael Walzer) 등을 들 수 있다. 공동체주의는 학술적으로 엄밀하게 규정짓기 어려운 개념이다. 공동체주의로 구분되기 위해서는 어떠한 본질적 가치를 지향해야 하는지에 대한 학자들 간의 일치된 견해가 없다. 그러나 자유주의자들이 개인의 자유와 권리를 강조하는 것은 잘못된 것이라고 주장한다는 점에서 공동체주의자들은 공통된 특징을 지닌다. 공동체주의는 권리보다는 책임을, 가치중립적 방임보다는 가치판단적 담론을 중시한다(전주상 외, 2018:

표 5-4 주민, 시민, 공민(共民)의 기본적 성격

		주 민	시 민	공민(共民)
행위주체	a) 성격	이해당사자로서의 주민	양심적 구성원으로서의 시민	지역공동체에 대한 애착
	b) 계층적 기초	일반시민, 농어민층, 자영업층, 공무 서비스층, 여성층, 고령자층	전문직층, 고학력층	공동체 구성원
이슈의 성격		생활(생산) 거점에 관련된 직접적 이해의 방어·실현	보편적인 가치의 유지·실현	공공문제, 공익
가치지향성		개별주의, 한정성	보편주의, 자율성	공공철학의 실현
행위양식	a) 유대의 계기	거주지의 근접성	이념의 공동성	공동체 정신
	b) 행위특성	수단적 합리성	가치지향성	공공선 지향성
	c) 관여특성	지존의 지역집단과의 연속성	지지자적 관여	공치(共治)/공동생산
사례		서울시재산세공동과제 제도 (강남3구+중구, 용산, 영등포구 vs. 기타 자치구) 거주지역 주민들 간 이해 상충	민주화운동 소비자운동	마을만들기, 수탁사업 등 협력적 거버넌스

주: 주민, 시민, 공민으로 구분한 것은 당연한 이야기이지만 상호배타적인 구분은 아니다.
자료: 長谷川(2003: 38) 수정, 공민부분 가필 보완.

89). 여기에서는 주민자치회의 역할 모형과 관련하여 주민, 시민과 대비되는 공민(共民)의 이미지를 [표 5-4]에서와 같이 제시하고 가능성을 모색해 보았다.

제3절 지속가능발전과 지방정부의 ESG 경영

1. 지속가능발전

지속가능발전이란 본래 환경보전에 관한 기본 이념으로 등장하여 국제적으로 널리 인식되기 시작한 개념이다. 이는 환경과 발전을 양립시키는 것으로 환경보전을 고려한 발전이 중요하다는 생각에 입각한 것이다. 즉, 인구 증가와 경제의 글로벌화에 수반되는 전 지구적인 문제 해결을 위해 고안된 개념이다. 1987년 UN에 의해 구성된 '세계환경개발위원회(WCED)'의 '우리공동의 미래(Our Common Future)' 보고서는 "미래 세대의 필요를 만족시키는 능력의 손실 없이, 현세대의 필요를 만족시키는 발전"이라고 정의한 바 있다.

1992년 브라질 리우에서 열린 유엔환경개발회의(UNCED)에서는 '지속가능발전'을 실현할 구체적인 노력으로 2개의 선언, 1개의 성명, 그리고 2개의 협약을 채택하였고, 보다 더 효과적인 지구환경보전 전략 수립을 위하여 '유엔지속발전위원회(United Nations Conference on Sustainable Development: UNCSD)'를 설치하기로 결정하였다. 선언의 구체적인 내용으로는 지속가능한 개발 목표 달성을 위한 원칙적인 내용의 '리우선언'과 리우선언 이행을 위한 21세기 지구환경보전 실천 강령으로 정책목표와 지침을 제시한 '의제21(Agenda 21)'이 있다.

우리나라 역시 1996년 '의제21'을 국가실천계획으로 수립하여 UN에 제출하였고, 관계부처 간 협의와 조정을 수행할 범정부적 기구로서 2000년 9월 대통령 직속 지속가능발전위원회(PCSD)를 설치, '의제21'의 국가실천계획의 이행 상황을 평가하고 보완하는 작업을 지속적으로 수행하고 있다.

2015년 9월 25일 유엔은 향후 15년 간의 새로운 지속가능한 발전의 지침으로 「지속가능발전을 위한 아젠다」를 채택했다. 여기에는 2015년까지의 밀레니엄 발전목표(MDGs)를 계승・발전시킨 지속가능발전목표(SDGs)가 포함되어 있다. SDGs는 복잡한 사회적,

그림 5-5 유엔 지속가능발전 목표(UN SDGs)

경제적, 환경적 과제를 폭넓게 망라하고 있다. 구체적으로 살펴보면 [그림 5-5]에서 보듯이 인류의 보편적 문제(빈곤, 질병, 교육, 여성, 아동, 난민, 분쟁 등)와 지구환경문제(기후변화, 에너지, 환경오염, 물, 생물다양성 등), 경제사회문제(기술, 주거, 노사, 고용, 생산 소비, 사회구조, 법, 대내·외경제)를 2030년까지 17개 주 목표와 169개 세부목표로 해결하고자 국제적 공동목표를 제시하고 있다.

2. ESG의 등장 배경과 개념

본래 '지속가능발전' 개념은 환경과 발전의 양립에서 비롯되었지만, 유엔 지속가능발전 목표에서 보듯이 사회적 책임 의제까지를 망라하는 형태로 진화하고 있다.

영국의 대처(Margareat H. Thatcher), 미국의 레이건(Ronald W. Reagan), 일본의 나카소네(中曾根) 정권 등 신보수주의 등장 이후 1980년대에 등장한 신자유주의 흐름은 정부를 위시한 공공부문에 신공공관리(New Public Management: NPM) 패러다임을 등장시켰다. 시장원리와 효율성의 가치를 중요시하는 흐름과 더불어 세계화가 진전됨에 따라 시장에서는 다국적기업이 크게 성장하는 등 이전과는 다른 양상이 나타났다. 사회에 대한 기업의 영향력이 증가하고, 한 국가 안에서만 영향을 미치던 기업활동이 국경을 넘어 전 세계에 경제·사회적으로 영향을 줄 수 있을 만큼 성장함에 따라 사회적 실체로서 기업의 역할과 기능에 대한 관심이 증폭되었다. 특히, 이윤만 추구하는 기업활동에 대한 반성의 목소리가 높아지면서 기업의 공공성이 강조되었으며, 이러한 사회적 관심은 기업에 일정 부분 사회적 역할과 책임을 촉구하는 압력으로 작용하였다.

공공부문에서 시장원리와 효율성이 강조되는 흐름과는 다르게 민간부문에는 기업의 공공성 문제가 새로운 과제로 제기되면서, 기업의 사회적 책임(Corporate Social Responsibility, 이하 필요한 경우 CSR)과 윤리경영이 부각되었다. UN, OECD, ISO와 같은 국제기구들이 기업의 사회적 책임을 강조하는 조약·가이드라인·규범들을 지속적으로 내놓고, 기업 내부에서도 지속가능발전이 기업경영에 중요한 화두로 떠오름에 따라, 기업들은 스스로 사회적 책임과 윤리경영에 관심을 가지고 능동적으로 대처하지 않을 수 없게 된 것이다.

영리추구를 목적으로 하는 기업에서도 경영환경의 변화로 이윤극대화만을 표방하기 어려운 시대가 된 것이다. 기업의 존속을 위해서는 다양한 조건을 충족시켜가며, 적정 이윤을 확보하는 것이 시대적 요청이 되고 있다. 최근 기업의 환경적 책임이나 사회적 책임이 강조되고 있지만, 기업을 평가하는 척도로서 사회성(社會性)은 수익성이나 안전성과 더불어 기업을 평가하는 척도로 이미 활용되어 온 개념이다.

기업의 경영활동은 시장질서와 법·제도의 준수는 물론이고, 시대에 따라 조금씩 다르게 요구되는 사회적·환경적 책임을 다해야 한다는 압력을 받고 있다. 구체적으로 내부에서는 종업원·소비자의 권리 보호, 지배구조개선, 주주권한의 보장, 회계 및 감사의 투명성 확보 등 이해관계자들의 요구와 압력을 받고 있으며, 외부적으로는 법·제도 준수, 환경에 대한 책임, 사회공헌활동, 인권보장, 반부패활동 등 시민사회의 압력이 존재한다.

특히, 최근에는 내·외부적으로 이해관계자나 시민사회를 통해 요구되는 사회적 책임들을 무시하거나 충족시키지 못하는 기업에게 강력한 제재가 가해지고 있다. 엔론, 나이키를 비롯한 많은 사례들에서 그러한 압력들은 노조파업, 주주집단소송, 사회적 책임 투자(Social Responsibility Investment), 불매운동 등 구체화되고 있으며, 실질적으로 경영활동에 큰 영향을 미치고 있다.

이와 같이 지속가능발전을 위한 기업의 책임은 환경적 영역에만 머무르지 않고 사회적 영역으로까지 확대되고 있으며, 실천을 위한 이행기제로서 거버넌스가 함께 강조되면서 ESG 경영이라는 개념이 등장했다.

ESG는 환경(Environment), 사회(Social), 지배구조(Governance)의 영문 첫 글자를 조합한 단어로, 기업경영에서 지속가능성(Sustainability)을 달성하기 위한 세 가지 핵심요소이다. 과거 기업의 가치는 재무제표와 같은 단기적·정량적 지표에 의해 주로 평가되어 왔던 데 반해, 전 세계적 기후변화 위기와 코로나19 팬데믹에 직면한 최근에는

ESG와 같은 비재무적 가치의 중요성이 더욱 증가하고 있다. ESG와 밀접한 연관을 맺고 있는 용어인 '지속가능성'에 나타나 있듯이, ESG는 기업가치에 중·장기적인 영향을 미친다. 그러나 그 중요성이 단기적인 재무적 성과보다 덜하다고 볼 수는 없다. 환경, 사회적 가치를 중시하는 방향으로 변화될 전 세계적인 패러다임 전환 하에서, ESG는 기업의 장기적인 생존과 번영에 직결되는 핵심적인 가치로 자리매김할 것이다

3. ESG의 규범화 진전과 공시 의무화

2000년을 전후로 하여 세계 주요 국가에서는 ESG 요소가 기업의 투자수익이나 위험성 등 다양한 측면에서 기업 가치 및 경제적 성과에 영향을 줄 수 있다는 논의가 확대되기 시작했다. 이들 흐름을 배경으로 ESG 공시에 관한 논의도 촉발되었는데, EU는 2003년 '회계현대화지침(EU Account Modernization Directive 2003/51/EC)'에서 연차보고서상 회사의 사업과 성과를 이해하는 데 필요한 범위 내에서 환경, 고용 등의 비재무적 요소를 공시하도록 하였다. 영국 역시 2000년대 초반 연기금에 ESG 정보공시를 처음 도입하였다. 특히, 2006년 UNPRI가 기업의 지속가능한 성장 관련 6대 원칙 등을 발표하면서 본격적으로 기업의 비재무적 요소에 대한 공시 강화가 추진된 바 있다.

2018년 EU는 '지속가능성장 재원조달 실행계획'의 일환으로 지속가능금융 관련 규제를 발표했다. 이는 ESG 공시 규정, 분류체계 규정, 저탄소 벤치마크 규정 등을 골자로 하고 있다. 또한 영국에서는 표준화된 기후변화 관련 공시체계 도입을 위해 TCFD(기후변화 관련 재무정보공개 태스크포스)가 제안한 지배구조, 경영전략, 위험관리, 탄소배출량 측정 및 목표 설정에 관한 권고사항을 평가하고, 재무보고서 등에 공개하는 개정안을 발표했다. 현재 국제적으로 ESG 공시를 의무화한 국가들은 20개국으로, 유럽은 2021년 3월부터 연기금을 시작으로 은행과 보험사, 자산운용사 등으로 공시 의무를 확대하도록 했고, 영국은 모든 상장기업을 대상으로 2025년까지 ESG 정보공시를 의무화할 예정이다.

한국은 2019년부터 자산총액 2조 원 이상의 코스피 상장사를 중심으로 기업지배구조 핵심정보를 투자자에게 의무적으로 공시하도록 개정하였다. 더불어 2021년 1월 14일 금융위원회는 ESG 책임투자 활성화를 위한 제도적 기반 마련 차원에서 ESG 정보의 자율공시를 활성화하고 단계적 의무화 추진 방안을 발표한 바 있다. 이에 따르면 크게 3단계 접근으로 1단계(현재~2025년)는 자율공시를 활성화하고 2단계(2025~2030년)는

일정 규모 이상(예: 자산 2조 원 이상) 기업에게 ESG 공시를 의무화하였으며, 3단계(2030년 이후)에서는 전 코스피 상장기업들을 대상으로 지속가능경영 보고서 공시를 의무화하였다.

ESG 요소 중 글로벌 차원의 주요 고려사항인 기후변화 관련 정보공개 마련을 위해 G20 재무장관과 중앙은행 총재들은 금융안정위원회(FSB)[5]에 기후변화가 금융시장에 미칠 영향에 대한 검토를 요청하고 FSB는 2015년 TCFD(Task Force on Climate-related Finacial Disclosure; 기후와 관련된 재무정보 공개를 위한 협의체)를 설립했다. TCFD는 금융기업 · 비금융기업들로 하여금 환경 관련 일관된 정보를 공시하도록 하여 투자자들 및 이해관계자들이 올바른 의사결정을 할 수 있도록 기준을 마련하고, 기업에게 지배구조, 투자전략, 위험관리, 탄소배출량 측정 및 목표 설정의 4개 부문을 보고하도록 권장하고 있다.

기후위험공시를 의무화하는 국가들이 늘어남에 따라 2021년 1월 기준 총 77개국, 약 1,700여 개 기업 · 기관에서 TCFD에 대한 지지선언(supporter)을 한 바 있다. 유럽의 가입 기관수가 664개로 가장 많으며, 아시아의 경우 447개 기관이 가입했다.

4. 도시정부의 ESG 행정체계 구축 및 전략

지금까지 ESG의 등장 배경 및 개념을 살펴보았는데, ESG 경영은 기업뿐만 아니라 지방자치단체 경영에서도 중요한 의미를 갖는다. 도시정부에서도 결국 ESG 경영이란 'ESG 경영전략'과 'ESG 정보공시'를 통해 행정가치를 제고하는 것을 의미한다. 성공적인 ESG 행정을 위해 지방자치단체는 'ESG 비전 수립'부터 '이해관계자 커뮤니케이션 방안'까지 ESG 행정체계를 갖추고, 각 단계별 액션플랜(action plan)을 수립하여 이를 추진해야 한다.

지방자치단체에서 ESG 경영전략 수립을 위해서는 먼저 지방자치단체 행정이 어떤 수준의 ESG 평가를 받고 있는지 항목별로 분석해야 한다. 또한 왜 이와 같은 평가를 받고 있는지, 이를 통해 어디에 중점을 두고 ESG 전략을 전개해야 하는지 판단해야 한

5) FSB는 1999년 국제금융시스템의 안정성을 증대하고 국제적 수준의 금융 감독을 위해 설립된 FSF(Financial Stability Forum, 금융안정포럼)가 확대 · 개편된 조직이다. 현재 25개국의 금융당국(중앙은행, 재무부 및 감독기관)과 10개 국제기구 대표가 회원으로 활동하고 있으며, 우리나라에서는 한국은행과 금융위원회가 참여하고 있다.

그림 5-6 ESG 행정체계와 전략 수립

자료: 이효정 외(2021: 28).

다. 이를 위해서는 ESG 진단이 선행되어야 한다. ESG 진단을 위해서는 국내·외 기업들의 ESG 진단 및 평지표 및 평가자료를 참고할 필요가 있다. 세계적으로 공신력 있는 MSCI(Morgan Stanley Capital International)는 30여 개 세부 ESG 항목을 기반으로 기업의 ESG 성과를 평가하고 있다. 실제로 글로벌 주요 투자기관이나 핵심 이해관계자들은 기업의 ESG 수준을 판단할 때 MSCI ESG 평가와 같은 글로벌 ESG 평가기관의 결과에 대한 활용도가 높다. 지방자치단체와 같은 공공기관의 경우 아직 평가체계가 확립되어 있지 않지만, 최근 정부에서는 진단 및 평가체계를 마련하고 있다. 개별 지방자치단체에서든 자체 ESG 진단 등을 통해 단계별 ESG 실천전략을 수립해야 할 것이다.

지방자치단체의 장 및 의회가 주도하여 ESG를 위한 거버넌스를 구축하는 것도 필요하다. 지방자치단체에서 ESG 전략은 국가의 법령 제·개정도 필요하지만, 지방자치단체에서는 조례 등 자치입법으로 대응해야 한다. ESG 전략 수립은 리스크 관리 차원을 넘어 해당 지방자치단체에서 새로운 가치 창출(value creation) 도구로서 활용될 필요가 있다. 따라서 ESG 전략은 지방자치단체 수장이나 지방의회가 긴밀한 협의 하에 주도해야 하며, 주요 ESG 이슈가 관리되어야 한다. 전술한 대로 ESG 전략을 실천하려면, 지방자치단체의 행정체계를 ESG 행정체계로 재설계하는 것이 중요하다. 지방자치단체의 존재 목적과 비전을 ESG 기준에 맞게 재정립하고, 지방자치단체 행정 성과를 ESG 평가

지표로 통합하여 새로운 전략목표를 수립해야 하며, 전략목표 실천을 위한 전략과제들을 도출해야 한다.

참고문헌

강용기(2014). 『현대지방자치론』. 서울: 대영문화사.
국가공무원인재개발원(2018). 『2017인재개발연보』.
김병준(2012). 『지방자치론』. 서울: 법문사.
김영민(1992). 한국 최초의 현대 행정학자 정인흥의 행정사상. 『한국행정학보』, 26(3): 991-1014.
김종후(2017). 『지방정부관리론』. 서울: 대영문화사.
노융희 외(2015). 『지방자치의 어제, 오늘 그리고 내일』. 서울: 조선뉴스프레스.
백완기(2005). 『한국행정학 50년: 문헌검토를 중심으로』. 서울: 나남출판.
소진광 외(2008). 『한국지방자치의 이해』. 서울: 박영사.
소진광 외(2021). 『개정지방자치법해설』. 자치분권지방정부협의회.
안용식(2006). 『지방행정론』. 서울: 대영문화사.
오재일(2014). 『지방자치론』. 서울: 오래.
이달곤 외(2012). 『지방자치론』. 서울: 박영사.
임도빈(1997). 『지방조직론』. 서울: 박영사.
임승빈(2013). 『지방자치론』. 서울: 법문사.
장승욱 · 김용현(2013). 기업의 ESG와 재무성과. 『재무관리연구』, 30(1): 131-152.
정세욱(2000). 『지방자치학』. 서울: 법문사.
정인흥(1961). 『지방자치론』. 서울: 박영사.
정일섭(2015). 『한국지방자치론』. 서울: 대영문화사.
정정길 외(2020). 『정책학원론』. 서울: 대명출판사.
지방자치인재개발원(2018). 『지방자치인재개발원연보2017』.
지방행정연수원(2015). 『반세기를 품은 이야기: 지방행정연수원 50년사』.
채원호(2002). 참여형 정책분석. 『거버넌스의 이해』. 서울: 대영문화사.
채원호(2011). 한국 공기업의 윤리경영 강화방안 연구. 『한국정책분석평가학회보』, 21(1): 51-78.
채원호 · 이주희(2018). 한국의 지방자치 교육. 한국지방자치학회 편. 『한국지방자치 30년사』. 대영문화사.
최창호(2009). 『지방자치학』. 서울: 삼영사.
한국거래소(2020). 『ESG 정보공개 가이던스』.

한국지방자치학회(2010). 『한국지방자치학회20년사』.

한국행정학회(2006). 『한국행정학 오십년: 1956~2006』.

後藤敏彦(2020). SDGs と TCFD: 不確實性時代の企業・自治体の中長期ビジョン. 『共生科學』, 11.

오쿠노 노부히로 외(2015). 『새로운 공공의 도시시대: 사람을 이어 도시를 살리다』. 국토연구원.

村松岐夫(2010). 『テキストブック 地方自治』. 東京: 東洋經濟新報社.

CHAPTER

06

도시재정

문광민
(충남대학교 행정학부)

제 1 절 도시재정의 의의

1. 도시재정의 개념

도시재정은 각 도시정부의 재정활용 및 과정으로서, 각 도시정부가 관할 행정구역 내 지역주민들의 공적인 수요를 충족하기 위해 재화 내지 서비스를 생산·공급하기 위해 행하는 재원의 동원과 관리, 배분 등 일련의 공경제적 활동과 과정이라고 할 수 있다. 도시재정은 중앙재정과는 대비되는 개념인 지방재정 중 한 부문으로서 모든 도시정부의 재정활동과 내용을 포괄하는 개념으로 이해할 수 있다.

도시정부의 기본임무는 주민의 생활을 안전하게 보호하면서 주민 각자의 경제·사회활동의 기회와 편익을 제공하고 나아가 주민의 복지수준을 향상시키는 것이며, 이는 도시정부의 존재 이유라고 할 것이다. 따라서 도시정부가 이와 같은 존립목적을 수행하기 위해서는 조직과 인력이 필요할 뿐만 아니라 이러한 조직과 인력을 활용하여 주민복지 수요를 충족시키기 위한 각종 사업추진과 서비스를 창출, 공급하기 위해서는 재정이 필요하다.

2. 도시재정의 기능 및 특성

자본주의 시장경제체제는 개인 간의 자발적인 교환행위를 전제로 하며, 이러한 자발적 교환행위가 가능하기 위해서는 소유권이 확립되어 있어야 한다. 사회 내에 법과 질서가 유지되지 않는다면 소유권의 확립과 보호는 거의 불가능하며, 이런 이유로 '보이지 않는 손'에 의해 움직이는 순수 시장경제체제에 있어서도 정부는 법과 질서의 유지, 곧 소유권의 확립 및 보호라는 기본적인 역할을 수행해야 한다. 정도의 차이는 있으나 오늘날 도시정부를 포함하여 대부분의 정부는 이러한 야경국가적인 소극적 역할을 넘어 이른 바 '시장실패' 치유라는 적극적인 역할을 수행하고 있다.

머스그레이브(R. A. Musgrave)는 재정의 3대 기능으로 소득재분배, 경제안정화, 자원배분의 조정기능을 제시하면서 도시정부를 포함한 지방정부의 예산을 중앙정부 예산에 종속적인 개념으로 파악하고 있다. 이에 따라 도시재정은 재정의 3대 기능 중 자원배분 기능만 밀접한 관련성이 있다는 소극적 입장을 견지한 바 있다. 그러나 지방자치가 실시되고 지방재정의 규모가 커지면서 국가와 지역발전을 위하여 도시재정을 포함한 지방재정의 기능도 기본적으로 국가재정의 기능과 같은 측면에서 보아야 할 필요성이 높아지고 있다고 볼 것이다.

1) 자원배분 기능

자원배분 기능은 공공부문을 시장의 활동에만 맡겨두었을 경우 발생하는 시장의 실패, 즉 공공재의 과소공급이라는 비효율적인 자원배분 상태를 최적상태에 가깝게 하기 위해 정부부문이 부족한 재화와 서비스를 공급하는 기능을 말한다. 그 범위는 소방, 교육, 의료, 보건위생, 상·하수도, 운수·교통, 치산·치수, 항만, 도로, 공원, 문화시설, 자치경찰 등 국민생활의 기반을 이루는 모든 분야에 이르고 있다. 이와 같은 공공적인 재화와 서비스의 제공은 오늘날 도시정부의 가장 중요한 기능으로서 주민의 삶의 질을 향상시키고 지역발전을 도모할 수 있는 기능이다. 대표적으로 공공재는 한사람의 소비행위가 다른 사람의 소비행위에 영향을 주지 않는 비경합성이 있을 뿐 아니라 대가를 지불하지 않은 사람도 소비할 수 있는 비배제성을 지녔으므로 지방정부가 집중적으로 책임져야 할 영역이라 할 것이다.

2) 소득재분배 기능

소득재분배 기능은 중앙정부가 담당할 문제이지 도시정부 등 지방정부에게는 이에 대한 궁극적인 책임은 없다고 보는 입장도 존재한다. 소득 및 부의 분배상태를 조정하는 소득재분배 기능은 전통적으로 국가재정이 전국적으로 통일된 형태로 누진세 형태의 조세체계와 저소득층에 대한 사회적 이전지출과 사회서비스 제공을 통하여 수행하는 것이 효과적이라는 논리이다.

그러나 오늘날 도시정부는 국민 또는 주민에게 최소한의 기본수요를 충족시키기 위하여 국고보조금 형태로 국가로부터 일부 재정지원을 받아 자기부담이 확대되는 등 국민의 기초생활을 보장하는 역할이 증가하고 있다. 또한 원가 이하로 도시행정 서비스를 제공하고 있어 제한적이나마 소득재분배 기능이 확대되고 있는 것도 현실이다.

3) 경제안정화 기능

경기조절정책을 그 내용으로 하는 경제안정화 기능과 관련하여서는 도시재정의 역할상 한계가 있다는 점은 어느 정도 받아들여지고 있다. 경기조절 또는 경제의 안정은 국가경제 전체적인 입장에서 재정지출, 감·증세 등 재정정책과 이자율의 조정을 통한 금융정책, 임금·물가·환율정책 등 이용 가능한 모든 정책수단을 동원하여야 효과를 발휘할 수가 있기 때문이다. 따라서 이와 같은 여러 가지 정책수단을 보유하고 있는 국가재정이 경기조절 기능을 수행하는 것이 효과적인 것도 사실이다. 국가재정은 그 규모가 크고 그 효과도 전국적으로 미치게 되므로, 국가가 거시적으로 집행하여야 한다는 논리이다.

그러나 오늘날 각 도시정부는 지역경제를 안정시키기 위하여 지역 물가 안정대책을 추진하고 있고, 지역경제를 활성화시키기 위하여 지역전략산업과 재래시장 기반확충사업 등 다양한 시책들을 추진하고 있다. 또한 금융경제 위기 극복을 위하여 재정균형집행 및 재정지출 확대정책 등을 추진하는 등 도시정부도 지역경제의 안정화 기능을 적극적으로 수행하고 있다.

제 2 절 도시예산 및 재정제도

1. 도시정부 예산 관련 법령 및 원칙

1) 예산 관련 법령

도시정부 등 지방정부 예산의 편성과 집행 및 결산 등 예산운영과 관련된 제반사항을 실제 적용하고 있는 법령은 「헌법」, 「지방자치법」, 「지방재정법」, 「지방회계법」, 「지방교부세법」, 「지방공기업법」 및 이상의 각 법의 시행령·시행규칙과 정부의 조례·예규가 있다. 이와 함께 「국가재정법」, 「보조금의 예산 및 관리에 관한 법률」, 「국가균형발전특별법」 및 예산·회계 관련 지침 등을 준용하고 있다.

2) 예산의 원칙

예산의 원칙이란 도시정부 등 지방정부가 예산의 편성 및 집행과 결산 과정에 있어서 기본적으로 지켜야 할 원리를 말한다. 예산의 원칙은 근본취지에서 볼 때 예산의 편성과 집행 및 결산에 있어 지방정부가 이를 자의적으로 운영하지 않도록 전국 지방정부 간 통일과 균형의 유지를 목적으로 하고 있다. 이러한 예산의 원칙은 그 원리가 관련법령에 규정된 경우가 대부분이며 학문상으로 정립된 경우도 있다.

(1) 건전재정운용의 원칙

재정을 수지 균형의 원칙에 따라 운용하여 재정 건전성을 확보해야 한다는 것을 말한다. 지방자치법(제122조)은 지방정부는 그 재정을 수지균형의 원칙에 따라 건전하게 운영하여야 하며, 국가는 지방재정의 자주성과 건전한 운영을 조장하여야 하며, 국가의 부담을 도시정부 등 지방정부에 넘겨서는 아니 된다고 규정하고 있다. 아울러 지방재정법(제3조)은 지방정부는 주민의 복리 증진을 위하여 그 재정을 건전하고 효율적으로 운용하여야 하며, 국가의 정책에 반하거나 국가 또는 다른 지방정부의 재정에 부당한 영향을 미치게 하여서는 아니 된다고 규정하고 있다.

(2) 성과 중심 재정운용의 원칙

과거 '투입-통제' 패러다임의 재정운용에서 벗어나 '성과-평가' 패러다임의 재정운용으로 전환함을 의미한다. 재정활동의 성과관리체계를 구축하고, 예산의 성과계획서 및 성과보고서 작성이 의무화되어 있다. 지방정부의 장은 주요 재정사업을 평가하고 그 결과를 재정운용에 반영할 수 있다.

(3) 예산총계주의 원칙

한 회계연도의 모든 수입을 세입으로 하고, 모든 지출을 세출로 하며, 세입과 세출은 모두 예산에 편입해야 한다는 것을 의미한다. 다만, 지방정부가 현물로 출자하는 경우, 대통령령으로 정하는 사유로 보관할 의무가 있는 현금이나 유가증권이 있는 경우 세입・세출예산 외로 한다(지방재정법 제34조).

(4) 회계연도 독립의 원칙

지방정부의 회계연도는 매년 1월 1일에 시작하여 그 해 12월 31일에 끝난다(지방자치법 제125조). 이때 회계연도 독립의 원칙은 각 회계연도의 경비는 해당 연도의 세입으로 충당해야 한다는 것을 말한다. 다만 이월, 계속비(지방재정법 제42조), 지난 회계연도 수입 및 지출(지방회계법 제27조, 제37조) 등은 회계연도 독립의 원칙에 예외가 된다.

(5) 예산 한정성의 원칙

예산집행 과정에서 통제 기능을 발휘하기 위해 적용하는 원칙으로서 ① 예산의 목적 외 사용 금지(질적 한정성), ② 초과 지출의 금지(양적 한정성), ③ 연도 경과의 금지(시간적 한정성) 등을 포함한다. 다만, ① 예산이용 및 예산전용(지방재정법 제47조, 제49조), 이체(지방재정법 제47조), ② 예비비, 추가경정예산, ③ 이월, 계속비, 과년도 수입 및 지출 등은 예산 한정성의 원칙에 예외가 된다.

(6) 예산 공개의 원칙

예산운영의 전반적인 내용이 국민에게 공개되어야 한다는 원칙으로서, 예산운영의 투명성 확보뿐만 아니라 주민의 정당한 요구와 비판을 받도록 하는 데 의미가 있다. 예산 의결내용의 고시, 결산결과의 고시, 재정운영 상황의 공시, 지방예산편성 과정에 주민참여 등이 예산 공개의 원칙에 해당하는 주요 내용이라 할 수 있다.

2. 도시정부 재정구조

도시정부 등 지방정부의 재정구조는 중앙재정 구조와 거의 유사하나 지방재정의 특수성을 지니고 있다. 지방재정은 크게 일반회계 · 특별회계 · 기금 등으로 구성되며, 이와 함께 세입예산과 세출예산 과목과 같이 예산의 내용을 명백히 보여주기 위해 일정한 기준에 따라 구분해 놓은 항목인 예산과목으로 세분화된다.

1) 일반회계 · 특별회계 · 기금 및 통합재정

(1) 일반회계

일반회계는 도시정부 재정운영의 가장 기본이 되는 회계로 도시정부별로 하나의 일반회계를 운영하고 있으며, 지역주민의 공공서비스 충족을 위하여 일반적이고 항구적인 재정활동에 관한 총세입과 총세출을 열거하여 편성한 것으로 도시정부 고유의 기능 수행을 목적으로 하고 있다.

일반회계의 세입은 주로 조세수입과 세외수입이며, 부족재원은 교부세, 국고보조금 등 국가의 지원재원에 의존하고 있다. 이와 함께 일반회계세출은 지방정부의 존립 · 유지와 지역개발 및 주민복지 등을 위한 기본적 활동을 위하여 지출된다.

(2) 특별회계

도시정부의 특별회계는 지방직영기업이나 그 밖의 특정사업을 운영할 때 또는 특정자금이나 특정세입·세출로서 일반세입·세출과 구분하여 회계처리할 필요가 있을 때에만 법률이나 조례로 설치하도록 하고 있다. 「지방재정법」에서는 목적세에 따른 세입·세출은 다른 법률에 특별한 규정이 있는 경우를 제외하고는 특별회계로 운영하도록 하고, 법률에 따라 의무적으로 설치·운영되는 특별회계 외에 특별회계를 설치하려면 5년 이내의 범위에서 특별회계의 존속기한을 해당 조례에 명시토록 하고 있다.

(3) 기 금

기금은 도시정부가 특정한 행정 목적을 달성하기 위해 설치·운용하는 자금을 말한다. 기금과 예산이 다른 점은, 예산이 회계연도 내의 세입이 그 해에 모두 지출되는 데 반해, 기금은 조성된 자금을 회계연도 내에 운용해 남는 여유자금을 계속 적립해 나간다는 점이다. 따라서 기금은 매년 기금운용계획과 함께 연도말 기금조성액 규모가 작성된다.

기금은 예산에 비해 자율성과 탄력성이 부여되는 점도 예산과의 차이라고 하겠으나 개별 사업의 목적 달성을 위해 기금의 난립과 방만한 운영이 초래될 가능성이 있어 「지방자치법」(제39조)에서는 기금설치·운용사항에 대해 지방의회가 의결하도록 규정하고 있다.

(4) 통합재정

통합재정은 재정을 총체적으로 파악하기 위한 개념으로서, 일반회계와 특별회계, 그리고 기금을 포괄하는 개념이다. 통합재정은 중앙정부의 경우 IMF의 권고에 따라 1979년부터 도입한 데 반해, 도시정부 등 지방정부의 경우 2004년 시범적용되었으나 2005년 지방재정법 개정 이후 2013년도 예산편성부터 '지방자치단체 통합재정 개요'를 통해 지방정부의 통합재정 규모 및 통합재정수지가 발표됨으로써 본격적인 시행이 이루어졌다.

통합재정이 적용됨으로써 지방재정의 실질적 총규모를 파악할 수 있고, 통합재정수지를 통해 순수 재정활동의 건전성 판단이 가능해진다. 아울러 세입·세출을 경상거래와 자본거래로 구분하여 작성함으로써 지방재정의 지역경제에 미치는 효과를 파악할 수 있게 된다. 나아가 지방재정을 포함한 국가 전체의 통합재정을 산출해 IMF의 재정

그림 6-1 지방통합재정의 체계 및 포괄범위

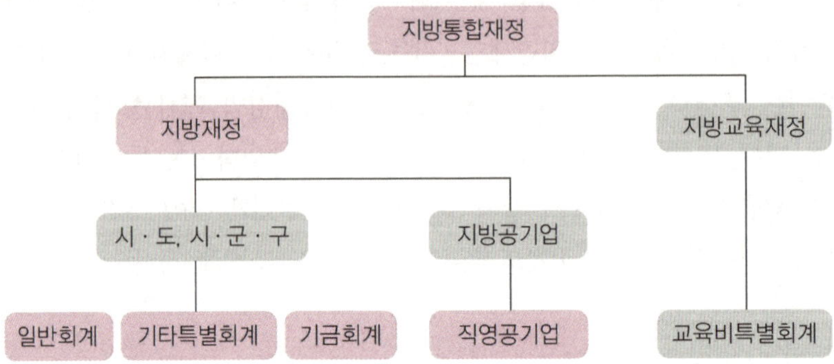

자료: 행정안전부(2021a: 16).

통계지침(GFS)에 따른 국가 간 재정통계의 비교가 가능해진다.

지방재정의 경우 지방정부가 직접 관리하는 회계로 일반회계, 특별회계, 기금을 포함한 전체 순수 재정활동이 통합재정의 범위에 포함된다. 다만, 지방교육재정(교육비특별회계)은 통계대상에서 제외되어 지방정부의 실질적인 통합재정통계 산출이 곤란한 상황이다. 지방재정통계가 국제기준에 보다 부합되도록 하기 위해서는 교육재정을 포함한 통합재정통계 산출이 필요하다.

2) 예산과목 체계

지방정부의 미시적 구조는 지방정부 예산과목 체계를 의미한다. 이때 예산과목은 예산의 내용을 명백히 보여주기 위해 일정한 기준에 의해 구분해 놓은 항목이다. 지방정부의 예산과목 체계는 세입예산 과목과 세출예산 과목으로 나뉜다. 세입예산 과목은 그 내용의 성질과 기능을 고려해 '장 · 관 · 항 · 목'으로 구분하며, 세입의 원천을 감안하여 지방세수입 · 세외수입 · 지방교부세 · 조정교부금 · 보조금 · 지방채 및 예치금 회수 등으로 구분한다.

세출예산 과목은 그 내용의 기능별 · 사업별 또는 성질별로 '주요 항목' 및 '세부 항목'으로 구분한다. 주요 항목은 다시 '분야 · 부문 · 정책사업'으로 구분하고, 세부 항목은 '단위사업 · 세부사업 · 목'으로 구분한다(지방재정법 제41조).

표 6-1 세출예산 과목 체계

주요 항목			세부 항목			
분야	부문	정책사업	단위사업	세부사업	편성비목(목)	통계비목(세목)
기능별 분류		사업별 분류			품목별(성질별) 분류	

표 6-2 세출예산 기능별 분류

지방자치단체 기능 분류: 13개 분야 52개 부문								
분야	부문	명 칭	분야	부문	명 칭	분야	부문	명 칭
010		**일반공공행정(4)**	070		**환경(6)**	110		**산업중소기업 및 에너지(6)**
	011	입법 및 선거관리		071	상·하수도·수질		111	산업금융지원
	013	지방행정·재정지원		072	폐기물		112	산업기술지원
	014	재정·금융		073	대기		113	무역 및 투자유치
	016	일반행정		074	자연		114	산업진흥·고도화
020		**공공질서 및 안전(3)**		075	해양		115	에너지 및 자원개발
	023	경찰		076	환경보호일반		116	산업·중소기업 일반
	025	재난방재·민방위	080		**사회복지(8)**	120		**교통 및 물류(5)**
	026	소방		081	기초생활보장		121	도로
050		**교육(3)**		082	취약계층지원		123	도시철도
	051	유아 및 초중등교육		084	보육·가족 및 여성		124	해운·항만
	052	고등교육		085	노인·청소년		125	항공·공항
	053	평생·직업교육		086	노동		126	대중교통·물류 등 기타
060		**문화 및 관광(5)**		087	보훈	140		**국토 및 지역개발(3)**
	061	문화예술		088	주택		141	수자원
	062	관광		089	사회복지 일반		142	지역 및 도시
	063	체육	090		**보건(2)**		143	산업단지
	064	문화재		091	보건의료	150		**과학기술(3)**
	065	문화 및 관광일반		093	식품의약안전		151	기술개발
			100		**농림해양수산(3)**		152	과학기술연구지원
				101	농업·농촌		153	과학기술일반
				102	임업·산촌	160		**예비비(1)**
900		**기타**		103	해양수산·어촌		161	예비비

※ 행정운영경비는 기타(900) 분야로 처리.
자료: 행정안전부(2021b: 72).

우선, 기능별 분류는 정부가 수행하는 기능을 중심으로 예산을 분류하는 방식이다. 정부의 광범위한 목표에 대한 비용을 계산한 것으로서 정책의 우선순위를 보여주는 정보라고 할 수 있다. 일반국민이 정부재정을 통해 정부활동 및 정책의 우선순위를 파악할 수 있는 유용한 예산정보를 제공한다는 점에서 이를 '시민을 위한 분류'라고도 부른다.

다음으로, 세출예산 사업별 분류는 지방정부의 전략과 정책을 체계적으로 사업에 반영하기 위해 분야, 부문과 정책사업, 단위사업, 세부사업이 일정한 규칙에 따라 계층을 형성하도록 사업을 구조화한 것이다. 세출예산 사업별 분류는 조직별 임무에 근거하여 전략목표 및 성과목표를 수립한 후, 이를 달성하기 위한 수단으로서 정책사업, 단위사업 및 세부사업을 설정한다. 이는 조직별 임무, 전략목표 및 성과목표는 목적을 의미하며, 정책사업, 단위사업과 세부사업은 이를 실현하기 위한 수단이라 할 수 있다. 구체적으로 정책사업은 재정사업과 업무를 대상으로 부서의 성과목표를 고려하여 정책적으로 일관성을 가진 다수의 단위사업들의 묶음을 의미한다. 즉, 지방정부 정책수행을 위해 설정되는 세출예산서상의 일차적 사업단위로서 하부사업인 단위사업의 설정 근거가 된다. 그리고 단위사업은 정책사업을 세분한 다수의 실행단위로서, 정책사업을 수행하기 위한 활동 근거라고 할 수 있다. 세부사업은 단위사업을 수행하기 위한 수개의 최하위 사업단위이다.

그림 6-2 세출예산 사업별 분류

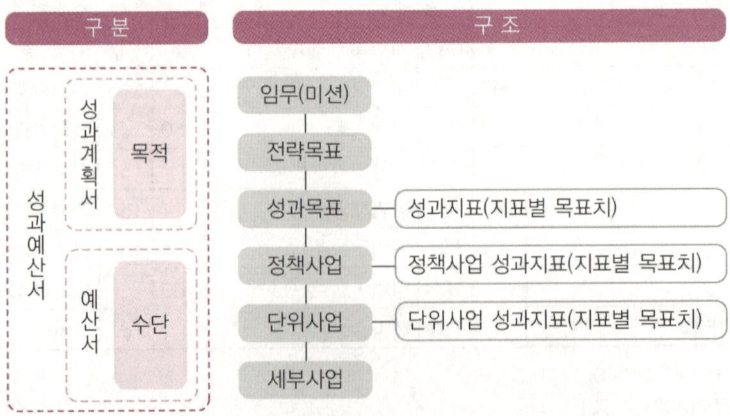

자료: 행정안전부(2021b: 82).

표 6-3 세출예산 성질별 분류

그룹(8)	편성목(38)	통계목(130)	개수
100 인건비	101 인건비	보수, 기타직보수, 무기계약근로자보수, 기간제근로자 등 보수	4
200 물건비	201 일반운영비	사무관리비, 공공운영비, 행사운영비, 맞춤형복지제도 시행경비, 공립대학 운영비	5
	202 여비	국내여비, 월액여비, 국외업무여비, 국제화여비, 공무원 교육여비	5
	203 업무추진비	기관운영업무추진비, 정원가산업무추진비, 시책추진업무추진비, 부서운영업무추진비	4
	204 직무수행경비	직책급업무수행경비, 직급보조비, 특정업무경비	3
	205 의회비	의정활동비, 월정수당, 의원국내여비, 의원국외여비, 의정운영공통경비, 의회운영업무추진비, 의장단협의체 부담금, 의원국민연금부담금, 의원국민건강부담금	9
	206 재료비	재료비	1
	207 연구개발비	연구용역비, 전산개발비, 시험연구비	3

자료: 지방자치인재개발원(2021: 140).

마지막으로, 품목별 분류는 예산을 지출 대상(품목)별로 분류하는 방법이다. 이때 지출 대상(품목)은 예산과목의 '목'과 '세목'에 해당하며 인건비, 업무추진비, 시설비 및 부대비 등의 투입요소를 지칭한다.

3. 도시정부 예산의 종류

1) 본예산 · 추가경정예산 · 수정예산

본예산은 전년도 지방의회 정기회에서 심의 · 의결된 확정예산을 말하며 당초예산이라고도 한다. 이와 달리 추가경정예산은 지방정부의 장이 이미 성립된 예산을 변경할 필요가 있을 때 편성할 수 있는 예산을 말한다. 다만, ① 시 · 도의 경우 국가로부터, 시 · 군 및 자치구의 경우 국가 또는 시 · 도로부터 그 용도가 지정되고, 소요 전액이 교부된 경비, ② 시 · 도의 경우 국가로부터, 시 · 군 및 자치구의 경우 국가 또는 시 · 도로부터 재난구호 및 복구와 관련하여 복구계획이 확정 · 통보된 경우 그 소요 경비는 추가경정예산의 성립 전에 사용할 수 있으며, 이는 같은 회계연도의 차기 추가경정예산에 계상하여야 한다.

한편 수정예산은 예산을 지방의회에 제출한 후 부득이한 사유로 그 내용의 일부를 수정 작성하여 지방의회에 다시 제출한 예산을 말한다. 지방의회는 수정예산을 대상으로 예산심의를 한다.

2) 준예산

지방의회에서 부득이한 사유로 회계연도가 시작될 때까지 예산안이 의결되지 못하였을 때에는 지방정부의 장은 「지방자치법」 제131조에 따라 예산을 집행하여야 한다. 「지방자치법」 제131조에 따르면, 지방의회에서 새로운 회계연도가 시작될 때까지 예산안이 의결되지 못하면 지방정부의 장은 지방의회에서 예산안이 의결될 때까지 ① 법령이나 조례에 따라 설치된 기관이나 시설의 유지·운영, ② 법령상 또는 조례상 지출의무의 이행, ③ 이미 예산으로 승인된 사업의 계속 목적을 위한 경비 등은 전년도 예산에 준하여 집행할 수 있다. 이에 따라 집행된 예산은 해당 회계연도의 예산이 성립되면 그 성립된 예산에 의하여 집행된 것으로 본다.

3) 성인지예산

성인지예산제도는 예산이 여성과 남성에게 미칠 영향을 미리 분석하여, 이를 예산편성에 반영함으로써 여성과 남성이 동등하게 예산의 수혜를 받도록 하는 제도이다. 지방재정법에서는 예산이 여성과 남성에게 미칠 영향을 미리 분석한 보고서(성인지예산서)를 작성하여 예산안에 성인지예산서를 첨부하도록 의무화하고 있다.

행정안전부는 성인지예산서 작성기준을 마련·통보한다. 이때 국가정책의 방향, 여성정책기본계획, 성별영향분석평가 등과 연계하여 성인지예산서 대상사업 선정 및 작성에 관한 기준 마련 후 여성가족부와 협의 및 확정하게 된다. 이후 행정안전부는 지방정부 예산편성 운영기준(행정안전부 훈령)과 함께 성인지예산서 작성기준을 통보한다.

지방정부는 행정안전부에서 통보한 작성기준으로 성인지예산서를 작성한다. 이때 각 지방정부는 자체 성평등 목표를 수립한다. 수립한 자체 성평등 목표를 고려하여 대상사업을 확정한 후 성인지예산서를 작성하고, 이를 사업(성과)예산안에 반영한다. 각 지방정부의 예산부서에서 사업(성과)예산서와 성인지예산서를 동시에 심사·확정한 후 단체장의 결재를 받아 의회에 제출한다.

4) 주민참여예산

주민참여예산은 주민이 도시정부의 예산과정에 참여함으로써 재정민주주의와 재정의 투명성을 제고하기 위한 제도라고 할 수 있다. 주민참여예산은 1989년 브라질 포르투 알레그레시에서부터 시작되었으며, 포트투 알레그레의 참여예산제는 주민들이 직접 예산편성 과정에 참여하는 제도로서 주민참여의 성공적인 모델로서 긍정적인 평가를 받아왔다.

우리나라에서는 2003년 광주 북구에서 처음으로 시작한 이래로 다른 지방정부 또한 점차 도입하였으며, 2011년 지방재정법 개정을 통해 주민참여예산 실시가 의무화됨에 따라 전국 243개 지방정부에 동 제도가 도입되었다. 이에 따라 지방정부의 장은 지방예산편성 과정에 주민이 참여할 수 있는 절차를 마련하여 시행하여야 한다.

지방정부의 장은 예산편성 과정에 참여한 주민의 의견을 수렴하여 그 의견서를 지방의회에 제출하는 예산안에 첨부하여야 하며, 행정안전부 장관은 지방정부별 주민참여예산제도의 운영에 대한 평가를 실시할 수 있다. 「지방재정법」 제39조의 규정에 의한 지방예산편성 과정에 주민이 참여할 수 있는 방법은 다음과 같다.

① 주요 사업에 대한 공청회 또는 간담회
② 주요 사업에 대한 서면 또는 인터넷 설문조사
③ 사업공모
④ 그 밖에 주민의견 수렴에 적합하다고 인정하여 조례로 정하는 방법

4. 도시정부의 예산 과정

1) 도시정부 예산 과정의 의의

도시정부 등 지방정부의 예산 과정은 크게 예산편성 → 예산심의 → 예산집행 → 결산 및 승인 등 네 단계로 이루어지며, 넓게는 이후 성과평가(재정분석) → 재정 환류 과정까지 포함하는 선순환체계로 이루어져 있다. 결국 지방정부의 예산 과정은 지방정부의 수입 가능한 재원을 누구를 대상으로 어떤 목적으로 어떤 지출경비로 얼마를 배분·집행할 것인가를 결정하는 과정을 말한다. 이와 함께 예산편성과 집행의 모든 관리활동에 있어 건전성과 효율성을 확보하기 위해서는 예산편성과 집행 과정에 있어 상호연계성

을 통한 시스템적 관리가 필요하다.

2) 예산편성

도시정부 등 지방정부의 예산편성은 지방정부가 다음 회계연도의 세입과 세출을 예정적으로 계산하는 과정이다. 이 과정에서 다양한 기법이 도입되고 많은 이해관계인이 참여하여 각자의 이익을 확보하기 위하여 복잡한 과정을 거치게 된다. 예산편성을 할 수 있는 권한은 지방정부에게 부여하는데, 그 이유는 지방재정운영의 통일을 도모하고 책임소재를 명확히 하며 예산관리의 적정을 도모하기 위함이라고 할 수 있다. 예산편성은 '지방재정영향평가-중기재정계획-투자심사-예산편성기준 통보-예산(안)편성' 등의 절차를 거쳐 이루어진다.

그림 6-3 예산편성 절차

지방재정영향평가 (「지방재정법」 제27조의6)	• 대규모 경기, 축제 · 행사, 공모사업, 법령 제 · 개정 시 지방재정에 미치는 영향평가 실시
↓ 중기재정계획 (「지방재정법」 제33조)	• 예산편성 이전에 계획을 수립하여 당해 연도 예산편성의 기본으로 활용
↓ 투자심사 (「지방재정법」 제37조)	• 중기재정계획에 반영된 사업을 대상으로 투자심사를 거쳐 결정된 사업에 한하여 예산 편성
↓ 예산편성기준 통보(7월 말) (「지방재정법」 제38조)	• 지방교부세 내시: 10월 15일 • 국고보조금 내시: 10월 15일
↓ 예산(안)편성	• 부서 · 사업별로 예산요구서를 작성하여 예산부서 제출 • 예산부서에서 심사 · 조정하여 예산(안) 마련 – 단체장의 결재를 얻어 확정

자료: 지방자치인재개발원(2021: 86).

지방정부는 예산편성 시 예산의 편성 과정과 절차가 적절히 이루어지고 있는지, 그리고 주민의 재정수요가 반영되고 있는지를 잘 고려할 필요가 있다. 이와 함께 지방정부는 재정의 수지 균형을 통해 건전재정이 유지될 수 있도록 노력해야 하며, 예산편성

시 장기적인 투자 및 전략적 재정운용 관점에서의 지방재정에 관한 전망을 예산편성 시 충분히 반영할 수 있어야 한다.

3) 예산심의

예산심의는 집행부가 편성한 예산안을 지방의회가 심사 및 확정하는 정치 과정으로서 재정 민주주의를 실현하는 전통적인 제도 장치라고 할 수 있다(윤영진, 2016). 지방정부의 장은 회계연도마다 예산안을 편성하여 시·도는 회계연도 시작 50일 전까지, 시·군 및 자치구는 회계연도 시작 40일 전까지 지방의회에 제출하여 심의를 받아야 한다(지방자치법 제127조 제1항).

한편, 지방의회의 예산안 심의 시 세출예산의 각 정책사업의 금액을 증가하거나 새 비용항목의 설치 시 지방정부 장의 동의를 얻도록 규정하고 있다(지방자치법 제127조 제3항). 이는 지방의회가 임의로 증액과 새 비용항목을 설치하는 경우 예산이 팽창될 우려와 재원의 조달·운용이 어렵게 되기 때문이다.

그림 6-4 예산심의 절차

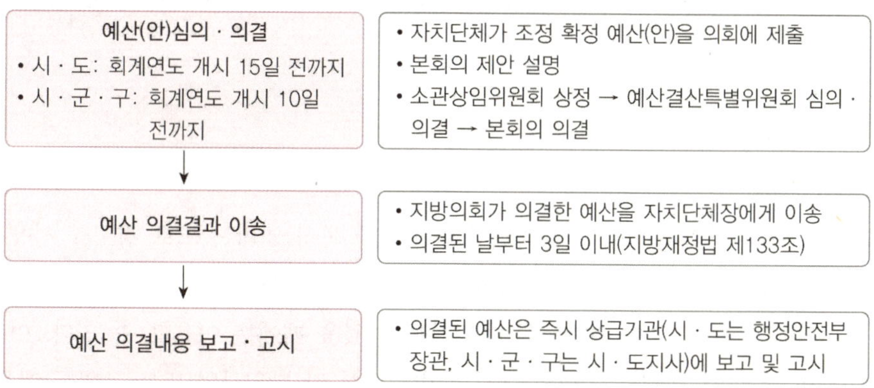

자료: 지방자치인재개발원(2021: 86).

4) 예산집행 및 신축성 확보 수단

(1) 예산배정과 재배정

예산집행은 지방정부의 수입·지출을 실행하고 관리하는 모든 행위를 말한다. 단순히 예산으로 정해진 금액을 수납하고 지출하는 것만을 뜻하는 것이 아니라, 지방정부가 행정목적을 달성하기 위하여 필요한 수입의 조정, 납입의 통지, 수납, 예산의 배정, 지출원인행위의 실행, 지방채의 발행, 일시차입금의 차입, 세출예산의 배정, 이용・전용, 계약의 체결 등 일련의 행위들을 모두 포함한다.

우선, 예산의 배정은 일정 기간(월별, 분기별)에 걸쳐 지출원인행위를 할 수 있는 세출예산의 한도액을 통지하는 행위로서, 최종예산 집행권자의 지출원인행위를 허용하기 위한 통제수단이다. 각 부서의 장은 의결예산의 통지를 받은 때에는 즉시 세입예산 월별 징수계획서, 세출예산 월별 집행계획서, 지출원인행위 계획서 및 세출예산 월별 지출계획서를 작성하여 예산부서장과 세입부서장에게 각각 제출한다. 예산부서의 장은 각 부서장의 세출예산 월별 집행계획서를 기초로 하여, 세출예산 월별・분기별 배정계획서를 작성하고 기관장의 결재를 받아 확정하여 관계부서에 통지한다. 이후 예산업무 담당실(국)장은 월별・분기별 배정계획서를 근거로 하여 각 부서장, 재무관 및 지출원, 세입부서에 세출예산 배정통지서에 의하여 월별 또는 분기별로 세출예산을 배정하여야 한다. 또한 변경 배정 필요시 수요관서의 요구를 받아 수시로 예산을 배정할 수 있다. 한편, 각 과에 배정된 예산 중 배정된 세출예산의 범위에서 시・도의회사무처, 시・군・자치구, 제1관서의 재무관 및 지출원으로 하여금 집행을 위임한다. 이를 예산의 재배정이라 한다.

(2) 예산집행의 신축성 확보

① 이・전용

원칙적으로 지방정부의 장은 세출예산에서 정한 목적 외의 용도로 경비를 사용하거나 세출예산에서 정한 각 정책사업 간에 서로 이용(移用)할 수 없다. 다만, 예산집행에 필요하여 미리 예산으로서 지방의회의 의결을 얻었을 때에는 이용할 수 있다. 아울러 지방정부의 장은 각 정책사업 내의 예산액 범위에서 각 단위사업 또는 목의 금액을 전용(轉用)할 수 있다.

한편, 지방정부는 회계처리를 할 때 세계현금이 부족한 경우 같은 회계연도에서 다른 회계로부터 자금을 전용할 수 있으며, 전용한 자금은 그 회계연도의 수입으로 변제해야 한다.

② 이월제도

각 회계연도의 경비는 해당 연도의 세입으로 충당해야 하나 예외적으로 이월제도가 인정되고 있으며, 이월은 명시이월과 사고이월로 구분된다. 명시이월은 세출예산 중 경비의 성질상 그 회계연도에 그 지출을 마치지 못할 것으로 예상되어, 세입·세출예산에 그 취지를 분명하게 밝혀 미리 지방의회의 의결을 얻은 경우를 말한다. 명시이월비는 다음 회계연도에 이월해 사용할 수 있으며, 지출원인행위를 두 회계연도에 걸쳐 할 수도 있다.

명시이월이 아니더라도 ① 회계연도 내에 지출원인행위를 하고 불가피한 사유로 회계연도 내에 지출하지 못한 경비와 지출하지 아니한 그 부대 경비, ② 지출원인행위를 위해 입찰공고를 한 경비 중 입찰공고 후 지출원인행위를 할 때까지 오랜 기간이 걸리는 경우로서 대통령령으로 정하는 경비, ③ 공익·공공 사업의 시행에 필요한 손실보상비로서 대통령령으로 정하는 경비, 그리고 ④ 경상적 성격의 경비로서 대통령령으로 정하는 경비 등은 다음 회계연도에 이월하여 사용할 수 있다.

③ 이 체

지방정부의 기구·직제 또는 정원에 관한 법령이나 조례의 제정·개정 또는 폐지로 인하여 관계 기관 사이에 직무 권한이나 그 밖의 사항이 변동되었을 때에는 그 예산을 상호 이체할 수 있다.

5) 결산 및 결산 승인

(1) 결산의 의의

결산은 예산을 1년 간 집행한 실적을 예산과목구조에 따라 일정한 형식으로 계산정리한 기록의 표시로서 지방정부가 지역주민에게 1년 간 활동실적을 계수로 나타낸 것이다. 예산의 편성이 당해 회계연도 내의 수입과 지출에 관한 사전적인 숫자적 예정계획이라 한다면, 결산은 예정된 계획의 사후적 달성도를 평가하는 내용에 주안점을 두고 있다고 볼 수 있다.

전통적으로 결산은 조직 내부 국면, 지출에 대한 조직의 책임소재 등에 대한 정보를 제공하는 데 초점을 맞추고 있었으나, 최근에는 사업에 대한 정보를 중요시하는 방향으로 전환되고 있다. 아울러 복식부기·발생주의 회계의 도입으로 지방정부의 재무제표가 만들어짐으로써 정보의 품질이 향상되고 있으며, e호조 시스템의 도입으로 통합적인 정보를 신속하고 체계적으로 생성할 수 있게 되었다.

(2) 결산의 절차

① 결산서의 작성 및 제출

결산의 절차는 회계연도 종료일인 12월 31일을 기준으로 모든 지출원인행위를 마감하고 지출과 반납을 완료하여야 한다. 다음연도 80일까지 결산서 및 증빙서류를 작성하여 지방의회가 선임한 검사위원의 검사의견서를 첨부하여 5월 31일까지 지방의회에 제출하여야 한다. 결산서는 다음의 서류들로 구성된다.

1. 결산 개요
2. 세입 · 세출 결산
3. 재무제표(주석을 포함한다)
   가. 재정상태표
   나. 재정운영표
   다. 순자산 변동표
4. 성과보고서

집행기관이 작성한 결산서는 지방의회가 선임한 검사위원들에 의해 검사가 이루어진다. 검사위원은 지방정부의 장, 지방의회, 그 밖의 이해관계인으로부터 독립하여 공정하게 업무를 수행하여야 하며, 지방의회는 검사위원의 실명을 공개하여야 한다(지방회계법 제14조).

② 지방의회의 결산 승인

지방의회의 결산 승인은 제1차 정례회의의 회기 내에 처리되어야 한다. 지방의회의 결산 승인이 이루어지면 예산 과정은 마무리된다. 결산의 심사 결과 위법 또는 부당한 사항이 있는 경우 지방의회는 본회의 의결 후 지방정부 또는 해당 기관에 변상 및 징계 조치 등 그 시정을 요구하고, 지방정부 또는 해당 기관은 시정 요구를 받은 사항을 지체 없이 처리해 그 결과를 지방의회에 보고해야 한다.

지방의회의 결산 승인을 받은 경우 지방정부의 장은 5일 이내에 시 · 도에서는 행정안전부 장관에게, 시 · 군 및 자치구에서는 시 · 도지사에게 각각 보고하고 그 내용을 고시해야 한다.

③ 결산상 잉여금의 처리

잉여금은 결산 결과 실제수입 총액에서 실제지출 총액의 차액을 말한다. 여기서 실제수입 총액은 세입금의 금고 마감일인 1월 20일까지의 수납액을, 실제지출 총액이란 출납 폐쇄 기한인 12월 말까지 지출액과 예외규정에 따른 1월 20일까지의 지출액을 의미한다.

순세계잉여금은 잉여금 중 법정잉여금, 이월금 및 국·도비 사용 잔액을 공제한 금액을 말하며, 순세계잉여금은 세입예산액보다 실제수입이 많은 경우 및 세출예산액보다 실제 적게 지출한 경우(불용)에 발생하게 되며, 순세계잉여금은 지방채의 원리금상환 및 다음 회계연도의 세입재원으로 활용할 수 있다.

그림 6-5 잉여금과 순세계잉여금의 개념

실제세입액					이월금 등				
전년도 이월액	당해 연도 수입	−	당해 연도 지출액	−	법정* 잉여금	이월금	국·도비 집행 잔액	=	순세계 잉여금

※ 잉여금 = 실제수입액 − 당해 연도 지출액

* 법정잉여금 = 지방재정 제52조에서 규정한 다른 법률(법률에 의해 위임된 조례에 근거한 금액 포함)에 의한 금액(교육비특별회계 전출금, 재정보전금, 조정교부금, 유류세보전금 등)

자료: 지방자치인재개발원(2021: 110).

잉여금은 세입예산액의 초과확보 또는 세출예산의 미집행으로 발생되므로, 당해 연도에는 세출재원으로 활용되지 않고 사장될 우려가 있어 예산편성 시보다 명확한 견적으로 이를 최소화하여 운영하는 것이 바람직하다.

제 3 절 도시재정수입

1. 도시재정수입의 의의

도시정부의 재정수입은 세입의 원천별로 자체수입과 의존재원으로 나뉜다. 자체수입은 도시정부가 자체적으로 재정활동을 통하여 징수내지 수납하는 수입으로서 지방세와 세외수입이다. 이에 비해 의존재원에는 국가로부터 지원받는 이전수입인 지방교부세, 국고보조금 및 외부로부터 차입하는 지방채 등이 있다. 여기서 기초지방정부는 광역지방정부로부터 조정교부금 및 보조금(시 · 군 · 자치구 해당)을 교부받고 있으며, 이는 이전수입으로 분류된다.

그런데 이러한 도시정부의 '수입'은 '세입'과 구분하여 이해할 필요가 있다. 세입은 1회계연도에 있어서의 재정을 충당하기 위한 재원으로서 국고에 유입되는 재원을 말한다. 따라서 지방정부의 수입이 실제 지출로 이어지기 위해서는 예산편성과 예산심의 · 의결 과정을 거쳐 세입으로 예산서에 반영되어야 한다.

표 6-4 세입과목 분류체계

장	관	항	목
세입원천별 대분류	세입원천별 중분류	세입종목별 분류	세입종목별 소분류
지방세수입	지방세	보통세 목적세 지난 연도수입	9개목 2개목 1개목
세외수입	경상적 세외수입 임시적 세외수입	임대수입, 사용료, 수수료 수입 등 6개항 재산매각수입, 전입금, 부담금 등 9개항	27개목 29개목
지방교부세	지방교부세	지방교부세	4개목
조정교부금 등	자치구 조정교부금 등 시 · 군 조정교부금 등	자치구 조정교부금 등 시 · 군 조정교부금 등	2개목 2개목
보조금	국고보조금 등 시 · 도비보조금 등	국고보조금 등 시 · 도비보조금 등	3개목 시 · 도비보조금 등
지방채	국내차입금 국외차입금	차입금 등 3개항 국외차입금	8개목 국외차입금
보전수입 등 및 내부거래	보전수입 등 내부거래	잉여금, 전년도이월금 등 전입금, 예탁금 및 예수금	9개목 9개목

자료: 지방재정365(http://lofin.moi.go.kr/).

이하에서는 지방세수입 등 도시정부의 대표적인 재정수입들을 살펴보기로 한다.

2. 지방세수입

1) 지방세의 의의

지방세는 도시정부가 제공하는 도시공공재와 행정서비스, 즉 도시정부의 살림살이에 필요한 재원을 마련하기 위해 법령에 근거하여 지역주민에게 개별적 반대급부 없이 부과·징수하는 세금을 말한다. 실정법상에서 지방세는 특별시세, 광역시세, 특별자치시세, 도세, 특별자치도세 또는 시·군세, 구세로 세분화되어 있다.

지방세는 지방세기본법에서 지방세의 세목과 지방정부별로 과세할 수 있는 세목을 정하고 있으며, 지방세법에서 각 세목별 세율을 정하고 있다. 다만, 지방세기본법 및 지방세관계법에서 조례로 위임하는 범위에서 지방정부 조례에 의하여 지방세의 세율을 조정할 수 있도록 하고 있다.

표 6-5 지방세의 부과·징수를 규정하는 법률

지방세기본법		지방세에 관한 기본적이고 공통적인 사항과 납세자의 권리·의무 및 권리구제에 관한 사항을 규정
지방세 관계법	지방세법	지방정부가 과세하는 지방세 각 세목의 과세요건 및 부과·징수, 그 밖에 필요한 사항을 규정
	지방세 특례제한법	지방세 감면 및 특례에 관한 사항과 이의 제한에 관한 사항을 규정
	지방세징수법	지방세 징수에 필요한 사항을 규정
지방정부 조례		지방세기본법 및 지방세관계법이 정하는 범위에서 지방세의 세목, 세율 등 부과·징수에 필요한 사항 규정

자료: 한국지방세연구원(2021: 6).

2) 지방세의 유형

조세는 세금을 부과·징수하는 과세권의 귀속에 따라 국세와 지방세로 구분된다. 국세는 국가가 부과하는 조세로서 국세에는 내국세와 관세가 있다. 지방세는 지방정부가 부과하는 세금으로 광역지방정부가 부과·징수하는 지방세와 기초지방정부가 부과·징수하는 지방세로 나뉜다.

광역지방정부인 도 본청의 지방세 세목은 보통세로서 취득세, 등록면허세, 레저세, 지방소비세가 있으며, 목적세로서 지역자원시설세와 지방교육세가 있다. 기초지방정부인 시와 군의 지방세 세목은 보통세인 주민세, 재산세, 자동차세, 지방소득세와 담배소비세가 있다. 특별시와 광역시의 경우는 자치구세인 등록면허세와 재산세를 제외하고는 모두 특별·광역시 세목이다. 다만, 특별시의 경우 재산세 중 도시 지역분은 특별시세이며, 광역시의 경우 주민세 재산분 및 종업원분은 구세에 해당한다. 제주특별자치도와 세종특별자치시는 지방세의 모든 세목이 해당 도와 시의 세목이 된다.

이러한 지방세는 세목마다 과세대상 내지 과세목적이 상이하다. 예를 들어, 취득세는 부동산, 차량, 기계장비, 입목, 선박, 광업권 등을 취득한 자에게 부과하며, 레저세는 경마, 경륜, 경정 등의 판매금액을 과세표준으로 하여 해당 사업자에게 과세한다.

그림 6-6 지방세의 체계

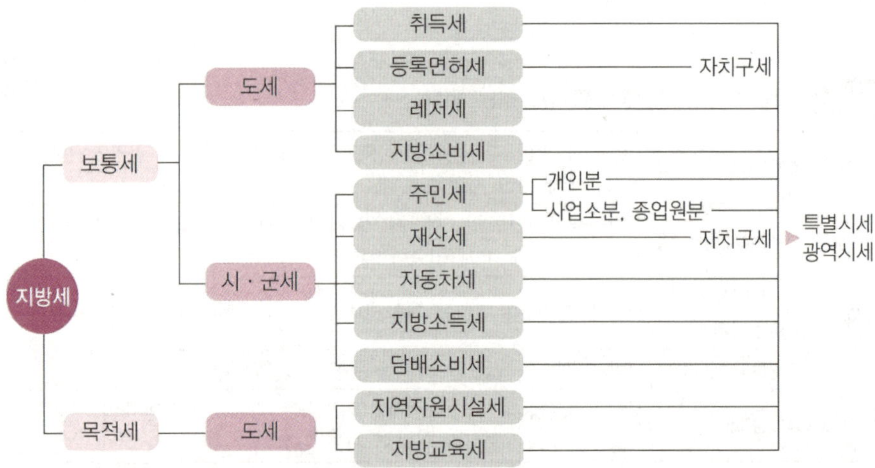

자료: 한국지방세연구원(2021: 8).

표 6-6 지방세 세목별 과세대상과 과세목적

세 목	과세대상 또는 과세목적
취득세	• 부동산, 차량, 기계장비, 입목, 선박, 광업권, 어업권, 골프회원권, 승마회원권, 콘도미니엄회원권 또는 종합체육시설이용회원권의 취득한 자에게 부과함
등록면허세	• 재산권과 그 밖의 권리의 설정·변경·소멸에 관한 사항을 공부에 등기·등록할 때 부과하는 등록분과 각종 법령에 규정된 면허·허가·인가·등록·지정·검사·검열·심사 등 특정한 영업설비 또는 행위에 대한 권리의 설정, 금지의 해제 또는 신고의 수리 등 행정청의 행위에 부과하는 면허분으로 나뉨

레저세	• 경마, 경륜, 경정, 전통 소싸움 경기의 승마투표권 또는 승자투표권 등의 판매금액을 과세표준으로 과세하는 세금으로 사업자에게 과세함
담배소비세	• 제조담배 또는 수입담배 등을 과세대상으로 부과되며, 피우는 담배, 씹거나 머금는 담배, 냄새 맡는 담배 등으로 구분함
지방소비세	• 지역경제 활성화 및 지방재정 확충을 위하여 국세인 부가가치세의 일부를 세원으로 하며, 부가가치세 납부세액의 21%
주민세	• 개인에게 부과하는 개인분, 사업소를 둔 개인과 법인, 그리고 사업소 330m^{2}를 초과하는 사업소를 둔 사업자에게 부과하는 사업소분, 종업원에게 급여를 지급하는 사업주에게 부과하는 종업원분으로 구분함
지방소득세	• 소득세법에 따른 개인지방소득세와 법인세법에 따른 법인지방소득세로 구분함 • 2014년도부터 부가세 방식에서 독립세 방식으로 전환됨
재산세	• 토지, 건축물, 주택, 항공기, 선박 등 5종의 재산이 과세대상 • 주택은 건물과 부속토지를 포함하여 일괄평가하므로 별도의 과세대상임
자동차세	• 자동차 소유에 대해 과세하는 소유분과 과거 주행세인 주행분으로 나뉘고, 자동차관리법의 규정에 의하여 등록 또는 신고된 차량과 건설기계관리법의 규정에 의하여 등록된 덤프트럭 및 콘크리트믹서트럭이 과세대상 • 승용자동차의 연세액은 영업용과 비영업용에 따라 다름
지역자원 시설세	• 주민생활환경 개선사업 및 지역개발사업에 필요한 재원을 확보하기 위하여 부과하는 특정 자원분 지역자원시설세 및 특정 시설분 지역자원시설세와 소방사무에 소요되는 제반비용에 충당하기 위하여 부과하는 소방분 지역자원시설세가 있음 * 2021년부터 특정 자원분, 특정 시설분, 소방분 지역자원시설세로 구분
지방교육세	• 지방교육 질적 향상에 필요한 지방교육재정의 확충에 소요되는 재원을 확보하기 위하여 부과함

자료: 한국지방세연구원(2021: 9).

3) 지방세의 특징

(1) 지방세 제도 및 정책 관련 지방정부의 제한적 역할

지방세와 관련된 제도와 법에서 지방정부의 역할은 제한적이다. 중앙정부가 직·간접적으로 관리하며, 지방정부의 유형과 상관없이 동일한 형태의 표준적인 지방세체계가 형성되어 있다. 이에 따라 지역주민들이 지방공공서비스 혜택과 지방세 납부를 직접 연계해 재정에 참여할 수 있는 조세의 가격 기능이 활성화되기 힘들다. 또한 유가보조금 지원과 같이 중앙정부의 정책 목적으로 지방세가 활용되거나 지방교육세와 같이 무늬만 지방세이면서 지방자치단체가 실제로 사용할 수 없는 지방세도 존재한다. 담배소비세의 경우도 세수의 45%를 지방교육비특별회계에 전출해야 한다. 이러한 규정들로 인해 지방세의 세입 및 세수관리체계가 복잡해 재원관리의 효율성이 취약해지고 있다.

이와 함께 지방정부는 재정사업을 수행하면서 중앙정부의 국비 지원을 우선 고려하고, 주민들의 참여를 통한 조세재원 확보 노력에는 소극적이라는 비판이 제기되고 있다. 재산과표 현실화 같은 지역정치적으로 민감한 사안에 대해서도 적극적이지 않다는 것이다.

(2) 자체재원으로서 확장성의 한계 및 지방세 성격 희석화

재산과세의 비중이 전체 지방세의 절반 이상을 차지하면서 세수 집중도가 높은 다른 한편으로 소득과 소비과세의 비중이 낮고 관련 세목의 세수 규모가 크지 않다. 이와 함께 지방소비세가 도입되면서 지방세 세수 배분에서 지역균형 가치가 우선 고려되었다. 이에 따라 지역별 소비량을 기준으로 지방소비세를 배분할 때 부가가치세 4%에 해당하는 부분에 대해 수도권 : 지방광역시 : 이외 지방=100 : 200 : 300의 가중치를 부여하였고, 아울러 수도권 지방정부에 배분되는 지방소비세의 1/3을 지역상생발전기금으로 의무 출연하게 하여 전국의 지방자치단체가 이를 공유하고 있다. 결국 지방소비세는 중앙정부의 이전재정 기능을 담당하는 지방교부세와 사실상 동일하다는 점에서 존치 필요성이 없다는 비판이 제기되고 있다.

3. 지방세외수입

1) 지방세외수입의 의의

지방정부가 자체적으로 거두는 수입 중에서 지방세를 제외한 나머지 항목들을 통틀어 지방세외수입이라 한다. 공원 등 관광시설 입장료, 체육시설 사용료, 각종 증명자료 발급 수수료, 쓰레기봉투 판매 수수료와 같이 사용자가 그 경비를 부담하는 성격의 항목(사용자부담형 지방세외수입)뿐만 아니라 과태료, 과징금, 이행강제금과 같이 법령 위반자에게 행정제재로서 부과되는 항목(행정제재형 지방세외수입)도 포함된다.

2) 지방세외수입의 유형

수입이 매년 지속적으로 발생하느냐에 따라 경상적 세외수입과 임시적 세외수입으로 구분할 수 있다. 경상적 세외수입은 계속성과 안정성이 확보되고 매 회계연도마다 계속적으로 반복하여 조달되는 예측 가능한 수입으로서, 세외수입 중 수입원이 가장 많고 지방 자주재원 확충에 가장 기여를 많이 하는 수입이다. 주민이 공공재산을 임대하거나 이용하는 경우에 부담하게 되는 사용료, 대부료, 임대료, 입장료와 공공서비스에 대한 수수료는 대표적인 경상적 세외수입에 속한다.

임시적 세외수입은 각급 지방정부의 수입 중에서 불규칙적으로 발생하는 수입으로 대체로 규모는 크나 수입원이 임시적이고, 일회성에 그치는 경우가 많아 세입 규모를 예측하기 곤란한 수입을 말한다. 보유재산의 매각으로 인한 재산매각수입과 개발부담금, 교통유발부담금 등 공익사업에 필요한 경비를 그 사업에 이해관계를 가지는 자에게 부담시키는 부담금 및 법령 위반으로 인한 과태료 등은 임시적 세외수입에 해당한다.

표 6-7 경상적 세외수입

구 분	정 의	종 류
사용료	• 사용료는 공공시설의 사용으로 인하여 얻는 편익에 대하여 보상으로 징수하는 것으로서 개별적인 보상원칙에 의거 징수 ※ 사용료와 수수료의 차이점: 수수료가 지방정부의 특별한 활동에 의하여 이익을 받는 경우에 부과되는 데 반하여, 사용료는 지방정부의 공공시설을 개인·단체 등이 이용함으로써 이익을 받는 경우 부과	도로·하천·하수도·상수도·시장·도축장 사용료, 입장료 수입 등
수수료	• 지방정부가 특정인에게 제공한 특정 사무에 대하여 그 비용의 전부 또는 일부를 징수하는 것	증지수입, 쓰레기처리봉투 판매수입 등
재산임대수입	• 지방정부가 국·공유재산을 관리·운영하는 과정에서 발생하는 수입으로, 국·공유재산을 매각·처분하여 발생하는 수입은 제외되며, 국유재산 임대료와 공유재산 임대료로 구분	토지·건물의 임대수입, 잡종재산의 임대수입 등
사업수입	• 지방정부에서 운영하는 종축장·임업시험장·원종장 등에서 발생하는 부산물 매각수입과 주차장 운영수입·보건소 진료수입 등	사업장생산수입, 주차요금 수입, 통행료 수입 등
징수교부금수입	• 국세·도세·하천사용료 및 도로사용료 등을 시·군이 위임을 받아 징수할 경우 징수위임기관인 국가 또는 도에서 교부하는 것. 위임한 세입징수에 소요되는 경비를 보상	시·도세 징수교부금, 사용료 및 수수료 징수교부금
이자수입	• 지방정부가 그 세입금(자금)을 예치·관리하는 과정에서 발생하는 과실수입	공공예금 및 민간융자금 이자수입 등

자료: 행정안전부(2020: 3).

표 6-8 임시적 세외수입

구 분	정 의	종 류
재산매각 수입	• 지방정부의 재산매각계획에 따라 공유물건인 잡종재산을 매각하여 얻는 수입 ※ 국유재산 법령에 의하여 은닉된 국유재산 또는 무주의 부동산을 발견하여 신고한 때에 지급받게 되는 보상금 및 재산교환에서 발생하는 교환차익수입도 포함	국유 및 시·도유 재산 귀속 수입금, 공유 재산 매각 수입금
부담금	• 특정한 공익사업으로부터 특별한 이익을 받은 이해관계자에 대하여 그 사업에 소요되는 경비의 전부 또는 일부를 부담시키기 위하여 과하는 공법상의 금전급부 의무 부담금	지방정부간 부담금, 일반부담금
과징금 및 과태료	• 과징금은 행정법상의 의무를 위반한 자에 대하여 해당 위반 행위로 얻게 된 경제적 이익을 박탈하기 위한 목적으로 과하는 벌과금 수입 • 과태료는 개별법령과 조례상의 의무에 대하여 의무자가 그 의무나 질서를 이행하지 않거나 위반한 경우에 행정질서 유지 또는 의무이행을 강제하기 위해 부과하는 금전적 부담	과징금, 이행강제금, 변상금, 위약금, 과태료
기타수입	• 각종 수입 이외의 수입	불용품 매각수입, 체납처분수입, 시·도비 반환금수입, 기부금
지난 연도 수입	• 징수결정된 수입금이 당해 연도의 출납폐쇄기한(12월 말)까지 수납되지 않고, 그 후에 수납되었을 때에는 그 납부된 날이 속하는 연도의 수입으로 하고 이를 지난 연도 수입으로 정리	

자료: 행정안전부(2020: 4).

3) 지방세외수입의 특징

(1) 개별경비적 성격

지방세외수입은 지방세와 함께 지방정부의 일반재원을 구성하고 응익원칙이 적용되지만 구체적인 성격이나 법제도의 운용방식은 상당히 다르다. 지방세는 주민에게 기본적인 공공서비스를 제공하기 위해 거두는 것으로 주민 개개인에 대한 대가성을 전제로 하지 않는다. 반면, 지방세외수입은 공공재산이나 공공서비스를 사용한 특정인을 대상으로 그 대가를 부담하게 하거나 법령을 위반한 특정인에게 금전적 부담을 지운다. 지방세는 일종의 공통경비, 지방세외수입은 일종의 개별경비이다.

지방세외수입을 특정인에게 적정하게 부담시키지 않게 되면 공통경비인 지방세를 투입하게 되어 공공서비스 사용이나 법령 위반과 무관한 주민들에게 부담이 전가되는 특성이 있다.

(2) 종류 · 세율의 탄력적 운영, 부과 · 징수업무 이원화

지방세와 달리 상당수의 지방세외수입은 법률이 아닌 조례에 따라 그 종류나 세율을 정할 수 있어서 지방정부가 탄력적으로 운영할 여지가 상대적으로 크다. 다만, 지방세외수입의 부과업무와 체납업무는 지방세와 다르게 이원화되어 있다. 지방세를 거둘 때 지방정부의 세무부서에서 부과업무와 체납업무를 모두 담당하기 때문에 양 업무가 유기적으로 연결되어 업무효율성이 높다. 반면, 문화, 복지, 건설, 교통, 환경 등 전 행정 분야에서 발생하는 지방세외수입을 거둘 때에는 부과업무는 해당 부서에서 하고 체납업무는 세무부서가 담당하는 이원화방식을 따르기 때문에 업무효율성이 상대적으로 낮다.

4. 지방교부세

1) 지방교부세의 의의

지방교부세법에 따르면, 지방교부세는 "국가가 재정적 결함이 있는 지방정부에 교부하는 금액"이라 할 수 있다. 지방교부세는 지방정부의 재원보장 및 재정형평화라는 두 가지 주요 차원에서 주요 기능이 인정된다. 즉, 지방교부세 재원을 내국세의 19.24%, 종합부동산세 전액 및 담배에 부과하는 개별소비세액의 45%로 법정화하여 재원을 총액으로 보장함으로써 모든 지방정부가 일정한 행정수준을 유지할 수 있도록 기본적 행정수행 경비의 부족분을 보장한다. 아울러 지방교부세의 적정한 배분으로 지방정부 간 재정력 격차를 완화하고, 국가와 지방 간 세원 배분에 대한 불균형을 보완하는 목적을 가지고 있다.

지방교부세는 '무조건부 비대응 보조금'으로서 지방정부의 '일반재원'이며, 내국세 등 국가와 공유하던 세원 중 지방정부의 세수입인 것을 중앙정부가 대신 징수하여 일정한 기준에 따라 지방정부에 재배분하는 일종의 간접과징 형태의 지방세이라는 점에서 '고유재원'의 의미를 가지고 있다.

지방교부세는 지방정부의 재정보전 기능 및 지역 간 재정 균등화 기능 이외에 부차적으로 지방정부의 세입 및 세출의 자체 노력에 대한 인센티브 부여 기능을 하고 있다. 기준재정 수요 및 수입 산정과 직접 관련된 13개 항목별로 자체 노력 정도를 평가하여 기준재정 수요액과 기준재정 수입액 산정 시 가감해 반영하고 있다.

2) 지방교부세의 종류

지방교부세에는 보통교부세, 특별교부세, 부동산교부세, 소방안전교부세의 네 종류가 있다(법 제3조). 보통교부세는 소방안전교부세를 공제한 내국세 총액의 19.24%에 해당하는 금액의 97%와 전년도 내국세 정산에 따른 교부세 정산액의 97%를 합산한 금액, 특별교부세는 나머지 3%에 해당하는 금액, 부동산교부세는 종합부동산세 총액, 소방안전교부세는 담배에 부과되는 개별소비세액의 45%에 해당하는 금액이 된다.

(1) 보통교부세

보통교부세는 모든 지방정부가 일정한 행정수준을 유지할 수 있도록 표준수준의 기본적 행정수행경비를 산출한 후, 지방세 등 일반재원 수입으로 충당할 수 없는 부족분을 보전해 주는 일반재원이다.

이는 매년도 기준재정수입액이 기준재정수요액에 미달하는 지방정부에 교부하게 되는데, 여기서 기준재정수요액은 각 지방정부의 재정수요를 '합리적 기준'에 따라 지방정부별로 산정한 '표준적인' 재정수요액이고, 기준재정수입액은 기준재정수요액에 대응하는 개념으로, 각 지방정부의 재정력을 '합리적 기준'에 따라 지방정부별로 산정한 '표준적인' 재정수입액이다.

(2) 특별교부세

특별교부세는 보통교부세 산정방법만으로는 지방정부의 모든 재정수요를 완벽하게 포착할 수 없다는 한계성을 보완하는 제도적 장치로서, 다음과 같은 경우에 교부한다.

① 보통교부세의 산정에 사용된 기준재정수요액의 산정방법으로 파악할 수 없는 특별한 지역현안 수요가 있을 때
② 보통교부세의 산정 기일 이후에 발생한 재난을 복구하거나 재난 및 안전관리를 위한 특별한 재정수요가 생기거나 재정수입의 감소가 있을 때
③ 국가적 장려사업, 국가와 지방정부 간 시급한 협력이 필요한 사업, 지역 역점시책 또는 지방행정 및 재정운용 실적이 우수한 지방정부에 대한 재정 지원 등 특별한 재정수요가 있을 때

이처럼 특별교부세는 무엇보다도 보통교부세의 획일적인 산정방법에서 불가피하게 발생하는 미흡 부분을 보완하고, 연도 중에 발생하는 재난 등 예측할 수 없는 특별한 재정수요에 대처하는 데에 그 목적이 있다.

(3) 부동산교부세

부동산교부세는 부동산세제 개혁방안으로 기존의 지방세인 종합토지세와 재산세 일부를 국세인 종합부동산세로 전환함에 따라 지방정부 보유세 등이 감소한 것과 관련하여, 지방정부 재원 감소분을 보전하고 지역균형 발전을 도모하기 위하여 2005년도부터 신설되어 시 · 도 및 시 · 군 · 자치구에 교부하였으나, 2010년도에 시 · 도세인 지방소비세가 도입되면서부터는 보유세 및 거래세 감소분 보전을 폐지하고, 전액을 균형재원으로 시 · 군 · 자치구(제주, 세종 포함)에 교부하고 있다.

(4) 소방안전교부세

소방안전교부세는 담배 가격 인상과 아울러 「개별소비세법」에 따라 담배에 부과되는 개별소비세가 신설되면서, 주요 화재 원인인 담배에 대하여 부과되는 개별소비세 총액의 20%를 재원으로 2015년에 신설되었다. 2020년에는 소방직 국가직화 시행에 따라 소방안전교부세 재원이 담배에 부과하는 개별소비세의 20%에서 45%로 인상되었다. 소방안전교부세는 지방정부의 소방 및 안전시설 확충, 안전관리 강화 등에 소요되는 재원을 보전하려는 것으로, 교부기준 등 구체적인 사항은 「소방안전교부세 교부기준 등에 관한 규칙」에서 정하고 있다.

5. 보조금

1) 보조금의 의의

보조금은 기관과 기관 간(예: 국가 · 지방 간, 상 · 하 기관 간 등)에 서로 이해가 얽혀 있거나, 서로 협력하여 사무를 수행(집행)할 때, 일정한 행정수준의 설정이나 특정한 시책의 장려 등을 위한 정책수단으로서, 사무의 일부 또는 전부를 대신하여 수행하는 단체 또는 개인 등에 대하여 그에 소요되는 경비(경상적 경비 또는 자본적 경비)의 전부 또는 일부를 지원(교부, 부담, 보조)하는 것을 말한다.

보조금은 용도와 각종 수행조건 등을 지정해서 교부하는 특정 재원으로서 보조자의 시책을 강요하는 제도라고 할 수 있다. 따라서 보조를 받는 피보조자나 단체에 대해서는 그 자금의 집행에 관하여 보조자의 행정적 감독과 재정적 통제를 받을 의무가 주어지며, 그 집행 결과에 대해서는 보조자의 승인을 받아야 한다. 대개 자비 부담(matching fund)이 따르는데, 이는 보조사업을 받는 당사자도 이익이 있어 분담하라는 취지라고 할 수 있다.

2) 보조금의 유형

보조주체에 따라 국가에서 교부하는 국고보조금과 시 · 도에서 교부하는 시 · 도비보조금 등이 있다.

보조 형태에 따라 정액보조와 정률보조가 있다. 정액보조금은 보조대상인 사무의 사업수량에 일정한 단가를 곱한 액을 교부하거나 매년 일정액을 교부하는 방법이다. 정률보조금은 지출경비의 일정 비율을 보조하는 방법이다. 국비보조율은 법령으로 정하도록 규정하고 있다.

사전신청 여부에 따라 신청 보조금과 무신청 보조금으로 구분할 수 있다. 대부분의 경우 신청을 요하지만, 재해발생 등 사전에 예측하지 못한 사유로 인하여 보조금의 교부가 불가피한 경우, 기타 중앙정부가 국가의 주요 시책 수행상 보조금의 교부가 불가피하다고 인정하는 경우 등에는 무신청 보조금이 인정될 수 있다.

3) 국고보조금의 운영 과정

국고보조금은 「보조금의 예산 및 관리에 관한 법률」과 「지방재정법」 등에 의거하여 보조금 집행계획의 수립-보조금의 신청-보조금 예산의 편성-보조금 예산의 통지-보조금의 교부신청과 교부결정-보조사업의 수행-보조금의 정산-사후관리 등 일련의 체계에 따라 관리 · 운영되고 있다.

그림 6-7 국고보조금의 관리 절차

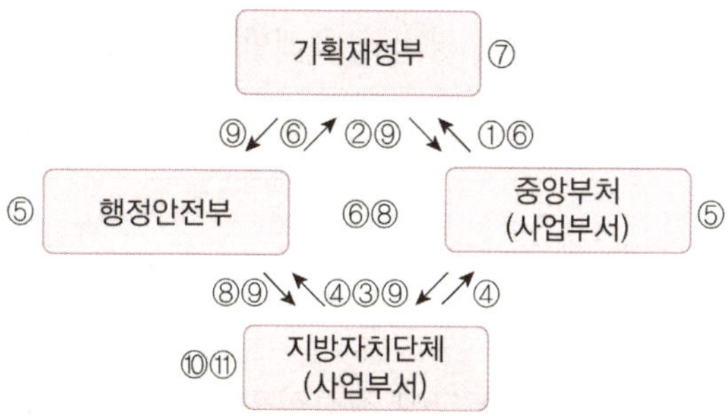

① 중기사업계획서 제출(1월 말까지)
② 예산편성지침의 시달(3월 말까지)
③ 신청지시
④ 예산계상 신청 및 보고 · 제출(4월 말)
⑤ 신청내용에 대한 검토
⑥ 지방비부담협의 및 예산요구
⑦ 기획재정부의 검토와 보조금예산안의 확정 및 국회제출(9월 2일까지)
⑧ 보조금사업계획안 · 예산안의 가내시(10월 15일까지)
⑨ 보조금 관련 예산확정(12월 2일까지) 및 확정통지
⑩ 보조사업수행자의 지방비 부담
⑪ 보조사업의 수행

자료: 지방자치인재개발원(2017: 119).

4) 보조금의 문제점

(1) 지방재정의 자율성 제약

국고보조금 등 보조금은 최근 매년 증가하고 있는 바, 국고보조금의 확대와 지방정부 재정자립도의 지속적 하락은 지방재정의 중앙재정에의 종속적 구조를 심화시키고 있음을 의미한다. 이에 따라 중앙정부는 국고보조금을 지방을 통제하는 수단으로 활용하며 지방정부의 자율적 재정운용은 많은 제약을 받고 있다.

국고보조금 확대의 가장 부정적인 측면은 지방비 대응(matching) 조건으로 인해 중앙정부의 재정 부담을 줄이는 수단이 될 뿐만 아니라 지방재정의 압박과 왜곡 요인으로 작용한다는 점이다. 특히, 국고보조사업의 국비 부족분을 오히려 지방재정에서 보전하는 이른 바 '보조금의 역전용(fungibility)' 현상이 나타나고 있다(예: 영유아보육사업 등).

(2) 재정운영의 비효율 초래

국고보조사업이 소액 · 유사사업으로 지나치게 세분화되어 있어 중복된 경우가 많아 재정배분의 비효율 및 예산 낭비 요인이 되고 있다. 아울러 국고보조금은 집행 이후 사후 정산을 해야 하는데 사후 정산에 따른 지나친 행정비용이 소요되며, 국고보조사업 집행 결과에 대한 사업정산보고서 분석 등 사업실적에 대한 사후평가 작업이 이루어지고 있지 않다.

이와 함께 더 많은 국고보조금을 받기 위한 지방정부의 지대추구(rent seeking) 행위를 유발하게 된다는 점도 심각한 문제점이라 할 것이다. 즉, 보조금을 더 많이 획득하기 위해 로비 등 시간과 노력을 기울임으로써 사회적 낭비를 초래할 수 있다.

6. 지방채

1) 지방채의 의의

지방채는 공유재산의 조성 등 소관 재정투자사업과 그에 직접적으로 수반되는 경비의 충당 등을 위하여 자금을 차입하면서 부담하는 채무로서 그 채무의 이행이 한 회계연도를 넘어서 이루어지며 지방채증권, 차입금 형식을 취하는 것을 말한다. 여기서 지방채증권은 지방정부가 증권발행의 방법에 의하여 차입하는 지방채를 말하며, 외국에서 발행하는 경우도 포함한다. 차입금은 지방정부가 증서로 차입하는 지방채를 말하며, 외국정부 · 국제기구 등으로부터 차관을 도입하는 경우도 포함한다.

2) 지방채의 발행 및 관리

지방정부는 한도액의 범위 내에서는 지방의회의 의결을 거쳐 지방채 발행 등 채무를 발생시키는 행위를 할 수 있지만, 한도액을 초과하여 발행하고자 하는 경우에는 사전에 행정안전부 장관의 승인을 얻어야 한다. 단, 외채의 경우는 한도액 범위 안이라도 지방의회의 의결을 얻기 전에 행정안전부 장관의 승인을 얻어야 한다. 지방채 발행 한도를 부여받은 모든 정부는 그 한도 내에서 다음과 같은 사업에 대하여 지방채를 발행할 수 있다.

- 공유재산의 조성 등 소관 재정투자사업과 그에 직접적으로 수반되는 경비의 충당
- 재해예방 및 복구사업
- 천재지변으로 발생한 예측할 수 없었던 세입결함의 보전
- 지방채의 차환

다만, 지방채 발행이 허용되는 경우라도 다음과 같은 소규모 사업(광역시 · 도 40억

원 미만, 시·군·구 20억 원 미만)에 대해서는 지방채 발행을 할 수 없다(지방재정법 시행령 제10조 제1항). 또한 지방채 발행은 자본적 지출사업에 대하여 발행할 수 있으므로 소모성 경상적 지출(예: 경상적 유지보수비 및 일반적 조사·연구비, 소모성 기자재비 등), 인건비에 대해서는 지방채를 발행할 수 없다.

지방채발행 한도액이란 행정안전부 장관의 승인 없이 지방의회의 의결을 거쳐 지방채를 발행할 수 있는 상한액으로서, 행정안전부 장관이 매년 지방정부의 채무 규모, 채무상환 일정 등 재정 상황을 고려하여 해당 지방정부의 전전년도 예산액의 10% 범위 내에서 정한다(법 제11조, 시행령 제10조). 특·광역시 및 특별자치시·특별자치도, 도 및 인구 100만 명 이상의 대도시, 시·군·구의 계층별로 발행가능비율을 차등 부여한다. 즉, 지방정부별 '지방채자율발행가능지수'에 계층별 발행가능비율과 경상일반재원을 기준으로 산출하며(기본한도액), 매입공채 및 차환, 지역일자리 및 징기미집행 도시계획시설 사업 관련 채무를 추가하여 별도 한도액을 산출한다(별도 한도액). 사실과 다른 자료의 제출로 과도하게 지방채 발행 한도액을 받았거나, 승인을 얻지 않고 한도액을 초과하여 지방채를 발행한 경우는 다음 회계연도의 기본 한도액을 50% 감액한다.

모든 지방정부가 원칙적으로 한도액을 초과하는 지방채를 발행할 수 있다. 다만, 관리채무부담도가 60% 미만인 지방정부의 경우 지방재정 투자심사 승인을 받은 사업, 관계 중앙부처의 의견이 적정인 사업에 대하여는 한도를 초과하는 지방채 발행이 가능하다. 관리채무부담도가 60% 이상인 지방정부의 경우 채무 규모가 많이 증가되지 않도록 발행연도 지방채 상환금액을 감안하여 승인하는 것이 원칙이다. 이를 위해 해당 지방정부는 채무관리계획을 의회에 보고하고, 순세계잉여금을 원리금 상환에 활용하거나 별도 회계 또는 기금 등에 적립해야 한다. 아울러 한도액 초과 지방채 발행과 관련해서는 재정지표 등에 의한 승인기준도 존재한다. 즉, ① 지방채 원리금 상환의 연체가 없어야 하며, 또한 ② 최근 5년 간 사실과 다른 신청으로 지방채 발행의 승인을 얻었거나, 승인을 얻지 아니하고 지방채를 발행한 사실이 없어야 한다.

7. 보전수입 등 및 내부거래

2013년도까지는 지방세외수입으로 분류되던 잉여금, 이월금, 전입금, 예탁금 및 예수금, 융자금 원금수입이 2014년도부터 신설된 '보전수입 등 및 내부거래' 장으로 분류되어 지방세외수입에서 제외되었다.

잉여금은 결산상 잉여금에서 이월금, 지방채원리금 상환액, 보조금 사용 잔액을 제외한 순세계잉여금과 법정잉여금으로 구분된다.

이월금은 전년도 국고보조금 및 시·도비보조금 중 반납해야 하는 보조금사용잔액과 전년도 결산에 따른 명시이월금, 사고이월금, 계속비이월금과 같이 결산 시 현액으로 관리해야 하는 금액 등으로 구분할 수 있다.

전입금은 전출금의 상대적 용어로서 당해 지방정부 내부의 다른 회계 혹은 기금으로부터 자금의 이동으로 발생한 회계조작상의 수입으로 공기업 특별회계 전입금, 기금전입금 등이 있다.

예탁금 및 예수금은 일반회계와 특별회계, 일반회계와 기금 상호 간 및 특별회계 내 계정 간의 예수금과 예탁금을 의미하며, 예수금 수입, 예탁금 상환금, 예탁금 이자수입 등이 포함된다.

융자금 원금수입은 지방정부가 민간 혹은 다른 지방정부에 융자한 금액을 일정 기간이 경과한 뒤 회수하면서 얻는 원금 수입이다.

참고문헌

지방자치인재개발원(2021). 『지방예산실무』.
한국지방세연구원(2021). 『지방세 길라잡이』.
행정안전부(2020). 『지방세외수입 통계연감』.
행정안전부(2021a). 『2021회계연도 자치단체 통합재정개요(상)』.
행정안전부(2021b). 『2021년도 지방자치단체 예산편성 운영기준 및 기금운용계획 수립기준』.

CHAPTER

07

도시재난

최충익
(강원대학교 행정학과)

제 1 절 도시재난과 안전

국민들의 안전에 대한 관심이 커지고 있다. 매슬로우(Maslow, 1959)는 인간의 욕구를 생리적 욕구, 안전 욕구, 애정 욕구, 존경 욕구, 자아실현 욕구로 구분하였는데, 안전 욕구는 생리적 욕구와 함께 인간의 자아실현 구현을 위해 사전에 충족되어야 할 가장 기본이 되는 하위욕구에 해당한다. 안전은 인간의 삶에 있어서 근본적 가치로 작용하기에 인간 집단이 이루는 지역사회에서도 안전이 무시되어서는 안 될 중대한 가치로 인식되고 있다. 하지만, 도시민들의 삶은 안전하지도 쾌적하지도 않다. 편리한 도시생활의 이면에는 좁은 공간에서 북적거리는 혼잡함과 끊임없는 사건 · 사고의 위험이 늘 공존한다.

그림 7-1 Maslow 욕구5단계

첨단과학과 기술혁신은 기업의 생산성을 향상시키고 경제성장과 사회복지를 이루는 중요한 근간을 이루어왔다. 과학기술혁신의 역량의 차이가 국가 발전을 주도한다는 구호 아래 과학기술혁신은 국가나 지역이 추구해야 할 최고의 가치로 여겨졌다. 하지만, 눈부신 과학기술의 발달에도 도시의 재난과 재해는 끊이지 않고 있으며, 여전히 예측불가능한 부분이 많고 오히려 유형이 다양해지고 있다. 과학적 합리성에 기초해 형성된 도시문명이 그 자체로 위험을 재생산해내는 과정이 되고 있다. 이는 현대 도시가 첨단

과학기술을 토대로 고도화되고 아무리 안전장치가 구비되어 있더라도 사고는 불가피하게 발생한다고 보는 페로우(Perrow, 1999)의 정상사고이론(normal accidents theory)과 맥을 함께한다. 고도 위험기술 사회(high-risk technology society) 속에서 과학기술의 발달이 위험을 완전히 제거하지 못하고 있다. 현대 도시는 풍요를 누리지만 동시에 재난의 위험이 가중되고 있다.

도시의 재난은 도시민의 안전에 직접적인 영향을 미친다. 다양한 재난이 국민의 안전을 위협한다. 2014년 세월호 사고, 2016년 경주지진, 2017년 제천 복합건물 화재, 2018년 밀양 세종병원 화재, 2019년 COVID-19 등 다양한 유형의 재난이 도시민들의 생명과 재산을 위태롭게 한다. 도시에서 이루어지는 각종 개발사업도 사건·사고의 현장이 된다. 2021년 광주 철거건물 붕괴사고로 시내버스에 탄 무고한 시민들이 9명이나 사망한 참사가 일어났다. 노후된 주거지에 대한 재개발이나 재건축 등의 개발사업은 도시민의 풍요로운 삶과 안전을 증진하기 위해서 시행되지만, 오히려 무계획적이고 과밀한 도시개발을 통해 화재나 홍수 등의 도시재난에 취약해지는 경우도 빈번하다. 재난발생은 대부분 물리적 공간상에서 이루어지며 도시개발은 물리적 공간의 구조를 변형하고 개발하기에 재난의 예방과 발생에 직접적인 관련이 있다.

정주환경이 도시화 및 산업화되면서 삶의 공간에서 재난과 같은 굵직한 사건·사고들이 흔히 발생하고 있다. 수많은 재산피해와 더불어 인명피해도 동반하는 경우가 적지 않다. 1960년대 이후 경제성장과 국토개발이 지역개발정책 패러다임의 중심에 있었다. 안전은 행복한 지역사회 구현을 위해 우선적으로 확보되어야 할 본질적 가치임에도 개발과 성장이라는 수단적 가치에 밀릴 수밖에 없었다. 하지만, 점차 지속가능성과 안전의 가치가 부각되고 있다. 도시행정에 있어서 재난과 안전에 대한 관심도 부쩍 커졌다. 과거 개발 위주의 패러다임에서 최근 지속가능한 개발과 환경에 대한 관심이 증폭되면서 국가 및 지방자치단체에서도 재난과 안전에 대한 관심이 커지고 있다. 이하에서는 도시재난 대한 논의를 법체계와 이론, 그리고 실천방안의 측면에서 살펴보도록 하겠다.

제2절 재난의 개념과 유형

재난(disaster)에 대한 사전적인 의미를 살펴보면 『캠브리지(*Cambridge*) 사전』에서는

"거대한 손해나 죽음, 피해, 심각한 어려움을 불러일으키는 갑작스러운 사건"으로 정의하며, 『위키피디아(*Wikipedia*) 사전』에서는 재난을 "지역사회 스스로의 대처 능력을 붕괴시키며 경제적, 물질적, 환경적, 인체적 영향을 유발하는 갑작스럽고 심각한 사고"로 정의한다. 우리나라의 재난 및 안전관리 기본법에서는 재난은 국민의 생명・신체・재산과 국가에 피해를 주거나 줄 수 있는 것으로 정의하면서 자연재난과 사회재난을 적시하고 있다.

재난(disaster)은 재해라는 용어와도 혼용되며 과거 인위재난과 자연재해를 구별하여 사용되기도 했다. 이 책에서는 재난과 재해를 혼용하여 사용하기로 한다. 어원적 의미에서 보면 재난은 원래 별의 불길한 모습을 상징하는 라틴어에서 유래한 것으로 "하늘로부터 비롯된 인간의 통제가 불가능한 해로운 영향"을 의미한다(Drabek, 1991). 미국 연방재난관리청(Federal Emergency Management Agency: FEMA)은 재난의 정의에 대해 20년 전 "사망과 상해, 재산 피해를 가져오고 일상적인 절차나 정부의 자원으로는 관리할 수 없는 심각하고 규모가 큰 사건"이라고 했지만, 지금은 "극심한 재산피해나 사망, 상해를 유발하는 자연적, 기술적, 인위적 사건・사고"로 정의하며, 그 범위를 포괄적으로 인정하고 있다. FEMA의 재난에 대한 관점은 주로 피해액과 사상자의 규모에 맞춰지고 있는데, 이는 주로 재난대응 의사결정자와 피해 국민들에게 유용한 개념으로 볼 수

표 7-1 다양한 재난 개념의 특징

분 류	특 징
Cambridge 사전	거대한 손해(great harm), 피해(damage), 죽음(death), 심각한 어려움 (serious difficulty) 초래
Wikipedia 사전	지역사회의 대처 능력을 붕괴시키는 갑작스러운 사고
재난 및 안전관리 기본법	국가와 개인 등에 피해를 주거나 줄 수 있는 것
FEMA	극심한 재난피해, 사망, 상해 유발하는 사건
UNCRD & UNDP	지역사회가 외부의 도움 없이 극복할 수 없는 사건
UNDRR	지역사회의 기능이 심각하게 붕괴된 상태
Fritz(1961)	사회와 개인의 정상적 기능을 통제 불가능하게 하는 사건
Drabek(1991)	인간의 통제가 불가능한 해로운 영향
Kreps(1987)	사회 전체 시스템에 해로운 영향을 미치는 비일상적 사건
Dynes(1970)	빈도, 예측가능성, 통제, 원인, 속도, 예고기간, 충격범위, 파괴력
Foster(1976)	사망자수, 중상자수, soc 피해 정도, 영향 인구
Schulberg(1974)	재난발생 가능성을 위험에 대한 노출 정도, 취약성, 적응능력의 함수로 파악

있다.

한편, 유엔재난구호기구(United Nations Center for Regional Development: UNCRD)와 유엔발전계획(United Nations Development Program: UNDP)은 재난을 사회적 관점에서 바라보고 있는데, "재난이란 사회의 기본조직 및 정상기능을 와해시키는 갑작스러운 사건으로써 재난의 영향을 받는 사회가 외부의 도움 없이 극복할 수 없고, 정상적인 능력으로 처리할 수 있는 범위를 벗어나는 재산, 사회간접시설, 생활수단의 피해를 일으키는 사건"이라고 정의한다(최충익, 2004). 유엔 재난저감기구(The United Nations Office for Disaster Risk Reduction: UNDRR) 역시 재난을 "경제적, 환경적, 인명피해를 유발하는 위험한 사건으로 인해 지역사회의 기능이 심각하게 붕괴된 상태"로 정의하며 환경적, 사회적 의미를 강조하고 있다.

도시라는 물적 공간에 인간활동이 일어나지 않는다면 재해가 일어날 수 없다는 의미에서 재해는 보다 커다란 사회적 틀 안에서 이해해야 할 필요가 있다. 이에 대해 프리츠(Fritz, 1961)는 "재해는 정상적인 기능을 하며 작동하는 자족적인 사회에 심대한 피해를 입히면서 물리적 시설파괴로 인하여 그 사회구성원들에 영향을 미쳐 사회의 본질적인 기능수행에 장애를 일으키는 사건으로서, 우연적이고 통제불가능하게 발생하며, 시·공간상에 집중적으로 나타나는 실제적·위협적 사건"이라고 정의한다(Drabek, 1986: 7). 이와 함께 크렉스(Kreps, 1984)는 재난을 "사회나 그 구성조직이 물리적 피해나 손실 또는 일상적 기능의 장애를 받게 되는 시·공간상의 관측 가능한 사건으로서, 이러한 사건의 원인과 영향은 사회구조와 사회의 작동과정에 관련 된다"고 포괄적으로 정의하였다. 3년 후 크렙스(Kreps, 1987)는 일상적 비상 상황(routine emergency)과 대비시키면서 재난에 대한 개념을 보다 명확히 했다. 재난은 비일상적 사건으로 정의될 수 있으며, 이것은 사회적으로 물리적으로 사회전체 시스템에 해로운 영향을 미칠 수 있다는 것이다. 그러면서 비일상적 사건을 구분하는 핵심적인 특징으로 예고기간(length of forewarning), 충격의 크기(magnitude of impact), 충격의 범위(scope of impact), 충격의 기간(duration of impact)을 들고 있다. 재난을 보다 구체적이고 실체적으로 파악하기 위해 재난의 특징을 구별하는 기준을 제시하였다.

다인스(Dynes, 1970)는 재난의 특성을 결정짓는 속성으로 빈도(frequency), 예측가능성(predictability), 통제가능성(controllability), 원인(cause), 진행속도(speed of onset), 예고가능기간(length of possible forewarning), 충격의 범위(scope of impact), 파괴력(destructive potential) 이상 아홉 가지를 들고 있다(Drabek, 1986: 45). 포스터(Foster,

1976)는 생명에 영향을 미치는 사고를 구분하기 위해 사망자수(number of fatalities), 중상자수(number of seriously injured), 사회간접자본시설의 피해 정도(infrastructural stress), 영향을 받은 인구(total population affected) 이상 네 가지 기준을 제시한다(Drabek, 1986: 45). 한편, 슐버그(Schulberg, 1974)는 재난의 개념을 재난발생의 가능성과 연결시키면서 재난위험성을 정의하면서 위험스러운 상태에 내재되어 있는 위험의 정도와 그 상태에 노출되어 있는 사람들의 위험도와 그들의 취약성 및 적응능력을 곱한 함수로 나타낼 수 있다고 주장하였다.

이상 살펴본 재난의 특징을 요약하자면 불확실성(uncertainty)과 복잡성(complexity)으로 설명된다. 기본적으로 재난은 불확실하며 예측하기 어려운 특징을 지닌다. 때문에 미지의 세계와 불확실성을 다루어야 하는 재난관리는 의사결정의 어려움을 동반한다. 불확실성은 현대 위험사회의 특징을 가장 잘 드러내는 표현이라고 할 수 있으며, 과학기술의 발달에도 불구하고 재난의 불확실성은 도시의 재난관리와 대응을 어렵게 한다(최충익, 2018). 이와 함께 복잡성은 도시재난의 특징을 잘 나타낸다. 도시 내에서 이루어지는 다양한 사회경제적 활동은 재난발생 과정의 복잡성뿐만 아니라 재난발생 후 처리 과정의 복잡성을 가중시키는 경향이 있다. 복잡성의 원인 중 하나는 재난이 상호작용성을 지니기 때문이며, 재난이 단일한 원인으로만 발생하지 않기 때문이다. 여러 원인들이 상호작용을 통해 발생하며 재난발생 후에도 계속된 상호작용을 동반하면서 진행되는 특징을 지닌다(국가위기관리학회, 2020). 결국 도시재난은 불확실성과 복잡성이라는 필연적 특징을 바탕으로 피해의 강도와 범위가 정해지게 된다.

제 3 절 재난안전 관련 법체계

1. 재난 유형

우리나라 법제처 국가법령정보센터에 등록된 법, 시행령과 시행규칙상 안전이라는 용어를 포함하고 있는 법령은 2017년 3월 현재는 198건이었으나, 2021년 8월 현재 269건에 달할 정도로 안전에 대한 법제도적인 관심이 급격히 늘었다. 여기에 법명이 아닌 내용에 안전을 포함하는 법령내용까지 모두 포함할 경우 그 숫자는 3,000건에 육박한

표 7-2 재난 및 안전관리 기본법상 재난 유형

재난 유형	내 용
자연재난	태풍, 홍수, 호우(豪雨), 강풍, 풍랑, 해일(海溢), 대설, 한파, 낙뢰, 가뭄, 폭염, 지진, 황사(黃砂), 조류(藻類) 대발생, 조수(潮水), 화산활동, 소행성·유성체 등 자연우주물체의 추락·충돌, 그 밖에 이에 준하는 자연현상으로 인하여 발생하는 재해
사회재난	화재·붕괴·폭발·교통사고(항공사고 및 해상사고를 포함한다)·화생방사고·환경오염사고 등으로 인하여 발생하는 대통령령으로 정하는 규모 이상의 피해와 국가핵심기반의 마비, 「감염병의 예방 및 관리에 관한 법률」에 따른 감염병 또는 「가축전염병예방법」에 따른 가축전염병의 확산, 「미세먼지 저감 및 관리에 관한 특별법」에 따른 미세먼지 등으로 인한 피해
해외재난	대한민국의 영역 밖에서 대한민국 국민의 생명·신체 및 재산에 피해를 주거나 줄 수 있는 재난

다. 이 같은 맥락에서 도시재난과 안전에 대한 담론의 하나로 안전관리 법체계를 살펴보는 것은 충분히 의미 있는 과정이다.

「재난 및 안전관리 기본법」에서 재난은 자연재난과 사회재난으로 구분된다. 과거에는 재난을 자연재난과 인적재난, 그리고 사회재난으로 구분했지만, 2013년 개정에서 재난 개념을 자연재난과 사회재난으로만 구분하기 시작했다. 자연재난은 태풍, 홍수, 호우(豪雨), 강풍 등의 자연현상으로 인하여 발생하는 재해를 말한다. 반면, 사회재난이란 화재·붕괴·폭발·교통사고 등으로 인하여 발생하는 피해와 국가핵심기반의 마비, 감염병, 가축전염병, 미세먼지 등으로 인한 피해를 의미한다. 한편, 해외재난은 대한민국의 영역 밖에서 대한민국 국민의 생명·신체 및 재산에 피해를 주거나 줄 수 있는 재난으로서 정부차원에서 대처할 필요가 있는 재난을 말한다(재난 및 안전관리 기본법 제3조). 흥미로운 것은 미세먼지에 의한 피해는 과거 사회재난으로 인정되지 않았으나 사회적 관심이 증대되면서 규정에 포함되기에 이르렀다.

현행 법체계에서 안전은 재난에 대응하는 예방적 시스템으로 인식되는 경우가 많으며 대표적으로 「재난 및 안전관리 기본법」은 국민 안전뿐만 아니라 도시의 안전에 대한 기본적 사항을 담고 있다. 「재난 및 안전관리 기본법」상에서 도시행정에 대한 직접적인 언급은 없으나 국가 및 지방자치단체의 재난관리에 대한 규정들을 통해 간접적으로 다루고 있다.

2. 도시재난 관련 법

재난과 안전이슈를 공간적 관점에서 다루는 법체계를 살펴보면 다음과 같다. 「국토기본법」과 「국토의 계획 및 이용에 관한 법률」에서는 도시·군 기본계획에 방재 및 안전에 관한 사항에 대한 정책방향이 포함되어야 함을 규정하고 있다. 기초지방자치단체뿐만 아니라 광역지방자치단체도 해당 지역의 기본적인 공간구조와 장기 발전 방향을 제시할 때 도시와 지역의 안전에 대한 사항을 다루어야 한다. 「재난 및 안전관리 기본법」은 안전관리를 재난이나 그 밖의 각종 사고로부터 사람의 생명·신체 및 재산의 안전을 확보하기 위하여 하는 모든 활동으로 정의하고 있다. 이와 유사하게 「경찰법」에서는 국가경찰의 임무를 국민의 생명과 신체 및 재산의 보호와 기타 공공의 안녕과 질서 유지 등으로 정하고 있다. 최근에는 안전에 대한 관심 증대가 지속가능한 발전과 환경으로 그 범위가 확장되고 있다. 「지속가능발전법」에서는 국내의 지속가능한 발전 노력뿐만 아니라 지속가능발전을 위한 국제 사회의 노력에 동참할 것을 도모하고 있으며, 나아가 현재 세대와 미래 세대가 보다 나은 삶의 질을 누릴 수 있는 세대 간 형평성에 대해 언급되어 있다. 「저탄소 녹색성장 기본법」 역시 경제와 환경의 조화로운 발전을 통해 국민경제의 발전을 도모하고, 저탄소의 친환경 안전사회 구현에 대해 규정하고 있다.

안전에 대한 국민적 관심이 커지면서 법체계 정비와 더불어 관련 법과 규정이 많아졌다. 무엇보다 중대재해로부터 국민을 보호하기 위한 커다란 제도적 시도가 있었다. 2021년 1월 중대재해처벌 등에 관한 법률이 제정되었고, 2022년 1월부터 시행예정이다. 실효성에 대한 논란이 있지만 도시에서 발생하는 각종 산업재해로부터 시민들을 보호하려는 법적 시도라는 점에서 의미가 있다. 「중대재해처벌 등에 관한 법률」에서는 산업현장에서 안전사고가 발생했을 때 사업주에게도 법적 책임을 물을 수 있는 강력한 조치를 규정하고 있다. 기존에 산재사고 발생 시 단위 사업장의 책임자 내지 실무자 위주로 형사처벌이 이루어져 사고예방에 미흡한 점을 보완한 것이다. 기존 산업안전보건법을 위반한 사례에서는 안전관리책임자에게만 책임이 있고, 대표이사까지 책임이 미치지 못하는 한계를 극복했다는 면에서 의의가 있다. 중대재해처벌법에서는 사업장의 안전보건 조치를 해야 할 의무자가 '사업주 또는 경영책임자 등'이기 때문에 대표이사 역시 책임으로부터 자유롭지 못하다. 게다가 중대재해처벌법에서는 징벌적 손해배상책임을 인정하여 중대재해로 손해를 입은 사람에 대해 그 액수의 5배를 넘지 않는 범위

표 7-3 산업안전보건법과 중대재해처벌법 비교

구 분	산업안전보건법	중대재해처벌법
의무 주체	사업주(법인사업주 + 개인사업주)	개인사업주, 경영책임자 등
보호 대상	근로자, 수급인의 근로자, 특수 형태 근로종사자	근로자, 노무 제공자, 수급인, 수급인의 근로자 및 노무 제공자
적용 범위	전 사업장 적용(다만, 안전보건관리체제는 50인 이상 적용)	5인 미만 사업장 적용 제외(50인 미만 사업장은 3년 후 시행)
재해 정의	중대재해 산업재해 중 ① 사망자 1명 이상 ② 3개월 이상 요양이 필요한 부상자 동시 2명 이상 ③ 부상자 또는 직업성 질병자 동시 10명 이상 * 산업재해 노무를 제공하는 자가 업무와 관계되는 건설물, 설비 등에 의하거나 작업 또는 업무로 인해 사망·부상·질병	중대산업재해 산업법상 산업재해 중 ① 사망자 1명 이상 ② 동일한 사고로 6개월 이상 치료가 필요한 부상자 2명 이상 ③ 동일한 유해 요인으로 급성중독 등 직업성 질병자 1년 내 3명 이상
의무 내용	사업주의 안전 조치 ① 프레스·공작기계 등 위험 기계나 폭발성 물질 등 위험물질 사용 시 ② 굴착·발파 등 위험한 작업 시 ③ 추락·붕괴 우려가 있는 등 위험한 장소에서 작업 시 사업주의 보건 조치 ① 유해가스나 병원체 등 위험물질 ② 신체에 부담을 주는 등 위험한 작업 ③ 환기·청결 등 적정 기준 유지 → 산업안전보건에 관한 규칙에서 구체적으로 규정(680개 조문)	개인 사업주 또는 경영책임자 등에 종사자에 대한 안전·보건 확보 의무 ① 안전·보건 관리체계의 구축 및 이행에 관한 조치 ② 재해 재발 방지 대책의 수립 및 이행에 관한 조치 ③ 중앙행정기관 등이 관계 법령에 따라 시정 등을 명한 시행 이행에 관한 조치 ④ 안전·보건 관계 법령상 의무이행에 필요한 관리상의 조치 → ①, ④의 구체적인 사항은 시행령에 위임
처벌 수준	자연인 사망 7년 이하 징역 또는 1억 원 이하 벌금 안전·보건 조치 위반 5년 이하 징역 또는 5,000만 원 이하 벌금 법인 사망 10억 원 이하 벌금 안전·보건 조치 위반 5,000만 원 이하 벌금	자연인 사망 1년 이하 징역 또는 10억 원 이하 벌금(병과 가능) 부상·질병 7년 이하 징역 또는 1억 원 이하 벌금 법인 사망 50억 원 이하 벌금 부상·질병 10억 원 이하 벌금

에서 배상책임을 규정하고 있다. 결국 시민의 재산과 생명을 빼앗을 수 있는 중대재해의 예방에 대한 사회의 경각심을 높이고 국민의 생명과 안전을 지키려는 법적 시스템을 마련했다는 점에서 그 의미가 있다. 산업안전보건법과 비교해보면 처벌수준이 강화

되고 경영책임자에 대한 의무를 강화한 점은 인정되지만, 여전히 재난에 대한 예방적 조치의 실효성이 떨어질 우려가 있다는 지적이 있다.

「재난 및 안전관리 기본법」상의 대표적인 도시재난 및 안전 관련 규정으로 첫째, 특별재난지역의 선포를 들 수 있다. 제60조에서 대규모 재난발생으로 국가의 안녕 및 사회질서의 유지에 중대한 영향을 미치거나 피해를 효과적으로 수습하기 위하여 특별한 조치가 필요하다고 인정하는 경우 해당 지역에 대해 특별재난지역 선포를 대통령에게 건의할 수 있도록 규정하고 있다. 특별재난지역의 경우 대통령령이 정하는 응급대책 및 재난구호와 복구에 필요한 특별지원을 받을 수 있다.

둘째, 지역의 안전관리기구로서 지역위원회의 운영을 들 수 있다(제11조). 특별시장·광역시장·특별자치시장·도지사·특별자치도지사의 경우 시·도 안전관리위원회를 두고, 시장·군수·구청장 소속으로 시·군·구 안전관리위원회를 운영하도록 하고 있다. 지역위원회는 지역에 대한 재난 및 안전관리정책에 대한 총괄적인 업무를 운영하기에 지역개발의 안전가치를 확보할 수 있는 제도적 수단이 된다.

셋째, 특정관리대상지역의 지정 및 관리를 들 수 있다. 제27조는 중앙행정기관의 장 또는 지방자치단체의 장은 재난이 발생할 위험이 높거나 재난예방을 위하여 계속적으로 관리할 필요가 있다고 인정되는 지역을 대통령령으로 정하는 바에 따라 특정관리대상지역으로 지정할 수 있도록 규정하고 있다. 아울러 재난관리책임기관의 장은 지정된 특정관리대상지역에 대하여 재난발생의 위험성을 제거하기 위한 조치 등 특정관리대상지역의 관리·정비에 필요한 조치를 해야 하기에 특정관리대상지역은 지역개발의 안전

표 7-4 재난 및 안전관리 기본법상 도시재난 관련 규정

조 항	내 용
제10조의4	재난 및 안전관리 사업예산
제11조	지역위원회
제16조	지역재난안전대책본부
제27조	특정관리대상지역
제41조	위험구역
제60조	특별재난지역
제66조의12	안전사업지구의 지정 및 지원
제66조의11	지역축제 개최 시 안전관리조치
제67조	재난관리기금
제75조	안전관리자문단

을 담보하는 중요한 수단이 된다.

넷째, 위험구역의 설정이다. 제41조에는 시장 · 군수 · 구청장과 지역통제단장은 재난이 발생하거나 발생할 우려가 있는 경우에 사람의 생명 또는 신체에 대한 위해 방지나 질서의 유지를 위하여 필요하면 위험구역을 설정하고, 응급조치에 종사하지 아니하는 사람에게 적절한 조치를 명할 수 있도록 규정하고 있다. 도시개발 과정에 있어서 위험구역의 설정 및 관리가 적절히 이루어질 경우 주민 안전을 확보할 수 있는 중요한 수단이 될 수 있다. 아울러 제66조 안전사업지구의 지정 및 지원과 함께 지역사회의 안전수준을 높이기 위한 대책으로 이해될 수 있다.

다섯째, 지역축제 개최 시 안전관리조치이다. 제66조에서는 지방자치단체의 장은 지역축제를 개최하려면 해당 지역축제가 안전하게 진행될 수 있도록 지역축제 안전관리계획을 수립하고, 그 밖에 안전관리에 필요한 조치를 하여야 한다고 규정한다. 전국적으로 다양한 축제가 수시로 개최되고, 그에 따른 각종 지역개발이 활발하게 이루어지기에 적절하게 운용될 경우 지역개발과 안전가치를 제고하는 시의성 있는 장치로 파악된다.

이외에도 지방재정법에 따라 재난 및 안전관리사업에 대하여 사업의 집행실적 및 성과, 향후 사업추진 필요성 등의 사항을 지방자치단체가 고려하도록 규정하고 있다(제10조의4). 제67조는 재난관리기금 적립의무를 규정하고 있으며, 이를 통해 지방자치단체의 재난관리비용을 충당하도록 제도화하고 있다. 도시재난관리 측면에서 특별재난지역은 지역재난안전대책본부와 함께 사후적 조치의 성격이 강한 반면, 지역위원회, 특정관리대상지역, 위험구역설정, 지역축제의 안전관리조치는 사전적 조치의 성격이 강한 특징을 지닌다. 재난 및 안전관리 기본법상 도시재난관리와 관련된 규정을 정리하면 [표 7-4]와 같다.

3. 국가재난관리체계와 도시재난관리체계

국가재난대응체계는 크게 중앙재난안전대책본부(이하 중앙대책본부)와 중앙사고수습본부(이하 수습본부)로 구성된다. 중앙대책본부는 대규모 재난의 대응 · 복구 등에 관한 사항을 총괄 · 조정하고 필요한 조치를 하기 위하여 구성되며, 중앙대책본부장은 행정안전부 장관이 되며, 중앙대책본부의 업무를 총괄하고 필요하다고 인정하면 중앙재난안전대책본부회의를 소집할 수 있다. 과거와 달리 재난의 효과적인 수습을 위하여 범정부적 차원의 통합대응이 필요한 경우 국무총리가 중앙대책본부장의 권한을 행사할 수 있다. 수습본부는 재난이 발생하거나 발생할 우려가 있는 경우에는 재난 상황을 효율적으로 관리하고 재난을 수습하기 위해 설치되며, 수습본부장은 해당 재난관리주관기관의 장이 된다.

그림 7-2 국가재난대응체계

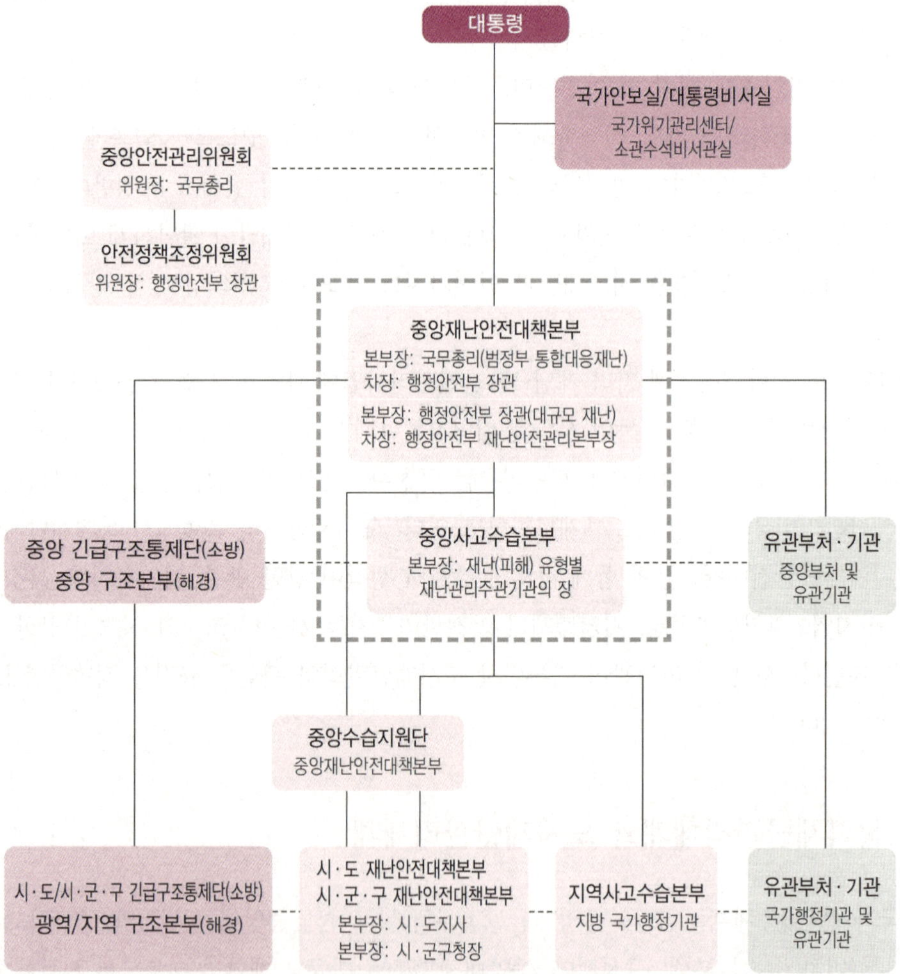

자료: 국회입법조사처(2019).

도시재난관리로 내려오면 해당 광역지방자치단체와 기초지방자치단체의 역할이 커지게 된다. 해당 관할 구역에서 재난의 수습 등에 관한 사항을 총괄·조정하고 필요한 조치를 하기 위하여 시·도지사는 시·도재난안전대책본부를 두고, 시장·군수·구청장은 시·군·구재난안전대책본부를 두고 도시재난을 관리한다. 재난발생 시 재난대응의 핵심은 중앙대책본부와 중앙수습본부가 된다. 여기서 중앙대책본부장은 행정안전부 장관이 되고 중앙수습본부장은 재난과리 주관기관의 장이 담당하게 되는데, 두 컨트롤타워 모두 장관인 경우가 많아 실질적인 지휘체계의 혼란이 발생하기 쉽다는 점이다.

도시의 재난안전관리가 제대로 작동되기 위해서는 국가재난안전체계가 합리적으로 구축될 필요가 있다. 통합적 재난관리를 위해 동일한 지위의 장관이 다른 장관을 지휘할 수 있도록 법상 허가는 했지만, 실질적으로 해당 부처 장관이 타 부처 장관을 지휘·관리하는 것이 쉽지 않은 대목이다. 아울러 행정안전부 장관과 국무총리 간 중앙대책본부장 지휘교대의 모호성 문제도 해결될 필요가 있다. 재난안전대책에 대한 부처 간 협업 및 행정안전부 외 여타 부처의 적극적 협조가 필요하며 제도적으로 국무총리를 중앙대책본부장으로 하고, 수습본부장을 행정안전부 장관으로 하는 것을 고려해볼 수 있겠다. 중앙대책본부와 중앙수습본부의 역할 수행에 따른 중복문제에 대해 권한과 역할을 명확화할 필요가 있으며, 갈등과 견제보다는 협업과 조정의 마인드가 중요하다.

제 4 절 도시재난이론

1. 하인리히의 법칙(Heinrich's law)과 안전관리

하인리히(Heinrich, 1959)는 재난의 발생과 예방에 관한 일련의 법칙을 연구했다. 대부분 어쩔 수 없는 것으로 여겼던 사고에 대해 우연히 발생하기보다 과학적 규칙성이 존재한다는 접근을 하며 관심을 받았다. 하인리히(H. W. Heinrich)는 도미노 이론에서 사고가 발생하는 과정을 다섯 단계로 설명한다. 첫째, 지역사회에 배태된 사회적 환경과 행태를 습득하는 단계이다. 사람들은 한 사회에 적응하고 학습하는 과정에서 사회적 환경과 행태를 습득하게 되고, 그 가운데서 사람의 실수가 발생하게 되는 틈이 생긴다는 것이다. 둘째, 못된 기질이나 부주의함과 같은 사람의 실수들은 그 사회의 생활습관과 패턴 속에서 학습된 사회적 환경의 결과로 나타난다. 사람의 잘못과 실수는 그 사람이 속했던 사회적 환경과 행태적 습관에 의해 발생한다는 것이다. 셋째, 인적 및 기술적 위험은 사람의 부주의함과 부적절하게 유지·관리된 장비(equipment)를 통해서만 존재한다는 것이다. 위험을 과업수행에 있어서 적절한 주의를 기울이지 않고 필요한 안전수칙을 수행하지 않음에 따르는 결과로 파악한다. 넷째, 사고는 이와 같이 인적 또는 기술적 위험의 발생 결과로 발생한다는 것이다. 사람이 부주의함이 사라지거나 기계적 유지관리의 결함을 막는다면 사고는 발생하지 않는다고 주장한다. 다섯째, 마지막 도미노는 사고의 결과를 의미하며 인명피해와 재산피해가 될 수 있다. 인명피해는 사고의 결과로서 나타나며 모든 사고가 인명피해로 이어지지는 않음을 강조한다.

하인리히는 인명피해와 재산피해에 대한 강조보다 사고 자체를 강조한다. 사고는 계획되지도 조절되지도 않는 매우 불확실성이 높은 사건이기에 사람의 인명과 재산을 동시에 빼앗아갈 수 있는 영향력이 있다. 인명피해와 재산피해를 줄이는 것도 중요하지만, 사고 자체를 줄이는 것이 바람직한 재난관리시스템에서 더 중요하다는 것이다. 재난관리담당자는 하인리히가 주장한 다섯 단계 모두에 대해 예의주시해야 하며, 특히 재난과 같은 사고발생에 주로 관심을 집중할 필요가 있다는 것이다. 모든 사고가 인명피해를 동반하고 재산피해를 일으키지는 않는다고 사소한 사고를 무시해서는 안 된다는 것이다. 결국 작은 사고가 많아지면 필연적으로 막대한 인명피해와 재산피해를 동반하는 큰 재난으로 연결된다는 것이다.

그림 7-3 하인리히 법칙(Heinrich, 1959)

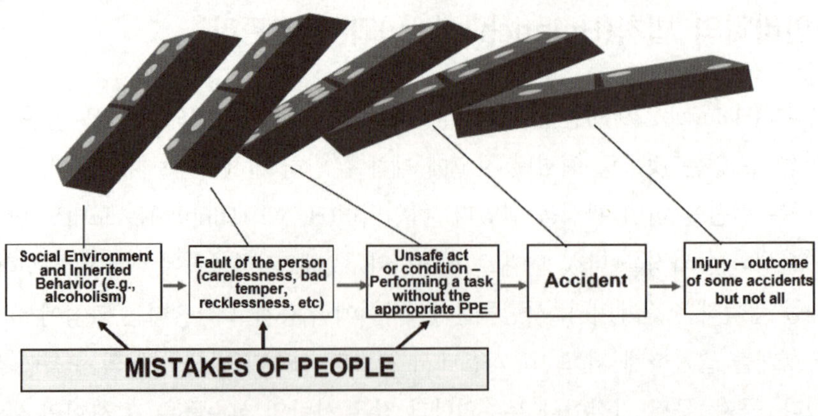

도미노 법칙과 더불어 1 : 29 : 300 법칙으로 알려진 하인리히 법칙은 위험사회에서 지역개발이 어떻게 이루어져야 하는지에 대해 시사하는 바가 크다. 이는 큰 재난(serious accidents)은 우연히 갑작스럽게 발생하는 것이 아니라, 그 전에 인식 못한 경미한 사고(potential accidents)들의 반복 속에서 발생한다는 것을 실증한 이론이다(Heinrich, 1959). 결국 큰 재난 · 재해(disasters)가 터지기 전 일정 기간 경고성 사건들이 존재하게 됨을 의미하며, 재앙은 이 같은 사소한 것들을 방치할 때 발생한다는 논리다. 2014년 4월 세월호 참사는 이익을 위해 작은 사건 · 사고가 주는 일련의 경고를 무시한 채 위험을 감수함으로써 얼마나 엄청난 대가를 치러야 하는지 적나라하게 보여주었다. 아울러 안전 불감에 익숙한 위험사회가 얼마나 끔찍한 결과를 초래할 수 있는지도 알 수 있었다.

역으로 사소한 경고 메시지에 대한 신속한 조치와 대응은 큰 사건과 사고를 미연에 예방할 수 있음을 의미한다. 위험사회에서 안전하게 국토를 성장시키고 관리하기 위한 우리의 노력은 이 같은 맥락에서 시작된다(최충익, 2015). 무엇보다 안전에 대한 사회적 가치가 재조명될 필요가 있으며, 정부부처와 지방자치단체의 안전에 대한 인식 및 의식 변화도 동반되어야 한다. 최근 빈번하게 발생하는 대형 사건 · 사고들이 단순한 대응미비로 인한 우발적 사건이 아니라 우리 사회 전체의 위기관리 및 재난대응 시스템의 위기로 파악되어야 하는 이유다. 정부부처에서의 안전에 대한 투자는 여타 사업 예산에 밀리기 일쑤며 사건 · 사고가 발생하지 않을 경우 가장 먼저 예산이 삭감되는 것이 불편한 진실이다. 지방자치단체 역시 마찬가지다 4년마다 한 번씩 선거를 통해 평가를 받는 단체장의 경우 재임기간 눈에 보이는 사업으로 주민들의 눈도장을 받아야 하는 부담이 있다. 안전 예산은 사업성 예산과 같이 눈에 보이는 가시적인 성과를 동반하지 않는 경우가 많아 정책결정자들에게 큰 관심을 받기 어렵다. 임기 내 성과를 나타내야 하는 많은 지방자치단체장들은 안전 및 재난관리 예산을 뒤로 하고 사업에 치중할 수밖에 없는 구조다(최충익, 2015).

아무리 위험한 국토라도 매번 큰 재난이 발생하지는 않는다. 대형 재난 · 재해가 언제 어디서 어떤 강도로 발생할지 모르기에 국토안전관리의 불확실성은 실로 크다. 결국 이 같은 불확실성이 미래의 재난위험에 대한 대비를 취약하게 만들곤 한다. 향후 발생하지 않을지도 모르는 재난과 재해에 대한 대응 준비로 엄청난 예산을 낭비했다는 비판에서 자유로울 수 없기 때문이다. 하지만, 어느 누구도 36조 원(2014년 국가예산의 10%)에 달하는 엄청난 돈을 쓰고도 전쟁이 발생하지 않았다는 이유로 예산을 낭비했다며 국방부를 비판하는 사람은 없을 것이다. 국가의 생존을 위협하는 전쟁의 위험이 그만큼 크기 때문이다. 우리는 매년 2조 원에 달하는 자연재해 피해를 겪으면서도 자연재해는 내가 살고 있는 공간에서는 발생하지 않을 것이라는 위험한 확신을 갖고 생활한다. 또한 투자성공을 위해 위험지역에 과도한 개발행위가 이루어지도록 허용하며 국토공간을 위험천만하게 이용한다. 위험사회에서 안전한 국토공간을 구축하기 위해서 안전에 대한 투자와 의식의 변화가 선행되어야 하는 이유가 여기에 있다. 안전투자의 결과는 사업성과가 아니라 국민들의 재산과 생명을 보호하는 것이기 때문이다(최충익, 2015).

위험사회 시대의 안전사회를 향한 지역개발과 국토안전관리는 중앙정부나 지방자치단체의 안전인프라 투자는 물론이고 시민사회의 안전문화 성숙이 선행되어야 한다. 미국은 안전에 대한 높은 사회적 가치를 지니고 있어 재난발생 시 호들갑스러울 정도로 예민하면서도 치밀하게 대응하는 문화를 갖고 있다. 한편, 다양한 재난・재해에 익숙한 일본은 대형 사건에도 놀랍도록 침착함을 보이는 안전문화를 가지고 있다. 위험사회에 적응하는 두 선진국의 안전문화가 한편으로는 불편하고 답답하게 보일 수 있지만, 그 저변에는 인간에 대한 존엄성이라는 핵심정서가 흐르고 있다. 사람이 물질보다 존중되고 안전이 개발에 우선할 수 있는 본질로 회귀하는 사회를 이룰 때, 비로소 위험사회에서 안전사회로의 전환이 이루어질 것이다(최충익, 2015).

버드(F. E. Bird)는 미국의 297개 회사에서 보고된 1,753,498건의 재난과 사고에 관한 통계자료를 분석하여 사각지대 없는 안전대책을 강조했다(Bird, 1974; Bird & Germain, 1986). 그의 이론은 하인리히의 이론과 재난의 분류 및 수량적 차이는 있으나, 근본적

그림 7-4 버드의 도미노이론(Bird, 1974)

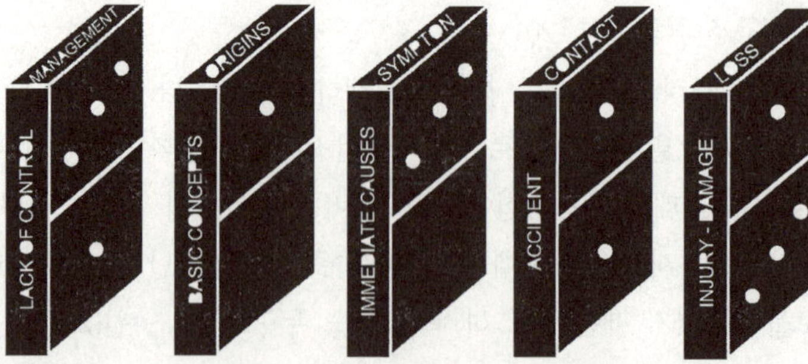

으로 맥락을 같이한다. 버드는 관리 · 통제의 상실과 부적절한 의사결정체계가 재난발생의 원인이라고 규정한다. 그러면서 하인리히와는 달리 한 가지 요소에 의해서만 사고가 발생하지 않으며, 사고는 복합적 요소가 장기간의 시스템 에러를 통해 배태된다고 주장한다. 결국 이는 재난발생의 복잡성을 나타내는 다원인 원칙(principle of multiple causation)을 의미한다.

버드에 의하면, 인적 사고 발생비율은 1 : 10 : 30 : 600으로 나타난다. 경험적으로 1번의 중상은 10번의 상해와 30번의 무상해 물적 손해, 그리고 600번의 무상해 무손해의 위험순간을 동반한다는 것이다. 결국 재난방지를 위해서는 사고의 기본원인이 되는 무상해 무손해의 위험순간을 최소화해야 한다는 것을 골자로 한다. 우리 지역사회는 눈에 보이는 중상이나 사망에만 관심을 가지는 경향이 있다. 눈에 보이지 않는 가벼운 재난과 위험순간에 대한 관리가 이루어져야 보다 안전한 지역사회가 구축될 수 있고, 이를 위한 도시개발이 선행되어야 하겠다.

2. 재난배양이론(disaster incubation theory)

재난배양이론은 영국의 사회학자 터너(Turner, 1978)가 주장한 것으로 재난발생의 원인을 사회문화적 측면에서 접근하고 있다. 재난배양이론에서 재난은 사고의 원인이 누적되어 재난으로 나타나기까지 6단계로 세분하여 제시하고 있다. 재난배양이론을 지역사회의 재난발생과 연계해 시간의 흐름에 따라 설명하면 다음과 같다.

첫째, 시작 단계(nationally normal starting point)이다. 이 시기 지역사회 속에 내재된 위험요소는 아직 표출되지 않고 잉태되어 있으며, 재난위험 발생의 다양한 경고와 우려의 목소리들이 지역사회에 잠재되어 있는 단계이다.

둘째, 배양시기(incubation period)는 지역사회에서 발생 가능한 위험이 본격적으로 배양되는 단계이다. 지역사회의 위험에 대한 인식이 경직되고 안전문제에 대한 주민들의 관심이 떨어지는 시기를 말한다. 정책결정자는 드러나지 않은 위험을 명확히 하고 파악하려하기보다 이미 조직화된 지역 현안문제 해결에 집중하려는 경향이 있다는 것이다. 때문에 위험발생에 대한 정보가 제대로 구축되지 못하고 재난위험에 대한 저평가가 이루어진다. 게다가 위험가능성을 제기하는 외부의 지적에 대해 위험 담당 관리자들은 자신들의 전문성과 지역성을 내세우며 조직적으로 배타하기 시작한다.

셋째, 사건 촉발(precipitating event)은 재난발생 직전의 직접적 원인제공 사건이 발생하는 단계이다. 2015년 첫 메르스 환자 발병에 대한 대응은 재난 상황이 아니라 사건 촉발 단계라고 볼 수 있다. 메르스 질병에 대한 정확한 사전지식을 보건당국에서 인지하고 못하였고, 결국 음압병상이 아닌 일반 병실에 환자를 치료함으로써 오히려 대량으로 전염병 환자를 양산해내는 사건 촉발의 기능을 하였기 때문이다.

넷째, 재난발생(onset) 단계이다. 재난발생은 주민들의 생명과 재산에 심각한 영향을 미치고 국가나 지역사회에 피해를 줄 수 있는 사건이 발생한 것을 의미한다.

다섯째, 대응과 구조(rescue and salvage first stage adjustment)는 재난발생 후 지역사회의 초기 대응과 피해자들에 대한 구호조치가 이루어지는 단계를 말한다.

여섯째, 문화적 변화(full cultural readjustment)는 재난대응과 복구가 모두 마무리된 후 지역사회에 문화적 조정이 일어남을 의미한다. 재난발생 및 대응 과정에서 발생한 각종 미비사항의 개선과 위험과 관련한 지역문화의 생성 등이 일어날 수 있다.

재난배양이론은 재난발생의 사회적·문화적 측면에 주목한다. 재난발생은 1단계부터 이루어지며 지역사회 속에 재난이 잠재되고 누적되어 감에 중점을 둔다. 재난 그 자체보다는 재난을 야기하는 사회적 상황에 대하여 사전적 관심이 필요하다는 관점이다(조석현, 2016). 재난은 다양한 단계에 걸쳐 진행되며 재난이 배양되는 기간은 수년 이상이 걸릴 수 있다. 문제는 지역사회에서 재난이 배양되는 긴 기간 동안 급박한 위험의 사인들이 무시되거나 잘못 이해되면서 재난이 이르게 된다는 것이다(정병도, 2015). 이의 개선을 위해 위험평가에서 무시되었던 것에 대한 성찰의 필요성이 강조된다. 지역사회의 사회문화적 여건을 정확히 인식하고, 부적절한 정보를 수정하고, 합리적인 위험커뮤니케이션체계를 갖추는 것이 필요하다.

3. 정상사고이론(normal accidents theory)

정상사고이론은 페로우(Perrow, 1984)가 그의 논문 “Normal Accidents: Living with High Risk Systems”에 소개한 개념이다. 현대 사회는 기술적으로 복잡하고 꽉 짜인 조직적 시스템이기에 그 제어하기 어려운 전문성으로 인해 사고의 필연성이 유발될 수밖에 없다는 것이다. 기술적으로 전문화되고 복잡한 시스템에서는 예기치 못한 조그만 사건이 곧 가속화 과정을 거쳐 거대한 재난으로 확대되는 경향성이 있다. 정상사고이론에서는 현대 산업사회의 전문성과 고도기술성이 사고의 발생을 불가피하게 만들며 사고의 확대를 촉진한다고 주장한다. 현대 사회가 고도로 전문화된 소수의 기술자들에 의해

의존하고 있으며, 이것이 오히려 더 큰 재난발생을 촉발시킬 수 있다고 경고한다.

페로우(Perrow, 1984)는 특수한 기술적 시스템 속에서 치명적 사고의 발생이 불가피하다고 주장한다. 기술적인 시스템의 복잡성 때문에 실패가 나타나며, 상호작용적인 복잡성 속에서 계획되지 않고 예상치 못한 결과가 나타난다는 것이다. 아울러 기술적으로 복잡한 시스템과 느슨한 시스템 사이에서 사고가 발생하기 쉬움을 지적한다. 결국 정상사건이론은 우리 사회가 도시화되고 산업화되어 편리해질 수 있지만, 그 가운데서 재난위험의 가능성은 인지하지 못한 채 커질 수 있음을 경고하고 있다. 현대 첨단 과학기술이 아무리 발전해도 재난발생 위험 자체를 제거할 수 없으며, 결국 복잡한 시스템에 기인한 한계로 인해 재난이 발생한다는 것이다.

복잡한 상호작용은 친숙하지 않은 연속동작이나 계획되지 않고 기대되지 않은 연속동작, 그리고 볼 수도 즉각적으로 이해할 수 없는 것들로 규정한다. 꽉 짜인 시스템에서 하나의 사건은 다른 사건으로 작업자가 관여할 기회는 거의 없이 신속하고 변함없이 진행된다. 상호적인 복잡성과 꽉 짜인 시스템의 조합은 신속하게 통제를 넘어 실패로 도달하고 사고를 불가피하게 만든다. 재난은 복잡계 시스템에서 고질적인 정상사고로 규정된다. 정상사건이론은 사건의 발생이 불가피하며 복잡계 시스템이 사고의 확대를 촉진함에 주목한다. 재난발생의 필연성을 강조하는 것으로 그 관리에 대해서 비관적 관점을 견지한다(조석현, 2016; 정병도, 2015).

최근 지역개발은 스마트 시티나 유비쿼터스 시티 등을 표방하며 개발 과정에서 고도의 첨단기술이 복잡하게 내재되어 있음을 광고한다. 하지만, 정상사고이론의 관점에서 첨단기술을 활용한 도시개발이나 지역개발이 오히려 소수의 전문가들에게 복잡한 시스템의 관리를 백지위임할 수 있어 사건발생의 위험이 높아질 수 있다는 점이다. 지역개발 시 기술적으로 복잡한 시스템 내에서 정상사고를 통제하고 주민안전을 확보할 수 있는 지역사회의 담론이 활성화될 필요가 있다.

4. 고도신뢰이론(high reliability theory)

고도신뢰이론은 사고가 예방될 수 있다는 믿음에 기초한다. 이 같은 측면에서 고도신뢰이론은 사고발생이 불가피하다는 정상사고이론과 출발을 달리한다. 정상사고이론이 이해하기 힘든 복잡계 시스템에서 불가피하게 발생한다고 가정하지만, 고도신뢰이론에서 위험은 항상 예방할 수 있다는 전제에서 시작한다. 지역사회의 관심과 전략에 따라 사고예방은 물론 안전에 대한 신뢰성을 높일 수 있다는 점을 강조한다. 재난대응 과정에서 회복력 있는 시스템과 조직들은 신속하게 정보를 얻고, 변화된 환경에 행동과 구조적인 적응을 유연하게 잘할 수 있음에 주목한다. 이를 통해 정상사고이론의 비관적 관점과 결정론적 세계관에 근거한 불합리한 의사결정체계를 극복하고자 하였다. 회복력 있는 조직들이 정상모드에서 위기모드 사이의 전환 능력이 있다. 정상모드에서는 계획과 일상에 초점을 두면서 일상적인 재난관리를 하고 위기모드에서는 신속한 대응과 적응적인 대처를 강조한다.

고도신뢰조직(high reliability organizations)은 재난이 많이 발생하더라도 적절한 대응실패로 인한 극심한 피해 상황의 횟수가 현저히 적은 조직을 의미한다. 고도신뢰조직은 원자력 발전소, 병원 응급실, 소방대 등과 같이 상시 돌발사고의 위험을 다루는 조직을 의미한다. 이 조직들의 특성은 매우 많은 예측 불가능의 사고를 경험하고 학습하면서 재난대응의 노하우를 습득함으로써 위기대응의 실패확률을 현격히 줄이는 데에 있다. 고도신뢰조직을 이루기 위해서는 작은 실패사건들을 통해 시스템을 점검하고 수정하여 더 나은 시스템으로 진화하는 학습시스템을 갖추어야 한다는 것이다.

그러면서 조직적인 회복력이 기술적 위험요소가 존재하는 산업에만 적용될 뿐만 아니라, 자연재난과 사회적 재난에도 적용될 수 있다고 주장한다. 고도신뢰이론은 비관적이지 않으며 좋은 조직 설계와 관리를 통해 복잡계 시스템이 지니는 치명적 실수를 제어할 수 있다는 입장을 견지한다. 하지만, 고도신뢰이론을 주장한 학자들 사이에서도 라 포르테와 로클린(La Porte & Rochlin, 1994)은 일부 장소에서는 정상사고이론에서와 같이 피할 수 없는 사고가 존재한다고 주장한다. 한편에서는 아무리 시스템과 조직들을 잘 관리하고 적응을 잘해도 막을 수 없는 재난이 존재함을 인정하고 있다.

제 5 절 위험사회의 국토관리와 도시개발

압축적 산업화 및 근대화 과정에서 축적된 위험요인들이 지역사회에서 각종 재난 및 재해로 현재화되고 있다. 그럼에도 불구하고 현대 위험사회에서 축적된 위험요소가 지역사회에 재난으로 다가올 것에 대해 지역개발은 위험과 무관한 방식으로 이루어졌다. 결국 이 같은 '나 아닌 타자' 현상이 위험을 방치하고 조장하는 결과를 초래하여 지역사회를 더욱 위험하게 조장해오고 있다(Beck, 1992; 1999; Norman, 2008; Klein et al., 2007; 최충익, 2011; Joffe, 1999). 우리 주변을 둘러봐도 대형 사고나 자연재해가 발생하면 공학·자연과학 중심의 대증적 처방만이 이루어질 뿐 '위험과 안전'에 관한 담론이 제대로 이루어지지 못했다. 눈부신 경제성장과 더불어 근대화 과정을 거치면서도 이들에 의해 만들어진 그늘을 보지 못하고 정작 안전과 위험사회에 대한 고민은 부족했다(최충익, 2015).

위험사회(risk society)에서 새롭게 등장한 위험은 특정 지역이나 집단에 한정되지 않으며 초국가적이며 비계급적이다(Beck, 1992; 1999). 예를 들어, 중국에서 넘어오는 황사와 미세먼지와 후쿠시마 원전 폭발사고는 위험사회의 재난발생이 초국경적으로 발생할 수 있음을 단적으로 보여준다. 아울러 재난피해 발생은 모든 계급과 계층의 사람들에게 동등하게 발생한다. 가령, 불확실성이 큰 자연재해로 인한 위협에는 어떤 특정 계급과 계층도 예외적이지 않다는 점이다. 계급 및 계층에 따라 재난발생 이후의 대응 및 대책의 안전 정도는 달라 질 수 있지만 재난발생 자체가 특정 지역이나 집단에 한정되는 경우는 드물다. 이 같은 재난의 비계급성과 비지역성은 지역개발의 안전관리 측면에서 두 가지 시사점을 던져준다.

첫째, 도시재난관리는 사회적 약자에 대해 우선적 고려가 있어야 한다는 점이다. 재난발생 자체는 사회적으로 지극히 평등하게 이루어지지만 대응 과정은 철저하게 비대칭을 이루는 경우가 많다는 점이다. 특히, 사회적 약자는 위험지역에 거주하는 경우가 많기에 동일 강도의 재난이라도 더 심각한 영향을 받을 수밖에 없다. 위험사회에서 무엇보다 사회적 약자의 재난대응에 대한 고려가 우선적으로 이루어져야 할 이유가 여기에 있다. 공교롭게도, 실제 도시재난관리는 반대로 이루어지는 경우가 흔하다. 경제적으로 부유한 사람들이 사는 곳은 상대적으로 안전한 곳이 많다. 아이러니하게도 정부의 안전에 관한 투자는 영향력을 행사하는 기득권층이 밀집된 상대적으로 안전한 지역에 우선적으로 할당되는 경향을 보인다. 때문에 도시의 안전관리는 국가의 개입 이외에 자체적인 안전시스템 개선을 이루기 어려운 사회적 취약계층이 있는 재난 사각지대에 우선적으로 눈을 돌릴 필요가 있다(최충익, 2015). 안전은 부유층만 누려야 하는 특권이 아니라 지역사회의 주민 모두가 함께 누려야 하는 공동체적 가치이기 때문이다.

둘째, 도시재난관리에 있어서 지역사회의 불확실성을 감안한 재난관리 대응체계를 구축해야 한다는 점이다. 위험사회에서는 정도의 차이만 있을 뿐 어느 지역도 안전할 수 없기 때문이다. 기후변화의 불확실성은 자연재해 발생의 불확실성 증가 현상을 더욱 가속화시키고 있다. 과거 패턴에 근거해 설계된 재난방지 구조물이 이를 넘는 자연재해로 인해 속수무책으로 무너지는 현상이 자주 관찰된다. 예를 들어, 100년 홍수빈도의 강도를 고려하여 설계된 예방구조물이 이상기후로 인해 200년 빈도 이상의 강도의 홍수발생으로 맥없이 무너지는 일은 비일비재하며 더 이상 놀라운 뉴스도 아니다. 2010년 서울 도심 한복판을 강타했던 광화문 홍수는 좋은 사례다. 100년 홍수빈도로 구조물을 세우면 그 정도의 홍수량에 대해서만 방어능력을 갖추는 것일 뿐 그 이상의 강도에 대해서는 방어력이 떨어질 수밖에 없다는 점이다. 하지만, 재난발생은 설계된 예방범위 내에서만 발생하지 않을 수 있다는 불확실성이 상존한다는 점을 주목할 필요가 있다. 위험사회에서는 과거 재난이 발생하지 않았던 지역은 미래 재난발생 가능성이 낮을 것이라는 예측이 위험할 수 있음을 경고한다. 흔히 법정 설계기준으로 구조물이 건축되면 피해가 발생하지 않을 것이라고 믿기 쉽다. 행정 관료들뿐만 아니라 전문가들조차도 큰 규모로 설계하는 것이 경제적이고 안전하다고 주장한다. 하지만, 위험사회에서는 발생빈도 개념 자체가 갖는 공학적 의미에 절대적 신뢰를 부여하는 것이 더욱 위험할 수 있는 점을 주지해야 한다. 내가 살고 있는 지역은 과거에 안전했기 때문에 앞으로도 안전할 것이라는 확률론적 사고가 오히려 더 큰 재앙으로 연결될 수 있음을 주지해야 한다(최충익, 2015).

무엇보다 위험사회를 극복하고 재난에 안전한 국토관리를 위해서는 개발과 성장이라는 목표보다 안전이라는 가치가 더 존중될 수 있는 패러다임으로의 전환이 필요하다. 위험사회의 국토관리와 지역개발을 위한 안전 패러다임이란 무엇일까. 안전 패러다임은 인간의 존엄성에 근거한 안전관리시스템을 구축하는 것을 의미한다. 안전 패러다임의 핵심은 재난대응 시스템 향상 자체에 있는 것이 아니라 개선된 시스템을 통해 지켜야 하는 인간의 존엄성 자체에 있기 때문이다. 미래의 바람직한 지역개발과 국토안전관리는 이 같은 위험사회의 안전 패러다임으로의 변화와 동일선상에서 논의되어야 하겠다(최충익, 2015).

제 6 절 재난발생과 지역사회 서비스 수준의 변화

재난발생은 국가와 지역사회의 서비스 공급에 막대한 영향을 미친다. 재난으로 인한 공공시설물의 파괴는 주민들이 원하는 때에 원하는 장소로 도시 서비스 공급이 원활하게 이루어지지 못하게 한다. 이에 대해 도시 및 지역의 서비스 수준이 시간의 흐름에 따라 재난발생과 대응의 측면에서 어떻게 달라지는지 살펴본다. 재난발생은 통상적으로 국가나 지역이 제공하는 서비스의 정도를 급작스럽게 하락시킨다. 다음 [그림 7-5]는 재난발생 전후 국가 혹은 지역이 제공하는 서비스 수준 변화를 나타내고 있다(최충익, 2011).

그림 7-5 재난과 도시기능의 변화

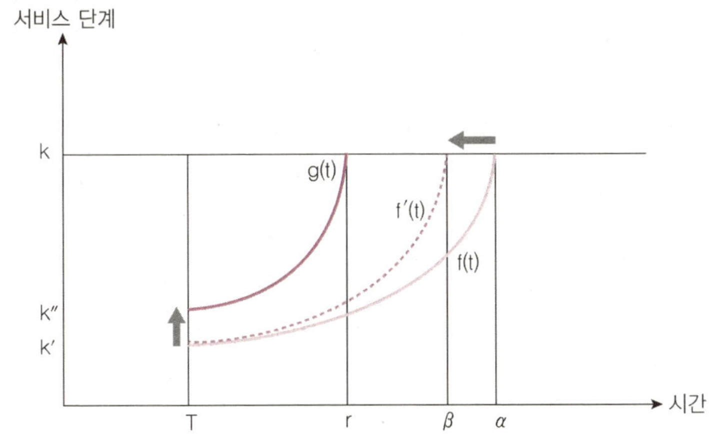

자료: 최충익(2011; 2018).

[그림 7-5]는 T시점에서 발생한 재난발생의 결과로 국가나 지역의 서비스 수준은 기존 k에서 급격히 k′로 떨어지게 된다. f(t), f′(t), g(t)는 재난발생 후 서비스 수준의 회복 정도를 나타내주는 함수를 의미한다. f(t)의 회복함수를 가진 국가나 지역의 경우 T 시점에서 발생한 재난은 α가 지난 후에야 정상기능 k로 회복됨을 알 수 있다. 하지만, 경제적 여건이 나은 국가의 경우 효율적 대응으로 회복곡선은 f′(t)로 나타나며, 회복의 시기가 β로 빨라지게 된다. 결국 서비스 제공 측면에서 재난발생 이후의 피해를 살펴보면 f(t) 회복곡선의 경우 정상적인 서비스 제공 기능을 발휘하지 못한 데에 따르는 피해 크기는 $\int_T^\alpha k-f(t)dt$가 된다. 반면, f′(t)의 경우는 $\int_T^\beta k-f'(t)dt$가 되어 결국 경제적 여건이 다른 국가 간 피해액의 차이는 $\int_T^\beta k-f'(t)dt+\int_\beta^\alpha k-f(t)dt=$R이 된다.

결국 R은 동일한 재난에도 피해액의 차이가 다를 수 있음을 의미하며, R값이 클수록 국가 간 또는 지역 간 불평등의 정도는 심하다고 할 수 있다. 이 경우 양변을 미분하게 되면 $f'(\beta)-f(\beta)-f'(T)+f(T)-f(\alpha)+f(\beta)=0$이라는 등식이 성립하게 되고, 이 식을 정리하면 $f'(\beta)-f(\alpha)=f(T)-f'(T)$가 된다(최충익, 2011). 재난이 발생한 T시점에서는 서비스 제공 수준이 동일하기에 f(T)와 f′(T)는 같아지게 되고, 결국 $f'(\beta)=f(\alpha)=k$가 됨을 알 수 있다. 이는 국가나 지역의 재난대응은 재난 이전 서비스 수준을 회복할 때까지 이루어짐을 의미하며, α와 β의 차이가 클수록 불평등 정도를 나타내는 R의 규모는 더욱 커지게 된다.

f(t)와 f′(t)의 사례를 통해 재난발생에 따라 서비스 수준의 감소 정도가 동일한 상태에서 대응 수준에 따라 서비스 수준 회복속도가 상이함을 보여준다. 앞선 두 함수의 경우 재난발생 당시 도시의 방어 능력에 차이가 없기 때문에 도시기능 저하는 동일하게 k수준까지 떨어지게 된다. 하지만, 동일한 강도의 재난발생에도 서비스 수준 감소가 다를 수 있다. 경제력 측면에서 탁월하게 부유한 국가나 지역의 경우 회복력에 대한 논의는 뒤로하더라도 재난피해액 자체가 적어질 수 있다. 때문에 당초 f(t)보다 향상된 방어 수준을 가지기에 도시의 기능 저하는 k″로 떨어지게 된다. 이 경우 국가 나 지역이 입는 피해액은 $\int_T^r k-g(t)dt$가 되고, 앞선 두 함수와 비교하여 $\int_T^r k-g(t)dt+\int_r^\alpha k-f(t)dt=P$ 만큼의 피해 감소효과를 보게 된다. R이 대응 수준에 따른 불평등이라면 P는 예방 수준에 따른 불평등으로 파악할 수 있다. 향상된 재난대응 능력으로 인해 국가나 지역의 서비스 제공 기능의 회복이 가속화됨을 의미하며, 국가나 지역경제 자원의 투입이 원활하게 이루어져 피해기간이 현저하게 단축되고 있음을 의미한다. 마찬가지로 양변을 t에 대해 미분하게 되면, $g(r)-f(r)-g(T)+f(T)-f(\alpha)+f(r)=0$이라는 항등식을 얻게 되고 식을 정리하면 $g(r)-g(T)+f(T)-f(\alpha)=0$이 된다. 이는 다시 $g(r)-f(\alpha)=g(T)-f(T)$가 되는데, 여기서 g(T)−f(T)의 값은 0보다 크게 된다. 이는 부유한 국가와 가난한 국가의 초기 피해액 차이를 반영하며 재난발생의 초기 피해액의 불평등 정도를 나타낸다. 따라서 $g(r)>f(r)$이 성립되어 시간 단축효과뿐만 아니라 기존의 서비스 수준보다 더욱 향상된 국가 기능을 갖게 됨을 의미한다. 결국 경제성장을 이룬 부유한 나라는 복구의 시간을 단축시킬 수 있을 뿐만 아니라 보다 단기간에 서비스제공 기능을 회복할 수 있게 해준다는 것이다(최충익, 2011). 결국 유사한 재난발생이라도 국가나 지역의 경제 상황에 따라 상이한 경제적 영향을 받을 수 있기에 국가 및 지역경제를 탄탄

하게 하는 것이 효과적인 도시재난관리를 위한 체력을 비축하는 것이라 볼 수 있겠다.

제 7 절 안전한 도시를 향한 제언: 도시재난관리 체크리스트

미국의 유명한 록 밴드 반 헤일런(Van Halen)이 콘서트 기획사와 맺은 계약서에는 늘 이상한 조항이 따라 붙는다고 한다. 콘서트 무대 뒤에 반드시 m&m 초콜릿을 담은 그릇을 비치하되, 그 안에 갈색 초콜릿은 넣지 말아야 한다는 것이다. 만약 이를 어겨서 갈색 초콜릿이 하나라도 눈에 띄면 콘서트는 취소되고 기획사는 밴드에게 피해액을 보상해야 한다는 것이다(Gawande, 2011). 왜 이 같은 규정이 존재하는 것일까. 초콜릿이 반 헤일런의 까다롭고 독특한 개인 취향을 나타낸다기보다 공연시설의 안전을 점검하려는 나름대로의 지표로 활용된 것이다. 공연 때마다 대형 트레일러 9대 분량의 장치들과 중장비들이 활용되기에 늘 그의 무대는 많은 하중에 견뎌내야 했다. 당시 공연 과정에서 무대바닥이 꺼지는 사고가 자주 발생하는 것을 목격했기에 견고한 무대바닥 설치를 강력히 요청하는 일환으로 초콜릿을 활용한 것이다. 무대시설이 매우 복잡하여 항상 공연자와 관객들이 부상당할 위험이 있기에 이를 꼼꼼히 점검해달라는 의도다. 계약서에 있는 사항을 제대로 점검하지 않으면서 복잡하고 위험한 무대장치 설치를 제대로 했는지 믿기 어렵다는 논리를 적용한 것이다.

도시의 재난관리에서도 초콜릿과 같은 안전지표가 필요하다. 안전한 지역사회 건설을 위한 지역개발 체크리스트로서의 초콜릿은 무엇이 될 수 있을까. 지역개발 관련 법에 안전 관련 법체계를 상세하게 규정해 놓으면 체크리스트의 기능을 할 수 있을까? 지역개발 당사자에게 안전한 지역개발을 위한 가이드라인을 만들어 제시하면 가능할까? 중앙정부와 지방자치단체가 지역사회의 안전을 저해하는 지역개발에 대해 엄격한 허가조건을 갖추고 있으면 되는가? 시민사회가 지역개발에 있어서 감시자로서의 역할을 충실히 하면 가능한가? 안전한 지역사회는 특정 당사자의 노력만으로 이루어지기 어렵다. 안전한 지역사회를 만들기 위해 정치인, 중앙정부, 지방자치단체, 시민사회 모두의 노력이 동반되어야 한다.

법은 도시행정에 있어서 안전 확보를 위한 최소한의 체크리스트로서 기능할 수 있지만 현실은 그렇지 못하다. 도시행정과 지역개발 분야에서 핵심적 제도라고 할 수 있는

「지역개발 및 지원에 관한 법률」이 2017년 1월부터 시행 중이다. 공교롭게도 이 법에는 안전이라는 용어가 단 한 건도 등장하지 않는다. 다만, 재난복구 또는 재난수습에 필요한 응급조치행위에 대해 행위제한규정을 완화하고 있는 것이 전부다. 지역의 성장 잠재력을 개발하고 공공과 민간의 투자를 촉진하여 지역개발사업이 효율적으로 시행될 수 있도록 지원하여 지역경제를 활성화하고, 나아가 국토의 균형 있는 발전에 이바지하는 것이 법의 목적이다. 목적에도 명시되어 있듯이 성장잠재력의 극대화와 효율적 시행, 그리고 지역경제 활성화가 여전히 우리의 지역개발에 있어서 핵심가치로 자리매김되어 있다. 법에 제시된 체크리스트는 최소한의 가이드라인으로서 기능하며 피할 수 있는 실수들을 막아줄 수 있다. 지역개발에 있어서 안전에 대한 제도적인 보완이 시급한 이유다.

지금까지 살펴본 체크리스트가 안전을 위한 사전적 대응에 대한 논의라면 재난관리 방식은 안전을 위한 사후적 대응에 대한 논의로 파악될 수 있다. 통상적으로 도시재난관리 대응방식에서는 의사결정의 효율성과 신속성을 강조되며 권력집중형 하향식 대응이 이루어져왔고, 우리나라의 국가재난관리의 컨트롤타워 역시 대통령-중앙재난안전대책본부-시・도 재난안전대책본부-시・군・구 재난안전대책본부라는 선명한 위계시스템을 지니고 있다. 재난발생 후 대부분의 책임자들은 위험에 직면했을 때, 권력을 집중해 의사를 결정한다. 여기서 체크리스트와 매뉴얼의 기능이 발휘된다. 재난관리 매뉴얼과 같은 체크리스트는 상부에서 원하는 방식으로 밑에서 근무하는 하위 직급자들에게 지시를 내려서 효과적이고 신속하게 일을 처리하게 만든다. 이것이 바로 체크리스트와 매뉴얼이 가지는 강제적 역할 수행 기능이다. 하지만, 복잡성과 불확실성이 커진 위험사회에서 매뉴얼과 체크리스트만으로는 합리적이고 효율적인 재난관리가 이루어지기 어렵다.

효율적인 도시재난관리시스템 구축을 위해 다음의 좋은 사례가 하나 있다. 2005년 8월 29일 오전 6시 미국 뉴올리언스에 카트리나가 상륙하여 막대한 피해를 일으키기 시작했다. 연방재난관리청(FEMA)에는 다양한 정보원이 속해 있지만, 당시 뉴올리언스 현장에 있던 관리청의 대표자는 1명이었고, 이메일로 긴급 보고서를 보냈지만 정부의 고위 관료들은 이메일을 사용하지 않았다고 한다. 상원 청문회에 밝혀진 바에 따르면 태풍이 발생한 다음날까지 그 메시지내용을 통보받지 못하였고, 그때는 이미 뉴올리언스는 80%가 물에 잠긴 상태였다(Gawande, 2011). 재난 담당자는 수많은 지역공무원들과 즉석에서 구호활동 조직을 만들었고, 이를 관계 당국에 연락해 무엇이 필요한지 알리려고 했지만 누구와도 연락이 닿지 않았던 것이다. 누군가와 통화가 되었지만 그 요구사항을 윗선에 전달해야 하기 때문에 기다리라는 답변만 듣게 된다. 신속한 대응은 고사하고 전통적인 지휘통제체계는 급속히 붕괴되었다. 여기서 발생한 문제는 내려야 할 결정은 너무나 많은데 어디서 어떤 도움을 필요로 하는지에 대한 정보는 거의 전무했다는 점이다. 즉, 상황이 악화되는 와중에 구호 재원을 제공하고 결정을 내릴 권한이 누구에게 있는지에 대해 실랑이가 발생해 정작 중요한 대응이 신속하게 이루어지지 못했다는 것이다. 위기대응에 있어서 연방정부는 주정부에게 그 권한을 내주려 하지 않았고, 주정부는 지방정부에게 그 권한을 주려하지 않았고, 지방정부도 그 권한을 민간부문에 있는 사람들에게 선뜻 내주려하지 않았기 때문이다. 급박한 위기 상황에서 권한이 누구에게 있는 것이 무엇이 그리 중요하단 말인가?

하버드 대학교 케네디 정책대학원 사례조사에 의하면, 카트리나 재난발생 시 월마트만이 그 복잡한 상황의 본질을 제대로 이해했다고 전한다. 월마트 최고경영자인 리 스콧(Lee Scott)은 단순한 재난대응지침을 발표하는데 그 내용은 다음과 같다(Gawande, 2011).

그림 7-6 자가격리 매뉴얼 사례

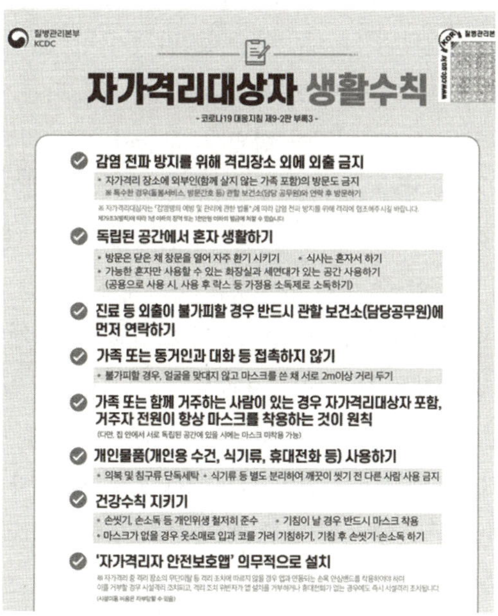

자료: 국민재난안전포털(www.safekorea.go.kr).

"여러분 중 많은 분들이 자신의 권한을 넘어서는 결정을 내려야 할 것입니다. 그때 구할 수 있는 정보를 가지고 최선의 결정을 내려주시기 바랍니다. 그리고 무엇보다 올바른 일을 해 주세요." 이후 월마트의 재난대응의 목적은 신속한 피해복구에서 "어떻게 하면 그 사람들을 도울 수 있을까?"로 바뀌게 된 것이다. 이때 각 매장의 지점장들은 각자의 권한으로 기저귀, 물, 분유, 얼음 등을 주민들에게 보급하기 시작했으며, 필요한 경우 외상 거래를 종이로 적기 시작하였고, 임시 이동 약국 세 곳을 설치하고 긴급한 경우 심지어 처방전 없이 의약품 공급계획까지 수립했다는 것이다. 의료법에 의해 진료와 처방이 철저히 분리되어 있는 미국에서 어떻게 이런 대응이 가능할 수 있었을까.

이 사례는 위기대응에서의 민간부문의 우수성을 이야기하는 것이 아니다. 재난과 같이 예상 밖의 일이 발생했을 때 지역사회가 어떻게 효율적으로 대응해야 하는지를 보여 주는지에 대해 중요 단서를 찾고 싶은 것이다. 이때 적용해야 하는 재난관리 중요원칙은 의사결정의 권력을 중앙에서 주변으로 밀어내어 분산시키고 나누는 것이다. 그 일을 직접하고 있는 이들에게 자신들의 경험과 전문지식, 기술을 적용할 수 있는 재량을 주어야 한다. 그리고 서로 토론하게 하고 책임을 지게 하는 것이 가장 효과적이라는 것이다.

지역사회가 체크리스트와 매뉴얼을 사용해 위험과 위기에 대응하기 위해서는 균형을 맞추어야 한다. 먼저, 일련의 체크로 단순하지만 중요한 절차들이 도시행정에서 생략되는 일이 없도록 꼼꼼이 준비해야 한다. 그러고 나서 또 다른 체크로 사람들이 서로 대화하고 조정하고 책임을 질 수 있도록 하면서, 그들이 아는 최선의 노하우를 통해 미묘한 차이와 예측 불가능한 점을 관리할 수 있게 권한을 부여해야 한다는 것이다. 여기서 중요한 것은 매뉴얼이 제대로 기능하기 위해서는 기계적인 매뉴얼 작동과 함께 예측 불가능한 상황에서 작동할 수 있는 유연성을 부여해야 한다는 점이다. 정상사고이론에서 살펴본 바와 같이 예방에 최선의 노력을 다해도 불가피하게 재난이 발생할 수 있다. 그 재난이 매뉴얼에 기재된 내용대로 효과적인 재난대응이 될 수도 있지만, 매뉴얼 밖의 영역에서 중대한 문제가 발생할 수 있다는 것이다. 이 경우 위기대응이 어떻게 이루어져야 하는가. 지역사회에서 매뉴얼이 감당하지 못할 만한 사건이 터진다면 어떻게 대처해야 하는가에 대해 고민해야 한다. 이때 가장 중요하게 고려되어야 할 것이 바로 인간의 존엄성이다.

세월호 사고 대응 때 더욱 안타까운 것은 사고 직후 침몰하는 동안 그 귀중한 시간이 어떻게 대응해야 하는지에 대해 방향을 잡지 못하고 낭비되었다는 점이다. 법 규정이야 어찌되었던지, 현장 최고지휘권자가 누구이던지, 매뉴얼이야 어떻게 쓰여 있든지 간에 중요한 것은 배에 갇혀 있는 사람들을 안전하게 구조하는 데에 모든 사람들이 신속하게 힘을 모았어야 했다는 점이다. 재난대응에서 인간의 존엄성보다 더 중요한 가치가 어디 있단 말인가? 수년이 지나도록 세월호 참사는 국민들에게 여전히 커다란 슬픔과 상처로 남아 있다. 무엇이 그처럼 참담한 결과를 초래했을까. 선체에 수많은 학생들이 두려움에 떨고 있는데, 구조활동에 있어서 매뉴얼에 기재된 행동이 무엇이 중요하단 말인가. 인간의 존엄성 앞에 매뉴얼은 부수적인 도구일 뿐인데. 생명을 구조하는 과정에서 설사 일부 매뉴얼 규정을 어기는 행위가 나오더라도 이에 대해 합목적적 가치판단을 해야 한다. 과정과 형식을 지키기 위해 목적이 희생되는 번문욕례(red tape)의 불상사가 재난대응에 있어서 다시는 발생해서는 안 되겠다. 위험사회의 도시재난관리에 있어서도 합목적적 가치판단이 이루어질 필요가 있으며, 인간의 존엄성 회복과 안전이라는 근본적 가치가 개발이익 극대화와 같은 부수적 가치에 전도되는 불상사가 일어나서는 안 되겠다.

참고문헌

국가위기관리학회(2020). 『재난관리론』. 서울: 윤성사.

국민안전처(2014). 『안전 및 재난관련 법체계의 합리화 및 개선방안에 관한 연구』.

국회입법조사처(2019). 『국가 재난대응 지휘체계의 한계점과 개선방안』.

김하연 · 이정일(2017). 『안전관리론』. 서울: 화수목.

이성근(2013). 『지역개발론』. 서울: 집현재.

정병도(2015). 『재난관리론』. 파주: 동화기술.

조석현(2016). 『재난관리론』. 서울: 화수목.

최충익(2004). 패널모형을 이용한 도시지역 수해결정요인에 관한 고찰. 서울대학교 박사학위 논문.

최충익(2008). 『도시화와 자연재해』. 서울: 부연사.

최충익(2011). 지방자치단체 기후변화 적응정책의 의사결정 과정과 함의. 『한국행정학보』, 45(1): 257-274.

최충익(2013). 『기후변화 다이내믹스』. 서울: 대영문화사.

최충익(2015a). 대형 재난사고 이슈의 생존주기 분석. 『서울도시연구』, 16(4): 147-162.

최충익(2015b). 서울의 전염병 발생 특성에 관한 연구사적 고찰. 『위기관리이론과 실천』, 11:

9, 119-134.

최충익(2015c). 위험사회의 국토안전관리에 대한 고찰. 『한국지적정보학회』, 17(1): 15-25.

최충익(2015d). 지역연구개발사업의 성과평가 방법론 개발과 적용. 『지역연구』, 31(4): 71-90.

최충익(2016a). 위험의 사회적 증폭의 지역적 특성에 관한 사례연구. 『한국지적정보학회지』, 18(1): 113-121.

최충익(2016b). 한국의 대형재난 발생 특성에 관한 역사적 연구. *Crisisonomy*, 12(4): 17-36.

최충익(2017a). 빅데이터를 활용한 지진 위험정보의 사회적 확산 분석. 『한국지역개발학회지』, 29(3): 181-200.

최충익(2017b). 재난이 경제성장에 미치는 영향: 솔로우 성장모형의 적용과 함의. *Crisisonomy*, 13(6): 69-83.

최충익(2017c). 지역의 재난발생특성에 관한 역사적 연구: 강원도 사례로. 『한국지적정보학회지』, 19(1): 87-100.

최충익(2018). 『환경정책론: 위험사회의 환경과 재난』. 서울: 박영사.

한상진(2008). 위험사회 분석과 비판이론: 울리히 벡의 서울 강의와 한국 사회. 『사회와 이론』, 12(1).

Beck, Ulich(1992). *Risk Society: Towards a New Modernity*. London: Sage.

Beck, Ulich(1999). *World Risk Society*. Cambridge: Polity Press.

Biesbroek, G. R., R. J. Swart, & Wim, G. M. & van der Knaap(2009). The Mitigation-Adaptation Dichotomy and the Role of Spatial Planning. *Habitat International*, 33(3): 230-237.

Bird, F. E.(1974). *Management Guide to Loss Control*. Institute Press: Atlanta.

Bird, F. E. & Germain, G. L.(1986). *Practical Loss Control Leadership*. International Loss Control Institute: Georgia.

Bizikova, Livia, John Robinson & Stewart Cohen(2007). Linking Climate Change and Sustainable Development at the Local Level. *Climate Policy*, 7(4): 271-277.

Choi, Choongik(2015). A Discourse on the Paradigm Shift of National Risk Management in Risk Society. *Journal of the Korean Cadastre Information Association*, 17(2): 37-45.

Choi, C., Lee, D. & Choi, J.(2020). Disaster cooperation strategies between North and South Korea based on Sendai framework. *The Journal of Asian Finance, Economics and Business*, 7(6): 509-515.

Choi, C. & Jun, J.(2020). The Distribution of New Town Development against COVID-19 in South Korea: Lessons and Prospects. *Journal of Distribution Science*, 18(11): 41-45.

Dang, Hanh H., Michaelowa, Axel & Dao, D. Tuna(2003). Synergy of Adaptation and Mitigation Strategies in the Context of Sustainable Development: the Case of Vietnam. *Climate Policy*, 3(1): 81-96.

Gawande, Atul(2011). *The Checklist Manifesto: How to Get Things Right*. St Martins Press.

Giddens, A.(2009). The Politics of Climate Change. *John Wiley & Sons Inc*. Cambridge, USA.

Heinrich, H. W.(1959). *Industrial Accidents Prevention: A scientific Approach*. McGraw-Hill: New York.

Joffe, H.(1999). *Risk and The Other*. Cambridge University Press.

La Porte, T. R. & Rochlin, G.(1994). A Rejoinder to Perrow. *Journal of Contingencies Crisis Management*, 2(4): 221-227.

Maslow, A.(1959). *New Knowledge in Human Values*. Harper.

Norman, Barnara(2009). Principles for an intergovernmental agreement for coastal planning and climate change in Australia. *Habitate International*, 30: 1-7.

Perrow, C.(1984). *Normal Accidents: Living with High Risk Systems*. Basic Books: New York.

Turner, B. A.(1978). *Man-Made Disaster*. Wykeham Science Press: London.

Wilbanks, J. T., Leiby, P., Perlack, R., Ensminger, T. & S. Wright(2007). Toward an Integrated Analysis of Mitigation and Adaptation: Some Preliminary Findings. *Mitigation and Adaptation Strategies for Global Change*, 12: 713-725.

CHAPTER

08

도시마케팅

기정훈
(명지대학교 행정학과)

제 1 절 도시마케팅의 정의, 믹스, 상품과 전략

1. 도시마케팅의 정의와 믹스

미국 마케팅학회(American Marketing Association: AMA)는 도시마케팅을 특정 장소와 관련 있는 제품이나 서비스에 대한 목표고객(target audience)이 긍정적인 태도로 행동하도록 영향을 주기 위해 고안된 마케팅으로 정의한다. 그 외에도 도시마케팅에 대한 여러 가지 정의가 있으나 이를 종합해 보면 도시와 관련된 고객에게 가치를 창조하고, 소통하고, 전달하며, 지방자치단체와 이해관계자들에게 이익을 주는 방향으로 고객과의 관계를 관리하는 도시의 기능이자 과정을 의미한다.

이러한 도시마케팅의 믹스를 위해서는 마케팅의 믹스요소인 제품(product), 가격(price), 촉진(혹은 홍보)(promotion)과 유통(혹은 장소)(place)의 관점에서 살펴보면 일반마케팅과는 차이가 나타난다.

첫째, 제품에 대해서 일반마케팅에서는 유형의 제품과 무형의 서비스를 의미하지만, 장소마케팅에서는 특정한 곳에서 경험할 수 있는 제품이나 서비스, 경험을 의미한다. 둘째, 가격을 살펴보면 일반마케팅에서의 가격은 제품이나 서비스를 이용하는 데 지불하는 비용을 뜻하는 반면에, 장소마케팅에서의 가격은 특정 장소에서 사용하는 비용과 장소에 접근하는 비용을 의미한다. 셋째, 촉진(혹은 홍보)은 일반마케팅에서는 광고, 판매촉진, 인적 판매와 PR을 의미하는 반면에, 장소마케팅에서는 광고, 판매촉진, 인적 판매, PR, 구전 등이 활용되지만 경험과 참여에 대한 메시지가 강조된다. 넷째, 유통(혹은

표 8-1 일반마케팅과 장소마케팅의 비교

믹스요소	일반마케팅	장소마케팅
제품(product)	유형의 제품, 무형의 서비스	특정한 곳에서 경험할 수 있는 제품이나 서비스, 경험
가격(price)	제품이나 서비스 이용하는 데 지불하는 비용	특정 장소에서 사용하는 비용과 장소에 접근하는 비용
촉진(promotion)	광고, 판매촉진, 인적 판매, PR	광고, 판매촉진, 인적 판매, PR, 구전 등이 활용. 단, 경험과 참여에 대한 메시지 강조
유통(place)	유통업체와 물류 관리	특정 공간으로의 접근과 공간에서의 참여

장소)은 일반마케팅에서는 유통업체와 물류관리를 의미하지만, 장소마케팅에서는 특정 공간으로의 접근과 공간에서의 참여를 의미한다.

이상의 내용을 정리하면 [표 8-1]과 같다.

2. 도시마케팅의 상품과 전략

1) 도시마케팅의 상품

도시마케팅의 상품에는 물리적 상품, 프로그램, 사람들, 그리고 이러한 요소들이 하나로 묶어진 패키지 상품이 있다([그림 8-1] 참조). 물리적 상품의 예로는 명소나 유치시설(attraction facility), 그리고 교통 인프라를 들 수 있다. 프로그램에는 이벤트, 축제, 그리고 이와 연관된 활동들이 포함된다. 사람들의 경우는 두 종류로 나눌 수 있는데, 한 종류는 도시마케팅 서비스를 제공할 수 있는 훈련을 받은 사람들과 지역사회에 대한 인식을 가지고 방문자들을 접대할 수 있는 사람들이고, 다른 종류는 도시에 방문하는 방문객인데 이들 역시 도시마케팅의 상품이라고 할 수 있다. 패키지 상품은 특정한 주제나 방문경로, 그리고 온라인 서비스들을 포함한다.

그림 8-1 도시마케팅의 상품요소

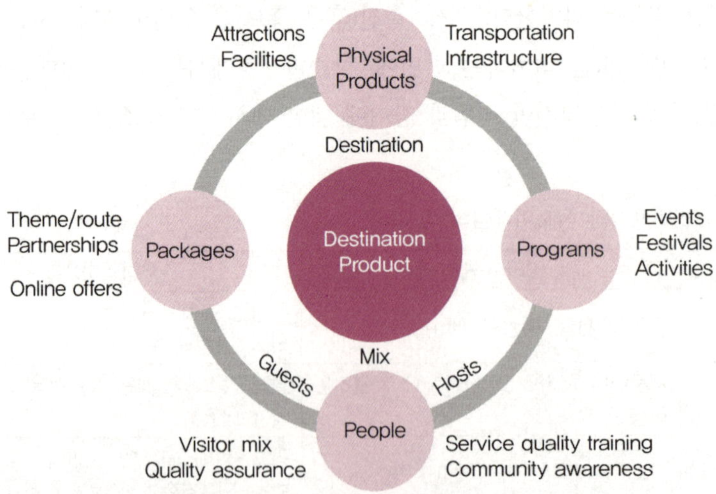

자료: Mill & Morrison(2012).

2) 도시마케팅의 전략

도시마케팅의 전략을 세우기 위해서는 전략적 목표와 주요 타깃 그룹을 선정해야 한다(윤영석 · 김우형, 2010). 전략적 목표의 프로세스의 예는 다음과 같다. 첫째, 도시를 지도에서 나타나게 하라는 것이다. 이는 거주시민이나 관광객을 타깃으로 한 활동이다. 둘째, 신규 거주시민을 유입시키라는 것이다. 이는 비즈니스나 관광객을 타깃으로 한 활동이다. 셋째, 도시를 매력적인 이벤트 주최지로 강화하라는 것이다. 여기에서는 이벤트 주최업체나 거주시민이 중요한 타깃이 된다. 넷째, 주요 이벤트를 지원하고 활용하라는 것이다. 여기에서도 이벤트 주최업체나 거주시민이 중요한 타깃이 된다. 다섯째, 마케팅 관계자들을 조정하라는 것이다. 여기에서도 이벤트 주최업체나 거주시민이 중요한 타깃이 된다. 여섯째, 타깃 그룹과 정부 간의 중간자로 활동하라는 것이다. 이는 비즈니스나 관광객을 타깃으로 한 활동이다. 일곱째, 더 많은 마케팅 관계자들로 확대하라는 것이다. 이러한 각 프로세스별로 주요 타깃 그룹을 명확히 해야 한다. 주요 타깃 그룹에는 비즈니스, 이벤트 주최업체, 거주시민, 그리고 관광객이 포함되고 더 많은 타깃 그룹이나 각 타깃 그룹을 더 구체화하거나 세분화한다.

도시마케팅의 전략적 목표와 주요 타깃 그룹이 선정되었다면 이를 기초로 하여 도시마케팅전략을 세울 수 있다([그림 8-2] 참조). 첫 번째 단계에서 도시마케팅전략은 통

표 8-2 도시마케팅의 전략적 목표와 주요 타깃 그룹

주요 타깃 그룹 / 전략적 목표	비즈니스	이벤트 주최업체	거주시민	관광객
도시를 지도에서 나타나게 하라			◎	◎
신규 거주시민을 유입시켜라	◎			◎
도시를 매력적인 이벤트 주최지로 강화하라		◎	◎	
주요 이벤트를 지원하고 활용하라		◎	◎	
마케팅 관계자들을 조정하라		◎	◎	
타깃 그룹과 정부 간의 중간자로 활동하라	◎			◎
더 많은 마케팅 관계자들로 확대하라	○○ 도시	관계 당국	거주민 서비스	○○ 도시 관광청

자료: 윤영석 · 김우형(2010).

그림 8-2 도시마케팅의 전략

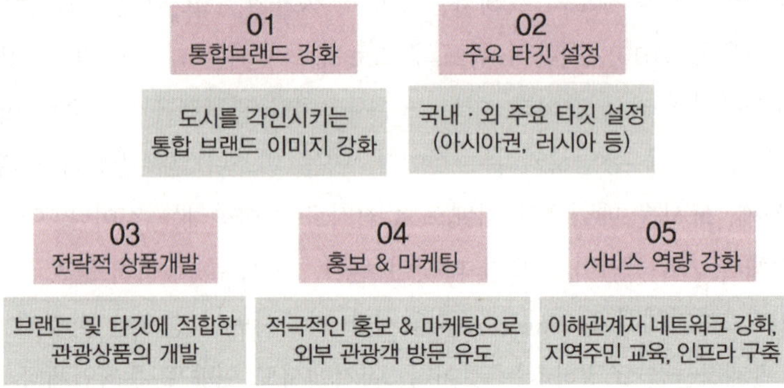

합 브랜드 강화인데, 이는 도시를 각인시키는 통합 브랜드 이미지를 만들어서 이를 강화하는 단계이다. 두 번째 단계에서는 주요 타깃 설정인데 국내 · 외 주요 타깃을 설정하는 것인데, 이는 지역적 타깃이 될 수도 있고 특정 연령대나 기업체가 될 수도 있다. 세 번째 단계에서는 주요 타깃별로 전략적 상품을 개발하는 것이다. 브랜드 및 타깃에 적합한 관광상품을 개발하는 단계이다. 네 번째 단계는 홍보와 마케팅인데, 적극적인 홍보 및 마케팅을 통해서 외부 관광객이나 기업을 유치하도록 노력하는 단계이다. 마지막으로, 다섯 번째 단계는 서비스 역량을 강화하는 단계이다. 여기에서는 이해관계자, 네트워크를 강화하고 지역주민에 대한 교육과 인프라 구축을 해 나가는 단계이다.

제 2 절 도시마케팅의 의미와 가치

1. 도시발전전략의 트렌드와 키워드

1) 세계화, 지역화, 정보화와 문화의 시대

오늘날은 Glocalization 시대이고 이는 Globalization, Localization, 그리고 Informatization을 포함하기 때문에 이에 걸맞은 도시발전전략이 필요하다(이무용 외, 2008). Globalization은 도시경제 기반으로서 지역 고유의 문화적 요소가 중시된다. Localization은 도시의 문화역사자원을 활용한 도시개발전략의 중요성이 증대된다. 반면에, Informatization은 자본, 고급노동력, 관광객을 유치하려는 경쟁이 증대된다.

문화적 삶과 정체성에 대한 시민 인식 증대는 또 하나의 도시발전전략 트렌드가 된다. 우선, 소득수준의 향상으로 인한 경제적, 심리적 여유가 확대된다. 또한 자아정체성에 대한 성찰의 확대로 문화향유 및 교육 관심이 증대된다. 그리고 여가관광 욕구, 자기계발 욕구, 삶의 질과 고유의 라이프 스타일 추구, 쾌적한 생활공간과 커뮤니티를 추구한다. 마지막으로, 도시환경과 장소성에 대한 욕망이 강화된다.

도시정책의 문화 및 환경지향적 전환이 있고, 이는 다음과 같은 복합적인 요구로 반영된다. 즉, 도시정책을 통한 문화향수와 주민유치, 이미지와 정체성과 공동체 창출, 그리고 도시비전이 어우러진 요구로서 나타나게 된다.

2) 창조성과 정체성이 중시되는 창조문화도시 전략의 대두

문화전략, 정책, 기획 및 가치의 흐름 변화로 말미암아 통합전략과 문화계획적 접근이 중요하게 된다. 도시마케팅은 문화예술, 산업, 생활환경, 공간 프로젝트를 모두 포함하며, 시민들의 생활을 변화시키고 도시와 교육을 강조하는 형태로 나타난다.

그림 8-3 도시마케팅의 전략

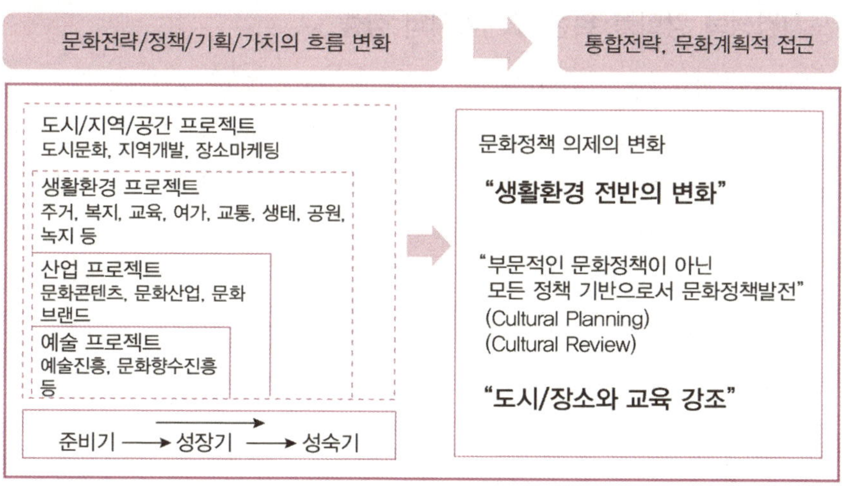

자료: 이무용 외(2008).

그림 8-4 창조문화 도시의 여섯 가지 키워드

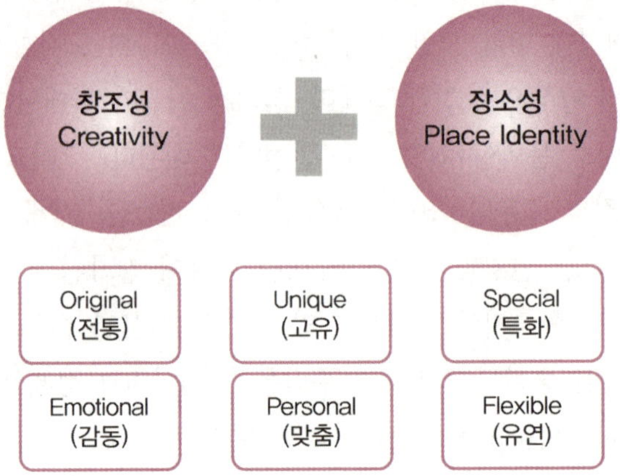

자료: 이무용 외(2008).

창조문화도시의 경우에도 창조성과 장소성을 포함하는 접근이 필요하며, 여기에는 전통, 고유, 특화, 감동, 맞춤, 유연성과 같은 의미를 부여할 수 있다.

2. 도시마케팅의 필요성과 가치

1) 도시경쟁력 강화를 위한 도시가치의 창출

도시마케팅의 필요성은 무엇보다도 도시경쟁력 강화를 위한 도시가치의 창출이라는 점에서 의미를 가진다. 도시 철학과 문화마인드가 담긴 미래지향적이고 창조적인 도시 장소성을 기획함을 통해서 물리적 도시공간의 문화적 장소화와 도시의 정체성과 커뮤니티를 강화시킬 수 있다.

도시가치 창출을 위한 4대 도시 경쟁력 핵심요소에는 뚜렷한 도시이미지와 정체성, 도시 고유의 자산을 바탕으로 한 자기혁신적 도시경제시스템, 다양한 시민의 라이프 스타일 및 삶의 질, 그리고 자율과 참여의 역동적인 도시커뮤니티 창출이 있다.

그림 8-5 도시마케팅의 필요성과 가치

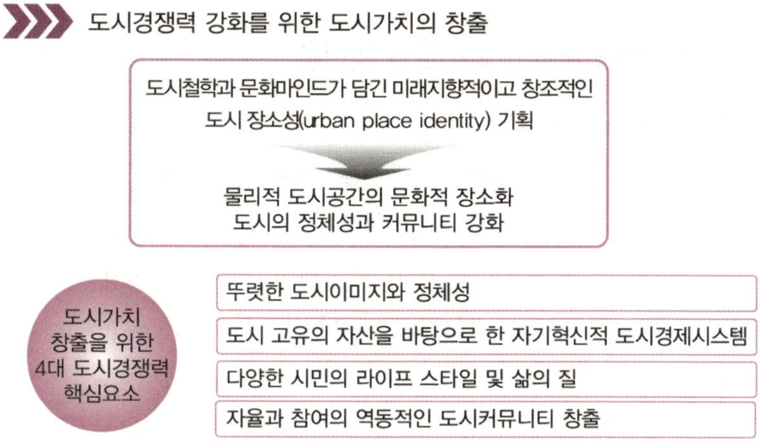

자료: 이무용 외(2008).

2) 도시발전전략의 새로운 패러다임으로서 도시마케팅

도시발전전략의 새로운 패러다임으로서 도시마케팅은 도시이미지, 문화관광, 도시커뮤니티를 변화시키기 위한 문화정치와 브랜드 경영을 포함한다. 도시마케팅을 통해서

그림 8-6 도시마케팅전략의 기본관점: 도시발전의 새로운 패러다임

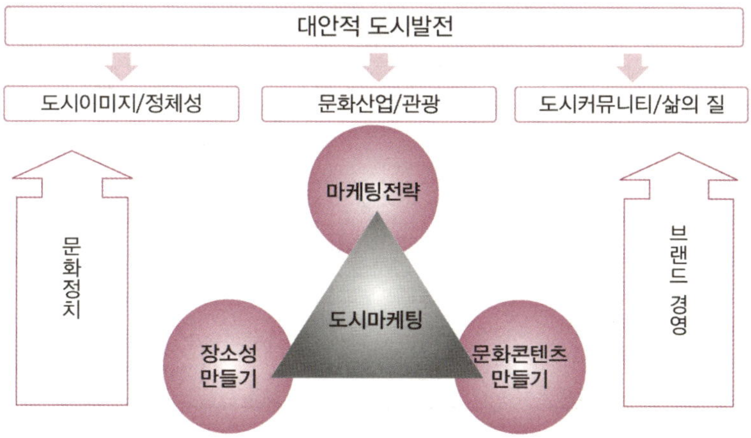

자료: 이무용 외(2008).

장소성을 만들고 문화콘텐츠를 만들며, 이를 마케팅전략을 통해서 효과적으로 확산해 나갈 때에 이는 대안적인 도시발전을 가져올 수 있는 기반이 된다.

3) 도시마케팅전략(CMS)의 콘셉트와 방법론

(1) 도시마케팅전략의 유형

도시마케팅의 전략 유형은 크게는 도시경제추구형, 도시문화추구형, 그리고 도시통합추구형으로 나뉜다. 그리고 도시경제추구형은 도시재개발 중심형과 문화산업중심형(I)이 포함된다. 도시문화추구형은 문화산업중심형(II)와 장소정체성 중심형을 포함한다. 도시통합추구형은 정치적 도시마케팅으로 더 세분화되지는 않는다.

도시경제추구형은 근본적으로 기업유치를 타깃으로 하여 물리적 재개발을 통한 도시경제 활성화나 문화시설물을 통한 도시경제 활성화를 목적으로 하지만, 도시문화추구형의 경우에는 관광객이나 내부주민을 타깃으로 하여 문화관광과 삶의 질 프로그램을 통한 도시문화 활성화가 목적이다.

도시통합추구형은 내부주민을 타깃으로 하는 정치적 도시마케팅으로 화합프로그램을 통한 도시사회통합이 목적이다.

표 8-3 도시마케팅전략의 유형

<table>
<tr><th rowspan="2">유 형</th><th colspan="2">도시경제추구형
(경제적 도시마케팅)</th><th colspan="2">도시문화추구형
(문화적 도시마케팅)</th><th rowspan="2">도시통합추구형
(정치적
도시마케팅)</th></tr>
<tr><th>도시재개발
중심형</th><th>문화산업
중심형(I)</th><th>문화산업
중심형(II)</th><th>장소정체성
중심형</th></tr>
<tr><td>목적</td><td>물리적
재개발을 통한
도시경제
활성화</td><td>문화시설물을
통한 도시경제
활성화</td><td colspan="2">문화관광과 삶의 질 프로그램을 통한
도시문화 활성화</td><td>화합프로그램을
통한
도시사회통합</td></tr>
<tr><td rowspan="3">타깃</td><td>기업유치</td><td>기업유치</td><td>관광객유치</td><td>내부주민</td><td>내부주민</td></tr>
<tr><td>주민유치</td><td>관광객유치</td><td>기업유치</td><td>관광객유치</td><td>관광객유치</td></tr>
<tr><td>관광객유치</td><td>주민유치</td><td>주민유치</td><td>기업유치</td><td></td></tr>
<tr><td>주체</td><td>정부/기업/
전문가
파트너십</td><td>정부/기업/
전문가
파트너십</td><td>정부/문화매개집단/
기업파트너십</td><td>정부/문화매개집단/
주민파트너십</td><td>정부/
주민파트너십</td></tr>
</table>

자료: 이무용(2006).

(2) 창조문화도시 마케팅전략의 유형

창조문화도시 마케팅전략에는 문화예술형, 도시경형영, 도시설계형, 문화창조형과 커뮤니티형이 있으며, 이에 대한 자세한 내용은 다음과 같다.

첫째, 문화예술형은 도시유산보전형으로서 오랜 역사 속에서 형성된 문화요소 및 저력을 바탕으로 한다. 문화예술지원 및 도시인프라 개선을 통해 21세기형 문화도시로 재정비하는 것으로 파리, 로마, 코펜하겐, 스트라스부르 등이 있다.

둘째, 도시경영형은 쇠퇴산업전환형이라고 할 수 있다. 이는 도시마케팅을 위한 방안으로 문화적 · 창조적 요소 활용하여 도시의 역량 및 가능성을 부각시키는 경향을 가진다. 리버풀, 글래스고, 빌바오 등이 그 예라고 할 수 있다. 여기에서는 과거 도시에 대한 부정적 이미지를 버리거나 퇴락하는 산업 · 공업도시의 새로운 이미지로 전환하고, 새로운 문화시설 도입으로 도시이미지를 부각하는 것을 목표로 한다. 문화축제, 이벤트 등을 통한 도시를 부각하는 방식이다.

셋째, 도시설계형으로 이는 종합적 · 물리적 도시계획형이라고 할 수 있다. 쾌적성 추구를 위해 자연, 역사, 문화, 안전, 심미성 및 편리성을 갖추고 도시다움과 인간의 개성을 실현하는 도시를 구현한다. 도시설계의 기본원칙임과 동시에 문화활동을 포함한 생활인프라의 배치, 도시경관의 시각적 이미지를 도시의 정체성 · 브랜드로 인식한다. 소피아 앙티폴리스가 대표적인 도시설계형 마케팅 유형이다.

넷째, 문화창조형으로 이는 문화화된 공간(cultured space)을 개발하는 것이다. 새로운 경제 패러다임의 변화요소로 제시된 유연성, 국제성, 정보 능력의 개념은 문화적 바탕을 근거로 한다. 유연성, 브랜드, 아이콘, 독창성과 다양성은 지역의 문화적 역량을 기초로 하는 볼로냐, 가나자와 등이 있다. 창조도시 자체를 추구하는 유형으로서 창조적 활동을 통해 문화 · 산업생산에 있어 풍부한 창조성을 바탕으로 탈 대량생산의 혁신적이고 유연한 도시경제시스템을 갖춘 도시로 만드는 것이다.

다섯째, 커뮤니티형이다. 커뮤니티는 도시의 운영과 개선을 위한 하나의 주체이자 활동의 중심이다. 온 · 오프라인상의 공동체 간 커뮤니티를 생활 · 여가문화시설, 거리, 쌈지공원 등 도시인프라를 통해 구축한다. 여기에는 어바인, 쿠리치바 등의 사례가 있다.

(3) 도시마케팅전략 수립 프로세스

도시마케팅전략 수립 프로세스는 장소전략과 마케팅전략으로 나뉜다. 장소전략에는 도시의 사명 확인, 도시의 평가, 장기비전 및 정체성 확립, 도시마케팅 목표 설립이 포

그림 8-7 도시마케팅전략의 수립 프로세스

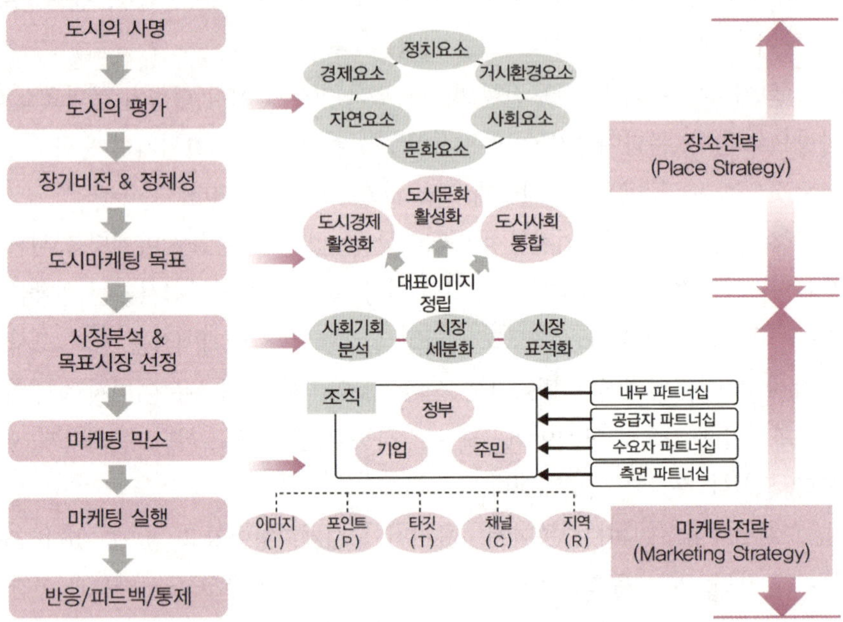

자료: 이무용 외(2008).

함되고, 마케팅전략에는 시장분석 및 목표시장 선정, 마케팅 믹스, 마케팅 실행, 피드백으로 구성된다. 이에 대한 자세한 내용은 [그림 8-7]과 같다.

(4) OIPTCR의 개념과 방법

OIPTCR은 조직(O), 이미지(I), 포인트(P), 타깃(T), 채널(C), 지역(R)을 포함하는 개념으로 도시마케팅의 실행을 위한 구체적인 방법론에 해당한다. 이러한 여섯 가지 요소의 개념과 방법은 그 의미가 다른 만큼 다양하게 나타난다. 그리고 이를 다음 [표 8-4]를 통해서 드러내 주고 있다.

조직은 추진주체 및 파트너십이라는 개념을 가지고 있고, 이미지는 이미지 포지셔닝 전략을 통해서 구현된다. 포인트는 상품 브랜드 전략을 통해 나타난다. 타깃은 목표집단 전략이다. 채널은 커뮤니케이션 채널 및 방법을 의미하고, 지역의 경우는 지역믹스 전략을 의미하며 각 요소별 구체적인 전략을 정리했다.

대부분의 도시마케팅에서 그 방법은 이러한 OIPTCR을 통해서 구현될 수 있다.

표 8-4 OIPTCR의 개념과 방법

구분	조직(O)	이미지(I)	포인트(P)	타깃(T)	채널(C)	지역(R)
개념	추진주체 및 파트너십 조직믹스 전략	이미지 포지셔닝 전략	상품브랜드 전략	목표집단 전략	커뮤니케이션 채널 및 방법	지역믹스 전략
방법	– 핵심주체 – 내부 파트너십 – 공급자 파트너십 – 수요자 파트너십 – 측면 파트너십 – 이미지 강화 전략	– 대표 이미지와 하위 이미지 기념/슬로건/로고/캐릭터 개발 – 이미지 강화전략 – 이미지 대체전략 – 이미지 창출전략	– 핵심/실체/확장제품 – 이미지 브랜드 – 문화관광 브랜드 – 서비스 브랜드	– 지역별 – 세대별 – 계층별 – 방문 목적별	– 광고/광고 – 축제/이벤트 – 공간매체 – 미디어 PPL – 사이버 매체 – 관광인프라	– 공동홍보/광고 – 공동축제/이벤트 – 광역공간 매체 – 사이버링크 – 공동인프라

자료: 이무용 외(2008).

(5) 도시마케팅 방법론

도시마케팅의 방법론은 다음 [그림 8-8]과 같이 도시마케팅의 프로세스가 평가와 모

그림 8-8 도시마케팅 방법론

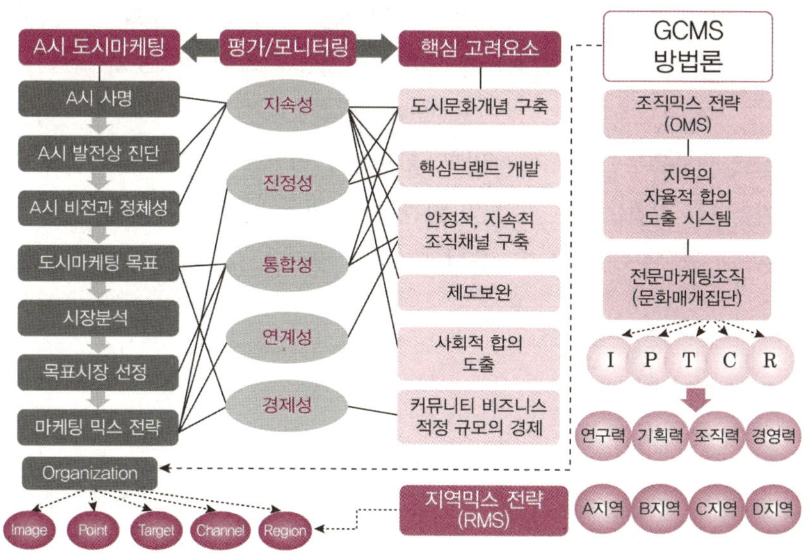

자료: 이무용 외(2008).

니터링을 통한 핵심 고려요소들을 찾아가는 과정이라고 할 수 있다.

이 과정에서 조직믹스 전략이나 전문 마케팅 조직이 구성될 수 있으며, 이를 통해서 구축된 지역믹스 전략은 실제 마케팅과 직접 연결될 수 있다.

제 3 절 도시마케팅의 사례

여기에서는 도시마케팅의 사례로 충청남도 청양군과 경상남도 남해군의 도시마케팅을 보여주고자 한다(기정훈 외, 2009a; 2009b).

1. 청양군

청양군의 도시마케팅은 청양군 브랜드 SWOT 분석, 청양군 브랜드 가치향상 전략체계, 청양군의 달성 목표 및 비전도출, 그리고 핵심추진 3대 전략으로 구성된다.

1) 청양군 브랜드 SWOT 분석

강점에는 다양한 관광·문화자원, 청정 자연경관, 그리고 음식문화 중심지로서의 가능성이 있다. 약점에는 홍보행정조직의 취약이나 청양군 자체 인지도가 낮다는 것 등이 있다.

기회로는 황해자유무역지구의 개발과 휴양지의 역할을 기대한다는 점과 도로교통 문제 해소가 있다. 위협으로는 기업 및 민간 참여 의지 및 기회 부족을 들 수 있다. 이러한 분석에 대응하는 강화, 돌파, 육성 및 우회 전략은 다음 [그림 8-9]와 같다.

그림 8-9 청양군 브랜드 SWOT 분석

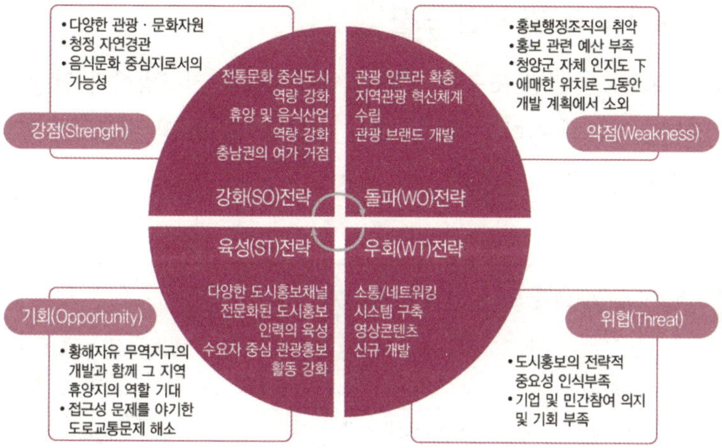

자료: 기정훈 외(2009a).

2) 청양군 브랜드 가치향상 전략체계

청양군 브랜드 가치향상 전략체계는 "Red" 청양이라는 비전, 그리고 세 가지 목표와 네 가지 추진전략과 CONCEPT이라는 추진방법과 세 개의 추진과제로 구성된다. 이를

그림 8-10 청양군 브랜드 가치향상 전략체계

자료: 기정훈 외(2009a).

정리한 청양군 브랜드 가치향상 전략체계는 [그림 8-10]과 같다.

3) 청양의 달성 목표 및 비전 도출

청양의 달성 목표 및 비전 도출을 통해서 핵심요소별 전략방향과 달성 목표를 제시하면 다음 [그림 8-11]과 같다. 이를 통해서 비전인 "찾고 싶은 곳, 머무르고 싶은 곳 청양"이라는 청양 비전을 도출한다.

그림 8-11 청양의 달성 목표 및 비전 도출

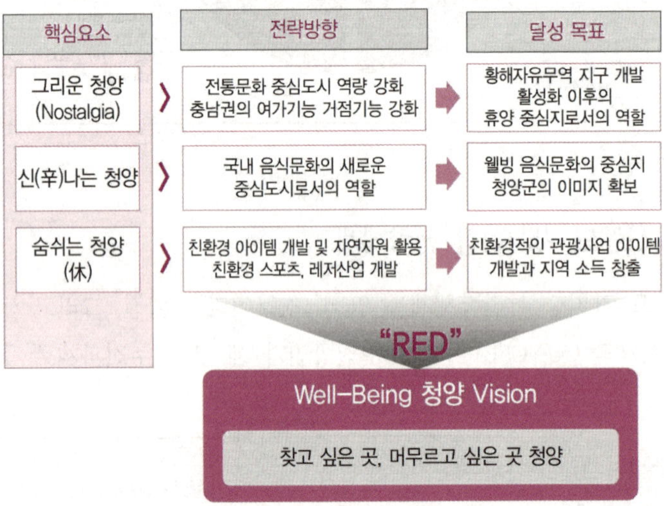

자료: 기정훈 외(2009a).

4) 청양의 핵심 추진 3대 전략

청양의 핵심 추진 3대 전략은 다음 [그림 8-12]와 같이 여기에는 '그리운 청양', '신나는 청양', '숨쉬는 청양'이라는 3대 전략 하에 각 전략별 다섯 개의 프로젝트로 구성되어 있다.

그림 8-12 핵심 추진 3대 전략

그리운 청양	신(辛)나는 청양	숨쉬는(休) 청양
1. 외국체험 관광 마을 홍보사업	1. 꽃, 음식 홍보사업	1. 칠갑산 홍보산업
2. 황해경제자유구역의 안식처	2. 청양고추 인증시스템 개발	2. 칠갑산 테마 숲길체험
3. 농촌체험 관광프로그램	3. 웰빙식품의 고향 청양	3. 칠갑산 산악자전거 코스체험
4. 산꽃마을 테마단지 추진 홍보	4. 청양 국립음식 박물관 건립	4. 고운식물원 원앙농장
5. 문화재 교육 프로그램	5. 세계 핫 푸드 페스티벌	5. 칠갑산 템플스테이

자료: 기정훈 외(2009a).

2. 남해군

남해군의 도시마케팅은 남해군 브랜드 SWOT 분석, 남해군 브랜드 가치향상 전략체계, 남해군의 달성 목표 및 비전 도출로 구성된다. 잔디라는 브랜드를 통해서 구현된 도식들은 다음과 같다.

1) 남해군 브랜드 SWOT 분석

강점에는 대규모 스포츠 이벤트 시설 보유, 높은 브랜드 인지도와 청정자원의 관광

그림 8-13 남해군 브랜드 SWOT 분석

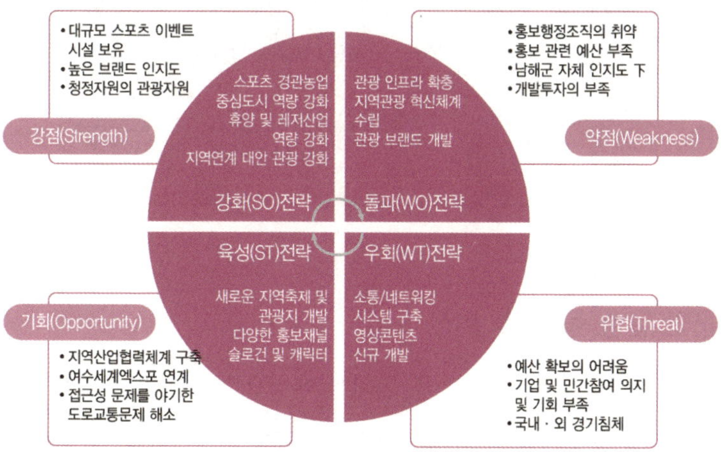

자료: 기정훈 외(2009b).

자원이 있다. 약점에는 홍보행정조직의 취약이나 남해군 자체 인지도가 낮다는 것, 개발투자의 부족 등이 있다.

기회로는 지역산업협력체계 구축, 여수세계엑스포 연계가 있다. 위협으로는 기업 및 민간참여 의지 및 기회 부족을 들 수 있다. 이러한 분석에 대응하는 강화, 돌파, 육성 및 우회 전략은 [그림 8-13]과 같다.

2) 남해군 브랜드 가치향상 전략체계

남해군 브랜드 가치향상 전략체계는 "바다에 Green" 남해라는 비전, 그리고 네 가지 목표와 네 가지 추진전략과 Who-When-Where-What-Why라는 추진방법과 다섯 개의 추진과제로 구성된다. 이를 정리한 남해군 브랜드 가치향상 전략체계는 다음 [그림 8-14]와 같다.

그림 8-14 남해군 브랜드 가치향상 전략체계

자료: 기정훈 외(2009b).

3) 남해군의 달성 목표 및 비전 도출

남해군의 달성 목표 및 비전 도출을 통해서 핵심요소별 전략방향과 달성 목표를 제시하면 다음 [그림 8-15]와 같다. 이를 통해서 비전인 "찾고 싶은 곳, 머무르고 싶은 곳 남해"라는 남해 비전을 도출한다.

그림 8-15 남해군 달성 목표 및 비전 도출

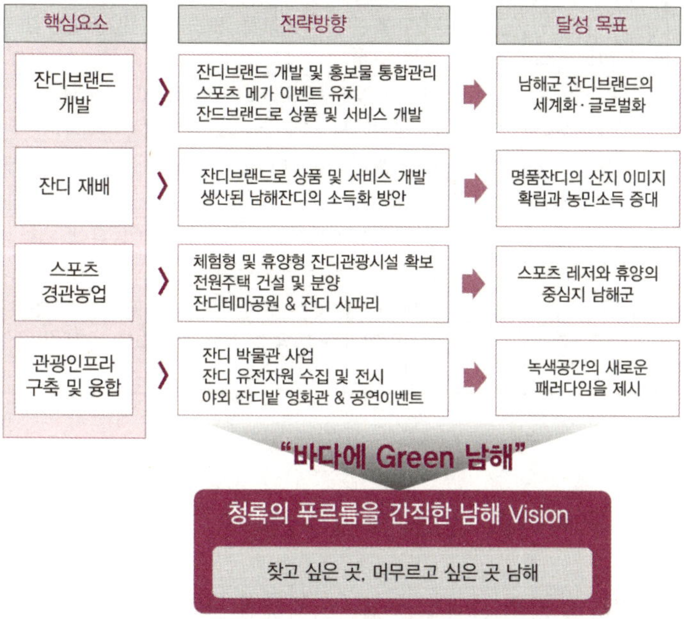

자료: 기정훈 외(2009b).

제 4 절 도시마케팅의 실패요소

도시마케팅의 실패요소는 지역 정체성 및 이미지와의 부조화, 지역시장을 고려하지 않은 사업추진, 사업 관련 주체 간의 갈등, 사업추진 주체의 의지 및 역량 부족, 사업계획과 전략 미숙, 그리고 시장 및 환경변화에 따른 사업부진의 여섯 가지로 구성된다(오동훈 외, 2014: 1-32).

1. 지역 정체성 및 이미지와의 부조화

지역 정체성 및 이미지와의 부조화에는 해당 지역과의 부조화, 사업 주체의 불합리한 의지가 있고, 그 사례와 주요 실패요인은 다음 [표 8-5]와 같다.

표 8-5 지역 정체성 및 이미지와의 부조화 사례 및 주요 실패요인

구 분	사 례	주요 실패요인	진행 단계
해당 지역과의 부조화	대구 밀라노 프로젝트	지역 특성에 적합하지 않은 섬유산업육성사업 중점 추진	운영중단
	대구 '왈츠로 행복한 도시'	기존에 추진한 오페라와 뮤지컬이 뿌리내리지 못한 상황에서 지역 정서와 동떨어진 왈츠까지 추진	운영중단
	중국 상하이 '템스타운'	지역 정체성에 기반하지 않고 단순히 영국의 마을을 본 떠 개발	완공
	부천 무형문화엑스포	부천의 이미지와 행사 주체인 '전통문화 계승 및 발전' 사이의 연관성 부족	운영중단
사업 주체의 불합리한 의지	용인 영어마을 조성사업	경제성이 없다는 조사 결과에도 불구하고 시장 공약사항이라는 이유로 시의회 의결도 받지 않은 채 사업 추진	개발중단

자료: 오동훈 외(2014).

2. 지역시장을 고려하지 않은 사업추진

지역시장을 고려하지 않은 사업추진에는 지역특성 파악 미흡, 수요 과다 추정 및 지

표 8-6 지역시장을 고려하지 않은 사업추진 사례 및 주요 실패요인

구 분	사 례	주요 실패요인	진행 단계
지역특성 파악 미흡	프랑스 유로디즈니	문화적 특성 고려의 미흡으로 매출 부진	완공
	이탈리아 롬바르디아 바이오 클러스터	관련 산업의 경쟁력이 높지 않고, 지적재산권을 침해를 인정하는 분위기가 존재	완공
	스페인 카탈루냐 전자산업 클러스터	지역 내 기업 간 네트워킹이 미약하여 저가 생산기지 특성을 벗어나는 데 실패	완공
수요 과다 추정 및 지역 수요 무시	부산~김해/용인/의정부 경전철	수요 과다 추정으로 인한 사업성 약화	완공
	태백 오투리조트	경제적 타당성이 없다는 사전 조사 결과에도 불구하고 수요를 부풀려 사업 추진	완공
	중국 청궁신도시/캉바시/신화남몰/조외 SOHO	지역수요나 도시인프라를 고려하지 않은 대규모 개발	완공
지역사회에 대한 부정적 영향	라오스 보텐	중국 자본에 의해 개발된 카지노 단지이나 범죄 급증으로 인해 보수적인 정부가 카지노 영업을 금지	운영중단

자료: 오동훈 외(2014).

역 수요 무시, 그리고 지역사회에 대한 부정적 영향이 있고, 그 사례와 주요 실패요인은 [표 8-6]과 같다.

3. 사업 관련 주체 간 갈등

사업 관련 주체 간 갈등에는 사업추진기관 간의 갈등과 지역주민이나 환경단체와의 갈등이 있고, 그 사례와 주요 실패요인은 다음 [표 8-7]과 같다.

표 8-7 사업 관련 주체 간 갈등 사례 및 주요 실패요인

구 분	사 례	주요 실패요인	진행 단계
사업추진 기관 간의 갈등	화성 유니버셜 스튜디오	토지주(수자원공사)와 사업자(롯데그룹) 간 토지가격 협상이 이뤄지지 않아 사업 자체가 무산위기	미착공
	서울 용산국제업무지구	경기 침체로 사업성 악화가 주된 실패요인이기는 하나, 사업 주체 간 이해관계 문제로 인해 피해가 더욱 커짐	개발중단
지역주민/환경단체와의 갈등	속초 소야벌개발사업	토지 보상문제 관련 주민들의 반대와 더불어, 사업규모 축소에 따른 이해관계자들의 반발로 인해 취소	개발중단
	대전 유니온스퀘어	개발제한구역 해제를 통해 민간기업에 부지를 제공하는 것에 대한 반대와, 지역 중소상인들의 대형 쇼핑몰 건설에 대한 저항	미착공
	중국 베이징 원더랜드	정부의 농지수용 과정에서 쫓겨난 농민들이 저항하면서 공사 중단	개발중단
	인천 굴업도 오션파크 관광단지	자연환경이 잘 보존된 굴업도에 골프장을 건설하는 것에 대해 환경단체들이 반대	개발중단

자료: 오동훈 외(2014).

4. 사업추진 주체의 의지 및 역량 부족

사업추진 주체의 의지 및 역량 부족에는 사업 주체의 유치나 재무 능력의 부족, 무리한 투자, 그리고 정부 지원의 부족이 있고, 그 사례와 주요 실패요인은 다음 [표 8-8]과 같다.

표 8-8 사업추진 주체의 의지 및 역량 부족 사례 및 주요 실패요인

구 분	사 례	주요 실패요인	진행 단계
사업 주체의 유치/ 재무 능력 부족	안산 국제자동차경주장	국제대회까지 유치하기도 하였으나 주관사의 자금 부족으로 건설이 중단	개발중단
	인천 에잇시티(8 City)	시행예정자가 투자금을 마련하지 못해 취소됨	개발중단
	제주 신화역사공원	민자 유치에 집중하다 보니 당초 개발 콘셉트 관련 시설이 추진되지 못하고 숙박 및 위락시설 위주로 사업을 추진	미착공
	천안 복합테마파크타운	자체사업으로 추진하다가 예산확보 문제로 민간사업자 공모로 전환하였으나 실패	미착공
	일본 다마 신도시	기업유치가 제대로 되지 않아 젊은 세대들을 사로잡지 못하고, 최초에 이주했던 젊은 층만 고령화됨	완공
무리한 투자	일본 유바리시	지방자치단체의 역량을 고려하지 않고 재정적자를 숨기면서 무리하게 관광산업에 투자	완공
	일본 나가노 올림픽	올림픽을 위해 경기장 신축이 많이 이루어지고, 올림픽 이후 매년 막대한 시설 관리비로 인해 적자	완공
정부 지원 부족	제주 영어교육도시	정부의 예산지원 부족으로 기반시설이 마련되지 않음	완공

자료: 오동훈 외(2014).

5. 사업계획과 전략 미숙

사업계획과 전략 미숙에는 사업 및 서비스 특수성 고려 부족과 사업관리 및 콘텐츠 부족이 있고, 그 사례와 주요 실패요인은 다음 [표 8-9]와 같다.

표 8-9 사업계획과 전략 미숙 사례 및 주요 실패요인

구 분	사 례	주요 실패요인	진행 단계
사업/ 서비스 특수성 고려 부족	경기 영어마을	사업 자체의 특성(서비스의 공공성)을 인지하지 못한 채 사업 추진	완공
	영국-프랑스 유로터널	최초 계획에서 공기정화시스템을 고려하지 못하여 공사기간이 연장	완공
	미국 보스턴 Big-Dig	고가도로를 지하터널도로로 바꾸는 사업으로, 경험부족으로 인해 예상비용의 5배에 달하는 비용 발생	완공

사업관리 및 콘텐츠 부족	서울 가든파이브	상권형성을 위한 전략 부재	완공
	일본 시가이아	오션돔을 인근 해수욕장과 차별화시킬 콘텐츠 부족	완공
	평창 알펜시아	동계올림픽 유치에 급급하여 수익구조 미비	완공
	김해 가야랜드	초기 성공에도 불구하고 적절한 투자가 이루어지지 못함	완공
	브라질 Terra Encantada	안전사고 이후 놀이기구에 심각한 구조적 문제가 있음이 밝혀짐	운영 중단

자료: 오동훈 외(2014).

6. 시장 및 환경변화에 따른 사업부진

시장 및 환경변화에 따른 사업부진에는 불경기로 인한 사업 부진과 환경변화로 인한 경쟁력 상실이 있고, 그 사례와 주요 실패요인은 다음 [표 8-10]과 같다.

표 8-10 시장 및 환경변화에 따른 사업부진 사례 및 주요 실패요인

구 분	사 례	주요 실패요인	진행 단계
불경기로 인한 사업 부진	포천 에코-디자인시티	금융위기로 인한 사업환경 악화로 투자 유치 실패	개발중단
	충북 차이나월드	금융위기로 인해 공모 및 민간제안 모두 실패	개발중단
	광교 비즈니스파크/광교 에콘힐	금융위기로 인해 공모 유찰	개발중단
	안면도 지포지구 관광지 개발사업	금융위기로 투자자가 투자 포기	개발중단
	서울 The Classic 500	경기불황으로 인해 입주자 모집이 어려워 보증금 및 관리비를 낮게 책정	완공
	스페인 Polaris World	금융위기 이후 분양가 하락	완공
	일본 알파리조트 토마무	1990년대 말 거품경제 붕괴 후 회원권 판매 저조로 자금 상황 악화	완공
환경변화로 경쟁력 상실	중국 광시성 바마현	늘어난 관광객으로 인해 환경 파괴	완공

자료: 오동훈 외(2014).

참고문헌

기정훈 외(2009a). 청양군 브랜드 가치향상을 위한 도시마케팅 마스터 플랜. 청양군.

기정훈 외(2009b). 남해군 스포츠 경관농업 활성화 방안. 남해군.

오동훈 외(2014). 개발마케팅 실패사례 유형화에 관한 연구. 『도시행정학보』, 27(3): 1-32.

윤영석 · 김우형(2010). 『도시 재탄생의 비밀, 도시브랜딩』. 바젤커뮤니케이션.

이무용(2006). 장소마케팅 전략의 문화적 개념과 방법론에 관한 고찰. 『대한지리학회지』, 41(1): 39-57.

이무용 외(2008). 도시홍보컨설팅 및 도시마케팅 중장기 마스터플랜 수립. 광주광역시.

Mill, R. C. & Morrison, A. M.(2012). *The Tourism System*. Publisher: Kendall Hunt.

CHAPTER

09

도시방역

임형백
(성결대학교 국제개발협력학과)

제 1 절 인류의 정착생활과 감염병

지구의 역사는 45억 년가량 되었다. 가장 오래된 화석은 10억 년쯤 된 젊은 원시 박테리아의 것이다. 감염(感染, infection)[1]은 5억 년쯤 전 좀 더 복잡해진 유기체가 최초의 화석 흔적을 남겼을 때부터 이미 어디에나 있었다(Karlen, 2016: 30-31). 오늘날 지구는 대략 70억 명의 인간과 6×10^{30}마리의 세균을 가지고 있다(Clark, 2020: 316). 인간의 신체는 10조 개의 세포로 구성되어 있다. 그리고 인간의 신체에는 100조 개의 미생물이 살고 있다(김경철, 2018). 인간은 미생물과 공존하고, 인류는 전염병과 상존한다.

미생물에 의한 전염(傳染, contagion)병이야말로 역사를 통틀어서 가장 많은 사망자를 낸 원인이다(Clark, 2020: 49). 미생물은 인간 세포에 비해 보통 100배 이상 작아서 우리 몸의 조그마한 틈새에도 서식할 수 있다. 손에도 150종 이상이 있고, 입의 점액에는 800여 종, 코 점액에도 900종 정도가 서식한다. 인체 내부의 장내에는 약 5,000여 종이 있으며, 대변 양의 60%(1g당 1,000억 개의 박테리아) 정도를 차지할 정도다(김규원, 2020).

병을 일으키는 대표적인 미생물에는 곰팡이(fungus), 세균(bacteria), 바이러스(virus)가 있다. 미생물 중에서 병을 일으키는 종류는 전체의 1%를 넘지 않는다. 세균은 하나의 독립된 세포로 구성된 미생물이다. 세균은 세포막, 세포벽, 핵 등으로 구성되어 있다. 세균은 단세포 생물이지만 스스로 생존할 수 있다. 서식할 수 있는 환경이 갖추어지고 양분만 공급된다면, 스스로 생존하고 증식도 한다(임형백, 2020b: 4).

한편, 바이러스에는 생물의 기본단위인 세포가 없다. 바이러스는 유전정보를 담은 핵을 단백질이 둘러싸고 있는 단순한 구조이다. 바이러스는 세균과 달리 스스로 증식할 수 없다. 따라서 반드시 숙주(host cell)가 필요하다. 바이러스는 숙주에 따라 세균 바이러스, 동물 바이러스, 식물 바이러스로 나뉜다(임형백, 2020b: 4).

세균은 인간의 몸속의 각 부분을 돌아다니면서 증식해서 질병을 일으킨다. 바이러스는 세포를 뚫고 내부에 침투해서, 세포를 숙주 삼아 증식해서 질병을 일으킨다. 코로나 바이러스는 세포막에 있는 단백질과 결합해 세포막을 통과한다. 세균에 의한 질병이 식중독, 콜레라, 파상풍, 결핵 등이고, 바이러스에 의한 질병이 천연두, 스페인 독감, 인플

1) 감염(infection)은 특정 병원체에 노출되는 것을 말한다. 전염(contagion)은 병원체에 감염된 사람이 다양한 매개체를 통해서 해당 병원체를 아직 감염되지 않은 다른 사람에게 옮기는 것을 말한다.

루엔자, 중동호흡기증후군(MERS), 신종코로나바이러스감염증(COVID-19) 등이다. 세균은 항생제로 치료하고, 바이러스는 백신이나 항바이러스제로 대응한다. 바이러스는 구조가 불안정하고 돌연변이가 자주 일어나기 때문에 세균보다 치료제를 만들기가 어렵다(임형백, 2020b: 4).

600만 년 전, 아프리카 밀림 지역에서 인간이 침팬지와 분화하기 이전 공통조상이었던 시절부터 바이러스는 인간을 서식처로 정착했을 것이다. 많은 전염병 학자들이 주장하듯이, 바이러스가 인간 집단에서 주연배우(유행)로 등장하기 시작한 것은 지금으로부터 1만 년 내지 2만 년 전이었을 것으로 추측된다. 이 시기는 인간이 유목생활을 버리고 세계 각지에 정착하여 농경생활을 시작하던 시기이다(최강석, 2020: 118-119).

신석기혁명(Neolithic Revolution)과 농업혁명(Agricultural Revolution)이라는 용어는 1만 년 전에 최초로 마을과 도시의 삶을 형성한 각각의 기술을 의미한다. 이 두 가지는 떠돌이 생활의 암흑으로부터 정착생활의 빛으로 뛰어오른 승리를 의미한다. 사실상 농업혁명은 승리이자 재앙이었다(Karlen, 2016: 53).

인류의 역사는 바이러스의 주기적 유행으로 점철되어 있다. 정착생활을 시작하면서 일어난 일이다. 처음 신석기혁명이 일어난 무렵 세계 인구는 약 400만 명이었다. 1만 년 전이다. 그런데 5,000년이 지난 뒤에도 세계 인구는 500만 명에 그쳤다. 5,000년 동안 고작 100만 명이 늘어났다. 바로 감염병 때문이다. 수렵채집을 하던 구석기 시대보다 두 배 이상의 자식을 낳았지만, 주기적인 감염병 대유행은 어렵게 이루어낸 인구 증가를 모조리 원점으로 돌릴 만큼 강력했다(박한선 · 구형찬, 2021: 73-74).

한편, 현생인류(호모 사피엔스)의 사냥 솜씨가 조상들보다 훨씬 좋아지면서 지난 10만 년 사이에 거대 동물의 멸종이 더욱 빨라졌다. 지구 전역에 걸쳐서 거대 동물의 멸종 시기와 인류의 이주, 정주 시기가 일치한다(Owen-Smith, 1987).

역설적이게도 아프리카 사바나 지대에 아직도 유제류(ungulates)가 많이 남아 있는 이유는 수면병(African sleeping sickness)이 먼 옛날부터 오늘날까지 인류에 대해 파멸적인 맹위를 계속 떨쳐왔기 때문이다. 근대적인 예방법이 강구되지 않는 한, 사람을 체체파리(tsetse fly)가 많은 지역에 살 수가 없다. 따라서 아주 최근까지 이 지역의 수많은 초식동물은 사자나 적응에 성공한 일부 육식동물의 먹이였을 뿐, 더욱 무서운 위력을 가진 새로운 포식동물인 인간과는 우발적인 접촉 외에는 마주치지 않았다(McNeill, 2012: 41).

새롭게 터득한 기술에 의해 인류는 자연계의 균형을 바꾸는 능력을 얻었고, 따라서 인간이 걸리는 각종 질병에도 근본적인 변화가 생기기 시작했다(McNeill, 2012). 수많은 질병이 새로 생겼다. 콜레라, 천연두, 홍역, 볼거리, 인플루엔자, 수두 등 전통적 감염병은 모두 인수공통감염병(zoonosis)[2]이다. 홀로세(Holocene)[3] 내내 인류를 괴롭힌 감염균의 종류는 약 1,400종으로, 그 중 538종이 박테리아나 리케차(Rickettsia), 317종이 곰팡이(진균), 57종이 원생동물, 287종이 연충, 2종이 프라이온(prion)이다. 바이러스는 208종이다. 그 중 무려 800종이 인수공통감염병이다(박한선 · 구형찬, 2021: 81).

동물의 가축화는 인수공통감염병을 가져왔다. 동물들이 가축화되면서, 인간과의 접촉이 늘어났고 인간에 적응하는 병균들이 나타났다. 인류에게는 재앙이지만, 병균들의 입장에서는 진화를 통한 생존범위의 확장이다. 홍역, 결핵,[4] 천연두 등은 소에서 유래했고, 백일해(pertussis)와 인플루엔자는 돼지에게서 유래했다. 최근 발생하는 인간전염병의 75% 이상이 인수공통감염병이며, 현재까지 약 250종이 알려져 있다. 조류인플루엔자(AI), SARS, 에볼라도 인수공통감염병이다(임형백, 2020b: 6). 지난 70여 년 동안 인간에게 나타난 것으로 밝혀진 신종 전염병 대부분이 야생에서 옮겨 온 신종 인수공통감염병에 해당한다(Jones et al., 2008; Newcomb et al., 2011).

생물학자 토머스 헐(Thomas Hull)은 사람들이 가축으로부터 얻은 질병의 목록을 정리하여 유력한 감염원에 따라 다음 [표 9-1]과 같이 묶었다(Karlen, 2016: 67).

표 9-1 가축으로부터 얻은 질병의 수

감염원	개	소	양, 염소	돼지	말	쥐	가 금
질병 수	65	45	46	42	35	32	26

자료: Karlen(2016: 67).

2) 동물과 사람 사이에 상호 전파되는 병원체에 의하여 발생되는 전염병이다. 1958년 WHO가 "척추동물로부터 사람에게 자연적으로 전파되는 감염 또는 질병"으로 정의했다.

3) 약 1만 년 전부터 현재까지의 지질시대를 말한다. 충적세(沖積世) 또는 현세(現世)라고도 부른다(위키백과).

4) 소들이 결핵과 아주 비슷한 형태의 질병을 앓기 때문에 한때 결핵의 근원이 소로부터 사람에게로 옮아온 것이 아닐까 추측되었던 적이 있었다. 최근의 DNA 분석에 의하면 오히려, 그 반대가 사실이라고 추측된다. 즉, 소를 길들이는 과정에서 결핵이 사람으로부터 소에게로 전염되었다는 것이다(Clark, 2020: 24).

제2절 도시화와 전염병

일반적으로 세계 최초의 도시는 중동 지방의 비옥한 초승달 지대(Fertile Crescent)에서 시작되었다고 한다. 그 후 도시는 이집트와 중국, 남아시아의 인더스 강 유역으로 확산되었다는 설이 있고, 이들 네 곳의 세계 문명 지역에서 각기 독자적으로 나타났다는 주장도 있다. 어쨌든 세계 4대 문명 지역으로부터 도시적 취락이 전 세계로 확산되었다는 점은 관련 학계의 일반적 입장이다(전종한, 2008: 332-333).

고대 유라시아 문명에서 인구밀도가 낮은 지역은 꽤 특수한 사정이 생기지 않는 한 인구가 고도로 집중된 중심지들 사이에서 일종의 완충지대로 작용하여 전염병의 확산을 효과적으로 차단해주었다. 사람에서 사람으로 옮는 문명 특유의 감염증은 소규모의 인구가 흩어져 살고 있는 지역에서는 오랫동안 유지될 수 없었기 때문이다. 게다가 단일 문명 내에서도 대도시나 그 인접 도시에서 완전히 뿌리를 내린 감염증이 다른 곳에서는 풍토병으로 정착하지 못할 수도 있었다. 이때 인구밀도가 낮은 지역에서는 질병에 감염되기 쉬운 연령집단의 수가 불어나 지속적인 감염이 가능해진 경우에만 간헐적으로 전염병이 유행했다(McNeill, 2012: 129-130). 최근 발생한 중동호흡기증후군(MERS)은 중동에서 산발적으로 발생하는 풍토병(endemic)이 되었고, 신종플루는 계절 독감이 되었다(임형백, 2020b: 5).

반면, 도시는 바이러스의 숙주인 인간을 밀집시킨다. 결과적으로 도시는 전염병의 인큐베이터 역할을 한다. 인류의 이동 증가, 교역으로 인한 동·식물, 농축산물, 다양한 상품의 이동, 기후온난화 등은 전염병의 빈도와 감염범위를 증가시킨다(임형백, 2020b: 5). 어떤 질병은 도시처럼 인구가 밀집된 곳(또는 병사들이 모여 있는 군대나 난민행렬)에서만 전염병으로 비화된다. 장티푸스나 이질처럼 식수를 통해 전염되는 수인성 전염병이 그런 범주에 속한다. 페스트를 비롯한 일부 질병은 지중해 연안에서만 유행했던 것 같다(McNeill, 2012: 150).

투키디데스(Thucydides, B.C. 465년경~B.C. 400년경)에 의하면, 기원전 430년 펠로폰네소스전쟁 초반에 아테네에 엄청난 역병이 유행했다. 아테네 시민의 3분의 2가 사망했다. 로마 시절부터는 기록이 많다. 기원전 387년부터 최소 11번의 전염병이 유행했다. 로마제국 전체 인구의 3분의 1이 사망했다. 서로마제국이 멸망하고 비잔틴제국이 뒤를 이은 후, 서기 541년에는 또 다른 역병이 제국을 덮쳤다. 이는 역사상 가장 심각

표 9-2 세계의 역사를 바꾼 전염병들

	B.C. 430년	235~284년	1400~1600년	1600년대 초	1918~1919년		2003년	2009년	2014년	2015년	
고대 ←	펠레폰네소스 전쟁 장티푸스	로마 제국의 붕괴 홍역, 장티푸스	중세 유럽 봉건 제도의 몰락 흑사병	아메리카 대륙 점령 천연두	제1차 세계대전 종결 스페인 독감	180년 간 7차례 콜레라 범유행	중국 발 SARS	멕시코 발 신종 플루	서아프리카 에볼라 바이러스	남미 지카 바이러스	현대 →

자료: 이병문(2020).

한 전염병으로 꼽히는데, 절정기에는 콘스탄티노플에서만 매일 5,000명이 사망했다. 최대 1억 명이 사망한 것으로 추정되고, 이는 당시 유럽 인구의 거의 절반이다. 14세기에 유라시아대륙 전체를 덮친 흑사병으로 인해 유럽 인구의 30~60%가 사망했다. 19세기에는 아시아 콜레라가 유행했다(박한선 · 구형찬, 2021: 88-90).

투르크족과 몽골족이 서기 1000년을 전후해 광활한 영토를 정복하고 이민족을 침략할 수 있었던 것은, 이들이 문명 특유의 질병에 대해 주요 문명의 중심지에서나 볼 수 있는 수준의 면역력을 획득하고 유지했기 때문이라고 볼 수 있다. 빈번하게 장거리를 이동하고 급습 또는 사냥을 위해 때때로 많은 사람이 모이다 보면, 유목민들 사이에서 각종 전염병이 교환되고 확산되었을 것이며, 중국의 기록이 보여주듯이 기동력이 떨어지는 문명화된 집단에 전염병을 옮기기도 했을 것이다(McNeill, 2012: 167-168).

그러나 19세기 초까지만 해도 도시인구는 전 세계 인구의 5%에 불과했다. 그러다가 19세기 이후 현대 사회로 들어서면서 도시화가 급격히 진행되었고, 현재는 도시인구가 전 세계 인구의 50%를 넘어서는 놀라운 변화를 이루게 된 것이다(Michael, 2001).

21세기에 들어 더욱 가파른 속도로 인구는 도시에 모여 살게 되었고, 도시는 이전보다 훨씬 거대화하고 있다. 도시에 집중된 양질의 일자리와 사회기반시설들은 농촌에 있던 인구를 도시로 불러들이기에 충분히 매력적인 조건이었기 때문이다. 더욱이 도시에 인구가 밀집하기 시작하면서 생산성이 증대되었고 장점은 극대화되었다. 도시의 발전과 경제성장의 중요 요인으로 언급되는 역동성이란, 인구의 밀집으로 형성되는 사람 간의 가깝고 잦은 상호작용을 의미한다(홍윤철, 2021: 84).

그런데 역설적으로 이러한 직접적인 접촉의 증가는 도시를 전염병의 위험에 빠뜨린다. 과거 로마의 천연두, 파리와 런던의 콜레라, 미국의 결핵은 이러한 대도시의 위험성을 경고하는 것이었다. 오늘날 코로나19 팬데믹은 이러한 문제를 더욱 드러내고 있다. 뉴욕과 런던, 파리, 그리고 도쿄와 서울이 각 나라에서 가장 많은 환자가 발생한 도시인 것 역시 이러한 대도시의 위험성을 경고하는 것이다(홍윤철, 2021: 85).

제 3 절 도시방역의 개념

새로운 전염병은 경고 한마디 없이 팬데믹으로 발전할 수 있다. 정의를 내리자면, '발발(Outbreak)'은 한 지방에 국한된 수백 명, 가끔 수천 명을 감염시키는 전염병을 가리키고, '전염병(Epidemic)'은 보통 수준을 초과하는 질병이나 감염을 가리키며, '팬데믹(Pandemic)'은 국경을 넘어 아주 넓은 지역으로 퍼져나가 수천이나 수백만 명을 감염시키는 것을 말한다(Quick, 2020: 49).

인류 역사에 등장했던 중대한 팬데믹 선례들에서 보듯, 오늘 우리를 괴롭히는 전염병은 무엇보다 우리 사회에서 이미 감지되던 진화를 가속화하는 역할을 한다. 어느 방향으로든 팬데믹은 변화를 부추기는 매우 과격한 가속 장치가 될 것은 분명하다(Attali, 2020). 바이러스의 확산은 다양한 요인에 의하여 영향을 받지만, 그 중에서도 전파력, 지속성, 의료체계 및 사회구조에 크게 영향을 받는다고 볼 수 있다(임형백, 2020b: 10).

그림 9-1 전염병의 확산 결정요인

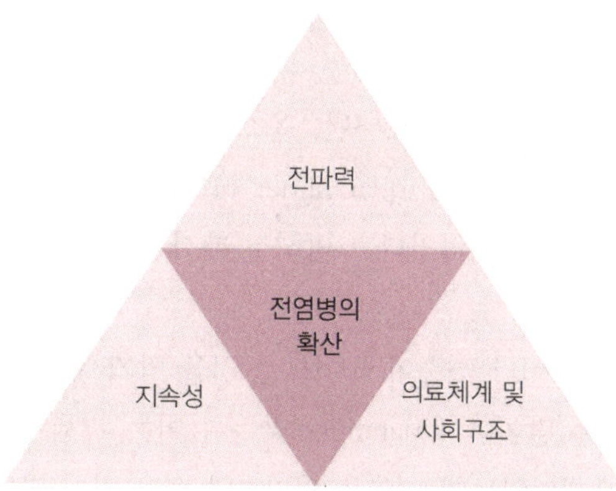

자료: 임형백(2020b: 10).

감염병이 만들어내는 사회재난에 대응하기 위해서 조기 진단과 추적, 그리고 신속한 격리와 적절한 치료를 제공하는 것이 필요하다. 이러한 긴급대응 과정은 정부가 주도하는 방역체계, 즉 공공의료체계가 중심이 되어 수행한다. 「감염병의 예방 및 관리에 관한 법률」에 따르면, 국가와 지방자치단체는 국민 건강과 감염병 예방・관리를 위해 다양한 사업을 해야 한다. 치료제와 백신이라는 의학적 접근이 가능하기 전까지 코로나19에 대한 대응은 공중보건체계를 통한 봉쇄(containment)와 완화(mitigation)라는 비의학적 핵심 접근전략만이 유용하다(OECD, 2020).

비의학적 접근방법은 조기 발견과 조기 격리 치료, 방역소독, 시민에 대한 정보전달과 소통, 사회적 거리두기와 공중시설에서 마스크 착용 등을 통해 전파 위험성을 줄이는 것을 포함한다(나백주・손창우, 2020: 185). 방역, 검역, 격리는 용어가 혼돈스럽고 혼용되기도 하나, 구별이 필요하다.

1. 방 역

방역(prevention, 防疫)이란 '역병을 막는다'는 의미로써 감염원 제거, 예방주사 등 면역관리, 발생보고, 병리검사, 격리, 검역, 소독, 감염원 조사 등 감염병의 예방 및 관리를 통칭한다(질병관리청). 즉, 방역은 전염병의 유행 및 침입을 예방하기 위하여 감염원, 감염경로, 개체의 감수성에 대하여 실시하는 갖가지 처치를 의미한다(한국정신문화연구원, 1991).

2. 검 역

검역을 뜻하는 영어 'quarantine'은 1663년 『옥스퍼드영어사전』에 처음 등장했다(Conti, 2017; Conti & Gensini, 2007). '검역(quarantine, 檢疫)'은 전염병에 접촉했을 가능성이 있는 사람이나 동물을 감염되지 않았다고 밝혀질 때까지 가두어 두거나 활동을 제한하는 것이다.

검역은 해외에서 전염병이나 해충이 들어오는 것을 막기 위하여 공항과 항구에서 하는 일들을 통틀어 이르는 말이다. 'quarantine'라는 단어는 17세기의 베네치아의 방언인 'quaranta giorni'에서 유래되었는데 40일을 의미한다. 흑사병이 만연할 당시에는 승객과 승무원은 상륙하기 전까지 40일을 해상에서 격리되어 있어야 했다. 40일이라는 기간은 흑사병의 전파를 막는데 효과적인 것으로 밝혀졌는데, 현대 의학적 계산에 의하면 흑사병(선페스트)의 감염에서 사망에 이르는 기간이 37일이 걸리는 것으로 나타났기 때문이다(위키백과).

3. 격 리

'격리(isolation, 隔離)'는 전염병에 감염된 사람이나 동물을 다른 개체에 대한 전염력이 없어질 때까지 건강한 사람들과 접촉하지 못하도록 떼어놓는 것을 말한다. 격리는 또한 실험목적이나 의학 이외의 목적으로 무균상태를 유지하는 것을 뜻하기도 한다(daum 백과). 사회적 거리두기(social distancing)는 격리의 완화된 현대판이다.

제4절 도시방역의 역사

1. 고대의 도시방역

B.C. 8500년경 레반트(Levant)[5]지역에서 시작된 '토기없는 신석기 시대 B(Pre-Pottery Neolithic B)' 당시에는 전염병이 유행하면 종종 거처를 버리고 떠났다(박한선 · 구형찬, 2021: 82). 메소포타미아의 도시가 자연발생적이며 영구적인 반면, 이집트의 도시는 인위적이며 한시적인 특징을 가지고 있었다(이주형, 2001: 128).

고대 이집트와 로마, 그리스 시대에는 식민도시의 통치와 통제, 군사적 편리성을 위해 계획적으로 도시를 건설하였으며, 대부분의 형태가 격자형 가로체계를 형성하고 있었다. 이집트의 카훈(Kahun)은 피라미드 건설을 위한 노동자 집단거주지로서 계획된 도시로, 평지위에 건설되어 지형의 제약이 없었다. 오직 관리와 통제가 편리한 방식으로 만들어져 완전한 장방형의 형태로 가로체계는 격자형 패턴을 이루고 있었다. 그리고 노예의 도망을 방지하기 위하여 골목길은 쿨데삭(cul-de-sac)과 같은 막다른 골목길로

5) 역사적으로 근동의 팔레스타인, 시리아, 요르단, 레바논 등이 있는 지역을 가리키는 말이다. 특정 지역을 명확하게 가리키는 용어라기보다는 문화적 · 역사적 배경을 지닌 지역을 아우르는 용어이다(위키백과).

조성되었다(이주형, 2001: 89-90).

한편, 고대 그리스인들은 빈 공간에 대하여 두려움과 거부감을 가지고 있었다(Jammer, 1993: 26). 그리스는 지리적 여건상 해안선이 복잡하고 평야가 여러 곳으로 분산되어 있어 지역단위로 공동체를 이루고 살았다(윤정섭, 1986).

이것이 그리스 최초의 도시계획가 히포다무스(Hippodamus, B.C. 498~B.C. 408)가 등장한 그리스의 시대적 배경이다(이희정, 2021: 36). 상업도시로 성장한 그리스의 식민도시들의 공간구성에서 특징적으로 나타나는 격자형의 도로망패턴은 히포다무스가 고대 메소포타미아와 이집트[6]의 도시패턴에서 응용·발전하여 적용시킨 것이다. 또한 사회질서의 구현을 목적으로 주거지역·상업지역·공공지역 등 오늘날의 지역제 개념을 도입하여 도시를 구분하였다(최주영, 2004: 54).

히포다무스는 현재의 터키에 속하는 밀레투스(Miletus) 출신으로 격자형 도로패턴을 창안했다. 상업식민지 도시로서 히포다무스가 계획한 밀레투스의 내부 가로체계는 격자형이며, 중앙에 아고라(agora), 경기장을 두어 시민들의 모임이나 상거래가 이루어질 수 있도록 하였다(이주형, 2001: 90).

도시의 주 입구와 아크로폴리스 입구 사이에 배치된 아고라는 시장, 의사당, 대기실, 항구 등으로 구성되어 있으며, 시민들을 위한 회의, 재판, 집회, 사교 등 다목적 활동공간으로 사용하고, 그 주변에 정치·상업·종교시설을 입지시킴으로써 민주정치를 발전시키는데 크게 기여했다(최주영, 2004: 46).

밀레투스는 자연발생적으로 형성되어 성장한 도시였으나, B.C. 5세기 페르시아에 함락되었다가 히포다무스에 의하여 밀레투스 재건계획이 수립·실현됨으로써, 아테네와는 전혀 다른 격자형의 새로운 도시 형태로 건설되었다(이주형, 2001: 141). 밀레투스의 크기는 약 길이 1.8km, 너비 1.4km이다(강명구, 2021: 43-44).

격자형 도시는 신도시로 건설하는 데 있어서 가장 실용적인 측면도 있지만, 대부분 정치적, 군사적, 종교적 원리에 의해 건설되었다. 정치적·군사적 목적의 도시로서 도시의 절대권력의 상징적 요구나 정치적 통제에 의해 의도적으로 만들어졌으며, 이는 계급에 따른 계층적 분배와 통제의 목적에 부응하였다(이주형, 2001: 105).

도시와 감염병은 아주 먼 옛날부터 인류의 역사와 함께 해왔다. 역사 속에서 대규모

6) 아프리카 문명이 그리스 문명에 끼친 영향에 대하여는, 버낼(Bernal, 1987; 2002), 오모툰드(Omotunde, 2015), 임형백(2018)을 참고바란다. 드레이어(Dreyer, 1998)는 인류 최초의 문자가 기원전 3000년 수메르인의 쐐기문자가 아니라, 그보다 200~300년 앞선 이집트문자라고까지 주장했다.

감염병이 도시건설에 큰 변화를 가져온 많은 사례가 있다. 예컨대, 장티푸스로 인해 몰락의 길을 걸었던 그리스 아테네[7]의 예를 들 수 있다. B.C. 5세기경 고대 그리스의 승전국이었던 아테네에 장티푸스가 퍼지면서 그리스 문명에 위기가 엄습하였고, 수많은 사람이 죽었고, 도시를 위기에 빠뜨렸다(이희정, 2021: 36). 히포다무스는 도시의 하부구조인 상·하수도를 설치하는 등 급·배수시설을 충분히 공급하여 훌륭한 도시건설을 위한 체계적인 접근방법이 사용되었다(최주영, 2004: 54).

이집트와 바빌로니아의 과학은 그리스에 영향을 주었다. 그러나 그리스의 과학은 현대의 실증적 과학과는 달랐다. 과학과 비과학의 중간 단계에 있는 유사과학(pseudo-science)적 성격을 가진 실증되지 않는 지식이었다. 예를 들면, 아낙시만드로스(Anaximander, B.C. 610~B.C. 546)는 생물의 자연발생설(spontaneous generation)[8]을 주장했고, 아리스토텔레스(Aristoteles, B.C. 328~B.C. 322)는 생명체에는 서로 다른 세 가지의 혼이 있다고 주장했다.

그리스에서 B.C. 6세기경, 아스클레피오스(Asklepios)[9]는 의술의 신으로 숭배되고 많은 신전이 건축되었다. 그리스의 환자들은 아스클레피오스의 신전에서 치료도 받았지만 기도도 했다. 따라서 그리스의 도시방역은 과학지식을 활용한 합리적 방역이라기보다는, 상·하수도 건설을 통한 위생적 접근 수준이었다. 히포크라테스(Hippocrates of Cos, B.C. 460경~B.C. 370경)가 환자치료에서 종교의식을 배제했다. 그리고 마술과 철학에서 의학을 분리해 의사라는 직업을 만들었다. 히포크라테스는 환자치료에 비종교적이고 합리적인 접근방법을 시도하여, 그리스의 의학을 혁명적으로 바꾸었다.

로마는 그리스의 도시계획기법에 근간을 두고 발전하였다. 그러나 로마인은 도로의 포장, 물의 공급, 하수도에 관심을 가졌다. 로마의 도시에서 일반화된 공중목욕탕과 공동주택은 그리스의 도시에는 없었다. 로마는 도시의 성장으로 심각한 주택난과 물자운송의 어려움이 야기되었고, 식수부족으로 고통을 받게 되었다. 이러한 거대도시를 유지하고 광대한 지역을 지배하기 위하여 로마를 중심으로 폭이 넓고 잘 포장된 도로가 건설되었다. 또한 깨끗한 물을 끌어오기 위해 거대한 상수도관을 건설하였다(황희연,

7) B.C. 5세기경 아테네에는 약 14만 명이 있었던 것으로 추정된다. 여기에 외국인 약 7만 명과 노예 약 15만~40만 명이 있었던 것으로 추정된다(강명구, 2021: 38).

8) 루이 파스퇴르(Louis Pasteur)의 1861년 저서 『자연발생설 비판』에 의해 완전히 부정되었고, 생물속생설(biogenesis)로 대체되었다.

9) 아스클레피오스에게는 뱀이 신성한 것으로 여겨졌고, 아스클레피오스는 뱀이 휘감고 있는 지팡이(Rod of Asklepios)를 가지고 있었다. 그래서 지팡이와 뱀이 의사의 상징이 되었다.

2004: 72-73).

현대 도시가 급수시설을 중요하게 다루듯이 고대 로마인들도 철저한 수도시설과 공중목욕탕, 광장분수, 인공호수를 비롯해서 별장저택과 상가 등에 물을 공급하였다. 그 사용용량이 지나쳐서 원로원에서 쟁점화되기도 하였다(황희연, 2004: 92). A.D. 369년에는 로마에 병원들이 건립되기 시작하였다.

B.C. 100년~A.D. 600년에 건립된 중앙아메리카의 테오티우아칸(Teotihuacan) 등의 도시는 종교적 상징을 반영하는 복잡한 형태로 설계되고, 천문학에서 의미 있는 배치를 갖는 경우도 많았다. 테오티우아칸의 주민들은 2,000개의 창문 없는 단층 집합주택에서 살았다. 바닥에는 하수시설이 있었으며, 길이는 50m 정도였다. 집집마다 약 60명이 살았던 것 같다(Ponting, 2010: 366). 테오티우아칸은 아메리카 대륙의 가장 큰 피라미드 유적지이다.

2. 중세의 도시방역

서양 역사에서 중세(The Middle Age, Medium Aevum)[10]은 5세기부터 15세기까지의 시기로 본다(임형백, 2021). 고대 그리스와 유대-기독교 문화로부터 물려받은 이원론은 실재를 물질과 정신으로 엄격하게 분리하였고, 이후 이원론은 서양의 철학과 종교의 특징을 이루었다. 특히, 중세에 들어 기독교는 많은 부작용을 가져오기도 하였지만, 현세에서는 정신세계뿐만 아니라 사회 전반에 강력한 영향력을 행사하였다. 공간을 기독교적 교리와 결합시키면서, 신의 권위를 나타내기 위한 건축양식이 등장하였고, 도시는 끊임없이 성스러운 이상향을 모방하려고 하였다. 중세의 회화(picture)에서, 특히 예루살렘이 구름 언덕 위에 떠 있는 성곽으로 둘러싸인 일종의 이상적인 도시 국가로 묘사되어 있는 것이 이러한 이유이다(Wertheim, 2002).

중세에서 기독교의 영향으로 공간은 '물질 공간'이라기보다는 '영혼 공간'이었다. 아우구스티누스(St. Augustinus, 354~430)의 말처럼 교회나 성당은 '신의 나라(Civitas dei)'로 여겨졌고, 신의 권위를 나타내기 위한 건축을 통하여 성스러운 도시를 현실세계에 건설하려고 하였다(임형백 · 이성우, 2004: 67).

중세의 도시들은 로마제국과 같은 중앙 권력이 사라진 상태였기 때문에 중앙 및 지

10) 서양사의 중세의 개념은 동양사에는 적용하기 어렵고, 유럽 이외의 지역에 '중세'가 있었는지에 대해서도 학자에 따라 의견이 다르다.

방 행정적 기능이 소멸되었고, 그 결과 도시의 기능은 자치적 기능, 방어적 기능, 상업 기능이 중심을 이루었다. 중세 후기에는 상업이 더욱 발달하면서 이른바 '상인도시(mercantile city)'가 등장하였다(전종한, 2008: 340).

중세 도시의 성립과 성장에는 이민족의 빈번한 침입과 도시 간의 전쟁 때문에 방어가 가장 중요한 조건이 되었다. 이 때문에 중세의 많은 도시들이 산악과 도서지방에 위치했다. 또한 교역의 거점이 되는 지역은 쉽게 도시로 성장할 수 있었는데, 내륙 교통로와 결절점, 하구, 도하지점, 항구, 그리고 구릉의 정상 등이 이러한 요건을 갖춘 장소가 되었다. 특히, 내륙의 도로가 강과 만나면서 수륙의 교통이 서로 교차되는 지점에서 도시가 성립되었다(백기영, 2004: 101). 중세 중에서 9세기부터 14세기까지는 기후가 온난기였고, 농업기술의 변화 등으로 인하여 10세기에 서유럽의 인구는 두 배로 증가하였다.

중세 시대 이후에는 고대 사회의 강력한 중앙집권적 중심체계의 모습은 사라지고 시민의 존재가 도시계획의 전제조건이 된다. 그래서 시민들에게 필요한 공공시설, 시청사, 시장 등이 도시의 중심에 있는 광장 주위에 통합되어 도시생활의 중심이 되었다. 그리고 도시 규모가 작았기 때문에 무질서한 비기하학적인 패턴으로 형성되었다. 도로는 좁게 구부러져 있었으며, 이는 하천과 함께 건축군에 변화를 주었다. 또한 군사적 필요에 의해 세워진 성벽은 도시의 확산을 억제하면서, 도시 내부의 과밀화를 초래하였다(이주형, 2001: 87-88). 결국 전체적인 도시 형태는 원형에, 방사형 구조의 가로체계를 가지는 기하학적인 구조의 도시가 되었다. 이러한 도시 형태는 르네상스 시대로 이어졌다.

한편, 중세 도시의 위생문제는 심각한 편이었다. 케임브리지에서는 분뇨를 도로상에 쌓이도록 버려두었다가 1주일 간격으로 내다버렸다. 케임브리지 의회에서는 1388년에 영국 최초의 「도시위생법」을 통과시켰다. 1543년에 실레시아(Silesia)[11]의 부즈라우에서 최초의 공공하수처리장과 상수도가 설치되었다. 13세기경에는 이미 개인목욕탕이 생기기 시작했다. 1417년에는 개인주택의 뜨거운 물 목욕탕이 런던시에 의해 특별히 인가되었다. 그렇지만 중세인들의 청결한 습관을 확립하기 위해서는 공중목욕탕이 널리 보급되어야 했다. 이에 따라 주민들에게 물을 공급하기 위해서 파괴된 수도를 복구하는

11) 현재의 폴란드의 남서부, 독일 작센주의 일부, 체코 북동부 일부에 걸친 역사적 지역으로, 현재는 대부분 폴란드에 속해 있다. 그러나 역사적 지역이라 실레시아의 경계는 명확히 규정할 수 없다(위키백과).

작업이 중요해졌다(백기영, 2004: 117).

많은 중세 도시는 건강개선과 예방장치에 있어서 후세대보다도 앞서 있었다. 공공병원은 도시에 대한 기독교의 특징적인 공헌의 하나였다. 외부에서 도시로 출입하는 사람들을 검사하는 검역소의 설치는 중세 의학의 중요한 기술혁신의 하나였다. 엄격한 격리정책의 덕분으로 유럽에서는 전염병이 감소하고 나병이 점차 근절되었는데, 이는 전적으로 예방의학의 승리였다(백기영, 2004: 117).

그럼에도 로마가 정치적 · 경제적으로 통합된 것과는 달리, 대체로 중세에는 사회생활과 경제생활이 지방화되었고, 특히 1348년과 1350년 사이의 흑사병과 대륙 간의 접촉으로 유럽에 전파된 전염병은 도시인구를 크게 감소시켰다(안태환, 2000: 80-84). 50년 사이에 유럽의 인구는 3분의 1로 줄었으며, 경제는 침체하였고, 폭동이 연이어 일어났다(한정선 · Heuer, 1991: 110-111). 이러한 사회분위기는 '혼잡'과 같은 도시에 대한 부정적 이미지를 부각시켰다(임형백 · 이성우, 2004: 69).[12]

그러나 중세 시대에는 의학적 지식이 절대적으로 부족하였다. 이 시대는 유럽이 아랍보다 뒤쳐져 있었던 시대이다. 1095년 교황 우르바노 2세(Papa Urbano Ⅱ)가 클레르몽 공의회에서 제1차 십자군을 소환한 것을 최초의 십자군으로 본다. 그 당시에는 아랍이 유럽보다 더 발달했던 지역이었고, 십자군의 중요한 동기 중 하나가 경제적 이득이었다.

더구나 신 중심의 사회로 종교가 이성을 압도하는 시대였다. 신 중심의 사회였던 반면, 현실에는 소홀했다. 중세의 유럽인은 목욕도 하지 않았다. 심지어 흑사병이 만연할 때, 교회에 모여 병을 낫게 해달라고 기도를 하기도 하였다.

14세기 이전에는 유라시아 대륙 대부분이 여러 세기 동안 전염병으로부터 자유로웠다. 비잔틴제국에서 창궐했던, 이른바 유스티니아누스 역병(541~762), 또 지중해 주위 여러 제국을 치명적으로 약화시킨 1차 유행병 이래 페스트의 대규모 창궐은 없었다(Budd, 1865: 1). 1348년에 피렌체에서 일시적인 전염병 예방 활동을 감독하는 보건청이 설립되긴 했지만, 이후의 전염병 발생 기간 동안에는(1450년 이전까지) 더 이상 설립되지 않았다. 왜냐하면, 도시에는 보건청을 지원하고 이끌 수 있는 충분한 수의 관료가 남아 있지 않았기 때문이다(Watts, 2009: 33).

12) 반면, 흑사병을 피해 외딴 산속 별장으로 휴가를 떠난 사람들을 다룬 보카치오(G. Boccaccio, 1313~1375)의 『데카메론(*Decameron*)』에서 나타나듯이, 농촌사회는 쾌적한(amenity) 공간으로 인식되기 시작하였다(임형백 · 이성우, 2004: 69).

14세기부터 전염병 확산을 막기 위해 제정된 전염병 예방 조치들은 일부 성과가 있었지만, 감시, 통제 등 사회적 활동을 억제하기도 하고, 무역을 크게 방해하면서 지배계층과 상인들 사이의 충돌을 빚기도 했다. 이러한 과정을 거쳐 전염병에 대처하기 위한 새로운 시민행정구조가 만들어졌고, 이것이 유럽 각 지역의 공중보건 행정모델이 되었다(Porter, 1999).

격리는 1397년 (아드리아해 연안 도시) 라구사(Ragusa)공화국이 마련한 여러 규제조치에 기원을 두고 있는데, 그해에 이 도시는 기존의 1377년 예방 조치를 확대해 40일까지 선박을 격리할 수 있도록 했다(Nutton, 1995). 격리는 14세기부터 시작되어 오랜 역사를 갖고 있다. 전염병으로부터 해안도시를 보호하기 위한 수단이 격리였다. 선페스트(Bubonic plague)가 유행하던 당시에, 감염된 곳에서 베니스에 도착한 배는 하선하기 전 40일 동안 정박해야 했다. 베니스에서는 병원과 검역센터를 해안과 떨어진 섬에 건설해 선원들을 격리시켰다. 여기에서는 죽는 선원들이 살아남는 선원들보다 많았다(Conti, 2017; Conti & Gensini, 2007).

14세기 이탈리아의 프란체스코 페트라르카(Francesco Petrarca)는 지나간 세월을 돌이켜보며 모든 게 신학 중심으로 이루어지다 보니 발전이 늦었다고 한탄했다. 그는 지난 세월을 암흑기라 했으며, 이것이 후에 중세를 '암흑기'라고 표현하게 된 계기가 되었다. 이때부터 신 중심에서 벗어나 인간 중심으로 세상을 대하자는 움직임이 일어났다. 봉건제도의 결속보다 개인이 더 중요하고 내세보다 현세가 더 중요해진 것이다. 이것이 이탈리아를 중심으로 한 인문주의 운동, 르네상스(Renaissance, 14~16세기)의 시작이 되었다(예병일, 2020: 46).

중세 유럽의 흑사병의 경우, 각 도시별로 격리와 이동제한 등으로 대응함으로써 각 도시마다 제각각 달랐기 때문에 흑사병의 화를 키웠다고 할 수 있다(정시구, 2021). 이러한 시대적 상황에서 격리 이외에, 이렇다 할 도시방역은 없었다. 한편, 중세 말기가 되면서 차츰 위생과 청결에 대하여 의식하게 되었다.

3. 근세의 도시방역

서양 역사에서 근세(early modern period)는 대략 16세기 초에 시작된 것으로 본다(임형백, 2021). 근세에 이르러 중세까지 이어져 오던 충만한 공간 개념이 명확히 텅 빈 공간개념으로 바뀌고, 서구의 관심이 '영혼 공간'의 영역에서 '물질 공간'의 영역으로 점차 바뀌기 시작하였다(Wertheim, 2002). 중세의 봉건사회는 로마 교회의 교황을 정점으로 하는 강력한 정신적 공동체로 그 명맥을 이어왔으나 수차례에 걸쳐서 감행된 십자군원정 이래 로마 교회의 권위와 위신은 땅에 떨어졌다. 또한 십자군은 직접 혹은 간접으로 상업의 부활과 도시의 발달을 촉진시키는 계기가 되기도 하였다(위키백과).

15세기 르네상스(Renaissance) 이후 인간은 이성을 바탕으로 신 중심의 중세적 세계관에서 탈피했다. 사실적인 풍경을 무시하던 중세에 비하여 근세의 회화(picture)에서 인간과 자연의 현세적인 아름다움이 묘사되기 시작한 것이 이를 증명한다. 인간 정신의 회복을 바탕으로 중세의 신 중심의 시대에서 인간 중심으로 옮겨오면서, 초자연적인 중세 미술에 반대하여 인간중심의 아름다움과 자연의 현세적인 아름다움이 긍정적으로 인식되기 시작한 것이다. 바로크(Baroque) 시대의 카라바조(M. M. Caravaggio, 1571~1610)가 자연주의적 추세를 부활시켜, 예술의 원천으로 관념보다 자연의 관찰을 강조한 것도 이러한 이유이다(임형백・이성우, 2004: 69).

또 르네상스는 인간 중심의 세계관을 확립시켰다. 서양에서는 인간을 중심으로 세계를 해석하기 시작하였으며, 나아가 자연은 인간의 행복과 복지를 위해서 사용되어지고 희생을 감수하여야 할 존재로 여겨졌다. 삶의 공간을 인간의 능동적 힘으로 바꾸고 개선하는 것이 미덕으로 여겨졌으며, 이의 실현방법이 수학과 이성을 기초로 한 서양의 과학문명이었다. 이를 통해 과학과 기술에 의해 자연을 연구하고 계산하며, 지배하고 통제하려는 사고가 근세적 사유체계와 연결되고, 근세를 특징짓는 일반적이고 포괄적인 개념이 되었다. 이러한 사상은 자연에 대한 인간의 적극적인 개입을 통한 변화를 정당화시켜 주었다[13]. 농촌사회는 현실의 아름다운 공간으로 인식되기 시작한 반면, 성스러운 도시라는 인식은 소멸되었다. 그리고 인위적인 공간조성이 합리화되었다(임형백・이성우, 2004: 70).

르네상스 시대에 화약이 발명됨에 따라 도시의 방어물이었던 기존의 성벽은 부적당하게 되었고, 15~16세기에는 중세의 폐쇄형 도시계획이 방사형의 도시계획으로 변화되었다. 또 이 시기에 공간에 대한 새로운 인식이 일어났다. 고대 도시의 기념비적 성격이 부활되어 통치자나 지배계급은 부와 권력을 과시하기 위하여 도시의 형태에 강한 중심축을 가지고 좌우대칭으로 배치되는 기하학적 형태로 표현되었다. 그래서 바로크

13) 과학적 지식에 대한 절대성이 자리잡으면서, 인간이 원하는 방향으로 미래를 구성해 나갈 수 있다는 '구성론적 미래관(constructivistic view of the future)'이 확립되었고, 이것이 서양이 동양을 앞지르는 하나의 계기가 되었다(임형백, 2020a; 임형백・이성우, 2004: 129).

시대에 진정한 의미에서의 도시미가 형성되었다(안태환, 2000: 97). 르네상스 시대 최초의 도시계획은 건물의 배치적인 면에서 1470년의 제노아에 있는 비아누보아(Via Nuova)로 알려지고 있다(문태헌, 2004: 148). 이 시기의 도시설계의 특징은 직선가로, 격자형 패턴 등이었다(Abercrombie, 1998).

한편, 성은 도시의 수평적 확대를 저해하였으므로 고층건물이 나타나기 시작하였다. 따라서 인위적인 공간조성과 도시계획이 발달하고 공간의 합리적 이용을 추구하게 되었다. 성(bourg)으로 이루어진 도시 안으로 지식인과 관리계층이 모여들면서 부르주아(borugeois)[14]란 계층이 생겨났다. 그러나 지식인 계층의 도시유입으로 농촌사회에는 주로 농민만 거주하게 되면서, 도시에 근대화란 인식이 투영되기 시작한 반면, 농촌은 전근대적 공간으로 인식되었다(임형백·이성우, 2004: 70, 122).

절대주의를 기반으로 하는 바로크 도시의 특징은 기하학적인 형태의 전망을 가진 직선도로, 격자형과 방사형의 형태를 조합시킨 정원과 원형광장 등이다. 대형 4륜마차의 출현에 따라 대로는 직선화되고 부차적인 가로와 분리되었지만 폭이 넓은 대로는 노단 형상을 만들어낼 수 있었고 왕이나 귀족의 권위를 상징하였는데, 이러한 다양한 기법들은 베르사유궁전에서 가장 잘 나타나 있다(김철수, 2004: 177).

1624년 베르사유에 최초로 궁전이 들어섰다. 이후 1677년 루이 14세(1638~1715)[15]는 베르사유를 왕궁으로 삼기로 결정하고, 1682년 파리에서 베르사유궁(Château de Versailles)으로 거처를 옮겼다. 이후 계속해서 대대적인 건설과 증축이 이루어졌다(위키백과). 베르사유궁전의 특징 중 하나는 지어질 당시엔 화장실[16]이 없었다. 아름답고 위대한 건축물에 배설물이 어울리지 않는다는 이유였다. 화장실 부족으로 사람들은 건물이나 정원 아무 데서나 볼일을 보는 일이 잦았고, 악취가 넘쳐났으며, 복도, 회랑, 뜰

14) '부르주아'라는 단어는 중세인 11세기부터 등장했다. 성을 의미하는 프랑스어 '부르(bourg)'에서 유래했다. 직역하면 '성안 사람의'라는 뜻이다. 문법적으로는 '부르주아'는 형용사이고, '부르주아지(bourgeoisie)'가 정확한 표현이다. 후에 마르크스주의에서 유산계급을 가리키는 단어로 차용했다.

15) 15세기 초반부터 18세기 중반까지를 대항해 시대(Age of Discovery)라고 한다(위키백과). 16세기부터 19세기 사이에, 서유럽인들은 세계 전역을 거의 전부 항해했으며 거의 전부를 식민지로 삼았다(Ansary, 2011: 349). 르네상스 시대(16~17세기)와 바로크 시대(17~19세기)를 거치면서 절대군주가 등장하여 국민국가(nation-state) 위에 군림하였다(전종한, 2008: 344). 왕의 권세가 절정에 달했고, 루이 14세는 '태양왕(Le Roi Soleil)'이라는 별명을 얻었다.

16) 베르사유궁에 화장실이 생긴 것은 1768년 루이 15세가 왕을 위한 화장실을 마련하면서이다. 아무데서나 배변을 하지 말라고 붙여 놓았던 푯말을 의미하는 말이 에티켓(etiquette)이다(강명구, 2021: 123).

이 똥오줌으로 가득했다. 베르사유궁을 건설한 왕족과 건축가의 관념적 허식(虛飾)을 보여주는 예이다(강명구, 2021: 121-123). 17세기 프랑스의 출산사망률과 영아사망률은 약 20% 수준이었다(Ponting, 2010: 257).

이때 도시(특히, 공업도시)의 해악을 바로 잡으려는 최초의 두 가지 양 극단적 시도가 나타났다. 하나는 오웬(R. Owen), 생시몽(C. Saint-Simon) 등 유토피아사상가들로 당초의 출발점부터 새롭게 출발하여야 한다는 입장을 고수하면서 순수한 이론적 근거에 따라 도출된 커뮤니티(community)의 형태로 기존의 도시 형태를 대체하려고 하였다. 다른 하나는 도시에 새로운 위생법규와 새로운 설비를 끌어들인 전문가들과 관리들로 각각의 문제를 제각기 개별적으로 해결하려 하였다(Benevolo, 1996: 12-13).

이들은 중세의 유토피아사상가들[안드레에(J. Andreae), 캄파넬라(T. Campanella), 베이컨(F. Bacon), 무어(T. Moore)]과 달리 이상도시의 서술에만 머물지 않고 이상도시의 실천에 적극적이었다. 따라서 산업화 과정에서 도시화는 피할 수 없는 현상이고, 인간의 이성에 의하여 보다 완벽하고 계획된 도시를 만들려고 하였다(임형백 · 이성우, 2004: 73). 근세에는 특히 공업도시의 해악을 바로잡으려는 시도가 나타났고, 도시방역에 공중위생과 상 · 하수도 시스템이 활용되었다.

현대적 의미의 세계에서 가장 오래된 대학은 1088년에 세워진 이탈리아의 볼로냐 대학교(University of Bologna)이다(위키백과). 중세 유럽의 대학교에서 학생들을 가르치는 사람들에게 부여된 면허를 'LicentiaDocendi'[17]라고 불렀다(메디게이트, 2018.12.11). 유럽에는 15~16세기까지도 외과학이라는 분야가 없었다. 고대와 중세에는 이발사가 외과의사 역할을 함께 했다.[18] 그래서 수술을 해야 하는 외과의사의 역할은 천한 일로 여겨졌다. 이발과 외과수술이 같이 이루어지는 이발소의 위생은 엉망이었고, 마취와 소독도 없었다. 1745년이 되어서야 이발사와 외과의사 조합이 분리되었고, 외과의사는 독립적인 지위를 얻었다(이승구, 2017). 영국에서는 1506년에야 왕립외과대학이 설립되었고, 1528년에야 왕립의과대학이 설립되었다.

17) 18세기 말에 이르러 전문지식을 갖추었지만 '가르치는 면허'를 가지지 않은 채, 의료에 종사하는 사람들을 Doctor라고 부르게 된 것으로 추정된다(메디게이트, 2018.12.11).

18) 이발소의 3색 원통은 흰색(붕대), 파란색(동맥), 빨간색(정맥)을 의미한다. 1540년 프랑스의 메야나킬(Meyanakil)이란 이발사 겸 외과의사가 처음 사용했다. 1804년 프랑스인 장 바버(Jean Barber)는 외과와 이발을 완전히 분리시키고, 최초의 이발소를 열었다. 그 후로 이발소를 바버숍이라고 부르게 되었다.

4. 근대의 도시방역

서양 역사에서 근대(late modern period)는 대략 18세기 중반에 시작된 것으로 본다(임형백, 2021). 유럽에서는 18세기 들어 약사가 전문직으로 인정받기 시작했고, 19세기 들어 바이러스의 실체를 알게 되었다.

'인플루엔자(influenza)'는 원래 이탈리아에서 유래한 말이다. 라틴어 '인플루엔티아(influentia)'는 '흘러들어간다'라는 뜻인데, 하늘의 별이 인간의 삶에 '흘러들어' 영향을 준다고 생각한 것이다. 건강과 질병도 다 하늘의 뜻이었다. 1743년 이탈리아의 전염병이 유럽으로 퍼지면서 '인플루엔자'라는 단어도 같이 전파되었다(박한선 · 구형찬, 2021: 11).

산업혁명(약 1760~1820년)이 진행되면서 19세기 유럽도시는 급격한 도시화에 따른 외적확산(urban sprawl)이라는 새로운 경험을 하게 된다. 근대 유럽도시는 크게 세 가지 유형으로 구분된다. 첫째, 기존의 도시가 산업화와 함께 급격히 확산되어 형성된 대도시, 둘째, 생산성의 극대화를 위해 조성된 공업도시, 셋째, 각종 도시 사회적 문제 해결을 위해 사회주의자들에 의해 제안된 이상도시 등이다(이주형, 2001: 199).

18세기 중반 영국에서 시작한 산업혁명은 기존의 공간개념을 완전히 바꾸어 놓았다. 증기기관[19]을 중심으로 한 새로운 동력의 등장은 대량생산을 가능하게 했고, 이는 인구가 도시로 집중되는 계기가 되었다. 인구 집중 덕분에 도시는 대량생산과 대량소비의 중심으로 급성장했지만 급격한 도시화는 과밀로 인한 사회문제, 환경오염, 전염병 확산 등 부작용의 원인이 되기도 하였다. 이를 해결하기 위해 19세기 후반 근대 도시계획이 태동했다. 쾌적한 주거환경을 조성하려고 채광, 통풍, 환기를 강조하였고, 산업시설은 주거지역과 녹지 등으로 분리하여 환경오염을 최소화하였다. 도시기능이 원활하게 작동할 수 있도록 도로와 상 · 하수도 등 도시기반시설을 과감하게 설치하면서 현대 도시의 면모를 갖추기 시작하였다(김인희 · 한영준, 2020: 47-48).

1832년 최초로 영국에 콜레라가 발생하자 각 지역마다 보건위원회가 설치되었다. 무보수 선출직이었던 위원들은 생활환경을 개선할 수 있는 법적권한도 없었고 전문지식

---

19) 증기기관은 서양에서 나타나기 3세기 전에 이미 무슬림 세계에서 발명되었지만 이슬람 세계에서는 별다른 변화를 일으키지 않았다. 이슬람 세계에서 발명된 증기기관은 쇠꼬챙이를 돌리는 동력으로 쓰여서, 부자의 잔치에서 양 한 마리를 통째로 더 효과적으로 구울 수 있게 해주었다. 하지만, 쇠꼬챙이 이후로 그 장치의 응용법을 누구도 생각해내지 못했으니 그냥 잊혀져버렸다(Ansary, 2011: 427).

도 갖추지 못한 경우가 많았다. 심지어 불결하면 병이 생긴다는 단순한 사실조차 납득하지 못하는 사람도 있었다. 하지만, 1848년에 또다시 콜레라가 유행하자 좀 더 진지한 반응이 나왔다. 영국의회는 콜레라가 두 번째로 영국에 상륙하기 일주일 전에 중앙보권위원회의 설치를 승인했다. 두렵기 그지없는 아시아 콜레라의 접근에 1년 이상 촉각을 곤두세울 정도로, 콜레라의 재발을 예상하고 있었기에 의회는 신속한 행동을 취할 수 있었다(McNeill, 2012: 290).

중앙보건위원회는 개혁론자들이 10여 년 이상 소리 높여 외치던 폭넓은 공중위생 프로그램을 제도화했다. 위생개혁을 주도했던 일부 인사들이 포함된 위원회는 광범위한 권한을 발휘해 영국의 도시들에 널려 있던 수많은 오염원을 제거하고 전국에 상·하수도 시설을 설치하기 시작했다(McNeill, 2012: 291).

19세기 중반까지만 해도 병원은 오히려 환자에게 해로운 곳으로 인식되었는데, 이것은 세균감염에 대한 이론이 확립되지 않은 상황에서 수술했기 때문이다(최은경, 2013). 19세기 후반 미국 워싱턴의 영아사망률은 약 30% 수준이었다(Ponting, 2010: 257). 세균이론과 생물학은 1860년대와 1870년대의 비판적인 연구를 거쳐 마침내 시대를 장악하였다. 1880년대 초에 루이 파스퇴르(Louis Pasteur, 1822~1895)[20]와 로베르트 코흐(Robert Koch, 1843~1910)[21]는 특정 세균이 특정 질환을 일으킨다는 사실을 증명하였다(Karlen, 2016: 212). 우리의 관점에서 볼 때, 현대 의학은 프로이센의 의학자 로베르트 코흐에서 시작된다(Gillispie, 1981).

서양이 (병에 대한 첫 번째 대응으로서 의사를 찾는) 완전한 의료화체계가 마련되기 시작한 1880년대부터 1930년대까지의 시기는 유럽과 북미 제국주의가 번창하던 시기와 일치한다. 말하자면, 이 두 현상은 연관성이 있다는 것이다. 아프리카와 중국을 차지하려는 쟁탈전이 시작되고, 미국이 카리브 해와 태평양 연안에 있는 스페인의 옛 제국을 정복하면서 '열대의학(Tropical Medicine)'[22]이라는 새로운 학문 분야가 태동하게 되었다. 그러므로 열대의학은 바로 정복의 최초 단계부터 세계 모든 지역에 '백인종'이 정착

20) 저온 살균법, 광견병, 닭콜레라의 백신을 발명했다.
21) 1877년에 탄저병의 원인이 탄저균임을 밝혔고, 1885년에 콜레라의 원인이 콜레라균임을 밝혔다. 1882년에는 결핵균을 최초로 발견했으며, 이 발견으로 1905년 노벨 생리학·의학상을 수상했다.
22) 모기가 사상충(filaria)을 옮긴다는 사실을 발견해 매개성 질환 연구의 새 장르를 연 영국의 패트릭 맨슨(Patrick Manson)이 열대의학이라는 개념을 제시했다. 기존 의학계의 강한 반대에도 불구하고 식민성 장관 조셉 체임벌린(Joseph Chamberlain)의 적극적인 지지를 받아, 1989년 영국 의학협회 회의에서 열대의학이라는 새로운 분야의 창립이 정식으로 공표되었다.

할 수 있게 하고, 또한 착취를 가능하게 하는 '제국주의의 도구'였던 것이다(Watts, 2009: 13-14).

1893년 콜레라 백신이 개발되었다. 19세기 말 의학은 마침내 무서운 질병을 퇴치할 수 있는 효과적인 방법을 찾아냈다(McNeill, 2012: 297). 감염증의 원인을 새롭게 이해하게 되지 아주 간단한 행정조치만으로도 상당한 효과를 볼 수 있었다. 이에 따라 이집트에서는 1890년부터 이슬람 교도들의 순례를 공식적으로 규제하기 시작하여, 입국하는 모든 순례자에게 천연두 백신접종을 의무화했다. 그 결과 중요한 질병이었던 천연두는 이슬람 순례에서 자취를 감추었다. 1900년에는 모든 체류자에게 강제검역이 실시되었고, 1913년 이집트 보건당국은 콜레라 예방접종을 법제화했다(Tignor, 1960).

각 문명권에서 도시와 국가가 체계를 갖추어가면서 질병에 대응하기 위한 질병관 및 의학과 의술체계가 자리를 잡아갔다. 특히, 행정, 군사, 교육 등 사회를 구성하는 기본체계들이 도시의 발달과 함께 틀을 갖추어가면서 의료체계도 사회를 이루는 중심체계의 하나로서 같이 발전해갔다(홍윤철, 2021: 54). 도시계획은 사회와 공간의 진보라는 사상에 의해 추동되는 경향이 있으며, 무엇이 '좋은 도시' 혹은 '좋은 사회'인지에 대한 특정한 이데올로기적 구성물을 반영하곤 한다(Jaffe & Koning, 2020: 243-244). 100년 전에는 용도분리와 같은 기계론적 대도시 개념 하에 용도지역제(zoning) 시스템을 통해 문제를 풀어왔다(이희정, 2021: 43).

20세기 초까지, 즉 서구 세계가 '의료화'될 때까지 유럽 서민 계층의 환자들은 그저 가족에게서 기본적인 치료를 받았다. 그러다가 상태가 악화되면 마을에 있는 치료행위를 하는 사람을 부르기도 했고, 행상인들에게 들은 민간요법으로 치료를 보완하기도 하였을 것이다. 이처럼 당시 유럽인들이 치료비용이나 환자의 상태와 관계없이 의사에게 가지 않았던 유일한 이유는 의사들이 심각한 병을 결코 치료할 수 없다고 생각했기 때문이다(Watts, 2009: 12).

1918년에 시작해 1920년까지 지속된 스페인 독감은 현대사에 기록된 최악의 팬데믹이었다. 불과 2년 만에 세계적으로 약 5억 명이 감염되었고, 5,000만~1억 명(세계 인구의 3~5%)이 사망했다.[23] 인구비례 기준으로는 14세기 중세 유럽을 강타한 페스트가 역사상 최악의 전염병이라 할 수 있겠지만, 절대적인 사망자수 기준으로는 스페인 독감이 최악이다. 스페인 독감의 정확한 원인은 아직도 밝혀지지 않았다(Spinney, 2021).

23) 제1차 세계대전(1914~1918년)의 사망자가 약 2,050만~2,200만 명으로 추산된다.

제대로 틀을 갖춘 공식적인 국제보건조직의 효시는 페스트 · 콜레라 · 천연두 · 발진티푸스 · 황열병의 발생을 감시하기 위해 1909년 파리에서 창설된 국제공중위생국이었다. 이 기구는 유럽 각국에 공통적으로 적용할 수 있는 위생수칙과 검역제도를 확립하려고 노력했다. 20세기에 발생한 두 차례의 세계대전 사이에 국제연맹은 보건기구를 설립했다. 그 후 1948년에는 원대한 목표 하에 세계보건기구(WHO)가 출범했다(Stebbins, 1965).

20세기에 들어서 과학기술과 더불어 의학은 비약적 발전을 이루었다. 19세기 중반 이후 미생물의 발견으로부터 발전하기 시작한 실험과학의 업적을 바탕으로, 20세기 초반에는 현대적 학문의 토대를 갖추었다. 두 차례의 세계대전은 엄청난 사상자를 발생시켰지만 동시에 손상과 질병 치료를 발전시키는 계기가 되었다(홍윤철, 2021: 171).

제2차 세계대전이 끝난 직후인 1948년에는 세계보건기구가 만들어졌고 질병 퇴치를 위한 국제적인 노력이 본격적으로 이루어지기 시작했다. 이후 홍역, 볼거리, 인플루엔자 등 바이러스 질환에 대한 백신이 개발되면서 바이러스성 전염병의 유행을 어느 정도 감소시켰다(홍윤철, 2021: 172).

제 5 절 도시방역의 도시계획적 측면

1. 예방 차원

신종코로나바이러스감염증(COVID-19)은 중국 우한의 한 주류시장에서 거래된 천산갑과 그 이전에 박쥐 등에서 유래했을 가능성이 높다고 한다(Harrison, 2021: 14). 사실 인류에게 COVID-19는 예상못한 새로운 것이 아니다. 약 1만 년 전 농업혁명과 더불어 정착생활을 하면서 계속있어 온 인수공통감염병(zoonosis)의 하나일 뿐이다. 다만, 예외적으로 위협적이고 강력한 것은 사실이다. 따라서 앞으로도 위협의 정도의 차이만 있을 뿐 감염병은 끊임없이 발생할 것이다. 오히려 도시인구가 증가하고, 인류의 이동과 접촉이 증가하기 때문에, 더 자주 발생할 수도 있다. 반면, 사회적 거리두기(social distancing)로 개인의 안전을 추구하면서, 밀집 공간을 기피하는 현상이 두드러졌다. 물리적 거리의 원칙이 우세해지면서, 사적 공간의 중요성이 증가하고, 녹색공간에 대한 수요도 증가하였다.

인구를 비롯한 경제 · 정치 · 문화의 집중과 교류가 확대될수록 도시경쟁력은 향상된다. 하지만, 네트워크가 발달하고 고밀화된 대도시일수록 바이러스 확산이 통제 범위를 벗어나 폭발적으로 진행될 가능성이 크고 방역도 어려울 수밖에 없다. 특히, 주요 기능이 단일 중심지에 집중된 단핵구조의 도시일수록 바이러스 확산에 취약하고, 사회적 거리두기에 따라 도시기능 전체가 마비될 가능성이 크다. 대도시로서 도시경쟁력을 확보하는 것과 동시에 재난위험을 방지하고 분산하여 피해를 최소화하기 위해서는 공간구조를 다핵구조로 전환하는 것이 바람직하다(김인희 · 한영준, 2020: 52).

김인희 · 한영준(2020)은 감염병 확산 방지를 위한 공간계획으로, 자족성과 다양성이 있는 다핵 공간구조 구축, 비대면 강화에 대응하는 자족형 근린생활권 조성, 공원녹지와 연계한 생활권녹지체계 구축을 제시하였다.

도시방역이 중요한 이슈가 되었고 다양한 아이디어가 제시되었다. 문명의 패러다임 자체를 바꾸자는 주장, 고밀도 개발방식에 대한 위험 제기, 대중교통의 비중을 줄이고 소형개인이동수단을 늘리자는 주장, 직주불일치(job-housing mismatch)를 줄이자는 주장, 도시의 기능을 분산시켜 다핵형도시를 만들자는 주장 등이 제시되었다.

하지만, 당장 미래도시의 방향을 특정하기는 어렵다. 더구나 한국의 많은 도시는 과잉도시화로 개발가능지가 부족하여 이러한 수요를 감당하기 어렵다. 도시공간의 혁신적 재편과 변화가 어렵다.

그럼에도 커다란 방향성은 찾을 수 있다. 기존의 천편일률적인 도시화, 과잉도시화에 대한 반성적 성찰과 환경친화적 도시개발의 필요성이다. 이제는 도시가 질병에 드러낸 다양한 취약점을 개선해나가야 한다. 동시에 도시에 대하여 새로이 요구되는 기능을 반영해야 한다. 또 개발가능지의 부족이라는 하드웨어적 한계를 스마트 도시와 같은 소프트웨어적으로 보완하여야 한다는 것을 의미하기도 한다.

즉, 미래에는 도시가 감염병을 예방, 발견, 대응하는 것이 중요하다. 즉, 도시계획 차원에서부터 감염병의 예방, 확산, 방지를 반영하는 것이 필요하다. 즉, 도시가 주거지이면서 동시에 전염병 방어의 최전선이 되어야 하는 것이다. 이를 위하여는 비감염(unfection) 건축물, 감염차단(unfection) 도시, 공중보건 커뮤니케이션, 자연순환 및 자정작용 활용 및 강화, 완충지대로서 녹지의 확보, 도시회복력(resilience) 등이 도시계획에 반영되어야 한다.

2. 발견 차원

도시로 유입되는 인구가 급성장하고 그에 따라 인구밀도가 증가하게 되면서 사람들 사이에서만 유행하는, 전염성 강한 바이러스성 질병들이 출현할 수 있게 되었는데, 그런 질병의 예로는 천연두, 홍역, 유행성이하선염, 그리고 풍진(rubella, German measles) 등이 있다. 산업화 시대가 도달했을 무렵, 대부분의 이런 질병들은 소아질환이 되어, 사람을 죽이는 경우는 매우 드물게 되었다(Clark, 2020: 294).

세균은 바이러스만큼 빠르게 진화하지 않기 때문에, 인간에게서 발견되는 대부분의 신종 세균성 질환들은 여전히 다른 동물들도 같이 걸릴 수 있는 것들이다. 성장하는 도시의 세균성 질병들은 세 개의 큰 집단으로 나눌 수 있다. 그것들은 사람에게서 사람으로 직접 전파되는 질병, 오염된 물을 통해 퍼지는 질병, 그리고 곤충을 매개로 하여 퍼지는 질병이다(Clark, 2020: 295).

지금까지 코로나바이러스는 단 6종만이 사람에게 감염되는 것으로 알려져 있었다. 그러다가 2019년 중국 우한에서 기존의 알려진 코로나바이러스와 성질이 다른 코로나바이러스가 발생했다. 우한 폐렴으로 불리다가 WHO가 2020년 2월 11일 신종코로나바이러스감염증(COVID-19)이라는 공식 명칭을 부여했다. 기존의 알려진 코로나바이러스와 성질이 달라 신종코로나바이러스로 분류되었다.[24)]

한국에서는 2020년 1월 20일 처음으로 확진자가 발생했다. 신종코로나바이러스감염증(COVID-19)으로, 이전에 당연시되었던 많은 일들이 이제는 더 이상 당연할 수 없게 되었다. COVID-19가 완전히 종식되고 포스트코로나(post corona) 시대가 올 수도 있지만, COVID-19가 주기적으로 재발병되는 풍토병(endemic)이 될 경우, 위드 코로나(with corona) 시대가 올 수도 있다. 분명한 것은 COVID-19와 다른 새로운 감염병이 또 올 것이라는 것이다.

간접적인 원인도 감염병을 증가시킨다. 체력약화는 질병에 쉽게 걸리게 한다. 무더위 등 기후, 노령계층, 빈곤으로 인한 영양부족, 운동부족 등도 모두 체력을 약화시키고 감

24) 중증급성호흡기증후군(SARS), 중동호흡기증후군(MERS), 신종코로나바이러스감염증(COVID-19) 모두 코로나바이러스가 원인이다. COVID-19의 원인인 SARS-CoV-2(2019-nCoV)는 계통분류학적으로 MERS-CoV보다는 SARS-CoV에 가까운 것으로 확인되었다(질병관리본부 국립보건연구원, 2020. 2.28). SARS는 무증상이 없었다. MERS는 감염된 중동의 단봉낙타가 무증상을 보였다. 아직 몽골의 쌍봉낙타에서는 감염이 보고되지 않았다. 반면, COVID-19는 사람에게 무증상이 나타난다(최강석, 2020).

염의 위험을 증가시킨다.

또 기후변화도 자연재해만을 초래하는 것이 아니다. 기후변화는 폭염에 의한 사망이나 감염성 질환 발생도 증가시킨다. 그 외에도 여러 가지 중요한 질병들이 기온 및 강수량의 변화에 매우 민감하게 반응하며 나타날 수 있다(홍윤철, 2021: 155).

이미 사용 중인 발열체크, 자동출입명부 등은 발견 차원의 대응이다. 앞으로는 착용형(wearable) 전자기기, 바이오센서, 빅데이터 등 제4차 산업혁명 기술을 활용하여 발병을 미리 예측하는 스마트방역기술이 필요하다. 한국이 COVID-19의 초기 대응 실패로 초래한 위기를 되풀이하지 않도록, 해외 감염병에 대한 상시적 모니터링과 정확한 판단, 그리고 효과적인 초기 대응이 필요하다.

개인은 비정형적이고 예측하기 어렵지만, 집단의 행동은 얼마든지 일련의 규칙성(패턴)을 찾아내 어느 정도 예측할 수 있다(Buchanan, 2007).

3. 대응 차원

도시계획을 수립할 때 다양한 계획 간의 연계와 융합 및 성호 영향 등에 대한 면밀한 검토를 통하여 서비스 제공을 위한 최적화 방안을 마련해야 한다(홍윤철, 2021: 202). 공간네트워크 구축이 필요하다. 감염병 발생 시의 의료시설에 대한 수요 증가에 대비하여, 병원 및 병상 확보, 병원, 클리닉, 호텔 등 환자수용 가능 공간의 네트워크 형성 등 사전적 준비가 필요하다.

연구 결과를 보면 단지 인구밀도가 높다고 해서 COVID-19 등 감염병에 취약해지지는 않는다. 인구밀도가 높으면 의료시설 접근성도 높아져 질병을 조기에 발견하고 치료할 가능성도 상승하기 때문이다. 오히려 주변 도시와의 잦은 접촉과 이동이 COVID-19처럼 감염률이 높은 감염병에 취약하다는 분석이 나온다.

미국 뉴욕은 현대 도시의 대명사다. 특히, 대중교통 중심의 교통체계를 지니고 있어 자동차 중심의 다른 미국 도시와도 다른 특징을 갖는다. 하지만, 뉴욕주는 현재 COVID-19의 피해를 가장 크게 입고 있다. COVID-19 등 감염병이 도시의 공간구조와 교통체계에 어떤 변화를 가져올 수 있을지 논의가 시작되고 있다(위키미디어).

한편, 뉴욕시에서는 인구밀도가 가장 높은 맨해튼의 감염률이 다른 구역보다 오히려 낮았다. 미국에서 인구 1인당 감염률은 인구밀도가 낮은 지역에서 오히려 높았다(Zakaria, 2020). 미국 내 대도시권역 913곳을 대상으로 한 연구에서, 대도시권역의 인구는 감염률과 상관관계가 높았지만, 인구밀도는 감염병 확산과 관련성이 약하였다(Hamidi et al., 2020).

리드 에윙(Reid Ewing) 미국 유타대 석좌교수와 사데 사보리(Sadegh Sabouri), 시마 하미디(Shima Hamidi) 미국 존스홉킨스대 보건대 교수팀은 도시의 인구밀도가 코로나19 팬데믹을 가속화시키는지 여부를 수학모델과 데이터 분석을 통해 연구했고, 연구 결과를 2020년 8월 18일자, 『미국계획협회저널』에 발표했다. 그 결과 높은 인구밀도는 코로나19 환자 및 사망자 발생과 관련이 없고, 대신 주변 행정구역(카운티)과의 교류가 활발할수록 감염률이 높아진다는 사실을 밝혔다.

연구팀은 미국 내 대도시권역 913곳을 선정해 5월 25일까지 인구 1만 명 중 코로나19 환자 및 사망자 발생수를 수집해 수학 모형을 이용해 도시밀도와 감염률 사이의 상관관계를 연구했다. 그 결과 대도시 권역의 인구는 감염률과 상관관계가 높다는 사실을 발견했다. 하지만, 인구밀도는 큰 관련이 없었다. 연구팀은 "사회적 거리두기 등의 정책 덕분에 높은 인구밀도에도 감염이 널리 이뤄지지 않은 것"이라고 설명했다. 오히려 코로나19에 의한 사망률은 인구밀도가 높은 곳이 낮은 곳보다 훨씬 낮았다. 연구팀은 의료시설에의 접근성이 높아진 덕분이라고 설명했다.

환자가 병원을 찾아가 진료를 받는 것이 아니라, 환자가 거주하는 지역사회에서 의료서비스가 펼쳐지는 시스템으로 변화해야 한다(홍윤철, 2021: 174). 홍콩, 싱가포르, 타이베이 등 인구밀도는 물론 지하철 등 대중교통 의존도가 높은 대도시에서 사망건수가 낮다는 점은 공간의 밀도보다 효율성이 더 중요하다는 것을 시사한다(김세용, 2020).

감염병이 초래하는 간접적인 현상에 대한 대응도 필요하다. COVID-19가 초래한 일회용품의 증가로 재활용 및 쓰레기 처리도 더욱 중요해졌다. 환경부에 따르면 2020년 상반기 재활용 쓰레기 발생량은 코로나 이전인 2019년에 비해 11.2% 늘어난 하루 5,400여 톤이다. 플라스틱류 폐기물의 배출량은 13~15%까지 늘었다.

제 6 절 도시방역의 경제적 측면

도시의 규모가 커지면, 도시의 정적인 요소와 동적인 요소 모두가 생산성을 증가시키는 데 기여한다(홍윤철, 2021: 83). 인구의 도시집중은 감염병의 위험을 증가시키지만, 규모의 경제(economy of scale)와 집적의 경제(agglomeration economy)를 가져온다. 감염병의 발생은 경제적 손실을 초래한다.

단적으로 신종코로나바이러스감염증(COVID-19)은 1920년대 후반에 발생한 '대공황' 이후 최악의 세계경제 침체를 가져왔다. 100년 전 발생했던 '대공황'은 제2차 세계대전의 근본적인 원인 중 하나이기도 했다(임형백, 2020b: 21). 2020년 세계 GDP는 최대 9조 달러(약 1,989조 9,000억 원) 감소가 예상되고(브루킹스연구소, 2020), 2020년에 적게는 530만 명에서 많게는 2,470만 명이 실직할 것으로 예상된다(ILO, 2020).

따라서 감염병에 대한 대응은 경제적 측면도 고려하여야 한다. 일률적으로 모든 사람을 대상으로 하는 단순방역은 비효율적이다. 단순방역은 사망률은 낮추지만 경제를 악화시킬 수 있다. 건강상태에 따라 차등적용하는 스마트방역을 통하여, 감염병을 차단하면서 경제적 피해를 최소화하여야 한다. 반대로 단기간의 경제적 성과에 집착하는 일관성 없는 방역도 위험하다. 국민에게 요구하는 방역조치는 이해하기 쉽고 일관성이 있어야 한다.

한편, COVID-19가 종료되어도 상당부분의 일자리는 돌아오지 않을 것이다. 이미 사회체제가 비대면체제로 전환되었다. 사람들은 비대면체제에 익숙해졌다. 빨리 대면체제로 돌아가고 싶어하는 사람도 있지만, 오히려 비대면체제를 선호하는 사람도 생겼다. 대면접촉이 줄어들고 혼자 있는 시간이 많아지면서, 사적 공간이 중요해졌다. 사적 공간에 개인의 기호(preference)를 반영하려는 욕구가 강해졌고, 이는 새로운 틈새시장(niche market)의 발생을 의미한다.

비대면적 산업이 성장했고, 온라인 산업이 성장했다. 역설적으로 COVID-19는 의료산업과 바이오헬스산업의 성장에 기여했다. 한국은 아직 바이오헬스산업의 발달이 부족하다. 반면, 감염병의 주기가 짧아짐에 따라 오히려 바이오헬스산업의 필요성은 증가한다. BIS Research(2018)는 2028년 글로벌 백신 시장 규모를 1,035.7억 달러(약 122조 원)로 전망했다. 감염병의 예방, 발견, 대응을 고려한 바이오헬스산업에 대한 투자, 규제개혁, 그리고 발전이 필요하다.

제 7 절 도시방역의 정치적 측면

한국은 중동호흡기증후군(MERS)을 겪으면서 방역체계와 의료체계가 개선되었다. 코로나19 감염이 현재진행 중이고 언제 끝날지 알 수 없지만, 우리나라가 다른 나라와 비교해서 선제적으로 방어할 수 있었던 이유는 MERS를 겪으면서 여러 정책에 변화가 생긴 덕분이다. 그 중 질병관리본부의 감염병 감시체계 활성화, 병원 이용문화 개선, 감염관리 활성화 체계 개선, 응급실 이용문화 개선 등은 주목할 만한 변화이다. MERS 감염 사태 이후, 정부는 질병관리본부를 감염병의 컨트롤 타워로 격상시켜 실시간 전염병 감시를 확인하고 긴급상황센터를 신설하였다(임승규 외, 2020: 221).

윤리적 차원에서 COVID-19에 대한 대응에 있어서, 개인의 사생활과 공익의 대립을 들 수 있다. 한국은 2015년 겪은 MERS 사태가 좋은 경험이 되었다. 한국은 MERS 사태 때 국가방역체계를 정비하고 실전 경험을 축적할 수 있었다. 2017년에는 신종 감염병 발생 시, 새 진단시약과 검사법에 대한 긴급사용 승인제도를 도입했다. 2015년 중동호흡기증후군(MERS) 사태 이후에는 개인정보 공개의 법적 근거가 마련되었다(임형백, 2020b: 19).

여기에서 개인의 사생활 침해와 공익을 둘러싼 논쟁이 발생한다. 한국 정부는 개인의 정보를 모아 10분 만에 동선을 파악할 수 있는 역학조사 지원 시스템을 가지고 있다. 「감염병의 예방 및 관리에 관한 법률(감염병예방법)」 제76조 제2항에 따르면, 보건복지부 장관이 감염병 예방 및 차단을 위해 경찰에 환자 등의 휴대전화 위치정보를 요청할 경우 경찰은 통신사업자 등에게서 정보를 받아 전달해야 한다. 동법 제76조 제1항에 따라 환자의 교통·신용카드 사용 명세와 CCTV는 질병관리본부장도 확인이 가능하다(임형백, 2020b: 19).

공동체주의는 '공공의 미덕(virtue)'이 있으며, 개인은 이런 공공의 미덕을 실현할 의무가 있고 필요하다면 법을 이용해 강제할 수도 있다고 본다(Sandel, 2014). 코로나19 대유행의 맥락에서 공공의 미덕이란 감염병으로부터 공공의 안전을 지키는 것을 의미하며, 개인은 이런 공공안전을 실현하기 위해서 사회적 거리두기 등에 적극적으로 참여할 의무가 있다(강명훈, 2020: 38).

인간은 호혜적 이타주의를 갖고 있고, 특히 한국인은 공공의 미덕에 호의적이다. 반면, 공공의 미덕이 통제, 감시, 봉쇄의 강화와 권위주의적 정부로 이어지지 않도록 해야 한다. 이른바 정칙방역이 되어서는 안 된다.

폭력과 보안, 사회통제는 도시 질서의 교섭에서 중요한 역할을 수행하는 서로 연관된 개념이다(Jaffe & Koning, 2020: 292). 박순열(2020)은 "사회-환경 도식은 기능이 촘촘하게 분화된 현대 사회에선 적합하지 않다. 코로나19와 같은 생태적 위험은 전체 사회가 아니라 기능적으로 분화된 사람들로 구성되지 않은 사회체계들과 사회조직들의 고유한 작동들에 의해서만 처리될 수 있다. K-방역의 'K'는 대한민국, 문재인 정부, 질병관리본부(장), 헌신적인 의료진, 사려 깊은 시민 등을 여러 가지를 개별적으로 포함하지만, 한꺼번에 이 모든 것을 지칭하는 'K'는 존재하지 않는다. 'K'는 불분명하고 다의적이다. 'K-방역'의 성공을 정부, 조직, 개인들과 동일시하는 것을 가능하게 하지만, 이는 다른 국가주의적 이데올로기와 동일한 방식으로 (사회)의 특정 부분을 은폐하고 억압하는 장치로 이용될 수 있다"고 비판하였다.

제 8 절 도시방역의 사회적 측면

도시공간에서 모더니즘은 ① 기능주의적 도시설계 → ② 대량생산에 의한 도시건축 → ③ 표준화된 주택, 건축 → ④ 관주도의 도시경관 창출 → ⑤ 공업위주의 도시경제기반 형성 → ⑥ 생산지향성이라는 일련의 특징을 도시공간에 창출하는 것으로 보았다. 반면, 포스트모더니즘은 모더니즘의 합리적 공간의 추구에 대한 반발로 지역주의와 복고주의를 강조한다는 점에서 출발하였다. 따라서 포스트모더니즘은 ① 절충주의적 '콜라주(collage)' 건축양식 → ② 복고주의적 건축 및 도시설계 → ③ 다양한 도시경관 창출 문화의 보존 및 활용 → ④ 문화의 보존 및 활용 → ⑤ 서비스부문 도시경제기반 형성 → ⑥ 소비지향성이라는 일련의 특징을 도시공간에 창출한다(임형백, 2009).

모더니즘은 합리성을 강조하므로 기능주의, 실용주의, 행태주의적 사고를 가지게 된다. 따라서 모더니즘은 도시공간 내에서 기능주의를 강조하고, 합리적 공간을 추구하며, 생산을 강조한다. 공간파편화, 공간을 다른 공간과 구별해주는 구획화를 통하여 공간분절을 추구한다. 직선을 주로 사용하여 동질적이고 등방향의 공간을 추구한다. 합리성과 효율성을 추구하는 도시공간에서는 생산이 강조되며 인간은 주체가 아니라 관리와 통제의 대상이 된다. 이러한 모더니즘 도시공간에서는 인간도 규격화되고, 획일화되고, 기계적이고 파편화되고 원자화된다(임형백, 2009: 58).

도시라는 공간에서 어느 정도 개인의 소외는 당연한 것이다. 감염병 상황에서는 대면접촉이 줄어들고, 혼자 있는 시간이 증가한다. 우울, 불안 등 이른바 바이러스 블루가 나타난다. 때로는 무기력 또는 그 이상의 심각한 증세로 이어지기도 한다.

로벨로(Rebelo, 2021)는 2021년 미국경제학회(American Economic Association) 연례미팅(Virtual Annual Meeting)에서, "재난피해는 재난의 크기에 비례하는 것이 아니라 그 사회의 안전망에 비례한다. 취약한 사람일수록 재난의 충격은 더 크고, 그들을 보호하는 안전망이 취약한 사회일수록 재난의 피해가 커지는 것은 자명한 사실이다. 방역성공이 사회적 피해를 성공적으로 극복하는 것으로 이어지지는 않는다. 사회적 재난을 복구하는 일은 쉽지 않다"고 하였다(김승연, 2020: 126-127).

정부의 재난지원정책도 본질을 왜곡하여서는 안 된다. '내수 활성화', '복지와 경제성장의 병행', '일자리 창출', '경제 민주화' 등 경제학이라는 학문이 탄생할 때부터 사용되었을 법한 원론적인 수사학만 나열하고 있지, 실제로 이를 어떻게 이루겠다는 구체적 정책은 없다. 정책에 국민의 세금을 투입할 경우, 그 정책이 반드시 효과를 가져오고 그로 인하여 미래에 발생하는 세수(tax revenue)가 현재에 투입되는 세금(재난지원금)보다 커야만 한다. 1974년 노벨경제학상 수상자인 하이예크(F. A Hayek)는 1944년 그의 저서 『노예의 길』에서, "정부의 개입은 경쟁을 촉진하기 위한 것이어야 한다"고 하였다. 또 정부의 재난지원금은 어려운 사람에게 더 많이 돌아가도록 하는 '상박하후(上薄下厚)'이어야 한다. 천편일률적인 지원은 정책의 부재이거나 포퓰리즘이다.

집단적으로는 사회적 불안감도 발생한다. 보수기 외(Vosoughi et al., 2018) 등 MIT 연구진은 가짜 뉴스가 진짜 뉴스보다 더 널리 더 빨리 퍼지는 경향이 있다는 사실을 알아냈다. 잘못된 정보를 줄이는 일은 효과적인 도시방역정책을 개발하는 데 중요하다. 그보다 앞서 정부정책에 대한 높은 신뢰가 잘못된 정보의 발생을 원천적으로 줄일 수 있다.

참고문헌

강명구(2021). 『도시의 자격』. 서울연구원.

강명훈(2020). 양립하는 사회가치의 공존. 서울연구원 엮음. 『감염병 시대 도시 변화의 방향을 묻다』. 서울연구원: 20-43.

김경철(2018). 장내미생물이 인간을 지배한다: 마이크로바이옴. 『메디게이트뉴스』. 3월 25일자.

김규원(2020). 지구의 주인은 인간 아닌 미생물. 『서울대총동창신문』, 제510호. 2020년 9월 15일자. 26.

김세용(2020). 재택근무발 '올인홈' 확산: 코로나로 성큼 다가온 스마트도시. 『매일경제』. 2020년 9월 8일자. A8.

김승연(2020). 감염병에 따른 불평등 확대와 사회보장체계. 서울연구원 엮음. 『감염병 시대 도시 변화의 방향을 묻다』. 서울연구원: 125-157.

김인희 · 한영준(2020). 미래 도시 인프라의 변화 전망. 서울연구원 엮음. 『감염병 시대 도시 변화의 방향을 묻다』. 서울연구원: 47-74.

김철수(2004). 절대주의 바로크의 도시계획. 대한국토 · 도시계획학회 편저. 『서양도시계획사』. 서울: 보성각: 171-203.

나백주 · 손창우(2020). 감염병 시대, 공공의료체계의 변화. 서울연구원 엮음. 『감염병 시대 도시 변화의 방향을 묻다』. 서울연구원: 183-207.

데이비드 클라크(David P. Clark)(2020). 『전염병과 함께한 인류 역사』. 김윤택 옮김. 서울: 원더북스.

레오나르도 베네볼로(L. Benevolo)(1996). 『근대도시계획의 기원과 유토피아』. 장성수 외 옮김. 서울: 태림문화사.

로라 스피니(Laura Spinney)(2021). 『죽음의 청기사: 1918년의 '코로나19', 스페인독감의 세계문화사』. 전병근 옮김. 서울: 유유.

리브커 야퍼(Rivke Jaffe) · 아나욱 더코닝(Anouk de Koning)(2020). 『도시인류학』. 박지환 · 정헌목 옮김. 서울: 일조각.

마거릿 버트하임(M. Wertheim)(2002). 『공간의 역사』. 박인찬 옮김. 서울: 생각의 나무.

마이클 샌델(Michael Sandel)(2014). 『정의란 무엇인가』. 김명철 옮김. 서울: 와이즈베리.

마크 뷰캐넌(Mark Buchanan)(2010). 『사회적 원자: 세상만사를 명쾌하게 해명하는 사회물리학의 세계』. 김희봉 옮김. 서울: 사이언스북스.

마크 해리슨(Mark Harrison)(2021). 『전염병, 역사를 흔들다』. 이영석 옮김. 서울: 푸른역사.

마틴 버낼(Martin Bernal)(2006). 『블랙 아테나-서양 고전 문명의 아프리카 · 아시아적 뿌리: 날조된 고대 그리스, 1785-1985』. 오흥식 옮김. 서울: 소나무.

마틴 버낼(Martin Bernal)(2012). 『블랙 아테나-서양 고전 문명의 아프리카 · 아시아적 뿌리: 고고학 및 문헌 증거』. 오흥식 옮김. 서울: 소나무.

문태헌(2004). 르네상스시대의 문예부흥과 도시. 대한국토・도시계획학회 편저. 『서양도시계획사』. 서울: 보성각: 145-170.
박순열(2020). '사회'는 코로나-19에 대처할 수 있는가? 『공간과 사회』, 30(3): 62-98.
박재현(2020). 포스트 코로나에 대비해 도시문제 해결책 도출을 위한 '해커톤' 개최. 『세계도시동향』, 483.
박한선・구형찬(2021). 『감염병 인류: 균은 어떻게 인류를 변화시켜왔나』. 경기: 창비.
백기영(2004). 유기적인 중세 초기의 도시형태와 유형. 대한국토・도시계획학회 편저. 『서양도시계획사』. 서울: 보성각: 97-121.
셸던 와츠(Sheldon Watts)(2009). 『전염병과 역사: 제국은 어떻게 전염병을 유행시켰는가』. 태경섭・한창호 공역. 서울: 모티브북.
스티븐 존슨(Steven Johnson)(2020). 『감염도시』. 김명남 옮김. 경기: 김영사.
아노 카렌(Arno Karlen)(2016). 『전염병의 문화사』. 권복규 옮김. 서울: 사이언스북스.
안태환(2000). 『도시의 이해』. 대구대학교출판부.
애덤 쿠차르스키(Adam Kucharski)(2020). 『수학자가 알려주는 전염의 원리』. 고호관 옮김. 서울: 세종.
예병일(2020). 『세상을 바꾼 전염병: 세균과 바이러스에 맞선 인간의 생존 투쟁』. 서울: 다른.
윌리엄 맥닐(William H. McNeill)(2012). 『전염병의 세계사』. 김우영 옮김. 서울: 이산.
윤정섭(1986). 『도시계획사』. 서울: 건우사.
이병문(2020). 코로나 잡으려면 '집단면역'도 생각해야 한다고요? 『매일경제』. 4월 18일자. A23면.
이승구(2017). 『천년 그림 속 의학 이야기: 고대의 주술사부터 미래의 인공지능까지』. 서울: 생각정거장.
이주형(2001). 『도시형태론』. 서울: 보성각.
이희정(2021). 토지이용과 공간변화. 대한국토・도시계획학회 저. 『포스트코로나 도시가 바뀐다』. 서울: 기문당: 31-74.
임승규 외 6인(2020). 『포스트코로나』. 서울: 한빛비즈.
임형백(2009). 도시공간의 모더니즘과 포스트모더니즘. 『도시행정학보』, 22(3): 41-62.
임형백(2013). 『한국 국토 공간구조의 형성과 변화』. 경기: 한울아카데미.
임형백(2018). 고대 인종적 민족 공동체와 근대 영토적 민족 공동체의 갈등: 그리스와 소아시아 및 아프리카 관계를 중심으로. 『다문화와 평화』, 12(3): 25-56.
임형백(2020a). 공공계획으로부터 정책분석 및 국제개발협력 평가의 기원. 『한국지방자치학회보』, 32(3): 187-217.
임형백(2020b). 신종코로나바이러스감염증(COVID-19)에 대한 국제개발협력의 대응 전략. 『한국지역개발학회지』, 32(4): 1-26.
임형백(2021). 아시아, 아메리카, 아프리카 농업유형 비교: 현대농업 이전에 대한 환경결정론적 해석. 『지역정책연구』, 32(1): 69-93.
임형백・이성우(2004). 『농촌사회의 환경과 기능』. 서울대학교출판부.
자크 아탈리(Jacques Attali)(2020). 『생명경제로의 전환』. 양영란 옮김. 한국경제신문.
장 필리프 오모툰드(Jean-Philippe Omotunde)(2015). 『유럽 문명의 아프리카 기원』. 이경래 외 5인 옮김. 서울: 지식을 만드는 사람들.
전종한(2008). 도시의 탄생과 진화. 전종한 외 3인 지음. 『인문지리학의 시선』. 서울: 논형: 325-369.
정시구(2021). 중세 유럽의 흑사병 방역행정에서의 코로나19 대응 고찰. 『한국행정사학지』, 51(5): 79-107.
조너선 퀵(Jonathan D. Quick)(2020). 『이것이 우리의 마지막 팬데믹이 되려면』. 김한영 옮김. 경기: 동녘사이언스.
질병관리본부(2020). 『2019년 국외 메르스 발생 현황 역학・관리 보고서』. 질병관리본부.
최강석(2020). 『바이러스 쇼크』(제2판). 매일경제신문사.
최은경(2013). 소독(antiseptic)원칙의 확립과 수술의 혁신. 『서울대병원 의학역사문화원 병원사 심포지엄 발표자료』.
최주영(2004). 인간적인 그리스의 도시국가. 대한국토・도시계획학회 편저. 『서양도시계획사』. 서울: 보성각: 41-61.
클라이브 폰팅(Clive Ponting)(2010). 『녹색세계사』. 이진아・김정민 옮김. 충청남도: 그물코.
타밈 안사리(Tamim Ansary)(2011). 『이슬람의 눈으로 본 세계사』. 류한원 옮김. 서울: 뿌리와 이파리.
한정선・안드레아스 호이어(A. Heuer)(1991). 『현대와 후기현대의 철학적 논쟁』. 서울: 서광사.
한국정신문화연구원(1991). 『한국민족문화대백과사전』. 경기: 한국정신문화연구원.
홍윤철(2021). 『코로나 이후 생존도시』. 서울: 포르체.
황희연(2004). 실용적인 로마제국의 도시계획. 대한국토・도시계획학회 편저. 『서양도시계획사』. 서울: 보성각: 63-96.
Abercrombie, P.(1998). *Early Urban Planing*. London and New York: Routledge.
Bernal, M.(1987). *Black Athena the Afroasiatic Roots of Classical Civilization: The Fabrication of Ancient Greece 1785-1985*. New Jersey: Rutgers University Press.
Bernal, M.(2002). *Black Athena the Afroasiatic Roots of Classical Civilization: The Archaeological and Documentary Evidence*. New Jersey: Rutgers University Press.
BIS(Business Intelligence & Strategy Partner) Research(2018.11). Global Vaccine Market-Analysis and Forecast: 2018 to 2028. (https://bisresearch.com/industry-report/vaccine-market.html)
Buchanan, M.(2007). *The Social Atom: Why the Rich Get Richer, Cheaters Get Caught, and*

Your Neighbor Usually Looks Like You. New York: Bloomsbury.

Budd, W.(1865). The Siberian Cattle Plague, or, the Typhoid Fever of the Ox. *The British Medical Journal*, 2(242): 169-179.

Conti, A. A.(2017). Quarantine through History. *International Encyclopedia of Public Health*, 229-235.

Conti, A. A. & G. F. Gensini(2007). The historical evolution of some intrinsic dimensions of quarantine. *Med Secoli*, 19(1): 173-187.

Dreyer, G.(1998). Das prädynastische Königsgrab U-j und seine frühen Schriftzeugnisse. Mainz: Archäologische Veröffentlichungen des Deutschen Archäologischen Instituts Kairo.

Gillispie, C.(ed.)(1981). Robert Koch. *Dictionary of Scientific Biography*. New York: Charles Scribner's Sons: 420-435.

Hamidi, S., Sabouri, S. & R. Ewing(2020). Does Density Aggravate the COVID-19 Pandemic? *Journal of the American Planning Association*, 86(4): 495-509.

Hayek, F. A.(1944). *The Road to Serfdom*. Chicago: University of Chicago Press.

Jammer, M.(1993). *Concepts of Space: The History of Theories of Space in Physics*. New York: Dover.

Jones, K. E. et al.(2008). Global Trends in Emerging Infectious Diseases. *Nature*, 451: 990-993.

Lim, H. B.(2021). COVID-19 Interpreted from the Perspective of Sustainability. International Joint Symposium on COVID-19: Pandemic, Place, and People.

Michael, A. J.(2001). *Human Frontiers, Environments and Disease: Past Pattern*. Uncertain Futures. Cambridge University Press.

Newcomb, J. et al.(2011). The Economic Impact of Selected Infectious Disease Outbreaks. Massachusetts: Bio Economic Research Associates.

Nutton, V.(1995). *Medicine in Medieval Western Europe*. in L. I. Conrad et al.(eds.). The Western Medical Tradition 880 BC to AD 1800. Cambridge: Cambridge University Press: 196-197.

OECD(2020). *Beyond containment: Health systems responses to COVID-19 in the OECD*. Paris: OECD.

Owen-Smith, N.(1987). Pleistocene Extinctions: The Pivotal Role of Megaherbivores. *Paleobiology*, 13(3): 351-362.

Porter, D.(1999). Health, Civilization and the State: A history of public health from ancient to modern times. London and New York: Routledge.

Rebelo, S.(2021). Discussion of Session: The Economic Impact of COVID-19. ASSA 2021

Virtual Annual Meeting.

Stebbins, E. L.(1965). International Health Organization. *Journal of Medical Education*, 40(8): 816.

Tignor, R.(1960). Public Health Administration in Egypt under British Rule, 1882-1914. Doctor's dissertation. New Haven: Yale University.

Vosoughi, S., Roy, D. & S. Aral(2018). The spread of true and false news online. *Science*, 359: 1146-1151.

Zakaria, F.(2020). The COVID-19 divide is a class divide. 2020.5.7. CNN.com

CHAPTER

10

도시정보

김태진
(한국교통대학교 행정학부)

도시는 인간이 만든 발명품 중에서 가장 위대하다는 것에 대해서는 반론의 여지가 없다. 도시의 성장을 제1의 도시혁명과 제2의 도시혁명으로 구분한다. 도시는 인간이 만들었지만 스스로가 주체가 되어 성장하는 역동성을 가지고 있다는 것을 제1의 도시혁명이라고 한다. 도시는 산업혁명 이후, 이전 5만 년 동안의 업적보다 더 많은 것을 이룩하게 되었다는 것이다. 이를 제2의 도시혁명이라고 한다. 이로 인해 인간은 도시에서 모든 것을 구할 수 있도록 한 반면, 도시라는 괴물 앞에서 무기력한 존재가 되어가고 있다. 이러한 문제를 해결하기 위한 방법으로 인간이 원하는 도시로 어떻게 통제할 수 있는가?에 대한 논의에는 다양한 견해가 존재한다. 그러나 인간이 도시를 떠나 살아갈 수 없는 시대가 되었다면 인간은 도시를 얼마만큼, 어떻게 보존하고 발전시킬 수 있을까?에 대한 명확한 답을 찾기 위해 노력해야 할 것이다(강대기, 1992: 209-212).

앨빈 토플러(Alvin Toffler)는 그의 저서 『제3의 물결』에서 "미래사회, 즉 정보화사회는 공간을 최대한 극복한 새로운 차원의 세계가 전개될 것"이라고 언급하고 있듯이 정보화는 도시라는 공간에도 영향을 주고 있다. 즉, 도시는 정보통신기술의 발전을 초래하는 원인적 측면(정보통신기술의 고도화, 정보전달 및 처리기술의 고도화, 사회 네트워크화)과 정보화의 필요적 측면(민주화, 합리화, 국제화, 개성화, 형평화, 창조화)이 융합되어 상승작용을 하는 공간이라고 할 수 있다(방석현, 1990: 33-41).

이 장에서는 도시정보의 개념과 특징, 도시정보화 추진체계 및 과정, 그리고 도시정보화 정책의 현황과 과제에 대해 탐색해 봄으로써 도시 속에서 정보의 역할을 탐색하고 정보화되어 가고 있는 도시를 통해 인간이 원하는 도시를 만들기 위해 어떠한 노력을 하고 있는지를 살펴보고자 한다.

제 1 절 도시정보화의 개념과 특징

1. 도시정보화의 개념

정보(information)란 "수집된 자료로 실제 문제를 해결하는 데 도움이 될 수 있도록 해석하고 정리한 지식"을 의미한다.[1)] 정보는 과거 농경사회 및 산업사회에서도 존재하

1) 데이비스와 올슨(Davis & Olson)은 그의 저서 *Management Information System*(1985)에서 정보에

였으나 이때의 정보처리는 인간이 중심이 되었다고 할 수 있다. 그러나 정보통신기술이 등장하면서 정보화의 속도가 더욱 가속화되었고, 정보의 처리는 인간이 아닌 컴퓨터를 활용하게 되면서 정보 자체의 중요성은 더욱 강조되었다.

현대 사회는 정보통신기술의 발달로 인해 정보화는 국가 및 사회의 전 부문으로 확산되고, 부문 간 상호연계성도 높일 뿐만 아니라 상호 간의 의존성도 높이는 결과를 초래하고 있다. 이러한 측면을 강조하듯이 현대 사회는 정보통신기반사회, 지식기반정보사회 등으로 표현하는 등 정보 자체를 강조되는 사회라고 할 수 있다.

도시가 정보화되는 과정을 분석하면 정보기술의 발달에 따른 원인적 측면과 개인, 조직, 사회의 필요에 따라 정보화되어 가는 필요적 측면이 있다(Berleur & Drumm, 1990: 293-294). 이러한 원인적 측면과 필요적 측면 밀접하게 상호작용을 하면서 도시의 정보화를 촉진시킨다고 할 수 있다.

도시정보에 대한 개념은 학자들마다 다양하게 논의되고 있으나 서로 합의하여 정의된 개념은 없다. 왜냐하면, 도시정보는 매우 다양한 측면에서 정의될 수 있기 때문이다. 즉, 도시라는 공간에 적용된 정보화라는 개념으로 접근한 것, 도시에 대한 정보를 소개하고 있다는 측면에서 정의한 것, 그리고 정보화된 도시라는 측면에서 개념을 정의한 것 등 다양성이 존재하기 때문이다. 특히, 정보화사회는 정보사회로 다가가는 과정에 있다는 측면을 강조한다면, 도시정보화는 정보화를 통해 추구하는 과정적 측면을 강조하는 개념이라고 할 수 있다. 따라서 도시 지역에서 정보화가 추진되고 있는 과정적 단계라면, 도시정보의 개념보다는 도시정보화의 개념을 서술하는 것이 바람직하다고 할 수 있다.

「국가정보화기본법」 제6조에 의하면, 정부는 국가정보화의 효율적 · 체계적 추진을 위해 5년마다 국가정보화기본계획을 수립해야 한다고 규정하고 있으며, 이 기본계획에 포함해야 할 사항의 하나로 '도시정보화에 대한 내용'을 명시하고 있다. 동법 제16조에서는 국가기관과 지방자치단체는 지역주민의 삶의 질 향상과 지역 간 균형발전, 정보격차 해소 등을 위해 하나 또는 여러 개의 지역 · 도시에 대하여 행정 · 생활 · 산업 등의 분야를 대상으로 하는 지역정보화를 추진할 수 있다고 명시하고 있다. 이 책에서는 방석현(1991)의 개념과 국가정보화기본법에 나타난 개념을 원용하여 도시정보화의 개념을 정립하고자 한다.

대한 개념을 "수신자에게 의미 있는 형태로 처리되고, 현재 및 미래의 활동을 결정하는 데 필요한 가치를 주는 자료"라고 정의하고 있다.

이 책에서 도시정보화란 지역주민의 삶의 질 향상과 지역 간 균형발전, 정보격차 해소 등을 위해 도시 내부나 도시를 둘러싼 지역에 대하여 행정 · 생활 · 산업 등의 분야를 대상으로 하는 정보시스템을 효과적으로 구축하여 도시정부의 지역경제를 활성화하고 지방문화를 발전시키는 것을 의미하고자 한다. 도시정보화의 주체는 지방자치단체이고, 목적은 지역문제 해결과 도시를 둘러싸고 있는 지역사회의 발전을 통한 삶의질의 제고이며, 주요 정보화 추진내용은 분야별 정보기반 및 정보응용서비스의 제공이 포함된다고 할 수 있다. 정보화 발전 단계는 일반적으로 3단계로 구분하고 있는데, 제1단계가 정보화 관련 인프라가 구축되는 단계라면, 제2단계는 정보가 정보통신기술과 결합하여 산업의 각 부분에서 정보화가 이루어지는 단계라고 할 수 있다. 제3단계는 사회 전 부문에서 총체적으로 정보화가 이루어져 정보화로 인한 경계의 소멸이 이루어지는 단계라고 할 수 있다.

이러한 측면에서 도시정보화의 주체 · 목적 · 내용을 과거와 현재로 구분한다면 다음의 [표 10-1]과 같이 요약할 수 있다.

표 10-1 도시정보화의 주체 · 목적 · 내용

구 분	과 거	현 재
주체	• 지방자치단체	• 중앙정부와 지방자치단체
목적	• 정보격차 해소	• 주민생활의 질 향상, 지역사회의 발전
내용	• 정보화기반시설 및 정보통신망 구축 (하드웨어 기반 정비)	• 도시 지역의 행정, 생활, 경제 분야의 정보서비스 제공과 활용 (총체적 분야에서의 정보화 추진)

자료: 한국지역정보개발원(2012: 3)에서 재구성.

2. 도시정보화의 특징

우리는 제1차 산업에서 제3차 산업으로 고도화되고 있으며, 동시에 산업이 정보화되어 가고 있는 시대에 살고 있다. 우리 주변의 산업이 빠르게 정보화되어 가는 과정을 목도할 수 있듯이 향후 정보화는 도시 지역의 모든 분야에서 빠르게 진행될 것을 예측할 수 있다. 이러한 관점에서 도시정보화의 특징은 다음과 같다.

첫째, 도시정보화의 범위는 지방자치단체의 관할구역과 일치하는 범위에서 이루어진다. 물론 국가정보화사업 및 광역자치단체 사업을 공통으로 추진하는 경우에는 도시정보화의 범위가 확대될 수 있다.

둘째, 도시정보화는 도시의 문제 해결 및 지역주민의 삶의 질 향상을 위한 의사결정 과정에서 정보기술을 활용하여 그 활동과 기능을 수행하는 것을 의미한다. 도시정보화로 인해 도시의 정치, 경제, 사회, 문화 등 도시주민의 생활에 활력을 높이고 효율성을 높여서 그 가치가 충분히 발휘되는 도시를 의미한다.

셋째, 도시정보화는 도시의 문제 해결을 위해 필요한 정보 관련 활동, 즉 자료의 수집, 처리, 전달 등의 주요 활동이 도시활동을 중심으로 이루어지는 것을 의미한다. 도시정보화는 행정업무의 효율화와 함께 대민 행정서비스의 개선을 이루어내는 가장 큰 동력이라 할 수 있다.

3. 도시정보화의 필요성

도시정보화의 필요성은 다음과 같은 측면에서 찾을 수 있다.

첫째, 도시정보화는 풀뿌리 지방자치의 활성화를 촉진할 수 있다. 우리나라는 1990년 지방자치제도의 부활과 1995년 지방자치단체장의 선거로 본격적인 지방자치가 시작되었다. 이러한 관점에서 도시정보화는 지역주민의 정치참여 및 활성화에 크게 기여하였다.

둘째, 도시정보화를 통해 지역의 생산성을 높이고 지역격차를 해소하며 지역의 균형발전을 유도할 수 있다. 즉, 도시정보화정책은 정보화라는 수단을 통해 지역정책을 활성화하는 데 필요한 정책이 되는 것이다.

셋째, 행정의 효율화를 통해 지방의 정치·문화적 소외감을 해소할 수 있다. 지방행정정보화는 행정업무의 효율화와 함께 대민 행정서비스의 개선을 이루어내는 가장 큰 동력이라 할 수 있다.

넷째, 지역 간 정보교류를 원활히 함으로써 국토이용의 효율성을 증진시키고 건전한 도시체계의 형성에 기여한다. 정보통신기술을 이용해 수도권으로 집중된 국가중추 관리기능과 인구의 분산을 가능케 함으로써 효율적인 국토이용이 가능하다. 즉, 수도권과 비수도권 간의 격차를 해소하고 도시의 특성을 살리는 수단으로 도시정보화가 필요하다.

다섯째, 도시정보화 효과는 국가운영의 효율성을 제고하는 것으로, 그 효과는 국가경쟁력의 극대화와 국가운영의 효율성을 제고한다는 측면에서 필요성이 크다고 할 수 있다.

제 2 절 도시정보화정책의 추진체계 및 과제

1. 도시정보화정책의 추진체계 및 기능

1) 도시정보화정책의 추진체계

도시정보화 추진체계는 국가정보화전략과 연계하여 지방자치단체의 정보화전략을 추진하고 있으며, 지역단위의 지역정보화시책 수립 추진을 유도하고, 주민편익 중심의 지역정보화 추진을 근간으로 지방자치단체가 주체가 되어 지역의 민·산·학·관 공동으로 협의체를 구성하여 운영하고 있다.

도시정보화정책의 심의를 위한 체계는 다음과 같다. 먼저, 도시정보화정책의 심의는 국가정보화정책에 대한 최고 심의기관인 정보화추진위원회 산하에 지방자치정보화 추진분과위원회를 두고 있으며, 이곳에서 도시정보화정책에 관한 사항을 심의한다. 또한 지방자치단체는 국가정보화정책 간의 연계성 확보를 위해, 광역자치단체(시·도) 및 기초자치단체(시·군·구) 단위에서 각각 지역정보화 촉진협의회를 구성하고 있다. 즉, 시·도지역 정보화촉진협의회 및 시·군·구지역 정보화촉진협의회는 지역정보화기본계획의 수립과 사업추진에 대한 최종 심의를 하고 있으며, 각급 위원회는 민·산·학·관의 구성원으로 이루어지고, 유관기관 및 민간기관의 참여도 적극 유도하고 있다.

2) 도시정보화 추진체계의 기능

도시정보화 추진체계를 도식화하면 다음의 [그림 10-1]과 같다. 국가정보화정책의 최고 심의기관인 정보화추진위원회는 정보화촉진에 대한 정책사업의 추진을 심의·조정하는 기능을 갖추고 있다. 지방자치정보화 추진분과위원회는 지역정보화 시행계획에 대한 심의와 평가기능을 수행한다. 유관 중앙부처는 행정안전부와 과학기술정보통신부가 있다. 시·도는 광역자치단체 정보화 기본계획과 사업추진을 담당하고 있으며, 시·군·구는 기초자치단체 정보화 기본계획과 사업을 추진한다.

그림 10-1 도시정보화 추진체계

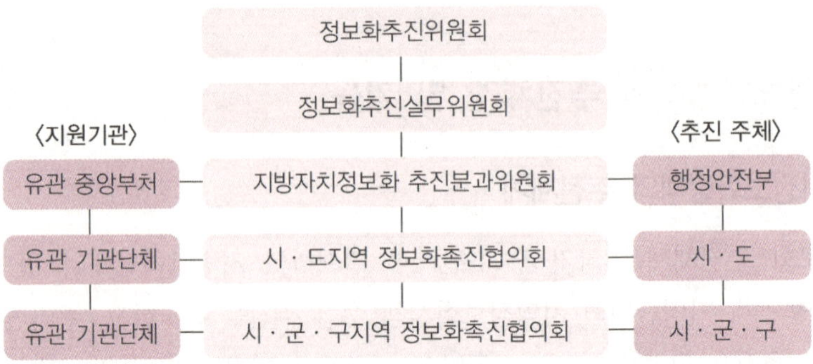

2. 도시정보화 추진의 역사적 과정

도시정보화 추진 과정은 일반적으로 4단계로 구분된다. 제1단계는 출발기(1970년대~1980년대), 제2단계는 확산 및 발전기(1990년대~2000년대), 제3단계는 고도화기(2010년대~2016년), 제4단계는 미래전망기(2017년 이후~현재)로 구분하고 있다(정진우, 2019: 70-73). 도시정보화 추진의 역사적 과정을 정진우(2019)의 연구를 기반으로 정리하면 다음과 같다.

1) 출발기: 1970년대~1980년대

1970년대~1980년대는 '도시정보화 출발' 시기로 전자정부의 구축기반을 마련하게 된 정보화의 태동 시기로 볼 수 있다. 1970년대에는 서울시 등 광역 지방자치단체들이 세수입 증대를 목적으로 재산세 등 세무업무에서 배치(batch) 처리가 수행되었던 특징을 지닌다. 1980년대는 세수증대 등의 이유로 각 자치단체별로 이루어진 도시정보화를 통합하여 관리해야 할 필요성이 대두되자, 중앙정부 주도로 도시정보화가 진행되었다. 이 시기에는 「제1차 국가기간전산망사업(1987~1991년)」을 통해 행정, 교육, 재정, 안전, 국방 등 주요 분야의 정보화를 우선 추진함으로써 전자정부 운영의 기본 틀을 확보했다. 당시 도시정보화의 특징은 경제성장 등 국가성장전략에 맞춰져 있었으며, '5대 국가기간 전산망'의 하나인 '행정망'에서 지방자치단체가 보유하고 있는 인적 · 물적 대장의 디지털화를 본격적으로 시작했다.

2) 확산 및 발전기: 1990년대~2000년대

1990년대~2000년대에는 각 지방자치단체별로 독자적인 도시정보화가 추진되다가 효율적인 전자정부 추진을 위해 중앙정부 중심의 도시정보화로 전환된 시기라고 할 수 있다. 1990년대 중반에 들어 도시정보화는 각 지방자치단체가 주체가 되어 개별지역의 특성에 맞는 정보시스템을 구축·운영하기 시작되었다. 1997년에 「정보화촉진기본법」 제정과 함께 지방자치단체가 도시정보화의 주체로 규정되고, 행정자치부(현 행정안전부)가 이를 총괄하는 역할을 담당하게 되었다. 또한 1997년에 국내 최초로 「제1차 지역정보화촉진시행계획」이 시행되었고, 지역정보화지원재단(현, 한국지역정보개발원)이 설립되었다. 2000년대 들어서 정부의 대고객 정부서비스(G2G, G2B), 정부 내 업무처리 효율화, 정보의 유통·관리 차원 등에 대한 논의가 본격화되었고, 국민지향적인 차원의 전자정부(G4C) 구축이 시작되었다. 참여정부 시기에는 '전자정부 로드맵'을 통해 투명행정, 효율행정, 참여행정의 실현을 위한 구체적인 전략을 세웠다. 한편, 지방분권화를 12대 국정과제로 삼았고, 도시정보화를 근간으로 전자지방정부에 초점을 둔 전자정부 사업이 추진되었다. 2001년부터는 전자정부의 연장선에서 그동안의 도시정보화사업을 실질적으로 대체하게 된다. 국민의 정부 11대 과제와 참여정부의 30대 과제에 '시·군·구행정종합정보화 사업'이 포함되었다. 이런 노력들은 「지방자치단체 지역정보화 촉진 기본계획(2002~2006년)」을 통한 '시·도, 시·군·구 행정종합정보화사업', '지방재정정보화사업', '지방세정보화사업' 등으로 구체화되었다. 2002년에 완성된 전자정부 11대 과제를 기점으로 도시정보화는 본격적으로 성장·발전을 하게 되었다. 11대 과제 중 'G4C 시스템' 구축과 '지역정보화 연결' 사업이 도시정보화와 관련된 과제였다. 이 시기부터 분산된 도시정보화는 하나로 묶여 시너지 효과를 내게 되었다. 2007년 제3차 지역정보화촉진 기본계획인 「u-Life 21 기본계획」은 지역주민 중심의 편리하고 신뢰할 수 있는 지방행정 구현을 목표로 하였다. 한편, 2009년 「국가정보화기본법」의 제정에 따라 도시행정정보화 지원업무들이 행정안전부로 이관되었고, 지방자치단체 정보화사업은 자치단체별 정보화 촉진 조례에 근거한 시행계획을 통하여 국가정보화전략위원회에서 총괄 관리하게 되었다.

3) 고도화기: 2010년대~2016년

2010년대~2016년 기간 동안 정보화의 특징은 지역경제조성 및 지역균형발전 등 효율적인 행정정보화뿐만 아니라 주민을 대상으로 하는 선제적·맞춤형 서비스 등의 고도화된 전자정부 서비스를 개발하였다는 점이다. 2014~2015년은 「제5차 국가정보화기본계획」을 바탕으로 도시정보화의 추진목표와 방향을 수요자 중심 및 국민행복 등 체감할 수 있는 도시정보화에 초점을 두었다. 제1차~제4차에 이르는 정보화촉진 기본계획 및 국가정보화기본계획은 정보화 기반시설을 구축하는 데 중점을 두어왔다면, 제5차 계획 이후부터는 이를 바탕으로 대국민 서비스 제공에 기반을 둔 연성기반(soft infra-structure) 개발을 통해 도시정보화의 방향이 새롭게 전환되었다. 특히, 「제5차 국가정보화기본계획(2013~2017)」은 국민의 상상력과 창의성을 정보통신기술(ICT)과 결합해 창조경제를 실현하고, 재난과 재해, 복지, 교육 등 사회 현안의 해결방안을 제시하고자 하였다. 더불어 개방과 공유, 협력의 시대적 가치를 통해 사회를 혁신하기 위한 정보통신기술(ICT)의 역할을 포함하고 있다. 비전으로 '국민 행복을 위한 디지털 창조한국 실현'을 설정하고, 핵심 전략으로 '창조경제 견인', '창의적 정보통신기술(ICT) 활용', '창조역량 강화', '창조한국 인프라의 고도화'를 설정하였다. 2016년 정부는 「전자정부 2020 기본계획」을 발표하고, '새로운 디지털 경험으로 국민을 즐겁게 하는 전자정부'라는 비전을 제시하였다. 동 계획은 효율성, 투명성, 대민서비스 등의 수단적 가치에서 사람 중심의 전자정부로 방향이 전환되었다.

4) 미래 전망기: 2017년 이후~현재

2017년 정부는 「지능형 정부 및 스마트네이션(Smart Nation) 추진 계획」을 발표하였다. 첫째, '지능형 정부'를 통해 생애주기별 서비스는 물론, 모든 국민이 체감할 수 있는 선제형·맞춤형 서비스 제공을 목표로 하였다. 둘째, 「스마트네이션 추진 계획」을 통해 도시와 농·어촌을 사물인터넷(IoT)과 국가정보통신망으로 연결하고, 독거노인 스마트케어, 주민안전 강화, 실시간 재해예방 등의 다양한 서비스를 전국 방방곡곡에서 언제 어디서든 제공받고, 주민생활과 밀접한 각종 문제들을 해결하는 지능정보사회 구현에 대한 방향을 제시하였다. 우리 사회는 이제 '제4차 산업혁명'이라는 새로운 변혁기에 접어들었다. 변화의 핵심에는 사물인터넷, 빅데이터, 인공지능 등이 있다. '제3의 물결'이 도시정보화를 촉발했다면 '제4의 물결'은 도시정보화의 새로운 패러다임으로 볼 수 있는 '지능사회의 구현'을 앞당길 것이다. 제4의 물결시대에 도시정보화 추진에는 많은 변화가 예상된다. 미래의 도시정보화에서는 주민 개개인의 개별적 수요를 맞춤형으로 충족시켜주어야 할 것이다. 모바일 기술의 발달은 이미 현장 중심의 '찾아가는 행정'을 가능하게 하고 있다. 자연재난, 인적재난 등 주민을 괴롭히는 각종 재난관리 업무도 사물인터넷과 빅데이터 등 기술을 활용해 '사전 예방적' 스마트 행정으로 전환될 것이다. 제4의 물결을 가져온 각종 첨단 정보통신기술(ICT)을 활용하여 교통문제, 환경문제, 노인문제, 육아문제 등 주민의 고통을 줄여서 주민을 행복하게 하는 '주민 중심의 스마트 도시정보화'가 미래 도시정보화에서 구현될 것이다.

제 3 절 도시정보화정책의 현황과 과제

1. 도시정보화정책 및 도시정보화 현황

도시정보화에 대한 최초의 법령은 1995년 제정된 「정보화촉진기본법」에서 나타난다. 동법 제11조 제2항에서 "지방자치단체의 장은 지역사회의 특성에 적합한 지역정보화사업을 추진하여야 하며, 정부는 이에 상응하는 행정 · 재정 · 기술 등 필요한 사항을 지원할 수 있다"라고 규정하고 있었다.

동법은 2009년에 「국가정보화기본법」으로 전부개정되면서 도시정보화에 관한 사항은 더욱 구체화되었다. 도시정보화에 대한 「국가정보화기본법」의 주요 내용은 지역주민의 삶의 질 향상과 지역 간 균형발전, 정보격차의 해소 등을 위해 지역 · 도시에 대해 행정 · 생활 · 산업 등의 분야를 대상으로 정보화를 추진할 수 있는 근거를 다루고 있다. 또한 지역의 수요와 특성 및 관계기관의 의견을 고려하도록 하고, 국가가 도시정보화를 지원할 수 있도록 하고 있다.

현재 우리 사회는 인공지능, 데이터, 5G 등 초연결 · 초지능 기반의 제4차 산업혁명 시대로 접어들면서 「국가정보화기본법」은 2021년 6월에 「지능정보화기본법」으로 전면 시행되었다.

도시정보화와 관련된 기본적인 사항 및 구체적인 정책구현 등은 「전자정부법」에 규정하고 있다. 「전자정부법」은 전자정부기본계획을 통해 도시정보화사업에 대한 내용을 포함하고 있다. 또한 도시정보화와 관련된 법률은 「국가균형발전특별법」, 「스마트도시 조성 및 산업진흥 등에 관한 법률」, 「공공데이터 제공 및 이용 활성화에 관한 법률」, 「클라우드 컴퓨팅 발전 및 이용자 보호에 관한 법률」 등에서 분야별로 도시정보화에 관한 사항을 규정하고 있다. 개별 법률에서 규정한 도시정보화의 내용을 간략히 설명하면 다음과 같다.

1) 지능정보화기본법과 도시정보화

최근 지능정보사회로의 도약을 위해 「국가정보화기본법」은 2020년 6월 '지능정보화기본법'으로 전부개정되었으며, 2021년 6월에 시행되었다. 지능정보화란 "정보의 생산·유통 또는 활용을 기반으로 지능정보기술이나 그 밖의 다른 기술을 적용·융합하여 사회 각 분야의 활동을 가능하게 하거나 그러한 활동을 효율화·고도화하는 것"을 의미한다. 또한 동법 제15조는 지역주민의 삶의 질 향상을 비롯하여 주민의 역량 강화와 지역 간 균형발전, 정보격차 해소 등을 위하여 하나 또는 여러 개의 지역·도시에 대하여 행정·생활·산업 등의 분야를 대상으로 하는 정보화사업을 지역지능정보화로 규정하여 추진 근거를 마련하고 있다. 동법 제17조에 따르면 지역지능정보화를 추진할 때 민간투자를 적극 유치하고 관련 민간사업자와 민간사업자단체에 대한 지원을 할 수 있으며, 이를 위해 민간기관 등과 협의체를 구성·운영할 수 있도록 하고 있다.

2) 전자정부법과 도시정보화

「전자정부법」은 도시정보화에 대한 개념이나 범위를 명확히 규정하지 않고 전자정부의 개념 안에서 다루고 있다. 전자정부란 "정보기술을 활용하여 행정기관 및 공공기관의 업무를 전자화하여 행정기관 등의 상호 간 행정업무 및 국민에 대한 행정업무를 효율적으로 수행하는 정부"를 의미하며, 전자정부 사업의 대상이 되는 행정기관의 범위에 지방자치단체가 포함되어 있어 도시정보화는 전자정부 정책 및 사업의 일환으로 추진되고 있다. 지역정보화사업의 추진 및 지원에 관한 구체적 사항은 동법 제65조에서 다루고 있다.

이에 따르면 국가와 지방자치단체는 지역의 경쟁력 강화 및 지역주민의 삶의 질 향상을 위하여 지역의 역사, 문화, 복지, 환경 등의 지역정보서비스 개발과 보급, 정보시스템 구축 및 지역의 정보화기반 조성, 정보화 낙후지역의 집중 지원, 정보시스템 및 정보서비스의 통합관리 등 정보자원의 효율적 관리, 그 밖에 도시정보화를 위하여 필요한 사항 등의 사업을 실시하고 있다. 이 경우 시행령 제80조에 따라 행정안전부 장관은 지역정보화사업협의회의 구성 및 운영, 지역정보화사업계획의 수립 지원, 지역정보화사업의 관리·운영 지원, 정보시스템 및 콘텐츠의 개발 지원, 신기술 도입의 지원 등에 대하여 행정적 · 재정적 · 기술적 지원을 할 수 있다.

3) 국가균형발전 특별법과 도시정보화

「국가균형발전 특별법」은 정보화에 관한 내용을 중점으로 다루고 있는 것은 아니지만, 경제 · 교육 · 복지 · 문화 · 관광 등 전 영역에서 지역 간 불균형을 해소하고 지역의 특성에 맞는 개발과 지역 간 연계 협력 증진을 도모하고자 제정되었다. 동법에 따른 국가균형발전이란 "지역 간 발전의 기회균등을 촉진하고 지역의 자립적 발전역량을 증진하여 삶의 질을 향상하고 지속가능한 발전을 도모하여 전국이 개성 있게 골고루 잘 사는 사회를 구현하는 것"을 말한다. 따라서 지역산업의 육성 및 지역경제의 발전 등을 위한 관점에서 도시정보화 또한 이 법에 근거를 두고 추진된다고 할 수 있다.

4) 스마트도시 조성 및 산업진흥 등에 관한 법률과 도시정보화

「유비쿼터스 도시의 건설 등에 관한 법률」(2008년 제정)은 신도시 중심으로 이루어지던 도시 관련 사업 적용 문제, 스마트도시 근거 필요성의 증가 등을 반영 · 해결하기 위하여 2017년 3월 동법을 「스마트도시 조성 및 산업진흥 등에 관한 법률」(이하 스마트 도시법)로 개정하였다. 동법은 정보통신기술의 발달에 따라 유비쿼터스 기술을 도시의 기반시설 등에 결합하여 도시의 효율적인 건설 및 관리에 이바지하고 도시의 경쟁력을 향상시키고자 제정된 법률이다.

스마트도시란 "건설 · 정보통신기술 등을 융 · 복합하여 건설된 도시기반시설을 바탕으로 다양한 도시서비스를 제공하는 지속가능한 도시"를 뜻한다. 따라서 지역 스마트도시의 개발 및 사업추진 등을 위한 내용들은 도시정보화의 영역에 포함된다고 할 수 있다. 동법 제4조 제3항은 국토교통부 장관으로 하여금 스마트도시 종합계획을 수립하면서 「국가정보화법」 제6조에 따라 수립된 국가정보화 기본계획에서의 행정업무와 지역의 국가정보화에 관한 부문 계획을 고려하도록 하고 있다.

스마트도시 건설사업은 스마트도시 기반시설의 설치 또는 기능을 고도화하거나 스마트도시 서비스의 연계를 촉진하기 위한 사업에도 적용할 수 있다. 또한 특별시장 · 광역시장 · 특별자치시장 · 특별자치도지사 · 시장 또는 군수는 그 관할 구역을 대상으로 스마트도시 계획을 수립하면서 지역적 특성 및 현황과 여건 분석에 관한 사항, 지역적 특성을 고려한 스마트도시 건설의 기본방향과 계획의 목표 및 추진전략에 관한 사항, 스마트도시 건설사업의 단계별 추진에 관한 사항, 스마트도시 건설사업 추진체계에 관한 사항, 관계 행정기관 간 역할분담 및 협력에 관한 사항, 스마트도시 기반시설의 조성 및 관리·운영에 관한 사항, 지역적 특성을 고려한 스마트도시 서비스에 관한 사항, 스마트도시 건설 등에 필요한 재원의 조달 및 운용에 관한 사항, 국가시범도시 건설 사업에 관한 사항 등을 고려하여야 한다(동법 제8조).

5) 공공데이터의 제공 및 이용 활성화에 관한 법률과 도시정보화

「공공데이터의 제공 및 이용 활성화에 관한 법률」은 공공데이터의 개방과 활용을 통해 새로운 부가가치를 만들어 지역경제와 주민 삶의 질을 제고하기 위하여 공공기관이 보유한 공공데이터의 제공의무를 부여하고 관련 데이터의 효과적인 민간제공과 이용 활성화를 지원할 수 있는 법적 근거로 작용한다. 이 법에 근거하여 제공되는 공공데이터는 민간의 창의성과 결합하여 고부가가치 신산업으로 발전할 수 있는 기반이 되기 때문에 공공데이터 제공 및 이용 활성화는 도시정보화와도 밀접하게 관련된다고 할 수 있다.

6) 클라우드 컴퓨팅 발전 및 이용자 보호에 관한 법률과 도시정보화

클라우드 컴퓨팅(Cloud Computing)은 오늘날 정보통신기술 산업의 핵심 요소로 데이터의 환류와 공동이용을 위한 핵심 자원이다. 이에 따라 우리나라는 2015년에 제정된 「클라우드 컴퓨팅 발전 및 이용자 보호에 관한 법률」(2015년 3월 제정)은 클라우드 컴퓨팅의 발전 및 이용을 촉진하기 위한 추진근거를 두고 있다. 이 법은 클라우드 컴퓨팅 서비스를 안전하게 적용하도록 하는 내용을 다루기 때문에 도시정보화와 관련된다고 할 수 있다.

지방자치단체는 클라우드 컴퓨팅의 발전 및 이용 촉진, 클라우드 컴퓨팅 서비스의 안전한 이용환경 조성 등에 필요한 시책을 마련하여야 한다(동법 제3조). 지방자치단체는 클라우드 컴퓨팅의 발전과 이용을 촉진하기 위하여 클라우드 컴퓨팅 기술을 이용하여 집적된 정보통신시설을 구축하려는 자에게 행정적·재정적·기술적 지원을 할 수 있으며(동법 제16조), 클라우드 컴퓨팅 산업 관련 기술의 연구·개발과 전문인력 양성 등을 통하여 클라우드 컴퓨팅 산업의 진흥과 클라우드 컴퓨팅의 활용 촉진을 위한 산업단지를 조성할 수 있도록 하고 있다(동법 제17조).

2. 도시정보화정책의 향후 방향

우리 사회는 이제 '제4차 산업혁명'이라는 새로운 변혁기에 접어들었다. 변화의 핵심에는 사물인터넷(IoT), 빅데이터, 인공지능, 드론 등이 있다. '제3의 물결'이 도시정보화를 촉발했다면 '제4의 물결'은 도시정보화의 새로운 패러다임이라고 할 수 있는 '지능사회 구현'의 촉매제 역할을 할 것이다. 이러한 관점에서 향후 도시정보화 추진에는 많은 변화가 예상된다. 미래의 도시정보화는 주민 개개인의 개별적 수요를 맞춤형으로 충족시켜주어야 할 것이다. 모바일 기술의 발달은 이미 현장 중심의 '찾아가는 행정'을 가능하게 하고 있다. 자연재난, 인적재난 등 주민을 괴롭히는 각종 재난 관리 업무도 사물인터넷(IoT), 드론과 빅데이터 등의 기술을 활용해 '사전 예방적' 스마트 행정으로 전환될 것이다. 제4의 물결을 가져온 각종 첨단 정보통신기술(ICT)을 활용하여 교통문제, 환경문제, 노인문제, 육아문제 등 주민의 고통을 줄여서 주민을 행복하게 하는 '주민 중심의 스마트한 도시정보화'가 구현될 것이다. 이러한 관점에서 향후 도시정보화 정책은 다음과 같은 세 가지 관점의 전환이 요구된다고 하겠다.

1) 도시 및 지역 중심의 정보화정책 추진

도시정보화는 지방자치단체 중심의 주도적 정보화를 도모하고 과학적 행정을 통해 행정의 효율성과 신뢰성을 제고하며 도시주민에게 적절한 서비스 체계에 대한 도시정부의 책임성을 강화하는 것에 목적을 두고 있다. 따라서 도시정보화는 지방정부가 중심이 되어 지역주민들의 삶과 지역정부의 역할을 혁신하여 주민 삶의 질을 제고하고, 지역발전에 기여하기 위한 다양한 활동이라고 이해할 수 있다(박정은, 2004: 3).

현재 도시정보화에 관한 정책은 「국가정보화기본법」상의 국가정보화 기본계획으로부터 출발하여 추진되고 있다. 이는 그간 우리나라가 산업화 과정과 동일한 관점에서 정부가 주도하여 정보화를 추진하여 범정부적 차원에서의 정책을 수립·추진해 왔기 때문이다. 중앙정부 중심의 추진 형태는 국가 전반의 기획기능과 강력한 권한에 따른 자원배분을 통해 신속한 정보화 추진의 기초가 되었다고 볼 수 있다(진상기, 2017: 70).

그러나 국가 중심의 하향식 정보화 추진방식은 '통합조정능력 결여' 및 '자치단체와 민간 창의의 반영 미흡'이라는 구조적 한계를 가진다. 즉, 대부분의 대규모 도시정보화 사업이 중앙정부를 중심으로 하향식 정책을 통해 추진되다 보니 중앙에의 의존도가 높아지고, 지역의 자체 혁신역량은 더욱 축적되기 어려운 구조를 형성하게 되는 것이다

(김석주, 2013: 178). 반면, 중앙정부 주도로 이루어지는 행정정보화 중심의 하향식 도시정보화는 예산과 인력의 효율성 측면에서 표준시스템을 개발하여 지방자치단체에 보급하는 방식을 채택한 결과라고 할 수 있다(양순애, 2013: 81). 이것은 국가 중심의 획일화된 서비스 제공에 따라 정작 주민수요에는 둔감한 정책환경을 형성하는 요인이 된다. 따라서 중앙정부 주도로 이루어지는 도시정보화는 지역의 특색을 제대로 반영하지 못하거나 사업을 중복적으로 추진하거나 특정 사안에만 국한되는 일회성 사업구조를 형성할 수 있다. 이러한 중앙정부 중심의 하향식(top-down) 도시정보화 추진은 중복적 · 일회적 사업을 양산하고, 자원의 낭비와 비체계적이고 비효율적인 사업운영의 원인으로 지목되고 있다(이자성, 2007: 9). 이러한 관점에서 향후 도시정보화의 추진은 중앙정부 중심의 정보화에서 탈피하여 지방정부의 책임 하에 도시정보화의 목적을 달성할 수 있는 추진체계로의 전환이 요구된다. 이를 위한 구체적인 대안으로 지역주민과 도시정부가 정보화와 지역의 디지털 혁신 정책 및 사업을 직접 기획하고 선정할 수 있도록 해야 하며, 이를 반영한 사업계획을 중앙정부가 행정적 · 재정적으로 지원하는 방식으로 전환하게 된다면 사업을 구상하고 이를 시행하기 위한 행정적 · 재정적 기반이 약한 지역에서도 정책을 추진하는 것이 가능할 것이다.

2) 지역수요를 반영하는 중앙 및 지방정부 협업의 거버넌스 체계 구축

현대 사회는 정보통신기술의 발달과 함께 과학적 의사결정을 위한 데이터의 가치가 지속적으로 증가하고 있다. 현재 중앙정부 차원에서는 데이터를 활용한 다양한 정책이 개발되고 있으나, 도시정부 차원의 데이터 활용은 다양한 한계가 존재한다. 즉, 도시정부에서도 데이터를 활용한 정책과 주민서비스가 활발히 개발되고 수요가 점차 증대하고 있으나, 이용 및 활용에 다음과 같은 어려움이 존재한다. 첫째, 중앙정부가 보유한 데이터를 활용하고자 하는 경우 개인정보보호를 이유로 또는 데이터 표준 및 시스템 미비로 인하여 데이터를 제공받지 못하는 상황이 있다. 둘째, 정부가 보유한 대부분의 데이터는 관리 권한이 중앙정부에 귀속되어 있어서 도시 및 지방정부는 지역주민과 관련된 데이터를 이용 및 활용을 위해서는 중앙정부의 허락을 받아야 하는 상황이 전개된다. 셋째, 데이터 이용 및 활용에 대한 제도적 · 법적 근거가 미비하여 도시정부 및 광역시 등 지방자치단체 간의 데이터 제공, 공유 등이 원활하지 못한다는 한계가 존재한다. 넷째, 도시정부가 보유 및 관리하고 있는 데이터임에도 도시정부의 분석 능력이 부족하여 직접 활용이 불가능한 경우도 많다(한국지역정보개발원, 2017: 13-17).

도시정부의 데이터 이용 및 활용을 위한 대안은 다음과 같다. 첫째, 데이터의 적극적 활용을 위하여 도시 및 지역의 데이터에 대한 활용 근거를 명시한 법제도 방안의 마련이 필요하다. 중앙정부 및 지역 간 데이터의 원활한 활용, 데이터 표준 및 시스템 개발 등 데이터 활용 환경의 인프라 조성, 개인정보보호 이슈의 해결과 합리적 보호방안의 마련 등 현재 데이터 활용의 제한사항은 제도적으로 해결할 수밖에 없는 상황이기 때문이다. 둘째, 중앙정부 및 다른 지역이 보유하고 있는 데이터에 대한 활용 권한뿐만 아니라 지방자치단체 스스로 다양한 데이터를 활용하고 분석하기 위해 민간데이터 구매 및 민간기술 협력 등이 가능하도록 제도적 기반을 마련할 수 있어야 한다. 셋째, 일부 도시정부의 정보화 조직은 사회적 요구에 비해 상대적으로 새로운 기술을 도입, 학습하거나 정책 아이디어를 개발할 인적·재정적·시간적 여유가 없다는 현실적 문제가 있다. 이러한 현실을 외면하고 중앙정부가 새로운 정보화 기술의 활용방안, 예산 등에 대한 지원 없이 일률적으로 지방정부에 새로운 정보통신기술의 도입과 이를 활용한 서비스 혁신을 요구하고 있는 현상은 도시정부에 큰 부담으로 작용할 수밖에 없다.

이러한 도시정부의 데이터 이용 및 활용을 위한 기본적인 해결방안은 거버넌스 체계의 혁신을 통해 중앙정부와 지방자치단체, 지역주민, 사업자, 전문가 등이 실질적으로 소통하고, 지역의 수요를 반영할 수 있는 소통체계를 통해서 해결해 나갈 수 있는 소통통로를 만들어야 할 것이다.

3) 도시주민의 수요를 반영한 도시정보화 추진

도시정보화정책은 지역주민과 지방자치단체의 협의를 통해 도시정부가 주도적으로 정보화를 도모하여 과학적 행정을 통해 행정의 효율성과 신뢰성을 제고하고 주민서비스 체계에 관한 지역정부의 책임성을 강화하는 방식으로 추진되어야 한다. 이를 위해서 도시정보화는 중앙정부와 지방정부라는 대치 개념이 아니라, 주민들의 삶의 터전인 지역에서 정보화 기술을 적극적으로 활용하여 주민 삶의 질을 제고하고, 지역 발전을 추구하는 다양한 정책활동이라고 이해할 수 있어야 한다.

특히, 문재인 정부는 정책 과정에서 국민 참여를 수요자 지향적인 정책개발에 대한 필요성을 언급하고 국민이 각종 생활현장에 직접 참여하고 결정하는 국민 중심 민주주의로의 전환을 요구하고 있다. 이러한 시점에서 도시정보화정책에서도 도시주민의 수요를 반영하고 지역경제 발전에 기반이 될 수 있는 도시정보화를 지향하는 것이 필요하다.

이를 위해 도시정부 중심의 실질적인 도시정보화 추진이 가능하도록 제도적 개선이 필요한데, 이는 지방분권의 핵심적인 가치인 지방자치의 구현과도 연계된 중요한 사안이라고 할 수 있다. 이것은 기존의 중앙정부에 집중된 정치 · 경제 · 사회 · 문화적 현상들을 지방에서 활성화할 수 있는 기회를 제공할 뿐만 아니라 이를 통해 사회 전반의 다양성과 효율성을 제고하고 사회통합에 기여할 수 있기 때문이다(김남철, 2002: 6).

참고문헌

강대기(1992). 『현대도시론』. 서울: 민음사.

김석주(2002). 우리나라 전자정부사업의 추진방향과 과제. 『사이버커뮤니케이션학보』, (10): 225-247.

김석주(2013). 지역정보화사업의 체계적 추진 및 활용성 강화: 지방자치단체 정보화담당관들의 인식조사를 중심으로. 『한국지역정보화학회지』, 16(2).

김석준(2013). 지역정보화 기본계획. 『한국지역정보화학회 학술발표대회 논문집』, 15-27.

노재인(2018). 지역정보화정책의 동형화(Isomorphism)에 관한 연구. 『한국지역정보화학회 학술발표대회 논문집』, 21-41.

박정은(2004). 정보화 추진과 정부 역할. 정보화 이슈 분석 04~05, 한국전산원.

방석현(1991). 『행정정보체계론』. 서울: 법문사.

스마트도시조성 및 산업진흥 등에 관한 법률 제2조 및 제3조.

양순애(2013). 지역정보화의 효율적인 추진을 위한 IT 거버넌스 발전방안. 『한국지역정보화학회지』, 16(1): 77-96.

임석회(2005). 정보기술에 의한 도시공간의 재구성: 도시 경제활동의 변화를 중심으로. 『공간과 사회』, 24: 50-84.

장정민 · 김진태(2004). 도시정보화에 관한 연구 동향의 고찰. 『동중앙아시아연구(구 한몽경상연구)』, 14: 111-127.

정진우(2019). 우리나라 지역정보화 추진현황과 개선방안에 관한 연구: 추진과정, 조직, 예산, 정책을 중심으로. 『한국지역정보화학회지』, 22(4): 65-86.

지능정보화 기본법(법률 제17344호, 2021.6.10 시행)

진상기(2017). 한국 지역정보화 추진체계 개선에 관한 연구: 지능정보사회의 지역균형발전을 중심으로. 『정보화정책』, 24(3). 한국정보화진흥원.

최병일(1996) 지역정보화 추진을 위한 정책 연구. 『한국자치행정학보』, 10: 67-96.

한국정보화진흥원(2020). 『국가정보화백서』.

한국지역정보개발원(2020). 『2019 지역정보화 백서』.

황주성 · 이경희(1997). 『지역정보화의 추진방향 및 지침수립 연구』. 정보통신정책연구원.

Berleur, J. & Drumm, J.(1990). Information Technology Assesment: Proceedings of the Fourth IFIP-TC9 International Conference on Human Choice and Computers. Amsterdam: Elsevier.

Davis, G. B. & Olson, M. H.(1985). Management Information System: Conceptual Foundations, Structure, and Development. New York: McGraw-Hill.

P·A·R·T 3

도시행정의 실제

CHAPTER

11

도시주택

전희정
(성균관대학교 행정학과 / 국정전문대학원)

제 1 절 도시주택의 개념과 속성

주택은 인간의 삶에 있어 가장 중요한 세 가지 요건인 의식주 중 하나로서 도시생활을 가능하게 하는 필수불가결한 요소이라 할 수 있다. 주택은 다차원적 성격을 가지기 때문에 그 개념을 다양하게 정의할 수 있는데, 첫째, 주택은 인간의 기본적 생활을 가능하게 하는 물리적 시설물이자 사회재(social goods)이다. 즉, 주택은 비와 바람, 추위를 피할 수 있도록 하는 은신처로서의 기본적인 역할뿐 아니라 일상생활의 기본이 되는 공간으로서 식사를 하고, 쉬거나 잠을 자는 공간으로서의 역할 및 외부의 위험으로부터 보호하는 물리적 공간으로서 누구에게나 주어져야 할 사회재의 성격을 갖는다(하성규, 2010). 둘째, 주택은 경제적 재화이다. 특히, 도시에 거주하는 가구들에 있어 주택은 개별가구들의 자산에 있어 가장 큰 비율을 차지하며 거주하는 주택 유형과 수준에 따라 개별가구의 사회경제적 지위를 나타내는 수단이 되기도 한다(Schwartz, 2021). 셋째, 주택은 다양한 서비스의 총체이다. 주택을 점유하는 것은 단순히 물리적 시설물로서 주택만을 선택하는 것이 아닌 직장 혹은 학교까지의 접근성, 주택이 위치한 지역에서 제공되는 공공서비스, 학군 및 근린시설과 같이 다양한 서비스를 함께 고려하여 선택하는 것이다(Galster, 2001). 넷째, 주택은 국가 경제의 일부분이다. 때문에 정부는 대규모 주택 건설을 통해 경기 부흥을 시도하기도 하며, 반대로 주택시장의 양상에 따라 국가의 경제가 영향을 받기도 한다(Schwartz, 2021). 실례로, 2000년대 중반에 서브프라임 모기지 사태로 인하여 미국의 경기가 쇠퇴했으며, 이는 국제화로 인하여 전 세계적인 경기침체라는 결과를 가져오기도 하였다.

이러한 주택의 개념 이외에도 주택은 다양한 속성을 가지고 있다. 첫째, 주택은 내구성이 강한 재화이다. 즉, 주택은 한 번 건설되면 수십 년 간 사용되기 때문에 지속적인 관리가 필요한 재화이다. 이 때문에 주택은 근린효과(neighborhood effect)를 야기하기도 한다. 주택의 내구성으로 인하여 수십 년 간 사용될 수 있지만 지속적인 관리가 이루어지지 않는다면 인접 지역의 주택들에 대해서도 부정적으로 영향을 미쳐 관리가 소홀하게 되고, 결국은 근린 전체의 쇠퇴를 가져올 수 있다. 둘째, 주택은 공급에 있어 비탄력적이다. 주택은 타 상품에 비해 생산기간이 길기 때문에 수요가 증가하더라도 공급이 즉각적으로 이루어지지 않는다는 특성을 가지고 있다. 셋째, 주택은 위치가 고정되어 있다. 서구의 모바일 홈의 경우 이동이 가능하기도 하지만, 대부분의 주택은 위치가 고정되어 있어 광역주택시장 내에서 주택을 선택함에 있어 주택의 입지는 매우 중요한 고려사항이 되며, 주택의 가치도 또한 주택의 입지에 따라 편차가 크게 된다(하성규, 2010). 넷째, 주택은 커뮤니티의 특성을 형성한다. 오피스텔이 많이 모여 있는 지역의 경우 1인 가구와 청년세대들이 거주할 가능성이 높으며, 반대로 중소형 아파트가 밀집해 있는 지역의 경우 자녀가 있는 혼인 가구들의 비율이 높다. 다섯째, 주거지역은 도시토지이용의 주요 유형으로 대부분의 도시문제와 밀접하게 연관된다. 신도시와 같이 대규모의 주거지가 개발되는 경우 환경파괴, 교통체증, 기반시설 부족 등의 문제가 발생하는 것이 그 예라고 할 수 있다.

이러한 주택의 다차원적 개념과 속성 때문에 주택문제는 단순히 주택 내·외부의 물리적 시설 수준에서만 접근하기는 어렵다. 특히, 인구밀도가 높은 도시 내에서의 주택문제와 관련하여 주택에 거주하는 가구의 특성과 하나의 집합체로서 주택을 둘러싼 물리적, 사회경제적 환경뿐 아니라 보다 거시적인 정치적, 경제적, 문화적 환경까지도 고려하는 종합적인 접근법이 필요하다.

제 2 절 도시주택문제 유형

1. 주택의 양적 부족문제

도시화 수준의 지속적인 상승으로 인하여 2019년 현재 한국의 도시화율은 90% 이상을 넘어섰다[1](e-나라지표, 2021). 한국에서의 도시화는 1960~1970년대의 가속화 단계를 거치면서 서울 지역을 중심으로 이루어졌다. 미국, 영국 등의 선진국과 마찬가지로 이러한 급속한 도시화로 인하여 다양한 도시문제가 발생을 했고, 이 가운데 특히 주택의 부족문제가 심각했다. 주택의 양적 부족문제는 보통 주택보급률을 통해 판단할 수 있는데, 이러한 주택보급률은 가구수에 대한 주택수의 비율이다.

1) 도시화율의 측정 기준은 다음의 두 가지를 혼용하고 사용하고 있는데, 용도지역상 도시 지역에 거주하는 인구비율과 행정구역 도시기준인 읍·동에 거주하는 인구비율 모두 전체 인구의 90% 이상 차지한다.

주택보급률 = (주택수 ÷ 가구수) × 100

서울시의 경우 [그림 11-1]에서와 같이 인구가 급격히 증가한 1960년대에는 주택보급률이 50% 미만까지 하락하여 주택의 양적 부족문제가 심각했음을 알 수 있다. 앞서 논의한 바와 같이 주택은 공급에 있어 비탄력적이라는 특성 때문에 생산 과정이 장기적이고, 이 때문에 도시화와 수도권으로 급속한 인구 집중에 따른 주택의 심각한 부족문제는 장기간 지속되었다. 이에 정부는 1980년대를 시작으로 도시문제 해결에 있어 주택공급을 최우선의 목표로 설정하여 대규모의 택지개발과 신도시 개발을 실행해 왔고, 이러한 노력으로 인하여 서울 지역의 주택보급률은 1990년대 이후 크게 증가하였다. 또한 [그림 11-2]에서와 같이 2019년 현재 전국의 주택보급률은 100%를 초과하였고, 수도권 전체와 서울 지역 또한 100%에 가까운 주택보급률을 보인다. 즉, 1990년대 이후 한국에서 주택의 극심한 양적 부족문제는 해결되었다고 판단할 수 있다.

그림 11-1 서울시 주택보급률[2)]

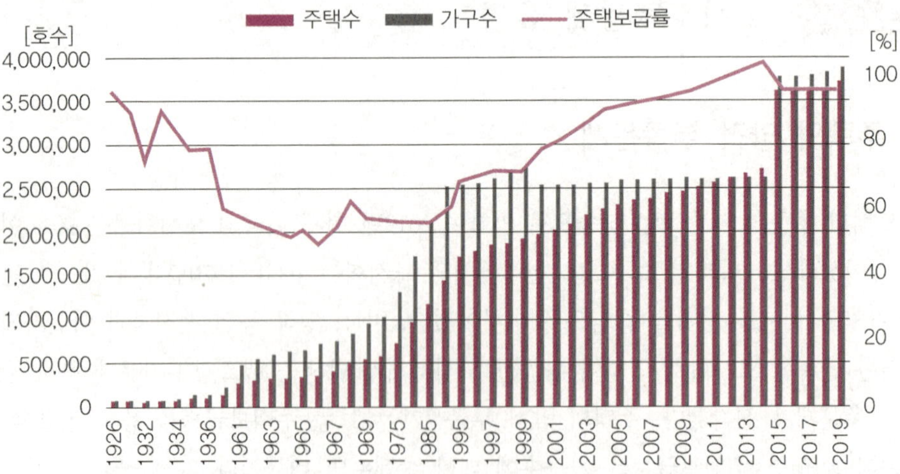

자료: 서울특별시.

2) 2015년부터 가구수에 비혈연가구와 1인 가구를 포함하고 주택수에 다가구 구분 거처를 반영하는 주택보급률 신산정방식이 적용되었다.

그림 11-2 지역별 주택보급률

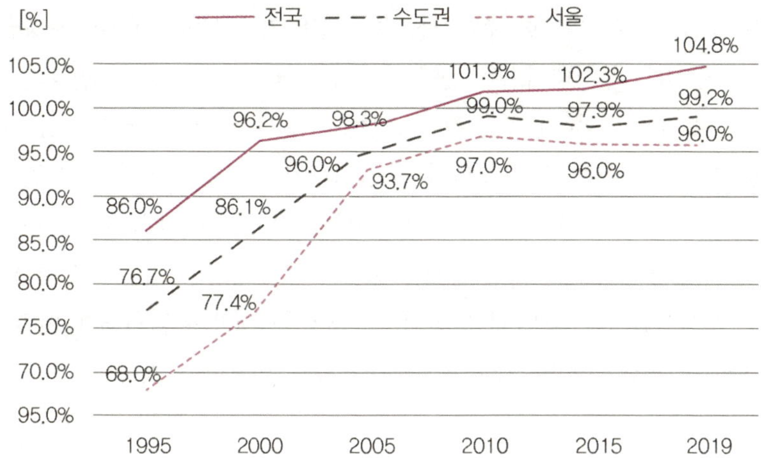

자료: 국토교통부.

2. 주택의 질적 수준문제

급속한 도시화는 양적 측면에서의 주택 부족문제뿐 아니라 질적인 측면에서 수많은 불량주택을 양산하였다. 1960~1970년대 도시 지역에서의 주택의 심각한 공급 부족문제로 인하여 주거수준이 열악한 무허가 판자촌에 거주하는 가구들이 급증하였으며, 적절한 거주지를 찾지 못한 도시빈민층은 달동네로 불리는 산등성이나 산비탈에 집단거주지를 형성하였다. 서울시의 경우 도시미관을 개선하여 1986년 아시안 게임과 1988년 서울올림픽을 개최하기 위해 1980년대 초반을 시작으로 봉천동, 상계동, 미아동, 정릉, 금호동 등 판잣집이 밀집한 달동네들에 대한 대대적인 불량주택정비사업을 시행하였다. 즉, 재개발 목적으로 판자촌과 달동네의 불량주택들이 철거된 것이다. 하지만, 이러한 불량주택에 거주하던 저소득층에 대한 적절한 주거대책이 없이 철거 및 재개발이 시작되어, 이러한 도시빈민층은 쪽방, 주거용 비닐하우스 등의 열악한 시설로 밀려나게 되었고, 결국은 또 다른 불량주택 밀집지역을 형성하게 되었다.

2000년 주택의 질적 수준 향상을 위하여 최저주거기준 제도를 도입하였음에도 불구하고, 전국적으로는 2019년 현재 총가구의 5.3%가 최저주거기준 미달하는 주택에 거주하고 있다. 현재 열악한 주거수준의 대표적인 주택 유형으로서 쪽방, 주거용 비닐하우스, 고시원 등을 꼽을 수 있다. 먼저, 쪽방은 도심지의 상업지역과 경공업지역에 주로 위치하며, 1평 정도의 매우 작은 크기의 주거 형태로서 제대로 된 부엌이 갖춰져 있지 않고 개별화장실이 없는 열악한 주거시설이다. 쪽방 거주자들은 대부분 보증금 없이 월세를 내며 월세 비용이 상대적으로 높아 주거비 부담이 높은 것으로 알려져 있다(하성규 외, 2012). 주거용 비닐하우스의 경우 농업을 위한 비닐하우스에 거주공간을 마련한 주거시설로 재개발로 인해 밀려나 도심 빈곤 가구가 주로 거주한다. 고시원 또한 주거시설이 매우 열악한데, 창문이 매우 작거나 아예 없고 침대와 책상이 간신히 들어갈 수 있는 공간인 경우가 대부분이다. 고시원은 원래는 고시 공부를 하던 학생들을 대상으로 제공되었던 시설이었지만, 1997년 외환위기 이후 국가경제가 악화됨에 따라 보증금을 감당하기 어려운 도심지 빈곤 가구들의 거주시설로 변모하여 왔다.

3. 주택의 비용문제

주택의 양적 및 질적 측면의 문제와 더불어 주택의 비용문제도 대표적인 도시주택문제라고 할 수 있다. 특히, 수도권으로의 인구 집중으로 인하여 주택수요는 지속적으로 상승해 왔고, 이로 인하여 수도권과 비수도권 간 주택가격의 격차는 증가해 왔다. 이와 더불어 우리나라의 독특한 임대 유형이라고 할 수 있는 전세주택에서 월세주택으로 전환은 부가적인 주거비용 상승을 가져왔다. 본래 전세보증금은 평균적으로 주택가격의 40~50%로서 계약 기간 시작 시 임차인이 임대인에게 보증금을 지불하고, 임차인은 월별로 지불하는 부가적인 임대료 없이 거주할 수 있어 우리나라 가구들의 주거안정에 기여하는 바가 컸다. 임대인의 경우 이자율이 높던 시기에는 전세보증금에 대한 이자수입을 얻을 수 있었다. 그러나 현재는 임대인에 대하여 전세보증금과 주택가격 간 차액만 지불하고 주택을 구입할 수 있다는 장점 이외에는 지속적으로 낮은 이자율로 인해, 그 매력도가 떨어져 기존에 전세주택의 많은 물량이 월세주택으로 전환되었고, 전세보증금마저도 주택가격의 60% 이상으로 증가해 주거비 부담이 높아진 실정이다. 부가적으로 우리나라 1인 가구의 비율이 급격히 증가하였는데, 특히 도시 지역에서 2인 이상의 가구에 비해 1인이 지불해야 하는 주거비용이 상대적으로 커서 1인 가구들은 주거환경이 열악한 곳을 선택하거나 주거비 이외의 비용을 줄여서 삶의 질이 하락하는 결과를 가져오기도 한다.

이렇듯 도시 지역에서 주거비 부담이 증가함에 따라 주거비 부담능력, 주거비 과부담 가구, 부담가능 주택 등에 대한 관심이 높아져 왔다. 주거비 부담능력이란 소득에 대비하여 상대적으로 부담 가능한 주거비 비율로서 개별가구의 소득 대비 주거비의 비율이다. 이때 소득 대비 일정 수준 이상 주거비를 과하게 부담하는 가구를 주거비 과부담 가구로서 정의하고, 소득 대비 일정 수준 이하의 주거비로 거주할 수 있는 주택을 부담가능 주택으로서 정의한다.

주거비 부담능력은 임차 및 자가점유가구 모두에게 적용되는 개념으로서, 가장 일반적으로 사용되는 기준은 RIR(rent-to-income ratio)과 PIR(house price-to-income ratio)이다. RIR의 경우 임차가구에 대해 적용되는 기준으로서 일반적으로는 공공서비스 요금, 관리비, 임대료를 합친 총주거비용이 월가구소득 대비 보통 30% 이상인 경우 주거비 과부담 가구로서 분류된다.[3] PIR의 경우 자가점유가구에 대해 주거비 부담수준을 평가하는 기준으로서 가구 연소득 대비 주택가격의 비율로서 계산한다. 보통 PIR 비율이 4배가 넘으면 주거비 과부담 가구로서 분류된다.

월소득 대비 주택임대료 비율(RIR) = (월임대료 ÷ 월가구소득) × 100

연소득 대비 주택가격(PIR) = 주택가격 ÷ 연 소득

임차가구의 경우 [그림 11-3]과 [그림 11-4]에서와 같이 주거비 부담수준은 수도권과 저소득층에서 상대적으로 높다. 자가점유가구의 경우 또한 [그림 11-5]와 [그림 11-6]에서와 같이 수도권과 저소득층 가구에서 그 비율이 상대적으로 높다.

3) 우리나라의 경우 RIR을 사용하여 주거비 부담능력을 측정하는 미국 같은 국가에 비해서 월세보증금이 상대적으로 높으며, 전세제도와 같이 계약 시작 시 보증금만 지불하는 독특한 형태의 임차 유형이 존재한다. 때문에 보통 RIR 계산 시 보증금을 이자율이나 전・월세 전환율 등을 활용하여 월세로 환산하여 주거비 부담수준을 측정한다.

그림 11-3 지역별 임차가구의 주거비 부담수준

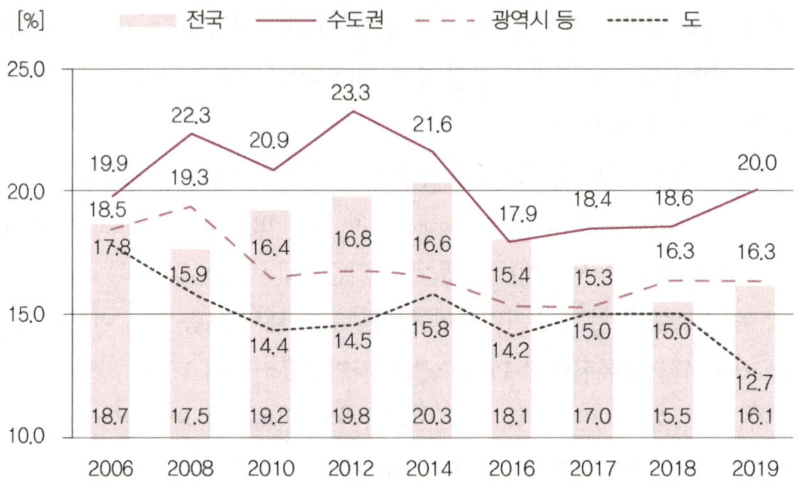

자료: 국토교통부.

그림 11-4 소득별 임차가구의 주거비 부담수준

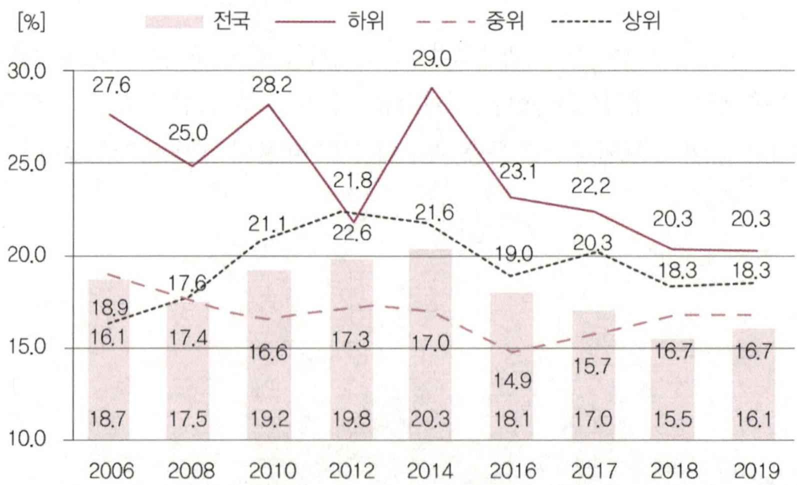

자료: 국토교통부.

그림 11-5 지역별 자가점유가구의 주거비 부담수준

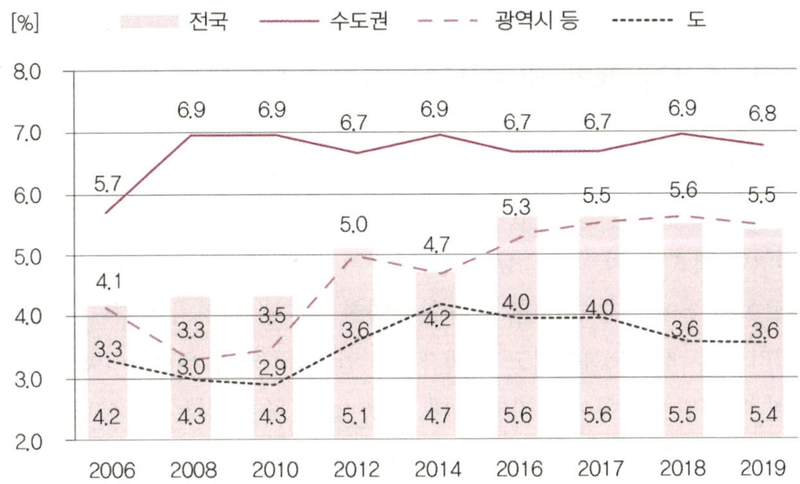

자료: 국토교통부.

그림 11-6 소득별 자가점유가구의 주거비 부담수준

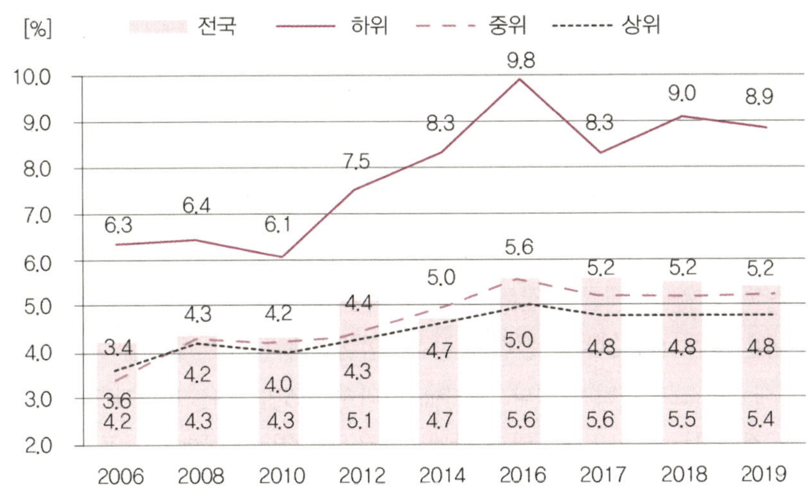

자료: 국토교통부.

제 3 절 도시주택문제에 대한 대책

1. 대규모 주거지 개발 및 신도시 개발

1960~1970년대의 급속한 도시화로 인한 주택 부족문제를 해결하기 위하여 정부는 대규모의 주거지 개발을 시도하였다. 서울 지역에서는 1980년 당시 서울의 외곽지역으로 분류되었던 개포, 고덕, 목동, 상계, 중계, 수서 지역에서 택지개발을 통해 대규모 신규주택공급이 이루어졌다. 하지만, 서울을 포함한 수도권 지역의 주택난은 지속되었고, 정부는 이러한 주택난을 해결하고 주택가격을 안정화시키기 위하여 1988년 '주택 2백만 호 건설' 계획을 발표하여 경기지역 내 분당, 일산, 중동, 산본, 평촌의 5개 신도시를 1990년대까지 건설하였다. 이러한 1기 신도시의 건설과 함께 수도권 내 주택보급률을 상승하였으며, 극심한 수도권 주택난 해결에 기여를 한 것으로 평가받는다. 이후 수도권 지역으로 지속적인 인구 집중과 아파트 선호도의 상승에 따라 2000년대에는 성남 판교, 화성 동탄 1, 2, 김포 한강, 파주 운정, 수원 광교, 양주 옥정, 송파 위례, 평택 고덕, 인천 검단의 12개의 2기 신도시가 건설되었고, 2010년대 후반에 남양주 왕숙, 하남 교산, 인천 계양, 고양 창릉, 부천 대장 3기 신도시 개발계획이 발표되었다.

2. 공공임대주택 공급

공공임대주택은 주거안정을 위하여 공공이 지원하는 임대주택으로서 도시에 거주하는 저소득층들에게 부담 가능한 양질의 주택을 공급한다는 측면에서 주택에 대한 양적, 질적, 비용적 측면의 문제를 해결하는 데 그 역할이 매우 크다. '공공주택 특별법'상 공공임대주택은 크게 신규건설을 통한 공공건설임대주택과 기존 주택을 매입하여 임대하는 매입임대주택으로 나눠져 있다. 기간에 따라서는 5년 혹은 10년과 같이 일정 기간 이후 분양 전환되는 공공임대주택과 장기적으로 거주가 가능한 장기공공임대주택으로도 나눌 수 있다. 저소득층의 주거안정에 기여하는 바가 높은 것으로 알려진 장기공공임대주택의 재고는 2020년 현재 약 170만 호이며, 이러한 재고율은 OECD 평균인 8% 수준이다(e-나라지표, 2021).

한국에서는 정부에 따라 새로운 공공임대주택 제도를 도입해 왔고, 그 결과 공공임대주택의 종류가 다른 국가에 비해 매우 다양하다. 한국에서의 공공임대주택은 노태우 정부에서 발표한 주택 2백만 호 계획의 일환으로 1989년 도입된 190,000호의 영구임대주택과 함께 본격적으로 시작되었다고 할 수 있다. 영구임대주택은 저소득층이 거주자격을 유지하는 한 영구적으로 거주할 수 있는 공공임대주택으로 소득수준 1분위의 소득수준이 가장 낮은 집단을 주요 거주대상으로 한다. 이후 1993년 김영삼 정부에서는 영구임대주택 공급에 대한 예산상의 한계로 인하여 최장 50년까지 임대가 가능한 50년 임대(공공임대)주택이 도입되었다. 50년 임대주택의 경우 영구임대주택에 거주하는 가구들에 비해서 소득수준이 상대적으로 높으며, 주로 재개발로 인해 기존 거주지에서 퇴거당한 도시 빈민과 무주택 장애인 가구들 대상으로 한다. 김대중 정부에서는 외환위기로 이후 저소득층의 주거안정을 위한 국민임대주택을 도입하였는데, 국민임대주택의 경우 지역 중위소득의 70% 이하에 해당하는 가구들이 대하여 최장 30년까지 거주할 수 있도록 한다. 이 기간에 국민임대주택 이외에도 5년 이후 분양전환되는 5년형 분양전환임대주택(공공임대)도 도입되었다. 노무현 정부에서는 10년형 분양전환 임대주택 이외에도 매입임대주택을 공급하였는데, 이는 건설형 공공임대주택에 대한 대안으로서 민간주택시장 내 다가구주택 형태의 기존 주택을 매입하여 저렴하게 임대하며 도심권에 대한 접근성이 상대적으로 높다. 또한 기존 주택에 전세 계약을 체결하여 저렴하게 임대하는 전세 임대주택도 공급되었다. 이명박 정부의 대표적인 공공주택은 보금자리주택으로서 임대주택과 분양주택으로 구분된다. 하지만, 직장이 밀집한 지역과 원거리에 위치하고 분양 위주로 공급되어 소수만이 혜택을 누릴 수 있다는 비판 하에 2013년 이후 신규보금자리 주택 지정은 이루어지지 않고 있다. 같은 기간 내 서울시를 중심으로 장기전세제도가 도입되었는데, 한때 SHift라고 불리던 장기전세주택은 주변 시세보다 저렴하게 장기간 거주할 수 있도록 전세 기간을 보장한다. 박근혜 정부에서는 보금자리주택과는 차별적 특성을 가지는 행복주택이 등장하였는데, 행복주택은 도심권의 유휴지를 활용하여 대학생, 사회초년생, 신혼가구, 노인을 대상으로 제공하는 소규모의 지역밀착형 공공임대주택의 유형이다. 문재인 정부에서는 새로운 유형의 공공임대주택을 도입하기보다는 행복주택을 보다 확대하여 공급하는 정책을 실행해 왔다. [표 11-1]은 대표적인 공공임대주택의 유형과 각 유형별 임대기간 및 규모 등의 특징을 나타낸다.

표 11-1 공공임대주택의 주요 유형별 특징

구 분	영구임대	국민임대	장기전세	공공임대 (5년/10년/분납)	행복주택
① 임대기간	50년	30년	30년	5년/10년	30년 (입주 계층에 따라 거주 기간 상이)
② 공급조건	보증금 + 임대료 (시세 30%)	보증금 + 임대료 (시세 60~80%)	전세금 (시세 80%)	보증금 + 임대료 (시세 90%)	보증금 + 임대료 (시세 60~80%)
③ 공급 규모	40m² 이하	85m² 이하 통상(60m² 이하)	85m² 이하 통상(60m² 이하)	85m² 이하	60m² 이하
④ 공급대상	생계급여 또는 의료급여 수급자 등	무주택세대 구성원	무주택세대 구성원	무주택세대 구성원	무주택세대 구성원/ 무주택자
	[소득 1분위]	[소득 2~4분위]	[소득 3~4분위]	[소득 3~5분위]	[소득 2~5분위]

자료: 마이홈(2021).

3. 도시재개발

도시 외곽지역에서의 택지개발 및 신도시 건설과 달리 기개발지역에서 노후/불량주택의 질적인 수준 향상을 도모하면서 도심지 내에서 신규주택을 공급하기 위한 방법이 도시재개발사업이다. 급속한 도시화 속에 양산된 많은 불량주택 밀집지역에 재개발방식은 초기에는 불량무허가 주택을 철거하고 거주자들을 도시 외곽지역으로 이주시키는 방식이었다. 하지만, 이러한 방식은 불량촌을 외곽지역을 확산시키고 또 다른 재개발 대상지역을 양산하였다(하성규, 2010). 1983년 이후 불량주택에 대한 재개발은 합동재개발방식으로 변화되었다. 합동재개발은 재개발지역 주택과 토지소유자들이 조합을 형성하여 민간건설업체와 함께 합동으로 재개발을 추진하는 방식이다. 이때 민간건설업체는 재개발사업 구역의 노후주택을 전면철거하고 고층아파트를 건설하여 주택 및 토지소유자들에게 추가 부담금 없이 신규주택을 공급하고 잔여가구분을 일반분양하여 사업비를 회수하였다. 합동재개발은 노후지역을 개선하고 주택의 양적 공급을 늘린다는 데 장점이 있지만, 세입자들의 경우 이들에 대한 거주대책이 부재하여 정착이 제대로 이루어지지 못했다는 문제점을 갖고 있다. 주거환경개선사업은 합동재개발방식과 같이 전면철거방식의 대규모 정비사업을 문제점을 개선하고자 도입되었는데, 이는 기존 주거지역에 대한 보존과 정비를 병행하고자 1989년 이후 진행된 보다 점진적 재개발방식이다.

현재 도시 및 주거환경정비법에 따르면, 주거환경이 불량하고 노후주택이 밀집되어 있는 지역을 계획적으로 정비하기 위한 사업으로 주거환경개선사업, 재개발사업, 재건축사업을 포함하고 있다. [표 11-2]에서와 같이 주거환경개선사업 지역은 주거환경과 기반시설이 열악한 단독주택 및 다세대주택 밀집지역에서 기반시설을 정비하고 노후불량주택을 개량하는 사업이다. 재개발사업 또한 주거환경과 기반시설이 열악한 단독주택 및 다세대주택 밀집지역에서 이루어지나 주거환경개선사업 지역에 비해 대규모의 정비사업이며, 보통 재개발사업 후 아파트 단지가 들어서게 된다. 재건축사업의 경우 기반시설은 양호하나 노후화된 공동주택이 밀집한 지역을 정비하기 위한 사업으로 보통 아파트 단지들에 대하여 재건축사업이 이루어진다.

표 11-2 도시 및 주거환경정비법상 정비사업의 종류

사업명	정 의
주거환경개선사업	• 도시 내 저소득 주민이 집단거주하는 지역을 중심으로 정비기반시설이 극히 열악하거나 노후 · 불량건축물이 과도하게 밀집한 지역에서의 주거환경을 개선하는 사업 • 단독주택 및 다세대주택 밀집 지역에서 정비기반시설과 공동이용시설 확충을 통해 주거환경을 보전 · 정비 · 개량하기 위한 사업
재개발사업	• 정비기반시설이 열악하고 노후 · 불량건축물이 밀집한 지역의 주거환경을 개선하는 사업 • 상업 · 공업지역 등에서 도시기능의 회복 및 상권 활성화 등을 위하여 도시환경을 개선하기 위한 사업
재건축사업	• 정비기반시설은 양호하나 노후 · 불량건축물에 해당하는 공동주택이 밀집한 지역에서 주거환경을 개선하기 위한 사업

자료: 도시 및 주거환경정비법.

4. 최저주거기준의 도입

주택보급률이 100%에 도달하면서 심각한 주택 부족문제는 전국으로나 도시 지역에서도 해결이 되면서 주택의 질적인 수준에 대한 관심이 증대되어 왔다. 주택의 양적 부족문제의 완화에도 불구하고 많은 가구들이 쪽방, 비닐하우스, 고시원 등의 열악한 비주택시설뿐 아니라 최소 주거면적이나 시설을 만족하지 못하는 주택에서 거주해 왔다.

열악한 주거수준이 건강과 학업성취도 등에 부정적인 영향을 미친다는 선행연구들(김승연 외, 2013; 임승학 · 장희순, 2017; 김광혁 · 신다은, 2013; 임세희 · 이봉주, 2009)은 주거수준의 개선을 위해 정부의 적극적인 지원이 필요함을 시사한다. 이러한 주택의 질적 문제를 개선하고자 정부는 2000년 최저주거기준을 도입하여 주거수준의 개선을 도모하고자 하였다. [표 11-3]은 2011년 개정된 주택법에 따른 최저주거기준에 따른 가구구성별 최소주거면적 및 용도별 방의 개수를 나타낸다.

표 11-3 가구구성별 최소주거면적 및 용도별 방의 개수

가구원수(인)	표준 가구구성[1]	실(방) 구성[2]	총주거면적(m^2)
1	1인 가구	1 K	14
2	부부	1 DK	26
3	부부 + 자녀1	2 DK	36
4	부부 + 자녀2	3 DK	43
5	부부 + 자녀3	3 DK	46
6	노부모 + 부부 + 자녀2	4 DK	55

주: 1) 3인 가구의 자녀 1인은 6세 이상 기준
4인 가구의 자녀 2인은 8세 이상 자녀(남1, 여1) 기준
5인 가구의 자녀 3인은 8세 이상 자녀(남2, 여1 또는 남1, 여2) 기준
6인 가구의 자녀 2인은 8세 이상 자녀(남1, 여1) 기준
2) K는 부엌, DK는 식사실 겸 부엌을 의미하며, 숫자는 침실(거실 겸용 포함) 또는 침실로 활용이 가능한 방의 수를 말한다.
3) 비고: 방의 개수 설정을 위한 침실분리원칙은 다음 각호의 기준을 따름
1. 부부는 동일한 침실 사용
2. 만 6세 이상 자녀는 부모와 분리
3. 만 8세 이상의 이성 자녀는 상호 분리
4. 노부모는 별도 침실 사용

자료: 주택법.

[그림 11-7]에서와 같이 최저주거기준의 도입으로 최저주거기준에 미달하는 가구의 수는 개선되어왔는데, 최저주거기준 미달 가구 비율은 2006년 16.6%에서 2019년 5.3%로 크게 감소하였다. 이러한 감소 폭에도 불구하고 최저주거기준 미달 가구의 비율은 수도권에서 6.7%로 다른 지역에 비해 상대적으로 높은 수준을 보인다.

그림 11-7 최저주거기준 미달 가구 비율

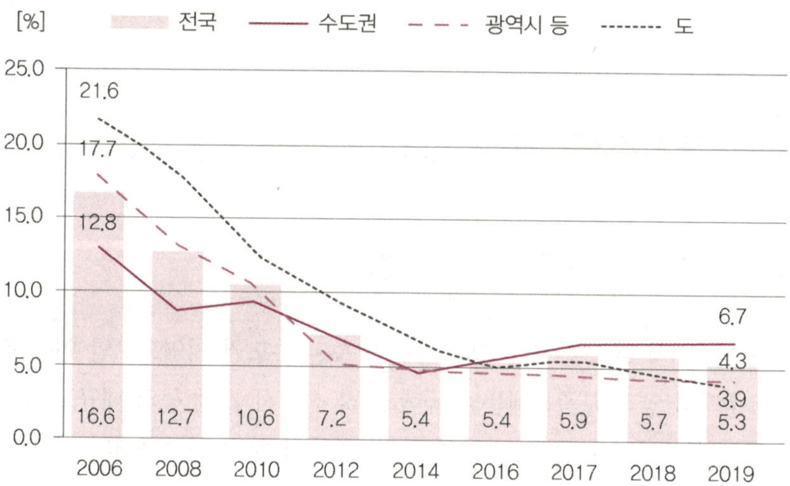

자료: 국토교통부.

5. 주거비 부담 완화를 위한 정책

주거비 부담 완화를 위하여 공공임대주택의 확대 이외에 분양가 상한제, 전월세 상한제, 다주택자 규제 등도 도입되어 왔다. 우선, 분양가 상한제의 경우 신규주택의 분양가격을 일정 수준 이하로 설정하는 제도로서 무주택 가구들에 대한 주거비용을 낮추기 위함이다. 한국에서 분양가 상한제는 1970년대 처음 도입되어 폐지와 부활을 거듭하였고, 2019년 이후 공공택지 이외의 민간택지에 대해서도 적용되고 있다. 현재 분양가 상한제는 공공택지 내 공동주택의 경우 의무 적용되며, 민간택지의 경우 주택가격 상승률이 높은 지역에 대하여 주거정책심의위원회 심의를 거쳐 국토교통부 장관이 지정하는 지역의 공동주택에 적용한다.

전월세 상한제의 경우 임차인에 대한 주거비 부담을 경감을 위해 도입된 정책으로서 2020년 '주택임대차보호법 개정안'에 따라 임차인이 희망하는 경우 1회 계약갱신을 청구할 수 있는 권리와 함께 임대료 인상 상한을 5%로 제한하는 정책이다.

다주택자에 대한 규제는 투기수요를 억제하여 주택시장을 안정화시키기 위하여 도입되었다. 대표적으로 종합부동산세와 양도세에 대한 중과세율 인상을 통해 부동산 세제를 강화한다. 이외에도 다주택자에 대한 주택담보대출 규제를 강화하여 주택을 투기를 억제하고 주택가격을 안정화하기 위한 목적이다.

제 4 절 도시주택정책의 방향

1. 주택공급에서 주거복지로의 전환

1960~1970년대의 급속한 도시화와 이후 지속된 수도권 지역으로의 인구 집중에 의해 발생한 주택의 양적 부족문제는 신규택지 및 신도시 개발 등의 대규모 주거지 개발과 함께 완화되는 양상을 보였다. 한편, 이런 주택의 양적 부족문제의 완화와 함께 새로운 주택문제가 제기되었다. 이는 주택의 질적인 측면에서 최저주거기준에 미달하는 가구들에 관심과 주택에 거주하는 개별가구의 소득에 따라 상대적으로 달라지는 주택의 부담 가능성에 대한 관심이다. 이러한 주택문제는 시기별로 공존했으나 도시화 단계에 따라 각 유형에 따른 도시주택문제의 심각성이 달라져 왔다.

이와 더불어 주택정책 내 근본적인 변화가 있었는데, 바로 2015년 주거기본법의 제정을 통한 '주거권'의 도입이다. 헌법에서는 주거권에 대하여 명확하게 규정하고 있지 않고 헌법 제35조에 따라 환경권의 하나로서 인식해 왔다. 주거기본법에 따르면, 주거권이란 '물리적, 사회적 위험으로부터 벗어나 쾌적하고 안정적인 주거환경에서 인간다운 주거생활을 할 권리'이다. 즉, 주거권은 '적적한 주거생활을 누릴 권리'인 것이다. 주거기본법의 제정은 우리나라 주택정책에서 큰 변화라고 할 수 있는데, 기존의 주택정책은 주택법을 통해 주택공급에 초점을 두었다면 주거기본법 하에서 주택정책은 주거복지로의 전환을 통해 인간의 기본권으로서 주거권을 보장하고, 이를 통해 가구들의 주거안정과 주거수준의 향상을 도모하는 것을 목적으로 한다. 이러한 변화는 주거정책의 기본원칙을 통해서도 알 수 있다. [표 11-4]에서와 같이 주거기본법은 부담 가능 주택의 공급, 수요자 중심의 주택공급, 공공임대주택의 확대, 주거수준의 향상, 주거약자에 대한 고려와 같은 기존의 주택법과 차별화하여 주거복지 향상을 위한 목표를 설정하였다.

표 11-4 주거기본법 제3조 주거정책의 기본원칙

제3조(주거정책의 기본원칙) 국가 및 지방자치단체는 제2조의 주거권을 보장하기 위하여 다음 각 호의 기본원칙에 따라 주거정책을 수립·시행하여야 한다. 〈개정 2018.12.31, 2019.4.23〉

1. 소득수준·생애주기 등에 따른 주택공급 및 주거비 지원을 통하여 국민의 주거비가 부담 가능한 수준으로 유지되도록 할 것
2. 주거복지 수요에 따른 임대주택의 우선공급 및 주거비의 우선지원을 통하여 장애인·고령자·저소득층·신혼부부·청년층·지원대상아동(「아동복지법」 제3조 제5호에 따른 지원대상아동을 말한다) 등 주거 지원이 필요한 계층(이하 "주거지원필요계층"이라 한다)의 주거수준이 향상되도록 할 것
3. 양질의 주택 건설을 촉진하고, 임대주택 공급을 확대할 것
4. 주택이 체계적이고 효율적으로 공급될 수 있도록 할 것
5. 주택이 쾌적하고 안전하게 관리될 수 있도록 할 것
6. 주거환경 정비, 노후주택 개량 등을 통하여 기존 주택에 거주하는 주민의 주거수준이 향상될 수 있도록 할 것
7. 장애인·고령자 등 주거약자가 안전하고 편리한 주거생활을 영위할 수 있도록 지원할 것
8. 저출산·고령화, 생활양식 다양화 등 장기적인 사회적·경제적 변화에 선제적으로 대응할 것
9. 주택시장이 정상적으로 기능하고 관련 주택산업이 건전하게 발전할 수 있도록 유도할 것

자료: 주거기본법.

2. 재개발에서 재생으로의 전환

우리나라 노후 주거지에 대한 주요 접근방식은 전면철거 후 아파트 단지 건설을 통한 재개발이었다. 앞서 논의한 바와 같이 전면철거를 통한 재개발은 저소득층에 대한 적절한 주거대책이 없이 이루어진 경우가 많아서 부담 가능 주택의 감소 및 저소득 세입자들의 강제 퇴거 등 많은 부작용을 양산하였다. 이러한 문제점들에 대한 지속되는 비판 속에 노후 주거지에 대한 개량과 보존에 대한 관심이 증대되어 왔으며 지역공동체 회복을 위해 2003년 '도시재생 활성화 및 지원에 관한 특별법' 제정을 통해 노후 주거지에 대한 전재개발 위주의 정책에서 재생으로의 전환이 공식화되었다.

이러한 노후 주거지에 대한 접근방식의 전환은 미국의 사례와 유사하다. 미국의 경우 제2차 세계대전 이후 성행하던 도시재개발(urban renewal)은 많은 부작용과 문제점들이 나타나면서 이에 대한 대안으로서 1970년대를 거치면서 커뮤니티 개발(community development)로의 전환이 이루어졌다. 미국의 경우 도시재개발과 커뮤니티 개발은 전면철거 재개발과 개량 및 보존이라는 측면에서 큰 차이를 보인다. 노후/불량주택 밀집지역에 대한 전면철거를 통한 재개발은 커뮤니티를 해체하고, 저소득층을 다른

지역으로 이주시켜 슬럼지역을 재생산한다는 문제점을 나타냈다. 반면, 커뮤니티 개발은 노후/불량주택의 개량 및 보존에 중점을 두고 현재의 커뮤니티의 주거환경을 개선하여 도시재개발의 문제점을 보완하고자 하였다.

도시재생 활성화 및 지원에 관한 특별법 제정 이후 전국적으로 도시재생 선도지역이 선정되어 도시재생사업이 이루어져 왔다. 도시재생사업은 현재 도시재생 뉴딜사업의 명칭 하에 이루어지고 있으며, [표 11-5]에서와 같이 주거지역을 중심으로 한 재생사업인 '주거재생형(우리동네 살리기, 주거지 지원형)'과 '일반근린형' 재생사업을 포함하고 있다. '주거재생형' 중 '우리동네 살리기'는 '주거지 지원형'에 비해 소규모 재생사업이며, '일반근린형'은 '주거지 지원형'에 비해 규모가 상대적으로 크며 준주거지역과 골목상권까지 포함하는 재생사업이다.

표 11-5 도시재생 뉴딜 사업의 유형별 특징

<table>
<tr><th rowspan="2">구 분</th><th colspan="2">주거재생형</th><th rowspan="2">일반근린형</th><th rowspan="2">중심시가지형</th><th rowspan="2">경제기반형</th></tr>
<tr><th>우리동네 살리기</th><th>주거지 지원형</th></tr>
<tr><td>법정 유형</td><td>–</td><td colspan="3">근린재생형</td><td>경제기반형</td></tr>
<tr><td>기존사업 유형</td><td>신규</td><td colspan="2">일반근린형</td><td>중심시가지형</td><td>경제기반형</td></tr>
<tr><td>사업추진·지원근거</td><td>국가균형발전 특별법</td><td colspan="4">도시재생 활성화 및 지원에 관한 특별법</td></tr>
<tr><td>활성화 계획 수립</td><td>필요시 수립</td><td colspan="4">수립 필요</td></tr>
<tr><td rowspan="2">사업 규모 (권장면적)</td><td>소규모 주거</td><td>주거</td><td>준주거, 골목상권</td><td>상업, 지역상권</td><td>산업, 지역경제</td></tr>
<tr><td>(5만m^2 이하)</td><td>(5만~10만m^2)</td><td>(10만~15만m^2)</td><td>(20만m^2 내외)</td><td>(50만m^2 내외)</td></tr>
<tr><td>국비지원 한도/집행기간</td><td>50억 원/3년</td><td>100억 원/4년</td><td>100억 원/4년</td><td>150억 원/5년</td><td>250억 원/6년</td></tr>
<tr><td>기반시설 도입</td><td>주차장, 공동이용시설 등 생활편의시설</td><td>골목길 정비, 주차장, 공동이용시설 등 생활편의시설</td><td>소규모 공공·복지·편의시설</td><td>중규모 공공·복지·편의시설</td><td>중규모 이상 공공·복지·편의시설</td></tr>
</table>

※ '우리동네 살리기'는 향후 「도시재생 활성화 및 지원에 관한 특별법」에 포함, 법정화할 계획이다.
자료: 도시재생종합정보체계.

3. 주택정책의 지방화

우리나라 도시인구 비율은 90%를 초과하였고 1인 가구의 급격한 증가와 같은 도시 주택문제는 보다 복잡하고 다양해지고 있다. 또한 수도권으로의 인구가 지속적으로 집중되면서 비수도권 지역에서 인구 감소와 고령화에 대응하기 위한 차별화된 주택정책이 필요하다. 수도권 내에서도 서울, 경기, 인천 지역 간 주택문제의 차별성으로 인하여 각 지역의 주택소요에 대응하는 지역 맞춤형 주택정책 마련이 필요하다.

우리나라에서 주택정책은 그동안 중앙정부의 강력한 주도 하에 이루어져 왔으나, 지방자치제도의 성숙과 지역별로 차별화된 주택정책의 필요에 따라 주택정책에서도 지방화 현상이 나타나고 있다. 서울시의 경우 청년 주거 취약계층 비율이 높음에 따라 대중교통 이용이 편리한 역세권에 19~39세 사이의 청년과 신혼부부들에게 '역세권 청년 주택'을 제공하고 있다. 이외에도 서울시는 '희망하우징'제도를 통해 서울 소재 대학생들에게 공공기숙사를 저렴하게 제공하고 있다. 경기도의 경우 주거비 과부담에 대응하기 위하여 대학생, 청년, 신혼부부들에게 대중교통 이용이 편리한 지역에 저렴하게 제공하는 '경기 행복주택'제도를 운영하고 있다. 특히, 신혼부부들의 경우 유자녀수에 따른 임대보증금 대출이자를 차등 지원하고, 신혼부부 육아공간을 확대하여 제공한다. 이러한 광역지방자치단체 수준의 주택정책 이외에도 기초지방자치단체 수준의 다양한 주택정책이 시도되고 있다. 수원시의 경우 2018년부터 '수원휴먼주택'제도를 운영 중인데, 다자녀가구의 주거안정을 위하여 지원되는 주택으로 4자녀 이상의 저소득가구에게 임대보증금과 임대료를 무료로 주택을 제공하고 있다. 이러한 주택정책의 지방화에 대응하기 위하여 중앙정부와 지방정부 간 긴밀한 협력관계 구축이 필요하고, 이에 따른 효과적인 역할 분담과 재원 마련이 필요하다.

참고문헌

김광혁 · 신다은(2013). 빈곤한 주거환경과 학업성취도의 관계 메커니즘: 부부 및 가족갈등과 부정적 양육행동의 매개적 작용을 중심으로. 『사회과학논총』, 28(2): 73-93.

김승연 · 김세림 · 이희재(2013). 주거환경이 건강수준에 미치는 영향. 『한국복지패널 학술대회 논문집』, 3: 177.

도시 및 주거환경정비법(law.go.kr/법령/도시및주거환경정비법).

도시재생종합정보체계(https://www.city.go.kr/index.do).

마이홈(2021). https://www.myhome.go.kr/hws/portal/cont/selectContRentalView.do#guide=RH101, 2021년 6월 접근.

임세희 · 이봉주(2009). 최저기준 미달 주거가 아동의 학업성취에 미치는 영향. 『사회복지연구』, 40(3): 243-265.

임승학 · 장희순(2017). 주거환경이 거주자 건강에 미치는 영향력 분석 연구: 환경성질환 유병률 분석 중심으로. 『주거환경』, 15(2): 101-117.

주거기본법(law.go.kr/법령/주거기본법).

주택법(law.go.kr/법령/주택법).

하성규(2010). 『주택정책론』. 서울: 박영사.

하성규 외(2012). 한국주거복지정책: 과제와 전망. 서종균(편). 『주택에 살지 못하는 주거취약계층』. 서울: 박영사.

e-나라지표(2021a). https://www.index.go.kr/potal/main/EachDtlPageDetail.do?idx_cd=1200, 2021년 6월 접근.

e-나라지표(2021b). https://www.index.go.kr/potal/main/EachDtlPageDetail.do?idx_cd=1232, 2021년 6월 접근.

Galster, G.(2001). On the nature of neighbourhood. *Urban Studies*, 38(12): 2111-2124.

Schwartz, A. F.(2021). *Housing Policy in the United States*. New York & Oxon: Routledge.

CHAPTER

12

도시교통의 속성 파악과 계획의 지향

황경수
(제주대학교 행정학과)

제 1 절 교통 관련 개념과 속성

이 책의 도시교통 부분은 도시민의 행복을 위한 교통 관련 '생각 넓히기'의 맥락에서 서술하고자 한다. 교통은 공학이기보다는 우리 윤택한 삶을 위해서 교통수단을 제공하고 교통사고로 인한 죽음을 최소화하기 위해서 진단하고 처방하는 지구상의 가장 의미 있는 인문학의 하나라 할 수 있다. 도시공간구조는 물론 그 안에서 살고 있는 사람들의 행복의 형태까지도 교통이 만들어낸다고 한다(게리슨 외, 2000: 90).

미래의 교통에서 '특이점(singularity)'(레이 커즈와일, 2017)[1]을 유도할 포인트는 교통부문에서 윤리, 가치, 정의, 공정에 대한 알고리즘적 해결이라고 할 수 있다. 우리가 잘 알고 있듯이 자율주행은 이 지점에서 막혀 있다.

마이클 샌델의 『정의란 무엇인가?』(마이클 샌델, 2018: 43-44)에 다음과 같은 사례가 있다. '폭주하는 전차'라고 이름이 부여되었고, '트롤리 딜레마(Trolley Dilemma)'라고도 한다. 우리는 어떤 판단을 해야 할까?

샌델의 질문사례: 폭주하는 전차

당신이 전차 기관사이고, 전차가 시속 100km로 철로 위를 폭주하고 있다고 가정해보자. 그런데 저 앞에 작업자 다섯 명이 철로에서 작업 도구를 손에 들고 서 있다. 당신은 전차를 멈추려고 해보지만 불가능하다. 브레이크가 작동하지 않는다. 이 속도로 계속 달리면 모두 죽을 것이 뻔하기 때문에 절망적이다(당신이 이 사실을 확실히 알고 있다고 가정하자).

이때 당신은 갑자기 오른쪽으로 갈라져 나간 측선 철로가 있음을 발견한다. 그곳에는 작업자가 한 명 뿐이다. 전차를 몰고 측선 철로로 들어서면 작업자 한 사람이 죽는 대신 다섯 사람은 살 수 있다.

우리가 도시교통전문가라면 자율주행자동차에 어떤 알고리즘을 넣어야 할까? 시민의 행복을 담보하기 위해서, 교통은 공학적 접근에 덧붙여 이러한 인문학적 논의가 필요할 수밖에 없다.

도시교통을 고민하는 사람은 항상 주의깊게 판단해야 한다. 특히, 다양한 가치에 대해 '항상 주의 깊게(due care)' 그러면서도 '임의적이지 않게(not arbitrary)'(Roess et al.,

1) 레이 커즈와일은 특이점(sigularity)을 "너머를 알수 없을 정도로 커다란 단속적 변화가 이뤄지는 시점"이라고 규정하고 있다. 저자는 "급속한 발전을 가져오는 시점"으로 해석하고자 한다.

2004: 3) 합리적인 근거를 가지고 살펴야 하는 운명을 가지고 있다.

교통은 왜 생겼을까? 이동을 위해서이다. 이동에는 사람, 물자뿐 아니라 문화까지도 포함된다. 과거 우리나라 남과 북이 문화의 단절은 이동의 단절 결과이기도 하다. 이동함에 있어서 많은 장애물들을 만나게 된다. 교통은 사실 이동 과정에서 만나는 장애물을 제거하기 위한 노력에 의해서 만들어진 것이라 할 수 있다.

1. 교통의 개념과 기능

교통의 개념에 대해 학자들마다 그 정의를 달리하지만, 홈버거(Wolfgang S. Homburger), 켈(James H. Kell)과 퍼킨스(David D. Perkins)가 주장하는 개념을 인용하고자 한다(Homburger et al., 1992: 2). 그들은 교통이란 "활동이 일어나는 수많은 장소들을 연결함으로써 사회에 공헌하기 위해 고안된 서비스"라고 정의하고 있다. 최재성은 홈버거 등이 주장하는 맥락과 연결할 수 있는 교통이 사회에 공헌하는 혹은 기능을 다음과 같이 제시하고 있다(최재성 외, 1993: 2).

첫째, 교통은 승객과 화물을 일정한 시간에 목적지까지 운송시킨다.

둘째, 교통은 문화, 사회활동 및 기타 건강, 교육 등의 활동을 수행시키는 데 이동성(mobility)을 부여한다.

셋째, 교통은 도시화를 촉진시키고, 대도시와 주변도시를 유기적으로 연관시켜 준다.

넷째, 교통은 산업활동의 생산성을 제고시키고 생산비를 낮추는 데 기여한다.

다섯째, 교통은 유사시에 국가방위에 기여한다.

여섯째, 교통은 도시간 혹은 지역 간의 정치·사회적 교류를 촉진시킨다.

일곱째, 교통은 소비자에게 여러 가지 품목(물건)을 제공해 주고 교역의 범위를 확대시켜준다.

앞에서도 살펴보았듯이 교통은 단순한 승객과 화물만이 아니라 문화를 비롯한 다양한 활동을 이동시키는 역할을 한다. 우리나라에서는 산업화에 큰 도움을 주었고, 국가방위에도 중요한 역할을 한다. 방사상도로를 만드는 것은 적이 침공을 빨리 파악하고, 도망가기 쉬운 퇴로를 만들기 위한 목적으로 활용되는 측면이 하나의 사례가 될 듯하다.

2. 도시교통의 속성과 특징

도시계획과 행정에서 참고할 요소로서 교통의 속성과 특징들을 정리하면 다음과 같다.

첫째, 파생수요인 교통과 더불어 본원적 수요도 고려해야 한다. 교통은 주로 사회활동이라는 본원적 목적(primary needs)을 달성하려고 할 때에 파생되는 것으로 본다. 예를 들어, 출근이라는 본원적 목적을 달성하기 위해 교통을 이용한다는 것이다. 이러한 특징의 수요를 파생수요(derived needs)라고 한다. 교통계획가는 이 상황에서 본원적 목적에 관심을 가지는 것도 중요하다. 재미있게 타고 싶은 교통수단이 있을 수 있다. 연인끼리 드라이브를 하고 싶은 상황이 있을 수 있다. 재미있게 즐기고 싶거나 순수한 드라이브 그 자체는 본원적 목적 혹은 수요가 되는 것이다. 한 도시의 발전을 위해서는 파생수요로서의 교통만이 아니라 본원적 목적으로서의 교통을 바라보는 시각도 있어야 함을 알 수 있다.

둘째, 환승횟수를 작게 해주어야 한다. 교통서비스 이용자들은 보다 쾌적하고 환승횟수가 적은 교통수단을 이용하고자 한다. 가급적 환승횟수를 적게하도록 설계하는 것이 바람직하다. 환승을 하되 편리하게 환승할 수 있도록 하는 것도 대안이 될 수 있다.

셋째, 수요가 적은 비수기에 대한 대책이 필요한 분야이다. 교통서비스는 재고불가능성 서비스인 '즉시재(instantaneous goods, 생성과 동시에 소비되어야 하는 재화)'이며, 자본의 유휴화현상을 만들어낸다는 특징이 있다. 비수기에는 시설・설비가 유휴화되어 자원의 낭비가 발생한다. 한 번 서비스가 제공되면 이용하지 않은 서비스에 대해서 재고로 보관할 수 없는 특징이 있기 때문이다. 관광교통서비스가 대표적인 예가 될 수 있다. 비수기에는 수익을 창출할 수가 없다. 그래서 관광지의 관광버스로 이용되는 전세버스나 렌트카 요금이 성수기와 비수기 때 크게 차이나는 현상이 나타나는 것이다.

넷째, 교통서비스가 유발하는 사회적 비용에 관심을 가져야 한다. 교통서비스의 경우는 사회적 비용을 항상 내포하고 있다(이재림 외, 2003: 8-9). 사회적 비용에 포함되는 것으로 '혼잡비용'이 있다. 해당 교통서비스를 소비하고 있는 또 다른 이용자들이 혼잡에 의한 부담을 가지는 비용이다. 이와는 달리 당해 교통서비스를 전혀 이용하지 않는 자가 부담하는 비용도 있다. 일반적으로 공해로 대표되는 '환경비용'이 하나의 사례가 될 수 있다. 이러한 혼잡비용과 환경비용을 저감하고 아울러 적정 비용을 이용자에게 부담시키기 위해 혼잡세나 환경세의 부과에 대한 논의와 고민이 있어야 한다.

다섯째, 외부효과를 야기하는 것에 대한 내부화 정책이 필요하다. 교통서비스는 독점성에 의한 긍정적 외부효과(외부효과란 의도하지 않았지만 야기되는 효과를 말한다)를 만들기도 한다. 시각에 따라 다르겠지만 터미널 활용, 백화점과 연결, 지가 상승 등의 효과이다. 이때에는 개발이익을 환수하여 그 외부효과로 인해 야기되는 부정적인 점들을 해결해야 한다. 환경, 주차, 사고로 인한 피해 등의 문제이다. 반면, 교통사고와 같은 부정적 외부효과도 있다. 의도하지 않았지만 교통사망사고가 많다. 교통전문가들은 이러한 문제를 놓치지 않고 해결하기 위해 노력해야 한다.

3. 도시교통의 이념성 도출

미래의 도시교통에서 최고의 이념성은 '사람을 먼저 생각하는 계획철학'일 것이다. 도시교통의 개념과 속성을 파악한 후, 교통계획이 지향해야 할 이념성들을 도출하였다. 도시행정의 영역을 기술관료적 접근으로 교통을 도구화한다면 공학적 접근이 주가 되어 인문학적 요소는 제외될 수밖에 없다. 일반적으로는 교통의 이념성을 '속도'와 '접근'의 두 개의 트랙으로 살펴보지만 이 책에서는 도시와 그 내부의 사람들의 인문학적 특성을 반영한 이념성을 추가로 제안하였다.

다음 [표 12-1]에서처럼 학자들은 다양한 이념성들을 제안하였다. 각 학자들의 출처는 생략하고, 최종 정리한 표에 대해서만 인용하면 다음과 같다.

표 12-1 학자들이 주장하는 교통 이념성 요소들

학 자	주장 배경	이념성과 내용
강남구 지구교통계획	지구교통계획에서 추구하는 속성	① 안전성, ② 쾌적성, ③ 교통시설관리지향성
日野泰雄	위와 같음	① 안전성, ② 쾌적성, ③ 편리성
小谷通泰	위와 같음	① 안전성, ② 쾌적성, ③ 편리성
Wolfgang S. Homburger, James H. Kell, David D. Perkins	교통체계와 교통수단이 가지는 속성	① 편재성(ubiquity), ② 이동성(mobility), ③ 효율성(efficiency)
Marvin L. Manheim	위와 같음	① 시간(time), ② 비용(cost to user), ③ 안전성(safety), ④ 편안함과 편리성(comfort and convenience for user), ⑤ 화물이동서비스(shipper services)

원제무	교통정책의 속성	① 기동성의 향상, ② 교통사고의 감소, ③ 환경의 질적 개선, ④ 에너지 절약, ⑤ 교통의 경제적 효율성
Clare A. Gunn	관광객, 소비자가 추구하는 속성	① 편안함(comfort), ② 편리성(convenience), ③ 안전성(safety), ④ 신뢰성(dependability), ⑤ 가격(price)의 경제성, ⑥ 신속성(speed)
Robert W. McIntosh, Charles R. Goeldner, J. R. Brent Ritchie	관광교통정책 결정자들이 가져야 할 속성	① 혼잡(congestion), ② 안전과 보안(safety and security), ③ 환경(environment), ④ 계절성(seasonality)

자료: 황경수 · 김영란(1999).

학자들이 주장하는 이념성들을 취합하고, 저자가 추가하고자 하는 요소들을 추가하여 도시교통이 지향해야 할 이념성들을 정리하면 다음 [표 12-2]와 같다.

표 12-2 교통이 지향해야 할 이념성 도출[2)]

분 야	속 성	의 미
철학	정의, 형평, 윤리 (justice, ehtics)	인간 중심, 약자에 대한 배려, 자율주행시대의 철학과 윤리를 의미
속도	신속성 (speed)	이동시간의 짧음과 속도에 방해가 없는 정도
안전	안전성 (safety)	도로 및 교통시설로 인한 사고로부터 안전한 정도
수단과 시설	편안함, 편리성 (comfort, convenience)	교통수단 자체에서 느끼는 느낌, 교통시설의 편리함
	접근성 (accessibility)	목적지에 장애없이 가깝게 접근할 수 있는 정도
경제성	경제성 (economy)	요금과 부대비용의 저렴함
경관과 미관	도로미관성 (sight)	도로 및 교통시설이 경관을 훼손하지 않으면서 아름다운 경치를 보여주는 정도
환경	환경친화성 (eco-friendliness)	교통이 자연을 훼손하지 않는 특징
심리	재미와 즐거움 (fun)	교통의 본원적 목적 중 하나인 타는 즐거움을 느끼는 것, 안전이 담보되면서 교통수단이 재미있어서 교통수단이 활성화되는 특징

2) 이 이념성들은 황경수 · 김영란(1999: 297)의 자료를 참고하고 추가하여 정리한 것이다.

이 책은 교통 분야의 공학론적 접근이 아니라 도시교통적 측면에서 추구해야 할 거시적 이념성과 미래의 지향방향을 논의하는 것이므로, 여덟 가지의 이념성을 틀로 하여 교통문제의 원인과 미래의 계획의 방향을 제안하기로 한다.

제 2 절 도시공간구조와 교통 관련 이론

1. 공간구조의 확산과 교통의 관계성

김형국(2002: 23-24)은 하게트(Haggett, 1966: 18)의 모형을 가지고 도시공간구조의 구성요소와 성장 과정을 설명하고 있다. 다음은 [그림 12-1]의 내용이다.

첫째, 움직임(movement)이 생긴다. 개별 사람들의 움직임을 말한다.

둘째, 교통망(network)이 만들어진다. 움직임은 길을 만들고 그 길들은 교통망을 만든다.

셋째, 결절(node)이 생긴다. 도로가 만나는 지점을 말하는 것이다. 즉, 교차로와 같이 도로가 만나고 집중하는 곳이 만들어지는 것이다.

그림 12-1 공간구조의 성장 과정

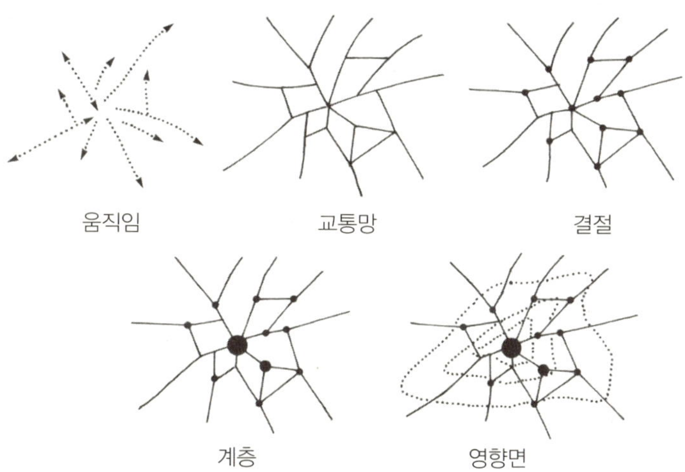

자료: 김형국(2002: 24), 하게트(Haggett, 1966: 18) 재인용.

넷째, 계층(hierachy)의 모습을 형성하게 된다. 교차점들은 움직임의 양에 따라 그 크기가 다르게 나타나며, 그 크기별로 상하의 계층이 만들어진다.

다섯째, 영향면(surface)으로 결과지어진다. 큰 결절을 중심으로 큰 영향권이 만들어지게 되며, 그곳이 도시가 된다고 해석하는 틀이다.

한주성(2010: 213-214)은 구텐베르크(Guttengerg, 1960: 109)의 주장을 빌어 도시의 모습은 교통의 발달에 따라 다르게 나타난다고 보고 있다. 교통은 사람의 이동에 영향을 미치며, 그 이동은 한 공간의 인구밀도의 변화로 나타남으로써 도시의 모습이 달라진다는 해석이다.

[그림 12-2]에서 처럼 도보교통 시대에 도시 형태가 원형일 때 인구밀도의 분포는 원추형으로 나타난다. 대중교통 시대에는 주요 방사상 도로를 따라 기능들이 이동 분포하므로 성형상인 도시인구밀도의 형태로 나타나며, 자동차교통 시대에는 교통과 도로

그림 12-2 교통발달과 인구밀도, 분포의 양상

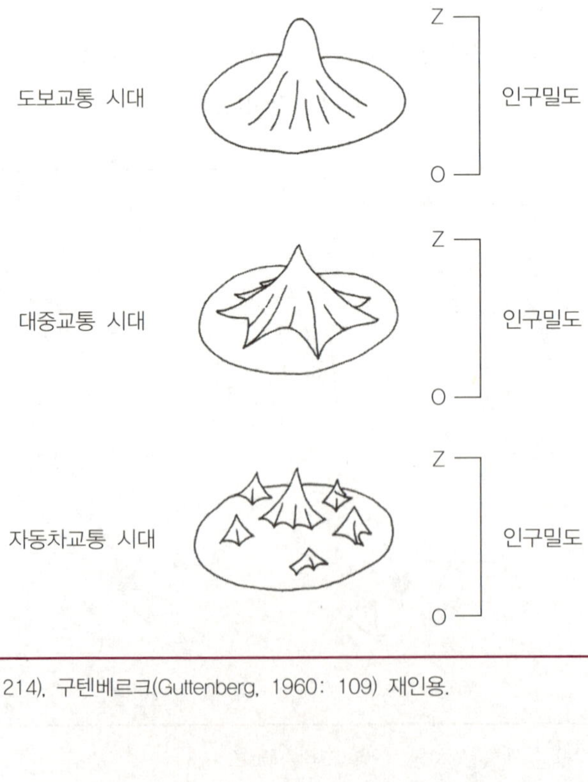

자료: 한주성(2010: 214), 구텐베르크(Guttenberg, 1960: 109) 재인용.

그림 12-3 시공의 수렴과 확산의 곡선

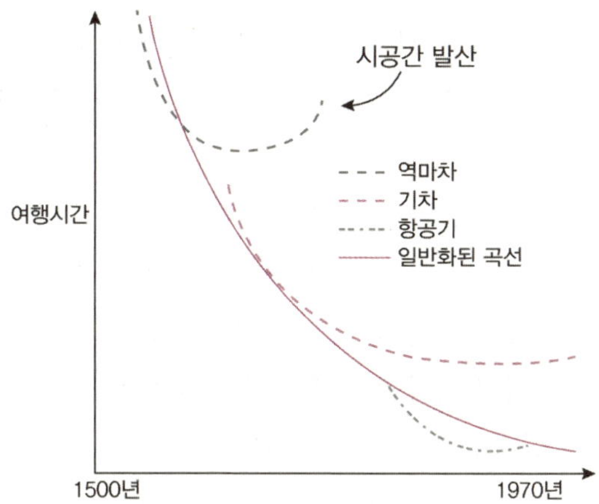

자료: 한주성(2010: 207), 가트렐(Gatrell, 1983: 50) 재인용.

의 발달에 따라 보다 작은 다양한 원추형의 인구밀도의 분포를 보여 다양한 도시구조가 나타난다고 해석한다.

도시공간구조의 변화에 교통의 역할은 '시공의 수렴'과 '시공의 확산'에의 기여라 할 수 있다. 공간은 가만히 있으나 이동의 시간을 줄여주는 시간거리가 줄어드는 현상과 같은 시간에 이동할 수 있는 공간이 늘어나는 현상을 말한다.

시공간 수렴(time-space convergence) 현상은 가트렐(Gatrell, 1983: 50)의 [그림 12-3]으로 이해할 수 있다. 역마차가 1900년대까지는 시공의 수렴과 확산에 기여를 해왔으며, 최근에는 항공기가 여행시간을 줄이면서 가장 큰 기여를 하고 있다. 이를 일반화하면 우하향 곡선이 된다.

자넬(Janelle, 1974)은 시공의 수렴과 확산을 가지고 공간의 성장과 적응 과정을 설명하고 있다.

첫째, 접근성에 대한 수요가 증가하게 된다. 새로운 공장이나 가공공장이 지역복합체로서 개발됨에 따라 제품 출하량이 많아지고, 이를 이동시키기 위한 높은 수준의 접근성을 필요로 하게 된다.

둘째, 교통수단과 도로와 철도 등의 기하구조에 대한 기술개발이 요구된다. 접근성에 대한 수요 증가는 교통 관련 기술개발 요구확산으로 이어진다.

셋째, 교통혁신이 이루어진다. 다양한 교통수단과 신호체계 등의 교통혁신이 이루어지며, 이는 지역 간 교통 소요시간 및 비용의 감소로 이어진다.

넷째, 시공의 수렴 현상이 나타난다. 실제 지역은 더 가까워지게 된다.

다섯째, 시공간조직의 변화에 따른 공간적 적응 현상이 나타난다. 유사한 현상들이 모이거나 시장처럼 다양한 현상들이 한곳에 모이는 집적 경제와 같은 집중화와 전문화 현상으로 결과되어진다.

여섯째, 상호작용이 증가하여 높은 접근성에 대한 요구는 더욱 증가한다.

일곱째, 교통혼잡과 노선노휴 현상 등이 나타난다. 도시에 따라 다르지만 자동차와 인구의 증가로 다양한 혼잡과 노선에 대한 개편 욕구들이 나타난다.

여덟째, 시공의 확산 현상이 나타난다. 기술의 개발로 첨단장비들이 장착되는 교통수단이나 교통시설물들의 설치로 시공은 확산되는 경향으로 발전한다.

아홉째, 외곽지로의 공간수요가 확산된다. 교통의 발달은 외곽지 공간수요를 확산시킨다.

열째, 분산, 분산적 집중, 고층화 등으로 공간재적응 현상이 나타난다. 도시와 도시의 인근지역, 다양한 기후와 환경에 따라 교외화(suburbanization)와 스프롤(sprawl) 혹은 컴팩시티(compact city) 등의 모습으로 재적응하게 된다.

그림 12-4 공간구조의 편성과 재편성 모형

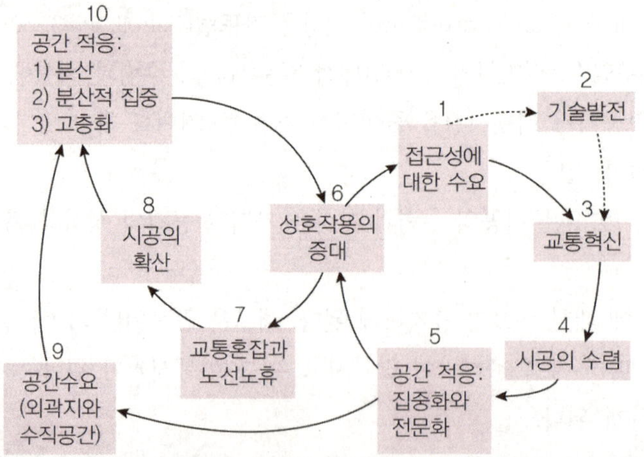

자료: 김형국(2002: 25), 자넬(Janelle, 1974) 재인용.

2. 공간구조패턴에 따른 교통수요추정

공간구조패턴은 제도적으로 토지이용계획으로 나타나며, 그 패턴에 따른 교통수요는 수요추정 단계에 따르게 된다.

교통수요추정 단계는 장래의 교통체계에서 발생될 수요를 현재의 시점에서 예측하는 작업으로서 교통계획을 수립하는 데에 귀중한 자료가 된다(최재성 외, 2005: 442). 4단계로 추정한다. 교통수요추정 4단계라고도 하고, 교통계획의 4단계라고도 한다.

첫째, 통행발생(trip generation)량 추정 단계이다. 인구, 사회경제적 지표, 토지이용계획 등의 지표에 의해 대상지역의 존별 통행유출량(trip production)과 통행유입량(trip attraction)을 구하게 된다. 이 통행유출량과 통행유입량을 산정하는 단계가 통행발생량 추정 단계이다.

둘째, 통행분포(trip distribution) 추정 단계이다. 이는 발생한 통행량이 출발지와 목적지를 추론하는 단계이다.

셋째, 교통수단 선택(modal split)과 배분 단계이다. 통행분포에 교통수단을 추가 선택하고 투입시켜 통행발생량을 교통수단 위에 배분하는 단계이다. 다소 의도적이고 계획적인 단계이다. 전문가나 정부가 다양한 목적 하에 교통수단을 선택하여 투입하고, 의도적으로 배분되도록 유도할 수 있기 때문이다.

넷째, 노선별 통행배분(trip assignment) 단계이다. 구체적 도로상에 통행량을 수단과 함께 나누어 배분하는 단계이다. 이 단계가 되면 도로별, 노선별로 교통수단별 통행량이 어떻게 계획되는 것인지를 알 수 있게된다. 물론 계획 차원이다.

제 3 절 도시교통정책의 진단과 지향

도시교통정책의 진단과 지향에 대해서는 많은 대안들이 있으나 이 장에서는 교통의 이념성의 틀 내에서 부분적으로 살펴보기로 한다. 각론에서 구체적인 대안들을 살펴볼 필요가 있다.

1. 정의, 형평, 윤리적 측면

1) 대중교통을 복지로 접근해야 도시매력 확보 가능

대중교통은 세금을 먹는 하마가 아니라 서민을 위한 복지정책의 하나로 규정해야 한다. 도시 서민이 행복하게 살 수 있는 가장 기본적인 서비스 중 하나가 대중교통이다. 이 대중교통을 복지 측면에서 접근하는 것이 한 도시의 경쟁력을 강화시키는 요소가 된다.

대중교통의 발전은 한 도시의 매력을 만들고, 그 매력은 사람의 이동을 유도한다. 티부(Charles Tiebout)가 이야기하는 '발로하는 투표(voting with the feet)'의 결과로 사람을 도시로 끌어들이게 된다. 인구의 자연 감소가 일어나는 우리나라의 경우 도시의 매력으로 사람을 들어오게 하는 것이 도시의 발전을 위해 중요한 요소가 된다. 여기에서 '발로하는 투표'는 장소이동을 결정하는 선호 표시를 의미한다. 사람들은 마치 가장 마음에 드는 식당을 가듯이 선택 가능한 여러 지역 중 자신의 선호에 가장 맞는 곳을 택하여 살게된다. 즉, '발로하는 투표'를 통해 자신의 선호를 나타낸다(김광호, 2012). 도시의 교통이 매력적이지 않으면 그 도시는 식당이 망하듯이 도태될 수 있다는 것이다.

대중교통은 도시 내·외의 교통약자와 유입해오는 관광객 등을 위한 최선의 교통서비스라 할 수 있다. 도시관광의 발전을 위해서도 대중교통에 대한 정책과 지원이 필요한 것이다.

2) 자율주행의 사람 중심 윤리추구

변순용 외(2018: 207-208)는 자율주행자동차의 윤리가이드라인을 연구하면서 트롤리 딜레마는 위기관리 딜레마로 전환되고 있다고 주장한다. 추상적 윤리측면의 논리를 위기관리와 관련된 윤리측면으로 옮겨가고 있다. 그 내용을 표로 정리하면 다음 [표 12-3]과 같다.

표 12-3 트롤리 딜레마와 위기관리 딜레마 이슈

트롤리 딜레마 이슈 (Trolley Dilemma Issues)	위기관리 딜레마 이슈 (Crisis Management Paradigm Issues)
1) '차내 사람 vs. 차외 사람' – 똑같은 인간의 생명이지만 이기적으로 차내에 있는 본인의 안전을 우선할 것인지, 도덕적으로	1) '운행 중 갑작스런 재난, 재해' – 자율주행자동차 운행 중 갑작스런 펑크, 지진, 해일, 낙석, 싱크홀, 대향차선차량의 중앙선 침범

차외에 있는 사람의 안전을 우선할 것인지에 대한 윤리적 판단이 필요함.

- 도덕적 판단이 우선할 경우 사회적 정의는 구현될 수 있지만 이러한 자동차를 누가 살지에 대한 현실적 문제에 봉착하게 됨.

2) '소수의 사람 vs. 다수의 사람'

- 피할 수 없는 선택 상황 하에서 소수와 다수의 문제가 발생하면 당연히 소수를 희생시키는 것이 공리주의 원칙에 부합되지만, 만약 소수는 법을 준수한 반면, 다수가 법을 위반한 상황이라면 다수를 희생시키는 것이 도덕적 의무론 관점에서 오히려 더욱 합당한 윤리적 원칙 간의 딜레마가 발생하게 됨.

3) '생명에 지장 없는 법을 준수한 사람 vs. 생명에 지장 있는 법을 위반한 사람'

- 일반적 상황이라면 자율주행자동차 윤리 알고리즘은 법을 준수한 사람을 보호하도록 프로그래밍되는 것이 도덕적 의무론으로 볼 때 당연하지만, 법을 준수해 헬멧을 쓴 모터사이클 운전자는 사고가 나더라도 생명에는 지장이 없지만 법을 어기고 헬멧을 쓰지 않은 모터사이클 운전자는 생명을 잃게 되기 때문에 공리주의적 관점에서는 법을 준수한 운전자와 추돌을 선택하는 딜레마가 발생하게 됨.

4) '법을 어긴 사람 vs. 법을 준수한 재산 또는 동물'

- 희생을 선택할 상황이라면 당연히 재산이나 동물을 선택하는 것이 당연하지만, 법을 준수한 수억원에 달하는 최고급 자동차와 법을 어긴 걸 중 선택해야 할 상황이라면 공리주의적으로 볼 때 딜레마에 빠질 수 있음.

5) '다수의 정상인 vs. 다수의 사회적 약자(노인, 장애인, 어린이 등)'

- 생산성이 높은 다수의 정상인의 생명을 보호하는 것이 공리주의적으로 합당하지만, 약자를 보호하는 것이 의무론적 사회적 정의에는 더 합당한 딜레마에 처하게 됨.

6) '범죄자 vs. 일반인'

- 범죄인에 대한 식별이 가능하다는 것을 전제로 선택 상황 하에서 범죄인을 희생시키는 선택이 사회적 정의에 합당한지와 같이 인간으로 차별하지 등 다양한 재난, 재해가 발생할 수 있고, 이러한 상황을 접했을 때 대처하는 가운데 트롤리의 딜레마 상황들과 같은 윤리적 원칙 간의 상충 현상이 그대로 발생 가능함.

2) '교통사고로 인한 차선 폐쇄'

- 자율주행자동차 운행 중 교통사고로 인해 차선이 폐쇄되면 부득이 중앙선을 넘어서 진행해야 하는 경우가 발생함.
- 이 경우 사고 유형과 정도를 고려하여 어떠한 유형의 법을 어느 정도로 위반할지 여부에 대한 윤리적 판단이 필요함.

3) '교통관제시스템 고장'

- 폭우나 폭설로 인해 신호등이 고장 나는 경우가 흔히 발생하게 되는데, 이 경우 신호등 고장 시 법이 지정하는 행동요령을 따라 관련 법 규정의 위반이 허용될 수 있음.
- 관련 도로교통법 규정 등이 모든 경우를 세세하게 규정할 수 없기 때문에 부득이 한 경우 법 위반 여부에 대한 자율주행자동차 AI의 윤리적 판단이 필요한 경우가 발생함.

4) '운전문화 및 운전자 에티켓 결함'

- 비신호 이면도로 4거리에서는 방향별로 선 진입 차량이 선출하는 것이 일반적인 운전 에티켓으로 정착되어 있지만, 운전문화가 성숙되지 못한 곳에서는 이기적인 운전문화로 인해 자율주행자동차가 스스로 진행 여부에 대한 윤리적 판단을 해야 할 경우가 발생함.
- 또한 도로주행 중, 자전거나 대형트럭이 옆 차선에 운행 중일 때는 법으로 규정되어 있지는 않지만 속도를 늦춘다거나 하여 상대 차량을 배려하는 운전 에티켓을 스스로 결정해야 할 경우가 발생하게 됨.

5) '해킹'

- 자율주행자동차 운행을 위해서는 다양한 센서와 정보의 실시간 유출입이 필수적임. 따라서 해킹 공격을 당할 경우 사고를 피하기 위해 급히 운행을 중단할지, 제어권을 인간으로 전환할지 아니면 자체적으로 대응할지에 대한 윤리적 판단이 필요한 상황에 처하게 됨.

않는 것이 사회적 정의인지에 대한 딜레마에 처하게 됨.

6) '고의적 실험'
– 도로상에서 자율주행자동차의 성능 실험을 위해 급정거, 끼어들기 등의 고의적 불법운전행위에 대한 우려가 있음.
– 이 경우 고의성 여부에 대한 윤리적 판단이 이뤄져야 할 뿐 아니라, 고의적 실험에 대해 회피, 경고, 보복 등 대응방안에 대한 윤리적 결정도 필요하게 됨.

7) '공공 소유 차량 vs. 민간 소유 차량'
– 선택 상황에서 공무를 수행 중인 소방차나 경찰차를 선택할지 일반차량을 선택할지에 대한 딜레마 상황에 처할 수 있음.

자료: 변순용 외(2018: 207–208).

2. 신속과 이동성 측면

1) 공급과 수요관리의 균형을 찾아서

공급이냐 수요관리냐의 논쟁은 어떤 분야에 적용할 것인가에 따라 다르다. 수요관리만이 전부는 아니라는 이야기이다.

도시의 도로부문의 공급은 상황에 따라 다르겠지만 자제해야 한다. 도로의 공급이 승용차를 불러들이고, 그에 따라 대중교통은 열악해지는 상황이 될 수 있다. 한상진 박사가 톰슨과 워드롭의 "대중교통수단과 승용차의 통행수준은 대중교통의 수준에서 균형을 이룬다"는 논리와 연결된다(김규원, 2002). 쉽게 설명하면 도로공급보다는 대중교통을 수준 높게 확보하는 것이 바람직하다는 논리이다. 도로를 공급하면 승용차를 사게 될 것이고, 그러면 대중교통 이용률은 줄어들며, 도시의 속도만을 요구하는 상황이 될 것이기 때문이다. 사실 이러한 논리에서 교통수요관리의 맥락이 시작된다. 교통수요관리는 승용차의 사용의 욕구를 억제하는 것에서부터 시작되기 때문이다.

2) 도로 다이어트에 대한 관용확산

도시교통의 진화를 위해서는 도로 다이어트(road diet)에 대한 이해와 관용확산이 필요하다. 도로 다이어트는 자동차가 과도하게 점유하고 있는 도로공간을 줄여 도로의 합리적, 효율적 이용을 도모하는 것을 의미한다(오성훈 외, 2019: 6). 이를 위해 폭은 그대로 유지, 조정하면서 불필요한 차로폭이나 차로수를 줄이고, 대신 보도를 확장하거나 자전거 도로, 대중교통시설 등을 새로 설치하기도 한다.

도로 다이어트사업은 자동차 중심에서 개인용 이동장치(personel mobility: PM)나 보행자 중심으로 도시공간을 재편하는 것을 목적으로 하는 사업이다. 근대 이후 산업화

시대, 이동이 주 목적이 되었고, 자동차산업 부흥이 중요한 시대에서, 도시공간에서 자동차가 주가 되어 왔다. 지금은 안전이 중요한 덕목이 되었고, 보행자 보호와 PM 등에 대한 배려가 중요한 프레임이 되면서 도로 다이어트에 대한 관심이 증가하고 있다.

도로 다이어트의 이해와 관용을 돕기 위해 세 가지 개념을 정리하기로 한다.[3)]

첫째, 완전가로(Complete Street)이다. 이 완전가로는 도로의 이념형(ideal type)이다. 도로 다이어트의 궁극적 목표인 모든 이용자가 안전하고 편리하게 이용할 수 있는 도로환경을 조성하는 가로가 완전가로이다. 완전가로에서는 연령, 장애 여부 등에 상관없이 누구나 안전하고 편리하게 거리를 걷거나 건널 수 있으며, 자전거나 대중교통, 승용차 이용자도 편리하게 이용이 가능한 가로를 의미한다. 즉, 운전자가 아닌 이용자들도 가로공간이 주인이 되며 가로 이용자로서의 운전자, 보행자, 자전거 및 대중교통 이용자 모두를 적절하게 고려한 균형잡힌 도로라 할 수 있다.

둘째, 차로폭 다이어트이다. 차로폭을 적절히 줄이는 기법이다. 전체 교통량과 흐름에 미치는 영향은 최소화할 수 있는 장점이 있다. 과도한 차로폭으로 인한 차량의 과속을 방지하는 효과를 거둘 수도 있다. “도로의 구조 시설 기준에 관한 규칙”에 따르면, 도시의 최소 차로폭을 3.0m로 규정하고 있는데, 설계속도가 40km/h 이하 등 특수한 도시지역의 경우 차소 차로 폭원이 2.75m까지 가능하다. 따라서 40km/h 이상인 경우는 3m까지, 그 이하인 도로에서는 2.75m까지 줄이는 것이 가능할 수 있음을 알 수 있다.

셋째, 차로 다이어트이다. 차로 자체 하나나 그 이상을 줄이는 방법이다. 차로폭 다이어트와는 달리 교통량과 차량의 흐름에 다소 영향을 줄 수 있다. 장점으로는 차로폭 다이어트에 비해 확보할 수 있는 공간이 많기 때문에 다양한 공간 활용이 가능하게 된다. 다이어트한 차로를 보행환경을 위해 획기적으로 사용할 수 있다. 불필요한 차로는 과속이나 불법주차, 보행자 횡단위험 증가, 가로 활성화 저해 등의 문제가 있으므로 다양한 가로공간으로 전환하여 가로기능을 고도화하고, 매력적으로 활용하자는 기법이다.

3. 안전성 측면

사람을 살리는 데에 노력해야 한다. 연령별 5대 사망원인 중, 10세에서 40세까지는 교통사고로 인한 사망이 2, 3, 4순위에 위치하고 있다. 도시교통전문가로써는 부끄러운

3) 완전가로, 차로폭 다이어트, 차로 다이어트의 개념들은 오성훈 외(2019: 8-9)에서 인용했다.

일이다. 의사보다 더 중요한 역할을 해야 한다. 사람을 살려내는 일이다.

표 12-4 연령별 5대 사망원인 사망률 및 구성비(2019)

(단위: 인구 10만 명당 명, %)

	0세	1~9세	10~19세	20~29세	30~39세	40~49세	50~59세	60~69세	70~79세	80세 이상
1위	출생전 후기에 기원한 특정 병태	악성 신생물 (암)	고의적 자해 (자살)	고의적 자해 (자살)	고의적 자해 (자살)	악성 신생물 (암)	악성 신생물 (암)	악성 신생물 (암)	악성 신생물 (암)	악성 신생물 (암)
	136.8	1.8	5.9	19.2	26.9	41.1	119.6	281.4	695.0	1,402.6
	(51.0%)	(17.5%)	(37.5%)	(51.0%)	(39.0%)	(28.7%)	(37.3%)	(43.1%)	(35.7%)	(17.9%)
2위	선천 기형, 변형 및 염색체 이상	운수 사고	악성 신생물	악성 신생물	악성 신생물	고의적 자해 (자살)	고의적 자해 (자살)	심장 질환	심장 질환	심장 질환
	45.4	1.1	2.2	4.2	13.0	31.0	33.3	57.0	197.1	972.2
	(16.9%)	(10.2%)	(13.7%)	(11.1%)	(18.9%)	(21.7%)	(10.4%)	(8.7%)	(10.1%)	(12.4%)
3위	영아 돌연사 증후군	가해 (타살)	운수사고	운수사고	심장 질환	간 질환	심장 질환	뇌혈관 질환	뇌혈관 질환	폐렴
	17.0	0.9	1.8	3.7	3.9	10.7	25.4	40.4	152.3	918.6
	(6.3%)	(8.8%)	(11.3%)	(9.9%)	(5.7%)	(7.5%)	(7.9%)	(6.2%)	(7.8%)	(11.7%)
4위	심장 질환	선천 기형, 변형 및 염색체 이상	심장 질환	심장 질환	운수사고	심장 질환	간 질환	고의적 자해 (자살)	폐렴	뇌혈관 질환
	5.2	0.7	0.7	1.4	3.8	10.3	23.4	33.7	137.2	636.1
	(1.9%)	(6.6%)	(4.7%)	(3.6%)	(5.5%)	(7.2%)	(7.3%)	(5.2%)	(7.0%)	(8.1%)
5위	가해 (타살)	심장 질환	익사 사고	뇌혈관 질환	간 질환	뇌혈관 질환	뇌혈관 질환	간 질환	당뇨병	알츠 하이머병
	4.9	0.6	0.4	0.5	3.1	8.2	19.0	23.5	63.8	325.7
	(1.8%)	(5.8%)	(2.8%)	(1.4%)	(4.5%)	(5.7%)	(5.9%)	(3.6%)	(3.3%)	(4.2%)

자료: 통계청(2020년 9월 22일) 보도자료.

1) 개인형 이동장치 PM(Personel Mobility)이 중심인 도시조성

이륜차 교통사망사고 연 400명 이상(TAAS 교통사고분석시스템 참고)이라는 숫자가 규칙을 지킨다면 한 명도 사망하지 않는 도시를 만들어야 한다. PM에 대한 대책이 해답이다. 참고로 우리나라에서는 자전거도 년 100여 명이 사망한다.

PM이란 김현정(2020)에 따르면, "개인형 이동수단이란 1인 또는 2인의 이동을 목적으로 하는 교통수단을 의미하는데, 비동력과 동력이 있지만 통상적으로는 전기를 동력으로 하는 것을 의미하는 것"으로 규정하고 있다. 2020년 12월 10일 개정 · 시행하는 도로교통법에는 최고속도 25km/h 미만, 총중량 30kg 미만인 개인형 이동장치 중 행정안전부령으로 정하는 것을 "개인형 이동장치"로 규정하고 있다.

도시부의 도로는 PM을 배려한 '공유환경 도로'가 되어야 한다. 권오용 외(2019)는 현 자동차 중심의 도로와 공유환경의 특성을 비교하여 정리하면서 공유환경 도로에 대해 제안하고 있다.

표 12-5 공유환경 도로 특성과 제안

항 목	자동차 중심 도로	공유환경 도로
도로폭	광폭 · 다차로	도로의 통행권 비율을 차량: 교통약자(50 : 50) 수준으로 배정
제한속도	60~80km/h	이면도로 30km/h 도심가로 50km/h
시설물	교통시설물 과다, 좁은 보도, 노변의 고층 건물	교통시설물 제한, 공유공간 조성
회전교차로	중심원에 의미 없는 잔디, 조형물이 감속을 유도하나 여전히 차량통행 중심	중심원(roundabout이나 traffic circle)에 보행자 공간 조성, 자전거 등 교통약자를 위한 전용차로 구성
노변건물	노변건물의 과도한 셋백으로 보행자와 건물이 단절로 보행의지 저하	셋백없이 보도와 직결하여 건물벽(street wall) 형성, 소매점 쇼윈도 배치로 보행 친화적 환경 조성

자료: 권오용 외(2019).

개인형 이동장치 PM의 활성화를 위해서는 도로에 대한 공유의 개념 확산과 기존 도로를 공유환경 도로의 개념으로 인식하는 노력이 필요할 것이다.

2) 사람에게 호소하기 위한 자동차 번호판 옆에 이름 적기

자동차의 익명성을 보장하지 않음으로써 운전자의 야수성을 해소하자는 안이다. 톰 밴더필트(Tom Vanderbilt, 2009: 45-51)는 교통사고는 공학적 문제이기보다는 운전자의 '야수성' 때문이라고 한다. 운전하면서 느끼는 분노를 칭하는 것이라 할 수 있다. 신용불량, 다혈질, 분노조절장애, 짜증많은 사람, 남의 탓으로 돌리는 사람, 걱정 많은 사람, 우울한 사람, 전화하는 사람, 운전하면서 담배피우는 사람, 음식먹는 사람, 동영상 보는 사람 등이 사고를 낸다고 본다. 이런 사람 중 야수성을 지니는 사람들은 운전할 때 다른 모든 사람들을 적으로 간주한다고 한다. 다른 사람이 반가와서 인사하려 경음기를 울리면 바로 경계하고 적으로 생각한다는 주장이다.

자동차에 이름표를 다는 방법을 제안한다. 자동차를 자동차로 보고, 사람을 자동차 내의 익명성이 보장된 사람이 아니라, 자동차를 사람으로 보고, 사람을 존중하게 하는 프레임이다. 추가적으로 경음기나 좌우회전 점멸등으로 소통하는 정도가 아니라 그 외의 다른 소통방법을 추가할 필요가 있다. 죄송함을 알리고, 급하여서 그랬다는 것을 알릴 수 있는 방법이 만들어지면 분노의 운전, 보복의 운전은 그만큼 줄어들고 사고도 줄어들 수 있을 것이다.

3) 눈 마주치기 운동 장려

눈 마주치기 운동을 하여 사고를 줄이자는 운동이다. 가장 식상한 운동일 수 있다. 역으로 가장 중요한 운동이다. 운전자와 눈 마주치기, 운전자끼리 눈 마주치기가 사고를 줄일 수 있기 때문이다.

눈 마주치기 중요성과 관련한 사례들이 있다.

첫째, 어린이들에게 교통안전 교육을 할 때에는 운전자와 눈을 마주치면서 손을 들고 횡단보도를 지나가라고 한다.

둘째, 요즘 보행자들이 핸드폰을 보면서 이동하기 때문에 사고의 위험이 증가하고 있다는 우려가 많아지고 있다.

셋째, 눈 마주치면 협력할 수 있다는 점이다. 보이지 않으면 공격할 수 있지만 눈을 마주치면 협력 형태로 바뀔 수 있기 때문이다. 인간의 눈은 영장류보다 유난히 흰자위가 더 많아 시선의 눈으로 향하는데, 마이클 토마셀로(Michael Tomasello) 등은 이러한 특성 때문에 인간 사이의 협력이 더 잘 이뤄지는 것이라고 주장한다(톰 밴더필트, 2009:

68).

넷째, 자동차에 눈동자를 붙이기만 하는 것으로도 친화적으로 보인다는 점이다. 이를 보는 사람으로 하여금 양해를 구해낼 수 있다는 장점도 있다.

다섯째, 사고날 때도 못 보았다고 한다. 보지 않은 것, 보지 못한 것을 변명으로 생각하는 경향 때문이다. 이들에게 눈을 마주치게 한다면 사고는 줄일 수 있다.

이렇게 볼 때 교통사고를 줄이기 위해서는 보행자와 운전자 간, 운전자와 운전자 간 눈 마주치기 운동이 적극적으로 확산되어야 할 것임을 알 수 있다.

4) 사고의 신호 파악하고 겸손하게 대응하기

사고의 징후를 잘 파악하면 예방할 수 있다는 하인리히 법칙이라는 것이 있다. 1 : 29 : 300이라는 법칙이다. 300회의 소음과 같은 작은 징후가 있고, 그 다음 29개의 눈에 보이는 징후가 나타나고, 그 다음 대형 사고가 일어난다는 내용이다. 사소한 것을 방치하거나 사소한 것을 극복할 수 있다고 생각해서 밀어붙이면 안 된다는 교훈이다. 졸음, 엔진에서 나는 소리, 자기의 습관 중 급출발, 핸드폰 보기, 음주운전 등 평소에 무시하던 행위들이 나중 큰 대형 사고로 이어진다는 것이다. 작은 신호에도 겸손하게 대응해야 한다.

4. 편안함과 접근성 측면

1) 도로에 시간대별 주차가능 프로그램 운영

도로의 유형에 따라 야간 박차를 위한 주차가능 프로그램을 적극 운영할 필요가 있다. 주차서비스도 도시교통서비스의 만족도에 중요한 요소이기 때문이다. 도로에서 주차를 하려는 때에는 시 · 도경찰청장이 정하는 주차의 장소 · 시간 및 방법에 따라야 하도록 되어 있다. 즉, 도로의 주차가 불가한 것은 아니다.

각 시 · 도의 광역자치단체와 시 · 도경찰청장이 협의하면 가능한, 도로상의 주차허용정책이 필요한 시점이다. 이면도로의 경우에도 정비를 통해서 주차가 가능하도록 할 필요가 있다. 1인 가구 시대의 주차수요를 확보하기 위한 방안이다.

2) '마을길 차량' 개념정립과 지원

'마을길 차량'에 대한 개념정립과 배려가 필요하다. 마을길 차량은 가까운 직장까지의 출퇴근 차량(the commuter car), 근린주구단위의 쇼핑이나 간단한 배달 등을 할 때 이용하는 차량(the neighborhood car)으로서 개인형 이동장치 PM의 영역 내에 있을 수 있는 차량이다. 기능적으로 볼 때 가까운 거리의 출퇴근, 동네에서의 쇼핑, 운동 등 취미활동으로의 접근 등에 활용할 수 있는 차량이다.

주차공간과 연료, 그 외 보유에 의한 비용의 부담을 줄이기 위한 '마을길 차량'에 대한 적극적 정책이 필요하다. 농어촌지역의 '마을길 차량'은 다양한 형태로 나타나고 있다. 소형 삼륜 바이크, 산악용 바이크 ATV, 소형 이륜차, 자전거 등이다.

3) 친절성과 민원대응 능력 고양

증가하고 있는 교통서비스에 대한 친절욕구에 대한 대응이 필요하다. 교통서비스에 대한 욕구는 국민소득이 높아질수록 증가할 수밖에 없다. 교통경찰, 교통수단 종사자, 교통민원을 받아 처리하는 관료 등 모든 관련자들의 친절성이 요구된다.

민원이 있거나 불평이 있을 때 이에 대응하여 개선하고, 개선하였음을 알려주는 대응성이 필요하다. 도시거주민은 물론 임시 이주, 혹은 방문객이나 관광객들이 불평을 표현했을 때 적극적으로 받아들이고 개선하며, 그 내용을 알려주는 절차가 필요하다. 고급도시의 친절성은 이렇게 개선의 결과까지 알려주는 것을 목표로 해야 한다.

5. 경제성 측면

1) 대중교통요금의 경제성 담보

대중교통요금에 대한 정부의 지원 철학 정립이 우선 필요하다. 서민과 교통약자들의 부담을 줄이기 위한 것에 있어야 한다. 당연히 대중교통은 복지적 차원에서 접근해야 하며, 그 결과 서민과 교통약자들의 경제적 부담을 줄이는 정책으로 나타나야 한다.

어떠한 형태의 운영을 택하든 정부의 지원은 필요하다. 공영제의 경우는 근로자에 대한 처우, 공공기관이 경영사업을 할 때의 비효율성 등을 정부가 부담해야 한다. 준공영제의 경우는 대중교통 관련 기업들의 '도덕적 해이(moral hazard)' 등의 문제와 관심을 가져서 일반 납세자들에게 정당성을 확보해내야 한다. 대중교통을 민간이 운영할 경우에는 보조금의 문제와 해당 기업의 파산, 파업 등이 생길 때 교통서비스의 지속적 제공에 대한 부담이 있다. 상황마다 다르겠지만 최적해를 찾아서 정부가 지원해야 하는 숙제를 가지고 있다. 예외적으로 외국의 경우 백화점 등을 운영하는 기업들 대중교통에 적극 지원하거나 직접 운영하게 하는 경우가 있다. 수익이 나는 교통수단이 손실을 보는 교통수단을 같이 운영하게 하여 보전토록 하는 제도도 가능하다. 예를 들어, 수익나는 노선의 대중교통을 운영하는 회사가 일정의 보조금을 받고, 손실노선을 운영토록 하는 방안이다.

2) 조업차량의 경제성 확보

조업차량에 대한 배려와 경제성 확보가 필요하다. 최근의 배달에 종사하는 차량이 대표적이다. 그 외에도 각종 조업차량에 대해 배려해야 한다.

관광지의 경우 관광버스로 규정할 수 있는 전세버스와 렌트카에 대한 배려가 필요하다. 불법과 위법하는 경우의 차량을 보호해주자는 것이 아니라 법규를 준수하고 상거래를 잘 유지하면서 사업하는 기업이나 조업차량을 보호하자는 것이다. 도시교통계획가들에게는 잘 드러나지 않는 교통수단들에 대한 관심이 필요하다.

6. 도로미관성 측면

1) 도로의 가구들에 대한 관심 필요

의자, 가로등과 조명, 볼라드, 버스정류소, 각종 팬스 등 도로의 가구들(the street furniture)이 지역정체성에 맞고, 고급스러우며 유니버셜 디자인적(universal design) 접근에서 관심을 가져야 한다.

도로의 가구들 디자인에는 예술성이 가미되어야 한다. 도시는 기능성에 더하여 매력이 있어야 하기 때문이다.

2) 교량난간의 안전과 미적 접근

교량난간은 보행자보호와 차량보호를 위한 두 개의 난간이 이중적으로 이루어져야 하며, 아름다워야 한다. 안전과 매력을 위해서 고려해야 할 요소들이다.

교통시설들의 안전성과 예술성, 미학적 우수성은 그 도시의 매력을 향상시키는 중요한 요소이다. 재질의 지역성도 하나의 요소이다.

3) 교통과 지역에 맞는 화단과 식수대, 가로수의 조성

한 도시 내의 화단과 식수대, 가로수는 도시교통에 방해하지 않으면서 지역의 특성에 맞도록 조성되어야 한다. 도시의 매력은 물론 도시교통에 순기능적 역할을 하도록 하자는 것이다.

도시 내 중앙분리대의 화단, 보행도의 식수대나 가로수 등은 '도시가로 정원'의 역할을 한다. 도시 전체의 기온을 내리게 하여 도시열섬을 방지하는 역할과 도시의 아름다움을 보태는 역할을 한다. 도시 전체의 아름다움을 조성하는 역할도 한다.

7. 환경친화성 측면

1) 차량총량제의 시작, 그리고 발전

수요관리의 끝은 차량총량제라 할 수 있다. 차량총량제라함은 교통수요관리방법 중 최고의 수준으로 자동차 수요를 억제하는 기법으로써 일정 구역 내에 자동차의 양을 규제함으로써 전체적인 교통을 관리하는 것을 말한다(황경수 외, 2020: 5). 제주도의 경우 우도섬에서는 유입차량 총량제를 시행하고 있다. 제주도 전체에 대한 자동차 수급관리계획을 논의하고 있는 상황이다.

싱가포르는 1965년 건국 이후 인구과밀과 교통혼잡을 차량총량제와 혼잡통행세 제도를 중심으로 관리하였다. 그 중 차량총량제는 전 세계 처음이라 할 수 있고, 성공적으로 체계화하였다. 제주도 1/3 크기 정도(인구는 570만 명으로서 제주도의 8배 이상)의 소규모 도시 국가적 성격이 있어 관리영역이 적당했고, 리콴유(李光耀)를 중심으로 한 국가권력과 추진력의 강함으로 가능했다고 할 수 있다.

차량총량제를 이해하기 위해서 싱가포르의 차량총량제 정책에서 시사점을 정리해보고자 한다(황경수 외, 2013: 187-188).

첫째, 자가용차 소유 욕망 억제를 위해 세금제도를 활용하고 있다. 자동차 수입관세, 구매 허가증 비용, 자동차 등록금 또는 추가 등록금, 통행료 등이 있다.

둘째, 구역통행증제도를 실시하여 혼잡통행세를 자동요금시스템으로 만들었다.

셋째, 차량보유증제도를 만들어서 차량총량계획과 연동화시켰다.

넷째, 차량 유형에 따라 번호판 경매체제를 달리하여 국가가 관리했다. 차량은 배출량과 용도에 따라 A류(배기량 1,600cc 이하), B류(배기량 1,600cc 이상), C류(오토바이), D류(통상차량과 버스) 및 E류(a~d류로 번호판을 전환할 수 있는 차량)로 다섯 가지로 분류하고 경매를 한다.

다섯째, 번호판 사용의 유효기간제도를 두었다. 번호판을 사용 하는 유효기간이 10년이라는 것이다. 10년 이후, 차량 폐기신고 후 신차 구입을 한다. 당시의 3개월 간 평균입찰가를 통해 직접 새로운 10년의 배정액을 정한다. 그 절반 가격을 지급하고 5년의 사용권을 연장한다. 하지만, 5년 뒤에는 더 이상 연장할 수 없도록 하였다. 그래서 자동차 소유는 총 15년으로 제한되는 정책이다.

2) 공유공간과 공유교통수단

사회적 행동과 교통행동이 동시에 일어날 수 있는 공간에서 사람의 안전과 자연친화적 교통을 지속해내기 위한 방안 중 하나가 '공유'의 개념이라 할 수 있다. 속도 중심 도로 공급, 안전을 위한 보차분리, 노면주정차 불가, 주차서비스 수준을 교통영향평가의 주요 지표로 여기는 관행들은 교통행동이 주가되는 공간에서 펼쳐진다. 사람 중심의 '공공공간'과 교통행동이 중요시되는 '자동차 공간'이 만나는 접점에 '공유공간'이 있을 수 있다. 아사노 미츠유키는 사회적 교통행동이 일어나는 지점이 공유공간의 지점이라 해석하고 있다.

그림 12-5 사회적 교통행동과 공유공간 개념 설명도

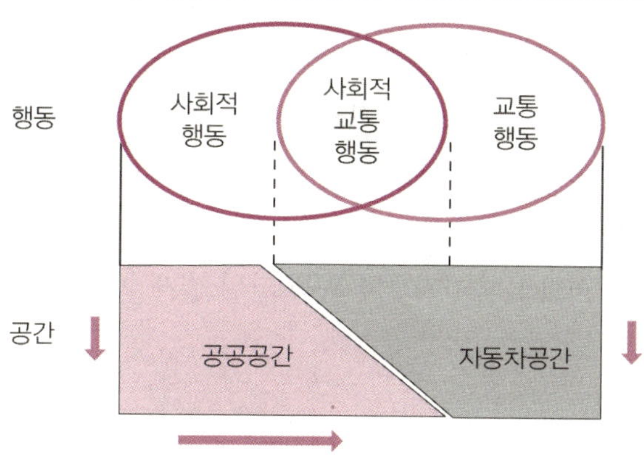

자료: 아사노 미츠유키 저, 이승호 옮김(2016: 190).

공유공간이 결과화하기 시작한 것은 자동차와 보행자가 공존해서 도로를 이용할 수 있도록 하는 우리나라의 '인사동길'과 같은 유럽의 '보넬프(Woonerf)' 개념이라 할 수 있다. 도로 바닥면을 자갈돌 같은 재료를 활용하여 요철포장을 한다든가, 이차로를 부분 일차로로 만들어 속도를 줄이기도 한다. 도로상에 노면주차를 허용하고, 의자를 두거나 나무를 심기도 한다. 시케인(Chicane)이라는 기법으로 굽은 도로를 만들기도 한다.

교통수단의 공유는 우리가 잘 알고 있는 카셰어링(car sharing)이 대표적이다. 두 가지 방식이 있을 수 있다. 첫째, B2C(business-to-consumer) 방식이다. 그린카, 소카와 같이 회사 보유의 차를 공유해서 타는 방식이다. 둘째, P2P(peer-to-peer) 방식이다. 개인소유의 차량을 카셰어링 플랫폼회사의 운영시스템을 통해 공유하는 방식이다. 그 대상으로는 승용차, 자전거, PM(personel mobility), 캠핑카 등 다양하게 활용될 수 있다.

3) 수요자 중심형 통합 교통시스템 MaaS

MaaS(Mobility as a Service)는 다수의 교통서비스 운영회사들이 인터넷 플랫폼을 기반으로 해서 사람들의 다양한 이동수요를 실시간으로 충족시키는 수요자 중심형 통합 교통시스템이다(황기연, 2016: 7). 버스, 지하철, 카셰어링 등 모든 공유교통수단에 대한 정보를 통합하여 이용자들이 쉽게 목적지까지 갈 수 있도록 연계복합 패키지 서비스를 제공하는 제도이다. 개인은 각자의 공간적 이동특성과 선호하는 교통수단, 통행특성을 감안하여 휴대폰 요금제와 같은 월정기형 교통요금제를 활용하면 된다. 예를 들어, 한 달에 일정액을 내고, 살고 있는 도시의 대중교통 무제한, 택시 100km, 타 도시 대중교통수단 1,000km 등을 이용할 수 있도록 해주는 것이다.

이 수요자 중심형 통합 교통시스템은 다음과 같은 특징이 있다. ① 이용자들의 다양한 수요를 반영한 개인특화(personalized)서비스이다. ② 다 수단 통합서비스(convergence of modes)이다. ③ 개인/공공 공유교통수단 통합, ④ 수요대응형(on-demand)서비스, ⑤ 공공 및 민간 교통서비스 전문회사에 의한 이동계획설계, ⑥ 통행의 최끝단까지 서비스 포함, ⑦ 포괄적 서비스 패키지 사용과 월단위 결제 가능 등으로 정리할 수 있다.

8. 재미와 즐거움 측면

1) 재미있는 도시교통지향

게리슨 외(Garrison et al., 2000: 135)는 도시의 다양성은 다양한 교통수단이 만들어 낸다고 주장한다. 이 다양한 교통수단들은 도시 삶의 재미와 즐거움을 향상시킨다고 주장한다.

도시의 매력증진을 위해서는 본원적 욕구를 해소해주는 교통수단이 확대되어야 한다. 개인형 이동장치 PM과 같이 시각적으로도 재미있고, 예쁘며, 이동 시의 즐거움도 있는 교통수단들을 확대할 필요가 있다. 관광지에 가면 타면서 즐길 수 있는 다양한 교통수단들이 있다. 관광지가 아닌 우리가 삶을 사는 도시에도 관광지의 다양하고 재미있는 교통수단들이 있어야 한다.

2) 올레길보다 더 걷고 싶은 보행산책도로

보도도 안전하고 매력적이어야 하지만 보행산책도로는 특히 더 안전하고 매력적으로 조성되도록 관심을 가져야 한다. 도시별 보행산책도로를 잘 조성하는 것이 도시의 건강성을 위해 필요한 일이다.

고령사회, 초고령사회, 일인가구 사회를 위해 교통부문에서 관심을 가져야 할 영역이 보행산책도로이다.

우리나라에서는 제주도 올레길이 대표적이라 할 수 있다. 이제는 전국적으로 확대되어서 둘레길, 순례길, 유배길 등 다양한 이름으로 보행산책도로를 조성하고 있다. 도시교통계획 시 가장 우선적으로 해야 할 일이 있다면 보행산책도로를 어떻게 위치시킬 것인가 하는 것이다.

제 4 절 도시교통전문가들의 소명

교통 분야 전문 역사가인 제프리 브라운(Jeffrey Brown)은 교통전문가의 공학적 과오를 지적하고 있다(톰 밴더빌트, 2009: 28). "과학자가 장티푸스 치료약을 발견하기 위해 노력했듯 교통문제 전문가는 급진적인 과학을 받아들여 교통문제 해결책을 찾아 내려

애썼지만, 이 해결책은 대부분 도시의 엘리트(자동차 보유자) 같은 소수 계층의 욕구를 반영하는 쪽으로 흘러버렸다"라고 지적한다. 공학적인 접근만으로는 어려운 것이 교통이라는 지적이다.

도시교통전문가는 전문가로서의 영혼을 지녀야 한다. 앤디 메리필드(Andy Merrifield, 2018)는 『아마추어, 영혼없는 전문가에 맞서는 사람들』이라는 책에서 전문가들의 역할을 강조하고 있다. 이 장의 글을 마치면서 도시교통전문가들도 다음과 같은 맥락을 생각해볼 필요가 있다고 제안한다.

첫째, 독립적이고, 주체적으로 연구를 해야 한다는 것이다. 돈과 권력에 영혼을 팔지 말기를 부탁하고 있다. 폐쇄적이지 않기를 바라고 있다. 둘째, 속임수를 쓰지 말자는 것이다. 통계의 속임수라든가, 누락의 속임수, 예측의 속임수 등을 말하는 것이다. 셋째, 권력을 남용하지 말자는 것이다. 전문가들에게는 학회 등 조직적 힘, 전문가적 힘 등이 있다고 한다. 무소불위의 권력을 휘둘러서는 안 된다는 것이다. 넷째, 인문학적 대화를 끝없이 하라는 것이다. 숫자와 데이터로만 이야기하는 전문가는 아니어야 한다는 것이다.

참고문헌

권오용 · 김영찬 · 배효수(2019). e-mobility 활성화를 위한 도시가로 정비방안 연구. 『대한교통학회 학술대회지』, 2019.2.

김규원(2002). 도로 확충하면 교통상황 악화? 『한겨레』, 2002.11.5일자.

김광호(2012). 발로하는 투표, 티부모형. 『KDI 경제정보센터』, 2012.5.31.

김현정(2020). 개인형 이동수단의 입법화 및 개선과제. 『일 잘하는 실력 국회』, 제1650호: 2020년 1월 30일.

김형국(2002). 『한국공간구조론』. 서울: 서울대학교출판부.

레이 커즈와일 저, 김영남 외 옮김(2017). 『특이점이 온다(*The Singularity is Near*)』. 서울: 김영사.

마이클 샌델 저, 김명철 옮김(2018). 『정의란 무엇인가?』. 서울: 와이즈베리.

변순용 · 황기연 · 임이정(2018). 자율주행자동차에 대한 한국형 윤리 가이드라인 연구. 한국윤리학회. 『윤리연구』, 123: 203-239.

아사노 미츠유키 저, 이승호 옮김, 국토연구원 도시재생연구센터 기획(2016). 『성숙도시의 교통 공간. 그 이용방법과 새로운 방향』. 서울: 국토연구원.

앤디 메리필드 저, 박준형 옮김(2018). 『아마추어, 영혼 없는 전문가에 맞서는 사람들』. 서울: 한빛비즈.

양정철 · 김경범 · 조항웅 · 황경수(2020). 제주도 자동차 총량제 제안 연구. 제주대학교 사회과학연구소. 『사회과학연구』, 11(1): 1-20.

오성훈 · 김성준 · 허재석(2019). 『2018 서울시 도로다이어트 현황과 평가』. 서울: 서울시청, 건축도시공간연구소.

이재림 · 이상민 외(2003). 『한국의 교통정책』. 서울: 교통개발연구원.

최재성 외(2005). 『교통공학』. 서울: 박영사.

톰 밴더필트 저, 김민주 · 송희령 옮김(2009). 『트래픽』. 서울: 김영사.

통계청(2020). 2019년 사망원인 통계. 2020년 9월 22일. 보도자료.

한주성(2010). 『교통지리학의 이해』. 서울: 한울.

황경수 · 김영란(1999). 관광 교통 속성 평가를 통한 제주도 관광교통정책 방향 모색. 한국관광정책학회, 『관광정책학연구』, 5(1): 289-309.

황경수 · 염암 · 고관우 · 김경범(2013). 제주지역 자동차 총량제 도입을 위한 제안. 제주연구원. 『제주발전연구』, 17: 183-196.

황기연(2016). 공유경제와 공유교통. 『교통 기술과 정책』, 13(2): 7-9.

Garrison, William L., & Jerry, D. Ward(2000). *Tomorrow's Transportation: Changing Cities, Economies, and Lives*. Boston · London: Artech House.

Gatrell, A.(1983). *Distance and Space: A Geographical Perspective*. Oxford: Clarendon Press.

Haggett, Peter(1966). *Locational Analysis in Human Geography*. New York: St.Martin's.

Janelle, D.(1974). Spatial Reorganization: A Model and Concept. M. Hurst(ed.). *Transportaion Geography*. New York: McGraw-Hill, 358-376.

Roger, P. Roess, Elena, S. Prassa, & William, R. McShane(2004). *Traffic Engineerigng*(3rd ed.). New Jersey: Pearson/Prentice Hall.

Wolfgang, S. Homburger, James H. Kell & David, D. Perkins(1992). *Fundamentals of Traffic Engineering*. Berkeley: Institute of Transportation Studies University of California.

CHAPTER

13

지속가능한 도시를 위한 환경행정

최정석
(중부대학교 건축학과)

제 1 절 도시발전의 환경적 교훈

사람과 생태는 하나, 다시 말해 사람이 생태계의 일부이지만 언젠가부터 유체이탈기술을 개발하면서 돌이킬 수 없이 심각한 문제를 만들어내기 시작했다. 즉, 사람이 생태계의 원리에서 이탈하면서 두 개의 괴물(생명부양시스템의 손상, 지구온난화)을 만들어냈고 이제는 그것과 싸우고 있다. 도시가 최후의 싸움터가 되고 있는 것이다.

도시의 개발과 확대에 따른 환경변화는 실로 엄청나다. 산업화 이후 전례 없이 계속되는 도시화의 확대가 환경과 기후에 주는 영향은 절대적이다. OECD의 분석에 따르면, 도시가 전 세계의 에너지로 인한 CO_2 배출량의 70% 이상, 폐기물의 50% 이상을 쏟아내고 있다(OECD, 2021.6.26).

월드워치연구소(WWI)는 『2016 세계환경보고서』를 통해 세계적으로 도시가 에너지소비의 60~80%, 천연자원 소비의 75%를 차지하고 있고, 2012년 한해에만도 15억 명의 도시 거주자 중에서 700만 명이 실외 대기오염으로 사망하고, 400만 명이 실내 대기오염(2014년)으로 사망했다고 발표하였다(월드워치연구소, 2017).

2021년 현재, 세계 인구의 반 이상이 도시에 살고 있고, 2050년경에는 2/3가 도시에 거주할 것으로 예측된다(National Geographic, 2021.6.26). 도시화 경향이 지속되고 도시의 환경적 관행이 계속된다면, 도시 확대로 인해 발생될 환경문제는 매우 우려할 수준으로 진전될 것이다.

도시계획가의 의도대로 환경문제가 해결되진 않는다. 도시가 사람이 만든 것이지만 그 도시를 만든 의도에 들어맞는 도시가 어디 있겠는가? 아무리 유명한 도시계획가가 계획한 도시라고 한들 도시계획가의 의도에 맞게 유지되는 도시는 없을 것이다. 파리도 그렇고 맨하튼도 그렇고 서울도 그렇고 심지어 공산주의 계획가들이 대대적으로 손질한 평양도 계획가들의 의도와는 멀리 떨어져 작동하고 있을 것이다.

체계적인 기술을 가진 전문가들이 모여 만든 도시가 의도한 것처럼 되지 않는데, 인간이 주인공이 아닌 자연환경의 영역을 인간의 의도에 맞춰 이용하겠다고 계획하고 관리하는 것은 더욱 가능하지 않을 것이다. 복잡한 도시 현상을 불확실한 환경 현상에 맞춰서 개발하고 관리한다는 것은 만능의 효능을 가진 백신을 개발하는 것처럼 어려운 일이다.

도시가 지속가능하다는 것이 무엇인지에 대해 이해가 부족하다. 흔히 도시계획가, 환경전문가, 건축 · 토목전문가 등 공간환경을 다루는 여러 분야의 전문가들이 '지속가능한(sustainable)'이라는 개념을 흔히 사용하고 있어, 마치 그들이 지속가능한 도시에 대해 좋은 계획이나 대안을 제시할 것으로 인식되지만 이제는 지속가능한 도시에 대한 개념적 합의도 불가능한 상태이다. 그 이유는 전문가들의 지속가능성의 과학적 원리에 대한 이해 부족뿐만 아니라 '지속가능한'이라는 용어 자체가 개념-수단-목적을 동시에 포함하는 복잡한 개념이기 때문이다.

도시를 지속가능하게 만드는 것은 당면한 환경문제를 해결하는 것으로부터 출발해야 한다. 당초 ESSD가 '환경적으로 건전하고 지속가능한(environmentally sound)'이라는 개념으로부터 출발했지만, 요즘은 다방면을 고려하고자 '환경적으로 건전하고는' 빼고 지속가능한 발전이라는 포괄적 개념으로 일반화하여 투쟁 전선을 확대하고 있다. 그래서 오늘날의 지속가능성 논의는 환경문제 외에도 경제적 측면, 사회적 측면까지 포함하고 있다. 한국처럼 경제, 사회, 환경의 모든 영역을 중앙정부가 '명령과 통제(command & control)' 방식으로 결정하는 '관료적 권위주의(bureaucratic authoritarianism)' 체제에서는 정책과 제도를 지속가능성 영역에 포함하기도 한다.

제 2 절 도시의 환경문제

도시의 환경문제는 도시라는 본질적 속성에 기인하여 발생하는 문제로부터 지구적 에너지 이용구조 때문에 발생하는 문제에 이르기까지 다양하다. 국가의 발전 정도, 도시의 개발 정도, 국민의 환경인식, 정부의 정책 역량 등 여러 여건에 따라 환경문제에 대한 인식과 정책의 차이가 발생한다. 2019년 1인당 GNI(국민총소득)가 세계 최고인 스위스, 노르웨이 같은 나라, 26위인 한국, 세계 최하위권에 있는 소말리아나 부룬디[1]의 환경문제가 같을리 없다.

일반적으로 후진국에서는 오염문제가 중요하다. 특히, 의 · 식 · 주에 관련된 열악한 환경이 핵심문제인 것이다. 한국, 중국, 이탈리아, 스페인 같은 중진국에서는 자원문제가 중요하다. 경제가 확대 · 발전되려면 생산을 더 많이 해야 하고 이를 위해 자원을 더

1) 1인당 명목 GNI로 세계의 190개 국가를 서열화한 결과이다(Wikipedia).

투입해야 하는데, 투입 자원은 부족하고 자원이용 기술이 미흡하여 그만큼의 오염물질을 배출한다. 기후변화에 대응하라는 국제 사회의 압력이 있지만, 아직 경제적 허기를 못 채우고 있기 때문에 기후변화 대응에 소극적이다. 반면, 북·서 유럽 및 북아메리카 선진국들은 환경전략의 핵심 축을 기후변화 대응으로 대전환하고 있다.

환경문제를 해결하는 것은 정말 어렵다. 인류 역사 내내 환경문제는 해결되지 못하고 다만 가중되었을 뿐이다. 환경문제는 암문제와 동일하다. 지구에 널리 퍼져 있고 걸리기 쉽고 초기에는 돈도 많이 안 들지만, 후기에는 치료도 어렵고 돈도 많이 든다. 암문제와 환경문제의 더욱 중요한 공통점은 원인이 다양하기 때문에 대응이 어렵다는 점이다. 이처럼 환경문제를 오염문제라고 보는 짧은 인식과 환경문제를 일으키는 원인이 너무 많기 때문에 매우 다루기 어려운 문제라고 할 수 있다.

환경문제는 단순히 오염문제가 아니라 ① 에너지(자원 포함)문제, ② 자연생태계문제, ③ 환경오염문제의 총체이다. 즉, '환경문제 = f(에너지문제, 자연생태계문제, 환경오염문제)'라고 표현할 수 있다. 이들 원인자인 종속변수 중에서 에너지문제가 가장 중요한 역할을 한다는 점을 인식하는 것이 중요하다. 에너지를 어떻게 쓰는가, 어떤 에너지를 쓰는가에 따라 자연생태계와 환경오염의 양태가 달라지고, 결국 인류를 끝장낼 수 있는 기후변화문제까지 일으킨다. 이렇게 보면 에너지 및 자원이용의 양태가 환경문제를 해결하기 위한 근본에 접근하는 요체라고 할 수 있다(최정석 외, 2018: 329-330).

아무리 선진국이라고 해도 환경오염문제를 완전 해결한 국가도 도시도 없다. 예를 들어, 영국에서 대기오염 때문에 조기 사망한 것으로 분류한 사망자의 수가 2015년 한 해에만 29,000명으로 공식 집계되었다. 이것은 당뇨와 알코올로 인해 사망한 사람의 수를 합친 것보다 많은 수치라고 한다(BBC, 2015.4.29).

도시가 환경에 그렇게 많은 영향을 주는 이유가 무엇일까? 그 이유는 너무나 많다. 가장 간단한 이유는 좁은 공간에 사람이 너무 많이 산다는 것이다. 세계의 모든 도시가 다 그런 것은 아니지만 서울, 도쿄, 베이징 등 아시아 주요 도시를 보면 이해가 될 것이다. 많은 사람이 좁은 공간에 산다는 사실 그 자체도 열오염을 일으킨다. 그 이유를 생각해보자.

도시를 연구한 물리학자 제임스 트레필(James Trefil)은 사람이 하루에 2,000칼로리를 섭취한다고 할 때, 100만 명이 사는 도시는 사람 체열만으로도 매일 2백만kWh의 열 배출효과가 있다고 보았다(James Trefil, 정영목 옮김, 1999).

같은 수의 사람이 전국적으로 균등 분포되어 있는 것이 환경적으로 좋은지, 아니면 도시에 밀집 분포되어 있는 것이 좋은지는 지속가능한 개발의 모습을 이해하는 각자의 가치관에 따라 다를 것이다. 그러나 동일 공간 규모, 동일 인구 규모, 동일 경제수준을 가정하고 에너지와 물질 이용의 측면에서 본다면, 모든 것이 균등 분포되어 있는 공간 구성보다는 도시로의 밀집된 공간 구성이 지속가능한 발전에 효과적일 수 있다는 견해도 가능하다. 이것을 잘 설명하는 것이 게리 가드너(Gary Gardner)의 '인간 인력의 밀도 법칙'[2)]이다.

그뿐만 아니라 도시는 물질과 에너지를 변형시키는 기계장치이다. 외부로부터 엄청난 물질과 에너지를 가져와서 사용한 후에 그만큼의 배출물을 버려야 하는 물질전환공간인 것이다. '도시물질대사(urban metabolism)'를 통해 도시의 물질전환을 파악할 수 있는데, 이 과정은 에너지법칙(제1법칙, 제2법칙)을 벗어나지 못하기 때문에 물질전환량이 많아질수록 환경에 대한 부정적 영향도 증가하는 당연한 경로를 거치게 된다.

같은 도시라고 해도 미국의 도시, 한국의 도시, 소말리아의 도시가 같은 원인으로 환경문제가 유발되고, 같은 차원에서 지구온난화에 영향을 주는 것은 아니다. 국가마다 도시마다 환경문제가 다르고 기후변화에 대응하는 전략도 다를 수밖에 없다. 이 말은 국가마다 도시마다 문제의 원인 진단과 치료방법이 달라야 한다. 미국의 정치인 힐러리 클린턴(Hillary R. Clinton)이 이런 얘기를 한 적이 있다. "도시가 일으키는 환경문제는 증상과 원인을 구별해야 한다. 왜냐하면, 우리를 괴롭히는 것은 원인이 아니라 증상이기 때문이다."[3)]

2) 이 법칙은 게리 가드너 연구팀이 339개의 수렵채취사회에 대한 연구를 통해, 인구가 100% 증가하는 동안 집단의 활동 범위는 70%만 증가했다는 과학적 연구를 통해 주장한 가설이다. 이것은 물자와 정보 교환을 용이하게 하는 사회네트워크의 역량이며, 공간에서 발생하는 규모의 경제와도 관련된다[월드워치연구소(WWI), 황의방 외 옮김, 2017: 67].

3) 힐러리 클린턴은 한 대학의 연설에서 환경문제에 관련하여 "That is a symptom, not a cause of what ails us today"라는 얘기를 했다.

제 3 절 한국의 환경행정

1. 환경정책의 틀과 환경관리행정

한국의 환경정책은 매우 정치적 편향성이 강하다. 어떤 이론가는 환경정책의 실질적 영향력 확보를 위해 환경정책의 정치화가 필요하다고 한다. 그러나 환경정책의 근간이 정치적 신념 때문에 5년마다 급변한다는 것은 환경정책의 후진성, 환경행정의 무기력을 드러내는 것이다.4)

항상 환경정책을 얘기할 때마다 인용되는 것이 「헌법」 제35조이다. 속칭 환경권 조항이라고 불리는데 다음의 내용이다.

헌법 제35조

① 모든 국민은 건강하고 쾌적한 환경에서 생활할 권리를 가지며, 국가와 국민은 환경보전을 위하여 노력하여야 한다.

② 환경권의 내용과 행사에 관하여는 법률로 정한다.

③ 국가는 주택개발정책 등을 통하여 모든 국민이 쾌적한 주거생활을 할 수 있도록 노력하여야 한다.

국민이 정부에 대하여 주장할 수 있는 권리의 하나로 환경권을 인정하고 있다. 즉, 정부는 모든 국민이 건강하고 쾌적한 환경에서 생활할 수 있도록 환경질을 유지해야 하는 의무를 가진 것이다. 이것은 매우 선언적일 뿐이며 전 국민, 전 국토를 대상으로 차별 없이 최소 수준 이상의 환경질을 유지하기 위한 정책을 추진한 적이 없다. 심지어 지역균형발전정책에서도 환경질 유지를 위한 정책사업은 거의 없다.

한국의 환경행정의 성과는 경제 발전과 더불어 꾸준히 향상된 것은 사실이다. 특히, 최근 20년 동안 한국의 환경성과의 향상이 두드러졌다. 한국은 2002년에 세계 132위의 환경성과(Environmental Performance Index)를 기록했는데, 2020년에는 '환경성과지표

4) 환경부가 매년 발행하는 『환경백서』의 맨 앞 부분 10쪽 분량을 장관과 정치인들의 컬러 사진으로 도배한 것만 보더라도 짐작할 수 있다. 환경행정의 내용 소개, 실적 공개, 국민들의 환경여건 변화의 올바른 정보를 공개하는 것보다 장관의 정치적 영향력을 소개하느라고 바쁘다.

(Environmental Performance Index: EPI)'[5] 평가에서 66.5점으로 180개 국가 중 28위를 차지하였다. 같은 해, 한국의 1인당 GNI가 32,860달러로 세계 26위라는 사실을 보면 경제 발전과 환경성과의 관계를 짐작할 수 있다. 한편, OECD 회원국끼리 삶의 질 지표를 적용해서 비교하는 것이 있는데, 2019년에 발표한 결과에 의하면, 환경부문의 평가 결과는 40개 국가 중에서 40위(미세먼지), 29위(수질) 수준이었다.

지속가능한 발전을 위한 환경정책을 수립하고 환경행정을 추진하기 위해서는 정치로부터 독립성을 유지할 수 있는 장치가 필요하다. 선거 때마다 볼 수 있는 무지막지한 환경훼손을 유발할 수 있는 선심성 공약개발을 제어할 수 있도록 환경정책의 위상 확보가 필수적이다. 이것은 지금의 환경부를 국토환경원으로 상향 조정하고, 기존의 환경관리, 환경사업, 기후변화대응 등의 기능별 사업은 관련 국토교통부 등 개발부처와 광역자치단체가 담당하는 방향으로 전환하는 방향이 필요하다. 이것은 '개발사업에서 환경성을 내재화'하도록 하고, 동시에 '과학적 환경관리를 통해 환경친화적 개발을 증진'하는 윈윈(win-win) 전략을 가능하게 할 것이다.

2. 환경관리행정의 주요 대상과 내용

1) 국토환경관리

자연환경의 보전이 일차적이며 기본적인 환경행정의 대상이다. 자연환경의 보전은 자연환경 우수지역의 보전을 위한 자연보호지역의 지정과 관리, 자연생태계의 유지 및 생물다양성의 보전, 자연환경보전을 위한 기반 구축(정보망 구축 등)이 핵심 영역이다. 이를 뒷받침하기 위해 「자연환경보전법」을 중심으로 「유전자원의 접근이용 및 이익공유에 관한 법률」까지 14개의 법률이 제정되어 있다.

자연환경의 보전을 위해 공간적으로 3대 핵심 생태축(백두대간, 비무장지대, 도서·연안)을 설정하여 집중 관리하고 있다. 또한 그동안 훼손된 자연생태계를 복원하는 것

5) 미국의 예일대학과 콜롬비아대학이 중심이 되어 개발·활용하고 있는 '환경성과지표(Environmental Performance Index: EPI)'는 각 국가의 환경정책의 성과를 정량화한 것이다. 2002년에 처음 지표화되고 수정되었으며, UN의 Millennium Development Goals(MDGs)에서 제시된 환경목표를 보완하려는 목적으로 활용되고 있다. 그 전에는 예일대학과 콜롬비아대학이 세계경제포럼(World Economic Forum), 유럽집행위원회(EU Commission)와 공동 개발했던 '환경적 지속가능성지표(Environmental Sustainability Index: ESI)'를 사용했는데, 최근에는 EPI를 사용하는 것이다(https://epi.yale.edu에서 평가 내용과 결과를 확인할 수 있다).

도 중요하다. 이를 위해 생태계에 마치는 영향이 현저하거나 생물다양성의 감소 등을 초래하는 환경영향평가 대상 사업 중의 개발사업 시행자에게 원인자부담의 원칙에 따라 훼손 면적에 상응하는 비용을 부과하는 '생태계보전협력금제도'를 운용하고 있다.

자연환경의 보호를 목적으로 자연보호지역을 지정하고 있다. 2019년 말 기준으로 한국의 자연보호지역 면적은 39,567km^2(KDPA 기준)이다. 그 외에도 8,108km^2 면적(국토면적의 4.9%)의 자연공원(국립공원, 도립공원, 군립공원, 지질공원)이 지정되어 있다.

자연환경보전을 위한 기반 구축 차원에서 지속적으로 자연환경조사를 수행하며, 생태·자연도를 제작하여 자연환경의 보전 및 개발의 평가기준으로 활용하고 있고, '생태계서비스(ecosystem service)'[6]를 평가하고 있다.

또한 생물다양성 보전과 생물자원의 관리를 위해 생물자원관, 생태원 등을 설립하여 조사연구를 수행하고 있으며, 국가 생물자원 관리체계가 구축되어 있다. 야생동물의 보와 관리 차원에서 멸종위기 생물종의 관리, 외래생물의 관리가 강화되고 있다.

좋은 국토환경을 조성하고 유지하기 위해 국토계획(도시계획 포함) 스스로 환경성의 내재화가 요구된다. 이를 위해 사전예방적 국토환경의 관리, 환경친화적 개발사업의 지원이 필요하며, 국토계획과 환경계획의 유기적 연동체계가 필수적이다. 이런 맥락에서 「제5차 국토종합계획(2020~2040)」과 「제5차 국가환경종합계획(2020~2040)」의 연계 수립이 추진되었고, 법제적 기반으로 「국토계획 및 환경보전계획의 통합관리에 관한 공동훈령」이 시행되고 있다. 그리고 개발정책 및 개발사업의 환경성을 검토하고자 「환경영향평가법」을 통해 환경영향평가(전략환경영향평가, 환경영향평가, 소규모 환경영향평가)를 시행하고 있다.

2) 물환경 관리

한국은 절대로 물이 부족한 나라가 아니라, 계절 차이가 큰 강수 특성을 고려하여 물을 담아놓을 수 있는 물그릇(댐, 저수지 등)을 적절하게 준비하지 못한 나라인 것이다. 세계은행(World Bank)에 따르면, 2017년 기준으로 한국의 연간 강수량은 1,274mm로 프랑스(867mm), 네덜란드(778mm), 미국(715mm), 덴마크(703mm), 스웨덴(624mm), 캐나다(537mm) 등 세계 최고 수준의 선진국에 비하면 물이 너무나 풍족한 국가이다

6) 생태계의 변화는 인간 삶의 질과 행복에 직·간접적으로 많은 영향을 준다. 그 영향은 인간에게는 좋은 혜택일 수도 있고, 이상기후와 같은 재앙으로 영향을 줄 수도 있다. 인간이 자연생태계로부터 직·간접적으로 받는 혜택을 생태계서비스라고 한다.

(World Bank, 2021.6.26). 게다가 한반도 남부의 기후가 아열대로 진행되면서 지난 20년 간 연간 강수량이 계속 증가하여 2020년에는 1,590mm를 넘은 상태이다(기상청, 2021.8.1).

한국에서 물환경정책의 주요 수단 사용되는 것으로는 환경기준 및 배출허용기준의 설정·관리, 4대강(한강, 금강, 낙동산, 영산강) 중심의 유역관리, 비점오염원관리, 수생태계 건강성 회복사업, 기후변화 대응 물관리대책, 상수도·하수도 공급사업, 먹는물(먹는샘물[7] 포함)의 관리, 토양 및 지하수관리 등이 있다.

물환경 관리를 위해 정책목표로 '수질 및 수생태계 환경기준'을 설정하고 관리한다. 이것은 정부가 달성하겠다고 설정한 국가 수질환경 관리의 정책목표이지, 국민과 기업에 부과하는 배출허용기준과는 다른 개념이다. 2021년 7월 기준, 한국은 물환경 관리 대상을 하천, 호소, 지하수로 구분하고 있으며, 건강보호항목(하천호소에 공통으로 적용, 20개)과 생활환경항목(하천 7개, 호소 8개)으로 구분하여 관리하고 있다.

한국의 물관리 법률체계는 「물관리기본법」을 토대로 「먹는물관리법」과 「물환경보전법」이 물관리체계를 규정하고 있다. 물관리는 물의 양(수량관리), 물의 질(수질관리), 물가의 환경(수변관리)가 통합되어야 한다. 그러나 중앙부처인 환경부가 수량관리와 수질관리를 담당하고 있으며, 실제 물의 질과 양에 직접적인 영향을 주는 더욱 중요한 수변관리는 개발압력과 주민민원에 시달리는 지방자치단체가 담당하기 때문에 효과적이고 실질적인 물관리 통합행정이 이루어진 상태는 아니다.

아직도 물관리라고 하면 수질관리와 수량관리라고 보는 경향이 강하다. 그렇기 때문에 입지규제를 중심으로 하는 '수변구역제도', '상수원관리지역제도' 등이 시행되고 있지만 물가(수변)관리가 적절하게 이루어진다고 보기는 어려운 상황이다. 이제 한국도 과학적인 수질관리와 수량관리를 토대로 물관리 행정의 중심을 수변관리로 옮겨가야 할 시점이다.

먹는물뿐만 아니라 해양환경도 중요한 관리 대상이다. 해양환경오염이 심각하고 관리체계가 부실하다는 비판에 따라, 2019년부터 해양공간의 난개발에 대응하고자 「해양공간계획 및 관리에 관한 법률」을 제정하여 시행하고 있고, 이에 따라 해양공간기본계획을 수립하여 시행하고 있다. 여기서는 해양도 육지와 마찬가지로 계획과 관리의 대상

7) '먹는샘물'이란 샘물을 먹기에 적합하도록 물리적으로 처리하는 등의 방법으로 제조한 물이며, 해양심층수를 먹는 데 적합하도록 물리적으로 처리하는 등의 방법으로 제조한 "먹는물해양심층수"와 함께 흔히 "생수"라고 불리는 먹는물의 한 종류이다(먹는물관리법 제3조 참조).

으로 규정하여 바다의 이용 현황과 특성에 따라 해양용도구역(어업활동보호구역, 에너지개발구역, 해양관광구역, 환경생태계관리구역 등 9개 용도구역)으로 구분하여 관리하고 있다.

극심한 난개발과 환경오염으로 시달리는 한국 해안의 환경을 관리하게 위해 환경관리해역제도, 연안오염총량관리 등을 시행하고 있지만, 공공부문과 민간부문 모두 해안의 난개발에 앞장서면서 해안생태계 및 해안경관의 파괴가 지속되고 있다. 이러한 부실한 해안관리로 인해 해수면 상승과 해안 침식이 가속화되면서 일부 해안 도시는 심각한 재해영향에 직면할 것으로 예측된다.[8] 이제라도 해안지역의 난개발을 규제할 수 있는 법률과 제도의 도입이 절실하게 요구된다.

3) 대기환경 관리

물은 며칠 못 마셔도 죽지 않지만 공기는 호흡하지 못한다면 단지 4~5분만에 사망하게 되는 중대한 생명유지 환경재이다. 그렇기 때문에 대기환경은 단 1~2분이라도 절대로 악화되는 것을 막아낼 철통 이상의 관리체계가 필요하다. 하지만, 해결하지 못하고 있는 기존의 대기오염 문제에 치명적인 '중국 및 북한발 미세먼지 문제'[9]까지 가중되면서 한국의 대기오염은 해결의 기미가 보이지 않는다.

대기오염을 관리하기 위해 「대기환경보전법」을 통해 대기오염물질을 지정하여 관리하고 있으며, 대기환경의 정책목표인 대기환경기준을 제시하고 있으며, 35가지의 대기오염물질에 대한 배출허용기준(2021년 8월 기준 36개 물질)을 설정하고 대기배출부과금제도, 연료규제 등을 시행하고 있다.

최근 국민적 관심이 높아지고 있는 미세먼지는 대기 중에 떠다니거나 흩날려 내려오는 입자상물질을 일컫는 것으로, 입자의 크기가 10μm 미만이면 미세먼지라고 한다. 그 중 크기가 2.5μm 미만인 것은 환경과 건강에 피해가 크기 때문에 특별히 초미세먼지라

8) 국립해양조사원의 『기후변화 대응 해수면 변동 분석 및 예측 연구(4)』에 따르면, 지난 30년(1989~2018년) 동안 남한의 평균 해수면은 매년 2.97mm씩 높아졌는데, 그 중 최근 10년 간(2009~2018년)의 해수면 상승률이 매년 3.48mm로 조사되어 해수면 상승이 최근 심화되는 것을 알 수 있다.

9) 어떤 이들은 미세먼지가 중국 때문이 아니라 한국 자체의 배출원 문제라고 주장하지만, 이는 사실이 아니다. 중국 눈치 보기에 바쁜 현 정부의 환경부도 『환경백서』를 통해 "국외 유입에 따른 국내 대기오염 기여도를 통상 절반 수준"이라는 모호한 표현으로 인정하고 있다(환경부, 2020: 337). 왜 중국과 북한이라는 표현을 쓰지 못하고 미세먼지의 원인을 내부로 돌리는 것인지 생각해볼 필요가 있다.

고 부른다. 미세먼지의 심각성을 고려하여 「미세먼지 저감 및 관리에 관한 특별법」까지 제정하여 관리를 시도하고 있다.

그 외에도 관리해야 할 공기가 있다. 실내공기의 관리이다. 대부분의 시간을 실내에서 지내는 현대의 도시 여건을 고려하여 실내공기의 질을 깨끗하게 유지하는 것은 중요하다. 실내 공기질 관리를 위해 「실내 공기질 관리법」을 통해 다중이용시설 26개(의료기관 지하역사 등)를 관리 대상으로 지정하고 관리한다.

4) 폐기물 관리

쓰레기라는 좋은 전통의 용어가 있지만, 법률을 통해 굳이 폐기물이라는 어려운 일본 한자를 사용하기 때문에 폐기물 문제가 더욱 복잡하게 느껴진다. 현행 「폐기물관리법」에서 폐기물을 쓰레기, 연소재, 오니, 폐유, 폐산, 폐알칼리 및 동물의 사체 등으로서 사람의 생활이나 사업활동에 필요하지 아니하게 된 물질로 규정하고 있다.

「폐기물관리법」에 의해 폐기물은 생활폐기물과 사업장폐기물로 구분한다. 생활폐기물은 사업장폐기물이 아닌 폐기물을 말한다. 사업장폐기물에는 사업장일반폐기물, 건설폐기물, 지정폐기물(의료폐기물 등) 등 다양한 종류의 폐기물이 포함된다. 법률에서 폐기물이라는 용어를 쓰기 때문에 쓰레기는 사람의 일상생활에서 나오는 것이라는 인상을 주며, 더 이상 사람생활이나 사업활동에서 필요하지 않으면 폐기물로 규정되는 것이다.

폐기물 관리는 어려운 환경관리 분야이다. 인공위성이 화성에 착륙하고 부자들이 우주여행을 하는 수준의 첨단 과학과 기술의 시대이지만 쓰레기를 처리하는 방법은 1만 년 전에 비해 발전한 것이 없다. 여기서 중대한 정책개념의 실수가 드러난다. 지금의 기술수준이나 산업관행으로는 사용할 수 없기 때문에 생산·소비의 네트워크에서 이탈된 물질, 즉 부산물을 고려하지 못하며, 우리에게는 못쓰는 폐기물이지만 다른 사람, 기업, 산업, 국가에는 자원이 될 수 있는 잠재자원으로서의 폐기물을 고려하지 못한다는 점이다.

또한 폐기물이라는 법적 정의에서 사람생활이나 사업활동에서 필요하지 않으면 폐기물로 규정하는 것은 마치 가정이나 사회에서 필요하지 않은 사람으로 인식되면 그 사람을 폐기물이라고 부르는 것과 같은 느낌이다. 문제는 폐기물은 그냥 둘 수 있는 것이 아니라 반드시 가야 할 방향이 법률에 의해 정해져 있다는 점이다. 폐기물은 법률에 의해 매립, 소각, 재활용,[10] 기타(보관)만이 갈 길이다. 하지만, 모든 폐기물은 결국 최종의 길에서 만나게 된다. 바로 땅에 묻거나(매립), 바다에 버리는 것(해역배출)이다. 흔히 소각하면 끝나는 것으로 생각하는데, 소각은 「폐기물관리법」에 의해 중간처분으로 규정되어 있는 것이고, 법률에 의한 폐기물의 최종처분은 '매립'과 '해역배출'의 두 가지 방법뿐이다. 폐기물을 바다에 배출하는 해역배출은 현실적으로 가능하지 않다. 이리저리 쥐어짠 후 남은 최악 상태의 폐기물을 공해에 갖다 버리면 국제적으로 나쁜 국가가 되는 것이고, 그렇다고 한국의 바다에 버리면 우리 바다, 우리 국민을 죽이는 것이니까 결국 땅에 묻을 수밖에 없는 것이다.

이제는 폐기물을 또 다른 차원, 즉 2차 자원으로 구분하는 세상이 필요하다. 1차 자원은 자연에서 나오는 말 그대로 천연자원이다. 이에 비해 2차 자원은 '부산물과 잠재자원으로의 폐기물'을 의미한다. 2차 자원의 활용에 대해서는 산업생태학(Industrial ecology) 분야에서 많은 이론과 기술을 제공하고 있다. 한국에서도 선진국 추세를 따라가고자 폐기물의 자원화를 활성화하기 위해 「자원순환기본법」을 제정하여 '순환자원'[11] 이라는 용어를 사용하고 있지만, 순환자원을 「폐기물관리법」에 의한 폐기물이 아닌 물질 또는 물건으로 한정하여 실효적 한계가 크다고 할 수 있다.

부산물 및 폐기물자원 등 2차 자원의 관리행정은 환경과 경제의 관계를 고려하여 다음과 같은 우선순위를 정하게 된다. 감축(Reduce), 재사용(Reuse), 재활용(Recycle), 회수(Recovery), 복원(Restore)의 순으로 자원이용의 순환구조가 형성되어야 한다. 그 중 가장 중요한 세 가지인 감축(Reduce), 재사용(Reuse), 재활용(Recycle)을 합쳐 폐기물 관리의 3R 원칙이라고 한다.

폐기물 관리의 3R 활성화를 위해 1995년부터 쓰레기 종량제를 실시하고 있다. 쓰레기 종량제는 소비 부문의 쓰레기 관리를 위한 것이며, 생산부문의 폐기물 관리를 위해 확대생산자책임재활용제도(Extended Producer's Responsibility: EPR)와 폐기물부담금제도를 시행하고 있다. 소비자 및 생산자 공동의 쓰레기 저감 노력을 지원하기 위한 제도로는 '빈용기보증금제도'가 대표적이다.

---

10) 법률에 의해 재활용은 ① 폐기물을 재사용 · 재생이용하는 것, ② 폐기물로부터 에너지를 회수하거나 폐기물을 연료로 사용하는 활동으로 구분된다. 간단하게 설명하면 재사용은 쓰레기를 다시 쓰기 위해 산업공정을 거칠 필요가 없는 것이고, 재생이용은 쓰레기를 수거하여 산업공정을 거쳐 다시 사용 가능한 제품으로 만드는 것이다. 마시고 남은 페트병을 물로 씻은 후에 물통으로 쓰면 재사용이고, 폐기물로 배출한 후에 환경업체에서 생산공정을 거쳐 화분으로 만들었다면 재생이용인 것이다.

11) 순환자원은 ① 사람의 건강과 환경에 유해하지 아니하고, ② 경제성이 있어 유상(有償) 거래가 가능하고 방치될 우려가 없는(「폐기물관리법」에 의한) 폐기물이 아닌 물질 또는 물건을 말한다.

5) 온실가스 관리

2018년 기준, 한국은 세계에서 8번째로 이산화탄소(CO_2)를 많이 배출하여 세계 CO_2 배출의 2%를 차지하며, 1인당 배출량에서는 세계 6위를 기록하고 있어[12] 온실가스 배출 관리에서 갈 길이 먼 나라에 속한 상황이다.

한국 정부도 온실가스 감축정책을 추진하고 온실가스 관리체계를 구축하고 있다. 이에 따라 '국가 온실가스 종합정보관리시스템'을 운영하며, 온실가스 · 에너지 목표관리제, '온실가스 배출권 거래제도'를 시행하고 있다.

온실가스 관리는 앞으로 30년 동안은 한국 환경행정의 최고 핵심 부문이 될 것이다. 그 이유는 북한 등 절대적으로 가난해서 온실가스문제를 얘기할 수 없는 국가들, 그리고 중국과 같이 많은 인구, 낮은 산업기술, 많은 생산량, 낮은 환경인식의 국가를 제외한 대부분의 국가들이 2050년까지 '탄소중립상태(carbon neutrality)'를 달성하겠다고 천명하고 있다는 사실을 보면 알 수 있다.

한국도 '파리 기후변화협약'에 따른 의무사항으로 「대한민국 2050 탄소중립전략」을 수립 · 제출하였다. 여기서 제시한 탄소중립(carbon neutral)을 달성하기 위해서는 온실가스를 감축하고 탄소중립도시로 전환하는 노력을 할 수밖에 없다. 따라서 포괄적인 온실가스의 관리(① 온실가스 배출의 감축, ② 배출된 온실가스의 흡수, ③ 기후변화에 적응, ④ 탄소순환의 경제적 활용)가 국가 전체는 물론이고 도시관리에서도 가장 중요한 '도전과제(challenges)'가 될 것이다.

3. 지속가능발전을 위한 지속가능발전목표의 설정 · 관리

세계적으로 널리 사용되는 개념인 지속가능발전이라는 용어의 뿌리는 일반적인 생각과는 달리 '브룬트란트위원회(Brundtland Commission)' 이전부터 자라난 것이다. 1974년 세계교회협의회(World Council of Churches)의 서류에서 지속가능한 사회라는 개념과 이를 위한 네 가지의 달성방법을 제시하였다.

1977년에는 데니스 피라지스(Dennis Pirages)가 『지속가능한 사회(*The Sustainable Society*)』를 출간했고(Pirages, 1997), 이러한 기존 개념을 기반으로 1980년에는 세계자

12) 세계 최대의 CO_2 배출 국가는 중국으로 2위인 미국의 2배, 3위인 인도의 5배 수준이며, 4위는 러시아, 5위는 일본, 6위는 독일, 7위는 이란, 8위가 한국이다(Union of Concerned Scientists, 'Each Country's Share of CO_2 Emissions', 2020.8.12).

연보전연맹(IUCN)에서 출간한 「세계보전전략: 지속가능개발을 위한 생명자원보존(World Conservation Strategy: Living Resource Conservation for Sustainable Development)」(IUCNNR, 1980)에서 지속가능한 개발에 대한 정교한 개념 정의가 시도되었다. 그 후 모두가 알고 있는 것처럼, 그로 할렘 브룬트란트(Gro Harlem Brundtland)를 의장으로 하는 '환경과 개발에 관한 세계위원회(World Commission on Environment and Development: WCED)'가 창설되었고, 그녀를 중심으로 한 일단의 연구팀에 의해 보고서가 채택되었고, 1987년에 「우리 공동의 미래(Our Common Future)」라는 책으로 출간하여(WCED, 1987), 오늘날 우리가 널리 사용하는 환경적으로 건전하고 지속가능한 개발(Environmentally Sound and Sustainable Development: ESSD) 개념을 알리는 역할을 한 것이다.

최근에는 ESSD 대신에 그냥 SD(지속가능한 발전 혹은 지속가능한 개발, Sustainable Development)라고 사용하는 추세이다. 그 이유는 '지속가능한(sustainable)'이라는 의미에 국가나 사회적 여건을 고려할 수 있는 포괄적 의미를 포함하기 때문이다. 따라서 지속가능발전이라는 용어는 개념이자 수단이고 목적으로도 활용되기도 하는 것이다.

지속가능발전의 개념이 보편화되면서 2012년 UNSCD(UN지속가능발전회의, 일명 Rio+20)에서 지속가능발전목표(Sustainable Development Goals) 설정에 합의하였고, 2015년 9월 제70차 유엔총회에서 지속가능발전을 위한 17개 목표(goals)와 169개 세부목표(targets)로 구성된 '2030 지속가능발전의제(2030 Agendas for Sustainable Development)'가 채택되었다.

이러한 국제적인 맥락에 맞춰 한국에서도 2007년 「지속가능발전법」[13]을 제정하였고, 2010년에는 「저탄소 녹색성장 기본법」도 제정하였다. 이러한 법적 기반을 토대로 중앙정부 및 지방자치단체에서 각자의 여건을 고려한 지속가능발전목표(SDGs)를 수립하고 있다.

4. 한국의 환경행정체계

한국의 환경행정의 역사는 다른 나라에 비해 그리 짧은 것은 아니다. 이미 조선시대 초기부터 궁궐을 청소하는 공식 직제가 만들어지고,[14] 수도인 한양 일대에 대해서는

13) 2007년 제정 당시에는 「지속가능발전 기본법」이었으나 2010년부터 「지속가능발전법」으로 개정하여 사용하고 있다.

요즘의 개발제한구역과 비슷한 금산, 봉금구역 등이 지정되어 관리되었고,[15] 법률을 통해 불법 벌목과 오물 투기에 대해 구체적인 형사처벌 조항을 제정하였으며, 종종 청계천 관리사업(준설사업)을 정부가 직접 추진하기도 했다.

불행히 일본 제국주의의 강점기에 '조선오물소제령(1936년)' 등의 환경행정이 시행되었고, 그 중 일부가 근대 한국의 환경행정과 도시환경관리의 토대를 구성한 것도 사실이다. 일본 강점기가 끝나고 한국의 중앙정부 스스로가 본격적으로 환경행정을 시작한 것은 1967년 보건사회부에 설치되었던 환경위생과(공해계) 이후라고 할 수 있다. 1980년에 환경청이 발족되었고, 1994년부터 환경부로 확대 개편되면서 지금에 이르고 있다. 2021년 8월 현재, 환경부는 외청으로 기상청, 한강유역환경청 등 무려 8개나 되는 유역환경청과 지방환경청, 국립환경과학원 등 12개의 소속기관, 한국수자원공사 등 11개의 산하기관을 보유한 거대 조직으로 성장하였다.

오늘날 한국 환경행정의 기반이 되는 환경법률은 일본에 의한 '조선오물소제령'을 대체하기 위해 박정희 군사정권 시절에 제정(1961년)·시행(1962년)한 「오물청소법」부터라고 할 수 있다. 그 후 10년 간 「수도법」, 「하수도법」, 「공해방지법」, 「독극물 및 극물에 관한 법」, 「조수보호 및 수렵에 관한 법」 등 5개의 환경전문법률을 추가로 제정하면서, 당시 공식 1인당 GDP[16]도 조사하지 못했던 한국에서 1960년대에 이미 세계적 수준의 환경 법제가 구축되기 시작한 것이다.

2021년 8월 현재, 환경부 소관으로 153개의 법률(그 외에 73개 시행령, 75개의 시행규칙, 일반규칙, 5개의 규정이 제정)이 운용 중이다. 그러나 이렇게 많은 법률 중에서 직접 도시를 다루는 법률은 존재하지 않는다.

한국 정부부처의 뿌리 깊은 칸막이 행정의 소산이다. 환경행정을 전담하는 환경부에서 도시를 다루는 법을 가질 수 없고, 도시라는 이름이 들어간 법률은 개발부서인 국토교통부의 책임 영역이라는 행정관행이 굳건히 정립되어 있기 때문이다. 이렇다 보니 '환경을 개발의 눈'으로 보는 행정능력은 커졌지만, '도시를 환경의 눈'으로 보고 정책을

14) 조선시대 공조나 한성부에서는 오물을 처리하는 일을 맡은 직책이 존재하지 않았지만, 궁궐 청소를 담당하는 상제(尙除)라는 환관을 두었고, 상제가 하는 일을 소제(掃除)라고 했다.

15) 조선시대 태조 1년(1392년)에 공조에 산택사(山澤司)를 설치하고, 안정적인 목재 조달을 위해 일반인의 출입을 금지하는 금산(禁山)을 지정하였고, 일반인의 출입을 금지하면서 함부로 개발을 못하게 하기 위한 봉금구역(封禁區域)을 지정했다(공우석, 2019).

16) 당시 한국의 공식적인 1인당 GDP 수치는 존재하지 않는다. GDP 통계는 1970년부터 집계되었기 때문이다. 다만, 1953년의 1인당 GNP는 67달러로 기록되어 있다. 세계에서 몇 번째였는지에 대한 기록은 없다(김태완, 월간조선 2010년 1월호).

펼 수 있는 역량은 커지지 못한 것이다.

제 4 절 지속가능성을 높이기 위한 도시의 녹색 전환 방향

1. 도시구조를 압축적으로 전환

적당히 먹고 살 만한 경제력을 가진 국가라면 환경정책에서의 우선순위가 분명하다. '환경보전'이 최우선이다. 현재의 「환경정책기본법」 제3조에서 환경보전을 "환경오염 및 환경훼손으로부터 환경을 보호하고 오염되거나 훼손된 환경을 개선함과 동시에 쾌적한 환경 상태를 유지 · 조성하기 위한 행위"로 규정하고 있다. 환경보전 개념 속에 환경보호, 환경개선, 환경의 유지 · 조성이 포함되는 것으로 해석할 수 있다. 당연히 환경보호가 정책의 일차적 대상이다. 그 이유는 '자연은 자연이 가장 잘 안다'는 원리를 생각하면 알 수 있다.

환경복원(법률 용어로는 환경개선)은 그 다음이다. 도시를 개발하고 산업을 발전시키고 인간의 탐욕을 채우는 과정에서 훼손되고 파괴된 환경을 가급적 원래 상태로 되돌리는 것이 안전하기 때문이다. 환경창출(법률 용어로는 환경의 유지 · 조성)이라는 것도 생각할 수 있다. 작곡가가 음악을 만들 듯 조각가가 작품을 만들 듯 도시계획가는 공간의 환경가치를 증진할 수 있다.

환경창출로 더욱 유명해진 몇 개 도시 사례를 들 수 있다. 첫째는 뉴욕 맨하튼이다. 진흙바닥 위에 조성한 센트럴파크(Central Park), 폐고가철로를 보행공원으로 만든 하이라인(High Line), 허드슨강에 인공섬으로 만든 리틀아일랜드(Little Island)는 도시에서 인공적으로 환경을 창출한 좋은 사례이다.

둘째는 아랍에미리트의 두바이를 들 수 있다. 사막지역 해안가의 조그마한 어촌마을이었던 두바이는 석유자본의 힘으로 2020년 인구 340만 명을 넘는 대도시로 성장하면서, 자연을 극복하면서 멋진 인공자연, 인공환경을 만들어낸 도시의 대명사가 되고 있다. 하지만, 두바이가 앞으로도 계속 유지될 수 있을 것인가에 대한 의구심이 들뿐이다.

생태 그대로의 자연보다는 인공환경을 더욱 환경친화적이라고 생각하는 문화가 팽배한 곳이 한국과 중국이다. 한국과 중국이 공유하는 개발문화의 하나가 '신도시 숭배

사상'이다. 얼마나 신도시를 숭배하는지 30년이 지난 신도시 개발지역을 아직도 신도시[17]라고 부르면서 중앙부처에 도시재생 사업비를 지원해달라고 졸라댄다. 즉, 아직 새파란 어린애가 노화방지 처방을 해달라고 하는 것과 같은 상황아닌가? 무지막지한 외곽 신도시 개발은 원도시 지역과 신도시 개발지역 모두에게 엄청난 환경부담을 가중시키는 '지속파괴적 개발'이다. 최근 신도시 개발지역의 주민들이 상대적으로 높은 환경적 만족감을 갖는다는 조사를 볼 수 있는데, 그것은 깨끗한 거리경관과 단지조경에 만족한 것이지 도시의 환경질이 높다는 얘기는 아니다. 이러한 인식은 정책결정자와 도시계획가들이 신도시 개발로 환경을 개선할 수 있다는 착각에 빠지게 한다. 이것이 도시가 계속 '무분별한 외연 확장(urban sprawl)'을 지속하는 이유의 하나이다.

자동차 교통을 위주로 하는 도시정책으로는 지속가능한 도시를 달성할 수 없다. 전기 자동차건 자율주행 자동차이건 에너지를 사용하는 자동차가 생활교통의 중심이 된다는 것은 도시의 환경성 증진, 나아가 지속가능한 도시로 가는 방향이 아니라는 점은 분명하다. 심지어 무연료 자동차라도 자동차가 지배적인 생활교통 수단이 된다는 것은 근본적으로 문제를 해결하는 것은 아니다. 자동차는 존재 그 자체로만으로도 토지(공간)를 반환경적으로 만들게 된다. 오래전에 도시역사학자 루이스 멈포드(Lewis Momford)가 "도시에서 자동차에게 주어지는 권리는 도시 파괴의 허가증이나 마찬가지"라고 한 지혜로운 예견이 예사롭지 않다(Momford, 1961).

인구감소시대에는 농촌과 도시 모두 지속가능한 발전을 위해 공간적으로는 밀도 높은 압축구조로 전환하는 것이 효과적이라는 주장이 설득력이 있다. 규모의 법칙이 공간에도 적용될 수 있다는 뜻이다. 게리 가드너(Gary Gardner) 등이 제시한 도시발전의 규모의 법칙을 새겨볼 필요가 있다.

그들에 따르면, 첫째, 사회기반시설 측면에서 도시는 성장하는 동안 효율을 증진시킨다. 인구가 두 배 증가하면 기반시설은 85%가 증가한다. 둘째, 이와 달리 인구가 두 배 증가하면 도시서비스에 대한 욕구도 두 배 증가한다. 셋째, 인구가 두 배 증가할 때 사회경제적 관리수요는 115%로 증가하는 현상을 보인다는 것이다. 이러한 분석을 통해 도시발전의 변수들이 인구성장의 약 15%의 변동량 안에서 나타난다는 결론을 내릴 수 있다. 이런 현상이 관찰되는 이유에 대해 어떤 학자들은 도시발전의 동력이 도시의 네

17) 예를 들어, 일산신도시, 분당신도시는 1989년에 신도시로 지정되고 개발에 착수하여 1991년부터 입주가 시작된 30년이 된 거대한 주거단지이다. 그런데 일산구도시, 분당구도시라고 하지 않고 신도시라는 이름을 사용하면서 재생사업을 추진하고 있다.

트워크를 통해 생성되는 것이고, 그 네트워크는 밀도함수가 결정한다는 것이다. 밀도는 유대감을 만들고 유대감은 혁신을 유인하며 혁신이 도시의 발전의 동력이라고 설명한다(월드워치연구소, 2017).

2. 도시기능을 생태순환적으로 전환

압축도시의 구조만으로는 지속가능한 도시를 달성하기는 어렵다. 생태도시(ecological city)의 운영 원리가 적용되어야 한다. 도시가 구조적으로는 압축도시의 모습을 갖추고 기능적으로는 생태도시 원리에 따라 움직일 때 탄소 배출이 최소화되고 환경적으로도 지속가능한 도시가 될 수 있기 때문이다. 생태도시는 환경오염이 적어 깨끗하고 쾌적한 자연의 목가적인 풍경을 가진 도시가 아니다. 생태도시는 그 용어에 내포되어 있듯이, 자연생태계가 기능하는 원리에 따라 작동하는 도시라고 할 수 있다.

생태도시가 흉내를 내고자 하는 자연생태계의 원리는 시스템 전체가 하나의 유기체로서 모든 물질과 에너지를 상호 연계 이용하게 되는 순환의 원리이다. 여기서는 외부로는 유해한 것이 배출되지 않는 '무쓰레기(no waste)'의 시스템이 작동한다. 바로 이런 생태계의 순환 원리를 모방하여 절약, 재이용, 재활용을 기본적인 작동 원리로 하는 도시를 생태도시라고 할 것이다.

이런 관점에서 보면, 도시의 환경문제는 도시를 움직이는 원리를 계획하고, 그 도시를 운영하는 우리들의 도시관, 자연관, 생활관과 깊은 관련성이 있다는 것을 짐작할 수 있다. 선진국의 여러 환경도시가 우리나라의 도시보다 높은 삶의 질을 자랑하면서도 1인당 환경오염물질과 온실가스 배출량도 훨씬 적다는 사실을 생각하면 충분히 이해할 수 있다.

생태도시가 되려면 자연의 순환 원리가 도시를 계획하고 건설하고 운영·관리하는 전 과정에서 기본원리로 채택되어야 한다. 도시에서 자원 및 에너지를 순환적으로 이용하기 위해서는 그것을 위한 별도의 기반시설이 갖추어져야 한다. 이것은 도로, 공원·녹지와 같은 기존의 도시기반시설과는 본질적으로 다른 속성을 가지고 있는 또 다른 기반시설이다.

환경오염·생태기능·기후대응 등을 고려한 별도의 기반시설이 필요한 이유는 여러 가지이다. 우선, 도시화율이 90%를 넘게 되면서 도시와 농촌의 구분이 불명확해지며, 도시의 경쟁력이 국가의 경쟁력이 되고 도시의 환경적 건전성이 국토의 지속가능성을 결정하는 시대가 도래했다는 사실이다. 그러나 개발시대에 만들어진 도시계획이 개발위주로 되어 있기 때문에 도시의 생태를 보전하고 환경성을 높일 수 있는 시설을 조성하는 데 미흡한 측면이 있다.

도시도 유기적 생태계(ecosystem)이다. 물질과 에너지가 투입되어 사용되고 배출되는 순환의 메커니즘이 작동한다. 사람의 신체에서 생리물질이 제대로 순환이 안 되면 병이 발생하듯, 도시 물질순환의 메커니즘에서도 문제가 생기면 환경문제가 유발된다. 따라서 '도시의 물질순환(urban metabolism)'을 이해하는 것은 환경문제의 원인을 규명하고 해결책을 찾는 일차적 방법이다.

도시에서 생태순환적 움직임이 활성되려면 생태순환의 원리가 도시계획과 도시개발, 도시관리의 메커니즘 속에 자리잡아야 한다. 이것은 법률에 의한 제도화를 요구한다. 예컨대, 국토 및 도시공간의 틀을 결정하는 「국토의 계획 및 이용에 관한 법률」(국토계획법)에서 기반시설을 규정하고 있지만, 이것은 개발사업의 구성요소이지 도시의 환경성 증진을 위한 시설이라고 할 수 없다. 동법에서는 7개 부분으로 기반시설을 구분하고 각각에 대해 세부시설을 제시하고 있는데, 그 중 한 부문인 환경기초시설(하수도・폐기물처리시설・수질오염방지시설・폐차장)은 말 그대로 단순 오염처리시설일 뿐이며, 도시의 생태적 기능 형성에 관련된 것은 공간시설의 일부(공원・녹지・유원지), 방재시설의 일부(하천・유수지・저수지)에 불과하다. 그나마 이것들도 본질적으로 도시의 환경생태적 기능 제고를 목적으로 규정된 것이 아니기 때문에 분명한 한계점을 드러내고 있다.

최근 한국에서도 '그린인프라(green-infra)'[18]라는 용어가 자주 사용된다. 그 개념으로는 "그냥 좋은 것이니까, 의지가 있으면 설치하세요"라는 수준을 넘지 못한다. 사용할 예산도 충분하지 않고 법률에 의해 강제적으로 설치해야 하는 기반시설도 아닌데, 그 어떤 지방자치단체가 그 어떤 개발기업이 그린인프라를 설치할 것인가라는 의문이 든다. 한국의 계획・정책・행정 관행을 고려하면 "그린인프라는 좋은 개념이니까 그냥 받아들이라"는 식으로 접근하기보다는 도시를 구성하기 위한 기반시설의 개념에 포함

---

18) 그린인프라의 초기 아이디어는 1870년대 도시농업(urban farming)과 도시텃밭(garden allotments)이라는 개념과 함께 등장했다. 한편, 미국을 중심으로 LID(Low Impact Development), 오염원규제(source control), 강우최적관리(Stormwater Best Management)라는 용어가 사용되었는데, 1980년대 미국에서 그린인프라가 본격적으로 정책 용어로 사용된 것은 표면유출수(runoff), 침식방지, 대수층 관리를 목적으로 '강우최적관리실무(Stormwater Best Management Practices)에 대한 정책제안서'에 기원을 두고 있다(Schueler, 1987).

할 때 효과적일 것이다. 그렇기 때문에 그린인프라라는 개념보다는 기후·생태기반시설이라는 새로운 법률 개념이 요구된다.

기후·생태기반시설을 정책적으로 정의할 필요가 있다. '기후·생태기반시설(climate resilient & green infrastructure: CSGI)'은 도시 등 건조공간(建造空間)의 건조환경(乾燥環境)에서 생태적 환경적 기능을 높이거나, 기후변화에 대응(완화 및 적응) 가능한 시설로서, 기존의 도시기반시설과 연계하여 도시의 지속가능성을 증진하고자 인공적으로 조성한 기후·생태·환경관리시설을 의미한다.

표 13-1 기후·생태기반시설의 개념 구성

구 분	기후·생태기반시설	
개념 정의	• 기후·생태기반시설은 도시 및 개발지역의 건조공간(建造空間)의 건조환경(乾燥環境)에 생태적, 환경적 기능을 활성화하고, 도시민의 여가생활과 환경복지를 증진하며, 다른 도시시설과 연계하여 기후변화에 대응할 수 있도록 기후대응·생태순환·환경관리 기능을 고려하여 인공적으로 조성한 시설물	
구성 내용	기후·생태기반시설의 구성	
	① 환경관리시설	하수도, 상수도, 폐기물처리시설, 수질오염방지시설, 대기오염 및 미세먼지 방지시설, 자원순환시설
	② 기후·생태순환시설	하천, 빗물정원, 광장, 일반공원, 공공정원, 공원빌딩, 선형·교량공원, 녹지(축), 옥상·벽면·지하녹지, 기타 건축물 부설 입체녹지, 유원지, 습지, 물길, 식생수로, 바람길, 도시농업시설, 투수성보행로, 유수지(저수지, 호수), 생태통로 등 에코커넥터, 교통녹지, 자전거 고속도로, 공간환경정보관리센터 등

기후·생태기반시설을 법률적으로 제도화하는 방법은 여러 대안이 가능하다. 첫째, 기존의 「국토계획법」(제5조)에 따른 기반시설을 '일반기반시설'과 '기후·생태기반시설'로 세분하여 재편하고, 모든 도시계획과 개발사업에서 기존의 기반시설 적용 규정과 동일하게 적용하는 것이다. 여기서 기후·생태기반시설은 다시 '환경관리시설'과 '기후·생태순환시설'로 구분할 수 있다.

둘째, 환경부의 소관으로 「기후·생태기반시설의 계획 및 조성지원법」을 제정하는 방법이다. 이때 고려할 사항은 환경부와 국토교통부 및 지방자치단체가 협력하여 정책과 사업을 추진할 수 있는 체계를 구축하는 방안이 선행되어야 한다.

셋째, 2022년 9월 시행의 「기후위기 대응을 위한 탄소중립·녹색성장 기본법」(약칭: 탄소중립기본법)을 통해 기후·생태기반시설에 대한 개념을 제시하고 중앙부처 및 지방자치단체가 사업을 추진하도록 하는 방법도 가능하다.

3. 도시의 환경관리를 스마트하게 전환

정보통신기술이 발달하면서 사물인터넷(IoT), 인공지능(AI), 제4차 산업혁명, 스마트도시 등의 개념이 활발하게 사용되고 있다. 이런 개념 속에는 비용(돈, 노력 등)은 적게 들이고 성과를 얻겠다는 의미가 내포되어 있다. 도시의 환경을 관리하는데 저비용·고성과를 가능케 하는 기술을 적용하는 것은 경제적일 뿐만 아니라 환경적으로도 중요하다.

도시에서 일어나는 거대하고 복잡한 환경상태의 변화를 실시간으로 관리·통제할 수 있다는 것은 도시를 지속가능하게 유지하는 핵심기술이 될 수 있다. 그러나 자연환경과는 달리 도시환경은 자연의 원리와 사회적·경제적 논리가 혼재되어 예측하기 어려운 환경상태를 만들어낸다. 따라서 도시환경에서의 변화는 예측이 어렵고 대응이 힘들다.

스마트하게 도시환경을 관리한다는 것은 도시와 환경을 유기체적 관점에서 통합적으로 이해하고 계획하는 것으로부터 출발한다. 이것은 '도시계획에서 환경성을 내부화'하는 것이고, '환경계획을 통해 개발 잠재력을 최적화'하는 방법이기도 하다. 그러나 한국의 도시관리와 환경관리 분야는 각각의 계획수립체계, 사업추진체계에 따라 움직이기 때문에 도시관리와 환경관리가 통합적으로 이루어지지 못한다. 국토-도시-환경계획의 통합관리를 유인하고자 2018년에 '국토·환경 통합훈령'을 제정하였지만,[19] 실효성이 매우 미흡한 상태라고 할 수 있다.

환경관리를 스마트하게 전환하기 위해서는 압축적 도시구조, 생태순환적 도시기능이 원활하게 작동하도록 도와주는 기술을 개발하여 적용하는 것이 중요하다. 스마트 환경관리는 '도시의 물질대사(urban metabolism)'를 관리하고 교정하며, 환경오염 관리의 효율성을 높이고, 도시생태계를 보호하는 능률적인 수단을 제공하며, 에너지 이용구조의 변화를 촉진할 수 있다. 그리고 도시에서 '탄소중립성(carbon neutrality)'을 달성하여 기

19) 2018년에 국토교통부와 환경부가 「국토계획 및 환경보전계획*의 통합관리에 관한 공동훈령」을 제정하였다. 이에 따라 국토-도시-환경계획을 통합적 시각에서 연계하여 수립하려는 정책적 시도가 시작된 것이다(*. 2021년 「환경정책기본법」을 수정하면서 '환경보전계획'은 '환경계획'으로 명칭이 변경되었는데, 공동훈령에는 아직 반영이 안 되었다).

후변화에 대응하는 데 필요한 기초자료와 정보를 제공하며, 환경오염과 기후변화로 인한 도시재난에 대응하고, 무지한 인간들의 생물계 파괴로 인해 유발되는 '코로나19'와 같은 전염질병을 체계적으로 관리하는 데도 필요하다. 이렇게 스마트하게 이루어지는 도시관리는 환경, 경제, 사회의 모든 영역에서 도시의 지속가능성을 높이는 데 도움을 줄 것이다.

참고문헌

[문헌자료]

공우석(2019). 『우리 나무와 숲의 이력서』. 정아출판사.

김태완(2010). 화보로 보는 한국의 1인당 GDP 변천사. 『월간조선』, 2010년 1월호.

월드워치연구소(WWI)(2017). 『2016 지구환경보고서. 도시는 지속가능할 수 있을까?』. 황의방 외 옮김. 환경재단.

최정석 외(2018). 『현대도시학』. 대왕사.

환경부(2020). 『2020 환경백서』.

International Union for Conservation of Nature and Natural Resources(IUCNNR)(1980). *World Conservation Strategy: Living Resources Conservation for Sustainable Development*, Switzerland: Section 1.2.

James Trefil 저, 정영목 옮김(1999). 『도시의 과학자들(*A scientist in the city*)』, 지호.

Momford, Lewis(1961). *The City in History*. San Diego: Harcourt Inc.

Pirages, Dennis(1977). *The Sustainable Socity*. New York: Praeger.

Schueler, Tom(1987). *Controlling Urban Runoff: A Practical Manual For Planning And Designing Urban BMPs*(Report). Washington, D.C.: Metropolitan Washington Council of Governments.

World Commission on Environment and Development(WCED)(1987). *Our Common Future*. Oxford Univ Press.

[인터넷 검색자료]

National Geographic, Urban Threats, https://www.nationalgeographic.com/environment/article/urban-threats, 2021.6.26 검색.

OECD, Cities and Environment, https://www.oecd.org/regional/cities/cities-environment.htm, 2021.6.26 검색.

Union of Concerned Scientists, 'Each Country's Share of CO_2 Emissions', https://www.ucsusa.org/resources/each-countrys-share-co2-emissions, 2020.8.12 검색.

World Bank, "List of countries by average annual precipitation, 2017", Wikipedia, 2021.6.26 검색.

기상청, 『기상연보』. 2021.8.1. 검색.

영국 BBC World Service, 2015년 4월 19일.

CHAPTER

14

도시산업경제

윤갑식
(동아대학교 도시공학과)

제 1 절 도시발전과 도시경제

1. 도시발전의 역사

인류 최초의 도시는 메소포타미아 문명 발생지인 티그리스강과 유프라테스강 유역의 '비옥한 초승달 지대'로 불리는 지역에서 형성되었다. 메소포타미아 문명과 함께 세계 4대 문명 발생지로 알려진 이집트 문명과 인더스 문명, 그리고 황화 문명 발생지역은 비옥한 토양이 발달한 하천 주변으로 농업에 유리한 조건을 갖춘 공통점을 가지고 있다. 인류가 채집과 수렵을 통한 유목생활을 하던 시기에 4대 문명 발생지에서는 농업활동을 중심으로 정착생활을 시작하였고, 이를 기반으로 도시가 형성되기 시작하였다. 초기 농업경제 시대에는 자급자족 중심의 생산방식이 주류를 이루었다. 이후 토지개간과 농업기술의 발달로 농산물 생산이 증대되면서 정주인구의 일부는 비농업활동에 종사할 수 있게 되었고, 잉여농산물 교환을 위한 장터 또는 시장의 필요성과 중요성이 높아지면서 수공업·상업·종교 등의 새로운 직업군이 발생하게 되었다. 이와 같이 농업경제 발전은 도시의 형성과 발전에 직접적인 원인이 되었다. 이후 상업의 중요성이 높아지면서 교역과 교환을 위한 시장이 도시생활의 중심이 되었고, 도시는 강이나 바다에 의한 교통이 편리한 지역을 중심으로 발전하였다. 이탈리아의 베니스나 피사, 독일의 뉘른베르그 등은 상업 중심지로 성장한 대표적인 도시라고 할 수 있다.

영국에서 시작된 산업혁명은 도시발전에 큰 변화를 가져오게 되었다. 산업혁명에서 제조업 발전의 주도적인 역할을 한 것은 면직물 산업이었다. 1730년대 존 케이(John Kay)가 '플라잉셔틀'을 발명한 이후 하그리브스(James Hargreaves)의 '제니 방적기', 아크라이트(Richard Arkwright)의 '수력방적기', 크럼프턴(Samuel Crompton)의 '뮬 방적기' 등이 차례로 개발되었다. 이와 같은 기계화와 함께 1780년대 증기기관이 방직기의 동력으로 사용되면서 면직물의 생산 속도는 더욱 가속화되었다. 면직물 산업의 발전은 면직물 생산에 필요한 증기기관 제작을 위한 철의 수요를 증가시키면서 제철산업의 발전을 유발하였고 이는 다시 석탄광업의 활성화를 촉진하였다.

산업혁명 이전의 도시 제조업은 가내 수공업 수준으로 도시전역에 산재해 있었다. 하지만, 산업혁명 이후 생산기술의 발전으로 대규모 방직공장으로 대표되는 생산공장들이 등장하게 되었고, 이들은 주변 환경을 오염시키는 등의 문제를 발생시키면서 소비기능과 유통을 중심으로 하는 도심지에서 운영하는 것이 어려워지게 되었다. 결국 도심지에서 떨어진 곳으로 공장 이전의 필요성이 제기되었는데, 이를 가능케 한 것이 바로 철도의 등장이다. 철도의 등장은 도시의 모습을 크게 바꾸었다. 공장 생산품을 실어 나르기 위한 철도 노선과 정차역이 신설됨에 따라 철도역을 중심으로 도시가 형성되기 시작한 것이다.

산업혁명 이후에는 자원이 풍부한 지역을 중심으로 공업 도시가 발달했다. 공장이 위치한 지역은 일자리를 찾아 많은 인구가 유입되었고, 그 주변에는 철도와 도로, 노동자들의 대규모 거주지역이 만들어졌다. 산업혁명 이전에 성장했던 도시는 오랜 기간에 걸쳐 도시가 발달했기 때문에 도시인구가 안정적인 증가를 나타내었다. 그러나 산업혁명 이후에 발달한 도시는 짧은 기간 동안에 급격한 인구 증가를 이루는 양상을 보였다. 이러한 현상은 산업혁명이 전개된 지역에서 공통적으로 나타났다. 영국의 맨체스터지역의 인구 규모는 1700년에 17,000명이었던 것이 1830년에는 180,000명으로 10배 이상 늘어났으며, 1851년에는 303,382명으로 급격히 증가하였다.

2. 도시경제와 도시발전의 상관성

제1차 산업혁명이 발생한 영국의 맨체스터, 리버풀, 버밍험, 쉐필드 등은 방직산업과 제철산업의 성장과 함께 매우 빠른 속도로 도시 규모가 확대되었지만, 제2차 세계대전 이후 영국 제조업의 쇠퇴와 함께 도시 규모가 축소되었다. 이러한 현상은 미국에서도 마찬가지로 발생하였다. 러스트벨트(rust-belt)로 불리는 피츠버그, 디트로이트, 클리블랜드 등 오대호 연안지역이 대표적이다. '세계의 대장간'으로 불리던 철강도시 피츠버그는 1970년대와 1980년대 미국 철강산업 퇴조기를 거치면서 철강공장들이 문을 닫고 실업률이 치솟으며 유령도시로 전락하였다(유재윤, 2019). 디트로이트는 미국 자동차산업의 폭발적인 성장과 함께 1910년부터 1950년대까지 큰 성장을 이루었으나 1950년을 정점으로 자동차산업의 쇠퇴와 함께 경제가 위축되었고, 2013년에는 연방법원에 파산보호 신청을 하며 '몰락한 도시(broken city)'가 되었다. 이러한 현상은 우리나라에서도 마찬가지다. 경남 거제시는 2000년대 초까지 우리나라에서 소득수준이 가장 높은 지방자치단체이었지만 조선산업의 쇠퇴와 함께 도시인구가 감소하고 있으며, 전북 군산시는 자동차공장의 폐쇄와 함께 도시의 쇠퇴가 가속화되었다. 지금까지 살펴본 바와 같이 도시의 발전과 쇠퇴는 도시 내 경제활동 수준에 따라 결정되어 왔다. 사회적 수요가 높아

그림 14-1 도시성장 쇠퇴 사진

몰락한 디트로이트 시내 모습

도시재생을 추진 중인 디트로이트

자료: 구글(google.com) 이미지.

성장하는 산업이 도시의 주력산업일 때 해당 도시는 성장하고 반대로 도시의 주력산업이 쇠퇴할 때 도시의 위축은 가속화되었다.

제 2 절 도시경제 분석방법론

1. 경제기반모형

1) 모형의 개요

경제기반모형은 한 도시나 지역의 경제구조를 분석하는 기법으로 프랑스의 티부(Charles Tiebout)와 미국의 호이트(Homer Hoyt)와 와이머(A. M. Weimer) 등에 의해 개발되고 체계화되었다. 경제기반모형은 도시경제구조가 단순히 두개 그룹의 활동으로 구성된다는 가정에 기초하고 있다. 여기서 두 개 그룹이란 기반활동(basic activity)과 비기반활동(non-basic activity)이다. 기반활동이란 도시의 성장에 기여하는 활동으로 당해 도시 외부의 기업이나 개인들에게 수출하기 위하여 재화(goods)와 용역(services)을 생산하여 판매하는 활동을 말한다. 다시 말해, 기반활동은 외부지역으로부터 화폐적 수입을 가져오는 활동으로 수출활동(export activity)이라 불리기도 한다. 반면, 비기반활동은 도시경제의 안정에 기여하는 활동으로 당해 도시 내부에서 소비되는 재화와 용역을 생산하여 판매하는 활동을 말한다. 즉, 비기반활동은 도시 내부에서 화폐의 유통을 가져오는 활동이다. 기반산업은 전통적으로 제조업으로 대표되면, 오늘날에는 생산자서비스업 등을 포함하고, 비기반산업은 일반적인 서비스업으로 대표된다.

이상과 같은 도시경제활동의 양분에 근거하여 경제기반모형은 기반활동만이 도시의 경제력을 결정하는 관건이 되고, 기반활동의 팽창은 비기반활동의 성장을 유도하며, 도시 전체의 경제성장을 주도하게 된다는 것이다. 즉, 수출이 도시성장의 경제적 기초를 제공하며, 비기반활동은 단순히 도시발전의 결과 또는 영향이라는 것이다.

2) 모형의 기본구조

일반적으로 지역내 산업의 경제활동 규모는 산업별 매출 규모 또는 부가가치액, 사업체 수, 종사자 수 등으로 표현할 수 있다. 산업별 매출이나 부가가치액의 경우 관련 자료를 구하기 어렵고 사업체 수의 경우 사업체의 규모가 고려되지 않기 때문에 일반적으로 종사자 수를 지역의 경제활동 규모로 나타내고 있다. 여기서도 지역의 경제활동 규모를 종사자로 나타내기로 한다.

경제기반모형의 기본구조는 다음과 같이 설명할 수 있다. 경제기반모형에서는 지역내 모든 산업이 기반산업 또는 비기반산업으로 구분되며, 기반산업은 더 나아가 기반부문과 비기반부문으로 구분되어진다. 왜냐하면, 지역 생산물은 지역내 시장과 지역외 시장 두 개의 시장에서 소비되어지기 때문이다.

$$E_i^r = Ex_i^r + Em_i^r \qquad \text{식(1)}$$

E_i^r: 지역내 산업 i의 종사자

Ex_i^r: 지역내 산업 i의 수출부문 종사자

Em_i^r: 지역내 산업 i의 수입부문 종사자

지역 총 종사자의 규모는 아래 수식과 같이 지역내 산업 중 기반부문에 종사하는 총 종사자의 수와 비기반부문에 종사하는 총 종사자의 수로 나눠어진다.

$$E^r = Ex^r + Em^r \qquad \text{식(2)}$$

$$\text{단, } E^r = \sum_i E_i^r,\ Ex^r = \sum_i Ex_i^r,\ Em^r = \sum_i Em_i^r \qquad \text{식(3)}$$

경제기반모형에서 가장 중요한 가정은 수출부문과 수입부문과의 관계가 선형적이라는 것이다. 즉, 수출부문이 증가하면 이에 비례하여 수입부문이 증가한다는 것이다.

$$Em^r = \rho Ex^r,\ \rho > 0 \quad \text{식(4)}$$

$$E^r = (1+\rho)Ex^r = \lambda^r Ex^r \quad \text{식(5)}$$

식(4)는 지역의 경제 규모는 지역의 수출량이 많으면 많을수록 증가함을 의미한다. 그리고 지역의 수출량 한 단위가 지역경제에 미치는 영향은 λ^r로 나타나며, 이를 지역의 수출승수(export multiplier)라고 한다. 따라서 수출의 변화가 지역경제에 미치는 영향은 다음과 같이 표현된다.

$$\Delta E^r = \lambda^r \Delta Ex^r,\quad \lambda^r = \frac{E^r}{Ex^r} \quad \text{식(6)}$$

수출승수는 지역의 수출량 한 단위가 지역경제에 미치는 영향을 나타낸다. 이러한 의미를 가지는 지역 수출승수의 크기는 지역내 경제활동 중 수입부문이 차지하는 비율에 따라 변한다. 이러한 특징은 식(6)을 식(7)과 같이 변형함으로써 알 수 있다. 식에서 알 수 있듯이 지역의 경제활동 중 수입부문이 차지하는 비율이 높을 때 지역의 수출승수는 높게 되고, 이 비율이 낮을 때 수출승수는 낮게 된다. 이는 지역내에서 수입부문이 차지하는 비율과 수출승수의 크기와는 비례관계가 있음을 가리킨다(김홍배, 2016).

$$\lambda^r = \frac{E^r}{E^r - Em^r} = \frac{1}{1 - \frac{Em^r}{E^r}} \quad \text{식(7)}$$

3) 지역 수출량의 산정

경제기반모형의 기본관점은 외부수요, 즉 지역의 수출이 지역의 성장을 유도한다는 것이다. 따라서 경제기반모형의 핵심은 지역이 지역 외부로 수출하는 수출량의 산정에 있다. 여기서 지역의 수출량은 지역경제활동 중 기반부문의 활동 규모로 나타난다. 지역의 수출량을 계산하는 방법으로는 직접적으로 조사하는 방법과 간접적인 방법으로 가정법(assumption method)과 입지상법(location quotient method) 등이 있다. 여기서는 지역의 수출량 결정에 가장 일반적으로 적용되는 입지상법을 소개하기로 한다.

입지상법은 1940년대 힐데브란트와 메이스(Hildebrand & Mace, 1950)에 의해 개발되었으며, 도시 및 지역경제의 분석과 예측에 광범위하게 사용되는 방법이다. 또한 이 방법은 지역경제를 구성하는 산업의 특화도를 측정하는 방법으로 활용된다. 여기서 말하는 산업의 특화도는 산업 i가 지역에서 차지하는 비율과 그 산업이 전국에서 차지하는 비율을 비교함으로써 측정된다. 이러한 산업의 특화도는 다음과 같이 산업별 입지계수(location coefficient, LQ_i)로 나타낸다.

$$LQ_i^r = \frac{E_i^r / E^r}{E_i^n / E^n} \qquad \text{식(8)}$$

E_i^r: 지역 r의 산업 i에 종사자

E^r: 지역 r의 전체 종사자

E_i^n: 전국 산업 i의 종사자

E^n: 전국의 전체 종사자

입지계수로 측정되는 산업의 지역 특화도는 산업의 상대적인 집중도를 나타내며, 입지계수에 의한 산업의 특성은 다음과 같다. 입지상 계수가 1보다 큰 산업은 전국에 비해 지역산업이 특화되었음을 의미하고, 입지상 계수가 1보다 작은 산업은 전국에 비해 지역산업의 특화가 되지 않았음을 가리키며, 입지상 계수가 1인 산업은 지역에서 그 산업이 차지하는 비율이 전국의 비율과 같다는 것이다. 부산의 자동차산업으로 예를 들어보면, 부산의 자동차산업이 지역내에서 차지하는 비율이 전국의 자동차산업이 전산업에서 차지하는 비율보다 크다면, 입지상 계수가 1보다 크게 계산될 것이고, 이는 부산의 자동차산업이 특화되어 있음을 의미한다. 반대로 부산 자동차산업의 입지상 계수가 1보다 작다면 부산의 자동차산업이 특화되어 있지 않음을 의미한다.

입지상 계수가 1보다 커서 특화된 산업의 생산품은 지역내 수요를 충당하고 나머지 잉여분을 지역 외부로 수출하게 되므로 이러한 산업은 수출산업이다. 한편, 입지상 계수가 1보다 작아 특화되지 않은 산업의 경우, 해당 제품에 대한 지역내 수요를 충당하기 위해서는 타 지역으로부터 제품을 수입해야 하므로 이 산업에는 수출부문이 존재하지 않는다. 마찬가지로 입지상 계수가 1인 산업의 생산품이나 서비스는 지역내 수요만을 충당하는 자급자족하는 산업으로 볼 수 있으므로 수출부문이 존재하지 않는다. 따라서 입지상 계수가 1보다 큰 경우에만 수출부문을 가지고 있는 수출산업이 될 수 있다.

여기서 한 가지 유의할 것은 입지상 계수는 지역산업의 수출부문의 존재 여부를 제시하지만, 그 산업의 수출 규모에 대해서는 제시하지 않는다는 점이다. 지역산업 i의 수출량은 식(9)와 같이 산업 i가 지역 내에서 차지하는 집중도와 전국에서 차지하는 집중도의 차이, 그리고 지역 전체의 고용 인구에 의해 결정된다.

$$Ex_i^r = \left(\frac{E_i^r}{E^r} - \frac{E_i^n}{E^n}\right)E^r,\ LQ > 1\text{일 때} \qquad \text{식(9)}$$

4) 경제기반모형의 장점과 한계

경제기반모형은 모형의 기본구조가 단순하고 계산 과정 또한 간단하여 도시 및 지역의 경제분석 및 예측에 광범위하게 사용되고 있다(김홍배, 2016). 또한 이 모형은 지역경제와 관련된 자료가 부족한 경우에도 비교적 적용이 용이한 장점을 가지고 있다. 하지만, 경제기반모형은 기반활동만이 도시경제의 원동력이라는 기본가정으로 인해 비판받고 있다. 또한 매우 복잡한 도시의 경제활동을 기반활동과 비기반활동의 두 가지 경제활동으로 분류하는 것은 지나친 단순화로 결국 분석 결과가 부정확할 우려가 있다(윤대식, 2011).

2. 변이할당모형

1) 모형의 개요

경제기반모형을 포함한 기존의 접근이 대부분 특정 기간의 생산이나 고용의 총량 변화를 중심으로 이루어졌던 반면, 변이할당모형은 지역경제 변화를 산업별로 분석하고 나아가 변화의 원인을 설명하는 것을 목적으로 한다. 변이할당모형은 크리머(D. B. Creamer, 1942)에 의해 처음으로 시도된 이래 도시경제성장의 구조적 분석, 특히 도시산업성장의 이면에 내재하고 있는 원인들을 효과적으로 설명하는 모형으로 활용되고 있다. 변이할당모형은 한 도시나 지역의 일정 기간의 산업성장 및 변화를 전국 또는 다른 도시와의 관계 하에서 상대적인 위치를 파악함으로써, 도시 간 · 시점 간 · 산업 간 비교를 용이하게 하여 장래 도시산업정책의 방향설정에 유용한 준거 틀(framework)을 제공하는 데 그 의의가 있다고 볼 수 있다.

변이할당모형은 지역의 성장요인을 지역을 구성하는 산업의 성장에 의한 결과로 보고 그 산업 성장의 요인을 세 가지로 분류하여 지역경제를 분석하는 방법이다. 여기서 말하는 세 가지 성장요인이란 전국의 경제성장 효과(national growth component), 산업구조 효과(industrial-mixed component), 그리고 지역할당 효과(competition component)이다. 여기서 경제성장요인은 전국의 경제성장이 지역내 산업들의 성장에 미치는 영향을 말하며, 산업구조요인은 산업의 전국적인 성장 특징이 지역산업들의 성장에 미치는 영향을 가리킨다. 그리고 지역의 경쟁요인은 지역의 생산환경 특징으로 인한 산업의 경쟁력에 의한 영향을 의미한다.

2) 모형의 기본구조

변이할당모형은 지역경제의 변화를 특정 기간 동안의 고용변화를 대상으로 분석한다. 그러므로 변이할당모형을 적용하기 위해서는 지역과 전국의 두 기간 동안 관찰 자료가 우선적으로 주어져야 한다. 그리고 주어진 자료로부터 두 기간 동안 지역과 전국의 산업별 성장률, 그리고 전국의 경제성장률이 먼저 계산되어야 한다.

$$g^r_{i,t} = \frac{E^r_{i,t} - E^r_{i,t-1}}{E^r_{i,t-1}}, \quad g^n_{i,t} = \frac{E^n_{i,t} - E^n_{i,t-1}}{E^n_{i,t-1}}, \quad g^n_t = \frac{E^n_t - E^n_{t-1}}{E^n_{t-1}} \qquad \text{식(10)}$$

$g^r_{i,t}$: 지역 r내 산업 i의 성장률

$g^n_{i,t}$: 전국에서 산업 i의 성장률

g^n_t: 전국의 경제성장률

변이할당모형에서 지역산업의 성장률을 요인별로 구분하는 것은 다음과 같은 과정을 통해 이루어진다. 먼저, 식(11)과 같이 지역산업의 성장률을 양변에 놓음으로써 시작한다.

$$g^r_{i,t} = g^r_{i,t} \qquad \text{식(11)}$$

이어서 식(11)의 좌변에 전국의 경제성장률(g^n_t)과 전국 산업 i의 성장률($g^n_{i,t}$)을 단순히 가감한 두 항을 추가해도 식(12)와 같이 등식이 성립한다.

$$g^r_{i,t} = g^r_{i,t} + (g^n_t - g^n_t) + (g^n_{i,t} - g^n_{i,t}) \qquad \text{식(12)}$$

그리고 식(12)에 포함된 전국의 경제성장률(g_t^n)과 전국 산업 i의 성장률($g_{i,t}^n$)의 위치를 조정하면 아래 식(13)을 도출할 수 있다.

$$g_{i,t}^r = g_t^n + (g_{i,t}^n - g_t^n) + (g_{i,t}^r - g_{i,t}^n) \qquad \text{식(13)}$$

$$g_{i,t}^r = g_t^n + g_{i,t}^{r,ind} + g_{i,t}^{r,com} \qquad \text{식(14)}$$

$$\text{단, } g_{i,t}^{r,ind} = g_{i,t}^n - g_t^n, \; g_{i,t}^{r,com} = g_{i,t}^r - g$$

식(14)는 지역산업의 성장률은 전국의 경제성장 요인(g_t^n)과 산업구조 요인($g_{i,t}^{r,ind}$), 그리고 경쟁요인($g_{i,t}^{r,com}$)으로 구분됨을 나타낸다. 전국의 경제성장 요인은 일정 기간 동안 지역의 산업 i부문 종사자 변화량 중에서 전국의 성장으로 유발된 변화분을 의미한다. 이는 지역의 고용이 국가 전체의 고용과 동일한 성장률로 성장했다는 가정을 기초로 한다. 산업구조 요인은 전국의 산업 i부문 성장률에서 전 산업의 평균 성장률을 뺀 산업 i부문의 순성장이 지역의 산업 i부문에 대해 유발한 효과를 의미한다. 이와 같은 산업구조 요인은 전국 경제성장으로 인한 수요 증가 이외에 추가적으로 존재하는 산업의 수요를 가리킨다. 전국의 산업 i부문이 전 산업 평균보다 빠르게 성장할 경우 산업구조 요인은 양(+)의 값을 가지게 되고, 반대로 느리게 성장할 경우 산업구조 요인은 음(−)의 값을 가지게 된다. 경쟁요인은 산업 i부문에 대한 지역과 전국의 성장률 차이에 의해서 계산되며, 이는 지역의 생산환경이 다른 지역에 대비해 가지는 경쟁적 가치를 나타낸다. 특정 산업 분야에서 경쟁요인이 양(+)의 값을 가진다는 것은 국가 전체적인 경기 흐름이나 산업구조적 변화로 설명할 수 없는 해당 지역의 고유한 특성이 해당 산업 분야의 발전에 긍정적으로 작용하고 있다는 것을 나타낸다. 이때 지역경쟁력은 주로 자연자원, 지역 정책효과와 R&D 투자, 지역내 연관산업 및 사업적 환경(entrepreneurial capacity) 등의 특성에 따라 달라질 수 있다(박선주 · 이수기, 2015).

식(14)에 지역의 전체 고용(E_{t-1}^r)을 양변에 곱함으로써 요인별 고용의 변화는 식(15)와 같이 나타낼 수 있다.

$$\Delta E_t^r = \Delta E_t^n + \Delta E_t^{r,ind} + \Delta E_t^{r,com}, \qquad \text{식(15)}$$

$$\Delta E_t^r = g_t^n E_{t-1}^r, \;\; \Delta E_t^{r,ind} = g_t^{r,ind} E_{t-1}^r, \;\; \Delta E_t^{r,com} = g_t^{r,com} E_{t-1}^r$$

지역내 각 산업의 성장을 세 가지 요인으로 구분하였던 것과 같은 방법으로 요인별 산업들의 성장률을 합하면 지역성장(regional aggregate growth)의 세 가지 요인으로 구분할 수 있다.

3) 변이할당모형의 장점과 한계

변이할당모형에서 지역의 성장은 지역의 외부수요와 지역의 경쟁요인에 의해 결정된다. 그러므로 변이할당모형은 지역경제의 예측이 수출산업을 중심으로 이루어지는 것이 아니라 지역내 모든 산업의 변화를 각 성장요인별로 구분하여 이루어지기 때문에 모든 산업에 대해 예측이 가능하다는 장점을 가지고 있다. 이에 반해 변이할당모형의 한계는 다음과 같다. 첫째, 지역할당효과에 대한 근거가 전혀 없다는 것이다. 즉, 지역의 어떠한 생산환경이 지역할당효과를 구성하는가에 대한 이론적인 바탕이 없는 실정이다. 둘째, 지역할당효과는 시간에 대해 일정하다는 가정이다. 이는 지역과 전국 사이에 생산환경으로 인한 경쟁요인이 일정함을 가리킨다. 그러나 오늘날 급속하게 진행되는 기술혁신과 지역 간 기술보급은 지역의 생산환경을 크게 변화시키고 있다. 이는 지역할당효과는 시간에 따라 변할 수 있음을 의미하는 것이다. 셋째, 지역내 산업 간 연관관계가 전혀 고려되지 못한다는 점이다(김홍배, 2016).

3. 산업연관모형

1) 모형의 개요

원시시대에는 필요한 물건을 자기가 직접 만들어 사용했기 때문에 상품거래와 같은 다른 사람과의 경제적 유대관계가 거의 없었다. 그러나 오랜 세월이 흐르는 동안 인간의 지혜와 과학기술의 발달로 인하여 분업이 촉진되고 대량생산이 이루어짐에 따라 인간의 경제활동은 서러 밀접한 연관관계를 갖게 되었다. 예를 들어, 자동차를 생산하기 위해서는 엔진, 타이어 등 수많은 부품이 필요하고 그 엔진이나 타이어 등의 생산에는 다시 철강, 고무 등의 원재료가 투입되어야 한다. 그리고 아파트를 짓기 위해서는 시멘트나 철근, 목재 등 여러 종류의 건축자재가 필요하게 된다. 자동차와 아파트의 경우에서 보듯이 산업 상호 간의 관계는 그물과 같이 서로 복잡하게 얽혀 있다(한국은행, 2014).

국민경제를 구성하고 있는 각 산업부문은 서로 다른 산업부문으로부터 원재료, 연료 등의 중간재를 구입하고 여기에 노동, 자본 등 본원적 생산요소를 결합함으로써 새로운 재화와 서비스를 생산하여 다른 산업의 중간재로 판매하거나 최종소비자에게 소비재 또는 자본재 등으로 판매한다. 이와 같이 일정 기간 동안 경제내에서 생산된 재화와 서비스에 대해 생산 단계에서부터 최종 소비 단계까지 모든 과정에서 발생한 거래를 기록한 종합적인 통계표가 바로 산업연관표이다. 그리고 산업연관분석(input-output analysis)은 산업연관표를 이용하여 생산 및 거래활동을 통해서 이루어지는 산업 간의 상호연관관계를 수량적으로 파악하는 분석방법이다. 예를 들면, 다음 [그림 14-2]와 같이 자동차 수출이 1대 증가할 경우, 자동차 생산에 투입되는 엔진, 타이어 등의 생산이 증가하고, 다시 엔진 생산에 투입되는 철강제품과 전기 등의 생산이 추가적으로 늘어나며 이러한 효과는 계속적으로 반복된다. 이와 같은 산업 간 연관관계를 분석하는 기법이 바로 산업연관분석이다.

그림 14-2 생산의 파급 과정

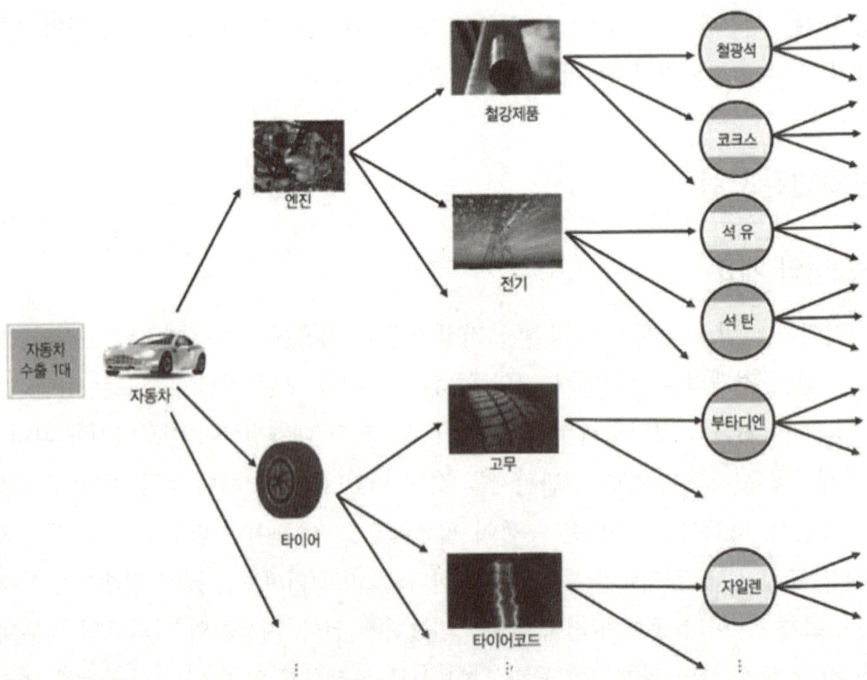

자료: 한국은행(2014).

2) 모형의 기본가정

레온티에프(Leontief, 1936)에 의해 고안된 산업연관분석은 경제주체 간의 거래관계를 체계적으로 기록하고자 하였던 케네(François Quesnay)의 경제표(Talbeau Economique)나 마르크스(Karl Marx)가 시도한 바 있는 재생산표식(Reproductions Schema)에 기초를 두고 있다. 그리고 산업연관분석의 이론적 근거는 왈라스(Léon Walras)나 파레토(Vilfredo Pareto)의 일반균형모형에서 찾을 수 있다(한국개발연구원, 2000). 이러한 산업연관분석은 다음과 같은 기본가정을 바탕으로 하고 있다. 첫째, 결합생산이 존재하지 않는다는 가정으로 한 산업은 한 상품만 생산한다는 것이다. 이 경우 각 상품과 각 산업부문은 1대 1의 대응관계가 있다고 가정한다. 둘째, 대체생산방법이 존재하지 않는다는 가정으로 각 상품에 대하여 하나의 생산방법만 존재한다고 가정한다. 셋째, 규모의 경제가 존재하지 않는다는 가정으로서 각 부문이 사용한 투입량은 그 부문의 생산수준에 비례한다. 즉, 각 투입물의 증가율 만큼 생산수준이 높아진다는 가정이다. 넷째, 외부경제가 존재하지 않는다는 가정으로서 각 부문이 개별적으로 행한 생산활동 결과의 총계는 각 부문이 동시에 행한 결과와 같다는 가정이다. 이러한 가정에 따라 산업연관분석은 행과 열을 동일한 기준으로 파악할 수 있는 대칭적 산업연관표를 이용하여 이루어진다(한국은행, 2014).

3) 모형의 기본구조

전국 산업연관표를 이용하는 전국 산업연관모형은 산업의 구분이 지역별로 분류되지 않았기 때문에, 산업제품에 대한 수요의 변화가 지역경제에 미치는 영향이 측정될 수 없다. 그러므로 산업연관모형이 지역경제에 대해 의미있는 분석 및 예측방법이 되기 위해서는 지역의 개념, 즉 공간의 개념이 고려되어야 한다. 공간의 개념이 산업연관표에 반영될 때 비로소 지역모형은 전국모형과 구분된다. 산업연관모형이 지역모형이 되기 위해서는 다음과 같이 지역의 두 가지 특성이 산업연관표에 반영되어야 한다.

첫째는 생산구조의 지역특성이다. 전국 산업연관표로부터 계산되는 산업 간 투입계수는 각 지역의 산업 간 투입계수의 전국 평균으로 볼 수 있다. 따라서 지역의 투입계수는 전국의 투입계수와 유사할 수도 또는 상당한 차이를 보일 수도 있으므로 이러한 특성이 모형에 반영되어야 한다.[1] 둘째는 지역의 개방성이다. 이는 지역 간 상품의 흐

1) 예를 들어, 전력생산의 경우 어떤 지역에서는 수력에 크게 의존하는가 하면 또 다른 지역에서는 화

름, 즉 지역 간 교역을 의미한다. 일반적으로 도시지역에서는 공산품의 반출이 많고 농산물의 반입이 많은 반면, 농촌지역에서는 이와 반대의 현상을 나타내는 등 지역에 따라서 상품의 교역상태도 다르게 마련이다. 지역 간 교역에 의해 지역간 상호 연관관계는 나타난다. 그러므로 정확한 지역경제 분석을 위해서는 이러한 지역의 개방성이 모형에 반영되어야 한다. 이처럼 산업 간 및 지역 간 재화와 서비스의 흐름을 나타내는 지역 산업연관표를 이용하여 지역별 경제구조, 산업 간 및 지역 간 상호 연관관계를 파악하는 분석방법이 지역 산업연관모형이다. 이러한 지역산업연관모형은 레온티에프(Massily Leontief) 이래 아이사드(W. Isard), 체너리(H. B. Chenery), 모제스(L. N. Moses) 등 지역경제 학자들을 중심으로 지역경제 분석에 광범위하게 적용・발전되어 왔다.

지역산업연관모형은 특정 지역의 경제구조만을 대상으로 하는 단일지역 산업연관모형(single region input output model)과 지역 생산구조의 특성과 지역 간 상품의 교역특징을 반영한 다수 지역 모형(many-region input-output model)으로 구분된다. 그리고 다수지역 모형은 다시 직접 조사방식으로 작성되는 지역 간 산업연관모형(inter-regional I-O model)과 간접조사 방식으로 작성되는 다지역 산업연관모형(multi-regional I-O model)으로 구분된다.

(1) 단일지역 산업연관모형

단일지역 산업연관모형은 지역 자체 내의 투입구조의 특징을 바탕으로 지역을 분석하는 방법이다. 이 모형에서 생산구조의 지역 특징은 지역의 투입산출계수로 나타나며, 모형의 주요 관점은 지역 투입산출계수와 함께 지역의 순 투입산출계수의 도출에 있다. 여기서 지역의 순 투입산출계수는 지역의 투입산출계수와 구분된다. 먼저, 지역의 투입산출계수는 전국의 투입산출계수와 같은 개념으로 지역 내 산업 j제품 1단위 생산을 위해 투입되는 산업 i의 양을 말한다. 그러나 이 계수는 투입되는 산업 i제품이 지역내에서 공급되는지 아니면 타 지역으로부터 수입되는지에 관해서는 아무런 정보를 제공해 주지 못한다. 이에 반해 지역의 순 투입산출계수는 지역 내 입지한 산업 j의 제품 1단위 생산을 위해 동일 지역내에 입지한 산업 i에서 투입되는 양을 의미한다(김홍배, 2016).

력이나 원자력을 많이 사용하기도 한다.

$$a_{ij}^{R} = \frac{X_{ij}^{R}}{X_{j}^{R}},\ a_{ij}^{RR} = \frac{X_{ij}^{RR}}{X_{j}^{R}}$$ 식(16)

a_{ij}^{R} : 지역 투입산출계수

a_{ij}^{RR}: 지역 순 투입산출계수

X_{ij}^{R} : 지역 R내 산업 j제품 생산을 위해 투입되는 산업 i제품량

X_{ij}^{RR}: 지역 R내 산업 j제품 생산을 위해 투입되는 지역 R내 산업 i제품량

지역의 순 투입산출계수 도출은 단일지역 산업연관모형의 가장 핵심이라고 할 수 있으며, 이에 대한 방법은 직접조사법과 지역공급비율법, 그리고 제품혼합법 등이 있다. 직접조사법은 지역내에 입지한 모든 기업들로부터 그들의 생산 단계에서 배분 단계에 이르기까지 발생한 모든 거래를 토대로 지역 순 투입산출계수를 작성하는 것이다. 지역공급비율법은 산업별 지역공급비율, 다시 말해 지역 산업 j에서 생산된 제품 중 지역내로 배분되는 양이 지역 내 총수요에서 차지하는 비율을 계산함으로써 지역의 순 투입산출계수를 계산하는 방법이다. 제품혼합법은 산업이 세밀하게 분류되었을 때는 각 산업의 투입구조에 지역적 차이가 없고, 산업분류가 세밀하게 분류되지 않았을 경우 제품의 혼합과정에서 지역 간 투입구조의 차이가 발생한다는 전제 하에 지역의 순 투입산출계수를 계산하는 방법이다.[2)]

(2) 다지역 산업연관모형: 지역간 산업연관모형

지역간 산업연관표는 아이사드(Isard, 1951)에 의해 처음으로 제시되었기 때문에 아이사드(Isard)모형이라도 한다. 지역간 산업연관표는 실제조사방법(survey method)을 이용하여 각 지역의 각 산업이 생산활동을 위해서 구입한 원재료가 어느 지역에서 생산된 제품인지를 구분하여 표시하고 있다. 설명의 편의를 위해 국민 경제는 두 지역 r과 s로 구성되어 있으며, 각 지역은 n개의 산업으로 구성되어 있다고 가정하면 지역간 산업연관표의 기본구조는 다음 [표 14-1]과 같다.

2) 이에 대한 자세한 설명은 김홍배(2016)에 제시되어 있다.

표 14-1 지역간 산업연관표의 기본구조

배 분 / 투 입			중간수요		최종수요		총산출
			지역 r	지역 s	지역 r	지역 s	
			1 ⋯ j ⋯ n	1 ⋯ j ⋯ n	소비 투자 수출	소비 투자 수출	
중간투입	지역 r	1 ⋮ i ⋮ n	X_{ij}^{rr}	X_{ij}^{rs}	F_i^{rr}	F_i^{rs}	X_i^r
	지역 s	1 ⋮ i ⋮ n	X_{ij}^{sr}	X_{ij}^{ss}	F_i^{sr}	F_i^{ss}	X_i^s
수입		1 ⋮ i ⋮ n	M_{ij}^r	M_{ij}^s	Y_m^r	Y_m^s	
부가가치			V_j^r	V_j^s			
총투입			X_j^r	X_j^s			

* X_{ij}^{rs} : 지역 s 재화 j 생산과정에 투입되는 지역 r 재화 i의 규모

M_{ij}^r : 지역 r 재화 j 생산과정에 투입되는 해외수입재 i의 규모

V_j^r : 지역 r 재화 j 생산과정에 투입되는 부가가치 규모

F_i^{rs} : 지역 r에서 생산된 재화 i 재화 중에서 지역 s에서 소비되는 최종수요 규모

X_j^r : 지역 r 재화 j의 생산액

위의 [표 14-1]에서 제시된 바와 같이 지역간 산업연관표에서는 지역내 생산을 위해 구입한 중간재 투입액을 어느 지역에서 생산된 제품인지 구분하여 나타내고 있다. 지역간 산업제품의 흐름은 다음과 같은 네 개의 하부행렬(sub-matrix)로 구성된 하나의 행렬로 표현할 수 있다.

$$Z=\begin{bmatrix} RR\ RS \\ SR\ SS \end{bmatrix} \qquad \text{식(17)}$$

하부행렬 RR과 SS는 각각 지역 R과 지역 S내 산업간 제품의 흐름을 의미하며, 하

부행렬 RS와 SR은 지역간 산업별 제품의 흐름, 즉 지역간 교역을 가리킨다. 좀 더 구체적으로 말하면, RS는 지역 R내에서 생산된 산업제품이 지역 S내 산업의 생산과정으로 투입되는 제품의 흐름을 말한다. 이를 지역 R 측면에서 보면 상품의 이출이며 지역 S 측면에서 볼 때는 상품의 이입이라 할 수 있다. 따라서 지역간 산업연관표로부터 지역의 순 투입계수와 교역계수를 구할 수 있다. 먼저, 두 지역의 순 투입계수는 다음과 같이 구해진다.

$$a_{ij}^{RR} = \frac{X_{ij}^{RR}}{X_j^R},\ a_{ij}^{SS} = \frac{X_{ij}^{SS}}{X_j^S} \qquad \text{식(18)}$$

마찬가지로 지역간 교역계수도 다음과 같이 구해진다.

$$a_{ij}^{RS} = \frac{X_{ij}^{RS}}{X_j^S},\ a_{ij}^{SR} = \frac{X_{ij}^{SR}}{X_j^R} \qquad \text{식(19)}$$

그러므로 두 지역경제의 투입산출계수 행렬은 다음과 같이 표현된다.

$$A = \begin{bmatrix} A^{RR} & A^{RS} \\ A^{SR} & A^{SS} \end{bmatrix} \qquad \text{식(20)}$$

투입산출계수 행렬의 각 하부행렬은 다음과 같다.

$$A^{RR} = \begin{bmatrix} a_{11}^{RR} & a_{12}^{RR} & a_{13}^{RR} \\ a_{21}^{RR} & a_{22}^{RR} & a_{23}^{RR} \\ a_{31}^{RR} & a_{32}^{RR} & a_{33}^{RR} \end{bmatrix},\quad A^{RS} = \begin{bmatrix} a_{11}^{RS} & a_{12}^{RS} & a_{13}^{RS} \\ a_{21}^{RS} & a_{22}^{RS} & a_{23}^{RS} \\ a_{31}^{RS} & a_{32}^{RS} & a_{33}^{RS} \end{bmatrix},$$

$$A^{SR} = \begin{bmatrix} a_{11}^{SR} & a_{12}^{SR} & a_{13}^{SR} \\ a_{21}^{SR} & a_{22}^{SR} & a_{23}^{SR} \\ a_{31}^{SR} & a_{32}^{SR} & a_{33}^{SR} \end{bmatrix},\quad A^{SS} = \begin{bmatrix} a_{11}^{SS} & a_{12}^{SS} & a_{13}^{SS} \\ a_{21}^{SS} & a_{22}^{SS} & a_{23}^{SS} \\ a_{31}^{SS} & a_{32}^{SS} & a_{33}^{SS} \end{bmatrix} \qquad \text{식(21)}$$

따라서 두 지역경제의 투입산출체계는 다음과 같이 표현된다.

$$\begin{bmatrix} X^R \\ X^S \end{bmatrix} = \begin{bmatrix} A^{RR} & A^{RS} \\ A^{SR} & A^{SS} \end{bmatrix} \begin{bmatrix} X^R \\ X^S \end{bmatrix} + \begin{bmatrix} F^R \\ F^S \end{bmatrix}, \qquad \text{식(22)}$$

$$\begin{bmatrix} X^R \\ X^S \end{bmatrix} = \left\{ \begin{bmatrix} I & 0 \\ 0 & I \end{bmatrix} - \begin{bmatrix} A^{RR} & A^{RS} \\ A^{SR} & A^{SS} \end{bmatrix} \right\}^{-1} \begin{bmatrix} F^R \\ F^S \end{bmatrix},$$

$$= \begin{bmatrix} \lambda^{RR} & \lambda^{RS} \\ \lambda^{SR} & \lambda^{SS} \end{bmatrix} \begin{bmatrix} F^R \\ F^S \end{bmatrix}, \text{ 단 } \left\{ \begin{bmatrix} I & 0 \\ 0 & I \end{bmatrix} - \begin{bmatrix} A^{RR} & A^{RS} \\ A^{SR} & A^{SS} \end{bmatrix} \right\}^{-1} = \begin{bmatrix} \lambda^{RR} & \lambda^{RS} \\ \lambda^{SR} & \lambda^{SS} \end{bmatrix} \quad \text{식(23)}$$

4) 산업연관모형의 장점과 한계

산업연관모형의 가장 큰 장점은 산업 간 연관관계가 구체적으로 고려됨으로써 특정 산업의 수요변화가 다른 산업에 미치는 효과를 구체적으로 분석할 수 있다는 점이다. 다시 말해, 소비, 투자, 수출 등의 최종수요의 변동이 생산, 부가가치, 고용 및 수입에 미치는 효과를 산업별로 분석할 수 있다. 또한 다지역산업연관표가 작성될 경우 지역간 연관구조가 구체적으로 분석될 수 있다. 뿐만 아니라 산업연관모형은 부가가치 및 수입의 변동에 따른 산업부문별 가격파급효과를 분석할 수 있는 장점이 있다. 하지만, 산업연관모형의 기초인 산업연관표 작성을 위한 자료 수집에 많은 시간·인력·경비가 소요되는 단점이 있다. 또한 산업연관모형은 부분균형모형으로 정책변화로 인해 유발되는 재화의 가격과 생산량을 동시에 결정하지 못하는 한계가 있다.

제 3 절 산업도시의 위기와 대응과제

제4차 산업혁명이 진전되면서 그 효과는 지역에 따라 차별적으로 나타나고 있다. 대기업 본사와 연구개발 기능이 집적된 수도권 지역은 제4차 산업혁명의 긍정적 효과를 누리고 있지만, 생산기능을 담당하는 공장이 집적된 비수도권 지역에서는 제4차 산업혁명은 기회가 아니라 위기로 다가오고 있다. 특히, 동남권지역 중심으로는 산업화 초기에 건설된 주력 산업단지가 40여 년이 지나면서 주력산업의 노후화 및 공장의 해외 이전으로 그 위협은 더욱 크게 다가오고 있다.

1. 산업도시의 성장과 위기도래

우리나라 지방 산업도시는 노동집약적 경공업 위주의 산업구조 취약성을 개선하기 위하여 1970년대부터 정부주도로 제3차 경제개발 5개년 계획(1972~1976), 산업기지 개발구역 지정 등을 통하여 철강, 조선, 정유·화학, 자동차 등의 중화학공업을 계획적으로 육성하면서 발달하기 시작하였다. 이 시기 전략산업의 지역 집적지 조성을 위하여 항만, 철도, 용수, 노동력 및 에너지공급 등의 입지조건이 유리한 포항, 구미, 창원, 거제, 울산 등 동남 해안권에 대규모 공업단지를 개발하였고, 1980~1990년대는 수도권과 경부축상의 동남권 위주의 성장에 따른 지역불균형 완화를 위하여 군산, 영암, 아산, 동해 등 중부 및 서남부지역의 도시들을 개발하였다. 정부의 전략적 산업선별과 관련 산업 육성을 위한 재정·금융 등 체계적 지원제도를 바탕으로 지방 산업도시에서 수출주도의 중화학공업이 발달하였고, 이들은 우리나라의 주력산업으로서 최근까지도 한국의 고도성장을 견인해왔다(박소영 외, 2019).

특정 산업에 대한 집중적인 투자는 고도의 경제성장을 가능하게 하였으나, 특정 산업 중심의 도시 산업구조는 외부의 대규모 충격에 쉽게 노출될 수밖에 없는 구조적 취약성을 지닐 수밖에 없다. 실제 2016년 이후 조선업 경기침체에 따라 거제, 통영, 군산 등 조선업 중심의 산업도시에서 공장폐쇄와 대규모 실업 등이 발생하면서 지방 산업도

그림 14-3 지방 산업도시들의 위기 현황

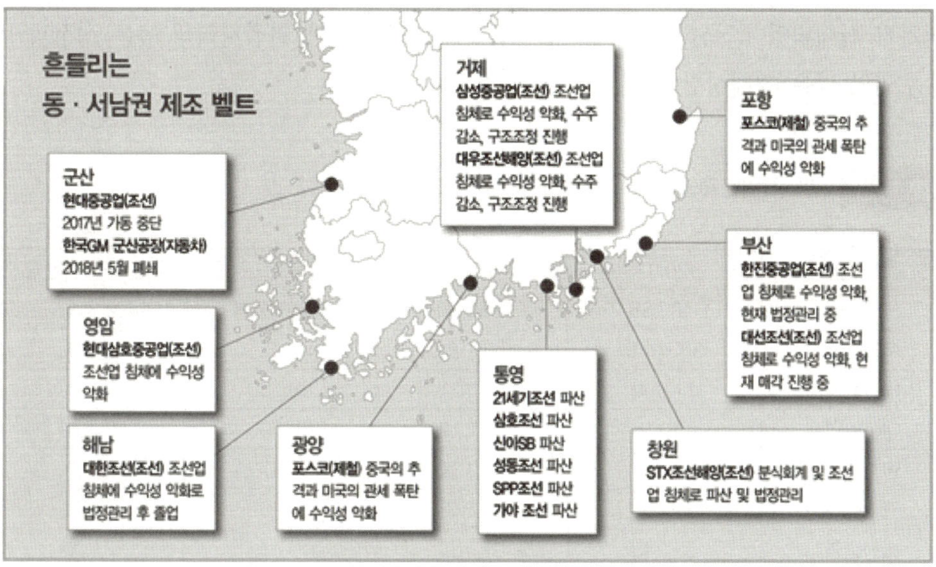

자료: https://magazine.hankyung.com/business/article/201810236882b

시들의 한국판 러스트벨트화에 대한 우려가 본격화되었다. 여기에 저출산・고령화와 인구감소, 인공지능, 로봇공학 등으로 대변되는 제4차 산업혁명, 세계화와 보호무역주의 강화, 전 세계적 과잉공급과 후발국의 추격 등 대・내외적으로 더 커다란 도전이 더 해져서, 1970~1990년대 성장한 상당수의 지방 산업도시들이 동시다발적으로 심각한 위기에 직면하고 있다. 산업의 위기는 대규모 실업과 공장 폐쇄 등과 함께 소비 위축과, 세수 감소, 부동산 가치 하락 등 지역경제 전반을 침체시키고 있으며, 이러한 영향은 해당 산업도시를 넘어 주변 도시로 확장되고 있다.

2. 지역간 불균형 심화

산업도시의 위기는 지역간 불균형 성장을 더욱 심화시키는 요인으로 작용하고 있다. 2010년 이후 우리나라의 광역자치단체별 GRDP 변화추이는 다음 [표 14-2]와 같다. 우리나라는 2010년 이후 2019년까지 연평균 2.89% 성장하였다. 이 기간 동안 가장 빠르게 성장한 지역은 제주특별자치도이고, 이어서 충청북도, 경기도, 충청남도 순서로 크게 성장하였다. 반면, 울산광역시는 가장 낮은 성장률을 보이고 이어서 전라남도, 경상남도, 경상북도의 순서로 낮게 성장하였다. 이 결과 지역간 격차를 나타내는 변이계수는 2010년 0.998에서 2015년에는 1.023으로 높아졌고, 2019년에는 1.078로 커져 지역간 격차가 확대되었다. 특히, 이러한 격차의 확대는 수도권과 인접지역의 높은 성장과 비수도권의 낮은 경제성장의 결과라고 할 수 있다.

표 14-2 광역자치단체별 GRDP 및 변이계수 추이

(단위: 십억, %)

구 분	2010	2015	2019	연평균 성장률
전국	1,432,684	1,660,844	1,851,764	2.89%
서울특별시	333,249	370,168	411,371	2.37%
부산광역시	71,969	82,701	88,730	2.35%
대구광역시	44,115	51,822	54,599	2.40%
인천광역시	69,301	80,138	87,672	2.65%
광주광역시	30,458	34,846	39,282	2.87%
대전광역시	33,248	37,163	40,445	2.20%
울산광역시	66,254	72,854	72,380	0.99%

경기도	300,716	381,978	462,407	4.90%
강원도	35,453	40,868	45,892	2.91%
충청북도	43,503	55,192	66,975	4.91%
충청남도	92,057	110,561	124,682	3.43%
전라북도	41,675	47,018	49,460	1.92%
전라남도	67,644	68,878	74,638	1.10%
경상북도	92,044	103,120	105,035	1.48%
경상남도	98,297	106,591	108,713	1.13%
제주특별자치도	12,380	16,947	19,142	4.96%
평균	89,523	103,803	115,714	
표준편차	89,384	106,231	124,785	
변이계수	0.998	1.023	1.078	

3. 산업위기 도시의 원인

지역경제가 침체하는 원인은 크게 개별 산업 차원과 지역 산업구조 차원의 접근법으로 구분할 수 있다. 개별 산업 차원에서 특정 산업이 쇠퇴하는 원인은 글로벌 가치사슬의 변화와 산업의 경로의존성에서 찾을 수 있다. 지역 산업구조 측면에서는 산업구조의 취약성에서 그 원인을 찾고 있다.

1) 글로벌 가치사슬의 변화

글로벌 가치사슬과 생산네트워크 접근은 특정 상품의 생산을 전 세계적인 기업 간 공급망이 결합된 결과라고 본다. 우리가 접하는 상당수의 상품은 전 세계에서 수행된 수많은 공정과 부품들이 결합되어 만들어진 것이다. 그 과정에서 수많은 부가가치가 창출되기 때문에 글로벌 가치사슬과 생산네트워크 접근법에 따르면, 글로벌 경제에서 특정 지역의 경제성장은 글로벌 가치사슬 혹은 생산네트워크에서 얼마나 많은 부가가치를 획득하느냐의 여부에 달려 있다(박소영 외, 2019). 최근 세계화가 진전되면서 기업의 경제활동이 특정 국가에만 속하지 않는 다국적 기업이 증가하고 있다. 이와 같은 다국적 기업은 주로 글로벌 가치사슬과 생산네트워크를 좌우하는 선도기업 역할을 담당한다. 선도기업들은 이윤극대화를 위해 다양한 방식과 전략으로 전 세계적인 공급망과 거래조직을 운영하고 있다. 만일 글로벌 가치사슬에서 특정 지역이 많은 부가가치를 창출하는 공정을 담당하면 해당 지역경제는 성장할 것이다. 하지만, 글로벌 가치사슬과 생산네트워크가 선도기업의 경영전략 변경 등과 같은 외부요인에 의해서 변하게 될 경우 해당 지역의 경제 상황 또한 크게 변하게 될 것이다. GM의 생산기지 역할을 담당했던 군산공장이 GM의 경영전략에 의해 폐쇄되면서 지역경제 침체를 경험한 군산시가 대표적인 예라고 할 수 있겠다.

2) 산업의 경로의존성 및 고착화 효과

경로의존성이란 과거에 우연히 발생한 어떤 사건의 효과가 규모경제에 의해 증폭되어 더 합리적인 대안이 나타나도 되돌아 갈 수 없는 불가역적 상태에 들어섬을 의미한다. 경제현상에 경로의존성이 존재할 경우 고착현상(lock-in)이 나타난다. 최초로 출발한 기술이나 지역은 규모경제라는 자기 강화적인 기제에 의해 다른 기술이나 지역 등을 경쟁에서 배제하는 효과를 얻게 된다. 산업발전 초기 단계에서 보면 산업과 지역환경의 조응은 지역과 기업 모두에게 유리한 결과를 창출한다. 한 지역에서 특정 산업의 집적이 이루어지면 그 지역은 해당 산업에 적합한 여건으로 변화하는 경향이 있다. 이러한 변화는 지역의 경쟁력 제고에 중요한 의미를 지니며, 지역은 기업과 노동자 모두에게 유리한 장소가 된다. 더욱이 지역이 특정 산업으로 특화됨에 따라 지역의 제도적 · 사회적 여건 역시 이러한 산업적 요구에 따라 변화하게 된다. 그러나 이러한 과정이 진행되면 지역경제를 구성하는 요소 모두가 특정 산업의 요구에 조응하는 형태로 변모하게 되며, 그 결과 지역은 다른 산업의 요구를 수용하지 못하고, 더 이상의 새로운 변화를 도모하기 어려운 상태에 빠지고, 예기치 못한 변화에 적응할 수 있는 능력을 상실한다. 1970년대 급격한 쇠퇴를 경험한 유럽의 산업지역은 과거에 장기간의 경제성장을 누린 곳이라는 공통점이 있는데, 이는 과거 번영의 원천이었던 산업과 인력 및 기반시설의 전문화가 경제적 충격으로부터 지역을 취약하게 만든다는 것이다(류승한 외, 2020).

지역경제의 고착현상은 기업 간 연계나 네트워크 형성에서 시작된다. 기업 간 거래는 시장탐색 비용이나 지식 공유 등 거래를 위한 유 · 무형 투자와 비용을 필요로 하며, 거래선 변경 또한 그렇다. 이 결과 기존의 연계관계는 시장관계가 아닌 소수협상의 원리가 적용되는 실질적으로는 폐쇄적인 것으로 변모한다. 또한 긴밀한 거래관계는 사회적 네트워크로 발전할 수도 있다. 그리고 네트워크가 과도하게 강해지면 외부의 교류가 제한되고, 외부환경 변화를 제대로 인식하지 못하게 되는 경향이 발생한다. 지역 내의 상호의존적인 네트워크는 지역발전 초기와 성장 단계에는 경쟁력의 원천이 되나 충격이 나타나는 시기에는 관성과 경직성의 원천이 되며, 긴밀한 네트워크는 장점이 아니라 부담으로 작용할 수 있다는 것이다.

3) 산업구조의 취약성

일반적으로 취약성(vulnerability)이라는 단어는 위험이나 위해(危害) 또는 불안정에 노출되어 있음을 뜻하는 것으로, 국가나 지역의 경제적 취약성이란 해당 지역이 외부의 경제적 힘에 노출된 결과 그 힘에 의해 위험에 처할 가능성이 높은 상태에 있음을 의미한다(류승한 외, 2020). 지역경제의 취약성을 구성하는 가장 일반적인 요인은 대외적 개방성과 대외 의존도이다. 국가나 지역경제의 외부 개방성과 의존도는 인구 등 지역의 내수 시장 규모나 지역의 자원부족에 따라 결정되는 경우가 많다. 따라서 이 요인은 지역 자체의 대응을 통해 극복하기 어려운, 지역의 본원적 특성에 가깝다. 이러한 유형의 취약성을 안고 있는 지역이나 국가는 취약성을 극복하기보다는 적응하고자 하는 정책을 추진하는 경향이 있다. 지역경제 측면에서 널리 알려진 또 다른 취약성 요인은 특정 산업이나 시장에 대한 과도한 의존성이다. 과도하게 전문화된 지역이 위기에 취약하다는 것은 오래전부터 지적되어 왔다. 여러 학자들은 유럽의 많은 도시가 과거에 심한 산업쇠퇴를 겪은 것은 대부분 특정 산업에 과도하게 의존한 결과이다. 특정 부문으로 과도하게 전문화된 지역이 취약한 것은 외부의 충격에 지역산업 전체가 영향을 받을 수 있다는 점 및 새로운 아이디어를 창출할 수 있는 이질성과 다양성이 결여되기 쉽다는 점과 관련된다(Menzel & Fornahl, 2010).

4. 산업위기 도시의 대응과제

1) 기존의 제도

산업위기지역에 대한 직접적인 지원 제도로는 산업통상자원부에서 지정하는 산업위기대응 특별지역과 고용노동부에서 지정하는 고용위기지역이 있다. 기타 산업위기지역에 대한 직접적인 지원 제도 이외에도 산업위기지역의 위기극복을 위한 관련 제도로서 산업단지 재생에 관련된 사업 등과 도시에 새로운 기능을 부여하고 고용기반을 창출하기 위한 도시재생사업 등이 있다.

(1) 산업위기대응 특별지역

'산업위기대응 특별지역'이란 지역의 주된 산업이 위기에 처하여 지역경제여건이 악화되거나 악화될 우려가 있어 일정 기간 동안 정부의 지원이 필요한 지역을 의미(국가균형발전법 제2조 제8의2)한다. 산업위기대응 특별지역은 세계적인 공급과잉과 후발국의 거센 추격 등으로 인하여 한국의 주력산업 중의 하나인 조선 및 해운산업에서 대규모 구조조정이 발생함에 따라 도입되었다. 2016년 후반기부터 산업경쟁력 강화 관계 장관회의를 중심으로 조선 및 해운산업 경쟁력 강화 방안과 함께 조선업 침체와 구조조정으로 인해 경제적 어려움이 가중되고 있는 조선업 밀집지역에 대한 지원 대책이 본격화되고, 국가균형발전법에 근거하여 지정기준과 절차, 지원에 대한 내용 등이 제도화되었다.

산업위기대응 특별지역의 신청주체는 시・도지사이며, 지정대상 행정구역의 범위는 시・군・구를 기준으로 하고, 지역의 산업구조 등 경제권역에 따라 여러 시・군・구를 묶어서 신청할 수 있다. 산업위기대응 특별지역은 산업통상자원부 장관이 전문기관 의견청취, 관계 중앙행정기관과의 협의 및 산업경쟁력 강화 관계 장관회의 등을 거쳐 지정 여부와 지원 내용 및 지정기간을 결정한다. 이때 전체 산업 종사자 중 주된 산업 종사자의 비율 등 '주된 산업에 대한 지역경제 의존도'와 함께 주된 산업의 생산량 감소율, 지역의 휴・폐업 업체수 증가율, 지역의 전력사용량 감소율, 지역내 부동산 가격 변화 등 '지역경제 여건의 악화 정도'를 근거로 대상지를 지정하고 있다.

2021년 현재까지 4개 광역 6개 지역이 산업위기대응 특별지역으로 지정되었는데, 그

표 14-3 산업위기대응 특별지역 지정기준

구 분		주요 내용
1단계	산업특화도	지역산업구조가 전국과 비교하여 상대적으로 특정 산업 비중이 높은지 여부(상대적 기준)
	지역내 비중	지역에서 특정 산업의 비중이 일정 수준 이상 차지하는지 여부(절대적 기준)
	산업구조 다양성	지역내 산업구조가 다각화되어 있는지 여부
2단계	산업 침체 판단	특정 산업이 침체되고 있는지 여부를 판단하기 위해 기업경기 및 산업생산 동향 등을 분석(BSI, 생산지수 등)
	지역경제 침체 판단	지역경제가 침체되고 있는지 여부를 판단하기 위해 휴・폐업체 수, 전력사용량 동향, 부동산 동향 등을 분석

자료: 산업통상자원부(2021).

중 전라북도 군산이 2018년 4월 최초로 지정되었으며, 이후 2018년 5월 울산광역시 동구, 전라남도의 목포·영암·해남, 경상남도의 창원·진해·거제·통영·고성 등 5개 지역이 지정되었다. 한편, 2021년 5월에는 2018년 5월에 지정된 5개 지역에 대하여 대형 조선사 중심으로 수주가 증가하고 있으나, 전반적인 지역경제 회복이 지연되고 있어 지역이 자립기반을 마련할 수 있도록 산업위기대응 특별지역 지정을 2년 간 연장하였다.

(2) 고용위기지역

'고용위기지역'이란 「고용정책 기본법」 제32호 및 영 제29조에 따른 고용사정이 현저히 악화되거나 악화될 우려가 있는 지역을 의미(고용위기지역의 지정기준 등에 관한 고시 제2조)한다. 지역고용에 대한 국가차원의 지원정책은 2001년 대우자동차 인천부평공장 전직희망센터에서 시작되었으며, 2009년 경기도 평택을 '고용개발촉진지역'으로 지정하였고, 2013년 경남 통영을 '고용촉진특별구역'으로 지정하였다. 최근 조선업 위기 확대로 인하여 2018년부터 '고용위기지역'을 지정하기 시작했다.

고용위기지역의 신청주체는 지방자치단체이며, 시·군·구 단위를 기본으로 하되, 지역의 고용여건 등 노동시장권역에 따라 여러 개의 시·군·구를 묶어서 지정이 가능하다. 고용위기지역의 지정은 지방자치단체장이 관할 지방고용노동관서의 장과 협의 후 지역고용심의회의 또는 광역단위 지역노사민정협의회 심의를 거쳐 고용노동부 장관에게 신청하고, 고용노동부 장관은 전문가 조사단의 현지조사를 거친 후 고용정책심의회의 심의를 거쳐 지정고시한다. 최초 지원기간은 1년이며, 고용정책심의회의 심의를 거쳐 1년 범위 내에서 연장 가능하다. 고용위기지역은 고용보험 피보험자 증감율, 피보험자수 감소, 구직급여 신규 신청자수를 모두 만족하거나, 피보험자수의 급격한 감소 또는 폐업계획발표 등의 기준을 가지고 지정한다.

고용노동부는 2018년 4월 구조조정, 핵심기업 폐쇄 발표 등으로 지역경제 위기가 우려되는 군산, 거제, 통영, 고성, 창원 진해구, 울산 동구 등 6개 지역을 고용위기지역으로 지정하였으며, 거제, 통영, 고성, 울산 동구 4개 지역은 지역내 조선업의 장기간 침체에 따른 고용지표의 악화로 고용위기지역 지정요건의 정량요건을 충족하는 반면, 군산과 창원 진해구는 고용지표 중심의 정량요건은 충족하지 않지만 GM 군산공장, STX 조선해양(진해)의 구조조정 가능성에 대하여 사전대응 차원에서 지구를 지정하였다.

표 14-4 고용위기지역 지정기준

구 분		주요 내용
Type A	1. 피보험자 증감률	고용보험 피보험자 증감률(고용위기지역 신청 직전 1년 간 평균 피보험자수와 그 전 1년 간 평균 피보험자수를 토대로 산정한 증감률)이 같은 기간 전국 평균 피보험자 증감률보다 5%p 이상 낮은 경우
	2. 평균 피보험자수 감소	신청 직전 1년 간 피보험자수가 그 전 1년 간 평균 피보험자수보다 5% 이상 감소한 경우
	3. 구직급여 신규 신청자수	신청 직전 1년 간 구직급여 신규 신청자수가 그 전 1년 간 구직급여 신규 신청자수보다 20% 이상 증가한 경우
Type B	4. 평균 피보험자수의 급격한 감소	신청 직전 1년 간 평균 피보험자수가 그 전 3년 전 1년 간의 평균 피보험자수보다 7% 이상 감소한 지역
Type C	5. 폐업계획발표 등	지역내 공장 이전 또는 폐업 계획 발표 등으로 대규모 고용조정이 예상되어 선제적 대응이 필요하다고 인정되는 경우

자료: 고용노동부(2021).

2) 기존의 제도의 한계 및 향후 과제

산업위기대응지역 및 고용위기대응지역은 본질적으로 급격한 쇠퇴를 경험하고 있는 산업지역을 지원하기 위한 제도이다. 따라서 제도의 취지에는 장기적 대책이 포함되어 있으나 실제로는 단기적 충격에 대응한 단기적 대책 중심으로 운영하는 것이 불가피한 측면이 있다. 즉, 제도의 도입과 운영 기간이 짧고 추진하는 사업의 대부분이 단기적 효과에 중점을 두고 있기 때문에, 제도의 장기적 효과를 평가하기 어렵다는 한계를 안고 있다. 그러나 군산의 사례 등에 의하면, 당면한 실업문제 등에는 일정 수준의 성과를 거둔 것으로 평가되고 있으며, 다만 공공부문 주도의 단기 일자리라는 한계는 지니는 것으로 나타나고 있다(군산시 · 호원대학교, 2020; 이강진, 2020). 기존 제도의 한계를 개선하기 위한 향후과제는 다음과 같이 제시할 수 있겠다.

(1) 위기에 대한 사전대응체계 구축

대부분의 대규모 위기는 사전에 일정한 징후를 보인다. 대규모 구조조정 등에 따른 지역의 위기에 대처하기 위해서는 사전에 구조조정의 징후와 방향을 인식하고, 지역사회가 받을 수 있는 피해를 최소화하기 위한 대책을 마련할 필요가 있다. 개별 구조조정 기업은 구조조정에 대해 서로 다르게 접근한다. 그러나 지역은 지역노동 시장에서 나타나는 징후나 평상시 형성된 비공식적 네트워크 등으로 통해 이를 사전에 감지할 수 있으며, 따라서 지방정부 등은 적기에 지역내 구조조정의 영향에 사전에 대비하고 대책을 추진할 수 있다(류승한 외, 2020). 산업도시의 위기에 대처하기 위한 사전대응체계에는 관련 기관 간 협업체계와 자율적 의사결정체계 등에 대한 내용이 포함되어야 한다. 즉, 사전대응체계는 위기의 징후를 예측하기 위한 통계적 지표 목록이 아니라 실질적 대응조직의 성격을 지니고 있어야 한다. 이를 위해서는 위기와 구조조정의 방향을 예상하기 위한 다양한 공식적 · 비공식적 모니터링과 다양한 이해당사자의 참여를 보장할 수 있는 개방적 정보교류체계 구축이 병행되어야 한다.

(2) 기업 및 생산체계 특성을 반영한 위기대응방안 마련

외부환경 변화에 따른 충격과 산업구조조정은 기업 및 생산체계의 성격에 따라 서로 다른 시기에 서로 다른 규모로 발생하므로 산업도시의 위기에 대한 접근은 기업과 생산체계의 특성을 고려해야 한다. 기업과 생산체계의 특성을 반영한 위기대응방안 마련을 위해서는 다음과 같은 접근이 필요하다. 첫째는 대기업의 구조조정 전략에 대한 이해이다. 위기에 처한 대기업은 그 내부 구조조정과 외부 공급망의 구조조정에 대해 다르게 접근하며, 그 구조조정의 시기 또한 다르다. 둘째는 지역 클러스터에 대한 이해이다. 현행 산업위기대응특별지역이나 고용위기 지역은 한국표준산업분류상의 업종분류를 기준으로 하고 있다. 그러나 실제 지역 산업생태계의 구성은 이들 업종만으로 구성되지 않는다. 산업도시의 업종구조를 보면 하나의 지역에 분포하는 단일 산업 내에도 다양한 클러스터가 존재한다. 이들 클러스터는 상호 밀접히 연관되어 있으나 그 발전경로는 서로 다르다. 따라서 정부는 이러한 점을 고려하여 지역의 산업 · 고용위기를 분석하고, 지원 대책을 마련하여야 하며, 지방자치단체는 기업 간 거래관계 등을 바탕으로 사전에 지역산업 클러스터의 구성을 분석하고, 이에 근거하여 지역산업의 취약점을 평가할 필요가 있을 것이다(류승한 외, 2020).

(3) 장기대책과 단기대책 연계를 위한 중간 단계 대책 추진

현재 정부의 산업도시, 특히 산업위기대응 특별지역 등에 대한 대책은 현재의 고용 및 경영위기에 대처하기 위한 금융지원이나 세제지원과 장기적으로 지역의 체질을 개선하기 위한 혁신역량 강화사업으로 구성되어 있다. 그러나 위기에 당면한 산업도시내의 기업가와 근로자가 볼 때 장기적 접근은 그들이 기다릴 수 없을 정도로 긴 시간을 요하며, 단기적 대책은 현안타개를 위한 긴급수혈에 그치는 경향이 있다. 이러한 문제를 해결하기 위해서는 장기대책과 단기대책을 연계할 수 있는 중간 단계 대책 마련이 필요하다. 여기서 중간 단계 대책이라 함은 지역의 기업과 종사자가 장기대책의 효과가 나타날 때까지 지역 내에서 정착하고 안정적으로 조업할 수 있도록 지원하는 대책을 의미한다. 중간 단계 대책에는 현재 위기에 당면하여 새로운 변화를 도모하는 지역 내 기업과 근로자를 지원할 수 있는 투자유치제도나 고용지원제도와 함께 도시기반시설과 산업기반시설의 정비와 같은 물리적 개선대책 등이 포함될 수 있다.

참고문헌

김홍배(2016). 『도시 및 지역경제분석론』. 기문당.

류승한 · 조성철 · 서연미 · 박소영(2020). 『산업위기지역 실태 분석 및 활성화 대책』. 국토연구원.

박선주 · 이수기(2015). 한국의 환경산업 현황 및 지역별 상대적 경쟁력 분석: 변이-당분석을 중심으로. 『국토계획』, 50(2): 211-226.

박소영 · 김동근 · 권규상 · 정은진 · 민범식 · 박소현(2019). 『산업위기지역의 종합적 도시재생 방안 연구』. 국토연구원.

유재윤(2019). 『산업도시 르네상스와 공동체』. 국토연구원.

윤대식(2011). 『도시모형론』. 홍문사.

이두희 · 김송년 · 유이선 · 김지수(2019). 『지역산업위기 유형분석과 위기대응방안 및 산업전환전략』. 산업연구원.

이우배(2020). 지식경제시대 전통산업도시 부흥전략 연구: 미국 러스트벨트 도시 사례를 중심으로. 『한국지역개발학회지』, 32(3): 95-121.

임범종 · 한상민 · 윤병국(2004). 충북 시군별 경제기만모형과 관광산업 특화도 분석. 『관광연구저널』, 18(2): 265-282.

한국은행(2014). 『산업연관분석해설』.

Menzel, M. & Fornahl, D.(2010). Cluster life Cycles-Dimensions and Rationales of Cluster Evolution, Industrial and Corporate Change, 19(1): 205-238.

CHAPTER

15

도시문화

양광식
(순천향대학교 행정학과)

제 1 절 도시문화의 개념과 특성

1. 도시문화의 개념

문화는 '경작'을 의미하는 라틴어(cultura)에서 유래되었기 때문에 '자연적', '성장', '과정'의 의미를 포함하고 있다. 일반적으로 문화는 아름다움, 탁월함, 우아함과 같은 '마음 속의 느낌'을 상징적으로 표현하는 행위와 결과물을 말한다. 따라서 문화는 예술과 같은 개념으로 정의해도 된다. 또한 문화는 공동체에서 학습된 행위, 전체적인 생활양식, 사회적 유산, 사회구성원이 공유하는 가치관, 태도, 관습으로 정할 수 있다(김정수, 2017). 조직문화, 캠퍼스문화, 군사문화 등 서로 다른 유형화된 생활양식이 공동체마다 존재한다는 의미이기도 하다. 학술적으로 문화는 사회의 구성원이 사회생활을 통하여 배우고 공유하는 모든 것 또는 법규, 제도, 관습과 같은 집단생활의 규범을 의미한다(박혜자, 2011).

도시라는 지리적 공간에서 일어나는 다양한 공공활동을 연구하는 도시행정에서 문화를 이해하기 위해서는 '행정대상으로의 문화'와 '도시공간의 문화'를 이해하는 것이 필요하다. 먼저, 행정대상으로의 문화는 삶의 질에서 문화의 중요성을 인식하고 시민의 문화욕구의 충족과 더 나은 삶의 기회를 제공하기 위한 정책요소로 문화를 이해하는 것이다. 따라서 누구나 고급스러운 문화를 향유하고 참여할 수 있는 개방성과 개인의 자율적인 선택과 다양한 취향에 따른 문화활동의 기회를 강조한다(한승준, 2017). 그리고 '도시공간의 문화'는 인간의 정치 · 경제 · 사회적 활동이 집중된 장소를 기반으로 하는 문화활동으로 문화를 이해하는 것이다. 이러한 차원에서 도시문화는 지방자치단체 행정구역 또는 공통의 역사적 · 문화적 정체성을 이루고 있는 지역을 기반으로 하는 문화유산, 문화예술, 생활문화, 문화산업 및 이와 관련된 유형 · 무형의 문화적 활동을 의미하는 '지역문화'와 같은 개념으로 이해할 수 있다. 따라서 공간, 계층, 연령 등 사회계층간의 문화격차 해소와 특색 있는 고유문화의 발전을 통해 주민 삶의 질 향상을 중요시한다.

그림 15-1 문화의 이해관점

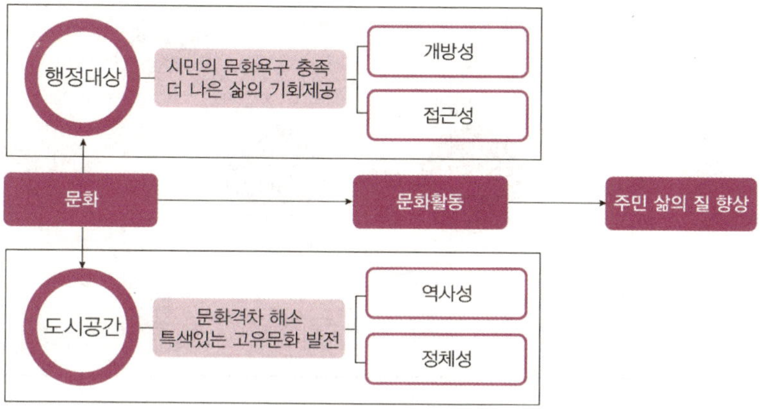

2. 도시문화의 가치

도시경쟁 시대에 창의적이며 지속가능한 도시발전과 도시의 공동체 활성화를 위해서는 문화의 사회경제적 가치를 이해해야 한다.

경제적으로 문화는 도시의 경제성장과 미래 성장동력으로 경제자본을 형성하고 증진시킨다. 먼저, 도시의 문화공간과 장소에서 이루어지는 문화행사와 이벤트는 관광객을 유치한다. 관광객은 문화활동의 참여뿐만 아니라 숙박시설 또는 음식점, 그리고 상품구매를 위해 비용을 지출하므로 도시경제의 활성화를 가져올 수 있다. 또한 문화는 인구유입과 기업유치에 효과적으로 활용될 수 있다. 도시의 문화활동과 문화조직은 문화예술가는 물론 문화환경을 선호하는 고급인력의 유치가 가능하다. 특히, 기업은 도시의 문화환경을 중요하게 고려하여 도시공간에 입지하는 경향이 강하다. 더 나아가 도시의 문화활동은 도시의 이미지와 매력성을 증진시켜 관광객의 참여와 기업의 투자를 유인할 수 있다.

사회적으로 문화는 문화활동에 참여하는 조직과 단체에서 경험을 부여하여 사회자본을 형성하고 증진시킨다. 즉, 문화공간과 장소에서 이루어지는 문화활동은 개인능력 향상과 사회참여 동기를 제공하여 효과적인 행동을 유발시키는 데 필요한 조직역량을 강화시키고 사회자본 형성을 촉진한다. 특히, 문화는 개인들의 사회네트워크를 확대시키고, 시민에게 도시에 대한 자긍심을 가져다주며 다른 집단과 공동으로 논의하고 협

그림 15-2 문화의 가치

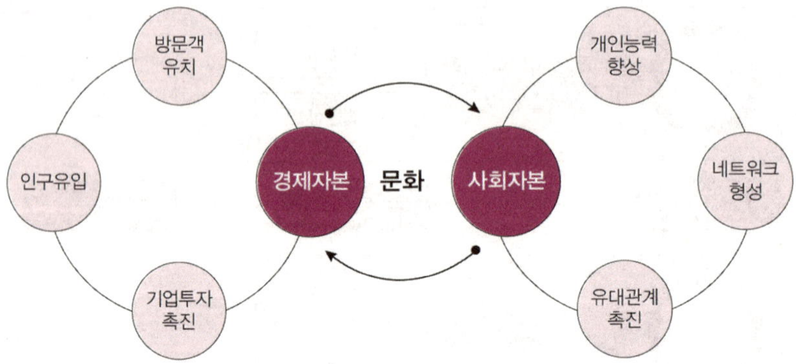

력하는 유대관계를 형성하는 기회를 가지게 된다(박광국 외, 2019).

3. 도시문화의 중요성

소득이 증가하면서 삶의 질 향상과 행복추구에 대한 관심 증대되면서 상상력과 창의성, 감성과 공감, 공동체 의식 등의 문화적 가치가 개인의 삶의 질, 경제성장, 사회 발전의 핵심요소로 평가받고 있다(최보윤 외, 2017). 지식정보사회의 진화 과정에서 공유경제와 공유가치, 지속가능한 성장을 위한 공동체 인프라확충 등 새로운 패러다임으로 전환이 요구되면서 문화의 역할이 더 중요해지고 있다.

먼저, 국가의 경제 규모가 성장하고 있음에도 불구하고 개개인의 느끼고 체감하는 삶의 질과 행복수준은 향상되지 않아 국가발전과 개인의 삶의 질이 선순환할 수 있는 지속가능한 발전이 필요하다. 따라서 문화는 개개인의 삶의 질과 행복을 결정하는 가장 기본적인 요소이다.

또한 제조업과 서비스 산업에서 과학기술과 문화콘텐츠, 뉴미디어에 기반한 창조산업과 삶의 질과 밀접한 관련이 있는 서비스산업의 육성을 통해 새로운 성장동력을 확보할 수 있는 경제시스템의 변화가 필요하다. 더 나아가 문화활동을 통해 경제적 가치와 사회적 가치를 동시에 창출하는 경제성장 모델이 필요하다.

한편, 다양성과 익명성이 지배하는 도시에서 계층, 인종, 성별 차별을 해소하고 사회적 연대와 협력 등 결속력을 강화하기 위해서는 문화적 접근이 필요하다. 특히, 양극화,

그림 15-3 문화의 가치

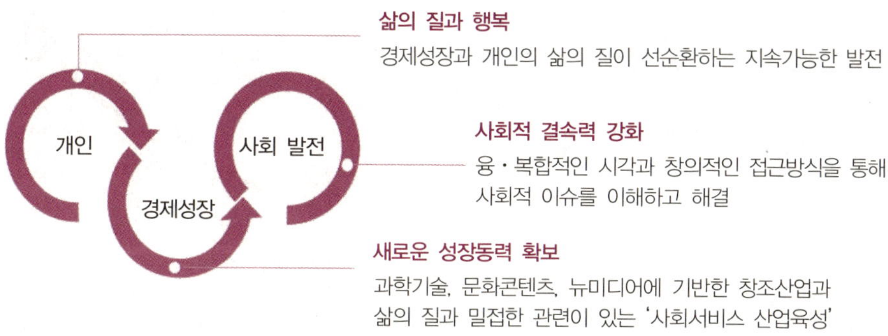

사회갈등, 다문화, 고령화, 고용 없는 저성장, 가족의 해체 등 복합적으로 발생하는 사회문제를 해결하기 위해서는 문화적 접근이 필요하다. 즉, 문화가치에 기반한 융·복합적인 시각과 창의적인 접근방식을 통해 사회적 이슈를 이해하고 해결하는 노력이 필요하다.

제 2 절 도시문화 현황과 문제점

1. 문화정책

1991년 지방자치제도의 실시로 도시문화에 대한 중요성을 인식하고 지역 고유의 문화적 자산을 활용하여 도시브랜드를 창출하고 지역경제의 활성화를 추진하기 위한 지역문화정책이 추진되었다. 먼저, 1990년대에는 지역문화 활성화를 위한 기초생활권역의 문화시설 개선사업과 지역문화진흥을 위한 지역주민의 역량 강화와 지역 간 문화불평등의 해소를 위한 사업이 추진되었다. 그리고 2000년대에는 지식과 문화를 통한 지역분권과 지역균형발전과 취약계층, 취약지역에 대한 문화향유 기회를 확대하는 사업이 추진되었다. 2010년대에는 지역문화진흥법이 제정되면서 지역 간 문화격차의 해소, 지역주민의 문화생활 향상 도모와 시민의 문화 향수와 문화 참여 권리를 보장하는 지역문화분권을 실현하기 위한 정책이 추진되고 있다.

그림 15-4 지역문화정책의 변화

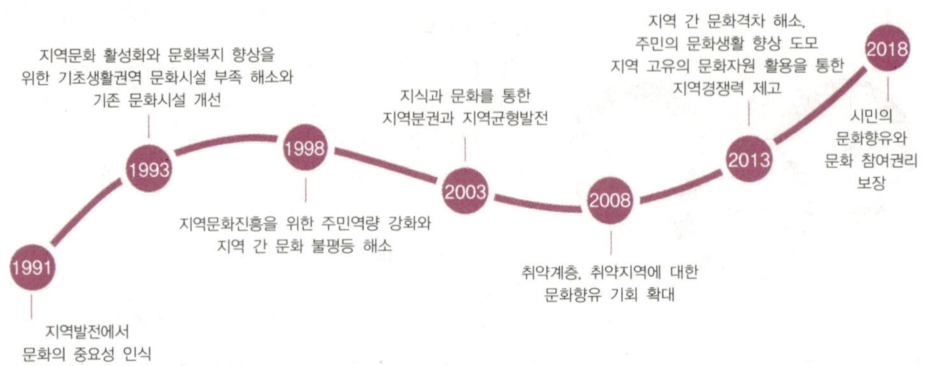

특히, 2014년 지역문화진흥법 제정으로 지역문화진흥기본계획 수립과 문화특화지역 조성사업의 제도적 기반이 마련되었다. 제1차 지역문화진흥계획은 '문화로 행복한 지역 창조' 실현을 위해 지속가능한 지역문화 기반구축, 지역문화 균형발전 토대 마련, 문화를 통한 지역가치 창출의 3대 목표를 제시하고 지역문화 역량 강화, 지역문화 격차해소, 지역문화 발굴창조를 위한 정책을 추진하였다. 제2차 지역문화진흥계획에서는 사회문제 해결을 위한 지역문화의 역할 강화와 일상 속 문화여가 확대를 위해 '포용과 혁신

그림 15-5 지역문화진흥기본계획의 내용

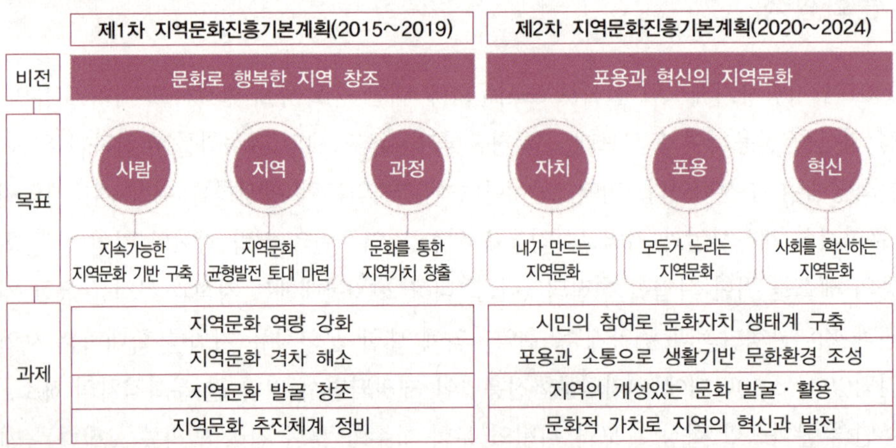

자료: 문화체육관광부(2020).

의 지역문화' 실현을 위해 내가 만드는 지역문화, 모두가 누리는 지역문화, 사회를 혁신하는 지역문화의 3대 목표를 제시하고 시민의 참여로 문화자치 생태계 구축, 포용과 소통으로 생활기반 문화환경 조성, 지역의 개성있는 문화 발굴·활용, 문화적 가치로 지역의 혁신과 발전을 위한 정책을 추진하고 있다.

문화특화지역 조성사업은 도시 및 지역 자체가 고유 브랜드로 발전할 수 있도록 특색있는 지역문화 프로그램 중심의 문화도시 선정과 문화마을 조성 지원사업으로 추진되고 있다. 문화도시는 문화적 자산이 풍부하고 중장기 문화기본계획을 수립하여 문화·창조

표 15-1 문화특화지역 조성사업

구 분		문화도시형	문화마을형
지원대상		문화적 자산이 풍부하고 중장기 문화기본계획을 수립하여 문화·창조도시 사업을 추진 중인 시·군	주민협의체를 통한 문화적 사회활동이 활발하거나 잠재적 문화역량이 높은 마을
지원예산		1개 도시당 7.5억 원 * 국비 3억 원, 지방비 4.5억 원	1개 마을당 2억 원 * 국비 0.8억 원, 지방비 1.2억 원
지원기간		5년	3년
사업 내용		– 시민제안 및 공모형 문화활동 사업 및 전문가 문화기획 프로그램 – 도시문화네트워크 구축사업(휴먼웨어 네트워크, 문화기관 네트워크) – 도시 문화허브 활성화 사업 (문화거점) – 지역문화 창의인재 육성사업 – 도시재생 및 유휴공간 활성화 사업 – 도시 문화브랜드 사업	– 마을단위 문화공동체 활동 및 프로그램 기획 운영 – 마을 축제 운영 및 관리 – 마을 가치자산 활성화 프로그램(역사·전통문화 교육 및 체험) – 유휴공간 활성화 사업 – 지역문화 창의인재 육성사업 – 지역단위 마을문화 교류활동
지원 내역	2014년	남원	공주, 부여
	2015년	대구, 천안, 군산, 여수, 서귀포, 구미	대구 중구, 부산 수영, 성남, 양평, 당진, 예산, 홍성, 여수, 양산, 제주, 세종
	2016년	인천부평, 부천, 가평, 원주, 청주, 서산, 나주, 담양, 포항, 제주	해운대구, 대구 달성군, 수원시(2), 파주, 하동, 영동, 진안, 영천, 문경, 고령, 성주, 울산, 강릉, 평창, 영양
	2017년	익산, 광양, 울산 중구	시흥, 포천, 대구 중구, 충주, 해남
	2018년	춘천, 수원, 창원, 김해, 순천, 완주, 정읍	속초, 안산, 경북 영덕군, 대구 남구, 임실, 장수, 제주본청, 충남 서천군
	2019년	도봉구, 시흥, 속초, 홍성군, 안동, 영주, 영천, 칠곡군, 밀양	포천, 인제군, 문경

자료: 문화체육관광부(2020.5.25).

도시사업을 추진 중인 시 · 군이 신청 및 제안하는 문화브랜드를 담아 지정되며, 역사전통, 예술, 문화산업, 사회문화 중심형 및 지역 자율형으로 유형으로 구분된다. 문화도시로 지정되기 위해서는 지방자치단체에서 문화도시 조성계획을 수립하여 문화체육관광부의 계획 승인을 받고 1년 간 예비사업 실행관리 실적평가 후 문화도시심의위원회의 심의를 통해 지정받게 된다. 2014년 남원시가 우리나라 최초의 문화도시로 지정받은 후 2019년 기준 36개 시 · 군이 문화도시로 지정받았다. 한편, 문화마을은 주민협의체를 통한 문화적 사회활동이 활발하거나 잠재적 문화역량이 높은 마을을 대상으로 마을단위 문화공동체 활동 및 프로그램, 마을 축제, 마을 가치자산 활성화를 위한 프로그램을 지원하는 사업이다. 2014년 공주시와 부여시가 우리나라 최초의 문화마을로 지정받은 후 2019년 기준 45개 시 · 군이 문화도시로 지정받았다.

2. 문화산업[1)]

2019년 기준 우리나라 문화콘텐츠산업의 매출액은 126.7조 원으로 2015년의 100.49

그림 15-6 문화콘텐츠 분야별 매출액 비중

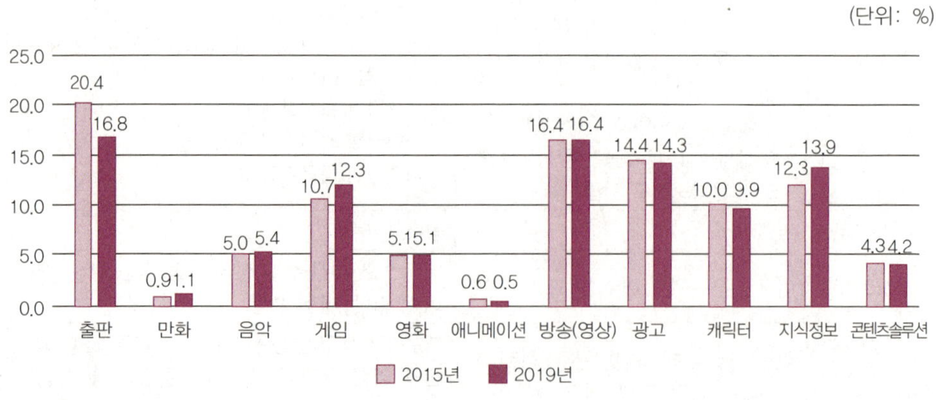

자료: 문화체육관광부(2020).

1) 문화산업은 문화적 요소가 체화되어 경제적 부가가치를 창출하는 유무형의 재화와 그 서비스 및 이들의 복합체를 의미하며, 2008년 문화체육관광부가 디지털콘텐츠 정책을 주관하면서 문화산업보다 콘텐츠산업이라는 용어를 더 많이 사용하고 콘텐츠산업조사를 통해 문화산업 현황을 파악하고 있다.

조 원에서 연평균 6%씩 증가하였다. 2019년 문화콘텐츠별 매출액 비중은 2015년 대비 출판 부문이 20.4%에서 16.8%로 크게 감소하였으나 지식정보와 게임 분야는 각각 1.6%씩 증가하였다([그림 15-6] 참조).

[표 15-2]에서 보는 바와 같이 2019년 문화콘텐츠산업의 종사자수는 652,109명으로 2014년 574,453명에서 5년 간 연평균 2.7% 성장하였다. 반면, 동기간 동안 문화콘텐츠산업 매출액은 9,480백억 원에서 12,658백억 원으로 종사자수 성장률의 약 2.5배보다 많은 연평균 6.7% 성장하였다.

지역별로 살펴보면 2019년 기준 서울의 문화콘텐츠산업 종사자수 비중이 52.9%로 가장 많고 경기 20.3%, 부산이 3.6% 순으로 나타났으며, 매출액도 서울이 64.1%로 가장

표 15-2 지역별 문화콘텐츠산업 현황

(단위: 명, 백억 원, %)

구 분	종사자수					매출액				
	2014년		2019년		연평균 변화율	2014년		2019년		연평균 변화율
	종사자수	비중	종사자수	비중		매출액	비중	매출액	비중	
전국	574,453	100.0	652,110	100.0	2.7	9,480	100.0	12,658	100.0	6.7
서울	296,643	51.6	344,666	52.9	3.2	6,502	68.6	8,113	64.1	5.0
부산	22,690	3.9	23,554	3.6	0.8	220	2.3	279	2.2	5.4
대구	17,972	3.1	19,561	3.0	1.8	163	1.7	207	1.6	5.3
인천	17,896	3.1	18,664	2.9	0.9	131	1.4	175	1.4	6.6
광주	12,554	2.2	12,913	2.0	0.6	88	0.9	114	0.9	6.0
대전	10,314	1.8	12,380	1.9	4.0	110	1.2	151	1.2	7.4
울산	6,048	1.1	6,740	1.0	2.3	46	0.5	59	0.5	5.8
세종	–	0.0	1,382	0.2		0	0.0	9	0.1	
경기	118,154	20.6	132,090	20.3	2.4	1,683	17.8	2,775	21.9	13.0
강원	8,651	1.5	9,267	1.4	1.4	47	0.5	62	0.5	6.1
충북	7,919	1.4	8,619	1.3	1.8	76	0.8	88	0.7	3.3
충남	9,272	1.6	9,994	1.5	1.6	69	0.7	86	0.7	4.8
전북	7,701	1.3	8,747	1.3	2.7	53	0.6	72	0.6	7.4
전남	6,494	1.1	7,180	1.1	2.1	37	0.4	48	0.4	5.9
경북	13,102	2.3	13,990	2.1	1.4	106	1.1	114	0.9	1.4
경남	15,756	2.7	16,710	2.6	1.2	126	1.3	169	1.3	6.7
제주	3,287	0.6	5,653	0.9	14.4	22	0.2	138	1.1	107.5

자료: 문화체육관광부(2021).

많은 비중을 차지하고 경기 21.9%, 부산 2.2% 순으로 나타났다. 서울, 제주, 경기를 제외하고 대부분 시·도의 문화콘텐츠산업 종사자수 비중에 대비 매출액 비중이 작은 것으로 나타나 상대적으로 영세한 사업체들이 많은 것으로 나타났다. 또한 수도권의 문화콘텐츠산업 종사자수는 2019년 기준 495,420명으로 전체 종사자의 76.0%를 차지하고 있으나 매출액은 11,062백억 원으로 전체 매출액의 87.4%를 자치하고 있다.

한편, 문화콘텐츠산업은 모든 지역에서 생산성을 향상시키고 있으나 서울의 생산성은 2011~2015년 기간 동안 7.6% 향상된 것으로 나타났다(서호준, 2017). 이는 문화콘텐츠산업 자원이 수도 서울로 집중되고 있는 것은 물론, 주어진 자원을 산업발달에 가장 효율적으로 활용하고 있음을 시사하고 있다. 따라서 지방광역시의 문화산업에 대한 문제점 개선과 육성책 마련이 필요하다.

3. 문화조직

도시문화조직은 행정조직과 전문기관으로 구분된다. 행정조직은 도시 규모에 따라 문화예술, 문화재, 관광, 체육을 중심으로 문화예술의 발전과 주민의 문화생활 수준 향상에 필요한 정책수립, 시설관리 업무를 수행하고 있다. 그리고 전문기관은 지방문화원, 지역문화재단, 문화의 집으로 구분된다.

지방자치제 이후 지역경쟁력 강화와 주민의 문화정책에 대한 관심증대, 그리고 지역별 특성화된 문화사업 추진을 위해 지역문화재단을 설립하였다(고준환·조강주, 2021). 지방문화원은 1994년 지역문화진흥법이 제정되기 이전부터 향토문화 보존과 활용·특화

그림 15-7 도시문화조직의 구성

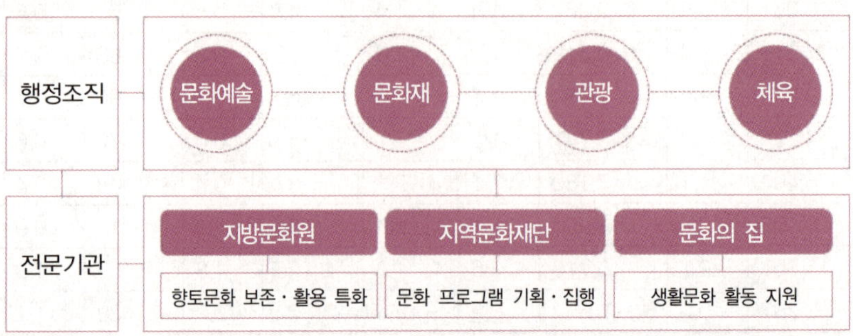

를 위해 모든 기초자치단체에 설립되어 운영되고 있다. 지역문화재단은 지역문화진흥법에 따라 문화 프로그램의 기획·집행을 위해 광역과 기초자치단체에서 설립되어 운영하고 있다. 2014년 지역문화진흥법이 제정되기 이전 광역지방자치단체 단위에서는 1997년 경기문화재단이, 기초지방자치단체 단위에서는 2001년 부천문화재단이 최초로 설립된 후 2021년 8월 한국광역문화재단연합회와 전국지역문화재단연합회에 가입된 기초자치단체의 108개가 설립·운영되고 있다. 한편, 문화의 집은 생활문화 활동 지원을 위해 1996년부터 기초 생활권 단위에서 지역민이 직접 문화창조 활동을 영위하는 소규

표 15-3 도시문화 전문조직 현황

(단위: 개소)

구 분	자치단체	지방문화원	지역문화재단	문화의 집
서울	25	25	22	5
부산	16	15	2	0
대구	8	8	6	0
인천	10	10	3	1
광주	5	5	0	4
대전	5	5	0	3
울산	5	5	2	4
세종	1	1	1	0
경기	31	31	22	10
강원	18	18	13	6
충북	11	11	4	7
충남	15	15	5	6
전북	14	14	4	12
전남	22	22	5	4
경북	23	23	11	6
경남	18	20*	8	15
제주	2	2	0	20
합계	229	230	108	103

* 창원시는 2010년 창원·마산·진해가 통합창원시로 출범하였으나 마산시, 진해시 지방문화원이 유지되고 있다.

자료: 한국문화정보원 국내 문화체육관광 분야 지방문화원 시설 및 현황통계 데이터(2021).
전국지역문화재단연합회, http://www.ancf.or.kr/(2021.8).
한국문화의집협회, http://www.culturehouse.kr(2021.8).

그림 15-8 문화 관련 법제도 현황

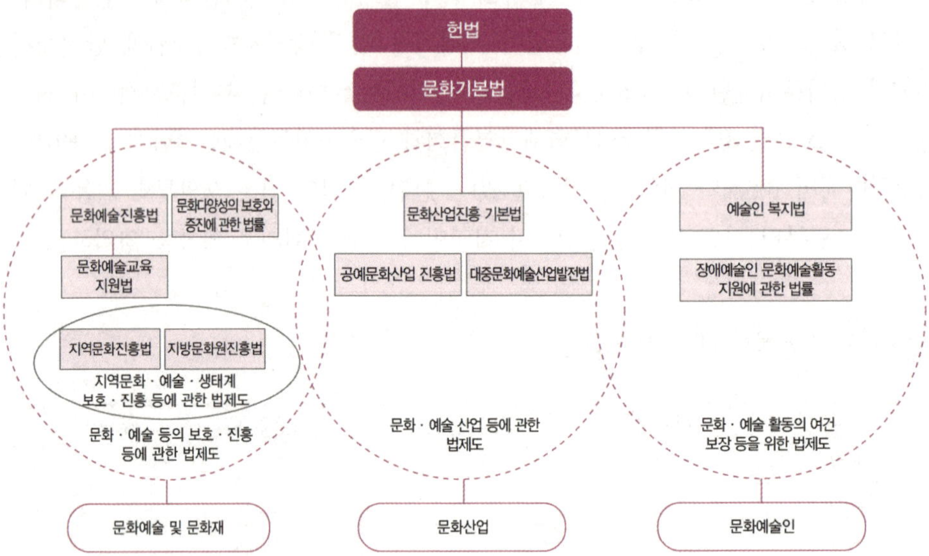

자료: 전국지역문화재단연합회(2021).

모 복합문화공간으로 활용되고 있다. 한국문화의집협회에 가입된 기초자치단체의 문화의 집은 103개가 설립 · 운영되고 있다.

4. 문화제도

우리나라 헌법은 모든 국민의 예술의 자유에 관한 기본권을 규정하고 있다. [그림 15-9]에서 보는 바와 같이 문화예술 법제도는 기능에 따라 문화예술 및 문화재의 보호 · 진흥, 산업적 측면에서의 문화진흥과 발전, 문화예술인과 활동의 여건보장에 관한 제도로 구분된다(전국지역문화재단연합회, 2021).

지역단위의 문화예술에 관한 법제도는 문화 · 예술 등의 보호 · 진흥 등 영역의 기본법에 해당하는 문화예술 진흥법과 특별법 성격의 지역문화진흥법과 지방문화진흥법, 그리고 문화예술 영역인 동시에 사회복지 영역에 속하는 예술인복지법으로 구성된다. 먼저, 문화예술진흥법에 따라 1994년 지방문화원진흥법을 제정하여 지역문화의 균형있는 진흥을 위해 지방문화원의 설립 · 운영과 사업을 규정하고 있다. 또한 문화기본법이

그림 15-9 지역문화 관련 법제도 구성

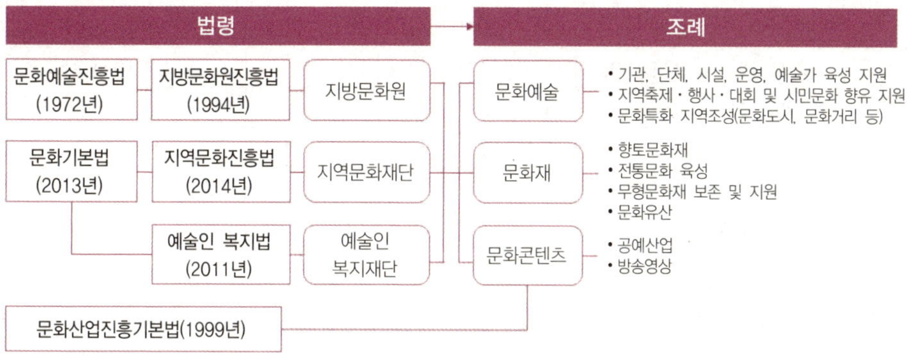

제정되면서 2014년 지역을 기반으로 하는 문화유산, 문화예술, 생활문화, 문화산업 및 이와 관련된 유형 · 무형의 문화적 활동을 위한 지역문화재단이 설립 · 운영되고 있다. 한편, 예술인의 지위 향상과 복지 증진을 위하여 문화예술 분야 계약서의 표준양식을 개발 · 보급하고, 예술인의 업무상 재해에 관한 보호를 위해 2011년 예술인복지법을 제정하였다. 그리고 지역단위의 문화예술 법제도는 문화예술, 문화재, 문화콘텐츠 육성과 지원에 관한 조례를 통해 구체화된다(권선영 · 황설화, 2020).

5. 문화재정

국가 예산편성체계의 문화재정은 문화 및 관광 예산으로 분류되며 문화체육관광부, 문화재청, 과학기술정보통신부, 방송통신위원회 등의 예산과 기금으로 사업이 수행된다. 지방자치단체는 주민의 문화향유권 확대, 예술가의 창작환경 지원, 지역의 고유문화를 활용하여 관광객을 유입하고 지역경제활성화를 위해 문화를 정책수단으로 활용하고 있다. 이러한 이유로 문화사업이 차지하는 예산은 중앙정부보다 지방자치단체에서 더 높다. 실제로 지난 10년 간 지방자치단체 총지출에서 문화 · 관광지출이 차지하는 비중은 평균 4.99% 수준이나 중앙정부 총지출 대비 문화예산 비중은 1.52% 수준으로 나타났다([표 15-4] 참조).

표 15-4 중앙정부와 지방자치단체 문화재정 편성추이(2010~2020)

(단위: 조, %)

구 분		2010	2011	2012	2013	2014	2015	2016	2017	2018	2019	2020
중앙정부	총지출	292.8	309.1	325.4	342.0	355.8	375.4	386.4	400.5	428.8	469.6	512.3
	문화·관광 지출	3.9	4.2	4.6	5.0	5.4	6.1	6.6	6.9	6.5	7.2	8.0
	비중	1.3	1.4	1.4	1.5	1.5	1.6	1.7	1.7	1.5	1.5	1.6
지방자치단체	총지출	139.9	141.0	151.1	156.9	163.6	173.3	184.6	193.2	210.7	231.0	253.2
	문화·관광 지출	7.8	7.0	7.4	7.8	8.0	8.6	9.0	9.8	10.3	11.0	12.1
	비중	5.6	5.0	4.9	5.0	4.9	5.0	4.9	5.1	4.9	4.8	4.8

자료: 지방재정통합공개시스템.

지방자치단체는 자체재원보다는 중앙정부의 보조를 통해 문화사업을 추진하는 비중이 높다. 즉, 문화사업은 국가가 30~80%를 지원하고 나머지 부분을 지방자치단체가 부담하는 매칭펀드 방식으로 추진되어 중앙정부의 문화재정이 증가하는 경우 대부분 지방자치단체의 문화재정은 증가한다(박광국 외, 2019). 2020년 기준 지방자치단체의 세출구조에서 문화 분야의 자체사업 비중은 58.8%로 보조사업 비중 38.7%보다 더 높고 전체 자체사업 비중 40.5%보다 더 높게 나타났다(정보람, 2020).

지역별로 문화재정을 살펴보면 최근 5년 간 지방자치단체의 전체 예산에서 문화예산과 문화예술예산이 차지하는 비중은 세종을 제외하고 충남, 제주, 전북이 크게 증가하였다. 광역자치단체는 2014년 전체 예산에서 문화예산이 차지하는 비중이 2019년 0.04% 증가하였으나 기초자치단체는 6배 이상 많은 0.24%가 증가하였다. 또한 같은 기간 동안 광역자치단체는 전체 예산에서 문화예술예산이 차지하는 0.18% 증가하였으나 기초자치단체는 약 2배 이상 증가하였다. 이는 문화를 통한 지역발전을 통해 주민소득 증대와 함께 지역홍보와 더 나아가 지역경제활성화를 추진하고자 하는 자치단체장의 의지와 인식이 반영되었기 때문이다.

한편, 지역의 문화사업의 수행주체로 활동하는 지역문화재단은 지방자치단체의 출연금 및 보조금, 중앙정부의 예산 또는 보조금, 기금, 지정기부금 및 후원금, 시설운영 수입을 통해 필요한 예산을 조달하고 있다. 광역문화재단 및 기초문화재단 수입 중 출연금과 보조금이 차지하는 비율은 80% 이상으로 관할 지방자치단체 또는 중앙정부에 대한 재정 의존도가 매우 높아 지방자치단체 출연 또는 보조기관으로 관련 규정을 준수해야 하는 등 운영의 자율성을 확보하기 어렵다. 특히, 지역문화재단은 보조금 확보가

표 15-5 지방자치단체 문화예산

구 분		문화예산 비중(%)				문화예술예산 비중(%)			
		2014	2019	변화	순위	2014	2019	변화	순위
광역 시・도	서울	1.37	1.81	0.33	6	0.87	1.13	0.30	9
	부산	1.95	2.05	0.05	13	1.34	1.49	0.11	14
	대구	1.71	2.18	0.27	8	1.39	1.43	0.03	15
	인천	1.29	1.55	0.20	11	0.82	1.15	0.41	5
	광주	2.42	2.65	0.10	12	1.76	2.17	0.23	10
	대전	2.91	2.08	−0.29	17	2.10	1.52	−0.28	17
	울산	3.81	3.06	−0.20	16	1.75	1.56	−0.10	16
	세종	0.49	1.93	2.90	1	0.25	1.16	3.60	1
	경기	1.82	2.33	0.28	7	1.22	1.48	0.21	11
	강원	5.47	4.79	−0.12	15	1.29	1.54	0.19	12
	충북	2.74	3.65	0.33	5	1.02	1.33	0.31	8
	충남	2.75	3.79	0.38	2	1.08	1.73	0.61	3
	전북	3.30	4.03	0.22	9	1.17	1.69	0.45	4
	전남	4.24	3.76	−0.11	14	0.87	1.15	0.31	7
	경북	4.06	4.92	0.21	10	0.98	1.14	0.16	13
	경남	2.51	3.44	0.37	3	0.78	1.06	0.35	6
	제주	2.67	3.59	0.34	4	0.97	2.41	1.48	2
광역자치단체		2.22	2.31	0.04		0.98	1.15	0.18	
기초자치단체		2.89	3.57	0.24		1.22	1.59	0.30	

자료: 문화체육관광부(2021).

중요한 업무가 되고 있어 새로운 문화콘텐츠를 기획하고 운영할 수 있는 전문성을 발휘할 수 있는 제반환경이 매우 열악하다. 따라서 대부분 국고보조사업 확보를 위한 경쟁이 중요한 업무가 되어 효율적인 문화사업을 수행하기 어렵다는 비판을 받고 있다(배관표, 2019).

표 15-6 지역문화재단 출연금 · 보조금 비율

(단위: %)

구 분		광역문화재단	기초문화재단
출연금		21.3	62.9
보조금	국고	22.7	5.0
	기금	9.7	0.4
	광역자치단체	28.2	4.3
	기초자치단체	3.9	8.7
합계		85.8	81.3

자료: 전국지역문화재단연합회(2021).

제 3 절 도시문화 발전방안

1. 문화인프라 확충

문화인프라는 시민의 문화욕구 충족과 함께 도시의 경쟁력을 결정하는 가장 중요한 요소로 하드웨어, 소프트웨어, 휴먼웨어로 구분할 수 있다.

먼저, 하드웨어는 시민의 문화생활을 가능하게 하는 시설 또는 공간을 의미하는 것으로 기능에 따라 공연, 전시, 교육 등 다양한 유형으로 구분되고, 소유와 관리주체에

그림 15-10 도시문화인프라 확충방안

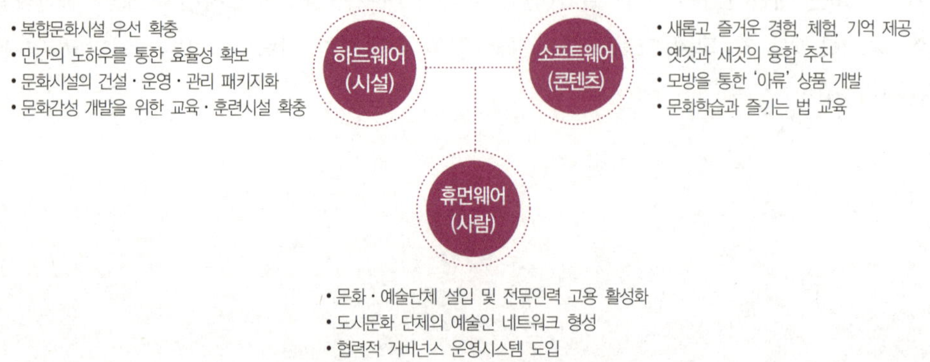

따라 공공과 민간으로 크게 분류된다. 시민의 연령, 계층, 성별에 따라 문화 욕구는 다양하므로 전용문화시설과 함께 복합문화시설을 확충하는 방안이 우선 추진되어야 한다. 동시에 민간의 창의적 운영과 관리 경험을 통해 문화시설의 효율적 운영관리가 가능하도록 문화시설의 건설, 운영, 관리를 패키지화하는 방안이 적극적으로 도입되어야 한다. 더 나아가 문화로부터 만족감은 후천적으로 학습을 통해 결정되므로 문화교육 및 훈련시설을 확충하여 '감성'을 개발하여야 한다.

또한 소프트웨어는 시민의 문화니즈를 충족하고 새로운 경험을 가능하게 하는 행사, 이벤트, 프로그램을 의미한다. 시민에게 새롭고 즐거운 경험과 체험을 제공하고 더 나아가 감동을 통한 기억으로 자리잡을 수 있는 성공적인 소프트웨어가 확충되어야 한다. 이를 위해서는 도시의 정체성과 연계하여 독특한 매력을 생산할 수 있는 콘텐츠에 집중해야 한다. 혁신적이고 새로운 유형의 프로그램을 개발하는 것도 중요하나 옛것과 새것을 융합하거나 좋은 프로그램 또는 기존의 성공적인 프로그램을 모방하여 일종의 '아류' 상품을 개발하여 빠르고 다양하게 변화하는 시민의 수요와 선호에 대응하는 방안도 필요하다. 도시의 문화자산에 대한 학습을 통해 문화를 즐기는 법을 교육하고 훈련할 수 있는 프로그램도 반드시 확충되어야 한다. 왜냐하면, 문화체험의 기회가 적거나 훈련이 부족한 경우 같은 문화를 소비해도 정신적 만족감이 다르기 때문이다.

그리고 휴먼웨어는 하드웨어를 운영관리하고 소프트웨어를 기획하는 공급자와 문화서비스에 참여 또는 체험하는 수요자를 의미하는 것으로, 문화콘텐츠의 개발, 홍보, 마케팅 등 전문인력과 문화활동에 직·간접적으로 참여하는 문화단체, 자원봉사자, 일반시민 등을 의미한다. 따라서 휴먼웨어의 확충은 문화서비스 공급자와 수요자인 고객으로 구분하여 접근해야 한다. 공급자 확충을 위해서는 지속적이고 체계적인 지원을 통해 문화예술 전문인력을 양성하고 도시의 문화단체, 예술인, 동아리의 상호 간 네트워크 형성과 행정, 교육, 문화예술인과 단체, 전문가, 시민이 참여하는 협력적 거버넌스를 구축해야 한다. 그리고 수요자로 시민은 단순한 참여에서 적극적인 문화활동의 기획자로 활동할 수 있도록 문화예술에 대한 인식을 개선하여 문화의 생활화를 유도하기 위한 노력이 필요하다.

2. 문화산업 육성

문화산업 육성의 성공과 실패는 '콘텐츠'에 의해 결정된다. 따라서 콘텐츠를 개발할 수 있는 예술인 양성, 생산환경 조성, 그리고 홍보마케팅을 통해 문화산업 기반을 조성하고 문화자치를 구현하는 것이 필요하다.

첫째, 독창적이고 매력적인 콘텐츠는 예술인 개인의 고유한 능력을 통해 만들어지기 때문에 예술인을 양성하기 위한 체계적인 교육과 훈련시스템이 구축되어야 한다. 창의적 아이디어를 생산하기 위한 예술인의 영감과 '끼'는 교육과 훈련과 더불어 개개인의 잠재적 창의성을 충분히 발휘될 수 있는 개방된 사회적 분위기가 필요하다(김정수, 2017). 이러한 차원에서 어려서부터 문화적 체험에 자연스럽게 노출되고 다양한 문화를 접할 수 있는 생활문화를 접하도록 해야 한다.

둘째, 시민의 감성을 자극해서 즐거움과 행복감을 제공하기 위해서는 창의적 콘텐츠를 생산할 수 있는 환경조성이 필요하다. 소설은 책으로 출판됨과 동시에 기본내용을 유지하면서 다른 매체와 결합하여 뮤지컬, 영화 등 새로운 가치를 생산할 수 있으므로, 저작권 보호를 통해 새로운 콘텐츠가 개발될 수 있는 제도적 환경을 조성해야 한다. 또한 창조적 인재들이 도시에서 활동하면서 예술적 영감을 충분히 발휘할 수 있도록 좋

그림 15-11 도시문화산업 육성방안

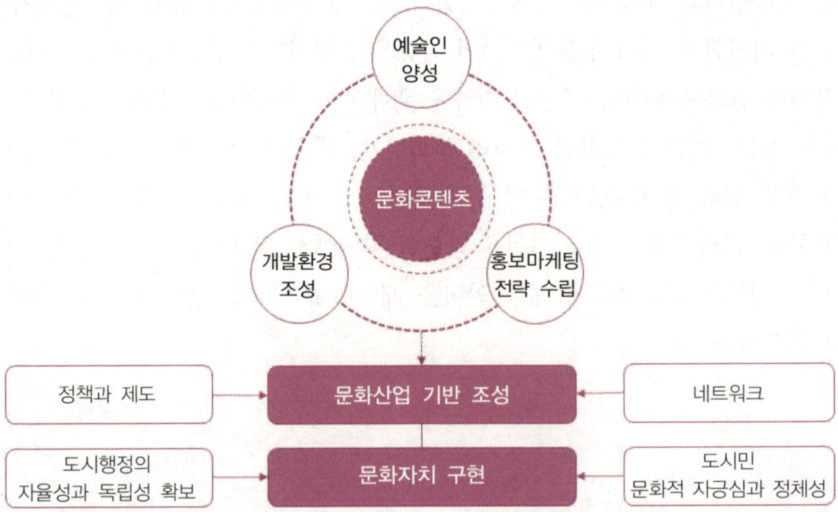

은 인프라와 일자리보다 삶의 질, 개방성, 관용성 등 창조적 인재가 선호하는 라이프스타일을 고려하여 거주환경을 개선해야 한다.

셋째, 문화산업의 발전을 위해서는 좋은 문화상품을 생산하는 이상으로 효과적으로 소비하는 것이 필요하다. 따라서 문화상품과 서비스를 기획하고 운영하기 이전에 정확한 표적시장을 선정하고 타깃마케팅을 실행하는 홍보 및 마케팅전략이 필요하다. 열악한 도시정부의 재정여건을 고려할 때 지속적인 문화상품을 생산하고 소비하기 위해서는 민간의 경영마인드를 축적된 노하우를 도입하는 전략도 필요하다.

넷째, 문화산업 기반조성을 위해서는 문화시장에 행정의 적극적인 개입보다는 지원중심의 정책기조로 전환하여 민간이 문화활동을 주도할 수 있도록 정책기조를 전환하고 관련 법과 제도를 개선하는 것이 중요하다. 또한 새로운 아이디어, 기술, 정보를 문화예술에 접목하여 부가가치를 창출할 수 있도록 문화정보 네트워크를 구축하여야 한다. 문화산업의 기반조성을 통해 도시문화행정의 자율성과 독립성을 확보하고 도시민의 문화적 자긍심과 정체성을 강화하는 문화자치를 구현할 수 있다.

3. 문화거버넌스 구축

도시의 정체성과 특성과 연계한 문화콘텐츠의 개발, 문화예술교육 강화, 대외협력, 홍보 등을 수행하기 위한 행정조직의 역할과 기능이 중요하다. 그러나 행정조직이 주도하여 문화정책을 수립하고 실행하는 경우 다양한 문화의 통합과 자발적인 시민의 참여가 어렵다. 특히, 행정조직은 불특정 다수인 시민의 요구와 변화에 대응하는 양질의 문화서비스를 제공하는 데 한계가 있으므로 민간의 경영기법을 도입하는 것이 더 효율적이다. 따라서 행정조직 중심보다는 지방자치단체와 도시의 문화예술단체, 대학, 시민, 기업은 물론 더 나아가 국제적 조직 등 다양한 이해관계자들이 협력적으로 정책을 결정하고 집행하는 것이 중요하다(손예령, 2019). 이러한 차원에서 문화시장에서 활동하는 구성원 모두가 책임감과 자발성을 가지고 효율적으로 협력하는 '문화거버넌스'의 중요성이 증대되고 있다. 여기서 문화거버넌스란 문화 영역의 다양한 이해관계자들의 자율적 참여와 협력적 네트워크를 통해 바람직한 문화정책을 결정 및 실현하는 자기조직적 문화경영원리로 정부, 민간, 시민사회 등 이해관계자 간의 신뢰를 기반하는 '수평적 네트워크'를 의미한다(이원오, 2017; 손예령, 2019). 지속가능한 문화거버넌스를 구축하기 위해서는 다양한 이해관계자 다음과 같은 역할이 필요하다.

첫째, 중앙정부는 문화체육관광부를 중심으로 타 부처와 협력을 확대하여 도시문화 발전을 위한 기술적, 재정적 역량을 강화하고 양질의 문화서비스를 제공하기 위해 노력해야 한다. 둘째, 학계에서는 대학이나 문화연구소 등에서 문화정책 수립과 집행을 담당하는 행정부서와 시민의 역량을 강화할 수 있는 교육과 연구를 담당하는 것이 필요하다. 셋째, 기업은 문화행사와 이벤트에 필요한 비용을 투자하는 지원과 후원을 통해 행정과 시민사회 역량으로 해결하기 어려운 인프라를 제공하여 정부, 시민사회와 호혜적인 관계를 형성하고 공동의 이익을 창출해야 한다(공용택 · 김재범, 2011). 넷째, 시민사회는 도시문화의 주체로 시민의 문화권리를 보장하기 위해 문화정책 관련 제도, 정책, 프로그램 개발에 시민의견을 수렴하고 이슈에 적극적으로 참여해야 한다. 다섯째, 다른 도시의 문화정책 관련 지식을 공유하고 정보를 교환할 수 있도록 다양한 국제협력과 파트너십을 구축하여 도시 간 문화네트워크를 활성화하여야 한다. 여섯째, 지방자치단체는 '문화를 통한 지속가능한 도시발전과 도시문제 해결'을 목표를 달성하기 위한 조정자 역할을 해야 한다. 이를 위해 지방정부 및 중앙정부 간 문화정책을 위한 책임

그림 15-12 문화거버넌스 구축방안

자료: 손예령(2019).

성을 부여하고, 협력 강화를 위한 체제를 구축하고 문화정책 전담기구를 신설하거나 기존의 조직의 역량을 강화해야 한다.

4. 문화재정 확충

도시문화의 발전을 통해서 보다 나은 삶의 기회를 제공하고 도시경쟁력을 강화하기 위해서는 문화시설과 서비스의 개발, 유통, 소비를 위해 필요한 충분한 재원을 확보하는 것이 중요하다. 정부나 지방자치단체의 예산 대비 문화예산의 비율은 계속 증가하고 있음에도 불구하고 도시의 문화자원을 창조, 유통, 소비하는 데 필요한 환경을 마련하는데 부족하다. 중앙정부의 재정의존도가 높고 지방자치단체별로 재정적 격차가 존재하는 현실을 고려할 때 문화재정을 확충하기 위해서는 다양한 노력이 필요하다.

첫째, 지역문화 진흥을 위한 특별예산을 마련하는 방안이 필요하다. 이를 위해 지역발전특별회계 내 지역문화진흥을 위한 특별계정과 지역문화진흥사업을 위한 특별교부세를 신설하는 방안이 필요하다.

둘째, 지방세의 과세대상을 확대하고 지역문화세 신설의 검토가 필요하다. 이를 위해서는 경마, 카지노, 복권, 체육진흥투표권 등 레저세를 과세대상에 추가하고, 세수 증가분을 지역문화기금에 출연하거나 지방세법을 개정하여 지역별 재정여건을 고려한 지역문화세 신설을 적극 검토하는 방안이 필요하다(신정규, 2018).

셋째, 지역문화진흥기금의 확충이 필요하다. 현재 지역문화진흥법은 지방자치단체장이 지역문화진흥기금을 설치하여 운용·관리할 수 있도록 규정하고 있으나, 지방기금법에 규율을 받아야 하므로 실질적으로 기금 설치와 운용·관리가 용이하지 않다. 따라서 문화체육관광부에서 관리하는 문화예술진흥기금의 출연금을 지역문화진흥 사업과 활동에 사용할 수 있도록 확대하는 것이 필요하다. 이를 위해서는 문화예술진흥기금 재원조성을 위한 정부의 출연금의 확대 등이 전제되어야 한다.

넷째, 민간부문의 기부·후원 확대를 위한 다양한 노력이 필요하다. 이를 위해서는 문화활동의 수행주체로 활동하는 지역문화재단을 법정기부금 단체로 지정하여 개인 기부·후원자에게 연말정산에 세액공제하고 개인사업자와 법인사업자는 각각 종합소득세아 법인세 신고에 비용처리할 수 있는 혜택을 부여해야 한다.

이러한 도시문화예술 발전을 위해 재정확충은 '문화예술의 공공성'과 '문화복지 실현'에 대한 인식을 바탕으로 문화예술 지원에 대한 국민의 공감대를 확보하는 사회적 기

그림 15-13 도시문화재정 확충방안

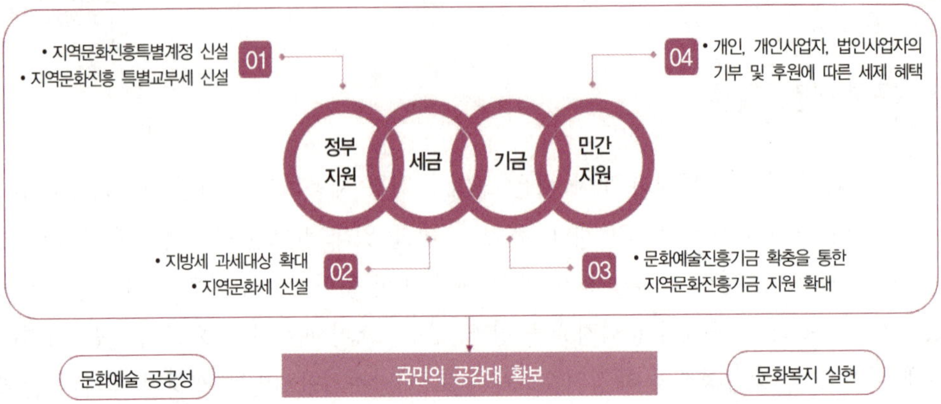

초를 확고히 하는 노력이 필요하다.

참고문헌

고준환 · 조강주(2021). 지역문화재단의 경쟁력 강화요인 분석: M. Porter의 다이아몬드 모델을 적용한 대구지역 사례 중심으로. 『문화정책논총』, 35(1): 133-162.

공용택 · 김재범(2011). 도시와 기업의 문화거버넌스 연구모형에 대한 개념적 연구. 『예술경영연구』. 18: 37-56.

권선영 · 황설화(2020). 『지역문화진흥을 위한 고양시 문화정책 중장기 발전방안 연구』. 고양시정연구원.

김정수(2017). 『문화행정론』. 서울: 집문당.

문화체육관광부(2015). 제1차 지역문화진흥기본계획(2015~2019).

문화체육관광부(2020a). 제2차 지역문화진흥기본계획(2020~2024).

문화체육관광부(2020b). 2019 기준 콘텐츠산업조사.

문화체육관광부(2021). 『21년 문화도시 추진 가이드라인』.

박광국 편저(2019). 『문화와 국민행복』. 경기: 대영문화사.

박혜자(2011). 『문화정책과 행정』. 서울: 대영문화사.

배관표(2019). 지역문화재단 운영의 쟁점 및 과제. 『국회입법조사처 이슈와 논점』, 제1664호.

서호준(2017). 문화콘텐츠산업의 광역시 · 도별 효율성 분석: 인천지역 문화콘텐츠산업을 중심으로. 『도시연구』, 12: 173-220.

손예령(2019). 지속가능한 도시발전을 위한 문화거버넌스 체계에 관한 연구. 『문화정책논총』, 33(2); 137-166.

신정규(2018). 지역문화발전을 위한 지방자치단체의 재정 확충 방안과 문제점. 『법과정책』, 24(2): 153-194.

이원오(2017). 『문화공공성과 문화거버넌스를 통한 한국문학진흥정책에 관한 연구: 문학 축제를 중심으로』. 단국대학교 대학원 박사학위 논문.

전국지역문화재단연합회(2021). 『지역문화예술생태계 관련 법제도 및 사업제도』.

정보람(2020). 지역문화재정 실태와 문화분권 및 자치 실현을 위한 정부간 재정관계 개선방안. 『한국지방재정논집』, 25(3): 63-89.

최보윤 · 유지연 · 김상헌(2017). 문화가 지방자치단체 지역주민들의 행복에 미치는 영향: 문화예산과 문화활동을 중심으로. 『문화경제연구』, 20(3): 35-59.

한승준(2017). '문화가 있는 날' 사업의 문화정책 특성에 관한 연구: 문화의 민주화를 위한 정책인가? 문화민주주의를 위한 정책인가? 『한국행정학보』, 51(1): 347-367.

찾아보기 INDEX

ㄱ

ㄹ

ㅁ

찾아보기 INDEX

ㅇ

찾아보기 INDEX

ㅈ

찾아보기 INDEX

찾아보기 INDEX

저자 소개

강명구

(현) 서울시립대학교 도시공학과 교수
(현) International Journal of Urban Sciences 편집위원장
(현) 한국국제협력단(KOICA) 도시 전문위원
(전) 세계은행(World Bank) Senior Urban Specialist
Massachusetts Institute of Technology 도시 및 지역계획학 박사

권성문

(현) 대구대학교 행정학과 조교수
(전) 공간정보연구원 선임연구원
(전) 주택산업연구원 책임연구원
Portland State University 도시학 박사

기정훈

(현) 명지대학교 행정학과 및 지방행정학과 교수
(현) 한국지역개발학회 총무위원장
(전) 한동대학교 공간환경시스템공학부 객원교수
(전) Milken Institute 연구분석가
University of Southern California 도시계획학 박사

김태진

(현) 한국교통대학교 행정학부 교수
(전) 한국행정학회 부회장
(전) 한국정책학회 부회장
(전) 서울연구원 부연구위원
연세대학교 행정학 박사

문광민

(현) 충남대학교 행정학부 부교수
(전) 대전대학교 행정학과 조교수
(전) 기획재정부 공공기관 상임감사 · 감사위원평가단 평가위원
(전) 한국지방행정연구원 지방투자사업관리센터(LIMAC) 자문위원
서울대학교 행정학 박사

박인권

(현) 서울대학교 환경대학원 교수
(현) 서울대학교 환경계획연구소장
(현) 한국지역학회 부회장, 한국공간환경학회 부회장
The Ohio State University 도시 및 지역계획학 박사

양광식

(현) 순천향대학교 행정학과 교수
(현) 국토교통부 시화지구지속가능발전협의회 민간위원
(전) 국토연구원 책임연구원
University of Wuppertal, GERMANY 도시계획학 박사

윤갑식

(현) 동아대학교 도시공학과 교수
(현) 한국도시행정학회 상임이사
(전) 인천발전연구원 연구위원
한양대학교 도시공학과 박사

임형백

(현) 성결대학교 국제개발협력학과 교수
(현) 한국지역개발학회 학술부회장
(현) 외교부 무상원조사업 민간전문가
(현) 한국국제협력단(KOICA) 농림수산전문위원
서울대학교 교육학 박사

전희정

(현) 성균관대학교 행정학과/국정전문대학원 부교수
(전) Eastern Michigan University 지리/지질학과 조교수
(전) University of West Georgia 정치/계획학과 조교수
The Ohio State University 도시 및 지역계획학 박사

채원호

(현) 가톨릭대학교 행정학과 교수
(현) 한국도시행정학회 회장
(전) 경실련 정책위원장, 상임집행위원회 위원장, 서울행정학회 회장
서울대학교 행정학 박사, 동경대 대학원(국제사회과학전공) 박사수료

최정석

(현) 중부대학교 건축학과 교수
(현) 한국환경정책학회 부회장
(현) 한국산업생태학회 부회장
(현) 한국지역개발학회 지역부회장
서울대학교 환경대학원 행정학 박사

최창규

(현) 한양대학교 도시대학원 교수
(현) 한양대학교 부동산융합대학원 교수
(전) 수원대학교 도시부동산개발학과 전임강사
한양대학교 도시공학과 박사

최충익

(현) 강원대학교 행정학과 교수
(현) 한국행정학회 편집위원/한국지역개발학회, 한국도시행정학회 상임이사
(전) Southern California Association of Governments(SCAG) 자문위원
(전) Hazard Vulnerability Research Institute at University of South Carolina 연구원
서울대학교 환경대학원 도시계획학 박사

황경수

(현) 제주대학교 행정학과 교수
(현) 제주특별자치도 교통영향평가심의위원회 위원장
(현) 제주 지속가능발전협의회 공동의장
(현) 제주대학교 사회과학연구소 소장(2020~2023)
서울시립대학교 공학박사(교통공학)

도시행정의 이론과 실제

펴낸날 제1판 제1쇄 2022년 3월 10일
지은이 한국도시행정학회
펴낸이 임춘환
펴낸곳 도서출판 **대영문화사**
주소 (본사) 사무실: 경기도 고양시 일산서구 주화로 70
우신프라자 307호 (우) 10387)
(본사) 물류센터: 경기도 고양시 일산서구 덕산로
107번길 68-50 (우) 10205)
등록 1975년 12월 26일 제3-16호
전화 (031) 913-3062, (031) 914-3884~5
팩스 (031) 913-3839
홈페이지 http://www.dymbook.co.kr

ISBN 978-89-7644-862-0
값 31,000원